●福建省高校特色新型智库海丝文化传承发展研究院（泉州师范学院）资助出版

福建省高校智库海丝文化传承发展研究院系列丛书

| 主编 · 王万盈

宋元泉州
海上丝绸之路系年要录

陈彬强 著

厦门大学出版社
XIAMEN UNIVERSITY PRESS

国家一级出版社
全国百佳图书出版单位

图书在版编目（CIP）数据

宋元泉州海上丝绸之路系年要录 / 陈彬强著. -- 厦
门：厦门大学出版社，2024.11
（福建省高校智库海丝文化传承发展研究院系列丛书/
王万盈主编）
ISBN 978-7-5615-9349-3

Ⅰ．①宋… Ⅱ．①陈… Ⅲ．①海上运输-丝绸之路-
史料-泉州-宋元时期 Ⅳ．①K295.73

中国国家版本馆CIP数据核字(2024)第069858号

责任编辑	陈金亮　薛鹏志
美术编辑	李嘉彬
技术编辑	朱　楷

出版发行	厦门大学出版社
社　　址	厦门市软件园二期望海路 39 号
邮政编码	361008
总　　机	0592-2181111　0592-2181406(传真)
营销中心	0592-2184458　0592-2181365
网　　址	http://www.xmupress.com
邮　　箱	xmup@xmupress.com
印　　刷	厦门市明亮彩印有限公司

开本	720 mm×1 020 mm　1/16
印张	31.25
插页	2
字数	520 千字
版次	2024 年 11 月第 1 版
印次	2024 年 11 月第 1 次印刷
定价	120.00 元

本书如有印装质量问题请直接寄承印厂调换

厦门大学出版社
微信二维码

厦门大学出版社
微博二维码

序　言

林华东

　　陈彬强先生近年来潜心泉州地方历史文化和古代海上丝绸之路的文献建设。2020年主编出版了《泉州海上丝绸之路历史文献汇编：初编》，约我为该书写了序言。近日，我又收到他的《宋元泉州海上丝绸之路系年要录》书稿，嘱我再次为其大作作序。

　　泉州是一部厚重的书，中华优秀传统文化和外来先进文化在这里延续，泉州史迹随处可见，俯拾皆是。千余年来泉州人开辟海上丝绸之路，中国海洋文明影响着中世纪的世界。泉州人不断向外拓展，他们走向海南、潮汕、浙南、台湾，漂洋"过番"，足迹遍及全球各地，形成独特的闽南风格。如何读懂泉州，值得我们深入探索。

　　意大利商人雅各·德安科纳曾经赞叹宋元时期的泉州是一座光明之城。2021年7月25日，第44届世界遗产大会一致决定将"泉州：宋元中国的世界海洋商贸中心"列入《世界遗产名录》。泉州申遗成功，再次提升了福建和泉州的世界影响力；泉州申遗成功，还有一种更深层次的意义，即体现了中华民族源远流长的海洋文明对人类文明发展作出的重大贡献。

　　中华文化由农耕文化、游牧文化和海洋文化三位一体复合组成，中国是与古希腊同期且具有不同模式的海洋文明国家。泉州入列《世界遗产名录》，表明泉州曾经具有世界最先进的海外贸易体系和多元共荣的社会结构，是宋元中国的世界海洋商贸中心。泉州成为世界遗产，标示了近代以来已经不被世界关注的中国海洋文明重新获得世界的认可，历史上以中国为中心的东西方海洋文明交流互鉴和各国人民友好交往得到世界的肯定，泉州向世界展示了"向海而兴、多元互信"的中国海洋文明模式。中国海洋文明为新时代共建"人类海洋命运共同体"提供了当代价值，体现了习近平总书记提出的全人类共同价值观，为21世纪的创新发展树立了信心。因此，我们需要多方位、多角度挖掘世遗泉州的深刻内涵，我们有责任、有义务广泛开展学术研究，从中华五千年文明和优秀传统文化中汲取营养,使之与中国特色社会主义伟大事业相适应,与现代社会相协调,推动中华文化创造性转化和创新性发展;运用各种教育和宣传媒介,向世界介绍中国的海洋文明史。

陈彬强先生这部《宋元泉州海上丝绸之路系年要录》正是在这样的基础上产生的。该书以宋太祖赵匡胤建隆元年(960年)为资料起点,元惠宗妥懽帖睦尔至正二十八年(1368年)为结点,以"编年史·大事记"的模式,把泉州宋元时期的社会变迁、历史事件及人事更替兜底列出,并尽可能地搜集各种相关资料加以注解,为读者提供了一部宋元泉州全景史料。泉州之所以能入列世遗,有许多深刻的蕴涵和深邃的谜底需要揭晓,相信这部书将在《泉州海上丝绸之路历史文献汇编:初编》的基础上,为"世遗"之城泉州的史实探索、成因分析、文化阐释和当代解读提供不可或缺的文献支持。

读了书稿,不由引发一个新的想法:能否把视野再放大一点,把促成宋元泉州鼎盛的前后历史资料也纳入系年之中呢? 当然,这有点超出书稿的命题了。还有,如何去界定之前与之后的时间节点呢? 不过,也许有一个依据可以参照,即世界遗产大会所认定的,"泉州:宋元中国的世界海洋商贸中心"反映了特定历史时期独特而杰出的港口城市空间结构,其所包含的22个遗产点涵盖了社会结构、行政制度、交通、生产和商贸诸多重要文化元素,共同促成泉州在公元10世纪至14世纪逐渐崛起并蓬勃发展,成为东亚和东南亚贸易网络的海上枢纽,对东亚和东南亚经济文化发展做出了巨大贡献。 若此,也许可以让时间节点始于公元901年(唐光化四年、天复元年),结于公元1400年(明建文二年)。 当然,这种设想也不尽合理。 附记于此,供作者和读者批评。

希望陈彬强的"系年要录"能为宋元泉州海上丝绸之路的研究提供一条便捷的资料搜采之道。是为序。

(林华东,泉州师院二级教授,博士生导师,原副校长,研究方向为高等教育管理、现代汉语与方言、闽南文化与海丝文化)

目　　录

一、北宋（960—1126）

二、南宋（1127—1279）

三、元代（1279—1368）

一、北宋（960—1126）

宋太祖赵匡胤建隆元年　公元960年　庚申年

十二月二十三日，清源军节度使留从效遣使奉表称藩于宋，贡獬豸犀带一、龙脑香数十斤。

按：《宋会要辑稿·蕃夷七》载："（建隆元年）十二月二十三日，伪泉州节度使留从效遣其掾黄禹锡间道奉表称藩，贡獬豸犀带一、龙脑香数十斤。"①犀带，即饰有犀角的腰带。龙脑香，俗称"冰片"。此两项贡物主要产自热带地区，海上丝绸之路开辟之后，作为重要的海外贸易商品进入泉州。

留从效（906—962年），字元范，泉州永春人。后晋开运三年（946年），留从效在泉州扩建新城，环城遍植刺桐，泉州始以"刺桐城"闻名。《福建通志》云："刺桐城，节度使留从效重加版筑，旁植刺桐。岁久繁密，其木高大，枝叶蔚茂，初夏时开花鲜红，叶先萌芽而花后发，则年谷丰熟。廉访丁谓至此，赋诗云：'闻得乡人说刺桐，叶先花后始年丰。我今到此忧民切，只爱青葱不爱红。'"②宋晋江人吕造亦有诗云："闽海云霞绕刺桐，往年城郭为谁封。鹧鸪啼困悲前事，豆蔻香销减旧容。"③刺桐是海外传入的树种，至宋代时，遍城皆植刺桐，泉州遂以刺桐城和刺桐港闻名于中世纪。留从效十分重视海外交通贸易，令人"招徕海上蛮夷商贾"，曾先后依附南唐、后周以自保，泉、漳二州得以保持相对安宁。周世宗颁给留从效的敕书有"所进白龙脑香一千斤，事具悉"之语④，其时泉州海外贸易已较为发达。宋太祖即位后，留从效立即上表向宋称藩，贡奉不绝。宋太祖亦遣使厚赐留从效，并加慰勉。宋建隆三年（962年），留从效疽发背病卒，南唐后主李煜诏赠太尉、灵州大都督。

---

① （清）徐松：《宋会要辑稿》第16册，《蕃夷七》，刘琳等校点，上海：上海古籍出版社，2014年，第9933页。
② （清）孙尔准：(道光)《重纂福建通志》，《中国省志汇编：9》，台北：华文书局，1968年，第890页。
③ （宋）王象之：《舆地纪胜》，北京：中华书局，1992年，第3739页。
④ 永春《留氏族谱》(手抄本)，第24～25页。

宋太祖赵匡胤乾德元年　公元 963 年　癸亥年

十二月己亥,陈洪进向宋廷贡白金千(万)两,乳香、茶、药皆万斤。

　　按:《宋史》卷一《本纪第一》载:"(乾德元年)十二月己亥,泉州陈洪进遣使贡白金千两,乳香、茶、药皆万计。"但《宋史》卷四百八十三《列传第二百四十二》则载:"建隆四年,遣使朝贡。是冬,又贡白金万两,乳香、茶、药万斤。"[①]所贡白金数目前后不符,一作千两,一作万两。据考,乳香为舶来品,秦汉之际已有传入,《名医别录》以乳香入药,名"薰陆香";唐之前所用乳香为漆树科乳香黄连木 Pistacia lenticus 树皮渗出的树脂,而后随着海上丝绸之路的兴盛,阿拉伯的乳香树 Boswellia carterii 及其同属近缘植物渐渐成了乳香的主流来源植物。[②]

　　陈洪进(914—985 年),字济川,仙游人,少年投军,隶留从效麾下,有谋略,深得清源军节度使留从效的赏识。留从效去世后,陈洪进杀清源军节度副使张汉思自立请封,南唐李煜遂封其为清源军节度使,仍主政泉漳二州。宋太宗即位,陈洪进顺应历史大势,纳土归宋,为完成中国一统江山做出贡献。历封杞国公、岐国公,卒赠中书令,谥忠顺。陈洪进延续了留从效的积极海外贸易政策,在他上进给宋太祖、宋太宗的贡品中有大量乳香、象牙、犀、苏木、白檀香、白龙脑、木香、胡椒、真珠、玳瑁等舶来之物,反映了泉州通洋贸易之利,使得泉州港在海上丝绸之路的地位越来越重要。

宋太祖赵匡胤开宝三年　公元 970 年　庚午年

泉州人蔡仁范移居高丽。

　　按:韩国首尔国立中央博物馆藏《蔡仁范墓志铭》详述了蔡仁范(934—998 年)生平,其铭曰:"……兴礼让之风俗,尚神仙之道,孔圣欲居而何陋? 徐生不返以□□□□□□□案矣。公姓蔡,讳仁范,是大宋江南泉州人也,随本州持礼使□□□□□□□□漫东达扶桑。以光宗朝御宇之,乾德八年觐我明庭,应兹□□□□□□□宗驻留便,赐官告一通,拜为礼宾省郎中,仍赐第宅一区,并赃获、田庄□□□□□□诸物等。凡其所须,并令官给。公以博通经史,富有文章,蕴王佐之大

---

①　(元)脱脱:《宋史》,北京:中华书局,1977 年,第 13961 页。

②　黄子韩等:《乳香的本草考证》,《中国中药杂志》2020 年第 21 期,第 5296～5303 页。

□□□□硕学,加之廉谨,荐以温良,历赞累朝,咸推称职。至成宗朝,授以阁□□□□,拜为尚书礼部侍郎。至穆宗朝,继叨宠用之。次以统和十六年岁在□□□月十五日启手足于私第,享年六十有五矣。此际睿情是悼,遂为礼部尚□□,赙赠尤厚。择以是月□晨,葬于五冠山也。初有闺室崔氏,封为清河郡大夫人,先公而卒。所生有一男,官为内史侍郎同内史门下平章事,监修国史。公后所娶张氏,亦封为清州郡君。所生有三男,孟为閤门祗候,仲为军器主簿,季为出家依止佛住寺大德沙门。复有二女,并适人,从礼。理家可箴,享年不永,近岁俱亡。然有嗣子兄弟姊妹所生男女诸孙等,甚亦繁盛,亦各入仕为官也。公洎于□□,今上才登宝位之年,便加恩宠,赠尚书右仆射焉。今者惟嗣子相国与诸舍弟等,以其先茔之处,松楸则拂汉摩霄,虽云拱矣;丘垄则襟山带水,有所阙焉。待以利年,仍更卜兆,莫不山包四秀,地带三阳,眠牛偃卧以呈祥,白鹤回翔而荐吉。乃营马鬣,且异虎坟,俭匪阙仪,丰无越礼。粤以太平四年,岁在甲子十一月十二日,迁葬于法云山东麓,礼也!素车白马,执绋、执绋者岂可胜数乎?呜呼!积善之征,殁而弥著;饰终之礼,魂而可知。恐年纪寖遥,丘陵迁变,俾刊贞石,宾于玄扃。谨为铭曰:伯夷遗址,箕子故开。风传木铎,境压蓬山。仲尼何陋,徐福不还。哲人君子,实所跻攀。禀气嵩华,降灵中夏。越彼大洋,宾于王者。时遇文明,道光儒雅。秩小宗伯,奄归泉下。善庆有征,嗣子持衡。勋高致主,劲草推诚。恳切追远,累茵感情。欲修玄寝,穆卜新茔。龙耳巉岩兮牛岗峭嶭,营兹马鬣兮崇彼兆域。安广礼成兮哀荣情极,陵谷迁变兮永光厥德。"[1]

据墓志铭,蔡仁范卒于辽圣宗统和十六年(998年),享年六十有五,可知蔡仁范生于934年。其时宋朝尚未建立,蔡仁范北上高丽时间则在"乾德八年",但乾德并无八年。据王霞推测,蔡仁范去世时,高丽使用的还是宋太祖的第二个年号"乾德",可能是因为宋初年号更换较频繁而误载之故,实为开宝三年(970年)。[2] 蔡仁范卒于998年,其时高丽已臣服于辽,使用的是契丹年号,故墓志铭记蔡仁范卒年并没有使用宋真宗咸平元年(998年)的年号。蔡仁范移居高丽时年为37岁,墓志铭

---

① 金龙善:《高丽墓志铭集成》,韩国春川:翰林大学校,1993年,第13～15页。

② 王霞:《宋朝与高丽往来人员研究》,北京:中国社会科学出版社,2018年,第267～268页。

未记其在宋的科举、入仕情况，可能在移民前未能考取功名，应是以一介文人布衣身份浮海舶进入高丽。

宋太祖赵匡胤开宝九年　公元 976 年　丙子年　即太平兴国元年

七月十三日，泉州节度使陈洪进遣其子陈文颢向宋朝纳贡瓶香万斤、象牙二千斤、白龙脑五斤。

按：《宋会要辑稿·蕃夷七》载："（开宝九年）七月十三日，泉州节度使陈洪进遣其子漳州刺史文颢奉表乞朝觐，贡瓶香万斤、象牙二千斤、白龙脑五斤。"[①]

开宝间，始建法石真武庙，为郡守望祭海神之所。

按：（道光）《晋江县志》卷六十九《寺观志》载："真武庙，在三十六都郡城东南石头山上。庙枕山漱海，人烟辏集其下。宋时建，为郡守望祭海神之所。"[②]真武庙在泉州城东、晋江北岸的"石头山"上，石头山"与赤城山相连。山尽处有三石，杰出山阴，叠石数笋，危如欲坠，实不可动，目为天石。上有真武殿，宋时望祭海神之所。下为石头市，居民鳞次。"[③]真武庙始建于宋太祖开宝间，祭祀的是泉州地区第二代海神真武大帝，他与第一代海神通远王和第三代海神妈祖等共同为从事海上贸易的商人提供了精神寄托，并随着泉州人海外移民而广泛传播到港、台和东南亚各地。迄今每年的正月二十九日，广大信众都会在此举行祭海祈福仪式。真武庙由一组依山势而筑的院落式建筑群组成，历代皆有修葺，是古法石港的重要地标，重点遗存包括山门、台阶、凉亭（拜亭）、大殿等。山门后有 24 级石阶，可拾级而上，旁扶栏尚存有宋代栏杆及石狮，尽头立有一方高 1.5、宽 0.5、厚 0.2 米的石碑，碑面正中阴刻大字楷书"吞海"，"赐进士第知晋江县事鲁淙子韩岳立，大明嘉靖十二年，岁次癸巳腊月之吉"。[④]碑为明代晋江县令韩岳所立，以祈求真武大

---

① （清）徐松：《宋会要辑稿》第 16 册，《蕃夷七》，刘琳等校点，上海：上海古籍出版社，2014 年，第 9936 页。

② （清）周学曾：（道光）《晋江县志》，晋江县地方志编纂委员会整理，福州：福建人民出版社，1990 年，第 1665 页。

③ （明）何乔远：《闽书》第 1 册，《闽书》校点组校点，福州：福建人民出版社，1994 年，第 167 页。

④ 吴乔生、林德民、林胜利：《泉州古城历代碑文录》，北京：中国文史出版社，2009 年，第 314 页。

帝保佑海滨之民，吞海成田之意。石碑底座有龟蛇之状，寓意真武大帝御龟、蛇二将以镇风浪，佑海舶平安。其殿内塑像基座上又发现有与宋代官职有关的"承信郎□光觉奉舍"题记，宋朝政府曾对招徕外商有功或海贸获利丰厚的舶商，特补"承信郎"以示奖励，故"承信郎"题记，似为当时获得朝廷"承信郎"官职奖励的海商，捐资修建真武庙这座海神庙宇，以祈求行船经商一帆风顺、一本万利。[①] 山门旁有一口古井，井旁墙上有石刻"三蟹龙泉。在城宫后巷李奶奶喜舍，万历四十四年八月吉旦"[②]。此井水质清澈甘冽，当为商舶来往的淡水补给之处。20世纪后期在法石区域出土的13—14世纪古船、花岗岩石碇（碇泊工具），以及船板、缆绳遗物，是法石港历史功能的真实物证。[③] 宋宁宗嘉定间，郡守真德秀曾定期前往真武庙祭祀真武大帝，以祈求保佑舶船航海平安，并亲撰《真武殿祝文》，其文曰："于皇上圣，威神在天。诞降福泽于民，俾有宁宇。某之祗事，为日久矣。叨恩分阃，而灵宫在焉。莅事之初，敬伸谒款。江湖之间，沴气易作。尚惟慈悯，弭于未然。区区之诚，仰蕲昭鉴。"[④]泉州郡守亲往真武庙祭祀海神的官方行为，表明了宋朝政府对海外贸易的重视与鼓励，对宋元时期泉州成长为世界东部的海洋商贸中心具有巨大的推动作用。

石头山与紫帽山、罗裳山相对，控扼晋江入海口，是古泉州内外港交汇之所，下有法石港，商舶皆从此地出入，地理位置显要。这里背山面江，又有陆上交通与古城、后渚港等地相连，这一得天独厚的水陆交通运输条件使得法石一带成为泉州城郊人烟辐辏的聚集地，也成为水陆运输与古城陆路运输的转换枢纽。法石港的江口码头是泉州城内通过晋江水系连接泉州港出海口的重要转运码头，由文兴码头和美山码头组成，两者相距约1.1千米。文兴码头在上游，美山码头在下游，曾发现宋元时期的石锚、木桩和古船遗址。文兴码头是世界海洋贸易中心

---

① 黄明珍：《泉州真武庙的海神信仰及其建筑形制初探》，《福建文博》2020年第3期，第65～69页。

② 吴乔生、林德民、林胜利：《泉州古城历代碑文录》，北京：中国文史出版社，2009年，第315页。

③ 《真武庙》，2017年8月7日，http://www.qzworldemporium.cn/yczhs/201708/t20170807_2467686.htm，2021年10月15日。

④ （宋）真德秀：《西山文集》卷五十三，《影印文渊阁四库全书》第1174册，台北：台湾商务印书馆，1986年，第848页。

运输网络的代表性遗产要素,是泉州内港法石港的珍贵遗存,是城郊连接古城的水陆转运节点,反映了内港码头的功能构成和使用方式,其古船遗址佐证了宋元泉州的造船技术。① 淳熙十三年(1186 年),曾在此设立法石寨,以加强海上防卫及航运通道的安全与管理。

宋太宗赵炅太平兴国二年　公元 977 年　丁丑年

三月,诏禁买广南、占城、三佛齐、大食国、交州、泉州、两浙及诸蕃国所出香、药、犀、牙。

> 按:《宋会要辑稿·食货》载:"三月,监在京出卖香药场大理寺丞乐冲、著作佐郎陶邴言:'乞禁止私贮香、药、犀、牙。'诏:'自今禁买广南、占城、三佛齐、大食国、交州、泉州、两浙及诸蕃国所出香、药、犀、牙,其余诸州府土产药物,即不得随例禁断。与限令取便货卖,如限满破货未尽,并令于本处州府中卖入官;限满不中卖,即逐处收捉勘罪,依新条断遣。诸回纲运并客旅见在香、药、犀、牙,与限五十日,行铺与限一百日,令取便货卖,如限满破货不尽,即令于逐处中卖入官。官中收买香、药、犀、牙,价钱折支,仍不得支给金、银、匹段。所折支物并价例,三司定夺支给。应犯私香、药、犀、牙,据所犯物处时估价纽足陌钱,依定罪断遣,所犯私香、药、犀、牙并没官。如外国蕃客、公私人违犯,收禁勘罪奏裁,不得依新条例断遣。应干配役人,并刺面配逐,处重役,纵遇恩赦,如年限未满,不在放免之限。应有犯者,令遂处勘鞫,当日内断遣,不得淹延。禁系妇人,与免刺面,配本处针工充役,依所配年限满日放。二千以下、百文已上,决臂杖十五;百文已下,逐处量事科断。二千已上,决臂杖二十;四千已上,决臂杖十五,配役一年;六千已上,决脊杖十七,配役一年半;八千已上,决脊杖十八,配役二年;十千已上,决脊杖二十,配役三年;十五千已上至二十千,决脊杖二十,大刺面,配沙门岛;二十千已上,决脊杖二十,大刺面,押来赴阙引见。应诸处进奉香、药、犀、牙,即令于界首州军纳下,具数闻奏,其专人即赍表赴阙。'先是外国犀、象、香、药充牣京师,置官以鬻之,因有司上言,故有是诏。"②海外贸易是宋

---

① 《江口码头》,2017 年 8 月 7 日,http://www.qzworldemporium.cn/yczhs/201708/t20170807_2467688.htm,2021 年 10 月 15 日。

② (清)徐松:《宋会要辑稿》第 11 册,《食货三六》,刘琳等校点,上海:上海古籍出版社,2014 年,第 6785～6786 页。

朝国民经济的重要组成部分,唐末中央政权瓦解后,民间海外贸易逐渐兴盛,宋初为制止藩镇官僚经商,防止藩镇官僚势力坐大,重建中央对海洋贸易的绝对控制权,最好的办法就是推行禁榷制度,通过行政力量垄断舶货贸易,禁止私人买卖,建立官方舶货购销商业。[①] 太平兴国二年(977年)颁布的这道禁榷令,规定凡海外进口之香、药、犀、牙,均须由政府收买专卖。民间原有的贮货,也须限令取便货卖,如限满破货不尽,即令于逐处中卖入官,违者即予以严厉惩处,从而保证中央对海洋贸易的绝对控制权,确保政府对舶货官卖收入的垄断。

泉州节度使陈洪进向宋太宗进乳香、象牙、犀、苏木、白檀香、白龙脑、木香、胡椒、真珠、玳瑁等贡品。

按:《宋会要辑稿·蕃夷七》载:"(太平兴国二年)四月,陈洪进进银千两、香二千斤、干姜万斤、葛万匹、生黄茶万斤、龙脑、腊面茶等。

八月五日,陈洪进来朝,对于崇德殿,进朝见银万两、绢万匹……又进贺登极香万斤、牙二千斤,又乳香三万斤、牙五千斤、犀二十株共重四十斤、苏木五万斤、白檀香万斤、白龙脑十斤、木香千斤、石膏脂九百斤、阿魏二百斤、麒麟竭二百斤、没药二百斤,胡椒五百斤。又进贺纳后银千两、绫千匹,又谢赐都亭驿安下乳香千斤,谢追封祖考及男已下加恩乳香万三千斤。又进通犀带一、金匣百两,白龙脑十斤、金合五十两,通牯犀一株、金合百两,牯犀四株、金合二百两,真珠五斤,玳瑁五斤,水晶棋子五副、金合六十两,乳香万斤。

九月六日,陈洪进贡助宴银五千两、乳香万斤、泉州土产葛二万匹、干姜二万斤、金银器皿二千二百两、绫二千匹。

十三日,陈洪进进银万两、钱万贯、绢万匹、谢恩乳香二万斤、牙二千斤。

十一月,陈洪进贡贺开乐乳香五千斤、象牙千斤。"[②]

太平兴国初,置榷易院于京师,乃诏诸蕃国香药、宝货至广州、交趾、泉州、两浙,非出于官库者,不得私相市易。

按:《宋会要辑稿·职官四四》载:"太平兴国初,京师置榷易院,乃

---

① 廖大珂:《宋代市舶的抽解、禁榷、和买制度》,《南洋问题研究》1997年第1期,第39~44页。

② (清)徐松:《宋会要辑稿》第16册,《蕃夷七》,刘琳等校点,上海:上海古籍出版社,2014年,第9936~9938页。

诏诸蕃国香药宝货至广州、交趾、泉州、两浙,非出于官库者,不得私相市易。后又诏:'民间药石之具恐或致阙,自今惟珠贝、玳瑁、犀牙、宾铁、鼍皮、珊瑚、玛瑙、乳香禁榷外,他药官市之余,听市货与民。'"①榷易院又称榷易署,为朝廷设置负责专卖之事的机构。通过禁榷专卖制度,赋予官府对境内广州、交趾、两浙、泉州等地进口的诸蕃香药、宝货的专营特权,以保证官府对这些物品买卖的垄断利益,为朝廷带来了不少收入。崇宁元年(1102年),右仆射蔡京言:"祖宗立禁榷法,岁收净利,凡三百二十余万贯,而诸州商税七十五万贯有奇,食茶之算不在焉,其盛时几五百余万缗。"但商人为贪图巨利,不惜铤而走险,私相市易,以至"庆历之后,法制寖坏,私贩公行,遂罢禁榷,行通商之法。自后商旅所至,与官为市,四十余年,利源寖失。"②朝廷因走私而流失大量税利。

宋太宗赵炅太平兴国七年　公元982年　壬午年

闰十二月,诏令放通行药物三十七种,许民兴贩,但玳瑁、牙、犀、宾铁、鼍皮、珊瑚、玛瑙、乳香等8种止禁榷广南、漳、泉等州舶船上,不得侵越州府界,紊乱条法。

　　按:《宋会要辑稿·职官四四》载:"(太平兴国)七年闰十二月,诏:'闻在京及诸州府人民或少药物食用,令以下项香药止禁榷广南、漳、泉等州舶船上,不得侵越州府界,紊乱条法。如违,依条断遣。其在京并诸处即依旧官场出卖,及许人兴贩。凡禁榷物八种:玳瑁、牙、犀、宾铁、鼍皮、珊瑚、玛瑙、乳香。放通行药物三十七种:木香、槟榔、石脂、硫黄、大腹、龙脑、沉香、檀香、丁香、丁香皮、桂、胡椒、阿魏、莳萝、荜澄茄、诃子、破故纸、豆蔻花、白豆蔻、鹏沙、紫矿、胡芦芭、芦会、荜拨、益智子、海桐皮、缩砂、高良姜、草豆蔻、桂心、苗没药、煎香、安息香、黄熟香、乌樠木、降真香、琥珀。后紫矿亦禁榷。'"③《宋史·食货志下八》所载,除这8种禁榷品外,尚有珠贝。因此,太平兴国七年(982年)的禁榷品共有10种。这些禁榷品大多属于奢侈品或军用品,市场需求量较大,官府可从垄断贸易中获取巨利。

---

① （清）徐松:《宋会要辑稿》第7册,《职官四四》,刘琳等校点,上海:上海古籍出版社,2014年,第4203页。

② （元）脱脱:《宋史》,北京:中华书局,1977年,第4502页。

③ （清）徐松:《宋会要辑稿》第7册,《职官四四》,刘琳等校点,上海:上海古籍出版社,2014年,第4203页。

太平兴国间,泉州主客户共 96581 户,其中主户 52056 户,客户 44525 户。

按:太平兴国年间乐史撰的《太平寰宇记》卷一百二载:"(泉州)唐开元,户三万一千六百。皇朝,户主五万二千五十六,客四万四千五百二十五。"①泉州户口首见于唐代李吉甫所撰的《元和郡县图志》,但不同版本记载却有出入。四库本《元和郡县图志》卷三十云:"泉州,清源。上。开元户五万七百五十四,乡二十四。元和户三万五千五百七十一。"②当时泉州管辖晋江、南安、莆田、仙游四县。《旧唐书》亦云:"泉州,天宝领县四,户二万三千八百六,口十六万二百九十五。"③(万历)《泉州府志》卷六《版籍志上》则云:"泉州开元中,户三万七千五十四。乾元中三万三千八百有奇,元和中三万五千五百有奇。"④《泉州农业经济史》一书第一章第一节《泉州历代人口的演变》对此有详细分析。作者认为《元和郡县图志》为唐人记唐事,比后来诸书可信。不过该书也有两种版本,光绪十三年(1887 年)王灏编《畿辅丛书》时收录的嘉庆元年(1796 年)孙星衍《岱南阁丛书》本云:"开元时,泉州乡三十四,户三万零七百五十四",与四库本有所不同。两种版本比较,四库本优于《岱南阁丛书》本,但开元至元和仅相隔六七十年,泉州地区又没有特大灾害或战争,因此人口数不太可能短时间内就锐减 2 万户。《岱南阁丛书》本所记开元和元和间人口变化不大,应比较可信。按每户 6.73 人计算,泉州的人口开元时206974人,天宝时160295人,元和时239392人。而到了宋太宗太平兴国间,户数增加到了96581户,按北宋的口户比在每户 4∶1,全州计有人口 395982人。⑤ 宋初泉州人口比盛唐时期增加了近 1 倍。

---

① (宋)乐史:《太平寰宇记》,王文楚等校点,北京:中华书局,2007 年,第 2031 页。

② (唐)李吉甫:《元和郡县图志》卷三十,《江南道五》,《影印文渊阁四库全书》第 468 册,台北:台湾商务印书馆,1986 年,第 494 页。

③ (后晋)刘昫:《旧唐书》卷四十,《地理三》,《影印文渊阁四库全书》第 269 册,台北:台湾商务印书馆,1986 年,第 111 页。

④ (明)阳思谦:(万历)《泉州府志》,台北:学生书局,1987 年,第 458 页。

⑤ [荷兰]费梅儿、林仁川:《泉州农业经济史》,厦门:厦门大学出版社,1998 年,第 2~4 页。

宋太宗赵炅雍熙四年　公元987年　丁亥年

六月，诏令两浙、漳、泉等州，凡有私贩香、药、犀、牙等违禁物品者，须于期限内自首认罪，禁榷品由官府收买。

　　按：《宋会要辑稿》的《食货三六》载："雍熙四年六月，诏：'两浙、漳、泉等州自来贩舶商旅藏隐违禁香、药、犀、牙，惧罪未敢将出。与限陈首，官场收买。'"[①]太平兴国二年（977年）起实行的禁榷制度，使官府垄断了香、药、犀、牙等舶品的买卖，获取了巨额利润。但官府往往肆意压低价格，盘剥商人，对禁榷品给出很低的收购价，又多以官库滞销之物折支，商人获利极微，因此遭到他们的强烈抵制。禁榷令颁布后，仍无法禁绝沿海一带的民间走私活动，面对日益兴盛的走私贸易，政府不得不采取严厉措施予以打击，以确保市舶收入。

印度僧人啰护哪航海至泉州，建宝林院（即今宝海庵）于泉州城南。

　　按：《诸蕃志》天竺国条载："雍熙间，有僧啰护哪航海而至，自言天竺国人。番商以其胡僧，竞持金缯珍宝以施，僧一不有，买隙地建佛刹于泉之城南，今宝林院是也。"[②]又1991年《重修泉州宝海庵碑记》载，寺庙始建于北宋雍熙四年（987年），"明崇祯间，院被洪水冲倒。清顺治时，福州鼓山僧莲西师为之重治，并改名曰宝海庵"[③]。（道光）《晋江县志》卷六十九云："宝海庵，在南门外厂口街后。"[④]即今泉州大桥北侧，南门聚宝街以南，原搬运小学旧校。庵坐西向东，分三进，建筑面积400多平方米。原庵后有放生池，后被填没，现有清光绪三十二年（1906年）刻的"宝海庵放生池"碑立于庵之南侧大桥下。该寺横梁题刻有"康熙甲戌年蒲月，赐进士出身黄观光首倡，同绅士、乡耆捐修"。黄观光，字涵伯，黄克缵曾孙，晋江人，康熙辛未科进士，著有《侨山诗文集》，康熙甲戌年（1694年）倡修宝海庵。光绪十年（1884年），乡老陈祥云等募新之。1989—1991年间又重修。宝林院是外国僧人在泉州修建的唯一佛

　　① （清）徐松：《宋会要辑稿》第11册，《食货三六》，刘琳等校点，上海：上海古籍出版社，2014年，第6785～6786页。

　　② （宋）赵汝适：《诸蕃志》，杨博文校释，北京：中华书局，1996年，第85～86页。

　　③ 吴乔生、林德民、林胜利：《泉州古城历代碑文录》，北京：中国文史出版社，2009年，第226页。

　　④ （清）周学曾：（道光）《晋江县志》，晋江县地方志编纂委员会整理，福州：福建人民出版社，1990年，第1665页。

教寺院。

宋真宗赵恒咸平元年　公元998年　戊戌年

泉州人蔡仁范在高丽去世。

　　按:《蔡仁范墓志铭》载:蔡仁范"次以统和十六年岁在□□□月十五日启手足于私第,享年六十有五矣。"辽圣宗统和十六年(998年),亦为宋真宗赵恒咸平元年。

宋真宗赵恒大中祥符元年　公元1008年　戊申年

宋真宗遣使取占城稻。

　　按:(民国)《诏安县志》卷二记载:"按:通志取占城稻为真宗大中祥符元年事。"①《湘山野录》载:"真宗深念稼穑,闻占城稻耐旱、西天绿豆子多而粒大,各遣使以珍货求其种。占城得种二十石,至今在处播之。西天中印土得绿豆种二石,始植于后苑,秋成日宣近臣尝之,仍赐占稻及西天绿豆御诗。"②《闽书》卷一百五十转引《湘山野录》时将"占城得种二十石"记成"得一十石",误。③ 占城稻原产于占城国,是一种生长期短,成熟早、较耐旱的水稻品种。而福建山多田少,山地易旱,引种占城稻易于成活。而福建往占城的海路早已开通,宋真宗遣使求种,并在福建试种也就顺理成章了。福建首先引种占城稻,次年,惠安县即有。由于占城稻具有耐旱、早熟等优点,很快闽省各地皆广为种植。(万历)《泉州府志》云:"占城稻,耐旱,其色有白,有斑,有赤。自种至熟仅五十余日,涸燥之地多种之,七邑俱有。"④

---

　　① 陈荫祖、吴名世:(民国)《诏安县志》,《中国地方志集成》第31册,上海:上海书店出版社,2000年,第652页。

　　② (宋)文莹:《湘山野录·续录·玉壶清话》,郑世刚、杨立扬点校,北京:中华书局,1984年,第57页。

　　③ (明)何乔远:《闽书》第5册,《闽书》校点组校点,福州:福建人民出版社,1994年,第4434页。

　　④ (明)阳思谦:(万历)《泉州府志》,台北:学生书局,1987年,第257页。关于占城稻相关研究,可何炳棣、谢天祯:《中国历史上的早熟稻》,《农业考古》1990年1期;郑学檬:《中国古代经济重心南移和唐宋江南经济研究》,长沙:岳麓书社,1996年;徐晓望:《占城稻质疑补证》,《中国社会经济史研究》1988年第3期;吴远鹏:《占城稻的传入及其对晋江的影响略考》,《农业考古》2017年第3期。

宋真宗赵恒大中祥符二年　公元 1009 年　己酉年

清净寺（即艾苏哈卜寺）创建。

按：据现存于清净寺大门甬道后墙的阿拉伯文纪年石刻："（中译文）此地人们的第一座礼拜寺，就是这座最古老、悠久、吉祥的礼拜寺，名称'艾苏哈卜寺'，建于（伊斯兰历）400 年（公元 1009—1010 年）。三百年后，艾哈码德·本·穆罕默德·贾德斯，即设拉子著名的鲁克伯哈只，建筑了高悬的穹顶，加阔了甬道，重修了高贵的寺门并翻新了窗户，于（伊斯兰历）710 年（公元 1310—1311 年）竣工。此举为赢得至高无上真主的喜悦，愿真主宽恕他……宽恕穆罕默德和他的家属。"[①]伊斯兰历 400 年，即公元 1009—1010 年，宋朝纪元为宋真宗大中祥符二年至三年。但据元代吴鉴的《重立清净寺碑记》载："宋绍兴元年，有纳只卜·穆兹喜鲁丁者，自撒那威从商舶来泉，创兹寺于泉州之南城。"[②]吴鉴认为清净寺创建于南宋绍兴元年（1131 年），创建者为纳只卜·穆兹喜鲁丁，来自波斯湾著名港口撒那威（Siraf）。此后的明代李光缙《重修清净寺碑记》和清代（乾隆）《泉州府志》、（道光）《晋江县志》皆从此说。围绕汉文和阿文所记载之差异，自 20 世纪 50 年代以来，中外学者包括荷兰人白参（Benchem）、日本学者桑原骘藏和藤田丰八，中国学者张星烺、吴文良、庄为玑、陈达生、赛生发、吴幼雄等针对现存清净寺和吴记清净寺的名称、年代、地址等问题展开了长期的争论。2020 年，泉州海交馆陈少丰博士在《海交史研究》上刊文，将历史文献和前人研究进行了系统梳理，结合实地调查，提出阿拉伯文纪年石刻所载现存清净寺（即艾苏哈卜寺）创建于 1009—1010 年是可信的，而吴鉴所记清净寺非现存之清净寺，而是创建于 1131 年，寺址原在旧罗城之内、府学之西，1151—1152 年被拆除后在城外重建，元末复毁。吴记的清净寺是一座扎维耶（道堂），而现存清净寺是一座清真寺，两者有所不同。[③] 清净寺北墙嵌有《〈永乐敕谕〉》碑一方，碑文云："大明皇帝敕谕米里哈只：朕惟能诚心好善者，必能敬天事上，劝率善类，阴翊皇度。故天锡以福，享有无穷之

---

①　福建省泉州海外交通史博物馆：《泉州伊斯兰教石刻》，银川：宁夏人民出版社，福州：福建人民出版社，1984 年，第 3 页。

②　白寿彝：《中国回回民族史》（上册），北京：中华书局，2003 年，第 466～467 页。

③　陈少丰：《再论泉州历史上的两座"清净寺"》，《海交史研究》2020 年第 3 期，第 23～32 页。

庆。尔米里哈只,早从马哈麻之教,笃志好善,导引善类,又能敬天事上,益效忠诚。眷兹善行,良可嘉尚。今特授尔以敕谕,护持所在。官员军民,一应人等,毋得慢侮欺凌。敢有故违朕命,慢侮欺凌者,以罪罪之。故谕。永乐五年五月十一日。"①敕谕碑是明永乐五年(1407 年)明成祖朱棣颁发保护伊斯兰教寺院的文告。14 世纪末期,泉州地区由于战乱,伊斯兰教寺院荒废,伊斯兰的朝拜活动受到影响。到了 15 世纪初期,明朝皇帝颁布圣旨,要求各地官员、军民不得怠慢欺凌伊斯兰,违者治罪,以此来保护伊斯兰及其寺院,由此伊斯兰后裔在泉州得到延续。清净寺是宋元时期泉州伊斯兰商人及其族群的见证,这一群体是亚洲海洋贸易的主要参与者,是宋元国家口岸多元社会结构的重要组成部分。从建筑风格及元素上来看,体现了海洋贸易为泉州带来的人群会聚和文化共存,这些多元文化因素极大地丰富了国家口岸城市的城市面貌和文化内涵。清净寺也是宋元泉州外商聚居区的珍贵遗存,是商业性城区的重要地标,体现了宋元国家口岸城市独特的融合、发展过程。②

交趾廷乱,闽人李公蕴因平定有功,被朝臣拥立为交趾王,建立李朝,后世尊其之为"李太祖"。李公蕴旋即遣使诣宋廷纳贡,宋真宗册封其为交趾郡王。

> 按:沈括《梦溪笔谈》卷二十五《杂志(二)》载:"景德元年,土人黎威杀琏自立;三年,威死,安南大乱,久无酋长。其后国人共立闽人李公蕴为主。天圣七年,公蕴死,子德政立。嘉祐六年,德政死,子日尊立。自公蕴据安南,始为边患,屡将兵入寇。至日尊,乃僭称'法天应运崇仁至道庆成龙祥英武睿文尊德圣神皇帝',尊公蕴为'太祖神武皇帝',国号大越。熙宁元年,伪改元宝象;次年,又改神武。"③李公蕴(974—1028 年),又称李太祖,字兆衍,越南李朝的开国君主,1009—1028 年在位,年号顺天。关于李公蕴的身世,民间多有传说其为汉族出身,《梦溪笔谈》即认为李公蕴是闽人,宋人范成大也说李公蕴"亦本闽人",与闽商关系

---

① 福建省泉州海外交通史博物馆:《泉州伊斯兰教石刻》,银川:宁夏人民出版社,福州:福建人民出版社,1984 年,第 7 页。

② 《清净寺》,2017 年 8 月 7 日,http://www.qzworldemporium.cn/yczhs/201708/t20170807_2467698.htm,2021 年 10 月 15 日。

③ (宋)沈括:《梦溪笔谈》卷二十五,《影印文渊阁四库全书》第 862 册,台北:台湾商务印书馆,1986 年,第 849～851 页。

颇为密切,"闽商附海舶至者,必厚遇之,因命之官,资以决事"①。不过越南史书《安南志略》卷十二《李氏世家》却称:"李公蕴,交州人。或谓闽人,非也。"②但《安南志略》成书于13世纪末至14世纪初,较《梦溪笔谈》晚了两个世纪,沈括之说似更可信。③

　　宋代闽人多贾越南,交趾位于越南北部,南接占城,泉州至占城国的航路"顺风舟行二十余程"④,宋真宗曾遣使取占城稻回福建试种,两地之间的交流非常频繁。宋代前往越南经商的闽人络绎不绝,泉州安海商人"买(吉贝布)数千匹往高州、海南及交趾、吕宋等异国货利"⑤,其他见载于史书的泉州商人有邵保、王元懋、陈应祥等,亦有民人附搭海舶"留于彼用事者"⑥,可见往来、侨居越南的闽人数量当有不少。清嘉庆年间,晋江东石人蔡永蒹撰辑的《西山杂志》之《李家港》提到安海李庄为李公蕴的出生地,曰:"李庄有五,在曾厝大房之间。五代后,晋开运元年,南唐主议伐闽,侍中李松不可也。松,李吾山之后,航海南来避难于此。其子李富安,字山平,弃学经商,航舟远涉真腊、占城、暹湾诸国,安南、交趾尤熟居,每次舟行村里,咸偕之去。少子李公素(蕴),北宋时,被推荐建立安南九世王朝,李家港乃李山平之舟泊处也。"⑦韩振华先生据此考证其为晋江安海人⑧,但由于《西山杂志》所记与史籍出入较多,学界多认为该书错讹甚多,未可尽信。20世纪90年代末,在安海发现的手抄本《李庄恚内李氏房谱》,内中有不少李公蕴资料,记第十三派公蕴,"字兆衍,淳安次子。擅武功,善属文。自幼从父徙居交趾北江。初任黎朝殿前指挥使。宋真宗大中祥符二年己酉,交趾廷乱,公平定有功,被朝臣拥立为交趾王,是为李朝。公为王后,即遣使诣宋廷纳

---

①　(宋)范成大:《桂海虞衡志》,《范成大笔记六种》,孔凡礼点校,北京:中华书局,2004年,第153页。

②　(元)黎崱:《安南志略》卷十二,《李氏世家》,《影印文渊阁四库全书》第464册,台北:台湾商务印书馆,1986年,第672页。

③　庄景辉:《泉州港考古与海外交通史研究》,岳麓书社,2006年,第423～426页。

④　(宋)赵汝适:《诸蕃志》,杨博文校释,北京:中华书局,1996年版,第8页。

⑤　(清)柯琮璜:《安平志》卷二,《土货》,《安平志校注本》,安海乡土史料编辑委员会校注,北京:中国文联出版社,2000年,第124页。

⑥　(宋)李焘:《续资治通鉴长编》第19册,北京:中华书局,1986年,第6601页。

⑦　(清)蔡永蒹:《西山杂志》(手抄本),第81页。

⑧　韩振华:《宋代两位安海人的安南王》,《安海港史研究》编辑组编:《安海港史研究》,福州:福建教育出版社,1989年,第42～46页。

贡。真宗册封其为交趾郡王，迄仁宗朝亦封为南平王，后追谥交趾国太祖神武皇帝。公生北宋雍熙元年正月十四，卒天圣六年戊辰十月十八。配黎氏、陈氏、立德政为王子"。其父第十二派李淳安，"字富安，崧公长子。官水陆运使。原籍深州饶阳，今属河北饶阳，徙居闽州郡湾海东之李家庄，即今之九都中蔡也。因避难弃官营漕运，放舶真腊、交趾、暹罗诸地，而于交趾更甚。公生后梁龙德元年辛巳九月初六，卒北宋咸平二年己亥十月十九。原配辛氏，生卒未详，没出。续配马氏，封夫人。公远出营生，姚长居娘家仁和里鸿山之麓马家，立溥济庵奉经礼佛，生后唐天福元年丙申十一月廿八，卒北宋天禧二年戊午九月十九。公姚墓葬灵源山西南麓，亦葬衣冠墓于安南大罗城升龙。生子二，长公藻，居中蔡焉内；次公蕴，徙居交趾，封交趾郡王。三世孙日尊追谥其交趾国太祖神武皇帝。"①所记甚详，李天锡根据《李庄焉内李氏房谱》的相关记载，结合《宋史》《元史》对安南李朝的有关情况进行考证，证实《李庄焉内李氏房谱》的记载是可信的，李公蕴的籍属确系泉州晋江安海人。②

宋真宗赵恒大中祥符五年　公元1012年　壬子年

淮、浙一带微旱，宋真宗遣使福建，取三万斛占城稻分给，令种之。

　　按：《淳熙三山志》卷四十一载："占城，相传其种自占城国来。大中祥符五年，淮浙微旱，遣使福建，取种三万斛分给，令种莳之。今土俗谓之'百日黄'是也。"③《宋史》卷一七三《食货上》作"祥符四年"④。

宋真宗赵恒大中祥符八年　公元1015年　乙卯年

闰六月甲辰，泉州人欧阳征移居高丽。

　　按：《高丽史》卷四载：显宗六年（1015年）闰六月甲辰，"宋泉州人欧阳征来投。"⑤宋代泉州的造船和航海技术已较为先进，当时北上高丽经

---

① 晋江安海《李庄焉内李氏房谱》（手抄本），第11、13～14页。

② 李天锡：《安南李朝世家新考——兼考安南陈朝一世陈日煚籍属》，《华侨华人历史研究》2002年第1期，第56～61页。

③ （宋）梁克家：《淳熙三山志》，《影印文渊阁四库全书》第484册，台北：台湾商务印书馆，1986年，第585～586页。

④ （元）脱脱：《宋史》，北京：中华书局，1977年，第4162页。

⑤ ［朝］郑麟趾等：《高丽史》，重庆：西南师范大学出版社，北京：人民出版社，2014年，第101页。

商的泉州人为数不少,以至高丽"王城有华人数百,多闽人因贾舶至者,密试其所能,诱以禄仕,或强留之终身。朝廷使至,有陈牒来诉者,则取以归"①。据林金水教授统计,自宋真宗祥符五年(1012 年)至宋光宗绍熙三年(1192 年)的 180 年间,宋朝海商北上高丽进行贸易的有 117 次,其中标明姓名和籍贯的有 35 次。泉州商人有 19 次,占比达 54%,未注明籍贯的"宋人"或"宋商"也一定会有不少是泉州商人。② 可见当时北上高丽的宋人群体以泉州人规模最大、人数最多。高丽王为招揽人才,还通过泉州商人穿针引线,在泉州当地广为宣传,诱以禄仕,吸引了一批泉州文人入仕做官,如欧阳征被授官左右拾遗,蔡仁范官至礼部侍郎,刘载官至吏部尚书、司空尚书右仆射。北上高丽的泉州人为促进高丽政治、经济、文化的发展,以及恢复与发展宋、丽两国外交关系做出了重要贡献。但自宋高宗之后,由于海外贸易对象的转移、海盗猖獗等因素影响,泉州人移居朝鲜现象大为减少。③

宋真宗赵恒大中祥符九年　公元 1016 年　丙辰年

正月丁卯,泉州人欧阳征被高丽授予左右拾遗之职。

　　按:《高丽史》卷四载:显宗七年(1016 年)正月"丁卯,以金殷傅为户部尚书,李守和、崔冲为左右补阙,李作忠、欧阳征为左右拾遗。"④

宋真宗赵恒天禧元年　公元 1017 年　丁巳年

七月辛丑,泉州人林仁福等四十人往高丽献方物。

　　按:《高丽史》卷四载:显宗八年(1017 年)七月"辛丑,宋泉州人林仁福等四十人来献方物。"⑤

---

① (元)脱脱:《宋史》,北京:中华书局,1977 年,第 14046~14053 页。

② 林金水:《福建对外文化交流史》,福州:福建教育出版社,1997 年,第 66、74 页。

③ 相关研究可陈高华:《北宋时期前往高丽贸易的泉州舶商》,《海交史研究》1980 年第 2 期;叶恩典、李玉昆:《古代福建与新罗、高丽关系若干问题研究》,《海交史研究》2008 年第 1 期;黄英湖:《宋代泉州人的北上高丽及其影响》,泉州学研究所编:《泉州学与地方学研究》,厦门:厦门大学出版社,2016 年,第 235~246 页;王连茂:《泉州港视野中的宋丽贸易:有关泉州商人的那些事》,王连茂:《刺桐杂识》,北京:海洋出版社,2018 年,第 147~169 页。

④ [朝]郑麟趾等:《高丽史》,重庆:西南师范大学出版社,北京:人民出版社,2014 年,第 102 页。

⑤ [朝]郑麟趾等:《高丽史》,重庆:西南师范大学出版社,北京:人民出版社,2014 年,第 105 页。

宋真宗赵恒天禧三年　公元 1019 年　己未年

七月己巳,泉州人陈文轨等一百人往高丽献方物。

　　按:《高丽史》卷四载:显宗十年(1019 年)七月"己巳,宋泉州陈文轨等一百人来献土物。"①

宋真宗赵恒天禧四年　公元 1020 年　庚申年

二月己酉,泉州人怀贽等往高丽献方物。

　　按:《高丽史》卷四载:显宗十一年(1020 年)二月"己酉,宋泉州人怀贽等来献方物。"②

宋仁宗赵祯天圣元年　公元 1023 年　癸亥年

十一月丙申,泉州人陈亿移居高丽。

　　按:《高丽史》卷五载:显宗十四年(1023 年)十一月丙申,"宋泉州人陈亿来投。"③

宋仁宗赵祯天圣六年　公元 1028 年　戊辰年

九月丙申,泉州人李颛等三十余人往高丽献方物。

　　按:《高丽史》卷五载:显宗十九年(1028 年)"九月丙申,宋泉州人李颛等三十余人来献方物。"④

宋仁宗赵祯天圣八年　公元 1030 年　庚午年

七月己巳,泉州人卢遵等往高丽献方物。

　　按:《高丽史》卷五载:显宗二十一年(1030 年)七月"己巳,宋泉州人

　　①　[朝]郑麟趾等:《高丽史》,重庆:西南师范大学出版社,北京:人民出版社,2014 年,第 111 页。

　　②　[朝]郑麟趾等:《高丽史》,重庆:西南师范大学出版社,北京:人民出版社,2014 年,第 113 页。

　　③　[朝]郑麟趾等:《高丽史》,重庆:西南师范大学出版社,北京:人民出版社,2014 年,第 122 页。

　　④　[朝]郑麟趾等:《高丽史》,重庆:西南师范大学出版社,北京:人民出版社,2014 年,第 130 页。

卢遵等来献方物。"①

宋仁宗赵祯明道二年　公元1033年　癸酉年

八月甲午,泉州商人都纲、林蔼等五十五人往高丽献土物。

　　按:《高丽史》卷五载:德宗二年(1033年)"八月甲午朔,宋泉州商都纲、林蔼等五十五人来献土物。"②

宋仁宗赵祯庆历元年　公元1041年　辛巳年

九月庚申,广南东路转运司奏言,泉州商人邵保在占城国捉拿军贼鄂邻等百余人。

　　按:《续资治通鉴长编》卷一百三十三载:"(九月庚申)广南东路转运司言:商人邵保至占城国,见军贼鄂邻等百余人羁縻在其国中。诏本路选使臣二人,持诏书、器币赐占城国主,执送贼首于阙下,余党令就戮之。始邻与广州兵逆战海中,值大风,有告邻溺死者,州以事闻。提点刑狱南昌袁抗独曰:'是日风势趣占城,邻未必死也。'既而果得邻于占城。"③卷一百三十七有"以泉州民邵保,为下班殿侍、三班差使"之语,可知邵保为泉州人。此前内臣温台巡检张怀信苛虐军民,康定元年(1040年),温台府巡检军士鄂邻等不胜怨忿,将其杀害,而后寇掠数十州境,亡入占城。泉州商人邵保早前往占城贸易,见到鄂邻等人,回国禀报朝廷,后来朝廷命使臣诏赴占城,邵保与俱往,并"以私财募人之占城,取陵(邻)等七人而归,泉首广市。"④

宋仁宗赵祯庆历二年　公元1042年　壬午年

六月己巳,宋廷以邵保为下班殿侍、三班差使,监南剑州昌顺县酒税。缘其在占城国捉拿军贼鄂邻等故也。

　　按:《续资治通鉴长编》卷一百三十七载:"(庆历二年六月)己巳,以

---

① 〔朝〕郑麟趾等:《高丽史》,重庆:西南师范大学出版社,北京:人民出版社,2014年,第134页。

② 〔朝〕郑麟趾等:《高丽史》,重庆:西南师范大学出版社,北京:人民出版社,2014年,第145页。

③ (宋)李焘:《续资治通鉴长编》第10册,北京:中华书局,1985年,第3175页。

④ (宋)司马光:《涑水记闻》,《影印文渊阁四库全书》第1052册,台北:台湾商务印书馆,1986年,第418页。

泉州民邵保为下班殿侍、三班差使，监南剑州昌顺县酒税。保本海商，尝至占城国，见军贼鄂邻，归而言之，及朝廷命使臣赍诏赴占城，保与俱往，获邻等还，故录之。"①

宋仁宗赵祯庆历五年　公元 1045 年　乙酉年

五月丙寅，泉州商人林禧等往高丽献土物。

　　按：《高丽史》卷六载：靖宗十一年（1045 年）五月"丙寅，大宋泉州商林禧等来献土物。"②

安溪县青阳（今尚卿乡青洋村）等场铁冶大发，福建路转运使高易简置铁钱务于泉州。

　　按：《宋史》卷一百八十《食货下二》载："（庆历）五年，泉州青阳铁冶大发，转运使高易简不俟诏，置铁钱务于泉，欲移铜钱于内地。"③1966年，下草埔遗址被发现于安溪尚卿乡青洋村南的梯田处，面积约 100 万平方米，至今尚残存几十口古矿井。2019 年以来，在国家文物局统筹下，北京大学考古文博学院开展安溪青阳下草埔冶铁遗址的考古发掘。目前，已经发现下草埔、墩仔矿尾等 8 处冶铁遗址。青阳下草埔冶铁遗址就现阶段发掘情况来看，发现系列重要遗迹，包括石堆、池塘、护坡、炉、房址、地面、小丘及很多的板结层。遗址出土的遗物，按照材质可分为钱币、金属器、陶瓷瓶、冶炼遗物、石块五大类。金属器大致分为铁制品和铜制品两类，铁钉是下草埔遗址目前仅见的经锻打铁制品之一，这也证明了该遗址有可能有锻造活动的存在。根据已经发掘出的遗迹和遗物判断，下草埔遗址使用石块垒砌小高炉进行冶炼，炉容量远大于地炉冶炼。冶炼遗物包括炉渣、矿石、烧土、炉衬四大类。根据相关分析结果，考古工作人员把下草埔遗址所见炉渣分成三种，包括块炼铁（熟铁）、生铁和钢。④ 安溪青阳下草埔冶铁遗址是宋元时期泉州冶铁手工业的珍贵见证，与泉州的陶瓷生产基地共同显示出宋元泉州强大的产业能力和贸易输出能力。同时这处遗址也保存了能够呈现完整的冶铁生产体系和环境关系的珍贵物证。安溪地区的传统制铁业至今仍在延

---

① （宋）李焘：《续资治通鉴长编》第 10 册，北京：中华书局，1985 年，第 3287 页。

② ［朝］郑麟趾等：《高丽史》，重庆：西南师范大学出版社，北京：人民出版社，2014 年，第 175 页。

③ （元）脱脱：《宋史》，北京：中华书局，1977 年，第 4380 页。

④ 章丽香：《青阳下草埔冶铁遗址考古成果发布》，《安溪报》2020 年 12 月 15 日第 4 版。

续，当地余氏家族与宋元时期的冶铁活动有关，成为这一传统产业的活态见证，也为宋元海洋贸易留存下了珍贵的产业记忆。[①]

宋代已经开始使用煤作为冶铁燃料，掌握了大规模冶铁的方法，能炼出生铁、熟铁和钢铁，年产铁量平均在 0.5 万～1 万吨，产量最高的元丰年间，产铁量在 1.7 万～2 万吨。[②] 铁的生产主要有几种用途，一是制造官用武器，二是制作民间家具和器物，三是铸造铁钱，四是用于铸造铜钱的消耗。据日本学者宫崎市定推测，用于铸币的铁的数量约占到年产量的 1/3，而宋代炼铜采用的是"浸铜法"，获取铜时需要消耗掉两倍以上的铁。因此，直接或间接用于铸币的铁，恐怕要占铁年产量的一半。[③] 福建地区缺铜但不缺铁，"宋开宝中，设诸州坑冶场务二百有一"，泉州的永春、安溪、德化、晋江、惠安等地皆有产，"泉州产铁之场在永春曰倚洋，安溪曰青阳，德化曰赤水。而晋江之石菌、卢湾、牛头屿、长箕头，惠安之卜坑、黄崎、礁头、许□、港尾、沙溜、庐头、峰前、牛埭，皆有铁砂。……至淳祐中，永春、东洋、肥湖、德化、信洋、上田、丘埕，铁砂尚有业作者，通判掌之诸县，岁有炉税钱，解送建宁府"。[④] 因铜少铁多，早在五代十国时期，闽国和南唐都曾铸"开元通宝"大铁钱[⑤]，与铜钱并用。北宋在消灭这些割据政权后，默许福建继续使用铁钱。庆历初，陕西、河东等地兼用铜、铁钱，庆历五年（1045 年），福建路转运使高易简因泉州青阳铁冶大发，不俟诏，擅自在泉州置铁钱务，想将铜钱运往内地，把泉州变成铁钱区，以此邀功。高易简扰乱币制的行为受到朝廷的处分，当年六月丙辰，被贬为衢州知州。[⑥] 到了神宗年间，随着江南铜矿的大量开采，进入福建流通领域的铜钱不断增加，铁钱逐渐被铜钱替换，铁

① 《安溪青阳下草埔冶铁遗址》，2020 年 4 月 28 日，http://www.qzworldemporium.cn/yczhs/202004/t20200428_2467674.htm，2021 年 10 月 15 日。

② 刘森：《宋代的铁钱与铁产量》，《中国经济史研究》1993 年第 2 期，第 86～90 页。

③ ［日］宫崎市定：《宫崎市定亚洲史论考》，张学锋、马云超等译，上海：上海古籍出版社，2017 年，第 978～985 页。

④ （明）阳思谦：（万历）《泉州府志》，台北：学生书局，1987 年，第 613 页。

⑤ 蒋九如、范文海：《闽开元大铁钱的版别及其铸主考略》，中国钱币学会：《中国钱币论文集》（第 4 辑），北京：中国金融出版社，2002 年，第 259～268 页。

⑥ 《续资治通鉴长编》卷一五六："（庆历五年六月）丙辰，降前福建路转运按察使、金部员外郎高易简知衢州。福建伪命时行铁钱，本朝因之。时泉州青阳等场铁大发，易简遂置铁务于泉州，欲移铜钱于内地，初不以闻，坐是得罪。"见（宋）李焘：《续资治通鉴长编》第 12 册，北京：中华书局，1985 年，第 3784 页。

钱的流通区域在熙宁时期已经大为缩小,仅限福州一隅。熙宁中,程师孟知福州,因铁钱乱币而罢福州铁钱。自此,铁钱退出福建流通领域。但这种情况没能持续多久,北宋末年,因铜矿枯竭,铸币量减少,铁钱的流通领域空前膨胀,到了大观二年(1108年),福建路又开始恢复铁钱流通。①

宋前期,铁作为战略物资被广泛用于军事领域,朝廷曾一度禁止铁器出口。庆历三年(1043年),"发运使杨吉乞下福建严禁法,除民间打造农器锅釜等外,不许贩下海。"②但受到高额利润的驱使,铁制品的走私仍然屡禁不绝。赵汝适在《诸蕃志》中就提到,三佛齐国、佛啰安国、阇婆国、麻逸国等诸蕃国的土产,商人可用铁、铁鼎、铁针等博易③,可见泉州青阳等地的冶铁制品,除一部分内销外④,大部分早已"兴贩入海""远泛蕃国",同瓷器一道,通过泉州港被大量销往海外市场。考古研究也发现了不少泉州铁制品外销的证据。根据宋代沉船"南海Ⅰ号"船载的100余吨铁制品(以铁条和铁锅为主,其中以铁条最多)及铁质凝结物分析发现,出土铁器,铁锅为铸造成型、铁条为锻打加工,所用冶炼燃料应以煤炭为主,产地有可能为泉州或佛山地区。⑤ 泉州湾出土的两艘宋代古船,也发现有铁搭钩、斧头、铁锭、钉送等,以及504枚唐宋铜铁钱,其中的宋代铁钱尤为珍贵⑥,表明宋代泉州的金属锻造、淬钢等技术已被广泛采用,技术十分成熟,出口的铁制品在海外广受欢迎。宫崎市定通过对中世纪西方地理学者的游记分析,证实当时中国生产的铁制

① 陈广胜:《北宋铁钱流通区域考述》,《中国钱币》1989年第2期,第34～37页。

② (宋)梁克家:《淳熙三山志》卷四十一,《物产》,《影印文渊阁四库全书》第484册,台北:台湾商务印书馆,1986年,第586页。

③ (宋)赵汝适:《诸蕃志》,杨博文校释,北京:中华书局,1996年,第34～46、47、54～55、141页。

④ 《淳熙三山志》卷四十一云:"商贾通贩于浙间,皆生铁也。"庆历年间,朝廷禁止铁器下海,两浙运司特别上奏称:"当路州处自来不产铁,并是泉、福等州转海兴贩。逐年商税课利不少,及官中抽纳、折税收买,打造军器。乞下福建运司晓示,许令有物力客人兴贩。仍令召保,出给长引,只得诣浙路去处贩卖。"要求开禁,特许商人从海道贩入浙江。见(宋)梁克家:《淳熙三山志》,《影印文渊阁四库全书》第484册,台湾商务印书馆,1986年,第586页。

⑤ 张玄微:《"南海Ⅰ号"出土铁器及铁质凝结物分析》,《客家文博》2020年第1期,第27～33页。

⑥ 贺威:《宋元福建科技史研究》,厦门:厦门大学出版社,2019年,第285页。

品已成为重要的出口商品,经由南海直达阿拉伯半岛,许多国家都在使用。①

宋仁宗赵祯皇祐元年　公元 1049 年　己丑年

八月辛巳,泉州商人王易从等六十二人往高丽献珍宝。

按:《高丽史》卷七载:文宗三年(1049 年)八月"辛巳,宋泉州商王易从等六十二人来献珍宝。"②

宋仁宗赵祯皇祐四年　公元 1052 年　壬辰年

九月壬子,泉州商人萧宗明等四十人往高丽献土物。

按:《高丽史》卷七载:文宗六年(1052 年)九月"壬子,宋商萧宗明等四十人来献土物。"③卷八提到"宋泉州商黄文景、萧宗明、医人江朝东等将还",可知黄文景、萧宗明皆为泉州人。

宋仁宗赵祯皇祐五年　公元 1053 年　癸巳年

开元寺僧宗已及郡人王实、卢锡倡建洛阳桥。

黄仲昭的《八闽通志》卷十八云:"万安桥,在府城东北三十八都,亦名洛阳。宋庆历初,郡人陈宠甃石作沉桥。皇祐五年,僧宗已及郡人王实、卢锡倡为石桥未就,会蔡襄守郡踵而成之。酾水为四十七道,长三百六十余丈,广丈有五尺。"④宋朝,泉州已成长为贸易大港,位于泉州城东北交通要冲的万安渡是联结福州和泉州的交通要道,商旅繁忙。然而该渡口一遇风潮就陷入半瘫痪状态,极大影响了人员和货物的流通。没有安全通行保障的万安渡,已成为泉州海外贸易发展和人民生活安乐的绊脚石。从宋庆历年间起,为尽快结束万安渡口风高浪险、舟楫难渡的局面,泉州一些有识之士开始在渡口上筹建桥梁。庆历初,郡人李宠曾甃石做桥,但因江面宽阔,波涛汹涌,水流湍急,暗礁密布,终告失

---

① ［日］宫崎市定:《宫崎市定亚洲史论考》,张学锋、马云超等译,上海:上海古籍出版社,2017 年,第 996~998 页。

② ［朝］郑麟趾等:《高丽史》,重庆:西南师范大学出版社,北京:人民出版社,2014 年,第 190 页。

③ ［朝］郑麟趾等:《高丽史》,重庆:西南师范大学出版社,北京:人民出版社,2014 年,第 198 页。

④ (明)黄仲昭:《八闽通志》上册,福州:福建人民出版社,1990 年,第 353 页。

败。皇祐五年（1053 年），泉州开元寺僧人宗己和郡人王实、卢锡又"倡为石桥"，筹建跨海石梁桥，但因资金、技术等问题，迟迟未能修好。直到蔡襄再知泉州后，积极筹措资金、勘探实地，组织人手，加快续建洛阳桥，经过艰苦的努力，洛阳桥终于在嘉祐四年（1059 年）十二月建成，历时达 6 年之久。

　　蔡襄（1012—1067 年），字君谟，兴化军仙游人，北宋名臣，书法家、文学家、茶学家，宋仁宗天圣八年（1030 年）登进士第，先后任馆阁校勘、知谏院、直史馆、知制诰、龙图阁直学士、枢密院直学士、翰林学士等职，在朝为谏官时，以直言著称。庆历四年（1044 年），调知福州。庆历六年（1046 年）秋，改任福建路转运使。至和元年（1054 年），迁龙图阁直学士知开封府。三年二月任泉州知州，未几，移知福州。嘉祐三年（1058 年）再知泉州。五年，召拜翰林院学士，权三司使。蔡襄在泉州任上整顿吏治、加强海防、兴修水利，并修建了洛阳桥，政绩显著，深受百姓爱戴。宋英宗即位后正授三司使，再以端明殿学士出知杭州。治平四年（1067 年），蔡襄逝世，累赠少师，谥号"忠惠"。蔡襄传世碑刻有《万安桥记》，书迹有《书谢赐卿御书诗》和书札、诗稿等。著有诗词 370 首，诗文清妙。奏议 64 篇，杂文 584 篇，收入《蔡忠惠公文集》。

宋仁宗赵祯嘉祐三年　公元 1058 年　戊戌年

八月乙巳，泉州商人黄文景等往高丽献土物。

　　按：《高丽史》卷七载：文宗十二年（1058 年）"八月乙巳，宋商黄文景等来献土物。"①

福州知州蔡襄奏请在福州、泉州、漳州、兴化等沿海地方教习舟船以备海道。

　　按：（道光）《晋江县志》卷五《海防志》载："嘉祐三年，知福州守蔡襄奏请沿海地方教习舟船以备海道。"②这篇奏疏收于《蔡襄集》卷二十一，即《乞相度沿海防备盗贼》，曰："淮中书札子节文指挥，枢密直学士、礼部郎中、知福州蔡襄奏：'臣于皇祐四年曾蒙朝廷除知福州，臣以私事辞

---

　　①　[朝]郑麟趾等：《高丽史》，重庆：西南师范大学出版社，北京：人民出版社，2014 年，第 218 页。

　　②　（清）周学曾：（道光）《晋江县志》，晋江县地方志编纂委员会整理，福州：福建人民出版社，1990 年，第 94 页。

免，续差天章阁待制曹颖叔知福州。臣其时得知朝廷有札子指挥与曹
颖叔，渐次开修城池。臣今来到任，检阅不下司文字并诸案，并无宣命
札子，切虑只是曹颖叔付身文字，将带随行。其城池不曾开修，只筑到
数十丈高墙，又别无行遣计度工料，虑有误事，伏须举奏者。'蒙朝廷检
会：福建路沿海州军，与外界水路通接，自来未曾别作防备。于皇祐四
年十二月奉圣旨，令新差知福州曹颖叔，候到任，专切用心经制，应系沿
海地分外寇可来之处，立便擘画防扼设备，开析闻奏。又奉圣旨，宣令
蔡襄详前项所降指挥，相度闻奏。札送知福州蔡密学。今具相度，因依
下项：

　　臣今相度福州、泉州、漳州、兴化军尽是边海，若是舟船要到城下，
逐州各有海口小港，约近百里至七十里。其海口旧时各有镇寨把扼海
路，后来无事，兵士渐次减少。今来见作点检商税，量差兵级在彼。沿
海路平静，难以宿兵，如有盗贼，逐州军可以随宜应副。

　　泉州、福州、漳州、兴化军各是海边，今来逐州兵士并不会舟船，出
入海路收捉茶盐，如遇贼人斗敌，多被贼船惯习水势，立见伤损。臣闻
福州闽安镇把港及钟门巡检一员，在海上封桩舶船。泉州有同口巡检
一员，去城七里，每年下海封桩舶船。漳州旧有黄淡头巡检一员，号为
招舶，亦是夏间下海。兴化军巡检一员，却在兴化县山中，去军城百里，
海上别无巡检。所有逐州逐军虽招舶船，每年或有或无，原其创意，盖
是沿海州军要得兵甲习会水战，以防急缓。其漳州黄淡头巡检后因转
运使高易简奏，移置龙岩县山中大池驿，去州七日，防备盗贼，因此废罢
招舶一员。臣今相度，漳州管界巡检去城五里，却令兼带招舶，每年出
海。兴化军管界巡检移近军城，给与舟船，令往来海上巡警。

　　臣相度沿海州军兵士多是不习舟船出入。臣于去年奏乞置澄海指
挥，更不拣添宣毅。后来谓诸州已拣添宣毅，朝廷难更施行。臣今乞令
福、泉、漳州、兴化军旧有刀鱼船及巡检司入海舟船，量与修整；旧有舟
船亦乞量置五七只。其宣毅兵士差下巡检司，并令教习舟船，谙习
水势。

　　右(上)件具如前。臣相度沿海水路防备盗贼，伏乞朝廷特赐指挥。
谨具状奏闻，伏候敕旨。"①

　　宋嘉祐间，泉州已是繁荣的对外贸易港口，海上商船的频繁往来，

---

① （宋）蔡襄：《蔡襄集》，吴以宁点校，上海：上海古籍出版社，1996 年，第 369～371 页。

引发了海盗的打劫。为维护海上商路安全，严厉打击海盗，宋朝在广州、泉州等沿海港口设立"望舶巡检司"，或驻扎寨兵巡视海路。只因"后来无事，兵士渐次减少"，海上巡逻逐渐松懈，乃至发现沿海各州兵士并不会舟船，出入海路巡逻"遇上贼人斗敌，多被贼船惯习水势，立见伤损"。因此，蔡襄奏乞令福州、泉州、漳州及兴化军旧有刀鱼船及巡检司入海舟船，重新予以修整，并派人给兵士教习舟船，谙习水势，令往来海上巡逻。这套"海上巡警"的制度一直维持到南宋，有力地保护了航路安全，泉州繁忙的海外贸易才得以持续发展。

宋仁宗赵祯嘉祐四年　　公元 1059 年　　己亥年

八月戊辰，泉州商人黄文景、萧宗明将从高丽返回泉州，高丽王诱萧宗明留之。

　　按：《高丽史》卷八载：文宗十三年（1059 年）"秋八月戊辰，宋泉州商黄文景、萧宗明、医人江朝东等将还。制：'许留宗明、朝东等三人。'"①

十二月辛未，洛阳桥成。

　　按：蔡襄《洛阳桥记》云："泉州万安渡石桥，始造于皇祐五年四月庚寅，以嘉祐四年十二月辛未讫工。累址于渊，酾水为四十七道，梁空以行。其长三千六百尺，广丈有五尺。翼以扶栏，如其长之数而两之。靡金钱一千四百万。求诸施者，渡实支海，去舟而徒，易危而安，民莫不利。职其事，卢锡、王实、许忠，浮图义波、宗善等十有五人。既成，太守莆阳蔡襄为之合乐宴饮而落之。明年秋，蒙召还京，道由是出，因记所作，勒于岸左。"②此碑现在洛阳万安桥南蔡忠惠祠内中厅，蔡忠惠塑像前左右两侧，相向。碑高 295 厘米，碑座高 68 厘米，宽 210 厘米，厚 68 厘米，通高 363 厘米，碑宽 163 厘米，字径 19 厘米×18 厘米。6 行，行 13 字。竖刻正书。上碑系宋刻原碑，碑石色深；下碑为新中国成立后就原刻重镌，碑石色浅。上碑终于"求"字，下碑始于"诸"字，全碑仅 153 字，诚碑记之简练者。

　　洛阳桥又名"万安桥"，建在城东北的洛阳江上，是海港城市对外交通的必然选择。这里距泉州古城约 10 公里，由石湖码头、江口码头等

---

① ［朝］郑麟趾等：《高丽史》，重庆：西南师范大学出版社，北京：人民出版社，2014 年，第 220 页。

② 刘浩然：《洛阳万安桥志》，香港：华星出版社，1993 年，第 89 页。

处上岸的货品在泉州古城内集散,由仁风门出,沿清源山麓,在此过洛阳江,向北运送至福州、江浙等地。宋庆历年间洛阳江修有浮桥,但常被风浪冲垮。宋皇祐五年(1053年),泉州太守蔡襄主持洛阳桥建桥工程。嘉祐四年(1059年),洛阳桥建成,前后历六年之久。此后因受台风、潮水、地震等不利因素影响,洛阳桥桥体屡有崩塌,赵思诚、李俊育、姜志礼、工之琦等都曾组织修复过。洛阳桥位于福建省泉州台商投资区南侧,洛江区北侧,北起蔡襄路、昭阳路、江城路交会口,上跨洛阳江出海口,南至桥南街、堤岸路交会口,是中国著名的跨海梁式大石桥。现存全长约731米,桥宽约4.5米,主体桥段为47孔,有45座石墩,依托桥中部一自然小岛(中洲)而建。所有石墩朝向洛阳江上游的西侧均附有船形分水尖,而仅有南段3个石墩设东侧分水尖。石桥梁板系巨型条石,桥面左右翼以望柱、扶栏。洛阳桥身、中洲及桥南北各设有一些附属构筑物或建筑物。桥身两侧设置宋以来各形制石塔7座,护桥石将军4尊。中洲上有中亭和西川甘雨碑亭。蔡襄又在福州至泉州、漳州700余里的大道两旁遍植松树,荫庇道路,闽人德之,刻碑记载他的功德。建造洛阳桥时,郡守蔡襄又迎奉通远王至洛阳桥并建庙镇海。洛阳桥首创了"筏形基础"的新型桥基,即用船载石沿着桥梁中线抛下大量石块,使江底形成一条矮石堤,然后在堤上建桥墩。洛阳桥桥墩全用长条石交错垒砌,两头尖,以分水势,减轻浪涛对桥墩的冲击。为了巩固基石,泉州先民还首创了"种蛎固基法",即在基石上养殖牡蛎,使之胶结成牢固的中流砥柱,这是世界上把生物学应用于桥梁工程中的先例。1988年1月13日,洛阳桥被中国国务院公布为中国"第三批全国重点文物保护单位"。洛阳桥是官方主导、全民合力建造大型交通设施的典范,体现了官方、僧侣等社会各界对商贸活动的推动和贡献。它加强了泉州与闽北和内陆的陆运联系,开启了宋元泉州3个世纪的造桥运动,推动了国家口岸水陆转运系统的建立与完善,可称得上是泉州运输网络发展的里程碑。同时,洛阳桥也是古代大型石桥建造的工程杰作,为宋元时期泉州造桥浪潮积累了宝贵的经验。①

---

① 《洛阳桥》,2017年8月7日,http://www.qzworldemporium.cn/yczhs/201708/t20170807_2467697.htm,2021年10月15日。

宋仁宗赵祯嘉祐六年　公元1061年　辛丑年

十二月丙午,高丽朝以萧宗明权知阁门祗候。

　　按:《高丽史》卷八载:文宗十五年(1061年)十二月"丙午,以宋人萧宗明权知閤门祗侯。"①

宋仁宗赵祯嘉祐八年　公元1063年　癸卯年

十月庚午,泉州商人林宁、黄文景往高丽献土物。

　　按:《高丽史》卷八载:文宗十七年(1063年)"冬十月庚午,宋商林宁、黄文景来献土物。"②林宁与黄文景同行,故疑为泉州人。③

有泉州官员私与蕃舶为市,价十不偿一,惟知州关咏与司法参军杜纯无私买。后事败,咏以不察免,纯陈书使者为讼冤,咏得不坐。

　　按:关咏,嘉祐八年(1063年)知泉州。《宋史》卷三百三十《杜纯关咏传》载:"杜纯,字孝锡,濮州鄄城人。少有成人之操,伯父没官南海上,其孤弱,柩不能还。纯白父请往,如期而丧至。以荫为泉州司法参军。泉有蕃舶之饶,杂货山积。时官于州者私与为市,价十不偿一,惟知州关咏与纯无私买,人亦莫知。后事败,狱治多相牵系,独两人无与。咏犹以不察免,且檄参对。纯愤懑,陈书使者为讼冤,咏得不坐。"④(道光)《晋江县志》卷三十四载:"关咏,籍贯阙。嘉祐八年自太常少卿知泉州,改光禄卿秘书监。泉有番舶之饶,官州者多市取其货,十不偿一。惟咏与参军杜纯无私买,竟以不察举他官坐免。"⑤杜纯,字孝锡,甄城人。嘉祐间任泉州司法参军。(道光)《重纂福建通志》卷一百二十五载:"杜纯,字孝锡,甄城人。嘉祐间以荫仕,任司法参军。泉有番舶之饶,杂货山积。时官于州者私与为市,价十不偿一。惟知州关咏与纯无私买。后事败,狱治多牵系,独纯、咏无与。咏犹以不察免,且檄参对。

　　① 〔朝〕郑麟趾等:《高丽史》,重庆:西南师范大学出版社,北京:人民出版社,2014年,第224页。

　　② 〔朝〕郑麟趾等:《高丽史》,重庆:西南师范大学出版社,北京:人民出版社,2014年,第226页。

　　③ 泉州海关:《泉州海关志》,厦门:厦门大学出版社,2005年,第131页。

　　④ (元)脱脱:《宋史》,北京:中华书局,1977年,第10631~10632页。

　　⑤ (清)周学曾:(道光)《晋江县志》,晋江县地方志编纂委员会整理,福州:福建人民出版社,1990年,第981页。

纯愤懑陈书部使者,讼咏冤,得不坐。"①晁补之《鸡肋集》卷六十二《朝散郎充集贤殿修撰提举西京嵩山崇福宫杜公行状》亦详述其事,曰:"公讳纯,字孝锡,杜氏濮州鄄城县人。讳尧臣,尚书司封郎中兼侍御知杂事,赠尚书刑部侍郎。……盗以应久系,泣请公得一至家诀,公恻然许之,左右谏不听。盗感恩,皆如期还。改泉州司法参军。舶商岁再至,一舶连二十艘,异货禁物如山,吏私与市者,价十一二售,幸不谁何。遍一州吏争与市,惟守关咏与公不买一毫,人亦莫知。后事发逮狱,而公不预,咏犹以不觉察免官,且檄参对。公愤然陈书使者,白咏无罪,而虚其廨居咏,卒得平反。丁朱夫人忧,既除为河中府河西县令。熙宁初,自外上书言事,宰相王荆公异之,即日召为制置三司条例司检详文字。寻为大理寺详断官,删定编敕。……以绍圣二年九月甲子没于颍昌府之私第,即其年十一月甲子,葬于开封府祥符县黄沟乡临黄村特进之兆,享年六十有四。"②《闽书》卷五十三云:"元祐中以荫任司法参军。"③(道光)《晋江县志》卷三十五则载:"元祐中任泉州司法参军。"④很明显,它们都将杜纯担任司法参军的时间"嘉祐"误记作"元祐"。

宋英宗赵曙治平元年　公元 1064 年　甲辰年

八月甲午,泉州商人林宁往高丽献珍宝。

按:《高丽史》卷八载:文宗十八年(1064 年)"八月甲午朔,宋商林宁等来献珍宝。"⑤

宋神宗赵顼熙宁元年　公元 1068 年　戊申年

七月辛巳,福建转运使罗拯奏遣泉州商人黄慎往高丽,传达宋神宗复交通好之意。

---

① (清)孙尔准:(道光)《重纂福建通志》,《中国省志汇编:9》,台北:华文书局,1968 年,第 2268 页。

② (宋)晁补之:《鸡肋集》,《影印文渊阁四库全书》第 1118 册,台北:台湾商务印书馆,1986 年,第 920～921 页。

③ (明)何乔远:《闽书》第 2 册,《闽书》校点组校点,福州:福建人民出版社,1994 年,第 1404 页。

④ (清)周学曾:(道光)《晋江县志》,晋江县地方志编纂委员会整理,福州:福建人民出版社,1990 年,第 1045 页。

⑤ [朝]郑麟趾等:《高丽史》,重庆:西南师范大学出版社,北京:人民出版社,2014 年,第 228 页。

按:《高丽史》卷八载:文宗二十二年(1068 年)"秋七月辛巳,宋人黄慎来见,言皇帝召江淮两浙荆湖南北路都大制置发运使罗拯曰:'高丽古称君子之国,自祖宗之世,输款甚勤,暨后阻绝久矣。今闻其国主,贤王也,可遣人谕之,于是拯奏遣慎等来传天子之意。王悦,馆待优厚。"①《宝庆四明志》卷六《郡志六》有"据泉州商人黄慎所具状……"等语,可知黄慎系泉州人。《宋史》卷三百三十一《列传第九十》载:"罗拯,字道济,祥符人。第进士,历官知荣州。州介两江间,每江涨,辄犯城郭,拯作东西二堤除其患。选知秀州,为江西转运判官、提点福建刑狱。泉州兴化军水坏庐舍,拯请勿征海运竹木,经一年,民居皆复其旧。迁转运使。……拯使闽时,泉商黄谨往高丽,馆之礼宾省,其王云自天圣后职贡绝,欲命使与谨俱来。至是拯以闻,神宗许之,遂遣金悌入贡。高丽复通中国自兹始。加天章阁待制,居职七年,徙知永兴军、青、颍、秦三州,卒年六十五。"②可知黄谨与黄慎应为同一人。又《宋史》卷四百八十七《列传第二百四十六》有"本朝商人黄真、洪万来称,运使奉密旨,令招接通好。奉国王旨意,形于部述。"等语,此处黄真与前述之黄谨、黄慎显然指的都是同一人。③熙宁元年(1068 年)七月,泉州海商黄真受福建转运使罗拯指派,往高丽传达宋神宗复交通好之意,时高丽与宋无信使往来已有四十一年。

罗拯(1016—1080 年),字道济,祥符(今河南开封)人。宋神宗时,历知荣、秀、青、颖、秦五州,为江西转运判官、提点福建刑狱,迁转运使。改任江淮发运使,后来加天章阁待制,所至皆有政绩。他任福建转运使期间,为了加强海外贸易管理以增加国库收入,及时向宋神宗提出了设福建市舶司于泉州的奏疏。

宋初,宋丽交好。高丽于 962 年即遣使入宋献方物,与宋朝建立了外交关系。次年十二月行北宋乾德年号,奉宋为正朔,并先后八次接受北宋册封。但至公元 994 年,高丽受辽所迫,始行契丹年号,正式成为辽朝属国,同时断绝与北宋的宗藩关系,由"事宋"改为"事辽",宋丽正式外交关系中断。不过,两国民间的经贸往来并没有中断。由于泉州

① [朝]郑麟趾等:《高丽史》,重庆:西南师范大学出版社,北京:人民出版社,2014 年,第 235 页。
② (元)脱脱:《宋史》,北京:中华书局,1977 年,第 10645～10646 页。
③ 朱溢:《北宋外交机构的形成与演变——以官僚体制和周边局势的变动为线索》,《史学月刊》2013 年第 12 期,第 33～42 页。

商人群体是宋丽海上贸易的主要经营者,两国间的外交活动也常以泉商为媒介进行,以非正式的"准外交关系"交往。宋神宗即位后,意图与高丽联合抗辽,于是派遣泉州商人黄慎以经商名义前往高丽首都开城,在严格保密的前提下,将写有皇帝敕旨的牒文递交给高丽。此时在位的高丽文宗王徽也早有联络北宋之意,立即做出积极回应,迅速回牒宋朝,表示和大宋复交之意。但此时辽与高丽的宗藩关系已十分稳固,如果贸然与辽国断交,由于高丽北方边境与辽国接壤,长期受其军事威胁,难保不会遭到报复。因此,高丽仍与北宋在政治臣属关系上划清界限,即使恢复遣使后,也仅限于经济文化交流,政治上仍拒绝接受宋朝的册封,直到宋亡,宋丽始终没有恢复宗藩关系。

七月辛巳,泉州商人林宁往高丽献土物。

按:《高丽史》卷八载:文宗二十二年(1068 年)"秋七月辛巳,宋商林宁等来献土物。"①

熙宁初,始置石湖寨。嘉定间,郡守真德秀增兵戍之。

(道光)《重纂福建通志》卷八十六《海防》载:"石湖寨(二十二都,即日湖),在治东南五十里,宋熙宁初建(石湖村为晋江、南安、同安、惠安四县陆路总要地)。明洪武初,置巡司,后移于祥芝。万历间徙浯屿水寨于此,把总沈有容重建,周五十二丈,门一。今属陆提标右营分防。"②石湖古称"日湖",意指日所出处也。东西两山若两钗股,其四处有石塔,号六胜塔,宋政和初建,成为泉州外港航标塔。石塔与秀丽的港湾交相辉映,故又称为"石湖"。石湖港地处晋江和洛阳江交汇处海口,为一半月湾海港,是天然的避风良港,内可直达双江,外则扼守泉州湾主航道。海湾中有岱屿,介石湖、北镇两山间,海舟由此门出,行二日至高华屿,又二日至鼍鼊屿,又一日,可至琉球国。又有白屿,在石湖港西,耸出江中,多沉沙,迁徙不常,屡为商舶患。③ 石湖港航道低潮位水深 14 米,高潮位水深 36 米,海底不易淤积,故非常适合建造码头,停泊大型船舶。据闻石湖码头为唐代泉州海商林銮利用天然礁石创建,在临海

---

① [朝]郑麟趾等:《高丽史》,重庆:西南师范大学出版社,重庆:西南师范大学出版社,北京:人民出版社,2014 年,第 235 页。

② (清)孙尔准:(道光)《重纂福建通志》,《中国省志汇编:9》,台北:华文书局,1968 年,第 1723 页。

③ (明)何乔远:《闽书》第 1 册,《闽书》校点组校点,福州:福建人民出版社,1994 年,第 178～179 页。

的斜坡上开凿石阶,还有拴缆孔,便于停靠船舶,装卸货物。旁边还有为连接两块礁石,用条石砌筑的小型栈桥,另有宋元祐间侍禁傅琏建的通济栈桥,将大礁石和陆地连为一体[1],既方便从大礁石处停船登岸,还可以在高潮位时作为靠岸的设施。栈桥最下层仍保留了宋代的石质桥基,其上部可见后代对栈桥的多次修补痕迹,桥基周边出土了宋元时期的瓷器残件,主要为磁灶窑的产品,是泉州外港码头的珍贵物证,实证了宋元泉州优良的建港条件,与江口码头共同呈现了宋元泉州港的水陆转运系统。[2] 宋代泉州海外贸易发达,泉人贾海外者不知凡几,出入泉州港的番舶络绎不绝,"石湖、安平番舶去处,大半市易上国及诸岛夷,稍习机利,不能如山谷淳朴矣。然好礼相先,轻财能施,曷可少也。"[3]由于地势险要,又是宝货出入之所,故海寇常入石湖港四处剽掠,抢夺财宝,杀人放火,无恶不作。为保证海道安全,熙宁初,宋廷在晋江永宁里石湖村置四县同巡检寨,专管晋、南、惠、同陆路地方,由海道而陆者,先小兜,次石湖,额管一百二十五人。乾道七年(1171年),增二百人。嘉定间,守真德秀造军房五十所,额管三百二十五人。[4]

宋神宗赵顼熙宁二年　公元1069年　己酉年

高丽王遣使与黄慎俱来,自明州入贡。

按:《宋史》卷四百八十七《列传第二百四十六》载:"熙宁二年,其国礼宾省移牒福建转运使罗拯云:'本朝商人黄真、洪万来称,运使奉密旨,令招接通好。奉国王旨意,形于部述。当国僻居旸谷,邈恋天朝,顷从祖祢以来,素愿梯航相继。蕞尔平壤,迩于大辽,附之则为睦邻,疏之则为勃敌。虑边骚之弗息,蓄陆詟以靡遑。久困羁縻,难图携贰,故违述职,致有积年。屡卜云祥,虽美圣辰于中国;空知日远,如迷旧路于长安。运属垂鸿,礼稽展庆。大朝化覃无外,度豁包荒,山不谢乎纤埃,海

---

[1] (清)周学曾:(道光)《晋江县志》卷十一,《津梁志》,晋江县地方志编纂委员会整理,福州:福建人民出版社,1990年,第216页。

[2] 《石湖码头》,2017年8月7日,http://www.qzworldemporium.cn/yczhs/201708/t20170807_2467682.htm,2021年10月15日。

[3] (明)阳思谦:(万历)《泉州府志》卷二,《舆地志》,台北:学生书局,1987年,第290~291页。

[4] (清)周学曾:(道光)《晋江县志》卷十七,《兵制志》,晋江县地方志编纂委员会整理,福州:福建人民出版社,1990年,第442~443页。

宋元泉州海上丝绸之路系年要录

不辞于支派。谨当遵寻通道,遄赴稿街,但兹千里之传闻,恐匪重霄之纤眷。今以公状附真、万西还,俟得报音,即备礼朝贡。'徽又自言尝梦至中华,作诗纪其事。……王城有华人数百,多闽人因贾舶至者,密试其所能,诱以禄仕。或强留之终身,朝廷使至,有陈牒来诉者,则取以归。"[1]又《宝庆四明志》亦云:"熙宁二年,前福建路转运使罗拯言:'据泉州商人黄慎所具状,慎尝以商至高丽,高丽舍之礼宾省,见其情意,欣慕圣化。兼云祖祢以来,贡奉朝廷,天圣遣使之后,久违述职,便欲遣人与慎同至,恐非仪例,未敢发遣。兼得礼宾省文字具在,乞详酌行。'时拯已除发运使,诏拯谕慎,许之。高丽欲因慎由泉州路入贡,诏就明、润州发来。自是王徽、王运、王熙修职贡尤谨,朝廷遣使亦密。往来率道于明,来乘南风,去乘北风,风便不逾五日即抵岸,明州始困供顿。"[2]高丽国礼宾移牒其实是向宋朝表明,高丽已接受辽朝作为宗主国的现实,不愿轻易改变宗藩关系,以免引起外交风波。因此,宋丽之间应在高丽继续奉辽正朔的前提下交流交往,即政治上不接受宋朝册封,经济文化上愿意继续通好。这也使得宋丽两国关系只能主要以非正式的"准外交关系"的方式交往,但两国互以宋商为媒介,甚至作为国使进行国家层面的交流互动仍然十分频繁,如密州商人平简、泉州商人傅旋都曾充当信使的角色。

宋神宗赵顼熙宁三年　公元1070年　庚戌年

八月己卯,宋神宗令罗拯遣黄慎再赴高丽。

按:《高丽史》卷八载:文宗二十四年(1070年)八月己卯,"宋湖南荆湖两浙发运使罗拯复遣黄慎来。"[3]宋神宗令罗拯遣黄慎再赴高丽,继续办理宋丽复交之事,恢复了中断42年之久的两国关系。高丽王文宗"遂遣金悌入贡,高丽复通中国自此始"。其后,北宋采取灵活变通的方式对待高丽,并且极为优待高丽,在不改变辽丽关系的前提下强化宋丽关系,北宋对高丽的特殊眷顾,自然吸引高丽频频来宋。泉州商人在宋丽之间往来沟通,成为宋丽间文化交流和经济活动中最为活跃的因素。

---

①　(元)脱脱:《宋史》,北京:中华书局,1977年,第14046～14053页。

②　(宋)罗濬:《宝庆四明志》卷六,《郡志六》,《影印文渊阁四库全书》第487册,台北:台湾商务印书馆,1986年,第82～83页。

③　[朝]郑麟趾等:《高丽史》,重庆:西南师范大学出版社,北京:人民出版社,2014年,第237页。

32

宋神宗赵顼熙宁五年　公元 1072 年　壬子年

臣僚请于泉州置市舶司,宋神宗诏令发运使薛向"创法讲求之"。后因市易司反对而作罢。

　　按:《宋史》一百八十六《食货志下八》载:"熙宁五年,诏发运使薛向曰:'东南之利,舶商居其一。比言者请置司泉州,其创法讲求之。'[①]宋朝于开宝四年(971 年)在广州置市舶司,于端拱二年(989 年)在杭州设置两浙路市舶司,命令"自今商旅出海外蕃国贩易者,须于两浙市舶司陈牒,请官给券以行,违者没入其宝货"[②]。自此,朝廷开始限制发舶港口。但在熙宁前的很长一段时间里,朝廷尚未制定严密的海外贸易管理条例,沿海各未设立市舶机构的港口也有发舶和住舶权,可直航海外进行贸易,官府仅对舶货实行禁榷制,对禁榷商品进行垄断买卖,以获取高额利润。[③]泉州、漳州、福州、温州、江阴诸港在宋朝前期宽松的对外贸易环境下,都可自由发展。到了宋中期,泉州港甚至出现"舶商岁再至,一舶连二十艘,异货禁物如山"[④]的盛况。熙宁五年(1072 年),地方官员就此提出请于泉州置市舶司的要求,但由于市易司的反对,遂导致这道诏令不了了之。

日本天台僧成寻在泉州人郑庆等帮助下,附搭商船入宋。

　　按:成寻《参天台五台山记》卷一载:"延久四年(宋熙宁五年,1072年)三月十五日乙未寅时,于肥前国松浦郡壁岛,乘唐人船。一船头曾聚,字曾三郎,南雄州人;二船头吴铸,字吴十郎,福州人;三船头郑庆,字郑三郎,泉州人。三人同心,令乘船也。船头等皆悦给物,密密相构。悉与物:米五十斛,绢百匹,褂二重,沙金四小两,上纸百帖,铁百廷,水

---

①　(元)脱脱:《宋史》,北京:中华书局,1977 年,第 4560 页。

②　(清)徐松:《宋会要辑稿》第 7 册,职官四四,刘琳等校点,上海:上海古籍出版社,2014 年,第 4204 页。两浙路市舶司的变动较为复杂。淳化三年(992 年),宋廷移杭州市舶司于明州定海,翌年复于杭州置司。咸平二年(999 年),下诏于杭州、明州各置市舶司。两者的正式名称为杭州市舶务和明州市舶务,从属两浙路市舶司。至此,两浙路市舶司驻杭州,下辖杭州和明州两个市舶务。参见陈少丰:《宋代两浙路市舶司补探》,《国家航海》2018 年第 1 期。

③　陈少丰:《宋代未立市舶机构港口之海外贸易》,《海交史研究》2016 年第 1 期,第 13～26 页。

④　(宋)晁补之:《鸡肋集》卷六十二,《朝散郎充集贤殿修撰提举西京嵩山崇福宫杜公行状》,《影印文渊阁四库全书》第 1118 册,台北:台湾商务印书馆,1986 年,第 920～921 页。

银百八十两等也。同乘唐船人：赖缘供奉，快宗供奉，圣秀、惟观、心贤、善久，沙弥长明。下乘船还人：永智、寻源、快寻、良德、一能、翁丸，拭泪离去。辰时，依西风吹不出。船在壁岛西南浦。法华法，后夜经：第六卷，如意轮供。"① 成寻（1011—1081 年），平安中期天台宗僧侣。7 岁出家，入京都仓岩仓大云寺，拜云庆为师。长久二年（1041 年）成为大云寺别当，天喜二年（1054 年）被任命为延历寺阿阇梨。延久二年（1070 年）一月，上奏请入宋巡礼天台山和五台山，未获批准。延久四年（1072 年），成寻擅自乘宋商之船入宋，抵达杭州后，往天台山巡礼，北上入汴京，下榻传学院，谒见宋神宗。其后巡视五台山，返回汴京，最终在天台山国清寺修行。永保元年（1081 年），在汴京开宝寺圆寂。② 《参天台五台山记》记载的是成寻从日本登船之日起，至在中国与归国弟子辞别之日结束之间十六个月旅宋之事，对于旅行中的所见所闻及亲身体验，事无巨细，皆予入载。宋代海船远洋航行，一船多则数百人，少则数十人，船员群体由纲首、艄工、招头、作头、碇手、杂事、贴客、水手、火儿等构成。纲首是一船之长，可能是一船中最富的商人，也可能是船主，负责管理一船事务，有权决定是否允许他人搭乘。副纲首是纲首的副手，也有较大话语权；杂事应是协助纲首管理船舶的人。③ 《参天台五台山记》所载一船头、二船头、三船头对应的是纲首、副纲首和杂事，泉州人郑庆是三船头，应该就是船上的杂事，这三种人都是船舶管理者。从记载中不难看出，成寻私自乘船入宋，是经过这三个人的共同认可，成寻给他们的米五十斛，绢百匹等谢礼，可能就是成寻一行八人的船费。

宋神宗赵顼熙宁七年　公元 1074 年　甲寅年

正月一日，诏令诸泉、福缘海州，有南蕃海南物货船到，并取公据验认。如已经抽买，有税务给到回引，即许通行。若无照证及买得未经抽买物货，即押赴随近市舶司勘验施行。

按：《宋会要辑稿·职官四四》载："（熙宁）七年正月一日，诏：'诸舶

---

① ［日］释成寻：《参天台五台山记》，白化文、李鼎霞校点，石家庄：花山文艺出版社，2008 年，第 1 页。

② 关于成寻生平及在宋事迹，可王丽萍：《成寻〈参天台五台山记〉研究》，上海：上海人民出版社，2017 年。

③ 黄纯艳：《宋代海船人员构成及航海方式》，《海交史研究》2015 年第 2 期，第 12～25 页。

船遇风信不便,飘至逐州界,速申所在官司,城下委知州,余委通判或职官,与本县令、佐躬亲点检。除不系禁物税讫给付外,其系禁物即封堵,差人押赴随近市舶司勾收抽买。诸泉、福缘海州,有南蕃海南物货船到,并取公据验认,如已经抽买,有税务给到回引,即许通行。若无照证及买得未经抽买物货,即押赴随近市舶司勘验施行。诸客人买到抽解下物货,并于市舶司请公凭引目,许往外州货卖。如不出引目,许人告,依偷税法。'"①公据或称公凭、公验,有时候也称官券、券、公引、引,它是宋代政府发放给进出口海舶的贸易许可证。泉州、福州等沿海诸州县的海舶进出口,均须获得政府颁发的公据,严格按照公据规定的内容进行交易。如在查验中发现有数量不符、擅改去处等违规之处,将按照条例予以处罚。货物进口查验后,还需经市舶司抽解,抽解后的货物,根据规定或进入官市,或进入私市。只有凭借市舶司给予的抽解凭证,才能进行合法的商品买卖,否则按照偷税法处理。宋朝市舶制度,于发舶住舶权的规定时有变化,对于海船回航时须到指定港口住舶②的规定始于何时,尚无可考,但据熙宁七年(1074年)颁布的这通诏书可知,商船回舶或番船入宋,均须到有市舶司的港口住舶,曹家齐推测此制在熙宁前就已确立,最早应是在宋初。③商船入境,须到设有市舶司的广州或明州、杭州处接受抽解,之后凭税务给到回引,方可前往泉州、福州等未设市舶司的沿海州县售卖。商人买下抽解的物货,也须从市舶司请取公凭引目,转往其他港口买卖。若发现没有照证,以及买的是未经抽买的物货,则应立即押送到就近的市舶司抽解博买。如不出引目,许人告,按偷税法处理。可见抽解、给据公引,是进口货物出卖的必经法定程序,进口货物抽买的规定,贯穿于整个宋代的法律中。④

宋神宗赵顼熙宁八年　公元1075年　乙卯年

三月丙午,江淮发运司罗拯言称泉州商人傅旋持高丽礼宾省帖,乞借乐

---

①　(清)徐松:《宋会要辑稿》第7册,《职官四四》,刘琳等校点,上海:上海古籍出版社,2014年,第4205～4206页。

②　住舶,指船舶进入中国境内后首次进驻的港口。南宋时期的海南岛除外。

③　曹家齐:《宋朝限定沿海发舶港口问题新探》,《上海交通大学学报(哲学社会科学版)》2013年第3期,第89～98页。

④　高丽玲:《宋代买卖契约的法律效力问题研究》,芜湖:安徽师范大学出版社,2016年,第204～205页。

艺等人。

> 按:《续资治通鉴长编》卷二百六十一载:"(熙宁八年三月)丙午,江淮发运司罗拯言,泉州商人傅旋持高丽礼宾省帖,乞借乐艺等人。上批:'已令教坊按试子弟十人,可借。呼第四部给色衣、装钱,作拯意奉诏遣往。传习毕,早令还朝。画塑工俟使人入朝遣往。'枢密院再进呈,乃罢不遣。"①宋神宗即位后,宋丽之间的经济文化交流颇为密切,高丽除派人来学习儒、释、道外,还多次要求宋朝派乐师、医师、画师前往高丽传习,他们也应该是搭乘傅旋等宋商的海舶前往高丽的。

六月丙辰,泉州商人林宁等三十五人往高丽献土物。

> 按:《高丽史》卷九载:文宗二十九年(1075年)六月"丙辰,宋商林宁等三十五人来献土物。"②

宋神宗赵顼熙宁九年　公元1076年　丙辰年

三月壬申,诏令招讨司招谕福建、广南至交趾商贾者,或留在交趾用事者归国。

> 按:《续资治通鉴长编》卷二百七十三载:"(熙宁九年三月壬申),诏:'福建、广南人因商贾至交趾,或闻有留于彼用事者,自今许其亲戚于所在自陈,令招讨司招谕,如能自归者与班行。'"③宋朝并未与交趾建立市舶贸易关系,《诸蕃志》称交趾"其国不通商"④。宋初,朝廷仍有统一交趾的意图,在外交上不承认交趾是"国",出于国家安全考虑,就边境驿置博易场,将双方贸易限制在廉州和钦州,贸易管理置于边防管理体制之下,而有别于市舶贸易。⑤但仍有不少福建海商私自前往交趾贸易,其途径可能是持他国贸易公凭,借口漂风前往交趾,或从广西出境前往交趾。他们有时也给朝廷提供交趾情报。南宋末年,朝廷亦特意挑选福建人廖扬孙前往交趾刺探情报。熙宁八年(1075年)底,宋朝与交趾爆发战争,宋神宗于次年初即令招讨司招谕福建、广南等地至交趾

① (宋)李焘:《续资治通鉴长编》第19册,北京:中华书局,1985年,第6360页。
② [朝]郑麟趾等:《高丽史》,重庆:西南师范大学出版社,北京:人民出版社,2014年,第250页。
③ (宋)李焘:《续资治通鉴长编》第19册,北京:中华书局,1985年,第6601页。
④ (宋)赵汝适:《诸蕃志》,杨博文校释,北京:中华书局,1996年,第1页。
⑤ 黄纯艳:《宋朝与交趾的贸易》,《中国社会经济史研究》2009年第2期,第25～31页。

商贾者,或留在交趾用事者归国,或有通过海商掌握交趾情报并防止交趾刺探宋朝机密的意图。熙宁以后,宋朝基本上放弃了收复交趾的目标,逐步放松与交趾的贸易限制,政和以后又全面开放了包括邕州在内的广西沿边贸易,两国贸易才得以进一步发展。

宋神宗赵顼元丰二年　公元1079年　己未年

正月,明州知州曾巩奏称高丽国遇风难民崔举等人已由泉州差人护送到明州,乞乘便船回国。

按:曾巩《元丰类稿》卷三十二《存恤外国人请著为令札》载:"臣昨任明州日,有高丽国界托罗国人崔举等,因风失船,飘流至泉州界,得捕鱼船援救全渡,从此随捕鱼船,同力采捕,得鱼自给。后于泉州自陈,愿来明州,候有便船,即归本国。泉州给与沿路口券,差人押来。臣寻为置酒食犒设,送在僧寺安泊,逐日给与食物,仍五日一次,别设酒食,具状奏闻。臣奏未到之间,先据泉州奏到,奉圣旨,令于系官屋舍安泊,常切照管,则臣存恤举等,颇合朝廷之意。自后更与各置衣装,同天节日,亦令冠带,得预宴设。窃以海外蛮夷,遭罹祸乱,漂溺流转,远失乡土,得自托于中国。中国礼义所出,宜厚加抚存,令不失所。泉州初但给与口券,差人徒步押来,恐朝廷矜恤之恩,有所未称。检皇祐一路编敕,亦只有给与口食指挥。今来圣旨,令于系官屋舍安泊,常切照管,事理不同。缘今来所降圣旨,未有著令。欲乞今后高丽等国人船,因风势不便,或有飘失到沿海诸州县,并令置酒食犒设,送系官屋舍安泊,逐日给与食物,仍数日一次别设酒食。阙衣服者,官为置造。道路随水陆给借鞍马舟船。具折奏闻。其欲归本国者,取禀朝旨,所贵远人得知朝廷仁恩待遇之意。取进止。"[①]根据札子的内容可知,高丽人崔举等因风失船,漂流至泉州界,被渔船救起,泉州地方官发给公凭和生活费,差人护送到明州,以便候便船回国。曾巩于元丰二年(1079年)正月上任明州知州后,即接到泉州护送高丽难民前来的消息,寻即妥为安置难民,在饮食、住宿、衣物、宴饮等方面均给予优待照顾,以体现朝廷对难民的仁厚恩恤之意。关于曾巩上任明州知州的时间,史料记载有出入。《宝庆

---

① (宋)曾巩:《元丰类稿》,《影印文渊阁四库全书》第1098册,台北:台湾商务印书馆,1986年,第635~636页。

四明志》卷一作"元丰元年任"①，但曾巩在《元丰类稿》卷二十七《明州谢到任表》中自述："臣于去年十二月，于江宁府准福州公文送到敕牒一道，就差臣权知明州。当月十八日，于真州据进奏官状准中书孔目房帖子，臣乞迎侍老母赴任不行，已于今年正月二十五日到任上讫。"卷四十二《尚书都官员外郎陈君墓志铭》又提到泉州知州陈枢卒于位，其弟陈杞乞铭于曾巩，其时"盖元丰元年，巩为福州，充福建路兵马钤辖"，可知曾巩于元丰元年（1078年）十二月已收到明州知州的任命，但曾巩辗转于江宁府、真州，拖过了跨年，才于元丰二年正月二十五日到任。曾巩在明州的履职时间甚短，卷三十三《移知亳州乞至京迎侍赴任状》②称"五月三十日伏奉敕命，就差知亳州"，也就是说，在五月三十日即从明州知州改任亳州知州，在明州任上仅四个月零五天。

朝廷拨置禁军一百人到惠安小兜巡检寨，以弹压海寇。

　　按：（道光）《晋江县志》卷十七《兵制志》载："小兜巡检寨，在惠安县守节里大岞北，为自海入州界首，专管晋、南、惠、同沿海地。元丰二年，海寇猖獗，拨禁军一百人置寨弹压，后抽还禁军，改招土军，增十人。乾道七年，增二百人。嘉定十二年，郡守真德秀造营房六十有二，额管三百一十人。"③《崇武所城志》云："宋太平兴国六年，置惠安县，分拆此地，名曰崇武乡守节里。续置小兜巡检寨，为自海入州界首，设有巡检一员，监税务一员。元丰二年，拨禁军一百名，置寨弹压。后抽还禁军，改移土军，增十人为额。乾道七年，增二百人。淳祐间，管合前额三百一十人，立巡警界限。小兜南至岱屿，北至击蓼而止。小兜原名小斗也，音讹小兜。元初，改为巡检司。明初，倭夷入寇，沿海患之。洪武二十年丁卯，江夏侯周德兴奉命经略海棋，置卫所以备防御，遂将小兜巡检司移于小岞，乃置崇武千户所。因地为崇武乡，故名城其地，周围七百八十三丈，计四里零六步。考之《永宁志》，崇武坐惠安县东南五十里，即小兜。巡司移设县东南三十都小岞地，改为小岞巡司。小兜筑所城，周围七百三十七丈，城基一丈五尺，连女墙高二丈一尺，垛子一千三百

---

① （宋）罗濬：《宝庆四明志》卷一，《影印文渊阁四库全书》第 487 册，台北：台湾商务印书馆，1986 年，第 16 页。

② （宋）曾巩：《元丰类稿》，《影印文渊阁四库全书》第 1098 册，台北：台湾商务印书馆，1986 年，第 645 页。

③ （清）周学曾：（道光）《晋江县志》，晋江县地方志编纂委员会整理，福州：福建人民出版社，1990 年，第 442 页。

单四个,窝铺二十六座,四方设门,各置楼于上。明永乐十五年,都司谷公祥临视,城增高四尺,并筑东西二月城。正统八年,都指挥刘公亮同千户寇公祯,增筑敌台一座,在城之东门外。"①《闽书》亦云:"大岞山,在县东南海滨。崇武千户所在其地。宋则小兜巡检司在焉。"②小兜巡检寨置于熙宁间,设有巡检一员,监税务一员。元丰二年(1079年)拨禁一百人增防水寨,后撤回禁军,改为招募当地民兵,增额十名。至淳祐间,共有防守士兵三百一十人。《崇武所城志》和《闽书》都明确指出宋代的小兜巡检寨所在地即明代崇武所的驻地,其言甚明。真德秀《申枢密院措置沿海事宜状》云:"小兜寨取城八十里,海道自北洋入本州界首,为控扼之所。又为海澳荒僻之处,日前常有贼徒公然到此,劫船而去。……巡绰海道,合令诸寨分认地界。自岱屿以北,石湖、小兜主之,每巡至兴化军寨(去)蓼寨止;自水澳以南,永宁、围头主之,每巡至漳州中栅寨止;自岱屿门内外直至东洋,法石主之,每巡至永宁止。"③陈佳荣认为去蓼寨(也称吉了寨)在莆田湄洲湾北面沿海,岱屿在泉州湾口,北洋指的是湄洲湾以北海域,南洋指厦门港以南海域,东洋则指台湾海峡及以东海域,南、北、东洋系以泉州港口为本位而划定,小兜亦在今崇武。④小兜巡检寨巡查范围从泉州湾口往北至湄洲湾北面沿海的北洋一带。但也有学者认为小兜巡检寨在惠安县守节里、大岞北,属廿七都崇武乡管辖,现为大岞到东岭镇的刘厝到小岞一带,而非崇武镇。至于是在小岞城南边,还是在不远处的南寨村,则尚不能确定。⑤

宋神宗赵顼元丰三年　公元1080年　庚申年

权知泉州事陈偁上疏请置市舶于泉州,然未获上报。

按:陈瑾为其父陈偁撰写的墓志铭曰:"泉人贾海外,春去夏返,皆

①　(明)朱彤纂,(清)何家骕续述:《崇武所城志》,泉州历史研究会:《惠安政书》(附:崇武所城志),福州:福建人民出版社,1987年,第5～6页。
②　(明)何乔远:《闽书》第1册,《闽书》校点组校点,福州:福建人民出版社,1994年,第227～228页。
③　(宋)真德秀:《西山文集》卷八,《申枢密院措置沿海事宜状》,《影印文渊阁四库全书》第1174册,台北:台湾商务印书馆,1986年,第126～133页。
④　陈佳荣:《宋元明清之东西南北洋》,《海交史研究》1992年第1期,第9～15页。
⑤　李文承:《小乍城与小兜寨》,任秋来:《惠安文史资料》第24辑,出版者不详,2010年,第97～101页。

乘风便。熙宁中,始变市舶法,往复必使东诣广,不者没其货。至是命转运判官王子京拘拦市舶。子京为尽利之说以请,拘其货、止其舟以俟报。公以货不可失时,而舟行当乘风便,方听其贸易而籍名数以待。子京欲止不可,于是纵迹连蔓起数狱,移牒谯公沮国法取民誉,朝廷所疾,且将并案。会公得旨再任,诏辞温渥,子京意沮,而搜捕益急。民骇惧,虽药物,燔弃不敢留。公乃疏其事,请曰:‘自泉之海外,率岁一往复,今远诣广,必两驻冬,阅三年而后还。又道有礁石、浅沙之险,费重利薄,舟之南日少,而广之课岁亏。重以拘拦之弊,民益不堪,置市舶于泉,可以息弊止烦。’未报,而子京倚法籍没以巨万计。上即位,子京始惧,而遽以所籍者还民。”① 元丰三年(1080 年)八月二十七日,宋朝完成《广州市舶条》修订,泉州失去发舶权,船舶往海外贸易需到广州市舶司呈报、取得批文才能出海,极为不便。发舶指的是市舶贸易中贸易船只的发遣,拥有发舶权的港口自然就掌握了市舶贸易的主动权。熙宁以前,朝廷未严格规定出洋船只的发舶地。《庆历编敕》云:“客旅于海路商贩者,不得往高丽、新罗及登、莱州界。若往余州,并须于发地州、军,先经官司投状,开坐所载行货名件,欲往某州、军出卖。许召本土有物力居民三名结罪,保明委不夹带违禁及堪造军器物色,不至过越所禁地分,官司即为出给公凭。如有违条约及海船无公凭,许诸色人告捉,船物并没官,仍估物价钱,支一半与告人充赏,犯人科违制之罪。”② 由上可知,此时朝廷的海外贸易管理较为宽松,发舶权分别掌握在市舶机构和沿海州军手中,泉州、福州等尚未设立市舶司的沿海州县亦可就地发舶。③ 但熙宁、元丰间始变市舶法,情况起了新的变化。元丰三年(1080 年)八月二十三日,中书门下制定市舶条法,规定:“诸非广州市舶司,辄发过南蕃纲舶船,非明州市舶司,而发过日本、高丽者,以违制论,不以赦降去官原减。其发高丽船,仍依别条。”④ 八月二十七日,“中书言:‘广州市舶条已修定,乞专委官推行。’诏广东以转运使孙迥,广西以转运使陈

① (明)解缙:《永乐大典》卷三一四一,《先君(陈偁)行述》,北京:中华书局,1986 年,第 1835～1837 页。

② (宋)苏轼:《苏轼全集》卷三十一,《乞禁商旅过外国状》,北京:中国文史出版社,1999 年,第 822～824 页。

③ 陈少丰:《宋朝的发舶港与发舶权》,《史志学刊》2017 年第 4 期,第 14～16 页。

④ (宋)苏轼:《苏轼全集》卷三十一,《乞禁商旅过外国状》,北京:中国文史出版社,1999 年,第 822～824 页。

倩,两浙以转运副使周直孺,福建以转运判官王子京。迴、直孺兼提举推行,倩、子京兼觉察拘拦。其广南东路安抚使更不带市舶使"①。根据此法令,朝廷不仅限定了市舶港口为发舶港,而且还划分了发舶港的贸易区,发舶权由市舶机构掌管。泉州船舶往南贩海道诸番需到广州市舶司,往北贩高丽、日本需到明州市舶司呈报,取得批文才能出海;归国时,同样需要到广州或明州市舶司查验交税,否则就罚没货物。这一政策对于泉州海商极为不利。到了元丰八年(1085年)九月,"诸非杭、明、广州而辄发海商船者,以违制论,不以去官赦降原减。诸商贾由海道贩诸蕃,惟不得至大辽国及登、莱州。即诸蕃愿附船入贡或商贩者,听。"②此时,连在国内贩易的商船亦须到杭州、明州或广州办理出海手续,领取公凭。可见迟至元丰八年(1085年),泉州、福州等未立市舶司的港口彻底失去发舶和住舶权,由直航贸易的一级市场降为转口贸易的二级市场。③熙宁中,始变市舶法,"泉人贾海外者,往复必使东诣广,否则没其货。海道回远,窃还家者过半,岁抵罪者众"④,实为元丰三年(1080年)后情形,元丰三年限定发舶港的规定确实得以实施,对泉州海商影响极大。⑤《广州市舶条》修订后,福建以转运判官王子京兼任市舶"觉察拘拦"之职,在泉州专门搜查当地违反市舶条法的活动,凡未到广州或明州办理公凭的商船,均予以没收,依法籍没者以万计,许多商民皆被牵扯入狱,引起广大商民的愤慨。时权知泉州事的陈偁与王子京发生冲突,上疏指责其弊,并请置市舶司于泉州。但陈偁的疏报受朝廷都提举市易司贾青的阻挠,未获上报。元丰八年(1085年)三月,宋神宗崩逝。之后,王子京亦以枉法问罪。尽管陈偁的建议未被朝廷采纳,但也得到了一部分大臣的支持,时隔不久,宋哲宗元祐二年(1087年),朝廷在权衡利弊之后,终于在泉州置市舶司。从此开创了泉州海上丝绸之

①　(清)徐松:《宋会要辑稿》第7册,《职官四四》,刘琳等校点,上海:上海古籍出版社,2014年,第4207页。

②　(宋)苏轼:《苏轼全集》卷三十一,《乞禁商旅过外国状》,北京:中国文史出版社,1999年,第822~824页。

③　陈少丰:《宋代未立市舶机构港口之海外贸易》,《海交史研究》2016年第1期,第13~26页。

④　(宋)马端临:《文献通考》卷六十二,《职官考十六·提举市舶》,北京:中华书局,2011年,第1868页。

⑤　曹家齐:《宋朝限定沿海发舶港口问题新探》,《上海交通大学学报(哲学社会科学版)》2013年第3期,第89~98页。

路的新辉煌。

十二月庚申,琼管体量安抚使朱初平疏称海南原按"格纳"法收税,以故泉、福客人多方规利,而高、化客人不至,乞改为据货物收税。

> 按:《续资治通鉴长编》卷三百十载:"(元丰三年十二月庚申),又言(朱初平《上海南税事疏》)海南收税,定舟船之丈尺量纳,谓之'格纳'。其法分为三等,假如五丈三尺为第二等,则是五丈二尺遂为第三等。所减才一尺,而纳钱多少相去十倍。加之客人所来州郡物货,贵贱不同,自泉、福、两浙、湖、广来者,一色载金银匹帛,所直或及万余贯;自高、化来者,惟载米包、瓦器、牛畜之类,所直或不过一二百贯。其不等如此,而用丈尺概收税,甚非理也。以故泉、福客人,多方规利,而高、化客人不至。以此海南少有牛米之类。今欲立法,使客船须得就泊琼、崖、儋、万四州水口,不用丈尺,止据货物。收税讫,官中出与公凭,方得于管下出卖。其偷税之人,并不就海口收税者,许人告,并以船货充赏。"① 格纳是宋代商税的特殊形态,根据丈量船舶的尺寸征收,而不是按照商税则例来征课,方式简单,操作性强,只限于海南地区使用。而市舶税的征收则需要辨识舶货粗细名目,依据货物品种进行抽解,须具备一定的技术和经验。宋初海南岛虽有一定发展,但仍较落后,人才匮乏,以至宋廷在制定海外贸易政策时几乎将海南岛和"南蕃"等同。因此,以格纳税钱的方式直接收取货币税简单可行。② 但到了北宋中后期,随着商品经济的进一步发展,按"格纳"之法征税已成为影响海南经济发展的重要阻碍。

> 宋代,海南与内陆的主要航线有三条③:一是雷州往海南,从徐闻出发,半日可到;二是广州到海南;三是泉州到海南,"泉舶以酒、米、面粉、纱绢、漆器、瓷器等为货,岁杪或正月发舟,五六月间回舶。若载鲜槟榔换先,则四月至。……物货,海南土产,诸番皆有之,顾有优劣耳。笺、沉等香,味清且长,复出诸番之右,虽占城、真腊亦居其次。黄蜡则迥不及三佛齐,较之三屿,抑又劣焉。其余物货多与诸番同,惟槟榔、吉贝独

---

① (宋)李焘:《续资治通鉴长编》第 21 册,北京:中华书局,1985 年,第 7522 页。

② 陈少丰:《宋代海南岛"市舶"考辨》,《濮阳职业技术学院学报》2016 年第 3 期,第20~22 页。

③ 杨丽:《"合亩"传统与黎族地方社会治理》,武汉:武汉大学出版社,2017 年,第 72~73 页。

盛,泉商兴贩,大率仰此。"[1]当时的米、牛、瓦器及其他日常生活用品,都是海南岛内短缺商品,主要由高州、化州运载而来。而泉州、福州等地的商舶则主要收购价格昂贵的香、药和吉贝、槟榔等经济作物。因此,按之前的"格纳"之法征税,泉、福商舶因载货容量小、价值高,纳税也少,获利更多。而高、化商舶载货容量大、价值低,两相对比,"纳钱多少相去十倍",货贱税高,无利可图,以至"高、化客人不至"。因此,朱氏建议取消按"格纳"之法收税,一律改为据货物价值多寡课税,以显公平。朝廷"诏如所奏"。但到了南宋理宗朝初年(1225—1228)之前,又改回格纳钱征税。

宋神宗赵顼元丰五年　公元1082年　壬戌年

二月,勃泥国王锡理麻喏遣使向宋朝贡方物。十一月己卯,勃泥国进奉使乞自泉州乘船归国,从之。

按:《宋史》卷四百八十九《列传第二百四十八·外国五》载:"勃泥国,在西南大海中,去阇婆四十五日程,去三佛齐四十日程,去占城与摩逸各三十日程,皆计顺风为则。其国以版为城,城中居者万余人,所统十四州。其王所居屋覆以贝多叶,民舍覆以草。在王左右者为大人。……太平兴国二年,其王向打遣使施弩、副使蒲亚里、判官哥心等赍表贡大片龙脑一家底,第二等八家底、第三等十一家底、米龙脑二十家底、苍龙脑二十家底,凡一家底并二十两;龙脑版五,玳瑁壳一百,檀香三橛,象牙六株。……元丰五年二月,其王锡理麻喏复遣使贡方物,其使乞从泉州乘海舶归国,从之。"[2]《续资治通鉴长编》卷三百三十一载:"(元丰五年十一月己卯),勃泥国进奉使言,乞自泉州乘船归国,从之。"[3]浡泥,在今加里曼丹岛北部文莱一带,在早期的中国史籍《梁书》《隋书》《旧唐书》中称作婆利,宋至明初称为勃泥(一作渤泥或浡尼)。明中叶以后称为文莱,也称婆罗,其国"在泉之东南,去阇婆四十五日程,去三佛齐四十日程,去占城与麻逸各三十日程,皆以顺风为则"[4]。宋时泉州至勃泥的航线,先沿两广至北部湾,再沿越南东部南下,经泰

---

① (宋)赵汝适:《诸蕃志》,杨博文校释,北京:中华书局,1996年,第216～221页。

② (元)脱脱:《宋史》,北京:中华书局,1977年,第14094～14095页。

③ (宋)李焘:《续资治通鉴长编》第23册,北京:中华书局,1985年,第7968页。

④ (宋)赵汝适:《诸蕃志》,杨博文校释,北京:中华书局,1996年,第135页。

国湾顺马来半岛至苏门答腊、爪哇两岛的阇婆国、三佛齐国，再北上加里曼丹岛至勃泥国。勃泥国在宋太宗时始通中国，太平兴国二年（977年），勃泥国王遣使蒲亚利等贡脑子、玳瑁、象牙、檀香；元丰五年（1082年）二月，其王锡理麻喏复遣使贡方物。十一月己卯，其国进奉使乞自泉州乘船归国，从之。

宋神宗赵顼元丰七年　公元1084年　甲子年

十二月丁亥，宋朝谏议大夫钱勰出使高丽，尝密谕泉州商人郭敌往招诱首领，令入贡及与中国贸易，但未获回应。

　　按：《续资治通鉴长编》卷三百五十载："（元丰七年十二月）丁亥，礼部言：'钱勰等昨在高丽国，闻女真四十余人在彼，尝密谕泉州商人郭敌往招诱首领，令入贡及与中国贸易。仍谕敌：如得女真语言，即至明州知州马玞处传达。乞下玞候招诱到女真言语，即具以闻。'诏从之。其后女真卒不至。"[1] 宋初，女真尚不够强大，处于契丹控制之下，但也积极与宋朝建立以经济为形式的政治联系。宋朝建国不久，女真人即主动来开封，向宋太祖进贡名马。其后宋太宗、宋真宗在位期间，女真皆有遣使入贡。但自宋仁宗天圣年间开始，契丹重新加强了对女真的控制，女真与宋朝联系断绝。元丰年间，宋神宗希望招聘民间人士重新打开与女真交往的海上航道，建立联系。由于高丽和女真之间一直都有密切交流，宋朝在与高丽重建往来之后，要求高丽向女真转达其如愿以马与中国为市，许其假道高丽到达宋朝的信息。[2] 元丰六年（1083年），高丽国王王徽卒，世子王勋立百日又卒，王勋弟王运立。元丰七年（1084年），宋神宗命左谏议大夫杨景略为祭奠使，王舜封为右谏议大夫，钱勰为吊慰使，朱球为副，一行于七月自密州之板桥航海而往。钱勰在高丽期间，听闻女真有四十余人在高丽，于是密谕泉州商人郭敌往招诱首领，令其入贡及与中国贸易，尝试恢复与女真的联系。但宋朝的热情没有得到女真的回应，"其后女真卒不至"，最终没有结果。直到重和元年（1118年），为共同对付辽国，才重开登州至女真的航道，双方建立"海上之盟"。

---

① （宋）李焘：《续资治通鉴长编》第24册，北京：中华书局，1985年，第8395页。
② 程民生：《海上之盟前的宋朝与女真关系》，《社会科学战线》2012年第3期，第66～74页。

宋神宗赵顼元丰八年　公元 1085 年　乙丑年

九月十七日，宋朝放宽海外贸易限制，诸商贾由海道贩诸蕃，惟不得至大辽国及登、莱州。即诸蕃愿附船入贡或商贩者，听。

　　按：元祐五年（1090 年）八月，苏轼上《乞禁商旅过外国状》，中引元丰八年（1085 年）九月十七日敕节文称："诸非杭、明、广州而辄发海商舶船者，以违制论，不以去官赦降原减。诸商贾由海道贩诸蕃，惟不得至大辽国及登、莱州。即诸蕃愿附船入贡或商贩者，听。"①因北宋与北方辽国对峙，而山东半岛的莱州、登州与辽国相近，所以被明令限制通商贸易。而高丽位处朝鲜半岛，与辽国交界，又与莱州、登州一水之隔，宋丽关系受宋辽两国关系影响较大，北宋担心高丽与辽国结交而对宋朝北方边境安全造成压力。自宋太宗淳化五年（994 年），高丽受辽所迫"始行契丹统和年号"，此后宋丽外交关系屡有中断。为防止商人借海上贸易之机转入契丹贸易，泄露情报机密，宋朝也严禁商人私自前往高丽贸易。宋仁宗年间出台的《庆历编敕》和《嘉祐编敕》都明确规定客旅于海道商贩者，不得往高丽、新罗及至登、莱州界。直至元丰二年（1079年），宋神宗取消禁令，重新恢复宋丽海上贸易通道，但规定交易额不得超过五千缗，且须到明州市舶司办理核发公凭手续，否则以走私论处。至元丰八年（1085 年），朝廷规定诸商贾由海道贩诸番，唯不得至大辽国及登、莱州，全面放开了宋丽来往。苏轼为国家安全考虑，主张禁止宋丽外交，认为高丽与宋朝交往纯粹是贪图利益，只想进行经济和文化交流，从朝贡贸易中得利，并没有真正想与辽国断交转而"事宋"，且高丽向宋朝进贡的大多是好玩无用之物，而宋朝却要花费巨资接待高丽使臣，给予优厚赏赐，宋朝从中并没有获得什么实际利益。②对于是否允许商贾前往高丽贸易，苏轼也持反对态度，因"闽、浙商贾因往高丽，遂通契丹，岁久迹熟，必为莫大之患"③，也应一概禁止。

元丰间，泉州郡守始祈风于九日山延福寺通远王祠。

---

　　① （宋）苏轼：《苏轼全集》卷三十一，《乞禁商旅过外国状》，北京：中国文史出版社，1999年，第 822 页。

　　② 冒志祥：《浅论苏轼的外交思想——基于苏轼关于高丽的"状"文》，《河南师范大学学报（哲学社会科学版）》2008 年第 4 期，第 170～174 页。

　　③ （宋）苏轼：《苏轼全集》卷三十一，《乞禁商旅过外国状》，北京：中国文史出版社，1999年，第 822 页。

　　按：明何乔远《闽书》卷八《方域志·九日山》云："山麓有寺，曰延福。其始晋太康中所创，去山二里许。其移山麓，则唐大历三年。寺额，欧阳四门所书也。大中五年，赐名'建造寺'。五代刘乙诗：'曾见画图劳健美，如今亲见画犹粗。'山之胜，故可见矣。寺，故五十有四，宋元丰间，合为延福禅寺。云有三十六奇：曰神运殿。神运殿者，唐咸通中，僧初建殿，求材于永春之乐山，遇一叟指引其处，是夕又梦许护送。既一日，江水暴涨，其筏自至，若神赀运，故以名殿。曰灵岳祠，谓指木之叟，乐山之神也。祠以祀之，水旱疫疠，海舶祈风，辄见征应。宋时累封通远王，赐庙额'昭惠'。其后迭加至'善利广福显济'六字，详见永春县乐山。风之祈也，盖宋时，泉有市舶，郡守岁以四月十一日同市舶提举率属以祷。宣和二年，提举张祐陛辞，朝廷至颁御香，诣殿焚之，其重如此。曰肉身王，姓陈，名益，熙宁间有西夏之警，诏求勇敢士，郡守辟益为巡辖官。元丰间，从守祈风，睹庙之灵，誓舍身为佐，遂植杖立化。僧尼益驱，别祠奉之。淳祐中，累封'仁福王'。"①又《宋会要辑稿·礼二〇》载："广福王祠，在泉州府南安县，旧号灵岳显应王，神宗熙宁八年六月封崇应公。徽宗政和四年二月，赐庙额'昭应'，宣和三年九月，封通远王。高宗绍兴二十四年六月，封通远善利王。孝宗乾道四年正月，加封通远善利广福王。"②又宋代曾会《重修延福寺碑铭》云："始晋太康九年，在县西南，至唐大历三年，移建于斯。会昌废之，大中复之。五年，赐其额。……其大殿者，唐咸通中，将取山材，先斋祷次。忽遇人指其处，果梗柟杞梓者，是夕又梦许与护送。既而一日，江水暴涨，其筏自至，了无遗失。大壮既隆，目为神运。……唐大中中，郡守问道，留偈旌德，今犹存也。古《金刚经》者，昔天竺三藏拘那罗陀，梁普通中，泛大海来中国，途经兹寺。因取梵文，译正了义。传授至今，后学赖也。"③

　　延福寺乃泉州有确切历史记载的第一座佛教寺院，坐落于九日山下，始建于晋太康年间，梁普通中，天竺僧拘那罗陀泛海来中国，尝驻锡

---

　　① （明）何乔远：《闽书》第 1 册，《闽书》校点组校点，福州：福建人民出版社，1994 年，第 196～198 页。

　　② （清）徐松：《宋会要辑稿》第 2 册，《礼二〇》，刘琳等校点，上海：上海古籍出版社，2014 年，第 1058 页。

　　③ 吴乔生、林德民、林胜利：《泉州古城历代碑文录》，北京：中国文史出版社，2009 年，第 7～8 页。

于延福寺译《金刚经》，今尚有其遗迹"翻经石"。① 唐大历三年（768年），移建今所，寺额欧阳詹所书。大中五年（851年），赐名"建造寺"。咸通中，延福寺重建大殿时，乐山老翁李元溥以神力助运木材至寺，故大殿取名为"神运殿"，另于寺侧建"灵乐祠"祀之。宋季，因李元溥累显灵异，累封其为"通元、善利、广福王"，"通元、善利、广福王祠"即俗称的通远王祠。元丰间，将54院落、50余支院合为一大禅林，规模十分宏大。寺两侧建有通远王庙，二、三、四贤祠，水陆堂、墨妙堂、御书阁等，形成一独特的建筑群。通远王先是以山神存在，后又以水神受渔民崇拜，香火不断。在宋代，通远王受到更高规格和更广泛的崇拜，其海神地位得到确认，成为第一代海神。泉州官方每年举办的祈风仪式，祈求对象也一直是通远王，直到南宋末元代，才逐渐被法石真武庙的玄天上帝和天妃宫妈祖所取代。② 元丰间，泉州郡守始率属官于通远王神祠举行航海祈风典礼。此后，泉州地方官员于每年夏、冬两次祈风于九日山通远王祠，祈风礼毕还要"饮福"。从宋代延福寺遗留下的数根立式石柱看，这个地方应是欢送、宴请番商的地点。宴饮之后，官员常登九日山游玩，以至九日山摩崖尽是祀通远王神的祈风石刻。

宋哲宗赵煦元祐元年　公元1086年　丙寅年

七月丙寅，陈偁卒于泉州，享年七十二岁。

　　陈偁（1015—1086年），字居举，沙县城西劝忠坊人，秘书少监，累赠吏部尚书陈世卿之子。陈偁3岁亡父，后袭父荫补太庙斋郎。熙宁八年（1075年），陈偁出知泉州。未几，坐开封陷失青苗钱事罢去。元丰二年（1079年），陈偁权知泉州事，五年再任。③ 陈偁两知泉州期间勤于政务，惠政于民，得到百姓的拥戴。他于元丰年间上奏，请于泉州设置市舶司，以方便泉州与外地的通商贸易，然未获上报。元丰八年（1085年），陈偁因病辞官居泉州。朝廷为了表彰陈偁所做出的业绩，特以封朝议大夫致仕，赠特进。元祐元年（1086年）七月丙寅，陈偁卒于泉州，享年七十二岁。陈偁卒后不久，朝廷采纳了陈偁的建议，于元祐二年

---

① （明）黄仲昭：《八闽通志》上册，福州：福建人民出版社，1990年，第128～129页。

② 黄晖菲：《九日山通远王海神信仰初探》，福建省炎黄文化研究会：《福建海洋文化研究》，福州：海峡文艺出版社，第395～402页。

③ （清）周学曾：（道光）《晋江县志》，晋江县地方志编纂委员会整理，福州：福建人民出版社，1990年，第530～531页。

（1087年）置福建市舶司于泉州，极大促进了泉州海外贸易的发展。《泉州府志》称赞陈偁的功绩曰："先是郡守陈公偁请置市舶于泉州，终宋世向其利，胡贾航海踵至，富者货累巨万，列居郡城南。"①陈偁事迹详见其子陈瓘所撰的《先君（陈偁）行述》，收于《永乐大典》卷三千一百四十一。

那时，泉州人口比宋初增加1.1倍，主客户共201406户（其中主户141199户，客户60207户）。

按：宋王存的《元丰九域志》卷九载："上（郡），泉州清源郡，平海节度使。……户（主一十四万一千一百九十九，客六万二百七）。"②按北宋的口户比在每户4∶1，全州人口超过80万人。

宋哲宗赵煦元祐二年　公元1087年　丁卯年

三月甲戌，泉州海商徐戬运送《新注华严经》板2900余片往高丽，受酬答银3000两。

按：《高丽史》卷十载：宣宗四年（1087年）三月"甲戌，宋商徐戬等二十人来献《新注华严经》板。"③苏轼在《论高丽进奉状》云："今月三日，准秀州差人押到泉州百姓徐戬，擅于海舶内载到……"④等语，可知徐戬系泉州人。又元祐五年（1090年）八月十五日，苏轼上《乞禁商旅过外国状》，奏称："元祐五年八月十五日，龙图阁学士左朝奉郎知杭州苏轼状奏。检会杭州去年十一月二十三日奏泉州百姓徐戬公案，为徐戬不合专擅为高丽国雕造经板二千九百余片，公然载往彼国，却受酬答银三千两。公私并不知觉，因此构合密熟，遂专擅受载，彼国僧寿介前来，以祭奠亡僧净源为名，欲献金塔，及欲住此寻师学法。显是徐戬不畏公法，冒求厚利，以致招来本僧搔扰州郡。况高丽臣属契丹，情伪难测，其徐戬公然交通，略无畏忌，乞法外重行，以警闽、浙之民，杜绝奸细。奉圣

---

① （清）怀荫布：(乾隆)《泉州府志》，《中国地方志集成·福建府县志辑》第24册，上海：上海书店出版社，2000年，第658～659页。

② （宋）王存：《元丰九域志》卷九，《影印文渊阁四库全书》第471册，台北：台湾商务印书馆，1986年，第195页。

③ ［朝］郑麟趾等：《高丽史》，重庆：西南师范大学出版社，北京：人民出版社，2014年，第279页。

④ （宋）苏轼：《苏轼全集》卷三十，《论高丽进奉状》，北京：中国文史出版社，1999年，第805页。

旨,徐戬特送千里外州、军编管。"①宋丽恢复外交后,高丽常以进贡为名向宋朝求赐书籍,苏轼在《论高丽进奉状》和《论高丽买书利害札子三首》等奏议中,反对向高丽流传图书,认为高丽是辽国的臣属国,宋朝流入高丽的图书极易进入辽国,使辽国周知宋朝的山川、边防险要利害,反而会给宋朝安全造成巨大隐患。在《论高丽进奉状》中,苏轼明确指出"使者所至,图画山川,购买书籍。议者以为所得赐予,大半归之契丹。虽虚实不可明,而契丹之强,足以祸福高丽。若不阴相计构,则高丽岂敢公然入朝中国? 有识之士以为深忧",他对徐戬在杭州刻书并载往高丽交纳一事予以强烈谴责,称:"福建狡商,专擅交通高丽,引惹牟利,如徐戬者甚众。访闻徐戬,先受高丽钱物,于杭州雕造夹注《华严经》,费用浩汗。印板既成,公然于海舶载去交纳,却受本国厚赏,官私无一人知觉者。臣谓此风岂可滋长? 若驯致其弊,敌国奸细何所不至?"②苏轼意识到大量情报、图书落入辽国之手,必然会危及大宋的国家安全,而高丽借宋丽恢复交往,从海道获取大量宋朝的图书和情报,则又有可能辗转流入辽国,使高丽成为辽国获取宋朝情报的重要来源,不可不防。苏轼担心福建海商不畏公法,冒求厚利,往返宋丽间,必定会使"高丽因缘猾商时来朝贡,搔扰中国,实免中国奸细,因往高丽,遂通契丹之患"③,为杜绝后患,以儆效尤,主张对徐戬的违法行为予以严厉惩处。

十月六日甲辰,泉州增置市舶,从户部尚书李常请也。

　　按:《续资治通鉴长编》卷四百六载:"(元祐二年十月)甲辰,泉州增置市舶,从户部尚书李常请也。"④元丰八年(1085年)三月,宋哲宗即位。李常曾参与王安石变法,后因反对青苗收息,而被新党贬逐,遂为旧党所援引。哲宗继位后,李常改官吏部,进户部尚书。他掌管户部这个财政机关,在披阅积牍时,看到了陈偁申请在泉设司的奏疏,乃向哲

　　① (宋)苏轼:《苏轼全集》卷三十一,《乞禁商旅过外国状》,北京:中国文史出版社,1999年,822页。

　　② (宋)苏轼:《苏轼全集》卷三十,《论高丽进奉状》,北京:中国文史出版社,1999年,第805~806页。

　　③ (宋)苏轼:《苏轼全集》卷三十一。《乞禁商旅过外国状》,北京:中国文史出版社,1999年,第824页。

　　④ (宋)李焘:《续资治通鉴长编》第28册,北京:中华书局,1985年,第9889页。

宗条陈己见,终于获得朝廷批准。[①] 元祐二年(1087年),朝廷置福建市舶司于泉州。市舶司是国家政权设置在沿海口岸以管理海洋贸易事务的行政机构,在泉州置司标志着泉州正式成为开放的国家对外贸易口岸,反映出泉州港口依托于庞大国家机器的独特属性,对泉州的经济繁荣、文化交流以及海洋贸易各参与方的共同发展有至关重要的意义,成为泉州海交史上的一座非常重要的里程碑。泉州港至此拥有完整的发舶权和住舶权,获得与广州、明州同等地位。商舶贾贩外洋可直接在泉州发舶,无须再经广州或明州市舶司验关,为以后泉州发展成为世界性贸易大港提供了重要保障。泉州市舶司设立后,泉州的海外贸易获得官方的认可和支持,具备了对商贸有益的区域经济自主权,海外贸易如虎添翼,发展到一个新的阶段。市舶司的设置还使城市南部的商业活动更为频繁,13世纪以来,泉州城市逐渐向南拓展,也将这里纳入城中。从当时泉州的产业发展及贸易性质来看,也逐渐由转运贸易转换为出口贸易和转运贸易并重,海外贸易的持续繁荣,也进一步促进本地产业的不断优化提高。一直到明成化八年(1472年),市舶司才移置福州。市舶司迁往福州后,泉州港和泉州城市逐渐走向衰落。

市舶提举司,旧在府治南水仙门内,即旧市舶务址,有清芬亭,以傅伯成有"岁晚松篁期苦节,春风桃李自多情"之句,故名。杂造局,在府治东。元时建,即宋废提举司故址也。今废。[②] 现存的市舶司遗址位于泉州古城罗城的镇南门外、翼城的南薰门内,其格局基本保存完整,范围大致是马坂巷、水沟巷、竹巷、水门巷围合的这一区域。始建时位于城外,至13世纪被纳入城内。其西侧临翼城城墙旧址,西北侧有水沟连通城市的城壕与晋江水系,东侧可通往镇南门。市舶司内曾有清芬亭、仓库等建筑,废弃后于遗址上建有水仙宫,今遗址内尚保留有舶司库巷、马坂巷、水沟巷、鹊鸟桥和通籴桥等包含历史信息的地名。遗址旁有水关,以宣泄水流及启闭舟楫的出入。市舶司建立以后,凡涉洋经商船只及货物往来,可用小船,溯晋江,沿破腹沟、过水关,入濠沟直达市舶司报关,证明了宋代泉州的商业核心区或建在南部郊区,为研究泉

① 沈玉水:《略论福建市舶司的设迁问题》,《福建文博》1988年第1期,第22~26页。
② (清)怀荫布:(乾隆)《泉州府志》卷十二,《公署》,《中国地方志集成·福建府县志辑》第24册,上海:上海书店出版社,2000年,第248~249页。

州宋元时期的政治、文化、交通、贸易等提供了重要的实证资料。①

元祐初,孙奕以福建转运副使兼福建提举市舶。

　　按:(万历)《福州府志》卷五十九《人文志七》载:"孙奕,字景山,闽县人,皇祐元年进士。历知南陵、海陵二邑。吕诲知开封,荐知封丘。诲为御史中丞,又荐为台推,迁监察御史,论新法不便,为邓绾所劾,出监陈州酒税。陈袚知杭州,辟签判。裹在经筵,又荐'其事行著于乡闾,节义信于朋友。历官所至,以善政闻,可谓循吏。宜使当一路,以厚俗安民'。元祐初,除福建转使。"②宋代市舶司官制曾有三次重大变革,"蕃制虽有市舶司,多州郡兼领。元丰中,始令转运司兼提举,而州郡不复预矣。……后专置提举,而转运亦不复预矣。后尽罢提举官,至大观元年续置。"③宋初至元丰三年,市舶使一职多为"州郡兼领",宋太宗时,市舶使由知州兼领,但无实权,勾当市舶司(又称管勾市舶司)由州通判兼任,故又称市舶监官。提点市舶司由转运使兼,另有市舶使臣,由朝廷临时差遣。至宋真宗、宋仁宗朝,进一步放权给州郡,由州郡长官与转运使共同领导市舶。元丰三年(1080年)至崇宁初,则为"漕臣兼领",在转运使的主持下,市舶司开始成为一个常设机构,有固定编制和经费开支,不受州郡官吏牵制,直接听命于中央。崇宁初至南宋末年则为专置提举官时期,尽管南宋初年因国家动荡等特殊原因,市舶司屡有罢复,官制亦因此变动,但总体而言,自崇宁初三路各置提举官直至宋末,市舶司机构设置日趋完善,朝廷对市舶贸易管理日渐专门化、正规化,专置提举官仍是市舶司的基本官制。④因此,在崇宁初三路市舶司专置提举官之前,仍由本路转运司兼市舶提举。元祐初,孙奕以福建转运副使兼福建提举市舶。

　　① 《泉州市舶司遗址》,《海交史研究》2021年第2期,第127页;汪勃、梁源:《唐宋泉州城空间格局下的泉州南外宗正司、泉州市舶司遗址的考古发掘研究》,《自然与文化遗产研究》2021年第3期,第22~39页。《市舶司遗址》,2020年4月28日,http://www.qz-worldemporium.cn/yczhs/202004/t20200428_2467658.htm,2021年10月15日。

　　② (明)喻政:(万历)《福州府志》,福州:海风出版社,2001年,第534页。

　　③ (宋)马端临:《文献通考》卷六十二,《职官考十六·提举市舶》,北京:中华书局,2011年,第1868~1869页。

　　④ 廖大珂:《试论宋代市舶司官制的演变》,《历史研究》1998年第3期,第38~48页。

宋哲宗赵煦元祐三年　公元 1088 年　戊辰年

置市舶司于密州板桥，以接纳广州、泉州、明州等南部诸港的转口贸易。

按：《宋史》卷一百八十六《食货下八·互市舶法》云："元祐三年，锷等复言：'广南、福建、淮、浙贾人，航海贩物至京东、河北、河东等路，运载钱帛丝绵贸易，而象犀、乳香珍异之物，虽尝禁榷，未免欺隐。若板桥市舶法行，则海外诸物积于府库者，必倍于杭、明二州。使商舶通行，无冒禁罹刑之患，而上供之物，免道路风水之虞。'乃置密州板桥市舶司。"①《续资治通鉴长编》卷四百九亦云："（元祐三年三月乙丑），户部状：'朝请郎、金部员外郎范锷同京东路转运司奏：准朝旨，前去京东路计会转运司同共相度密州市舶，保明闻奏。询访得本镇自来广南、福建、淮、浙商旅乘海船贩到香药诸杂税物，乃至京东、河北、河东等路商客般运见钱、丝绵、绫绢往来交易，买卖极为繁盛。然海商之来，凡乳香、犀、象、珍宝之物，虽于法一切禁榷，缘小人逐利，梯山航海，巧计百端，必不能无欺隐透漏之弊。积弊既久，而严刑重赏所不能禁者，亦其势然也。故上下议论，皆以为与其禁榷，用幸隐匿，归之于私室，莫若公然设法招诱，俾乐输于官司，则公私两便。……今相度板桥镇委堪兴置市舶司。户部勘当，欲依范锷等奏。'从之，改板桥镇为胶西县，军额以'临海军'为名。"②宋中后期，沿海南部的明州、泉州、广州诸港与密州的贸易极为繁盛，泉州商人常运载钱帛丝绵，甚至私载象犀、乳香珍异等禁榷之物北上密州贸易，难免有欺隐透漏之弊。朝论与其禁榷，反使商人隐匿欺瞒，谋取私利，不如在密州设立市舶司，公然设法招诱商舶，使市舶税输于官司，则公私两便。最终朝廷同意置市舶司于密州板桥。至此，位于山东半岛南面的密州成为山东沿海最重要的枢纽港，向北可绕过山东半岛，到达登州和莱州，向南则依次连接明州、泉州、广州等重要贸易大港，极大促进了沿海地区经济的互补交流，也有利于外贸商品和国内市场的双向运输，从而构建一个繁荣的近海区域大市场。③

五月二十八日至八月十六日，张修以福建转运副使兼福建提举市舶。

按：宋刘攽《彭城集》卷十九："朝请郎、权发遣宣州周之纯可广东提

① （元）脱脱：《宋史》，北京：中华书局，1977 年，第 4561 页。
② （宋）李焘：《续资治通鉴长编》第 28 册，北京：中华书局，1985 年，第 9957 页。
③ 黄纯艳：《宋代近海航路考述》，《中华文史论丛》2016 年第 1 期，第 199～224 页。

刑，朝奉郎、新差福建运副张修可知宣州……"①据杨文新考，张新，浙江归安人，嘉祐二年（1057年）进士，著有《九江新旧录》三卷、《桂林集》十二卷。元祐三年（1088年）五月二十八日，朝奉大夫、鸿胪少卿张修为福建路转运副使，寻改知宣州（改宣州在八月十六日并入此）。② 绍圣二年（1095年）十二月，以朝散大夫知越州。三年四月，移明州。③

九月，张询接替张修，以福建转运副使兼福建提举市舶。

按：张询，嘉祐四年（1059年）刘辉榜进士④，元祐三年八月，以朝散郎权发遣。九月，移福建路转运副使。⑤ 又宋刘攽《彭城集》卷十九："新差知越州张询可福建转运副使……"⑥元祐七年（1092年），在知湖州任上建架阁楼。⑦

宋哲宗赵煦元祐四年　公元1089年　己巳年

泉州人刘载东渡高丽定居。

按：据《高丽墓志铭集成》所收高丽王朝尹伊锡所撰的《刘载墓志铭》载泉州人刘载于宣宗大安五年（1088年）北上高丽定居入仕，其铭曰："公姓刘氏，讳载，字君济，大宋泉州温陵人也。自丱角好读书，著名乡校，尝语人曰：'君子以不家食吉，吾岂瓠瓜也哉！'慨然拂衣，至于海东。时宣宗大安五年也。上知其来，试以文艺，喜见于色。初命参监门卫军事，肃宗即位，超拜右史，兼三字东宫侍读。既而掌南省礼闱，得士百余人，其所荐拔擢占上第者多矣。甲申春，自礼部侍郎、谏议大夫、同知贡举选士，获三十余人，皆一时英彦。至今馆翰多出门下，故时人咸曰：'公之知人，鉴若神明。'后进儒生多以此称美之。天性纯直，不事矜饰，风雨不渝，岁寒一节。致位文昌相，守司空，遽有知止之心，援经请

① （宋）刘攽：《彭城集》，上海：商务印书馆，1937年，第263页。
② 杨文新：《宋代市舶司研究》，厦门：厦门大学出版社，2013年，第261页。
③ （宋）施宿等：《会稽志》卷二，《影印文渊阁四库全书》第486册，台北：台湾商务印书馆，1986年，第50页。
④ （宋）范成大：《吴郡志》卷二十八，《进士题名》，《影印文渊阁四库全书》第485册，台北：台湾商务印书馆，1986年，第206页。
⑤ （宋）施宿等：《会稽志》卷二，《影印文渊阁四库全书》第486册，台北：台湾商务印书馆，1986年，第50页。
⑥ （宋）刘攽：《彭城集》，上海：商务印书馆，1937年，第264页。
⑦ （宋）谈钥：《嘉泰吴兴志》卷八，《公廨》，《续修四库全书》第704册，上海：上海古籍出版社，2002年，第110页。

老,优游里巷,享年六十七岁,于戊戌三月十五日顺受而逝。今主上闻之震悼,赙赠金谷,赐谥为定懿公,敕百官会葬,己亥三月二十六日改葬于北山之阳。长男通事舍人,及次男主簿升卿,泣请仆纪其行状。仆出公门下,不敢固辞,勉为之。志其铭曰:展也刘公,来自皇宋。文章礼乐,惟公一新。作辅文昌,善终而逝。遗文尚在,学者有师。铭以纪德,永示无极。"①《高丽史》卷九十七亦有传,云:"刘载,宋泉州人。宣宗时,随商舶来,试以诗赋,授千牛卫录事参军。睿宗朝,历左散骑常侍,吏、礼部尚书。十三年,以守司空、尚书右仆射卒。载能文,性朴素,不事生产,虽偕商人来,自立朝不复相亲,时议多之。"②墓志铭所述甚详,而《高丽史》所记则简略得多,且关于刘载的官职记载也有出入,可能刘载历官甚多,两者均择其要者记之,未能全面记录。据墓志铭,刘载卒于高丽睿宗十三年戊戌年(1118年),享年67岁(虚岁),可知其出生于宋仁宗皇祐四年(1052年),移居高丽时间则在高丽宣宗六年(辽道宗大安五年,1089年),其年已有38岁。据墓志铭提供的信息,刘载此前似乎并未在宋朝入仕,以致有"君子以不家食吉"之语,跑到高丽谋求入仕机会。高丽王闻而召试之,刘载因表现不错而"喜见于色"。旋即被授予官职,此后一路高升,逝世后高丽王给予高规格的葬礼。

十月,陈毅在监泉州市舶司任上。

按:宋代吕防《宋故富春县君孙氏墓志铭》有"承议郎、知泉州南安县事、武骑尉吕防撰,朝奉郎、监泉州市舶司、上骑都尉陈毅书",又云孙氏"以(元祐)四年十月八日葬于泉州万岁山之阳,盖陈氏先茔之侧也"。③可知元祐四年(1089年)十月,陈毅仍在监泉州市舶司任上。在官方文献中,对设于泉州的市舶司通常称为"福建路市舶司"或"福建(提举)市舶司",而不称泉州市舶司,但在墓志铭中直书"泉州市舶司",或已成民间习惯的称谓。"监市舶司"之名始于北宋咸平间,杭州、明州置市舶司后,州通判兼市舶司事不称"判官",而以监市舶司为名,后又易为管勾市舶司公事或主辖市舶司事。④陈毅,长乐人,治平二年乙巳

---

① [朝]金龙善:《高丽墓志铭集成》,韩国春川:翰林大学校,1993年,第48~49页。

② [朝]郑麟趾等:《高丽史》,重庆:西南师范大学出版社,北京:人民出版社,2014年,第3004页。

③ 陈丽华:《宋故富春县君孙氏墓志考释》,《福建文博》2008年第2期,第73~76页。

④ 薛彦乔:《宋代泉州市舶官员辑补》,《福建文博》2020年第4期,第50~55页。

(1065年)彭汝砺榜进士①,元丰间任晋江县知县②,元祐间监泉州市舶司,后知贺州。

十月己酉,泉州商人徐成等五十九人往高丽献土物。

按:《高丽史》卷十载:"宣宗六年(1089年)十月己酉,宋商徐成等五十九人来献土物。"③苏轼《乞禁商旅过外国状》有"据泉州纲首徐成状称,有商客王应升等,冒请往高丽国公凭……"④等语,可知徐成系泉州人。

十一月三日,泉州商人徐戬私载高丽僧寿介等入宋,朝廷给予"特送千里外州、军编管"处罚。

按:苏轼《论高丽进奉状》云:"元祐四年十一月三日,龙图阁学士、朝奉郎、知杭州苏轼状奏曰:'臣伏见熙宁以来,高丽人屡入朝贡,至元丰之末,十六七年间,馆待赐予之费,不可胜数。……自二圣嗣位,高丽数年不至,淮、浙、京东吏民有息肩之喜。唯福建一路,多以海商为业,其间凶险之人,犹敢交通引惹,以希厚利。臣稍闻其事,方欲觉察行遣。今月三日,准秀州差人押到泉州百姓徐戬,擅于海舶内载到高丽僧统义天手下侍者僧寿介、继常、颖流、院子金保、裴善等五人,及赍到本国礼宾省牒云:奉本国王旨,令寿介等赍义天祭文来祭奠杭州僧源阇黎。臣已指挥本州送承天寺安下,选差职员二人,兵级十人,常切照管,不许出入接客,及选有行止经论僧伴话,量行供给,不令失所外,已具事由画一,奏禀朝旨去讫。又据高丽僧寿介有状:临发日,奉国母指挥,令赍金塔二所,祝延皇帝、太皇太后圣寿。臣窃观其意,盖为二圣嗣位数年,不敢轻来入贡,顿失厚利。欲复遣使,又未测圣意。故以祭奠源阇黎为名,因献金塔,欲以尝试朝廷,测知所以待之之意轻重厚薄。不然者,岂有欲献金塔为寿,而不遣使奉表,止因祭奠亡僧,遂致国母之意?盖疑中国不受,故为此苟简之礼以卜朝廷。若朝廷待之稍重,则贪心复启,朝贡纷然,必为无穷之患。待其已至,然后拒之,则又伤恩。恭惟圣明

---

① (明)喻政:(万历)《福州府志》,福州:海风出版社,2001年,第72页。

② (清)周学曾:(道光)《晋江县志》,晋江县地方志编纂委员会整理,福州:福建人民出版社,1990年,第597页。

③ [朝]郑麟趾等:《高丽史》,重庆:西南师范大学出版社,北京:人民出版社,2014年,第286页。

④ (宋)苏轼:《苏轼全集》卷三十一,《乞禁商旅过外国状》,北京:中国文史出版社,1999年,第822页。

灼见情状,庙堂之议,固有以处之。臣忝备侍从,出使一路,怀有所见,不敢不尽,以备采择。'"元祐四年(1089年)十一月三日,因泉州商人徐戬私自将高丽僧寿介、继常、颖流,院子金保、裴善等五人带回国,秀州差人将徐戬押往杭州,交予杭州知州苏轼处理。寿介等的托词是祭奠杭州僧源阇黎,及欲住此寻师学法,并奉国母指挥,令赍金塔二所,祝延皇帝、太皇太后圣寿。苏轼对此高度警惕,经过明察暗访,查得杭州惠因院僧源阇黎本是庸人,只因多与福建海商往还,以致福建商人等于高丽国中妄有谈说,引得高丽僧统义天远来从学,后惠因院僧人赍持净源真影舍利,随舶船过海,又引发义天复差人祭奠。高丽人以祭奠源阇黎为借口,实是另有所图:因高丽数年不敢轻来入贡,顿失厚利,为查明宋朝对待高丽之厚薄,遂以此为借口前来试探。苏轼认为若受而不答,则彼生怨心;若受而厚赐之,则正堕其计。他就此提出应对之计:对献金塔一事,以"岂有不遣使奉表"为由予以拒绝,对祭奠源阇黎及欲住此寻师学法一事,允以私奠,但不许住此寻师学法,应尽快择机将高丽僧人附搭商舶遣送回国。针对泉州商人徐戬之前专擅为高丽国雕造经板二千九百余片,公然载往彼国,今又专擅受载彼国僧寿介前来的犯法行为,苏轼主张应予以严厉惩处,以打击海商"与高丽公然交通,略无畏忌"的气焰,防止杭州、泉州等七州商人借商贸之名假道高丽与契丹勾连,从而杜绝东南沿海奸细,维护国家安全。最终朝廷采纳了苏轼提出的建议,"徐戬特送千里外州、军编管"①。

十二月三日,苏轼奏乞令高丽僧寿介等从泉州归国。

  按:苏轼《乞令高丽僧从泉州归国状》云:"元祐四年十二月三日,龙图阁学士、朝奉郎、知杭州苏轼状奏。臣近为泉州商客徐戬带领高丽国僧统义天手下侍者僧寿介等到来杭州,致祭亡僧净源,因便带到金塔二所,遂具画一事由闻奏。已准朝旨,许令寿介等致祭亡僧净源毕,差人船送到明州,附因便海舶归国。如净源徒弟愿与回赠物色,即量度回赠。本州已依准指挥,许令寿介等致祭净源了毕,其徒弟量将土仪回赠寿介等收受。所有带到金塔二所,据寿介等令监伴职员前来告臣云,恐带回本国,得罪不轻。臣已依元奏词语判状,付逐僧执归本国照会,及本州即时差拨人船乘载寿介等,亦将米面、蜡烛之类随宜饯送。逐僧于

---

① (宋)苏轼:《苏轼全集》卷三十一,《乞禁商旅过外国状》,北京:中国文史出版社,1999年,第822页。

十一月三十日起发前去外,访闻明州近日少有因便商客入高丽国,窃恐久滞,逐僧在彼不便。窃闻泉州多有海舶入高丽往来买卖,除已牒明州契勘,如寿介等到来年卒无因便舶船,即一面申奏,乞发往泉州附船归国外,须至奏闻者。右伏乞朝廷特降指挥,下明州疾速契勘,依此施行。所贵不至住滞。谨录奏闻,伏候敕旨。"苏轼上奏的时间是在元祐四年(1089年)十二月,此时距泉州设立市舶司已有二年。由于此时泉州也有发舶权,商舶去往高丽不再需要到明州办理手续。^①又因近期明州很少有客商入高丽,而泉州客商多有入高丽买卖,因此苏轼便申请将寿介送往泉州附搭商舶回国。

宋哲宗赵煦元祐五年　　公元 1090 年　　庚午年

三月己巳,泉州商人徐成等一百五十人往高丽献土物。

> 按:《高丽史》卷十载:"宣宗七年(1090 年)三月己巳,宋商徐成等一百五十人来献土物。"^②

七月十七日,泉州纲首徐成状称,商人王应升等冒请往高丽国公凭发船入大辽国买卖。

> 按:苏轼的《乞禁商旅过外国状》云:"至今年七月十七日,杭州市舶司准密州关报,据临海军状申,准高丽国礼宾院牒,据泉州纲首徐成状称,有商客王应升等,冒请往高丽国公凭,却发船入大辽国买卖。寻捉到王应升等二十人,及船中行货,并是大辽国南挺银丝钱物,并有过海祈平安将入大辽国愿子二道。本司看详,显见闽、浙商贾因往高丽,遂通契丹,岁久迹熟,必为莫大之患。方欲具事由闻奏,乞禁止。近又于今月初十日,据转运司牒,准明州申报,高丽人使李资义等二百六十九人,相次到州,仍是客人李球于去年六月内,请杭州市舶司公凭往高丽

---

① 黄纯艳引李充公凭和徐戬为高丽国载雕造经版等事例,指出泉州即使在设立市舶司后,商舶如到高丽、日本贸易仍需到两浙路市舶司申领公凭。曹家齐和陈少丰则引苏轼《乞令高丽僧从泉州归国状》,认为泉州亦可直接发舶高丽,不需到明州办理手续。陈少丰指出由于明州前往高丽的航程较近,而泉州位于高丽的较南端,距离较远,航程不如明州短而直,因此中国商人还是更乐于从明州发舶。参见黄纯艳:《宋代近海航路考述》,《中华文史论丛》2016 年第 1 期,第 199～224 页。曹家齐:《宋朝限定沿海发舶港口问题新探》,《上海交通大学学报(哲学社会科学版)》2013 年第 3 期,第 89～98 页。陈少丰:《宋朝的发舶港与发舶权》,《史志学刊》2017 年第 4 期,第 14～16 页。

② ［朝］郑麟趾等:《高丽史》,重庆:西南师范大学出版社,北京:人民出版社,2014 年,第 287 页。

国经纪，因此与高丽国先带到实封文字一角，及寄搭松子四十余布袋前来。本司看详，显是客人李球因往彼国交构密熟，为之乡导，以希厚利，正与去年所奏徐戬情理一同。……不惟公私劳费，深可痛惜，而交通契丹之患，其渐可忧。皆由闽、浙奸民，因缘商贩，为国生事。"[1]泉州纲首徐成申诉状反映商人王应升假借高丽公凭，用船前往敌国（辽国）做买卖，被抓获后查得船上的货物全部是辽国的货物。后又发生了商人李球到高丽经商，为了牟利，从高丽走私货物的事件，证实了此前苏轼提出沿海州县不法商人可能借道高丽而与辽国勾结，私下做买卖，为牟取暴利而不惜泄露国家机密，成为敌国奸细的担忧。苏轼比较了庆历、嘉祐编敕，以及《广州市舶条》和元丰八年（1085 年）的敕令，认为元丰敕令对犯人犯罪，特别是对夹带禁物前往海外等违法行为，以及前往辽国和高丽经商的处罚规定有所松动，威慑不够。因此，他提出应恢复庆历、嘉祐编敕，并以此制定新的海外贸易法令，以加强对走私交易的处罚，从根本上杜绝私通辽国的现象。在苏轼等人的呼吁下，北宋在制定海外贸易法令时，将国家安全摆到了突出的位置，特别是对擅自到宋丽、宋辽之间的界河、界海地区的贸易加大了处罚力度。[2] 当年十一月二十九日，刑部言："商贾许由海道往来，蕃商兴贩，并具入舶物货名数、所诣去处申所在州，仍召本土物力户三人委保，州为验实，牒送愿发舶州置簿，给公据听行。回日许于合发舶州住舶，公据纳市舶司，即不请公据而擅乘舶自海道入界河及往高丽、新罗、登、莱州界者，徒二年，五百里编管。往北界者加二等，配一千里。并许人告捕，给舶物半价充赏。其余在船人虽非船物主，并杖八十。即不请公据而未行者徒一年，邻州编管，赏减擅行之半，保人并减犯人三等。"[3]从之。

元祐中，曾旼以福建转运副使兼福建提举市舶。

按：《宋诗纪事》卷二五载："曾旼，旼字彦和，龙溪人。熙宁六年进

① （宋）苏轼：《苏轼全集》卷三十一，《乞禁商旅过外国状》，北京：中国文史出版社，1999年，第 822 页。

② 杨丁宇：《从〈乞禁商旅过外国状〉看苏轼对北宋海外贸易法令弊病的补救》，《中国苏轼研究》第六辑，2016 年，第 173～179 页。

③ （清）徐松：《宋会要辑稿》第 7 册，《职官四四》，刘琳等校点，上海：上海古籍出版社，2014 年，第 4208 页。

士,监润州仓曹。尝纂《润州类集》。"①熙宁八年(1075年)八月十六日除福建路常平司,十月壬寅被罢为潭州州学教授。②

元祐间,陈郓以福建转运副使兼福建提举市舶。

　　按:《八闽通志》卷六十四《人物》载:"陈郓,字彦圣,建阳人。第进士,知昆山县。岁饥,属邑希部使者意不敢蠲赋,郓曰:'岁敛而赋不蠲,流转沟壑,何以字民?'竟蠲之。后为司农丞,未尝诣政府。迁太府丞,请外,除闽漕,以元祐党坐废。复朝奉大夫,卒。郓性清鲠,历官五十年犹为寒士。"③漕使又称转运使,主管本路各州、府财政收入,兼管边防、刑狱及考察地方官吏和民情,职权较大。

元祐间,陈玠监泉州市舶司。

　　按:(民国)《福建通志》(总卷)三十二《职官志》卷四监舶务条:"陈玠,元祐中任。"④《闽书》卷一百十七《英旧志(缙绅)》:"陈玠,字待宝。初调建之法曹掾,知南剑州沙县,监泉州市舶司,迁承议郎。家豪于财,父爱其二弟,辄推与之。从侄孙兢。"⑤又(乾隆)《龙溪县志》卷十五《人物志》:"陈玠,字待宝,元丰二年进士。历建州法曹,掾知沙县,监泉州市舶司,迁承议郎。家豪于财,父钟爱二弟,资十万余,辄推与之。"⑥陈玠,陈璟之兄,承议郎。尝知沙县,以《书》,阮昃以《易》,黄清老以《春秋》,皆驰声于场屋。⑦《泉州海关志》作"元丰三年进士"⑧,误。

宋哲宗赵煦元祐七年　　公元1092年　　壬申年

泉州知州兼提举市舶陈敦夫与祖无颇等同游九日山延福寺。

───────────────

①　(清)厉鹗:《宋诗纪事》卷二五,《影印文渊阁四库全书》第1484册,台北:台湾商务印书馆,1986年,第509页。

②　(宋)李焘:《续资治通鉴长编》第19册,北京:中华书局,1985年,第6601页。

③　(明)黄仲昭:《八闽通志》下册,福州:福建人民出版社,1991年,第512页。

④　(民国)沈瑜庆、陈衍:(民国)《福建通志》,《中国地方志集成·省志辑·福建》第13辑,上海:上海书店出版社,2011年,第20页。

⑤　(明)何乔远:《闽书》第4册,《闽书》校点组校点,福州:福建人民出版社,1994年,第3527页。

⑥　(清)吴宜燮、黄惠等:(乾隆)《龙溪县志》,《中国地方志集成·福建府县志辑》第30辑,上海:上海书店出版社,2000年,第194页。

⑦　(清)周学曾:(道光)《晋江县志》卷五十四,《人物志·儒林》,晋江县地方志编纂委员会整理,福州:福建人民出版社,1990年,第1321页。

⑧　泉州海关:《泉州海关志》,厦门:厦门大学出版社,2005年,第97页。

　　按：九日山《祖无颇等留名石刻》载："提点刑狱祖无颇夷仲按部温陵，知州陈敦夫中裕、朝散郎致政谢仲规执方、通判方榖正叔同游延福寺，遍览胜景，泛舟而归。元祐七年二月二十五日题。"①（乾隆）《泉州府志》卷二十六《职官志》知州事条："陈慎夫，（元祐）六年任，七年兼提举市舶。"②另查《八闽通志》、《闽书》、（道光）《重纂福建通志》、（道光）《晋江县志》等志书，宋泉州知州名录皆无陈敦夫，而有陈慎夫。宋代梁克家的《淳熙三山志》卷二十六《人物》云："（嘉祐六年辛丑王俊民榜进士）陈敦夫，襄之侄，字中裕，提举本路常平，终朝散大夫、秦凤路提刑。"③陈敦夫在宋代石刻和方志皆有载，且名、字相同，应实有其人，而"陈慎夫"仅见于明清史籍，疑为"陈敦夫"之误。另据（道光）《晋江县志》卷二十八《职官志》知州事条："陈枢，（熙宁）九年任。有传。"卷三十四《政绩志》："陈枢，字慎之，湖州长兴人。熙宁间，自宣德郎守尚书屯田员外郎知泉州。……元丰元年，曾巩为福州充福建路兵马钤辖，奏疏曰：'臣所领内，知泉州事尚书屯田员外郎陈枢，质性纯笃，治民为循吏。积十有五年不上课，故为郎久不迁。方朝廷抑浮竞、尚廉素之时，宜蒙特诏有司，奏枢课优，进其官以奖恬退。'于是特迁枢尚书都官员外郎，诰曰：'吾宠枢也，以戒奔竞。'"④《泉州海关志》作"陈枢，字慎夫"，⑤似以陈枢为陈慎夫，将其收入市舶提举名录，误。

宋哲宗赵煦绍圣二年　　公元 1095 年　　乙亥年

　　永春知县江公望作《多暇亭记》，描述了泉州港舶辐辏、宝货如山的繁荣景象。

　　按：《闽书》卷五十五《文莅志》云："江公望，字民表，睦州人。举进士。绍圣二年知县，数月县治。作亭'多暇'，而为之记，曰：'泉距海隅，去京国数千里，崇山峻岭，连属不断，攀援登跻，腾达便利，皆猿猴生长

　　① 陈光田：《闽南摩崖石刻研究》，北京：商务印书馆，2018 年，第 298 页。

　　② （清）怀荫布：（乾隆）《泉州府志》，《中国地方志集成·福建府县志辑》第 22 册，上海：上海书店出版社，2000 年，第 607 页。

　　③ （宋）梁克家：《淳熙三山志》，《影印文渊阁四库全书》第 484 册，台北：台湾商务印书馆，1986 年，第 359 页。

　　④ （清）周学曾：（道光）《晋江县志》，晋江县地方志编纂委员会整理，福州：福建人民出版社，1990 年，第 982 页。

　　⑤ 泉州海关：《泉州海关志》，厦门：厦门大学出版社，2005 年，第 93 页。

得势之地。其溪流湍驶，乱石若锘刃，舟船一失利，破碎覆溺，无复救止。然海船通他国，风顺，便食息行数百里，珍珠、玳瑁、犀象、齿角、丹砂、水银、沉檀等香、希奇难得之宝，其至如委。巨商大贾，摩肩接足，相刃于道。若衣冠之士，非仕宦则未尝游也。余得邑永春，携妻子，冒大暑，乘舟南下。舟碍石尾，旋转如风，不至于破碎覆溺，乃侥幸万一。始至之日，言语不通晓，租谷不以时入。讼讼刑狱，无日无之。饮食皆海物，琐细腥咸，馁败不可向迩。人疾病不用药物，祭鬼以祈福，其获瘥愈，乃天活之耳。既治五月，补茸蟠漏，缀緝断裂，政有条，事有目，爬梳蚁虱，毛发简直；锄治根薅，枝叶不生。屋东有聚土如阜，牛羊刍牧者往焉。一日治其巅，逆立而望视之，踌躇若有得于余心者。稍增系级，已屹然高峙。得材于故厅，事丹白驳蚀之余，斫削而扶植之。大足以陈籩豆，娱宾客，仰高游神，肆目于清明杳霭之上。而下与田夫邻父接语问劳，知旱干水溢丰凶之详。退食无事，颓然其间，息深宁极。邑东五十里东山之峰，有西蜀隐者居焉，危坐不寐垂二十年。思与偕游而不可得，扣梧招之，为作歌曰：山有木兮多风，林蹲兽兮潭蛟龙，猿猱既食人粟兮复纽而败之，山鬼啸寒兮鼯号饥。木多瘿兮犬有牥，长蚺蔡兮吐气成雾。胡为乎山中兮！歌罢，声满天地，东风聿来，长日斯至。天和而舒，地否亦解，予与万物复何为而不暇裕哉！顾小吏榜是亭曰多暇。'公望在官多善政，秩满，民怀立祠祀之。入为太常博士。建中靖国初为左司谏，以数言事，出知淮阳军。累以直龙图阁知寿州。蔡京用事，落职，编管南安军。遇赦，还家，卒。建炎中，赠右谏议大夫。"[①]泉州港自设立市舶司后迅速崛起，海外贸易量激增，在两宋之交上升到新的高度，直追广州港，江公望的《多暇亭记》即形象地描述了泉州港舶辐辏、宝货如山的繁荣景象。这个势头一直保持到南宋高宗、孝宗、光宗三朝[②]，真德秀云："庆元之前未以为难者，是时本州田赋登足，舶货充美，称为富州。通融应副，未觉其乏。"[③]此言非虚。

僧法殊重修开元寺紫云大殿。

---

①　（明）何乔远：《闽书》第2册，《闽书》校点组校点，福州：福建人民出版社，1994年，第1489页。

②　傅宗文：《宋代泉州港的崛起与港口分布》，《厦门大学学报（哲学社会科学版）》1985年第1期，第87～96页。

③　（宋）真德秀：《西山文集》卷十五，《申尚书省乞拨降度牒添助宗子请给》，《影印文渊阁四库全书》第1174册，台北：台湾商务印书馆，1986年，第231～235页。

　　按：《温陵开元寺志》："大开元万寿禅寺,旧在郡城西清门外,后城增广,则寺当城内之西区也。……紫云大殿,唐垂拱二年,僧匡护建。时有紫云盖地之瑞,因以得名。玄宗改额开元,仍赐佛像。后毁,乾宁四年,检校工部邯书王审邽重建,塑四佛像,中尊是先有御赐像。有僧朝悟持辟支佛舍利,来纳塑像中。宋绍圣二年,僧法殊新之,移千佛像于其中。绍兴二十五年,灾,寻建。元僧契祖,命僧伯福甃殿前大庭石。至正丁酉复灾。洪武己巳,僧惠远重建。永乐戊子,僧至昌复葺廊庑,增廊露台,庭前左右各浚小池,仍造小池屠数座翼之。万历二十二年,檀越率寺众同修。崇祯丁丑,大参曾公樱、总兵郑芝龙重建。殿柱悉易以石,壮丽视昔有加矣。效其力者僧广轮。"①紫云大殿即大雄宝殿,在开元寺拜庭的尽头,殿外高悬"桑莲法界"榜书匾额,以应桑开白莲之说。僧匡护始建于唐垂拱二年(686 年),以建殿时有紫云盖地之瑞,故称"紫云大殿"。是该寺中最早也是最主要的建筑。后屡有修葺,现存的建筑是明崇祯十年(1637 年)大参曾樱和总兵郑芝龙偕僧广轮重建的,通高二十余米,面阔九间,进深六间,宽四十二点七米、深三十二点五米,面积达一千三百八十七点七五平方米。系重檐歇山顶,宏模巨制,巍峨壮观。大殿后廊檐下有一对十六角形辉绿岩石柱,浮雕印度教古代神话故事。在大殿前月台须弥座束腰部分,也有 73 幅狮子与人面狮身石刻,具有浓厚的古希腊、古印度雕刻风格,如出印度工匠之手,与南印度朱罗时期的印度教寺院里的人面狮身石刻风格非常相似。这些印度教石刻应是明代重修开元寺时,把元末战乱废圮的印度教寺石刻构件移位而来,在国内只有泉州才能看到,可谓是非常罕见的文化现象,侧面体现了泉州本土文化的多元包容独特传统。② 最富特色的是复杂精妙的斗拱结构,两排石柱和桁梁接合处,有木雕 24 尊飞天乐伎。佛教中称"迦陵频伽",意为妙音鸟。迦陵频伽斗拱的创造性特征,充分体现出 10—14 世纪的泉州,因来自中原及海外的多元文化汇聚融合作用,形成的开放、包容精神,以及社会文化的繁荣与活力。

　　开元寺坐北朝南,中轴线主要建筑自南向北依次为紫云屏、天王殿与拜亭、拜庭及东西廊、大雄宝殿、甘露戒坛、藏经阁及其东侧檀越祠。

---

① (明)释元贤:《温陵开元寺志》,吴幼雄点校,北京:商务印书馆,2019 年,第 9～10 页。

② 陈鹏:《泉州与台湾关系文物史迹》,厦门:厦门大学出版社,2005 年,第 9 页。

东、西两侧矗立着镇国塔、仁寿塔两座宋代石塔，整体占地面积约 8 万平方米。五代闽国时，王延彬、陈洪进等人多次舍田入寺。初，王审邽领兵至泉州，舍于开元寺，始生王延彬于寺之堂，"既生，而有白雀一栖于堂中，迨延彬之终，方失其所在。凡三十年，仍岁丰稔，每发蛮舶，无失坠者，人因谓之招宝侍郎"①。在王延彬主政泉州的十六年间，政通人和，五谷丰登，又积极招诱番舶来泉州贸易，多发番舶以资公用，每遇惊涛狂飙，无有失坏，因此被称为"招宝侍郎"。这时期泉州港的海外贸易有了非常大的发展。王延彬一生崇信佛教，好谈佛理，先后延请多位高僧来泉州开元寺弘法传经，而且大兴土木，建造法云寺、福先招庆寺、教忠寺、福清寺等梵刹兰若，又舍予膏腴良田，促进了泉州佛教的兴盛发展。后唐天成年间（926—930）已任泉州刺史的王延彬在泉州开元寺造千佛院，致省僜主持。他十余年足不逾臬，有泉州千佛之称。

开元寺是宋元时期泉州规模最大、官方地位最突出的佛教寺院，其寺院经济及多元文化遗迹反映出宋元海洋贸易带给泉州的经济繁荣和文化共存特征，与寺院有关联的割据政权统治者、宋元官方、僧侣、地方大族等人群都对宋元社会经济和海洋贸易有重要贡献。②

宋哲宗赵煦元符二年　公元 1099 年　己卯年

五月十二日，令沿海各州县对飘风的番舶予以救助，许其亲属召保认还，及立防守盗纵诈冒断罪法。

按：《宋会要辑稿·职官四四》载："元符二年五月十二日，户部言：'蕃舶为风飘着沿海州界，若损败及舶主不在，官为拯救。录物货，许其亲属召保认还，及立防守盗纵诈冒断罪法。'从之。"③古代海洋贸易风险极大，商船航行大洋，常会遭遇风浪袭击，造成海难。针对海难的频繁发生，宋王朝也建立了海难救护制度。宋神宗年间，曾巩上《存恤外国人请著为令札》，即阐述了官府如何对遭遇海难的番船予以优待，除赠予番人酒食衣服及安排房舍居住外，出行还要安排鞍马舟船，以示朝廷

① （清）周学曾：（道光）《晋江县志》卷七十五，《杂志上》，晋江县地方志编纂委员会整理，福州：福建人民出版社，1990 年，第 1796～1797 页。

② 《开元寺》，2017 年 8 月 7 日，http://www.qzworldemporium.cn/yczhs/201708/t20170807_2467693.htm，2021 年 10 月 15 日。

③ （清）徐松：《宋会要辑稿》第 7 册，《职官四四》，刘琳等校点，上海：上海古籍出版社，2014 年，第 4208 页。

怀柔远人之意。元符二年(1099 年)的此条规定,更进一步要求官方对遇难番船的财产予以保护,规定沿海各州县若遇遭海难之番船飘至境内,官府应予打捞,保全其货物,日后交还给货主或其亲属,冒领、盗取、诈骗落水番船的财物,都将会被判罪。

宋徽宗赵佶崇宁元年　公元1102 年　壬午年

泉州纲首李充和庄严同往日本贸易,但被日本国遣返。

按:日本国《太宰府天满宫史料》卷 6《朝野群载》二十大宰府付异国之《同存问记》载:"长治二年八月二十二日存问大宋国客记

问客云,警固所去二十日解状称,今日酉时,大宋国船一艘,到来筑前国那珂郡博多津志驾岛前海,仍言上如件者,依例为令存问,所遣府使也。纲首姓名,参来由绪,怛以注申,客申云,先来大宋国泉州人李充也,充去康和四年为庄严之人徒,参来贵朝,庄严去年蒙回却官符,充相共归乡先了。彼时李充随身货等少少,当朝人々虽借请,负名等遁隐不辨返,仍诉申此由于公家,为征收,构别船,语人徒,所参来也止申。复问云,李充先度参来之日,有不辨返物之辈者,须言上此由叶,而彼时不言上,今为取返借物,构参来由之条,难取信。来享之利,前迹已明,早随身货物、本乡之公凭、人徒交名、乘船胜载,依例注申。客申云,本乡公凭、人徒交名进上之,乘船胜载百余石也。当朝人借物之条,全非虚妄,负名注文进之,被召问真伪,可显露商客野心,不得返欠物者为大愁,仍为奏达公家,所参来也,如勘问,先度归乡之日,可言商业。然而纲首庄严蒙官使之谴责,俄飞帆之间,不能言上,依愁绪不尽。今度为官奏所参来也,早言上可被随裁下也止申。

复问云,于所进负名注文者,所备府览也,但今度随身货物,可注申色目。李充申云,色目载在所进之本乡公凭,别不可注申,随身货物者最少也。交易粮新欲归乡,粗恶之物,何备进官,但先被言上,可被随裁下也者。

宋人李充在判

府使府宰直为末

通事巨势友高

文殿宗形成弘

厅头大中朝臣佐良

府老纪朝臣之实"①

日本长治二年(即北宋崇宁四年,1105年),宋泉州纲首李充于八月二十日酉时到达日本志贺岛。二十二日,日本大宰府先进行"存问"检查,即对货船进行检查,并向相关人员询问记录,由警固(警备所)或者郡作成"解"(牒)呈交大宰府。之后,朝廷展开公卿阵定(合议),决定是否安置(滞在、贸易许可)还是回却(归国命令),最后把经过敕裁的官符送达大宰府。② 根据《同存问记》的记载,李充向大宰府反映了一件事:即宋商纲首李充和庄严于三年前(康和四年,即宋崇宁元年,1102年)一起到日本贸易,但被遣返回宋,一些日本人以借为名拿走了他的货物不还。今年又来日本,状告三年前拿他货物的那些人,要求大宰府裁决。

宋徽宗赵佶崇宁二年　公元1103年　癸未年

崇宁初,徐确任福建提举市舶。

按:《闽书》卷四十三载:"徐确(见莆田缙绅)、陈汝锡,右崇宁中任。"③又(乾隆)《福建通志》卷四十四,《人物二》载:"徐确,字居易,莆田人,元丰五年进士,授江阴尉……后以宗正丞提举两浙常平,适大水岁饥,确考《禹贡·三江》之说,请自封家渡旧道,开淘至大通港达海口,役徒颇众,用常平钱以充和雇之费,水道遂通。擢守江州,中贵人使其舟载花石,确曰:'吾州所有粮船纲耳,中贵色沮。入为刑部员外郎,致仕,卒。"④明代《姑苏志》卷十二《水利下》云:"(崇宁)二年,宗正丞徐确提举常平,考《禹贡·三江》之说,以为太湖东注于海。松江正在下流,向来潮泥湮塞,水溢为患。请自封家渡古江,开淘至大通浦,直彻海口七十四里,以常平缗钱米十八万三千余充调夫之费。"⑤又《宋会要辑稿·方

---

① 转引自赵莹波:《宋日贸易研究——以在日宋商为中心》,南京大学博士学位论文,2012年,第22~23页。

② 赵莹波:《宋日贸易研究——以在日宋商为中心》,南京大学博士学位论文,2012年,第20页。

③ (明)何乔远:《闽书》第2册,《闽书》校点组校点,福州:福建人民出版社,1994年,第1081页。

④ (清)郝玉麟:(乾隆)《福建通志》卷四十四,《人物二》,《影印文渊阁四库全书》第529册,台北:台湾商务印书馆,1986年,第493页。

⑤ (明)王鏊:《姑苏志》,《影印文渊阁四库全书》第493册,台北:台湾商务印书馆,1986年,第269页。

域一七》载："徽宗崇宁四年五月十五日,提举两浙路常平等事徐确言。"①可见崇宁二年(1103年)至四年五月,徐确都在提举两浙常平任上。而崇宁三年八月至崇宁五年正月,章炳文都在福建提举市舶任上,那么徐确在崇宁二年之前必已在福建提举市舶任上。杨文新认为徐确是在崇宁二年后才任福建提举市舶的,误。② 崇宁初,市舶司已专置提举,故《八闽通志》《闽书》《福建通志》《福建市舶提举司志》等志书皆以徐确为福建提举市舶之首任。

崇宁中,陈汝锡、上官厚、钱景邈、乐昭衍先后任福建提举市舶。

　　按:《闽书》卷四十三载:"徐确(见莆田缙绅)、陈汝锡,右崇宁中任。上官厚、钱景邈、乐昭衍、章焕(炳)文、周需,右年任无考。"③陈汝锡,字师予,浙江青田人,绍圣四年(1097年)进士。宋陈振孙《直斋书录解题》卷十八《别集类下》云:"《鹤溪集》十二卷,辟雍博士青田陈汝锡师予撰。绍圣四年进士,持节数路,帅越而卒。青田登科人自汝锡始。希点子与,其孙也。"④(光绪)《处州府志》卷二十一《人物志》作"绍兴间进士",误。⑤ 乐昭衍、章焕(炳)文、周需三人的任期排序其他志书所载有差,《八闽通志》卷三十作"周需、乐昭衍、章焕(炳)文",(道光)《重纂福建通志》卷九十作"乐昭衍、章焕(炳)文、周需",(乾隆)《泉州府志》卷二十六和(道光)《晋江县志》卷二十八《职官志》作"章焕(炳)文、乐昭衍、周需"。另《福建市舶提举司志》"乐昭衍"作"乐绍衍",误。

宋徽宗赵佶崇宁三年　公元1104年　甲申年

　　五月二十八日,诏令番商往外州或东京买卖,须先向本州市舶司陈状,经勘验后发给公凭,方可往外路贩卖。

　　按:《宋会要辑稿·职官四四》载:"(崇宁)三年五月二十八日,诏:

　　① (清)徐松:《宋会要辑稿》第16册,《方域一七》,刘琳等校点,上海:上海古籍出版社,2014年,第9617页。

　　② 杨文新:《宋代市舶司研究》,厦门:厦门大学出版社,2013年,第262页。

　　③ (明)何乔远:《闽书》第2册,《闽书》校点组校点,福州:福建人民出版社,1994年,第1081页。

　　④ (宋)陈振孙:《直斋书录解题》,《影印文渊阁四库全书》第674册,台北:台湾商务印书馆,1986年,第842~843页。

　　⑤ (清)潘绍治、周荣椿:(光绪)《处州府志》,《中国方志丛书》第193号,台北:成文出版社,1974年,第741页。

'应蕃国及土生蕃客愿往他州或东京贩易物货者,仰经提举市舶司陈状,本司勘验谄实,给与公凭,前路照会。经过官司常切觉察,不得夹带禁物及奸细之人。其余应有关防约束事件,令本路市舶司相度,申尚书省。'先是广南路提举市舶司言:'自来海外诸国蕃客将宝货渡海赴广州市舶务抽解,与民间交易,听其往还,许其居止。今来大食诸国蕃客乞往诸州及东京买卖,未有条约。'故有是诏。"①入境番舶经市舶司抽解后,一部分为官卖,由官府博买或和买,其余部分为私卖,由番商自行决定买卖,可在本州出售,也可往外州出售。原先货卖之物多在广州交易,后大食诸国番商有意愿往外州及东京买卖,但无相关法律规定,崇宁三年(1104 年)遂有此诏。按此规定,番商往外州或东京买卖,需先向本州市舶司申请,取得官府批准,获取凭证,方可往外路贩卖。

八月上旬,福建提举市舶章炳文与知州方谷、新知下邳令林深之同游九日山。

> 按:九日山宋代《方正叔等有关市舶石刻》云:"知州事方谷正叔,提举市舶章炳文叔虎,新下邳令林深之原叔,同游。崇宁三年八月初浣。"②此石刻位于东峰"姜相峰"三字东南方的岩壁上,北向。摩崖高 138 厘米,宽 100 厘米,字径 20 厘米,7 行,行 5 字,正书。这是九日山最早出现"提举市舶"官名的石刻。章炳文,字叔虎,陕西京兆人,著有《鏧源茶录》一卷,《搜神秘览》三卷。宋状元章衡之子,其先为浦城人,崇宁间任福建提举市舶,后调任兴化军通判。《福建市舶提举司志》、《闽书》卷四十三、《八闽通志》卷三十、(乾隆)《泉州府志》卷二十六、(道光)《重纂福建通志》卷九十、(道光)《晋江县志》卷二十八的宋代福建市舶提举名录均作"章焕文",误。方谷,字正叔,时知泉州州事,隔年离任升调。林深之,字原叔,莆田人,时任南剑州观察推官。当时已任命知下邳令而未赴任,故称"新下邳令"。

宋徽宗赵佶崇宁四年　公元 1105 年　乙酉年

泉州纲首李充再次前往日本贸易,于八月二十日酉时抵达日本志贺岛。经日本政府裁定,李充未能获得贸易许可,被遣送回国。

---

① (清)徐松:《宋会要辑稿》第 7 册,《职官四四》,刘琳等校点,上海:上海古籍出版社,2014 年,第 4208 页。

② 黄柏龄:《九日山志》,上海:上海辞书出版社,2006 年,第 83～84 页。

按:《同存问记》详细记载了此事,可"崇宁元年"条。《日本史记》卷二百二十三《列传第一百五十》亦载:"长治二年,宋泉州纲首李充至太宰府,府官依例存问,李充等进本国公凭请交易。"[①]日本三上为康所著的《朝野群载》卷二十《异国》抄录了李充在明州取得的往日贸易的公凭,全文如下:"提举两浙路市舶司:

据泉州客人李充状,今将自己船一只,请集水手,欲往日本国,博买回货。经赴明州市舶务抽解,乞出给公验前去者。

二、人船货物:

自己船一只

纲首:李充,梢工:林养,杂事;庄权,部领;兵弟。

第一甲:梁富、蔡依、唐祐、陈富、林和、郡滕、阮祐、杨元、陈从、注珠、顾再、王进、郭宜、阮昌、林旺、黄生、强寄、关从、吴满、陈祐、潘祚、毛京、阮聪;

第二甲:尤直、吴添、陈贵、李成、翁生、陈珠、陈德、陈新、蔡原、陈志、顾章、张太、吴太、何来、朱有、陈先、林弟、李添、杨小、彭事、陈钦、张五、小陈珠、陈海、小林弟;

第三甲:唐才、林太、阳光、陈养、陈荣、林足、林进、张泰、萨有、张式、林泰、小陈贵、王有、林念、生荣、王德、唐兴、王春。

物货

象眼四十匹,生绢十四,白绫二十四,瓷碗二百床,瓷碟一百床;

一防船家事:锣一面,鼓一面,旗五口;

一石刻本州物力户:郑裕、郑敦仁、陈佑三人委保;

一本州令:给杖一条,印一颗;

一今捻坐,敕条下项。

诸商贾于海道典贩,经州投状。州为验实,条送愿发舶州,置簿抄上,仍给公据,方听行。回日,公据纳任舶州市舶司。即不请公据而擅行,或乘船自海道入界河,及往登、莱州界者徙二年(不请公据而未行者减贡等),往大辽国者徙三年,仍奏裁。并许人告捕,给船物半价充赏。(内不请公据未行者,减擅行之半。其已行者,给赏外船物仍没官)。其余在船人虽非船物主,各杖八十已上,保人并减犯人三等。

勘会:旧市舶法,商客前虽许至三佛齐等处,至于高丽、日本、大食

---

① [日]德川光圀:《日本史记》第6册,合肥:安徽人民出版社,2013年,第2336页。

诸蕃，皆有法禁不许。缘诸蕃国远隔大海，岂能窥伺中国？虽有法禁，亦不能断绝，不免冒法私去。今欲除此界、交趾外，其余诸蕃国未尝为中国客者，并许前去，虽不许典贩兵甲器杖，及将带女口、奸细并逃亡军人，如建应一行所有之物并没官，仍捡所出引内外明声说。

勘会：诸蕃船州商客愿往诸国者，官为检校所去之物及一行人口之数。所诣诸国，给予引牒，付次捺印。其随船防盗之具，兵器之数，并量历抄上，俟回日照点，不得少欠。如有损坏散失，亦须具有照验，一船人保明文状，方得免罪。

勘会：商贩人前去诸国，并不得妄称作奉使名目，及妄作表章，妄有称呼，并共以商贩为名。如合行移文字，只依陈诉州县体例，具状陈述。如蕃商首领随船来诸国者，听从便。诸商贾贩诸蕃间（贩海南州贩及海南州贩人贩到同）应抽买辄隐避者（谓曲避诈匿，托故曰石，前期传送，私自贸易之类），纲首、杂事、部领、梢公（令亲戚管押同）各徒二年，配本城。即雇募人管押，而所雇募人倩人避免，及所倩人，准比邻州编管。若引领停藏、负载交易，并贩客减一等，余人又减二等，蕃国人不坐。即在船人私自犯，准纲法坐之，纲首、部领、梢公、同保人不觉者，杖一百以上。船物（不分纲首、余人及蕃国人，一人有犯，同住人虽不知情及余人知情并准此）给赏外，并没官（不知情者，以己物三分没官）。诸海商舶货避抽买舶物应没官而已，货易转卖者，计值于犯人者名不近理不足，同保人备偿。即应以船物给赏，而同于令转卖者，转买如法。诸商贾由海道贩诸蕃者，海南州县曲于非元发舶州舶者。抽买讫，报原元发州，验实销籍。诸海商冒越至所禁国者，徒三年，配千里。即冒至所禁州者，徒二年，配五百里。若不请公验物籍者，准行者徒一年，邻州编管。即买易物货而辄不注籍者，杖一百，同保人减一等。

钱帛案手分　供（在判）　注（在判）

押案宣（在判）万（在判）勾抽所供（在判）孔目所捡（在判）　权都勾十（在判）都孔目所（在判）

右（上）出给公凭，付纲者李充收执。禀前项敕牒指挥，前去日本国，经他回，赴本州市舶务抽解，不得隐匿透越，如违，即当依法根治施行。

（当长治二年）

崇宁四年六月日给

朝奉郎、通判明州军州管勾学事兼市舶谢　（在判）

宣德郎、权发遣明州军州管勾学事提举市舶彭 （在判）

宣德郎、权发遣提举市易等事兼提举市舶徐,承议郎、权提举市舶郎"①

李充公凭,原件存于宁波博物馆。经赵莹波比对,日本所抄公凭很多地方皆不准确,如船员名字或增或减,也有错误的。兹校正如下(括号中为校正的字):部领兵(吴)弟。第一甲:……顾再(冉)……第二甲:尤(左)直、吴添(凑)……陈新(没有)……陈志(没有)……李添(凑)……小陈珠、陈海、小林弟(这三个也没有)。第三甲:……陈养(林太)……张春(泰)……赵莹波推测,宋商为了避开日本的"年纪制"(即宋商如果连着不到两年来日本,是要被遣返的),多去日本开展贸易活动,有时会更改自己的名字,变成一个新船员,这种现象似乎在宋商中比较普遍。②

崇宁四年(1105年),泉州纲首李充再次前往日本贸易,于八月二十日酉时抵达日本志贺岛。最后李充因受到庄严的牵连,也没能获得安置接待,日本国经过合议决定,裁定李充回却,即被遣送回国。最终还是未能取得日本的贸易许可。③

宋徽宗赵佶崇宁五年　公元1106年　丙戌年

正月初七,福建提举市舶章炳文与福州知州叶彦成、提点刑狱乔叔彦、提举学事朱知叔同游福州于山。

按:福州于山《叶彦成等题名石刻》云:"叶彦成、乔叔彦、章叔虎、朱知叔同游,崇宁五年人日。"④人日,又称人节、人庆节、人口日、人七日等,指的是农历正月初七日。叶彦成,名棣,蒲城人,以朝散大夫知福州。乔叔彦,名世材,时官提点刑狱。朱知叔,名英,时提举学事。章叔虎,即章炳文,崇宁五年(1106年)正月尚在福建提举市舶任上。

崇宁间,周需任福建提举市舶。

---

① [日]三上为康:《朝野群载》卷二十,《异国》,[日]黑板胜美:《新订增补国史大系》第29卷,东京:吉川弘文馆,1938年,第453~455页。

② 赵莹波:《唐宋元东亚关系研究》,上海:上海社会科学院出版社,2016年,第46~47页。

③ 赵莹波:《宋日贸易研究——以在日宋商为中心》,南京大学博士学位论文,2012年,第23页。

④ 黄荣春:《福州摩崖石刻》,福州:福建美术出版社,1999年,第245页。

按:杨文新认为《闽书》"周需"在"章炳文"后一人,周需任福建提举市舶应在崇宁末大观初。① 但《八闽通志》将"周需"排在"章炳文"和"乐昭衍"之前。

宋徽宗赵佶大观元年　公元1107年　丁亥年

三月十七日,诏福建市舶依旧复置提举官。

按:《宋会要辑稿·职官四四》载:"大观元年三月十七日,诏广南、福建、两浙市舶依旧复置提举官。"② 反映了福建市舶提举官和广南、两浙一样,都曾有过一段时间由别官兼任,而非于泉州置司之后,一直是专置提举官的复杂局面。

泉州由上郡升为望郡。

按:《宋史》卷八十九《地理五》载:"泉州,望,清源郡。太平兴国初,改平海军节度。本上郡,大观元年,升为望郡。崇宁户二十万一千四百六。"③《元丰九域志》则记元丰间户二十万一千四百六。

宋徽宗赵佶大观二年　公元1108年　戊子年

御史中丞石𬭚请以诸路提举市舶归之转运司,不报。

按:《宋史》卷一百六十七《职官七·提举市舶司》载:"御史中丞石公弼请以诸路提举市舶归之转运司,不报。"④

宋徽宗赵佶大观三年　公元1109年　己丑年

广南、福建、两浙等诸道市舶归之转运司。

按:《宋史》卷三百四十八《石𬭚传》载:"石公弼,字国佐,越州新昌人。登进士第,调卫州司法参军。……大观二年,拜御史中丞。……遂劾蔡京罪恶,章数十上,京始罢。又言吏员猥冗,庚元丰旧制。于是堂选归吏部者数千员,罢宫庙者千员、都水知埽六十员,县非大郡悉省丞,在京茶事归之户部,诸道市舶归之转运司,仕涂为清。"⑤大观二年(1108

①　杨文新:《宋代市舶司研究》,厦门:厦门大学出版社,2013年,第263页。

②　(清)徐松:《宋会要辑稿》第7册,《职官四四》,刘琳等校点,上海:上海古籍出版社,2014年,第4208页。

③　(元)脱脱:《宋史》,北京:中华书局,1977年,第2208页。

④　(元)脱脱:《宋史》,北京:中华书局,1977年,第3971页。

⑤　(元)脱脱:《宋史》,北京:中华书局,1977年,第11030～11032页。

年),石䂬官拜御史中丞。大观三年(1109 年),蔡京被弹劾罢相。因此,根据《宋史》记载,广南、福建两浙诸道市舶归之转运司应在大观二年(1112 年)之后,很可能在大观三年。《宋会要辑稿·职官四四》载:"大观元年三月十七日,诏广南、福建、两浙市舶依旧复置提举官。三年七月二十,诏罢两浙路提举市舶官,令提举常平官兼,专切提举,通判管勾。政和二年五月二十四日,诏两浙、福建路依旧复置市舶,从福建路提点刑狱邵涛请也。"① 从文献记载可知,大观三年七月二十日,两浙路提举市舶官被罢,诏令提举常平官兼管,专切提举,通判管勾(主管),但未提到是否福建路提举市舶官也被罢。《泉州海关志》和《中国古代对外航海贸易管理史》都认为两浙路和福建路提举市舶官是一并被罢,政和二年则又一起复置。不过,《泉州海关志》认为,两浙路和福建路提举市舶官被罢后,都是令该路提举常平官兼管,专切提举,通判主管。② 《中国古代对外航海贸易管理史》则认为大观三年提举市舶官被罢后,福建路提举市舶职责由福建路提点刑狱代管,直到政和二年(1112 年)五月复置提举市舶官为止,理由是绍兴二年(1132 年)七月六日,福建路安抚、转运、提举司上奏,提到该路"未置提举官,已前只是本路转运或提刑司官兼领,比置官后所收课额元无漏落"③。绍兴二年以前,福建市舶不置提举官的情形只有过大观三年(1109 年)和建炎元年(1127 年)二次,况且政和二年复置市舶也是从福建路提点刑狱劭涛之请。因此,大观三年后,福建路市舶职责即很可能是由提点刑狱代管。④ 不过此说似未有明确史料之佐证,且两浙路提举市舶官被罢后已明确由提举常平官兼管,通判主管,为何福建路提举市舶职责反而要由福建路提点刑狱代管? 而《宋史·石䂬传》则称大观三年"诸道市舶归之转运司",不同史料所记亦有出入,尚待厘清。

① (清)徐松:《宋会要辑稿》第 7 册,《职官四四》,刘琳等校点,上海:上海古籍出版社,2014 年,第 4208 页。

② 泉州海关:《泉州海关志》,厦门:厦门大学出版社,2005 年,第 60 页。

③ (清)徐松:《宋会要辑稿》第 7 册,《职官四四》,刘琳等校点,上海:上海古籍出版社,2014 年,第 4211 页。

④ 王杰:《中国古代对外航海贸易管理史》,大连:大连海事大学出版社,1994 年,第 97 页。

宋徽宗赵佶大观四年　公元1110年　庚寅年

春，监泉州市舶司朱矩以疾还里。十一月二十四日卒，享年七十一岁。

按：宋代上官均为朱矩撰写的《宋故承议郎朱君墓志铭》云："君讳矩，字正仲，家世邵武……元丰二年，用经术登进士第，调庐州合肥县尉。……外艰服除，授郴州宜章县令，以荐改宣议郎、知建州崇安县。遭母忧，年已六十，累然毁瘠，几不胜。既免，以宣德郎知福州古田县。秩满，部使者辟君以奉议郎监泉州市舶司，迁承议郎，赐五品服。……大观四年春，以疾还里。其年十一月二十四日卒，享年七十有一。政和元年九月二十二日，葬于邵武永城乡。"[①]朱矩（1040—1110年），邵武人，元丰二年（1079年）进士。历任合肥县尉、汀州录事参军、宜章知县、崇安知县、古田知县。据墓志铭推测，朱矩应在崇宁末以奉议郎监泉州市舶司，大观四年（1110年）春以疾辞官还里，当年十一月卒，享年七十一岁。

宋徽宗赵佶政和元年　公元1111年　辛卯年

大观、政和间，泉州请建番学。

按：宋蔡絛《铁围山丛谈》卷二《请建番学》载："大观、政和之间，天下大治，四夷向风，广州、泉南请建番学。"[②]番学是培养外国人子弟和中国人学习外国语言文字的学校，两宋时期，来自中东和阿拉伯地区的外国人甚多，"有黑白二种"，最多时曾达十万之众。为了方便外国人集群居住，同时照顾不同民族的风俗习惯，泉州划出固定范围让外国人居住，称为番坊[③]，其位置在今泉州城南一带。蕃坊中由外国人推选出蕃

---

① 绍兴市档案局（馆）、会稽金石博物馆：《宋代墓志》，杭州：西泠印社出版社，2018年，第23～24页。

② 蔡絛：《铁围山丛谈》，《影印文渊阁四库全书》第1037册，台北：台湾商务印书馆，1986年，第570页。

③ 关于宋元时期泉州是否存在蕃坊，洪少禄认为史料多载泉州是"蕃汉杂居"，故泉州无蕃坊，庄为玑也认为历史上并未发现有泉州蕃坊之记载，吴文良则认为，无论文献还是实物，皆可证泉州城东南隅有外国人集居地，即番坊。据廖大珂考，泉州的番人巷即番坊。坊是唐代对城市街区的通称，广州外国人居住的街区发端于唐，故称之为"番坊"，并沿袭至宋。而巷则是宋代民间对城市街区的通称，大量外商定居泉州应是北宋末年之后的事，依宋之风俗，称为"番人巷"。"番坊"与"番人巷"其名虽异，其实皆同。廖大珂：《谈泉州"番坊"及其有关问题》，《海交史研究》1987年第2期，第78～84页。

长、理讼师等自行管理,并由他们与当地政府进行日常生活和办理商务的联系。为解决外国商人子女教育问题,泉州请旨允许开办蕃学,作为专门培养外国人子弟和中国人学外国语言文字的学校。

政和初,僧祖慧、宗什等募建六胜塔于金钗山上。

按:明何乔远的《闽书》卷七《方域志》载:"金钗山,地名石湖,又曰日湖,日所出处也。旧浯屿水寨,今移于此。东西两山,延衰若两钗股。其凹处有石塔,号六胜。宋政和初,僧祖慧、宗什等以其地类明州育王山,募缘为石塔,其壮丽不减城中开元寺塔也。宋梁文靖尝读书塔下。有堂名魁星,久废。皇朝万历中,寨帅臧京构新之。元释大圭《募缘修塔疏》:'山势抱金钗,耸一柱,擎天之雄观。地灵侔玉几,睹六龙回日之高标。'隽语也。去金钗上左股数十丈余,卓立一峰,峰傍有石圆净,名镜石。西小岩,相传宋初有僧穴石隐焉。僧貌如狮子,名石狮岩,或凿岩前石为泗州像,又名泗洲岩。又其东有沈公堤,堤故种树障飞沙,以护田。后树伐堤空,沙仍壅田。万历中,寨帅沈有容使出汛兵,各载石还,遂得石百余艘。复命戍还兵筑之,堤不日成,田可耕如故,民名沈公堤也。"[1]六胜塔俗称石湖塔,在石湖港边的金钗山上,高 36.06 米,北宋政和初建,元世祖至元二十二年(1285 年)重修,元顺帝至元二年(1336 年)蚶江海商凌恢甫独资重建,为了祈求众生平安、健康、长寿,故悬挂"万寿塔"匾额。塔下石湖港常泊商舶近百艘,故塔为船只出入泉州湾的外港航标,主要满足商船通过大、小坠岛主航道进出泉州港的指航需求,与深沪湾的姑嫂塔遥遥相对,互为犄角。"六胜"之名概由印度佛教的"六胜缘"而来,"六胜缘"是阿罗汉修得"留多寿行"必须具备的条件,因建塔者祖慧、宗什修行"留多寿行"的缘故,遂为石塔取名"六胜",成为 12—13 世纪泉州本土文化与印度佛教文化交流融合的历史见证。六胜塔的建成也是宗教人士、商人、平民共同参与的结果,体现了宋元时期泉州多元社会结构对海洋贸易的贡献。[2] 六胜塔旁有东岳寺,祀东岳大帝,宋人韩元吉所撰的《东岳庙碑》有"山无毒螫兮,海无飓风。蛮

---

① (明)何乔远:《闽书》第 1 册,《闽书》校点组校点,福州:福建人民出版社,1994 年,第 177 页。

② 《六胜塔》,2017 年 8 月 7 日,http://www.qzworldemporium.cn/yczhs/201708/t20170807_2467695.htm,2017 年 10 月 15 日。

宾委路分，卉衣蒙茸。蛊消厉息兮，岁仍屡丰"①之语，盖宋时沿海之民祀之以祈求出海平安。

宋徽宗赵佶政和二年　公元1112年　壬辰年

五月二十四日，诏两浙、福建路依旧复置市舶。

　　按：《宋会要辑稿·职官四四》载："（政和）二年五月二十四日，诏两浙、福建路依旧复置市舶，从福建路提点刑狱邵涛请也。"②自元祐初，朝廷于泉州置市舶司之后的近二十年间，福建市舶提举屡有罢复。大观元年（1107年）尝复置提举官，说明此前亦有罢废；政和二年（1112年），诏福建路依旧复置市舶，亦说明此前曾罢废。沈玉水认为朝廷对福建市舶提举屡有罢复与当时的新、旧党争有密切关系，大抵旧党上台即废，新党上台复置。新党以"富国"为要旨，倾向设司以征舶税，增加国库收入。罗拯、薛向和陈偁皆属新党，故皆大力支持于泉州置司。③

六月二十二日，禁罪犯做过者出海，亦不许曾预贡解及学籍士人过海。

　　按：《宋会要辑稿·刑法二》载："（政和二年）六月二十二日，臣僚言：'访闻入蕃海商自元祐后来押贩海船人，时有附带曾经赴试士人及过犯停替胥吏过海入蕃。或名为住冬，留在彼国，数年不回，有二十年者，取妻养子，转于近北蕃国，无所不至。元丰年中，停替编配人自有条禁，不许过海。及今岁久，法在有司，未常检举。又有远僻白屋士人，多是占户为商，趋利过海，未有法禁。欲乞睿断指挥，检会元丰编配人不许过海条，重别增修，及创立今日已后曾预贡解及州县有学籍士人不得过海条赏，明示诸路沿海、次海州军。'诏依。有条令者坐条申明行下，其曾预贡解及学籍士人不得过海一节，于元条内添入。"④宋时，闽人在海外定居或已成为普遍现象。由于宋朝经济繁荣、文化发达，海外各国多仰慕之，因而宋人在海外颇受欢迎，尤其是商人和士人，不少国家如高丽国还给予各种优待。当时住番的闽人群体不仅有闽商、船员，还有

---

　　①　（宋）韩元吉：《南涧甲乙稿》，《影印文渊阁四库全书》第1165册，台北：台湾商务印书馆，1986年，第294～295页。

　　②　（清）徐松：《宋会要辑稿》第7册，《职官四四》，刘琳等校点，上海：上海古籍出版社，2014年，第4208页。

　　③　沈玉水：《略论福建市舶司的设迁问题》，《福建史志》1988年第1期，第22～26页。

　　④　（清）徐松：《宋会要辑稿》第14册，《职官四四》，刘琳等校点，上海：上海古籍出版社，2014年，第8314页。

到海外寻求发展的社会各阶层人士,其中包括了科场和仕途不顺的读书人,他们中有不少到海外寻求较好的仕途或生活环境,往往有逗留海外不归者。士人游历海外引起了宋朝的警觉。由于担心落第士人游历边郡,聚首诽谤,万一为敌国所招诱,致有泄露国家机密之虞,朝廷严禁士人到辽、夏与宋朝边境交界一带游历,但仍有不少人"转于近北蕃国,无所不至",仍可能借海路绕道进入北界,为辽、夏所招诱。① 因此,为了北部边防情报安全,避免士人辗转逃往辽、夏,政和二年(1112 年),朝廷向诸路沿海、次海州军下诏,除重申不许罪犯做过者出海外,增加了"曾预贡解及学籍士人不许过海"的禁令。

宋徽宗赵佶政和四年　公元 1114 年　甲午年

五月十八日,诏诸国蕃客到中国居住已经五世,其财产依海行无合承分人及不经遗嘱者,并依户绝法,仍入市舶司拘管。

　　按:《宋会要辑稿·职官四四》载:"(政和)四年五月十八日,诏:"诸国蕃客到中国居住已经五世,其财产依海行无合承分人及不经遗嘱者,并依户绝法,仍入市舶司拘管。"②宋朝对海外番商的财产采取了一定的保护措施,《宋刑统》规定:"死商财物如有父母、祖父母、妻,不问有子无子,及亲子孙男女,并同居大功以上亲幼小者,亦同成人,不问随行与不随行,并可给付。如无以上亲,其同居小功亲,及出嫁亲女,三分财物内取一分,均给之。余亲及别居骨肉不在给付之限。其蕃人、波斯身死财物,如灼然有同居的骨肉在中国者,并可给付。"③番商的财产继承权已从直系血亲扩大至旁系血亲的从父兄弟姐妹,海外番商到宋朝经商,只要有上述法令规定的亲戚相随,就可确保其死亡后财产被带回国内。④政和四年(1114 年)的这条法令,进一步对蕃商的财产进行了更好的保护,根据规定,即使番商没有相关亲属等法定继承人相随,但只要其生前立有遗嘱,遗嘱的受托人即有权处理其财产,可将遗产转移回国。只

---

① 何玉红:《宋朝边防图书与情报控制述论》,《社会科学辑刊》2004 年第 4 期,第 92～96 页。

② (清)徐松:《宋会要辑稿》第 7 册,《职官四四》,刘琳等校点,上海:上海古籍出版社,2014 年,第 4208 页。

③ (宋)窦仪等:《宋刑统》,北京:中华书局,1984 年,第 200 页。

④ 陈鹏飞:《宋代海外蕃商的法律地位》,《西南民族大学学报(人文社会科学版)》2011 年第 9 期,第 109～113 页。

有在华居住五世以上,且无人继承及无遗嘱者,其财产才能依户绝法,收官入市舶民事拘管。

福建提举市舶施述奏称,崇宁间九年之内市舶收入增收至 1000 万。

  按《文献通考》卷二十《市籴考一》载:"(政和)四年,施述奏:市舶之设,元符以前虽有,而所收物货十二年间至五百万。崇宁经画详备,九年之内收至一千万。其后废置不常,今惟泉、广州提举官如故。"①施述,福建瓯宁人,元祐六年(1091 年)进士。②《福建市舶提举司志》、(乾隆)《泉州府志》卷二十六、(道光)《晋江县志》卷二十八"施述"作"施述",误。

宋徽宗赵佶政和五年 公元 1115 年 乙未年

  七月八日,福建提举市舶司奏称,已于泉州置来远驿,并已出给公据付刘著等收执,前去罗斛、占城国说谕招纳。

  按《宋会要辑稿·职官四四》载:"(政和)五年七月八日,礼部奏:'福建提举市舶司状,昨自兴复市舶,已于泉州置来远驿,与应用家事什物等并足,并立定犒设、馈送则例,及以置使臣一员监市舶务门,兼充接引,干当来远驿。及本司已出给公据,付刘著等收执,前去罗斛、占城国说谕招纳,许令将宝货前来投进外,今照对慕化贡奉诸蕃国人使等到来,合用迎接、犒设、津遣、差破当直人从与押伴官等,有合预先措置申明事件。今措度,欲乞诸蕃国贡奉使、副、判官、首领所至州军,乞用妓乐迎送,许乘轿或马至知、通或监司客位,候相见罢赴客位上马。其余应干约束事件,并乞依蕃蛮入贡条例施行。如更有未尽事件,取自朝旨。本部寻下鸿胪寺勘会,据本寺状称:契勘福建路市舶司依崇宁二年二月六日朝旨,招纳到占城、罗斛二国前来进奉。内占城先累赴阙,系是广州解发外,有罗斛国自来不曾入贡,市舶司自合依政和令询问其国远近、大小、强弱,与已入贡何国为比奏。本部勘会,今来本司并未曾勘会、依条比奏及申明合用迎接等事。今欲下本司勘会,依条比奏施行。'诏从之。"③政和五年(1115 年),福建市舶司设置来远驿,制定犒设馈送

  ① (宋)马端临:《文献通考》卷二十,《市籴考一》,北京:中华书局,2011 年,第 588 页。

  ② (清)郝玉麟:(乾隆)《福建通志》卷三十三,《选举》,《影印文渊阁四库全书》第 529 册,台北:台湾商务印书馆,1986 年,第 28 页。

  ③ (清)徐松:《宋会要辑稿》第 7 册,《职官四四》,刘琳等校点,上海:上海古籍出版社,2014 年,第 4208 页。

则例,并置一员专务其事,以接待各国使臣。福建路市舶司依崇宁二年(1103 年)二月六日朝旨,赴罗斛、占城国招谕,其国遂遣使由泉州入贡。诸番国贡使入港,泉州地方官员和市舶官员须前往迎接,用轿、马迎贡使至来远驿,并配以妓乐。离港也有欢送仪式,在华期间还有犒设馈送,以体现朝廷存恤远人,优异推赏之意。宋代有明确记载的海外诸国共八次从泉州入贡,其中占城五次,罗斛、大食、三佛齐各一次,但有两次没有成功,另有元丰五年(1082 年)渤泥国贡使从泉州出境归国一次。从政和五年(1115 年)起,福建路市舶司在宋代朝贡体系中的地位日益重要,承担了招谕、管理、接待、抽买、调解纠纷等职能。[1] 为迎接贡使和舶商,宋朝在广州设怀远驿,在明州设安远驿,在泉州设来远驿,每年进行犒设,以体现朝廷招徕远人,阜通货贿之意。贡使享受的待遇颇高,宋朝除提供酒食、官舍外,出行则提供轿、马,还安排有乐舞宴饮等娱乐。罗斛国,在丹眉流国东北边二十五程,今泰国南部华富里一带,罗佤人建立的国家。14 世纪中叶,与越系泰人建立的暹国合并为暹罗国。[2]

八月十三日,诏福建提举市舶施述以招诱抽买宝货增羡转一官。

> 按:《宋会要辑稿·职官四四》载:"(五年)八月十三日,诏提举福建路市舶施述与转一官,以招诱抽买宝货增羡也。"[3] 由于市舶司管理着全国的海外贸易,其官员廉洁与否直接影响朝廷的财政收入。宋朝皇帝对市舶官员的选任和考核极为重视,在任期间表现良好、政绩卓著者可得到转一官或升迁他职的奖赏,而政绩表现较劣甚至贪污者则可能受到降职、罢官、除名、勒停、冲替、延长勘磨期限等处罚。[4] 福建提举市舶施述以招诱抽买宝货增加了财政收入,政绩卓著,受到朝廷赏识,诏命转一官。

十二月,晋江安海昭惠庙建成,王国珍为之记。

> 按:北宋政和四年(1114 年)八月癸酉,安海人从丰州九日山昭惠庙

---

① 陈少丰:《泉州与宋代朝贡》,《沧桑》2010 年第 1 期,第 92~93 页。

② 尼嘎:《濮人与古代马来半岛文化——从色曼人习俗看古多佤人文化在马来半岛的影响》,《云南民族学院学报(哲学社会科学版)》1995 年第 2 期,第 68~73 页。

③ (清)徐松:《宋会要辑稿》第 7 册,《职官四四》,刘琳等校点,上海:上海古籍出版社,2014 年,第 4208 页。

④ 杨文新:《宋代市舶官员的选任与监管研究》,《运城学院学报》2014 年第 6 期,第 35~39 页。

乞灵回境，建庙于东塔脚东，政和五年十二月己丑落成。乡贡进士王国珍作《昭惠庙记》，曰："夫有功于民则祀之，常制时之报功者必新之，明宫斋庐必崇之，以美号显爵，陈其俎豆而荐献之，盖所以示不忘。崇应公功烈在民，尤难忘者。唐咸通中，延福殿基方兴斤斧，公降神于桃源驲之岳山阴，治材植沿游而下，人不劳倦。故殿宇飞翚，垂数百年而屹然轮奂者，实公之力。公有庙于寺之东隅，为州民乞灵市福之所。吾泉以是德公为多，凡家无贫富贵贱，争像而祀之，惟恐其后。以至海舟番舶，益用严恪。公尝往来于烈风怒涛间，穆穆瘁容于云表。舟或有临于艰阻者，公易危而安之，风息涛平，舟人赖之以灵者十常八九。时丁天旱，大泽焚如，守令忧之，为民勤祷，每用享于公之祠下，未终祀礼，而雨泽滂沛。是以士民有祷于公，事无巨细，莫不昭恪，吾泉以是益感公之威灵。公尝以阴光相国，膺明天子之宠眷。疏封锡爵，可谓蕃庶。此颁昭惠之额，为庙之荣，兹诚一时盛举。公之神，窃意其如泉之在井，随汲皆足；如声之在谷，随响皆应。故安海市沐公之庇，时为其厚。市虽滨于溟渤，而未尝有汛滥海涌之恐者，以公之庙端居于右。市之风雨以时，而文物井井。山会水集，家肥人富，济济然而向礼义之方者，亦公有以致之也。故市之民德公，而愈不忘。初以公庙卑湿，遂迁高燥之地，经营就绪，未惬舆情。又即其旧，贯而广大之，百用具备，像图孔肖，示之俨然，有可畏之威。故祈报禳谢者，顶踵相继。庙之造，以政和四年八月癸酉经始，而政和五年十二月己丑讫功。倡其事而致诚竭力者：叶俊德、陈贞、杨从、吴宗淮、陈毅、杨高等计百五十余人，共施金财。庙已落成，遂来乞文以纪之。时国珍教学于庙之左，亦荷公之赐。故为之铭曰：'岌嶪群山开云屏，滂浒大江长练横。公安斯宫赫厥圣，山之秀分江之清。'都劝首叶俊德，会稽谢成绩书，乡贡进士王国珍撰，通政郎、权知兴化县管勾学事兼管勾劝农黄篆，奉议郎、太医学博士充编类政和圣济宫郎检阅官刘惟立石。"[①]安海港是泉州港的重要支港，也被称为泉州"南港"。海船从广州到泉州最先抵达的就是安海港，再从这里转向"北港"后渚港，交通便利，方便商船避风寄碇。所以安海港也随着泉州港的发展而兴盛。宋哲宗元祐二年（1087年），泉州设市舶司以统制内外海商，其后不久，也派官员在安海设立"石井津"榷税，安海港正式成为

---

① （清）柯琮璜：《安平志（校注本）》，安海乡土史料编辑委员会校注，北京：中国文联出版社，2000年，第278～279页。

泉州港统一管辖的海外贸易港口。当时安海港为一要津,商贾云集,从九日山昭惠庙分灵至安海奉祀,也显然是为了满足海外贸易的需要。安海昭惠庙后来迁到了西塔东边,更名为仁福宫,规模也变大了许多。明永乐癸卯(1423 年),安平昭惠庙圮,李应箕重新。成化六年(1470年),张朝生募葺,顺治丙申(1656 年)毁,康熙甲子(1684 年)展界后,移建于西塔东第一境。

宋徽宗赵佶政和八年　公元 1118 年　戊戌年

闰九月二十三日,诏泉州市舶官纲应奉有劳,福建提举市舶蔡樾可除直秘阁。

　　按:《宋会要辑稿·选举三三》载:"(政和八年闰九月)二十三日,诏泉州市舶官纲应奉有劳,提举福建市舶蔡栢可除直秘阁。"[①]又(道光)《重纂福建通志》卷九十《职官志》提举市舶条:"蔡樾,政和间任。"卷九十三《职官志》知泉州事条:"蔡樾,大观间任。"[②](道光)《晋江县志》卷二十八《职官志》知州事条:"蔡樾,莆田人,襄孙,泉人称其有乃祖风。隆庆、万历志俱作大观间任。按《莆阳文献》,樾乃大观三年进士,无释褐后即授州守之理。今姑从旧志。"提举市舶条:"……蔡樾,仙游人。俱政和间任。"[③]清代龚显曾所撰的《亦园脞牍》之《万安桥记》亦云:"蔡忠惠《万安桥记》石凡二段,一粗一细,人多致疑为重刻。又石末有小字一行,为公曾孙桓立石时所书,亦从来著录家所未载。……尝摩挲石下,于后段石末得细字一行,题曰:曾孙奉议郎直秘阁提举福建路市舶,赐绯鱼袋桓立石,福唐上官石镌。凡二十八字,为自来所未拓,著录家亦无言及之者。案:桓以避钦宗讳,改名樾。宣和间任泉州市舶,旋知泉州,去桥成之日已六十余年,不应忠惠所书至桓始为立石,种种疑窦,殊难肬决。窃意忠惠立石之地,其时尚未有祠。《福建通志》谓其初□在桥下,又云桥趾低下,水至则没石梁。或碑在桥下,时□十年间,风潮剥蚀,已阙其一。逮蔡桓提舶,因补所缺,移碑祠中,故石质笔势不能尽符

―――――――――――

①　(清)徐松:《宋会要辑稿》第 10 册,《选举三三》,刘琳等校点,上海:上海古籍出版社,2014 年,第 5899 页。

②　(清)孙尔准:(道光)《重纂福建通志》,《中国省志汇编:9》,台北:华文书局,1968 年,第 1809、1833 页。

③　(清)周学曾:(道光)《晋江县志》卷二十八,《职官志》,晋江县地方志编纂委员会整理,福州:福建人民出版社,1990 年,第 531 页,577 页。

欤。若谓明人重刻,则断不然。"①综合以上文献分析,蔡櫶即史料所见之蔡桓、蔡栢,蔡襄曾孙,莆田人,因避讳改名蔡櫶。大观三年(1109年)进士,政和八年(1118年)闰九月至宣和元年(1119年)十二月在任上,任满旋知泉州。(道光)《晋江县志》质疑旧志作"蔡櫶,大观三年知泉州",认为不可能中进士之后即授州守之理,此质疑有理,应为宣和间知泉州。《宋会要辑稿》的《选举三三》、《职官四四》均作"蔡栢","栢"与"桓"字迹相近,可能为笔误之故。《福建通志》另载有将乐人蔡栢,字武子,宋英宗治平四年(1067年)进士,博雅能文。② 但政和八年与治平四年相去51年,几无可能此蔡栢在中进士半个世纪后才出任福建提举市舶。《泉州海关志》将蔡柏(蔡栢)另作一人,任期作"宣和间任",将蔡櫶作"政和三年任泉州知州,兼领市舶司提举",误。③

宋徽宗赵佶宣和元年　公元1119年　己亥年

十二月十四日,福建提举市舶蔡櫶职事修举,特转一官;勾当公事赵真转一官,令再任。

　　按:《宋会要辑稿·职官四四》载:"(宣和元年)十二月十四日,诏:"福建提举市舶蔡栢职事修举,可特转一官;勾当公事赵真转一官,令再任。"④宋朝市舶司官员主要由提举市舶司、监官、勾当公事、监门官四类构成,其中提举市舶司即通常所说的市舶使,即舶司之首长。福建路市舶司长官时称提举福建路市舶,或称提举福建市舶、福建提举市舶,负责全面工作;市舶监官或监市舶务,主管"抽买舶货,收支钱物",即负责财政税收之业务首长,每个市舶司或市舶务"抽解博买,专置监官一员";勾当公事又称干办公事,也称"舶干",主持市舶司日常杂务,相当于办公室主任或秘书长;监门官主管市舶库,"逐日收支,宝货钱物浩瀚,全籍监门官检察",以防侵盗之弊。这些官员之下还设有吏员若干名,有吏目、孔目、手分、贴司、书表、都吏、专库、专秤、客司、前行、后行

---

① (清)龚显曾:《亦园脞牍》,谢如俊、陈琼芳点校,北京:商务印书馆,2019年,第285页。

② (清)孙尔准:(道光)《重纂福建通志》卷一百四十七,《选举志》,《中国省志汇编:9》,台北:华文书局,1968年,第2572页。

③ 泉州海关:《泉州海关志》,厦门:厦门大学出版社,2005年,第93、104页。

④ (清)徐松:《宋会要辑稿》第7册,《职官四四》,刘琳等校点,上海:上海古籍出版社,2014年,第4209页。

等。吏目:主管文书,负责点检市舶司(务)账状。孔目:负责对海商申请发舶放洋的审核、验实,然后给付公据。手分:管"钱帛案",即负责钱物的收支工作。贴司、书表:制作账簿、文字档案。都吏:负责巡视、检查和安全。专库:负责市舶库舶货的保管和出纳。专秤:负责临场抽解、和买等具体工作。客司:负责贡使和番商的接待工作。前行、后行:负责警卫。① 岗位设置更加专业,职责内容也十分广泛和具体。

北宋前期,市舶司主管官员例由知州兼领。元丰中,转由路一级转运使兼领市舶。崇宁初,朝廷在诸路专置提举司舶司主官,并建立路级市舶司,由专职提举担任。而州一级的市舶机构则设为市舶务,福建、广南各辖一务,而两浙路的杭州、明州、秀州、温州、江阴军等州级市舶司则降为市舶务,"福建、广南各置务于一州,两浙舶务乃分建于五所",其管理仍遵祖宗旧制,"有市舶处知州兼提举市舶务,通判带主管,知县带监,而逐务又各有监官"。② 市舶司与市舶务两者是上级职能部门与下级业务机构的关系,其各自职责和官员配备都颇有差异。市舶务的市舶兼官一般以州府通判为常见,初设时以通判"兼市舶判官",太平兴国间,职名改为"市舶监官",真宗朝又改为"管勾市舶司",一直沿用到元丰间。崇宁初,实行市舶司与市舶务两级并行制度,通判一度兼任市舶务主官。但随即由知州兼提举市舶务,通判则带主管,知县带监,有船舶抵岸,知州即会同通判、知县、监官等同行检视,而总其数,一直到宋亡。③

宋徽宗赵佶宣和二年　公元 1120 年　庚子年

许大年在福建提举市舶任上。

按:《闽书》卷四十三、《八闽通志》卷三十、(道光)《重纂福建通志》卷九十、(乾隆)《泉州府志》卷二十六、(道光)《晋江县志》卷二十八,"许大年"在"张祐"之前,俱宣和间任。

福建提举市舶张祐陛辞,朝廷至颁御香诣九日山延福寺昭惠庙焚之。

① 胡沧泽:《宋代福建海外贸易的管理》,《福建师范大学学报(哲学社会科学版)》1995年第 1 期,第 93~101 页。

② (宋)马端临:《文献通考》卷六十二,《职官考十六·提举市舶》,北京:中华书局,2011年,第 1869 页。

③ 王杰:《中国古代对外航海贸易管理史》,大连:大连海事大学出版社,1994 年,第 112页。

明何乔远《闽书》卷八《方域志·九日山》云:"灵岳祠,谓指木之叟,乐山之神也。祠以祀之,水旱疫疠,海舶祈风,辄见征应。宋时累封通远王,赐庙额'昭惠'。其后迭加至'善利广福显济'六字,详见永春县乐山。风之祈也,盖宋时泉有市舶,郡守岁以四月十一日同市舶提举率属以祷。宣和二年,提举张祐陛辞,朝廷至颁御香诣殿焚之,其重如此。"①张祐,《闽书》卷四十三、(道光)《重纂福建通志》卷九十、《八闽通志》卷三十均作"张佑",误。杨文新的《宋代市舶司研究》"张祐"作"张佑",任期始自"宣和四年"②,误,应为"宣和二年"。李之亮的《宋代路分长官通考》"张祐"作"张佑"③,误。张祐,朝廷内侍。宣和二年(1120年)出任福建提举市舶,宣和四年也有他在任上的活动记载,靖康元年(1126年)三月二十三日在任上被罢。宣和二年,张祐离开宫中时,朝廷颁给御香,让他带到泉州九日山通远王庙殿焚敬。知州陆藻为张祐双亲祝寿并设立"彩华坊"。张祐曾主持修葺太庙,奢求封赏,因中书舍人给事中梅执礼提出异议,驳回上奏,未能如愿。

林献可撰《昭惠庙献马文》。

按:安海昭惠庙建成于政和五年(1115年),祀海神通远王及从神仁福王。初只有神像,无神马,里人崇祀有年,但觉神庙"部曲稍备,而文物未全",故于政和间造神马以完之。长乐人林献可为之记,曰:"伏睹神无所不通,感之斯应;神无不在,求之斯来。公之肇迹,其原有自。庇庥之力,于泉尤笃。人各各以归仰,方在在以奉祀,而公无不通也,无不在也,未尝有违所愿。此海滨之民,所以获建行宫焉。然殿宇苟完,圣像苟美,虽部曲稍备,而文物未全,如之何其仰福?即此二人同心,所以誓造神马。论公之神,不疾而速,不行而至,何假神像以为之哉?然其德重者其物备,位高者其礼崇,不如是不足以表其德,不如是不足以称其位。斯马也,非骅骝騄駬之良,其筋力精神,不知其若何也,以像仪而已。斯驭也,非王良造父之善,而左右调护,不知其若何也,以备员而已。虽未足以表其德,称其位,而至诚之意,惟公知之。如将以神赐之,而不尤其不备;以神化之,而不病其不能。则下马行地无疆,上马朝天

① (明)何乔远:《闽书》第1册,《闽书》校点组校点,福州:福建人民出版社,1994年,第197页。

② 杨文新:《宋代市舶司研究》,厦门:厦门大学出版社,2013年,第265页。

③ 李之亮:《宋代路分长官通考》上册,成都:巴蜀书社,2003年,第160~161页。

有路,庶几乎有降福之由也。伸敬既毕,非敢矜言。姑用记其岁月云。濮阳吴处厚刊上文于石,题曰:'绍兴戊戌岁,高汝贤、何与能施造神马,而长乐林公献可特为之文,用记岁月,而标于庙之西廊下。日月浸久,文字毁灭,几至剥坏。厚嘉其文之卓,于是命刊于石,庶不泯焉。'徽宗宣和庚子中秋后一日谨题。"①绍兴戊戌乃政和戊戌(1118年)之误,因绍兴年间无戊戌年。安海昭惠庙始建于政和四年,五年十二月迄功,故造神马时应在庙成后不数年,而林献可撰《昭惠庙献马文》于其后。

宋徽宗赵佶宣和四年　公元1122年　壬寅年

四月十六日,宣教郎、提举福建路市舶张祐直秘阁。

按:《宋会要辑稿·选举三三》载:"(宣和四年)四月十六日,朝请大夫、直秘阁、河东路转运使陈知质直龙图阁,朝请大夫、直龙图阁、陕西路转运副使钱盖为右文殿修撰,宣教郎、提举福建路市舶张祐直秘阁。"②

五月九日,诏各路市舶司就地出卖抽买到舶货。

按:《宋会要辑稿·职官四四》载:"(宣和)四年五月九日,诏:'应诸蕃国进奉物,依元丰法更不起发,就本处出卖。倘敢违戾,市舶司官以自盗论。'"③北宋前中期,市舶司抽买到物货,原则上应尽快解送京城,初为转运司指派去京官员押运,雇募民人运输。崇宁初,市舶司始设专官,此后便由市舶司管押纲运官负责解送。后因运费昂贵,元丰三年(1080年)始订立法规,要求市舶司抽买到的舶货就地出卖,以节省运费开支。宣和四年,仍依元丰法严敕执行。

宋徽宗赵佶宣和五年　公元1123年　癸卯年

宣和中(宣和五年三月后),黄邦达以朝请郎提举福建路市舶。

《淳熙三山志》卷二十七《人物类二》载:"(大观)三年己丑贾安宅榜

---

①　(清)柯琮璜:《安平志(校注本)》,安海乡土史料编辑委员会校注,北京:中国文联出版社,2000年,第279～280页。

②　(清)徐松:《宋会要辑稿》第10册,《选举三三》,刘琳等校点,上海:上海古籍出版社,2014年,第5903页。

③　(清)徐松:《宋会要辑稿》第7册,《职官四四》,刘琳等校点,上海:上海古籍出版社,2014年,第4209页。

进士……黄邦达,字兼善,长乐人,终朝请郎、提举本路市舶。"①据《长乐进士》考:"黄邦达,字兼善,甘墩(沙头顶)。大观三年进士,授太常博士。宣和中以朝请郎提举福建路市舶司。"②又(咸淳)《重修毗陵志》卷十《秩官四·知县·无锡县》:"黄邦达,宣和三年正月,朝奉郎;孙畯,宣和五年四月,宣教郎。"③可知黄邦达于宣和三年(1121年)正月至宣和五年三月,出知无锡县。《宋会要辑稿·职官四五》载:"(宋哲宗绍圣元年)诏'自今初除转运判官、提举官,须实历知县,以上亲民人;提点刑狱以上,须实历知州或通判人。'"④转运判官、提举官官阶要高于知县,所以朝廷才要求除提举官"须实历知县,以上亲民人",故黄邦达以朝请郎提举福建路市舶应在宣和五年(1123年)三月后。又黄邦达与张穆同榜进士,张穆于建炎元年(1127年)以福建转运副使兼市舶,两人出任福建路提举市舶的时间相差无几,也可证之。

宋徽宗赵佶宣和七年　公元1125年　乙巳年

三月十八日,诏降空名度牒付市舶司充博本钱,广南、泉州市舶司各500道,两浙市舶司300道。

按:《宋会要辑稿·职官四四》载:"(宣和)七年三月十八日,诏降给空名度牒,广南、福建路各五百道,两浙路三百道,付逐路市舶司充折博本钱,仍每月具博买并抽解到数目申尚书省。"⑤度牒,就是古时候政府发给僧尼、道士以证明其合法身份的凭证,持有者可免赋役。空名度牒,即未登记出家人姓名的度牒。空名度牒并未填出家人姓名,因而是可以转手的,唐代即有出卖度牒以敛财的先例,北宋仿之。在宋代,空名度牒可以看作是一种有价证券,被当成货币使用,可在市场上进行交易。在财政紧张时,宋朝往往会印制一批空名度牒,直接鬻卖,借以弥

---

①　(宋)梁克家:《淳熙三山志》,《影印文渊阁四库全书》第484册,台北:台湾商务印书馆,1986年,第372页。

②　林忠:《长乐进士》,福州:海潮摄影艺术出版社,2007年,第109页。

③　(宋)史能之:(咸淳)《重修毗陵志》,《续修四库全书》第699册,上海:上海古籍出版社,2002年,第90页。

④　(清)徐松:《宋会要辑稿》第7册,《职官四四》,刘琳等校点,上海:上海古籍出版社,2014年,第4209页。

⑤　(清)徐松:《宋会要辑稿》第7册,《职官四四》,刘琳等校点,上海:上海古籍出版社,2014年,第4209页。

补财政赤字。当地方政府或某个部门需要中央财政拨款时,朝廷往往不是直接拨现钱,而是拨给若干道空名度牒。宣和时,宋朝北边战事吃紧,财政空虚,遂诏降空名度牒付市舶司充博本钱,广南、泉州市舶司各500道,两浙市舶司300道,三路共计1300道。依每道百千计,可折钱13万贯。①

宋钦宗赵桓靖康元年　公元 1126 年　丙午年

三月二十三日,福建提举市舶张祐任上被罢。

　　按:《宋会要辑稿·职官六九》载:"(靖康元年三月)二十三日,诏:'江南转运使曾纡,福建转运使赵岍、唐绩,提举市舶张祐,提举广东盐香黄昌衡,提举京畿常平陆棻并罢,送吏部,内有职者夺之。'以言者论皆缘交结权幸,躐取名位,邪佞凶狡,素无廉声,皆不足以当一道之寄故也。"②张祐应该是受到李光的弹劾,李光在《庄简集》卷八《论曾纡等札子》云:"臣伏见江西转运曾纡,福建转运赵岸、唐绩,提举市舶张祐,提举广东香盐黄昌衡,府界提举常平陆棠,皆缘交结权幸,以躐取名位,邪佞凶狡,素无廉声,皆不足以当一道之寄。岸、绩远任福建漕臣,朝廷近差陈磷等为代,遂通贿赂于梁师成,以造茶为名,不肯离任。祐本泉州大商,今市舶廨治乃在泉州,背公营私,何往不可?近闻营造第宅,尽令属邑科买材木,赃污不法,一方之民咸受其弊。……伏望圣慈特降睿旨,尽行窜斥,以正刑书。仍乞精择廉干修洁、素有风力之人,以充监司之选,庶几朝廷惠泽得以下究,细民疾苦得以上闻,仰副陛下勤恤民隐之意,天下幸甚。取进止。"③张祐,宣和二年(1120年)即已出任福建提举市舶,陛辞时,朝廷至颁御香诣殿焚之。宣和四年(1122年)四月十六日,宣教郎、提举福建路市舶张祐直秘阁。直到靖康元年(1126年)三月二十三日,才又出现他在市舶任上的记载。但似无可能其任期从宣和二年直至靖康元年长达六年无变动。检阅泉州知州和泉州市舶官员名录,大多一两年即易任,很少有超过三年者,故宣和五年(1123年),可能由黄邦达短暂继任。由于市舶使是肥差,李光说张祐"本泉州大商",深

---

　　① 马伯煌:《中国经济政策思想史》,昆明:云南人民出版社,1993年,第755页。

　　② (清)徐松:《宋会要辑稿》第8册,《职官四四》,刘琳等校点,上海:上海古籍出版社,2014年,第4909页。

　　③ 李光:《庄简集》,《影印文渊阁四库全书》第1128册,台北:台湾商务印书馆,1986年,第512~513页。

耕泉州多年,"背公营私,何往不可",积累了不少人脉和财富。不久后,张祐想必又设法重回福建提举市舶位,故李光指责他"赃污不法,一方之民咸受其弊",请求皇帝降旨罢官。

靖康初,陈戬除提举福建路市舶,不赴任。

宋人汪藻《浮溪集》卷二十五《右中奉大夫直徽猷阁知潭州陈君墓志铭》载:"君讳戬,字景渊,姓陈氏,世家阆中。昭陵宰相文惠公尧佐之曾孙。……以父任为陈州商水县尉,知隆德府潞城县,县胥为奸利,持前令短长告郡,郡守惑之。君调护令使善去,而置胥于法,闻者快之。以亲嫌,移滑州韦城县,改宣教郎、通判常州。盗发清溪,浙西诸郡皆震,常当其冲,君亲属夫增陴浚隍,盗知有备,不敢犯。宣抚司上其状,迁承议郎。坐小法免,起主管西外宗室财用,提举福建路市舶,通判太原府、漳州,皆不赴。寻通判泗州。时金人寇京师,泗居东南咽喉地,邮传不通者百余日。……擢尚书膳部员外郎,积劳至朝散大夫、知通州,迁朝请大夫。……擢直秘阁、淮南路转运副使,以分镇请宫祠,得主管江州太平观。除广南西路转运副使……复主管江州太平观,改差两浙西路安抚大使司参谋。大使司罢,召赴行在者,再迁朝议大夫、三京等路招抚处置使参谋。迁右中奉大夫,除淮南东路转运使,进直敷文阁,知扬州,赐紫衣金鱼。……以绍兴十三年七月丁卯卒于官,年五十九。"[1]朝廷起陈戬主管西外宗室财用,提举福建路市舶,通判太原府、漳州,皆不赴。靖康初,寻通判泗州,又遇金人入寇京师,盗贼引数万人围城,陈戬与知州商量将民尽收入城,并解城围。建炎元年(1127年)七月丙午,"膳部员外郎陈戬掌顿递,虞部员外郎李俦调刍粟,直秘阁、江淮发运副使李祐为随行转运使,于秋末冬初启行"[2]。

姚世举在福建提举市舶任上(三月后十月前)。

按:(乾隆)《泉州府志》卷二十六和(道光)《晋江县志》卷二十八载:"姚世举,长溪人,元丰进士,年代无考。"又《八闽通志》卷五十五:"(宋熙宁九年丁未徐铎榜)姚世举,长溪人,知奉宁县,泉州舶务。"[3]又(乾隆)《福宁府志》卷十八《选举志》:"熙宁九年丙辰徐铎榜(进士),姚世

---

① (宋)汪藻:《浮溪集》卷二十五,《右中奉大夫直徽猷阁知潭州陈君墓志铭》,《影印文渊阁四库全书》第1128册,台北:台湾商务印书馆,1986年,第230～232页。

② (宋)李心传:《建炎以来系年要录》卷七,《影印文渊阁四库全书》第325册,台北:台湾商务印书馆,1986年,第149页。

③ (明)黄仲昭:《八闽通志》下册,福州:福建人民出版社,1991年,第282页。

举,字之才,泉州舶务,福安人。"①各书所记不尽相同。长溪县,唐长安二年(702 年)从连江县析出,治所在今霞浦,隶属闽州。而福安县则是在宋理宗淳祐五年(1245 年),从长溪县析出西北二乡、九里所建。故《八闽通志》和(乾隆)《福宁府志》所述均无误。(道光)《晋江县志》科年作"元丰进士",误。姚世举,任期在鲁詹之前,张祐之后,故其提举福建市舶时间应在靖康元年(1126 年)三月后十月前。

十月,福建提举市舶鲁詹、通判林孝渊等会食延福寺,登九日山。

按:九日山宋代《林遹等有关市舶石刻》:"靖康改元初冬,提举常平等事林遹述中,循按泉南,同提举市舶鲁詹巨山,太守陈元老大年,通判林孝渊全一,会食延福寺。遍览名胜,登山绝顶,极目遐旷,俯仰陈迹,徘徊久之。"②此石刻位于东峰"姜相峰"三字西侧的岩上,北向。摩崖高138 厘米,宽 129 厘米,字径 11 厘米,7 行,行 10 字。正书。

鲁詹(1082—1133 年),字巨山,浙江海盐人,崇宁五年(1106 年)进士,授将仕郎、扬州天长尉。历任监裁造院、提举福建市舶、提举两浙市舶、福建转运判官,绍兴三年,为枢密院检讨官,不久染疾致仕,不数日卒。宋张守为之撰《枢密院检详文字鲁公墓志铭》,其铭曰:"左朝奉大夫、枢密院检详文字鲁公詹卒,季弟訔状公之出处行实、治历官寿,而其尊奉议自檇李寓书南走三千里,问铭于闽粤帅张某。……公讳詹,字巨山,鲁氏伯禽之后。望出扶风,上世徙居秀之嘉兴,今为海盐人。曾祖延厚、祖惟辩,皆毓德隐居。父寿宁始遣子宦学,以公封右奉议郎致仕。公幼即警悟,乡誉晔然。束书游太学,中崇宁五年进士第,授将仕郎、扬州天长尉。用荐者升通仕郎,以劳迁文林郎,移苏州常熟丞。邑事剧,公摄令,谈笑而办,民爱吏戢,豪右慹服。郡人朱劢父子怙宠陵暴,而祸福州县吏于嚬笑之间,众皆媚承,公独不为少屈。延安帅赵公铨辟府仪曹,以亲老辞归,铨授亳州酂令。邑小讼简,治行益高,七邑之诉冤狱滞讼者,皆愿以属公。部刺史交列其才,凡十有四人,故相张公商英、枢密王公裹、中书侯公蒙皆荐之。俄丁内艰,服除始改宣教郎,拟知泰州海陵县,未行,监裁造院、提举福建市舶。舶司远朝廷而多奇货,吏鲜自洁,商人亦困于侵牟,公私两敝。公检身律下,一扫故习,岁入倍称。会

---

①　(清)李拔纂:(乾隆)《福宁府志》,《中国方志丛书》第 74 号,台北:成文出版社,1978年,第 344 页。

②　黄柏龄:《九日山志(修订本)》,上海:上海辞书出版社,2006 年,第 84~85 页。

省提举官,以漕司兼之,估客挽留公,遮道涕泣。漕臣张穆以吏能自高,亦叹公规画之善,还朝复论市舶费寡而利不赀,官不可罢,从之。除提举两浙市舶,寻迁福建转运判官。建炎三年,金人寇浙江。明年春,车驾幸永嘉。公慨然曰:'天子蒙尘,既不能捍寇难,护属车,而职在转输,宜具一日之积,以佐调度。'乃同宪司裒一路经费之余,得银八万两上之。……俄被疾致仕,不数日,卒。实绍兴三年某月日也,官止左朝奉大夫,春秋五十二。士大夫识不识,皆叹息至于流涕。……所著诗十卷、杂文二十卷、奏议二卷、《吏役录》三卷、《杜诗传注》十八卷藏于家。"[①]鲁詹于靖康元年(1126年)在福建提举市舶任上,应确定无疑。但宋人葛胜仲所撰的《右奉议郎致仕赐绯鱼袋鲁公墓志铭》又云:"宣和七年,天子冬祀上帝,推恩廷臣,提举福建路市舶鲁詹得其父为承事郎致仕。岁中,逢渊圣皇帝受内禅恩,进封父宣义郎,且乞以当得朱衣银鱼改赐,诏从之。上践阼,覃沾若南郊、明堂恩。詹为直秘阁、福建路转运判官,又累封其父为右奉议郎。惟奉议公讳寿宁,字景修,秀州海盐人,鲁姓。……子六人,长即詹,终朝奉大夫。……绍兴三年,詹为枢密院检讨官,取告归寿其亲,俄以疾不起。"[②]此处似指宣和七年(1125年)冬,鲁詹即已在福建提举市舶任上。但此前张祐在宣和二年(1120年)已到任,宣和四年也有他在任的记载,直到靖康元年(1126年)三月任上被罢,而到了十月,鲁詹又出现在福建提举市舶任上。1125年冬至1126年10月这么短时间内,福建提举市舶任上似乎不太可能出现鲁詹——张祐——鲁詹的接续情况,葛胜仲所言或指宣和七年(1125年)冬,鲁詹除福建市舶,而到了靖康元年(1126年)初才到任。

① (宋)张守:《毗陵集》卷十二,《志铭》,《影印文渊阁四库全书》第1127册,台北:台湾商务印书馆,1986年,第815~818页。

② (宋)葛胜仲:《丹阳集》卷十三,《墓志铭》,《影印文渊阁四库全书》第1127册,台北:台湾商务印书馆,1986年,第532~533页。

二、南宋(1127—1279)

宋高宗赵构建炎元年　公元 1127 年　丁未年

六月丁卯(十四日),罢两浙、福建提举市舶司,并归转运司。

按:《宋史》卷二十四《本纪第二十四》载:"(建炎元年六月丁卯),省诸路提举常平司,两浙、福建提举市舶司。"①又《宋会要辑稿·职官四四》载:"高宗建炎元年六月十三日,诏:'市舶司多以无用之物枉费国用,取悦权近。自今有以笃耨香、指环、玛瑙、猫儿眼睛之类博买前来,及有亏蕃商者,皆重置其罪。令提刑司按举闻奏。'十四日,诏:'两浙、福建路提举市舶司并归转运司,令逐司将见在钱谷、器皿等拘收,具数申尚书省。'"②宋哲宗于泉州置市舶司后一段时间,福建提举市舶司曾因党争而屡有罢复,自宋徽宗崇宁后才稳定下来。但到了南宋初年,又开始出现动荡。建炎元年(1127 年),刚登基不久的宋高宗为节省开支,也有出于树立自己良好形象的目的,省诸路提举常平司,将两浙、福建提举市舶司并归转运司。但是一年以后,转运司不仅自身难保,入不敷出,且造成福建海外贸易急剧下滑,反而使财政遭受更大损失,于是建炎二年复置,并赐度牒值三十万缗为博易本。五年后的绍兴二年(1132 年),由于福建路各监司觊觎市舶司的舶税之利,为争夺其统辖权而吵闹不休,七月甲子,复罢,委本路提刑司兼领。九月二十五日,诏旧市舶司职事令福建提举茶事兼领,十月四日,诏福建提举茶事司权移往泉州,就旧提举市舶司置司。直到绍兴十二年(1142 年)十二月十八日,朝廷下诏复令福建路市舶司专置一提举官,另置专一提举于茶事归建州。这样,经过了十年之久,福建路提举市舶才重新独立。不过,在由提刑司和茶盐司兼领期间,福建市舶仍有独立的行动,其名称也不断被人们单独提出来,可见福建路市舶司的重要性。从绍兴十二年以后,福建路

---

①　(元)脱脱:《宋史》,北京:中华书局,1977 年,第 446 页。

②　(清)徐松:《宋会要辑稿》第 7 册,《职官四四》,刘琳等校点,上海:上海古籍出版社,2014 年,第 4210～4211 页。

市舶司再无动荡,一直到南宋末年市舶提举蒲寿庚以泉州城降元为止。①

九月己丑(二日),建州军乱,福建转运副使兼提举市舶毛奎被杀。

　　按:《建炎以来系年要录》卷九载:"(建炎元年九月)己丑,建州军乱。先是调建卒往守滑州,为金人攻退。故例当得卸甲钱,转运司不时与。是日大阅,军校张员等作乱,杀福建转运副使毛奎。"②《浙江通志》卷一百六十六《人物二·忠臣》云:"毛奎,……旧名倜,字世高,绍圣间进士,为闽曹(漕)。建卒张员作乱,奎力疾谕之,遂死于兵,血流如白乳。"③

十月己卯(二十三日),承议郎李则请恢复闽、广市舶旧制,将舶货之粗重难起发之物,于本州依时价就地打套出卖。

　　按:《建炎以来系年要录》卷十载:"(建炎元年十月己卯),承议郎李则言:'旧制,闽、广市舶司抽解舶货,以其贵细者计纲上京,余本州打套出卖。大观后始尽,令计纲费多而弊众,望复旧法,仍许商人赴行在纳钱,执据往本州偿其数。'从之。"④《宋会要辑稿·职官四四》则有更详细记载,云:"(建炎元年)十月二十三日,承议郎李则言:'闽、广市舶旧法,置场抽解,分为粗细二色般运入京。其余粗重难起发之物,本州打套出卖。自大观以来,乃置库收受,务广帑藏,张大数目,其弊非一。旧系细色纲只是真珠、龙脑之类,每一纲五千两。其余如犀牙、紫矿、乳香、檀香之类,尽系粗色纲,每纲一万斤。凡起一纲,差衔前一名管押,支脚乘、赡家钱约计一百余贯。大观已后,犀牙、紫矿之类皆变作细色,则是旧日一纲分为之十二纲,多费官中脚乘、赡家钱三千余贯。乞将前项抽解粗色并令本州依时价打套出卖,尽作见钱桩管。许诸客人就行在中纳见钱,贵执兑便关子,前来本州支请。'诏依旧,余依所乞。"⑤北宋市舶

　　① 柳平生、葛金芳:《南宋市舶司的建置沿革及其职能考述》,《浙江学刊》2014年第2期,第20~31页。
　　② (宋)李心传:《建炎以来系年要录》,《影印文渊阁四库全书》第325册,台北:台湾商务印书馆,1986年,第167页。
　　③ (清)嵇曾筠:《浙江通志》,《影印文渊阁四库全书》第523册,台北:台湾商务印书馆,1986年,第409页。
　　④ (宋)李心传:《建炎以来系年要录》卷七,《影印文渊阁四库全书》第325册,台北:台湾商务印书馆,1986年,第186页。
　　⑤ (清)徐松:《宋会要辑稿》第7册,《职官四四》,刘琳等校点,上海:上海古籍出版社,2014年,第4209页。

旧法,广州、泉州等地市舶司抽解和买的舶货须分为粗细色予以纲运至京。大观之前,细色每纲为五千两,粗色每纲为一万斤,凡起一纲,差衙前一名管押,支脚乘、赡家钱约计一百余贯。大观之后,其数大增,粗色亦作细色发运,粗色每万斤一纲变为细色32纲,需多消耗纲运费3000余贯。① 南宋初年,朝廷财政紧张,为节省开支,时以广南东路转运副使兼广州市舶提举的李则上疏提议恢复市舶旧法,将价值低的粗重舶货不予编纲起运,而是仿照旧法就地出售,以节省纲运费用,宋高宗采纳其建议。

建炎元年(九月后),张穆在福建转运副使兼提举市舶任上。

按:宋人梁克家的《淳熙三山志》卷二十七《人物类二》载:"(大观)三年己丑贾安宅榜(进士)……张穆,字应和,侯官人。尝中上舍出身,中书右正字,知邵武、兴化军,召为左司郎官。建炎初,为本路转运副使,移司本州,主一路类省试,终朝议郎。"② 又宋人张守为鲁詹撰的《枢密院检详文字鲁公墓志铭》,提到"会省提举官,以漕司兼之,估客挽留公,遮道涕泣。漕臣张穆以吏能自高,亦叹公规画之善"③。漕臣即转运使、副使、判官的通称。建炎元年(1127年)六月十四日,朝廷罢两浙、福建提举市舶司,并归转运司。而在当年九月二日,建州军乱,福建转运副使兼市舶毛奎被杀,故张穆出任福建转运副使兼市舶当在毛奎之后,也就是九月后。

宋高宗赵构建炎二年　公元1128年　戊申年

五月丁未(二十四日),诏依旧复置两浙、福建路提举市舶司。

按:《建炎以来系年要录》卷十五载:"(建炎二年五月)丁未,复置两浙、福建路提举市舶司,赐度牒直三十万缗为博易本。以尚书省言,市舶公私兼利,非取于民,自并归漕司,亏失数多,市井萧索,土人以并废

---

① 夏时华:《宋代市舶香药纲运考述》,《云南社会科学》2015年第6期,第158～164页。

② (宋)梁克家:《淳熙三山志》,《影印文渊阁四库全书》第484册,台北:台湾商务印书馆,1986年,第371页。

③ (宋)张守:《毗陵集》卷十二,《志铭》,《影印文渊阁四库全书》第1127册,台北:台湾商务印书馆,1986年,第815～818页。

为不便,故有是旨,其后遂并广司复之。"① 又《宋会要辑稿·职官四四》载:"(建炎)二年五月二十四日,诏依旧复置两浙、福建路提举市舶司。尚书省言并废以来土人不便,亏失数多,故复置之。"② 建炎元年六月十四日,罢两浙、福建提举市舶司,并归转运司。但一年后,转运司不仅自身难保,入不敷出,且造成福建海外贸易急剧下滑,反而使财政遭受更大损失,于是建炎二年复置。

六月十日,诏给度牒、师号,二十万贯付福建路,十万贯付两浙路,专充市舶本钱。

按:《宋会要辑稿·职官四四》载:"六月十日,诏给度牒、师号,二十万贯付福建路,十万贯付两浙路,专充市舶本钱。"③ 为博买外来物货,宋朝政府支付给两浙、福建和广南等各路市舶司一定经费充作本钱。宋徽宗宣和七年(1125 年)三月,诏降空名度牒付市舶司充博本钱,广南、泉州市舶司各 500 道,两浙市舶司 300 道。此时泉州港已隐然与广州港并驾齐驱。到了建炎二年,又发度牒、师号,20 万贯付福建路,10 万贯付两浙路,专充市舶本钱。而广南路市舶司直到数年之后,才给付牒 300 道,紫衣、两字师号各 100 道,总值不过八九万贯。④ 宋廷给泉州港的本钱达广州港和两浙市舶港口的一倍,甚至更多。泉州港的舶货以香料、珠犀、象牙等细货为多,价值较高,而两浙路舶来品以木板、药材等粗货居多,故宋廷支付给两浙市舶的本钱始终不及福建路市舶多。⑤

七月八日,诏三路市舶司,每遇海商住舶,只依旧例支送酒食,罢每年宴犒之赏。同时,其上供细色物货并遵旧制团纲起发,罢步担雇人。

按:《宋会要辑稿·职官四四》载:"七月八日,诏两浙路市舶司:"以降指挥,减省冗费。每遇海商住舶,依旧例支送酒食,罢每年燕犒。其上供细色物货并遵旧制团纲起发,罢步担雇人。广南、福建路市舶司准

---

① (宋)李心传:《建炎以来系年要录》,《影印文渊阁四库全书》第 325 册,台北:台湾商务印书馆,1986 年,第 254 页。

② (清)徐松:《宋会要辑稿》第 7 册,《职官四四》,刘琳等校点,上海:上海古籍出版社,2014 年,第 4209 页。

③ (清)徐松:《宋会要辑稿》第 7 册,《职官四四》,刘琳等校点,上海:上海古籍出版社,2014 年,第 4209 页。

④ 傅宗文:《沧桑刺桐》,厦门:厦门大学出版社,2011 年,第 130~131 页。

⑤ 沈冬梅,范立舟:《浙江通史》第 5 卷,杭州:浙江人民出版社,2005 年,第 496 页。

此。"①为鼓励番商来华贸易，宋朝政府对前来住舶的海商均予以优待，除依例支送酒食外，还设"宴犒"慰劳。到了建炎初年，财政经费紧张，为减省冗费，罢废"宴犒"，并遵旧制将上供细色物货团纲起发，罢步担雇人，以节省开支。绍兴二年（1132年）六月，广南路经略安抚提举市舶司以所费不多为由，乞依旧犒设，以招徕外夷致柔远之意，吸引外国海商前来贸易兴利。这一主张得到宋高宗支持，于是广州率先恢复犒设。绍兴十四年（1144年）九月，泉州亦依广州之制而恢复犒设旧例。

十月十七日，司农卿黄锷奏请禁海舶擅载外国使者入贡。

按：《宋会要辑稿·职官四四》载："十月十七日，司农卿黄锷奏：'臣闻元祐间，故礼部尚书苏轼奏乞依祖宗编敕，杭、明州并不许发船往高丽，违者徒二年，没入财货充赏，并乞删除元丰八年九月内创立许海舶附带外夷入贡及商贩一条，并蒙朝廷一一施行。臣近具海舶擅载外国入贡条约，禀之都省，蒙札付臣戒谕。臣已取责舶户陈志、蔡周迪状，称今后不得擅载。如违，徒二年，财物没官之罪。欲望特降处分，下诸路转运、市舶司等处依应遵守，不许违戾。'从之。"②宋朝向来对外国入贡使臣给予各种优待，以致有不少商人冒充使节，以朝贡为名来华贸易，其中也有混入奸细，为敌国提供情报，给宋朝带来安全隐患。元祐间，苏轼请求删除元丰八年（1085年）许海舶附带外夷入贡及商贩一条，禁止商船搭载使节入贡。但实际上仍有不少商人犯禁，搭载外国使节前来。建炎二年（1128年），司农卿黄锷又奏请禁海舶擅载外国使者入贡，并提出"徒二年、财物没官之罪"等具体惩罚措施。不过，此项法令似乎也没有得到很好贯彻施行，因此，建炎三年十一月，宋政府又重申禁令，严禁海舶擅载外国使者入贡。

邵邦达出任福建提举市舶（五月二十四日后任）。

按：邵邦达，江苏武进人。（道光）《重纂福建通志》卷九十云："邵邦达，武进人，大观进士，建炎间任。"③卷一百二十五云："提举市舶邵邦达

---

① （清）徐松：《宋会要辑稿》第7册，《职官四四》，刘琳等校点，上海：上海古籍出版社，2014年，第4209页。

② （清）徐松：《宋会要辑稿》第7册，《职官四四》，刘琳等校点，上海：上海古籍出版社，2014年，第4209页。

③ （清）孙尔准：（道光）《重纂福建通志》卷九十，《中国省志汇编：9》，台北：华文书局，1968年，第1809页。

荐孝渊曰:'材术疏通,吏事详练,绥靖兵民,内外安堵。'盖实录云。"①其任在鲁詹之后。(道光)《晋江县志》卷二十八云其为"建炎二年任"②。《八闽通志》卷三十七、(弘治)《兴化府志》卷三十七、(道光)《晋江县志》卷三十五"邵邦达"均作"邵邦建",误。另《淳熙三山志》:"黄邦达,字兼善,长乐人。"③显然,邵邦达与黄邦达非同一人。杨文新的《宋代市舶司研究》将"邵邦达"与"黄邦达"混为一人,误。④ 福建路复置提举市舶司是在建炎二年(1128年)五月二十四日,故邵邦达出任市舶提举当在五月二十四日后,前任为张穆,以福建转运副使兼。

泉州海商柳悦、黄师舜奉两浙西路安抚使叶梦得之命,往高丽经商兼探报边情。

按:明代黄淮、杨士奇编的《历代名臣奏议》卷三百四十八收有宋代叶梦得《乞差人至高丽探报金人事宜状》,云:"臣所部浙西并浙东路并外连海道,与高丽跨海相望,去敌境不远,尝闻敌有妄窥东南之意。……本州舶船旧许与高丽为市,间有得与其国人贸易者,往往能道其山川形势,道里远近。因令舶主张绶,招致大商柳悦、黄师舜问之。二人皆泉州人,世从本州给凭,贾贩高丽。岁一再至,留高丽者,率尝经岁。因为臣图海道大略言:'敌境旧与契丹苏州,正直登、莱,高丽东北与敌接界,有关门为限。敌旧事高丽,每岁入关即遣使进奉。崇宁三年,始与高丽称兵。大观元年,高丽遂取其六洞于南境,以筑九城,实以甲兵粮食。后复为敌,以沈罗黑水堆洞人夺之,自是与高丽绝。"⑤根据叶梦得的奏状,柳悦、黄师舜二人世从本州给凭,说明其贾贩高丽已久,早已是往返高丽至泉州的海商世家。他们不仅在从事宋丽两国之间的海外贸易,而且负有传递情报的职责,为宋朝刺探金、丽两国军情。柳悦、黄师舜的此次高丽之行,"画到海外图一本",即画了海上航路图和

① (清)孙尔准:(道光)《重纂福建通志》卷九十,《中国省志汇编:9》,台北:华文书局,1968年,第2267~2268页。
② (清)周学曾:(道光)《晋江县志》,晋江县地方志编纂委员会整理,福州:福建人民出版社,1990年,第577页。
③ (宋)梁克家:《淳熙三山志》卷二十七,《人物》,《影印文渊阁四库全书》第484册,台北:台湾商务印书馆,1986年,第372页。
④ 杨文新:《宋代市舶司研究》,厦门:厦门大学出版社,2013年,第266页。
⑤ (明)黄淮、杨士奇:《历代名臣奏议》,《影印文渊阁四库全书》第442册,台北:台湾商务印书馆,1986年,第702~703页。

高丽、金朝一带形势图，为宋朝提供了重要的边情信息。

宋高宗赵构建炎三年　公元 1129 年　己酉年

九月，谢克家以兵部尚书罢为徽猷阁学士知泉州。

按《建炎以来系年要录》卷二十八载："（建炎三年九月）是月，兵部尚书谢克家罢为徽猷阁学士知泉州。"① 又（道光）《晋江县志》卷二十八《职官志》载知州事条："谢克家，（建炎）三年任，兼管内安抚使。……绍兴元年再任，兼福建路兵马钤辖。……谢克家三年再任，五年移知平江府。"② 谢克家（1063—1134），字任伯，河南上蔡人。绍圣四年（1097 年）进士，靖康二年（1127 年）四月，权吏部尚书，为迎奉使，奉"大宋受命之宝"（国玺）往山东济州迎赵构承继大统。③ 建炎二年（1128 年）七月，试尚书吏部侍郎，遭马伸弹劾。靖康间与李擢、李会等七人结党求和，应该永不录用，谢克家不自安，乞补郡，乃以为龙图阁待制知台州。④ 十二月七日，以朝奉大夫、龙图阁待制知台州。⑤ 建炎三年九月，以兵部尚书罢为徽猷阁学士知泉州。⑥ 建炎四年八月，自礼部尚书除参知政事。⑦ 绍兴元年（1131 年）十月庚辰，再知泉州。⑧ 绍兴二年二月，引疾提举临

① （宋）李心传：《建炎以来系年要录》，《影印文渊阁四库全书》第 325 册，台北：台湾商务印书馆，1986 年，第 431 页。

② （清）周学曾：（道光）《晋江县志》，晋江县地方志编纂委员会整理，福州：福建人民出版社，1990 年，第 532 页。

③ （宋）李心传：《建炎以来系年要录》卷四，《影印文渊阁四库全书》第 325 册，台北：台湾商务印书馆，1986 年，第 87 页。

④ （宋）李心传：《建炎以来系年要录》卷十六，《影印文渊阁四库全书》第 325 册，台北：台湾商务印书馆，1986 年，第 266 页。

⑤ （宋）陈耆卿：《嘉定赤城志》卷九，《人物·秩官门二》，《影印文渊阁四库全书》第 486 册，台北：台湾商务印书馆，1986 年，第 653 页。

⑥ （宋）李心传：《建炎以来系年要录》卷二十八，《影印文渊阁四库全书》第 325 册，台北：台湾商务印书馆，1986 年，第 431 页。

⑦ （宋）李心传：《建炎以来系年要录》卷三十六，《影印文渊阁四库全书》第 325 册，台北：台湾商务印书馆，1986 年，第 526 页。

⑧ （宋）李心传：《建炎以来系年要录》卷四十八，《影印文渊阁四库全书》第 325 册，台北：台湾商务印书馆，1986 年，第 660 页。

安府洞霄宫。① 绍兴三年(1133 年)二月乙巳,再知泉州。② 绍兴三年四月辛丑,移知平江府③(道光县志作"绍兴五年,移知平江府",误)。后改知衢州,绍兴四年七月戊午,卒。④ 谢克家前后三任泉州知州。 自元祐间置市舶司于泉州之后,泉州持续繁荣发展,由于地处东南沿海,两宋交替之际的宋金交战,其战火也基本未迁延到泉州,反而因地理位置优越,而成为南宋朝廷的稳固大后方,受到政府的极大重视。到建炎、绍兴间,泉州已隐然成为"四方游寓之所栖,百货懋迁之自出"的大邦乐土。 宋人程俱的《北山小集》卷二十四《谢克家差知泉州制》云:"敕:朕惟瓯闽之区,实居岭海之会。督府之外,泉为大邦。四方游寓之所栖,百货懋迁之自出。顷者盗发,旁乡士民震惊,师出淹时,调度繁广,顾艰危之未息,岂安集之可稽? 苟非重臣,孰任忧寄? 具官文学政事仪于朝端,宽裕疏通达于治体,比擢恭于大政,方允赖于嘉猷。遽陈辞剧之章,且申均逸之请。重违雅志,俾侍殊庭。属深轸于遐方,因即勤于卧治。昔白传退居于西洛,亦就拜于尹厘。若毕公身在于东郊,尚无忘于入告。朕命不易,往其钦哉! 可。"⑤可见宋政府认为泉州地位重要,非重臣不足以胜任。

十一月丙寅,诏海舶擅载外国入贡者,徒三年,财物没官。

按:《建炎以来系年要录》卷二十九载:"(建炎三年十一月)丙寅,诏海舶擅载外国入贡者,徒三年,财物没官(此据庆元随敕申明)。"⑥南宋初年,中央财政十分紧张,朝廷摈弃了以往借朝贡以粉饰太平的惯例,鼓励能为财政带来巨额收入的市舶贸易,而一再限制名不符实的朝贡贸易规模,采用削减乃至拒收贡物,以及限制贡使进京,令就地移交贡

---

① (宋)李心传:《建炎以来系年要录》卷五十一,《影印文渊阁四库全书》第 325 册,台北:台湾商务印书馆,1986 年,第 698 页。

② (宋)李心传:《建炎以来系年要录》卷六十三,《影印文渊阁四库全书》第 325 册,台北:台湾商务印书馆,1986 年,第 822 页。

③ (宋)李心传:《建炎以来系年要录》卷六十四,《影印文渊阁四库全书》第 325 册,台北:台湾商务印书馆,1986 年,第 838 页。

④ (宋)李心传:《建炎以来系年要录》卷七十八,《影印文渊阁四库全书》第 326 册,台北:台湾商务印书馆,1986 年,第 91 页。

⑤ (宋)程俱:《北山小集》,《宋集珍本丛刊》第 70 册,北京:线装书局,2004 年,第 521 页。

⑥ (宋)李心传:《建炎以来系年要录》,《影印文渊阁四库全书》第 325 册,台北:台湾商务印书馆,1986 年,第 443 页。

物,甚至关闭朝贡大门等做法,以节省财政支出。建炎二年(1128年)十月,朝廷已明令禁止海舶擅载外国使者入贡。建炎三年,更进一步明确不许海舶擅载外国入贡,违者徒三年,财物没官。此后,南宋政府基本上都是有选择性地接受贡物,如乾道三年(1167年),只接受占城贡物的10％;淳熙四年(1177年),接受安南贡物的30％。几年后安南再入贡,收受贡物仅为10％,使朝贡关系造成的财政负担有所减轻。①

十二月己卯,宋高宗从福建调用海船二百余艘北上增援。

按:(清)毕沅《续资治通鉴》卷一百六载:"(建炎三年十二月)己卯,帝次明州。提领海船张公裕奏已得千舟,帝甚喜。王绚曰:'岂非天邪!'先是监察御史林之平,自春初遣诣泉、福召募闽、广海舟,为防托之计,故大舟自闽中至者二百余艘,遂获善济。"②建炎三年(1129年)冬,金兵攻克临安,金国将领阿里浦庐浑率领4000余名金兵"搜山检海",紧追赵构而来。宋高宗退往明州,计划乘船下海,以避其锋芒。危难之际,幸得闽、广招募来的大批海船及时赶到,其中即有来自闽中的二百余艘大船。宋高宗随即登舟浮海南下温州,躲过金兵的追捕。南宋的两浙路、福建路、广南路都有水师,但两浙路沿海多浅港,多造中小船只为用,而福建、广南两路则海域港阔水深,向来以使用大船为主。由于福建三面环山,只有一面临海,离两浙又近,建炎初尚未受金兵袭扰,海上力量仍保留完好,此次紧急调用闽中二百余艘大船北上增援,对南宋朝廷渡过危机起了很大的作用。

十二月甲午,南外宗正司移置泉州。③

按:(清)毕沅《续资治通鉴》卷一百六载:"(建炎三年十二月)甲午,右监门卫大将军、眉州防御使、知南外宗正事士樽言:'自镇江募海舟,载宗子及其妇女三百四十余人至泉州避兵,乞下泉州应副请给。'许之。"④又《宋会要辑稿·职官二〇》载:"十二月二十日,知南外宗正事士

---

①　李云泉:《万邦来朝:朝贡制度史论》,北京:新华出版社,2014年,第40页。

②　(清)毕沅:《续资治通鉴》,《影印文渊阁四库全书》第344册,台北:台湾商务印书馆,1986年,第607页。

③　南外宗正司移置泉州时间,史籍记载有出入,有建炎三年(1129年)十二月说、绍兴元年(1131年)说、绍兴三年说。据杨文新考,以建炎三年十二月移置泉州为确,详见杨文新:《宋代南外宗正司入闽及其影响》,《史学月刊》2004年第8期,第25～29页。

④　(清)毕沅:《续资治通鉴》,《影印文渊阁四库全书》第344册,台北:台湾商务印书馆,1986年,第608页。

樽言：'昨被旨,许缓急将带一行宗子官吏等从便迁徙州郡,就请钱粮。今来本司已自雇海船般载宗室等,移司前去泉州就钱粮,所有宗室、官吏请给等,乞下泉州应副。'从之。"①宋高宗君臣有海船为恃,皆以为金兵精骑虽有百万,但不善海战,在海上即无能为力,登舟南下即可免祸。因此打算以福建为退路,三令五申速将其祖宗"神御"迁往福州,又命将宗室用海船运往福州、泉州以避金兵。两浙与福建一水可通,福建的财物通过海路大量运往临安,而宗室皇亲也可通过海路从江浙一带南下前往福建避难。

宋代起先设立宗正寺作为管理宗室的机构,随着宗室人口的不断增加,又于1036年设立了大宗正司,"凡宗室事,大宗正司治之;玉牒之类,宗正寺掌之"。为了缓解开封宗人的居住压力,又于1102—1104年在南京应天府(今河南商丘)设置南外宗正司,在西京河南府(即洛阳)设置西外宗正司。金兵灭北宋后,宋室开始南迁,大宗正司被移至江宁(即今南京),西外宗正司则经扬州后转至福州,南外宗正司初由河南应天府(即商丘)经镇江,中间或许还在明州(宁波)有过短暂停留。建炎三年(1129年)十二月,又由镇江经海路乘舟而至泉州,改水陆院为南外宗正司,司署设肃清门外行衙(今西街旧馆驿原省梨园剧团驻地),内有惩劝所、自新斋、芙蓉堂及池,及天宝池、忠厚坊诸胜。又在袭魁坊(今西街甲第巷南)建睦宗院,设宗学。初置院时,"宗子一百二十二人,宗女一百二十六人,宗妇七十八人,所生母一十三人"②,共计339人。至庆元年间(1195—1200年),南外宗正司在院者已达1427人,外居者887人。宋末蒲寿庚尽杀泉州的南外宗室,此后又屡有更易。元代曾于此处设清源驿,同时还有部分区域被复建为禅院;明代为水陆寺,明英宗正统三年(1438年)又将之部分改为织染局。此后,御史汪旦又废寺为宅,水陆寺也被迁往开元寺西偏。现南外宗正司的相关建筑早已消失,原址多半为民居所占,只剩水池尚稍有残存。南外宗正司是南宋建炎年间对迁居泉州的南外皇族群体进行管理的机构。这一群体是泉州世界性多元社群中具有影响力的组成部分,他们不仅提高了泉州的消费

---

① (清)徐松:《宋会要辑稿》第6册,职官二〇,刘琳等校点,上海:上海古籍出版社,2014年,第3584页。

② (清)徐松:《宋会要辑稿》第6册,职官二〇,刘琳等校点,上海:上海古籍出版社,2014年,第3584~3585页。

能力,还积极参与海洋贸易。宗人中有一些担任了政府和市舶司官员,参与港口建设和商贸管理,为海洋贸易和港口发展发挥积极作用。据统计,从南外宗正司迁入泉州到南宋灭亡的147年间,共有11位宗室成员执掌泉州市舶司提举一职①,累计主导泉州海外贸易发展长达77年。有些宗人甚至作为商人直接参与海洋贸易。在九日山的祈风石刻上就记录了许多赵氏宗人的名字,此外还参与泉州府文庙、安平桥等地方设施的修建活动。南外宗正司的设置进一步强化了国家政权对泉州海洋贸易的推动,体现了强有力的官方管理保障。②

建炎间,林孝渊以泉州通判兼任福建提举市舶。

(道光)《重纂福建通志》卷九十云:"林孝渊,莆田人,崇宁五年进士,宣和间通判建州,建炎间通判本州军事。尝按舶货,吏循例归龙脑一匣,渊厉声曰:'公则官物,私则商货,何例之有?'令纳舶库。时福州、建州杀其守,泉效尤,屡犯州守而惧孝渊不敢动。提举市舶邵邦达荐孝渊曰:'材术疏通,吏事详练,绥靖兵民,内外安堵。'盖实录云。"③靖康元年(1126年)十月,时已任泉州通判的林孝渊与当时的福建提举市舶鲁詹同登九日山。宋高宗建炎间,林孝渊以通判兼任福建提举市舶④,当时陋规,在抽买舶货时,官吏可收受一匣龙脑。有吏属循例归龙脑一匣,孝渊知道后厉声质问,公则为国家财产,私则为商人货物,哪来的惯例?令将龙脑收归国库,可见其操守的清廉。前任福建提举市舶邵邦达在向朝廷推荐时评价道:林孝渊"材术疏通,内外安堵",当时人认为此评价恰如其分。

宋高宗赵构建炎四年　公元1130年　庚戌年

正月丙辰,宋高宗命福建市舶司悉载所储金帛、见钱自海道赴行在。

按《建炎以来系年要录》卷三十一载:"(建炎四年正月丙辰),命福

---

① 张春兰:《宋代南外宗正司入泉与海上丝绸之路》,《福建史志》2010年第5期,第25~28页。

② 《南外宗正司遗址》,2017年8月7日,.http://www.qzworldemporium.cn/yczhs/202004/t20200428_2467662.htm,2021年10月15日。

③ (清)孙尔准:(道光)《重纂福建通志》卷九十,《中国省志汇编:9》,台北:华文书局,1968年,第2267~2268页。

④ (清)怀荫布:(乾隆)《泉州府志》卷二十六,《中国地方志集成·福建府县志辑》第24册,上海:上海书店出版社,2000年,第614~615页。

建市舶司悉载所储金帛、见钱自海道赴行在。"① 建炎三年(1129年)的除夕和四年春节,时任浙东制置使的张俊为掩护赵构出逃,与金人会战于明州。前后三战,金兵伤亡数以千计,大受阻击。这三天,为宋王朝中央机构争取到宝贵的从海道安全撤离的时间。由于持续作战,南宋兵力消耗也很大,加上担心金军主力来合围,张俊为保存自己的军事实力,遂以扈从为名,也跟着往台州方向撤退。金兵进入明州城,大掠之后放火焚城,明州城化为一片焦土。高宗闻明州失守,遂引舟南下温州,并于二月乙亥,御舟至温州江心寺驻跸,更名龙翔。此后,宋将张公裕又率水军挫败了乘船来追的金人,使敌军被迫退返明州。建炎四年(1130年)二月,兀术眼看形势不利,声称"搜山检海"已毕,令金兵从明州撤回临安,大肆掳掠焚烧后,便全军北归。在撤退途中,又被韩世忠截击于黄天荡40余日,兀术自己都差点被宋军活捉。从此,金人再也不敢轻易渡江深入。为了犒劳部下,当宋高宗逃到杭州、明州一带时,即命福建市舶司悉载所储金帛、见钱自海道赴行在。这笔钱应当有一部分用于赏赐手下官兵,以稳定军心。

六月二十二日,诏禁挪用闽、广、浙诸路市舶司钱物,违者徒二年。

按:《宋会要辑稿·职官四四》载:"(建炎)四年六月二十二日,诏:'诸路市舶司钱物,今后并不许诸司官划刷。如违,以徒二年科罪。'"② 如此一来,市舶司与地方关系进一步剥离,成为中央直接管辖的机构,地方对市舶司钱物不再有调动、挪用的权利。朝廷通过操控市舶司直接控制了海外贸易,市舶收入也成为南宋财政收入的一大来源。

七月己未,禁闽、广、淮、浙海舶商贩山东,虑为金人乡导。

按:《宋史》卷二十六《本纪第二十六》载:"(建炎四年七月)己未,禁闽、广、淮、浙海舶商贩山东,虑为金人乡导。"③ 北宋末年,迫于金朝势力扩张,宋徽宗时朝廷已禁海舶往山东的登、莱、密州。宋政府南渡后,由于淮河以北领土完全为金国所占据,山东自然也落于金国之手。为防止百姓通金,南宋初年实行一定程度的海禁政策。建炎四年(1130年)七月,宋高宗下旨禁闽、广、淮、浙海舶商贩山东,但是禁令也无法完全

① (宋)李心传:《建炎以来系年要录》,《影印文渊阁四库全书》第325册,台北:台湾商务印书馆,1986年,第460页。

② (清)徐松:《宋会要辑稿》第7册,《职官四四》,刘琳等校点,上海:上海古籍出版社,2014年,第4209页。

③ (元)脱脱:《宋史》,北京:中华书局,1977年,第480页。

禁绝商船北上,仍有不少商民冒险往返山东图利。绍兴七年(1137 年)六月,知兴州府两浙东路安抚使蒋带上奏称东南海船北上山东沿海的登、莱、沂、密等州兴贩铜、铁、水牛等物,这些物资亦属军资,奏请朝廷令淮州军严行禁绝。可见南北民间贸易往来并未完全中断,宋朝也没有办法完全禁止商人到山东贸易。

十二月庚午,宇文师瑗提举福建路市舶。

> 按:《建炎以来系年要录》卷四十载:"(建炎四年十二月庚午),朝奉郎、添差通判福州宇文师瑗提举福建路市舶。师瑗,虚中子,特录之。"[1] 宇文师瑗,宇文虚中之子,建炎四年(1130 年),提举福建路市舶;绍兴三年(1133 年)正月十七日,添差福建路转运判官。[2] 绍兴四年四月癸未,为尚书驾部员外郎。[3] 秋七月甲寅,改主管台州崇道观。[4] 绍兴五年三月丁丑,改知漳州。[5] 绍兴七年七月丙寅,改知建州。[6] 宇文虚中曾出使金国,留系金廷,抗节不屈,被金人软禁。金人爱其才,许以高官,遂假意降之,累官至翰林学士、知制诰,兼太常卿,封河南郡国公。绍兴十二年(1142 年),金朝移文南宋,索其家属北迁。宇文师瑗上书拒绝,称虚中曾托王伦带话,说"若敌来取家属,愿以没贼"。秦桧担心虚中在金国阻挠和议,于是把他的家人全部送到金国,《建炎以来系年要录》卷一百四十六详其事。绍兴十六年(1146 年),宇文虚中与子谋为复仇之举,欲因九月金主祭天而劫之,事泄,全家被诛。宇文虚中父子皆以使北死,无子,孝宗愍之,命其族子宇文绍节为宇文师瑗之后。宋宁宗开禧元年(1205 年),加赠宇文虚中少保,赐其子师瑗宝谟阁待制,赐姓赵氏。

泉州抽买乳香一十三等,八万六千七百八十斤有奇。

---

① (宋)李心传:《建炎以来系年要录》,《影印文渊阁四库全书》第 325 册,台北:台湾商务印书馆,1986 年,第 570 页。

② (清)徐松:《宋会要辑稿》第 10 册,《选举二九》,刘琳等校点,上海:上海古籍出版社,2014 年,第 5818 页。

③ (宋)李心传:《建炎以来系年要录》卷七十五,《影印文渊阁四库全书》第 326 册,台北:台湾商务印书馆,1986 年,第 56 页。

④ (宋)李心传:《建炎以来系年要录》卷七十八,《影印文渊阁四库全书》第 326 册,台北:台湾商务印书馆,1986 年,第 90 页。

⑤ (宋)李心传:《建炎以来系年要录》卷八十七,《影印文渊阁四库全书》第 326 册,台北:台湾商务印书馆,1986 年,第 223 页。

⑥ (宋)李心传:《建炎以来系年要录》卷一百十二,《影印文渊阁四库全书》第 326 册,台北:台湾商务印书馆,1986 年,第 525 页。

按:《宋史》卷一百八十五《食货下》载:"宋之经费,茶、盐、矾之外,惟香之为利博,故以官为市焉。建炎四年,泉州抽买乳香一十三等,八万六千七百八十斤有奇。诏取赴榷货务打套给卖,陆路以三千斤,水路以一万斤为一纲。"①唐宋以来,乳香的进口贸易日趋繁盛,其品级被细分为十几种,单次贸易量在万斤以上的也不少见,无论在品质和数量上都有较大幅度的提高。乳香是宋朝进口香药的最主要品种之一,乳香贸易成为宋朝增加财政收入的重要手段。在宋朝同海外诸国的乳香贸易中,大食、三佛齐、占城三国的贸易量最大。番商因兴贩乳香而受朝廷封官进爵者亦有之,绍兴六年(1136年),大食商人蒲罗辛因搬载乳香投泉州市舶,计抽解价钱三十万贯,受到宋朝嘉奖,特补承信郎,以表彰朝廷存恤远人、优异推赏之意。

于安海市创石井镇。

按:《安平志》载:"安海旧名湾海,以其有九曲湾也。开宝间,安金藏之裔孙连济,徙居于此,改名安海。今自宋、元言之,先世相传,民居俱在市中。……城濒海,南望海门十里许,通天下商船。贾胡与居民互市。镇曰石井镇,其分都别里,则里名修仁,乡曰开建。……安海濒海山水之区,土田稀少,民业儒商,又经二朱先生过化,是以科第之盛,宋元于今。商则襟带江湖,足迹遍天下,南海明珠,越裳翡翠,无所不有。文身之地,雕题之国,无所不到。……石井镇,在晋江东南六十里,修仁里安海市。安海本名湾海,唐安金藏封代国公,子孙袭封,其孙连济,开宝中徙居此上,易湾海为安海。东曰旧市,西曰新市,南濒海。初,客舟自海到,官遣吏榷税于此,号曰石井津。建炎四年,因新旧市竞利相戕,州请于朝,乞差官监临,始于市创石井镇,以迪功郎任良臣监镇兼烟火,市民黄护捐地建一廨。"②安海位处围头湾内,在泉州城南二十余公里,北宋开宝年间,唐名臣安金藏后裔安连济徙居湾海,易"湾"为"安",始名"安海"。城濒海,地控晋江、南安两县水陆之要冲,出海门十余里即进入大洋,海面开阔,风浪小,港通天下商船,贾胡与居民互市,是海路进入泉州府的必经之地,因此成为宋元时期泉州港的重要组成部分。泉州设市舶司,州府亦遣吏在安海榷税,号曰"石井津"。后因石井津东

① (元)脱脱:《宋史》,北京:中华书局,1977年,第4537页。
② (清)柯琮璜:《安平志(校注本)》,安海乡土史料编辑委员会校注,北京:中国文联出版社,2000年,第38、51、60页。

西两市激烈争夺舶利,榷税吏无力制止,遂上报朝廷。建炎四年(1130
年),诏准在安海设立石井镇,由吏部派选迪功郎为镇监官。朱熹之父
朱松尝任镇监,时石井镇并辖今晋江安海、南安石井两地,故有"石井津
开双石井"之称。

宋高宗赵构绍兴元年　公元 1131 年　辛亥年

吴鉴所记清净寺(扎维耶)创建。

　　按:元代吴鉴《重立清净寺碑记》载:"宋绍兴元年,有纳只卜·穆兹
喜鲁丁者,自撒那威从商舶来泉,创兹寺于泉州之南城。造银灯、香炉
以供天,买土田、房屋以给众。后以没塔完里阿合味不任,凡供天给众
具窜易无子遗,寺因废坏不治。其徒累抗于官,墨□不决有年矣。至正
九年,闽海宪佥赫德尔行部至泉,为政清简,民吏畏服。摄思廉不鲁罕
丁,命舍剌甫丁哈悌卜领众分诉。宪公审察得情,任达鲁花赤高昌偰玉
立正议为之□理,复征旧物。众志大悦。于是里人金阿里质以己资,一
新其寺。来征余文为记。予尝闻长老言,帖直氏国初首入职方,土俗教
化与他种特异。……不鲁罕丁者,年一百二十岁,博学有才德,精健如
中年人,命为"摄思廉",犹华言'主教'也。"[1]据白寿彝考,吴鉴所记的清
净寺应该是绍兴年间创建,但肯定不会是绍兴元年建。[2] 而据陈少丰的
考证,吴鉴所记的宋绍兴元年(1131 年)创建的清净寺是一座扎维耶(道
堂)而非现存泉州涂门街的清真寺(礼拜寺)。

宋高宗赵构绍兴二年　公元 1132 年　壬子年

二月甲戌,福建提举市舶陈鼎等十人被罢职。

　　按:《建炎以来系年要录》卷五十一载:"(绍兴二年二月)甲戌,福建
转运副使陈□、广东提点刑狱公事徐端本、江西转运判官赵公竑,浙西、
江东、广东提举茶盐黄昌衡、陈铸、王鈇、章仅,福建提举茶事孙恭,两
浙、福建提举市舶鲍存、陈鼎等十人并罢。"[3]陈鼎,福建松溪人,绍兴二
年(1132 年)二月,在福建提举市舶任上罢。绍兴四年二月乙未,在浙东

　　① 白寿彝:《中国回回民族史》(上册),北京:中华书局,2003 年,第 472~477 页。
　　② 白寿彝:《中国伊斯兰史纲要》,上海:文通书局,1948 年,第 266~268 页。
　　③ (宋)李心传:《建炎以来系年要录》,《影印文渊阁四库全书》第 325 册,台北:台湾商
务印书馆,1986 年,第 692 页。

提举茶盐任上罢。① 绍兴十年(1140年)六月戊午,金国毁盟,时权监都进奏院的陈鼎上言提醒朝廷早为自治之策,忤秦桧,贬知饶州德兴县。② 绍兴十六年(1146年)五月甲申,德兴县士民傅取新等请知县陈鼎再任,但遭秦桧阻挠,秦桧指使御史中丞何若弹劾陈鼎不遵法令、用刑惨酷。八月庚申,鼎坐免去。③ 绍兴二十七年(1157年),陈鼎任福建提举市舶司干办公事。④

七月甲子,罢福建提举市舶司,依旧法令宪臣兼领。

按:《建炎以来系年要录》卷五十六载:"(绍兴二年七月甲子),罢福建提举市舶司,依旧法令宪臣兼领。以每岁海舶不至,虚费官吏廪禄故也。"⑤又《宋会要辑稿·职官四四》载:"(绍兴二年)七月六日,福建路安抚转运提举司奏:'准绍兴二年四月十一日德音:勘会本路地狭民贫,官吏猥众。访闻市舶只是泉州一处,旧来系守臣兼领,今既有提举设属置吏,费耗禄廪,其利之所入徒济奸私,而公上所得无几。仰本路帅臣、监司同共相度,可与不可废罢,条具闻奏。逐司今相度到未置提举官已前,只是本路转运或提刑司官兼领,比置官后所收课额元无漏落。兼每岁自八月以后至六月以前,风信不顺,即无贩蕃及海南回船到岸,其提举司官吏于上项月分并各端闲,委是可以废还逐司。'诏依,仍委本路提刑司兼领。"⑥南宋初年,福建提举市舶司屡有罢复。建炎元年(1127年)六月,朝廷将福建提举市舶司并归转运司,但不久即因转运司自身"亏失数多",而于建炎二年五月依旧复置。绍兴二年(1132年)七月,福建路安抚转运提举司又以"费耗禄廪,其利之所入徒济奸私"为由,奏请将市舶司"废还逐司",意图重新恢复对市舶司的掌控权。但朝廷并未

① (宋)李心传:《建炎以来系年要录》卷七十三,《影印文渊阁四库全书》第326册,台北:台湾商务印书馆,1986年,第39页。

② (宋)李心传:《建炎以来系年要录》卷一百三十六,《影印文渊阁四库全书》第326册,台北:台湾商务印书馆,1986年,第823页。

③ (宋)李心传:《建炎以来系年要录》卷一百五十五,《影印文渊阁四库全书》第327册,台北:台湾商务印书馆,1986年,第165页。

④ (宋)李心传:《建炎以来系年要录》,《影印文渊阁四库全书》第327册,台北:台湾商务印书馆,1986年,第507页。

⑤ (宋)李心传:《建炎以来系年要录》,《影印文渊阁四库全书》第325册,台北:台湾商务印书馆,1986年,第747页。

⑥ (清)徐松:《宋会要辑稿》第7册,《职官四四》,刘琳等校点,上海:上海古籍出版社,2014年,第4210~4211页。

将市舶司并入转运司,而是令由提刑司兼领。到了九月份,又命福建提举茶盐官兼领市舶司,数月之内,几易其手,反映了各监司对市舶之利的激烈争夺。

七月,刘峤以福建路提刑司兼领市舶司。

　　按:《淳熙三山志》卷二十五《秩官类六》载:"刘峤,左朝奉大夫、直徽猷阁,绍兴二年六月二十七日到任,至四年九月初五日罢。"①刘峤,江苏吴兴人,绍兴二年(1132年)六月二十七日到任福建路提刑司。七月,朝廷令提刑司兼领市舶司。九月,市舶司转由福建提举茶盐官兼领,刘峤以提刑司身份兼领市舶司约为两个月。绍兴二年,刘峤刻《温国文正司马公集》八十卷,前有进书表,云八十卷计十有七册。②

八月六日,诏令将诸路市舶司银器、钱物并令起赴行在左藏库送纳。

　　《宋会要辑稿·职官四四》载:"八月六日,诏:'市舶司废罢,其本司银器、钱物并令起赴行在左藏库送纳。旧管人吏以入仕年月日先后,三分中存留一分。官吏请给旧费,令提刑司取见元支窠名每月支数,依元窠名桩收讫,具状申尚书省。'寻诏市舶司属官不罢。"③北宋时,太府寺管辖有26座官司库,左藏库系其中之一,职掌收受四方财赋,以充国家经费,自然也负有管理市舶司钱物的职责。政和六年(1116年),改置东、西二库。南宋因之。在市舶贸易方面,北宋末年至南宋初年,白银的输出情况有明显增长,不仅抽解、博买之余的番货仍在换取民间白银输出海外,官府掌握的白银也有一部分直接用于博买,向海外输出,因此各路市舶司均存有数量不等的白银。④ 因此,绍兴二年八月六日,在福建路市舶司废罢后,朝廷也不忘颁令将市舶司的银器、钱物送往左藏库收纳。

八月十一日,令福建路沿海州县籍定海船,自面阔一丈二尺以上,不拘只数,每县各分三番应募把隘,分管三年,周而复始。

　　按:《宋会要辑稿·食货五十》载:"(绍兴二年)八月十一日,侍御史

---

① (宋)梁克家:《淳熙三山志》,《影印文渊阁四库全书》第484册,台北:台湾商务印书馆,1986年,第347页。

② (清)叶德辉:《书林清话》,上海:上海古籍出版社,2012年,第10页。

③ (清)徐松:《宋会要辑稿》第7册,《职官四四》,刘琳等校点,上海:上海古籍出版社,2014年,第4211页。

④ 王文成:《从输出到输入:宋代海外贸易中的白银流向考述》,云南大学历史系:《李埏教授九十华诞纪念文集》,昆明:云南大学出版社,2003年,第290~302页。

江跻言：'福建路海船，频年召募把隘，多有损坏，又拘縻岁月，不得商贩。缘此民家以有船为累，或低价出卖与官户，或往海外不还，甚者至自沉毁，急可悯念。乞令本路沿海州县籍定海船，自面阔一丈二尺以上，不拘只数，每县各分三番应募把隘，分管三年，周而复始。过当把隘年分，不得出他路商贩。使有船人户三年之间，得二年逐便经纪，不失本业，公私俱济。其当番年分辄出他路，及往海外不肯归回之人，重坐其罪，仍没船入官。如本州岛县纲运，即轮差不及一丈二尺海船，其系籍把隘船户，本州县纲并不得差使。'诏权令官户并同编民，仍委帅臣、监司自绍兴三年，将本路海船轮定番次。其当番年分辄出他路，并从杖一百科罪，其船仍没官。所有今年募到人，与理充一次。"①南宋时期，我国的造船业较为发达，处于世界领先水平，沿海的福建、广东、广西等地都是当时重要的造船基地，宋人吕颐浩在《忠穆集》卷二，《论舟楫之利》中就谈到"海舟以福建船为上，广东、西船次之，温、明州船又次之"②。泉州又是福建最大的造船基地，造船厂掌握了"水密隔舱""鱼鳞搭接""多重船板"等多项先进工艺，每年建造大批海船出远洋运营，谢履的《泉南歌》有云："泉州人稠山谷瘠，虽欲就耕无地辟。州南有海浩无穷，每岁造舟通异域。"③反映了泉州极为发达的民营造船业实力。宋廷南渡后，为固江海之防，宋高宗下旨抽调民间海船以充实水军。绍兴二年（1132 年），令福建路沿海州县海船入官籍统一管理，每县各分三番，每番每三年轮换一年服军役，其他两拨被抽调海船仍可航海营运。为确保能征用到民船，宋朝政府还制定了严密的民间海船登记制度，并落实到船主和货主个人身上。此外，政府还派出水军职官和市舶司体量官测量海船尺寸，检查船只，仅福建沿海地区，每年被征调的当番海船就达 500 多艘，且多是大中型远洋海船④，有效保证了南宋水军的战斗力。

九月二十五日，诏福建市舶司职事令福建提举茶事兼领，仍移司泉州。

按：《宋会要辑稿·职官四四》载："九月二十五日，诏旧市舶司职事令福建提举茶事兼领，前降令提刑司兼领指挥更不施行。……十月四

---

① （清）徐松：《宋会要辑稿》第 12 册，刘琳等校点，上海：上海古籍出版社，2014 年，第 7128 页。

② （宋）吕颐浩：《忠穆集》卷二，《论舟楫之利》，《影印文渊阁四库全书》第 1131 册，台北：台湾商务印书馆，1986 年，第 273～274 页。

③ （清）王象之：《舆地纪胜》，北京：中华书局，1992 年，第 3753 页。

④ 曹潆：《南宋泉州海船的抽调与巡检》，《中国船检》2010 年第 4 期，第 106～109 页。

日,诏:'福建提举茶事司权移往泉州,就旧提举市舶司置司,将今来兼管市舶司职务系衔。'"①《建炎以来系年要录》卷五十八载:"(绍兴二年九月)庚辰,诏福建市舶司职事令提举茶盐官兼领,仍移司泉州。移司在十月辛卯,务要招徕蕃商课额增羡。"②绍兴二年(1132年)七月六日,福建路市舶司事务由本路提刑司兼领,但仅过了两月,即令福建提举茶盐司兼领。其治所也移往泉州,直到绍兴十二年(1142年)十二月十八日,朝廷下诏"福建路提举市舶令见任官专一提举",才结束由福建路提举茶盐官兼任市舶官员的局面。

宋高宗赵构绍兴三年　公元1133年　癸丑年

十一月十二日,诏令将坊场钱做各路市舶司博易物色本钱。

> 按:《宋会要辑稿·职官四四》载:"(绍兴三年)十一月十二日,户部言:'诸路收买市舶司博易物色本钱,欲依旧用坊场钱应副,从之。'"③广南、福建、两浙等各路市舶司为博买舶货投入准备的商业资本,称作"市舶本钱"或"博易本钱",又称"官本"。各市舶司拥有"官本"在10万~25万贯之间。市舶本钱有中央财政拨备、市舶司自身经营所得等多种来源。绍兴三年(1133年)十一月,户部要求"诸路收买市舶司博易物色本钱,欲依旧用坊场钱应副",这是以坊场钱作为市舶本钱。市舶司将抽解、博买到的粗细舶货变卖所得即为市舶库钱物,可以充作下一轮博买本钱,这种本钱称作"循环本钱"。④

十二月十七日,诏令广南、福建、两浙三路市舶司,除乳香及牛皮、筋、角禁榷之外,其余物货全部放行,许民兴贩。

> 按:《宋会要辑稿·职官四四》载:"十二月十七日,户部言:'勘会三路市舶除依条抽解外,蕃商贩到乳香一色及牛皮、筋、角堪造军器之物,自当尽行博买。其余物货,若不权宜立定所起发窠名,窃虑枉费脚乘。

---

① (清)徐松:《宋会要辑稿》第7册,《职官四四》,刘琳等校点,上海:上海古籍出版社,2014年,第4211页。

② (宋)李心传:《建炎以来系年要录》,《影印文渊阁四库全书》第325册,台北:台湾商务印书馆,1986年,第772页。

③ (清)徐松:《宋会要辑稿》第7册,《职官四四》,刘琳等校点,上海:上海古籍出版社,2014年,第4212页。

④ 柳平生、葛金芳:《南宋市舶司的建置沿革及其职能考述》,《浙江学刊》2014年第2期,第20~31页。

欲令三路市舶司,将今来立定名色计置起发。下项名件,欲令起发赴行在送纳:金、银、真珠、玉乳香、牛皮筋角、象牙、犀、脑子、麝香、沉香、上中次笺香、檀香、乌文木、鹏砂、朱砂、木香、人参、丁香、琉璃、珊瑚、苏合油、白豆蔻、牛黄、腽肭脐、龙涎香、藤黄、血碣、荜澄茄、安息香、缩砂、降真香、肉豆蔻、诃子、舶上茴香、茯苓、菩萨香、鹿茸、黑附子、油脑、苁蓉、琥珀、上等螺犀、中等螺犀、下等螺犀、水银、上等药犀、中等药犀、下等药犀、鹿速香、赤仓脑、米脑、脑泥、木扎脑、夹杂银、石碌、白附子、铜器、银珠、苛子、南蕃苏木、高州苏木、随风子、青木香、干姜、川芎、红花、雄黄、川椒、石钟乳、硫黄、白木、夹杂黄熟香头、上等生香、茴香、乌牛角、白牛角、沙鱼皮、上等鹿皮、鱼胶、海南苏木、熟速香、画黄、龟、鼍皮、鱼鳔、椰心簟、蕃小花狭簟、菱牙簟、蕃显布、海南棋盘布、海南吉贝布、海南青花棋盘被单、下色瓶香、海南白布、海南白布被单、楝香、上色瓶乳香、中色瓶香、次下色瓶香、上色袋香、中色袋香、下色袋香、乳香、塌香、黑塌香、水湿黑塌香、青棋盘布绸、生速香、斫削拣选低下水湿黑塌香、黄蜡、松子、榛子、夹煎黄熟香头、白芜荑、山茱萸、茅术、防风、杏仁、五苓脂、黄蓍、土牛膝、毛绝布、高丽小布、占城速香、生孰香、夹煎香、上黄熟香、中黄熟香、下笺香、石斛。下项名件,欲令本处一面变卖:蔷薇水、御碌香、芦荟、阿魏、荜拨、史君子、豆蔻花、肉桂、桂花、指环脑、丁香、母扶律膏、大风油、加路香、火丹子、紫藤香、笃芹子、豆蔻、黑笃耨、龟童、没药、天南星、青桂头、秦皮、橘皮、鳖甲、莳萝、官桂、榆甘子、益智、高良姜、甲香、天竺黄、草豆蔻、藿香、红豆、草果、大腹子肉、破故纸、苓苓香、蓬莪术、木鳖子、石决明、木兰皮、丁香皮壳、豆蔻、乌药、柳桂、桂皮、檀香皮、姜黄、相思子、苍术、青椿香、幽香、桂心、大片香、姜黄、熟缠末、潮脑、三赖子、龟头、枝实、密木、檀香、缠丁香、枝白胶香、椿香头、鸡骨香、龟同香、白芷、亚湿香、木兰茸、乌黑香、粗熟香、下等丁香、下等冒头香、下等粗香头、下等青桂、片香、麝香、木蕃、槟榔肉连皮、槟榔旧香连皮、大腹、粗熟香头、海桐皮、松搭子、犀蹄土、半夏、常山、蕤仁、远志、暂香、下速香、下黄熟香。’诏依。”①牛皮、筋、角属于堪造军器之物,政府购买后不会进入流通领域。太平兴国七年(982年)尚有10种禁榷之物,元祐三年(1088年)禁榷商品已大为减少,仅剩乳香、犀、象、珍宝之物。而

---

① (清)徐松:《宋会要辑稿》第7册,《职官四四》,刘琳等校点,上海:上海古籍出版社,2014年,第4212~4213页。

到了绍兴三年(1133年),原先犀角、象牙也均予解禁,实际上仅剩乳香一种禁榷品,此后也一直没有放开。开禧元年(1205年),宋廷仍要求番船回舶,乳香到岸,应尽数博买,不得容令私卖。大概因乳香用途较广,市场需求量大,利润高,终宋一朝,乳香都被官府垄断买卖,列入禁榷品。

十二月丙午,福建提盐兼提举市舶李承迈被罢。

> 按:《建炎以来系年要录》卷七十一载:"(绍兴三年十二月丙午),福建提盐李承迈本假女谒交通权臣……此十余人所为大略如此。今乃玷一路之重寄,岂特不足以镇服?州郡生灵受毙当不少矣。伏望并赐罢黜,庶使四方渐有澄清之期。于是大亨等十三人皆罢。"①绍兴二年(1132年)九月二十五日,朝廷诏"福建市舶司职事令福建提举茶事兼领",故李承迈以福建提盐兼任福建市舶提举,绍兴三年十二月因"交通权臣"被罢。李承迈,曾任广南茶盐提举,《福建市舶提举司志》、《闽书》、《八闽通志》、(乾隆)《泉州府志》、(道光)《重纂福建通志》、(道光)《晋江县志》以及《泉州海关志》《宋代路分长官通考》皆作"李承遇",误。

绍兴三年,连南夫起知泉州。

> (道光)《晋江县志》卷二十八《职官志》载:"连南夫,安州人。(绍兴)三年任,六年提举江州太平观。"②连南夫(1086—1143年),字鹏举,德安(今湖北安陆)人,徽宗大观三年(1109年)进士,③授颍州司理参军。宣和五年(1123年)假太常少卿为金接伴使,未几使金。使归,乞斩刘延庆、童贯,出知濠州。高宗建炎三年(1130年),知建康府,改知饶州。绍兴三年(1133年),知泉州。六年,提举江州太平观。六年五月乙

---

① (宋)李心传:《建炎以来系年要录》,《影印文渊阁四库全书》第326册,台北:台湾商务印书馆,1986年,第25页。

② (清)周学曾:(道光)《晋江县志》,晋江县地方志编纂委员会整理,福州:福建人民出版社,1990年,第532页。

③ 按韩元吉的《南涧甲乙稿》卷十九《连公墓碑》记载,南连夫卒于宋高宗绍兴十三年(1143年),虚岁58,可知其生于宋哲宗元祐元年(1086年)。又云其"年二十四进士",可知其为宋徽宗大观三年(1109年)进士。萧鲁阳认为《福建通志》、陆心源《宋史翼·连南夫传》皆云其"政和二年进士",误,南连夫也不是出生于宋神宗丰八年(1085年)。此外,《福建通志》《漳州府志》《龙溪县志》等皆云连南夫落职后隐居龙溪尚书峰,亦误。据宋代史料推测,连南夫与李弥逊私交甚笃,李于绍兴十年(1140年)在福州连江隐居,故连南夫落职后的隐居之地亦很可能是在福州连江,并卒于福州寓所。参见萧鲁阳:《以李弥逊挽宝学连公诗证连南夫史事研究》,《湖北社会科学》2011年第6期,第98~101页。

卯,以宝文阁直学士、提举江州太平观,升宝文阁学士知广州①,兼广东经略安抚使。因剿匪有功,绍兴七年(1137年)八月,特进一官,闰十月辛酉,条上市舶之弊。② 绍兴九年正月戊子,金人归河南地,连南夫上贺表云:"虞舜之十二州,昔皆吾有。商于之六百里,当念尔欺。"③秦桧怒其言,罢之。绍兴十三年(1143年)正月二十六日,卒于福州寓舍,年五十八。有奏议三十篇,文集二十卷,已佚。韩元吉《南涧甲乙稿》卷十九《连公墓碑》载其事云:"宣和五年,故宝文阁学士连公讳南夫,以秘书省校书郎,假太常少卿,贺女真。来年正月,会金使李靖来告太祖之丧。朝廷遂除公接送伴,改命为祭奠吊慰使。……移泉州。朝廷下福建造舟以备海道,遣使督促。公曰:'舟用新木,难遽办,且湿恶易坏,若以度牒钱,买商船二百艘,则省缗钱二十万矣。'从之。时诏亲征伪齐。公慨然献议,引汉卜式愿尽死节,马伏波以马革裹尸之意,乞扈从。不报。在泉二年,提举江州太平观。……绍兴十三年正月二十六日,终于福州寓舍,春秋五十有八。呜呼!公盖应处士之曾孙也。处士,德安人,讳舜宾,欧阳文忠公表其墓。所谓孝友温仁以教其乡者,赠至金紫光禄大夫。其第三子讳庸,公之祖也。考则讳仲涉,赠至通议大夫。妣杨氏、高氏,赠淑人。公字鹏举,年二十四,进士上舍释褐,授颍州司理参军,移鼎州教授。省罢,调澧阳尉,丁内艰。调襄邑主簿、虔州教授,未赴,除辟雍正礼制局检讨,补校御前文籍,遂为校书郎。……绍兴十五年十一月十五日,葬于怀安县稷下里崇福山之原,而未克有铭。淳熙之十一年,其子壆来告,因考订其行事,叙而碑之。"④连南夫知泉州时,泉州因地理位置优越,远离战火前线,故为商贾之乐土,胡贾云集,货通民富。再加上南外宗正司和西外宗正司分别迁到泉州和福州,这些人对金银、香料、犀角、象牙等舶来品的追求,自然也推高了泉州的进口贸易。张纲《华阳集》卷一《连南夫知泉州》云:"往者闽寇弄兵,诸郡相蹈藉,而泉

① (宋)李心传:《建炎以来系年要录》卷一百一,《影印文渊阁四库全书》第326册,台北:台湾商务印书馆,1986年,第398页。
② (清)徐松:《宋会要辑稿》第7册,《选举三四》,刘琳等校点,上海:上海古籍出版社,2014年,第4214页。
③ (宋)李心传:《建炎以来系年要录》卷一百二十五,《影印文渊阁四库全书》第326册,台北:台湾商务印书馆,1986年,第705页。
④ (宋)韩元吉:《南涧甲乙稿》,《影印文渊阁四库全书》第1165册,台北:台湾商务印书馆,1986年,第299~301页。

南阻险以免。泉之地并海,蛮胡贾人,舶交其中,故货通而民富。夫富则易骄,寇不至则怠,而莫之备。朕思得仁明练达之士,以守兹土。求于已试,莫如汝宜。具官某,文学政事,高于一时,为吾从臣,公论浩然归重。朕尝考汝江左三州之政,其施设不同,而民皆有惬志。兹用命汝,往临于泉者。汲黯为东海太守,以大治闻。后迁淮阳,居郡如其故治。汝尚勉之,其为朕移所以守三州者施于泉人,勿使骄惰,则予一人汝嘉。"①连南夫在《修城记》中也形容唯闽之泉"近接三吴、远连两广,万骑貔貅,千艘犀象"②。连南夫知泉州期间,卓有政绩。会有旨调海舟百艘,连南夫尽起本郡经制常平钱物赴平江,得到宋高宗褒奖。绍兴五年(1135 年)正月四日戊申,中书门下省奏,连南夫与知福州张守二人供亿调度,曾不愆期,诏以忧国爱君,宜加褒宠。③ 张守除资政殿大学士,连南夫除宝文阁直学士,进秩一等。④ 此外,连南夫在担任泉州知州、广州知州和广东经略安抚使期间,上平海寇策,条具市舶之弊,带兵进巢水陆盗贼,为平定南宋东南海疆,促进海外贸易发展做出了贡献。

宋高宗赵构绍兴四年　　公元 1134 年　　甲寅年

二月乙未,新福建提举茶事兼市舶提举赵公达被罢。

按:《建炎以来系年要录》卷七十三载:"(绍兴四年二月乙未),殿中侍御史常同言近尝论列监司之不才者:'已蒙放罢,臣今再体访得,……新福建提举茶事赵公达,赃吏也。尝和籴小麦自盗,为仓吏所告,倍偿而去。……此六人者,皆有罪状,不可以表帅一路,理宜罢斥。'诏并罢。"⑤赵公达,宗室,绍兴三年(1133 年)四月七日在都督府干办公事任上。⑥ 绍兴四年二月乙未,因贪赃,在福建提举茶事兼市舶提举任上被

① (宋)张纲:《华阳集》,《影印文渊阁四库全书》第 1131 册,台北:台湾商务印书馆,1986 年,第 8 页。

② (宋)王象之:《舆地纪胜》,北京:中华书局,1992 年,第 8 页。

③ (宋)李心传:《建炎以来系年要录》卷八十四,《影印文渊阁四库全书》第 326 册,台北:台湾商务印书馆,1986 年,第 169 页。

④ (清)徐松:《宋会要辑稿》第 10 册,《选举三四》,刘琳等校点,上海:上海古籍出版社,2014 年,第 5909 页。

⑤ (宋)李心传:《建炎以来系年要录》,《影印文渊阁四库全书》第 326 册,台北:台湾商务印书馆,1986 年,第 39~40 页。

⑥ (清)徐松:《宋会要辑稿》第 7 册,《职官三九》,刘琳等校点,上海:上海古籍出版社,2014 年,第 5909 页。

弹劾罢官。据梁庚尧考,福建提举司主常平茶事而盐不预应始于绍兴四年至绍兴八年之间。① 故此处只称"福建提举茶事",而不称"福建提举茶盐事"。

七月辛未,高丽罗州岛人光金与其徒十余人泛海诣泉州,遇风飘至泰、楚州境内。诏付沿海制置使郭仲荀养赡,伺便舟还之。

> 按:《建炎以来系年要录》卷七十八载:"(绍兴四年七月)辛未,高丽罗州岛人光金与其徒十余人泛海诣泉州,风折其樯,泊泰、楚州境上。诏付沿海制置使郭仲荀养赡,伺便舟还之。"② 南宋初年,因受宋金对峙的影响,宋丽双方经济、文化往来一度大幅缩减,但也没有中断。不过,泉州商民北上高丽的情形已较北宋时大为减少,仅宋高宗年间发生两次,较北宋时频繁往来达十余次已不可同日而语,说明泉州与高丽之间的密切来往关系已发生较大变化。当然,泉州与高丽之间的交流是双向的,历史上高丽也有派遣船只前来泉州。早在五代时,高丽僧元纳就曾搭海船来泉州,刺史王延彬建福清寺以居之。③ 绍兴四年(1134年)七月,高丽罗州岛人光金与其徒十余人乘船往泉州,不料中途发生海难,漂流至泰、楚州交界处,双方州府难以处理,所以朝廷令管理范围更大的沿海制置司处理。沿海制置使,绍兴二年(1132年)置,由明州守臣领之。本承担海防军事职能,但在其发展过程中,民政的色彩越来越浓,有时也代表朝廷负责外事工作,如此次海难事件,宋高宗即下诏令沿海制置使郭仲荀予以妥善安置。

十月戊戌,诏命六宫自温州泛海往泉州。

> 按:《续资治通鉴》卷一百一十四载:"(绍兴四年十月)戊戌,帝登舟,发临安府,奉天章阁祖宗神御以行,主管殿前司公事刘锡、神武中军统制杨沂中皆以其军从。帝不以玩好自随,御舟三十余艘,所载书籍而已。帝既发,乃命六宫自温州泛海往泉州。晚,泊临平镇。"④ 绍兴四年

---

① 梁庚尧:《南宋盐榷——食盐产销与政府控制》,上海:东方出版中心,2017年,第184页。

② (宋)李心传:《建炎以来系年要录》,《影印文渊阁四库全书》第326册,台北:台湾商务印书馆,1986年,第95页。

③ (清)怀荫布:(乾隆)《泉州府志》,《中国地方志集成·福建府县志辑》第24册,上海:上海书店出版社,2000年,第400页。

④ (清)毕沅:《续资治通鉴》,《影印文渊阁四库全书》第345册,台北:台湾商务印书馆,1986年,第36页。

九月,伪齐与金分道入犯,谍报至,举朝震恐。宰相赵鼎力主抗战,宋高宗实无退路,故采纳之,表示要亲统六军,往临大江,决于一战,倘若战败,再相机逃走。十月戊戌,宋高宗登舟由临安府北上,驶往姑苏等地督战,为确保家属的安全,特命六宫自温州泛海往泉州。由于泉州远离前线,又一水可通两浙,属于比较安全的大后方,早在建炎三年(1129年),宋廷即已将南外宗正司移司泉州。宋金交战若失利,宋高宗也可快速乘船逃往泉州,依靠福建水师组织海上力量顽抗或继续南逃,泉州在南宋初年的战略地位日益凸显。十一月,宋高宗亲下手诏讨伐伪齐,在宰相赵鼎、名将张浚等领兵奋战下,取得大捷。绍兴四年(1134年)十二月,伪齐与金退师北还,为宋金走向抗衡并最终达成绍兴和议的权宜之策奠定了基础。

宋高宗赵构绍兴五年　公元1135年　乙卯年

正月庚午,海贼朱聪犯广州,又犯泉州。

《续通志》卷三十四载:"(高宗五年正月)庚午,海贼朱聪犯广州,又犯泉州。"[①]南宋初期,宋金交战多年,社会动荡不安,海贼乘机骚扰沿海州县,在商舶出入之所肆行劫掠,给海外贸易造成极大的危害。为此,宋政府不得不采取清剿政策。早在靖康年间,辅臣李纲就奏立沿海水军战舰,云:"臣契勘广南福建路,近年多有海寇作过,劫掠沿海县镇乡村,及外国海船、市舶司上供宝货,所得动以巨万计。官司不能讨捕,多是招安,重得官爵,小民歆艳,皆有仿效之意,臣恐自此为患未艾。盖缘两路帅司,并无战舰水军,遇有海寇,坐视猖獗,不能进讨,止是于沿海摆布些少兵卒,为保守之计。贼船来去,近远不常,并海之民,罹其荼毒。虏掠船舶既多,愚民嗜利喜乱,从之者众,将浸成大患,如晋之孙恩,不可不过为之备。伏望圣慈特降睿旨,常存兵于两路镇压,仍下逐路帅司,委以措置战舰,招集水军水夫,常切(加)教阅,令士卒习于风涛之险,以水夫驾舟,以官军施放弓弩、火药,虽贼棹飘忽,可以追逐掩击。殄灭一两头项,则余人有所忌惮,不敢觊觎妄作,庶几海邦之民,得被朝廷大赐。不胜幸甚。"[②]李纲敏锐地察觉到南宋偏安东南所形成的海疆

---

① (清)嵇璜、刘墉等:《续通志》,《影印文渊阁四库全书》第392册,台北:台湾商务印书馆,1986年,第419页。

② (宋)李纲:《李纲全集》,王瑞明点校,长沙:岳麓书社,2004年,第829页。

形势、立国态势以及治安形势,对加强沿海的军事力量提出了迫切要求。因此,他力主措置战舰,招集水军、水夫,并教习作战,在海上加强巡逻,使海贼不敢觊觎妄作,使南宋的闽粤大后方得以巩固。

闰二月八日,诏令各路市舶司官员不得勒措外商,强买舶货,违者予以严惩。

> 按:《宋会要辑稿·职官四四》载:"(绍兴)五年闰二月八日,诏:'市舶务监官并见任官诡名买市舶司及强买客旅舶货,以违制论,仍不以赦降原减。许人告,赏钱一百贯。提举官、知、通不举劾,减犯人罪二等。'"①南宋初,财政极度匮乏,而各种军事活动耗费甚大,朝廷对于有着丰厚利润来源的海外贸易更加重视,由此也制定了系列鼓励海外贸易的政策。同时,朝廷建立了相关的监督与告赏程序,对相关官吏"诡名买市舶司及强买客旅舶货"的违法行为予以严惩,并奖励举报人,从制度上加强对外商合法权益的保护。

三月壬辰,诏广东、福建路招捕海贼朱聪。

> 按:《建炎以来系年要录》卷八十七载:"(绍兴五年三月壬辰),诏广东、福建路招捕海贼朱聪。时商舶且来,而海道未可涉。提举广南市舶姚焯言:'近有海南纲首,结领艎伴前来,号为东船。贼亦素惮,乞优立赏典,同力掩捕。'乃命福建、广西帅臣疾速措置。"②绍兴五年(1135年)正月,海贼朱聪犯广州,又犯泉州。三月壬辰,宋高宗诏令广东、福建路招捕海贼朱聪。八月,海贼朱聪降,命补水军统领。

四月戊午,泉州知州连南夫奏请措置团结濒海居民为社,擒捕海贼。

> 按:《建炎以来系年要录》卷八十八载:"(绍兴五年四月戊午),诏福建、广东帅臣,措置团结濒海居民为社,擒捕海贼。时宝文阁直学士连南夫论海寇之患,以谓:'国家每岁市舶之入数百万,今风信已顺,而舶船不来,闻有乘黄屋而称侯王者,臣恐未易招也。愿明下信令,委州县措置,团结濒海居民,五百人结为一社,不及三百人以下,附近社。推材勇物力人为社首,其次为副社首,备坐圣旨,给帖差捕。盖滨海之民,熟知海贼所向,平时无力往擒尔。今既听其会合,如擒获近上首领,许保

---

① (清)徐松:《宋会要辑稿》第 7 册,《职官四四》,刘琳等校点,上海:上海古籍出版社,2014 年,第 4213 页。

② (宋)李心传:《建炎以来系年要录》,《影印文渊阁四库全书》第 326 册,台北:台湾商务印书馆,1986 年,第 227 页。

奏优与补官,其谁不乐为用?'乃下张守、曾开相度如所请。"①连南夫认为光凭正规军的军事打击和招安之法无法根除海盗,需要发动百姓,加强社会控制。海盗本为沿海居民所化,其生计、亲属亦依托于乡里,故滨海之民熟知海贼所向,消弭海盗之法就应当动员当地居民一起参与缉盗工作。因此,他提出编伍百姓为民兵之法,五百人结为一社,不及三百人以下附近社,推才勇、物力人为社首,其次为副社首,凡抓捕到海盗者即给予封官犒赏,这样还有谁不乐为呢? 宋高宗采纳连南夫的建议,下诏令福建、广东帅臣措置团结濒海居民为社,擒捕海贼。

八月,海贼朱聪降,命补水军统领。

《宋史》卷二十八《本纪第二十八》载:"(绍兴五年八月)海贼朱聪降,命补水军统领。"②

九月,陈桷除直龙图阁知泉州。

按:《宋史》卷三百七十七《列传第一百三十六》载:"陈桷,字季壬,温州平阳人。以上舍贡辟雍。政和二年,廷对第三,授文林郎、冀州兵曹参军,累迁尚书虞部员外郎。宣和七年,提点福建路刑狱。……绍兴三年,召为金部员外郎,升郎中。……五年,除直龙图阁知泉州。明年,改两浙西路提刑。……八年,迁福建路转运副使。十年,复召为太常少卿。……十一年,除权礼部侍郎,赐三品服。……十五年,知襄阳府,充京西南路安抚使。……二十四年,改知广州,充广南东路经略安抚使,未至而卒,年六十四。"③《建炎以来系年要录》卷九十三载:"(绍兴五年九月)癸未,太常寺少卿陈桷直龙图阁、知泉州。尚书刑部员外郎范直方直秘阁,提点福建路刑狱公事。时海寇未平,故命桷出守。"④《姑苏志》卷四十二《宦迹六》载:"陈桷,字季任,平阳人。绍兴六年,自直龙图阁知泉州改浙西提刑,乞置乡县三老以厚风俗。凡宫室、车马、衣服、器械定为差等,重侈靡之禁。官至广东经略安抚使。"⑤可见陈桷除知泉州

① (宋)李心传:《建炎以来系年要录》,《影印文渊阁四库全书》第326册,台北:台湾商务印书馆,1986年,第251页。

② (元)脱脱:《宋史》,北京:中华书局,1977年,第521页。

③ (元)脱脱:《宋史》,北京:中华书局,1977年,第11652~11653页。

④ (宋)李心传:《建炎以来系年要录》,《影印文渊阁四库全书》第326册,台北:台湾商务印书馆,1986年,第309页。

⑤ (明)王鏊:《姑苏志》,《影印文渊阁四库全书》第493册,台北:台湾商务印书馆,1986年,第771~772页。

是在绍兴五年（1135年）九月，六年才改浙西提刑。但（道光）《晋江县志》卷二十八《职官志》将陈桷知泉州时间定为"六年二月任，十二月除浙西提刑"①，六年二月或为到任时间。又《连公墓碑》云连南夫"在泉二年，提举江州太平观"。若连南夫为绍兴三年（1133年）知泉州，则于绍兴五年提举江州太平观，与继任者陈桷绍兴五年九月除知泉州也对得上。时泉州为望郡，无兵革之祸而有舶市之饶，经济贸易得到进一步发展，民间聚集了大量财富。泉州既要造舟舰以佐水师，又要鬻僧牒以佐军资，同时还要应付海盗骚扰，"民不能无事矣"。因此，宋高宗派出能力和操守皆佳的陈桷出守。宋人胡寅《斐然集》卷十三《陈桷直龙图阁、知泉州》载："七闽贫瘠，异时调敛不及焉。惟泉南负海，有舶市之饶，未尝罹兵革之祸，于今为望郡。然造舟舰，鬻僧牒，以佐军兴，民不能无事矣。而贾寇大盗，出没乎渺茫，其患方滋，朕所以南顾眷焉，求良二千石而付之也。尔学修而行洁，志静而虑周，台省践扬，恬然自守，惟此为政，必有可观者矣。寓直延阁，善抚吾民。治最上闻，褒典奚容。"②绍兴七年（1137年），陈桷以左朝散大夫、直龙图阁任两浙西路提点刑狱。三月初三日到任，八年七月改差知台州。③

十月癸丑，保义郎朱聪充都督府水军统领。

按：《建炎以来系年要录》卷九十四载："（绍兴五年冬十月）癸丑，保义郎朱聪充都督府水军统领。初，聪率其徒数百人掠滨海州县，诏以承信郎招之，聪不满意。知泉州连南夫恐其逸去，以便宜补聪武节郎，聪喜，乞以所部海舟三十屯镇江，故有是命。"④

宋高宗赵构绍兴六年　公元1136年　丙辰年

八月二十三日，大食番客蒲啰辛造船一只，般载乳香投泉州市舶，计抽解价钱三十万贯。诏令蒲啰辛特补承信郎。

按：《宋会要辑稿·蕃夷四》载："（绍兴）六年八月二十三日，提举福

① （清）周学曾：（道光）《晋江县志》，晋江县地方志编纂委员会整理，福州：福建人民出版社，1990年，第532页。
② （宋）胡寅：《斐然集》，下册，北京：中华书局，1993年，第286页。
③ （宋）范成大：《吴郡志》卷七，《官宇》，《影印文渊阁四库全书》第485册，台北：台湾商务印书馆，1986年，第42页。
④ （宋）李心传：《建炎以来系年要录》卷八十四，《影印文渊阁四库全书》第326册，台北：台湾商务印书馆，1986年，第320页。

建路市舶司上言：'大食蕃客蒲啰辛造船一只，般载乳香投泉州市舶，计抽解价钱三十万贯。委是勤劳，理当优异。'诏：'蒲啰辛特补承信郎，仍赐公服、履笏，仍开谕以朝廷存恤远人、优异推赏之意。候回本国，令说喻蕃商广行般贩乳香前来，如数目增多，依此推恩。余人除犒设外，更与支给银、彩。'"①又《宋会要辑稿·蕃夷七》载："（绍兴六年）八月二十三日，提举福建路市舶司言：'大食蕃客蒲啰辛状：本蕃系出产乳香，自就蕃造船一只，广载迤逦入泉州市舶，进奉、抽解，乞比附纲首推恩。'诏蒲啰辛特补承信郎，余人依例犒设外，更量支给银、彩之类，优加存恤。"②又《建炎以来系年要录》卷一百四载："（绍兴六年八月戊午），大食蕃客蒲啰辛特补承信郎，仍赐公服履笏。以福建市舶司言：啰辛所贩乳香直三十万缗，理宜优异推恩故也。"③承信郎是宋代官阶名。徽宗政和中，定武臣官阶五十三阶，第五十二阶为承信郎。南宋政府偏安江南一隅后，只剩半壁江山，财政收入大不如前，为增加财政收入，政府更为看重海外贸易，给予番商各种优待，以吸引他们来华贸易，而其中授予贡献突出的番商以官职，也是一项有吸引力的政策。在绍兴七年（1137年）闰十月三日的诏令中，宋高宗就明确指出海外贸易给朝廷带来好处："市舶之利最厚，若措置合宜，所得动以百万计，岂不胜取之于民！朕所以留意于此，庶几可以少宽民力尔。"而在此之前，宋高宗还诏令知广州连南夫条具市舶之弊，南夫奏至，其一项："市舶司全借蕃商来往货易，而大商蒲亚里者既至广州，有右武大夫曾纳利其财，以妹嫁之，亚里因留不归。"宋高宗令委连南夫"劝诱亚里归国，往来干运番货"④。可见其重视程度。大食商人蒲啰辛一次贩到泉州的乳香价值达三十万贯，外商蒲亚里贩到广州的象牙、犀角等商品总价值之大，使市舶司所储的所有本钱都不够博买。蒲姓外商在泉州结成大海商集团，资财冠于诸商，形成一股重要的社会力量。这些被授官的番商，其服装与仪式方面

---

① （清）徐松：《宋会要辑稿》第 16 册，《蕃夷四》，刘琳等校点，上海：上海古籍出版社，2014 年，第 9829 页。

② （清）徐松：《宋会要辑稿》第 16 册，《蕃夷七》，刘琳等校点，上海：上海古籍出版社，2014 年，第 9965 页。

③ （宋）李心传：《建炎以来系年要录》，《影印文渊阁四库全书》第 326 册，台北：台湾商务印书馆，1986 年，第 434 页。

④ （清）徐松：《宋会要辑稿》第 7 册，《职官四四》，刘琳等校点，上海：上海古籍出版社，2014 年，第 4214 页。

的特权,以及官衔带给他们进入地方精英社会的体面与权威,应该会对他们的商人伙伴产生重要影响[1],树立了榜样,有利于提高番商群体在宋朝的地位和归属感。广州、泉州等地都发现有不少番商热心于地方公共事务,这是一种典型的精英行为,与南宋政府重视并采取有效措施提高番商地位不无关系。

十二月丁未(十三日),泉州纲首蔡景芳招诱舶货,自建炎元年(1127年)至绍兴四年(1134年),共收息钱九十八万缗。诏补景芳承信郎。

同年,连南夫奏请凡闽广舶务监官,抽买乳香每及100万两者,转一官。又招商入蕃兴贩,舟还在罢任后,亦依此推赏。

　　按:《建炎以来系年要录》卷一百七载:"(绍兴六年十二月丁未),福建市舶司言:'蕃舶纲首蔡景芳招诱舶货,自建炎元年至绍兴四年,共收息钱九十八万缗。'诏补景芳承信郎。"[2]又《宋会要辑稿·职官四四》载:"(绍兴)六年十二月十三日,诏蕃舶纲首蔡景芳特与补承信郎。以福建路提举市舶司言景芳招诱贩到物货,自建炎元年至绍兴四年,收净利钱九十八万余贯,乞推恩故也。"[3]《宋史》卷一百八十五《食货下七》则云:"(绍兴)六年,知泉州连南夫奏请,诸市舶纲首能招诱舶舟、抽解物货累价及五万贯十万贯者,补官有差。大食蕃客啰辛贩乳香直三十万缗,纲首蔡景芳招诱舶货,收息钱九十八万缗,各补承信郎。闽、广舶务监官抽买乳香每及一百万两,转一官。又招商入蕃兴贩,舟还在罢任后,亦依此推赏。然海商入蕃,以兴贩为招诱,侥幸者甚众。"[4]绍兴六年(1136年)八月癸卯,集英殿修撰刘子羽复徽猷阁待制知泉州[5],接任陈桷,而陈桷是绍兴五年九月除知泉州,其前任连南夫早已于绍兴六年五月知广州,故《宋史》所言"知泉州连南夫",或为"知广州连南夫"之误,且奏疏谈到"闽、广舶务监官抽买乳香"一事,说明他先后任泉、广知州,对闽

---

①　〔美〕贾志扬(John Chaffee):《宋元时期沿海穆斯林群体发展中的移民身份》,马娟译,《丝路文明(第四辑)》,上海:上海古籍出版社,2019年。

②　(宋)李心传:《建炎以来系年要录》,《影印文渊阁四库全书》第326册,台北:台湾商务印书馆,1986年,第469页。

③　(清)徐松:《宋会要辑稿》第7册,《职官四四》,刘琳等校点,上海:上海古籍出版社,2014年,第4213页。

④　(元)脱脱:《宋史》,北京:中华书局,1977年,第4537页。

⑤　(宋)李心传:《建炎以来系年要录》卷一百四,《影印文渊阁四库全书》第326册,台北:台湾商务印书馆,1986年,第430页。

广市舶都比较熟悉。另李心传的《建炎以来朝野杂记》（甲集）卷十五《市舶司本息》将"自建炎元年至绍兴四年"作"自建炎二年至绍兴四年"①，误。绍兴六年（1136年），连南夫提出扩展海外贸易的措施，提议对能够招揽海外商人来的船首补官，对主管市舶的官员，每抽买到价值一百万两的乳香，即予以升官，能够招商出海到国外的，回来也升官。这项政策一出，应者云集。泉州番船纲首蔡景芳，从建炎元年（1127年）到绍兴四年，招诱贩到物货，收净利钱九十八万余贯，补承信郎。由于宋朝政府的积极招徕，占城、大食等各地外商络绎不绝地航海而来，贾于中国者多矣。

十二月二十九日，诏令诸路市舶司将细色直钱之物依法十分抽解一分，其余粗色并以十五分抽解一分。

　　《宋会要辑稿·职官四四》载："（绍兴六年十二月）二十九日，户部言：'两浙市舶司申，看详到泉州相度，乞今后蕃商贩到诸杂香药除抽解外，取愿不以多少博买外，其抽解将细色直钱之物依法十分抽解一分，其余粗色并以十五分抽解一分。若依所乞，即于本路委是利便等事。'送户部勘当，本部言：'欲下三路市舶司更切契勘，如委实可行，不致亏损课息，即依所乞施行。仍仰今后博买物货，照应前后节次已降指挥博买施行，毋致枉有占压本钱。除象牙、乳香、真珠、犀系是实宝货之物，合依旧分数抽解外，其诸杂香药物货，欲依已勘当事理施行。'诏依。"② 宋代在不同时期，市舶司对于舶货抽解的比例和各类变化起伏较大。宋太宗太平兴国间，"大抵海舶至，十先征其一"。淳化二年（991年），始立抽解二分。宋真宗大中祥符间，不分粗货、细货，皆"官取十一"，恢复到十抽一分的水平。宋仁宗朝，不但抽解比例维持在"十税其一南"，且博买比例也降为"市其三"。即只需抽买博舶货的30%。北宋末，广东市舶司抽解分细货、粗货征收不同比例，真珠、龙脑等细货十抽一分，玳瑁、苏木等粗货是十抽三分，而象牙、乳香则作为榷货全部由官市博买。宋高宗绍兴六年（1136年），市舶司反映舶货抽解博买的比例过高，因此户部才建议将细色抽解比例定为十分抽解一分，其余粗色并以十五分

---

① （宋）李心传：《建炎以来朝野杂记》，《影印文渊阁四库全书》第608册，台北：台湾商务印书馆，1986年，第380页。

② （清）徐松：《宋会要辑稿》第7册，《职官四四》，刘琳等校点，上海：上海古籍出版社，2014年，第4213～4214页。

抽解一分。而是否博买,则随商人意愿。不过这一税制似乎也没有维持多久,绍兴十四年(1144年),"命蕃商之以香药至者,十取其四"①,舶货的抽解比例高达40%,番商投诉抽解太重,绍兴十七年(1147年),宋高宗才下诏"依旧法",即遵照绍兴六年的诏令,细色仍是"十抽一",粗色"十五抽一"。宋孝宗、宋理宗期间,也都出现过抽解过重、博买比例过大的情况,以至舶商无利可图,或犯禁透漏,或止贩粗货,甚至不来,迫使政府重新调整政策。舶货的抽解、博买比例起伏变化较大,反映了宋代政府增加市舶收入的动机与舶商提高贸易利润的欲望两者之间的冲突博弈。为长远利益考虑,宋政府也不得不通过不断调整抽解博买比例来达到两者之间的动态平衡,使之趋于合理化。②

绍兴六年,刘子羽知泉州。

按:(道光)《晋江县志》卷三十四《政绩志》载:"刘子羽,字彦修,崇安人。宣和间与父韐守真定,金不能拔而去,由是显名。绍兴六年知泉州,在郡二年,政多泽民,民爱之如父母。"③刘子羽(1097—1146年),与朱熹之父朱松同是理学家杨时的弟子,绍兴六年以徽猷阁待制知泉州,绍兴八年,赵思诚接任,在泉二年。绍兴年间,随着社会安定和海外贸易的发展,许多阿拉伯和波斯人沿着海上丝绸之路来到泉州,"诸蕃有黑白二种,皆居泉州,号蕃人巷。每岁以大舶浮海往来,致象、犀、玳瑁、珠玑、玻璃、玛瑙、异香、胡椒之属",④地方政府允许番商与当地人杂居,也允许他们按照"围寺而居"的传统聚族而居,形成蕃坊,鼎盛时期泉州修建的清净寺多达六七座,不同文化背景的人们同居一城,和谐共处,诗作《清源洞图为洁上人作》云:"泉南佛国天下少,满城香气栴檀绕。缠头赤脚半蕃商,大舶高樯多海宝。"⑤这首诗形容泉州当时"番商杂居"的景象,颇为贴切。刘子羽为泉守时,"泉素难治,番商杂居",但他为政

① (宋)李心传:《建炎以来朝野杂记》(甲集)卷十五,《影印文渊阁四库全书》第608册,台北:台湾商务印书馆,1986年,第380页。

② 夏时华:《宋代市舶香药的抽解与博买》,《云南社会科学》2014年第5期,第172~177页。

③ (清)周学曾:(道光)《晋江县志》,晋江县地方志编纂委员会整理,福州:福建人民出版社,1990年,第983页。

④ (宋)祝穆:《方舆胜览》,施和金点校,北京:中华书局,2003年,第208页。

⑤ (明)僧宗泐:《全室外集》卷四,《影印文渊阁四库全书》第1234册,台北:台湾商务印书馆,1986年,第820页。

清廉,严明法纪,刚正不阿,"有事涉权幸者,立论奏厘正之",故民风为之一新,肃然无敢犯者。刘子羽还重视学校教化,上任伊始,进诸生而告之曰:"学校不修,太守之责也。时虽间关,讵忘俎豆乎?"遂决定筹资策划修建,把以前荒废的旧学馆修葺一新,"彻而新立,堂宇规模,略效太学,至今为闽中之冠"。绍兴十一年,刘子羽为沿江安抚使、镇江知府。后因得罪秦桧而罢官,遂奉祠归里,隐居故乡五夫里,兴办学馆,抚养教育少年朱熹。绍兴十四年十月二日,因病去世,享年五十。淳熙五年,朱熹受彭城侯刘珙的委托,为其父刘子羽撰并书神道碑文,今刘公神道碑尚存,碑文《少傅刘公神道碑》收于朱熹《晦庵集》卷八十八。另有宋人张栻为刘子羽撰写的墓志铭,其铭曰:"公姓刘氏,讳子羽,字彦修,世为京兆人。八世祖避五季之乱,徙家建州。曾祖太素,赠朝议大夫。祖民先,任承事郎,赠太子太保,再世以儒学教授乡里。……始,吴玠为偏将,公奇之,言于张公。张公与语,大悦,使尽护诸将,卒得玠力。至是玠上疏纳节赎公罪,士大夫多玠之义,而服公之知人。明年,还故官,奉祠。时张公相矣,召公赴在所。又还集英殿修撰知鄂州,权都督府参议军事,宣谕陕蜀。朝议欲合诸道兵大举,公自蜀还,历诸边,尽得虚实,谓且当益缮治,广营田以俟时。朝廷欲遂用,公顾亲年浸高,力请归养,以徽猷阁待制知泉州。泉素难治,番商杂居。公下车肃然,无敢犯。有事涉权幸者,立论奏厘正之。亡何,张公去位,言事者观望论公,复责散官,安置漳州。以郊祀恩得归,会江上择守,起公为沿江安抚使知镇江府。……宰相秦桧忌之讽言者,论罢,复以祠禄归。十四年十月二日,遇疾,没于正寝,享年五十。积官右朝议大夫,以子贵,赠太师。"[1]

宋高宗赵构绍兴七年　公元1137年　丁巳年

七月六日丙寅,张戒提举福建茶事兼市舶。

按:《建炎以来系年要录》卷一百十二载:"(绍兴七年七月丙寅),秘书郎张戒提举福建路茶事。上因论馆中人材,以为戒好资质而未更事任,可令在外作一任,复召用之。戒闻,请补外。"[2]张戒,字定夫,山西绛

① (宋)张栻:《南轩集》卷三十七,《少傅刘公墓志铭》,《影印文渊阁四库全书》第1167册,台北:台湾商务印书馆,1986年,第721~724页。
② (宋)李心传:《建炎以来系年要录》,《影印文渊阁四库全书》第326册,台北:台湾商务印书馆,1986年,第524页。

郡人，宋徽宗宣和六年（1124年）沈晦榜进士，绍兴七年（1137年）七月，提举福建茶事兼市舶。绍兴八年三月甲辰，在尚书兵部员外郎任上。①绍兴三十年五月甲辰，主管台州崇道观。② 有《政要》一卷，注《楞伽集注》八卷，编《岁寒堂诗话》二卷。

七月己卯（十九日），提举福建茶事兼市舶陈正同任上罢。

按：《建炎以来系年要录》卷一百十二载："（绍兴七年七月己卯），右承事郎、新提举福建茶事陈正同罢用，铨量诏书也。初命郎官，已上免铨量，正同尝除尚书郎，以资浅而罢。乃自言在放久例亦同经历，言者以为不可，以一人之私，遂废天下公法。故卒罢焉。"③陈正同，字应之，福建沙县人，陈瓘子，曾除尚书郎，以资浅而罢。绍兴四年（1134年）四月庚子，添差通判婺州。④绍兴七年七月，新提举福建茶事陈正同罢用，铨量诏书也。绍兴七年十月甲辰，知大宗正丞，以铨量罢，故改命之。⑤绍兴二十八年（1158年），以右朝奉郎充敷文阁待制知平江府，十二月到。三十年三月，提举江州太平兴国宫。⑥

闰十月甲申，重建泉州文庙。

按：宋人张读撰《泉州重建州学记》云："左朝散大夫、前主管江州太平观张读撰，资政殿学士、左中大夫、提举临安府洞霄宫李邴书，左朝请郎、提举福建路茶事、常平等事兼市舶赵奇题额。

清源郡学，以绍兴丁巳闰十月甲申重建，越明年戊午三月乙丑讫功。教授正录率生徒连镳、方驾惠访蓬荜，读疲愈岑寂，初不知何以取此，倒屣迎肃。方汗骍闲，乃辱属记新学之本末。顾气衰才尽，避席再四，不克让辞，谨采撷而叙之。维学宫之建，在州城南之东门，直于庚，

---

① （宋）李心传：《建炎以来系年要录》卷一百十八，《影印文渊阁四库全书》第326册，台北：台湾商务印书馆，1986年，第606页。

② （宋）李心传：《建炎以来系年要录》卷一百八十五，《影印文渊阁四库全书》第327册，台北：台湾商务印书馆，1986年，第636页。

③ （宋）李心传：《建炎以来系年要录》，《影印文渊阁四库全书》第326册，台北：台湾商务印书馆，1986年，第528页。

④ （宋）李心传：《建炎以来系年要录》卷七十五，《影印文渊阁四库全书》第326册，台北：台湾商务印书馆，1986年，第62页。

⑤ （宋）李心传：《建炎以来系年要录》卷一百十五，《影印文渊阁四库全书》第326册，台北：台湾商务印书馆，1986年，第566页。

⑥ （宋）范成大：《吴郡志》卷十，《牧守》，《影印文渊阁四库全书》第485册，台北：台湾商务印书馆，1986年，第78页。

以阛通衢,擅山川之壮气。践槐袭衮,元勋伟节,世有名人。厥后太守高侯逞私憾,迁而西之,衣冠遂减畴昔。鼓箧来游者,每愤惋焉。舍法之初,斥养士之额。厥地褊迫,不足以容冠屦。大观三年,乡先生龙图柯公述解组还第,徇枌榆之舆情,审芹茆之故址,乃扣州牧,自西而东,今学是也。然广轮虽延袤,而基失庳下,时雨浸淫,坏屋壁者屡矣。加之行门隙地已给编户,未仍旧贯。生徒讻讻,至兴狱讼,竟以居民高资沮格不行。不获已,径委巷而出,士气伊郁,积年于兹。绍兴丙辰冬,富沙刘公子羽,以忠孝名家、清华重望,抗请乡邦便养,来曳泉山之绂。坐席未温,已大播桃李裤襦之谣,铃斋余暇,解榻优贤。适以上丁从事于学,前期斋渝,裴回周览,悯馆舍之颓隳,进诸生而告之曰:"学校不修,太守之责也。时虽间关,讵忘俎豆乎?"遂有经营之意。会有甘泉庵没财,鸠工市木,命浮屠惠胜等掌之,委教授戴纬、驻泊张谨董其事。增庳而高凡二尺余,殿俨其中,蟠蟠翚展,从祀修廊,以翼左右;为堂二,以集讲论;斋十有二,以分肄习,职事位亦如之;御书有阁,祭器有库,祠旁燕亭、宾次、庖廪之属,一新轮奂;又赎庚门旧地,以揖紫帽之峰;横跨石桥,因溪支流入自巽方,遂凿长河、浚青草池,内潮汐于桥之下,则学宇告备矣。教官廨舍在学之右,乃衿佩函丈之地,亦广而新之。阅十旬毕工,靡金钱五万余缗。公帑、民力无丝毫扰,父老士民乐输金以犒役。既成,车盖填雍,万口一词,以为东南壮观,璧沼、贤关规摹不专美也。先是兴役之际,熊轼、娄临趣工弥切,至忘寝食,因感微恙,而方技之流谓岁星日直薄有咎。证公慷慨敢为,初不涓择以招无妄,神介正直,指日视事。而公力匄宫祠,士子愿借留,不克从欲,无由报万一,营生祠于讲堂之左。岩岩清峙,庶几朝夕景仰焉。读尝闻,鲁侯修泮宫,当时有史克颂之;郑侨不毁乡校,后世有韩愈颂之;并能流芳古今,学者慕尚。矧惟雄伟不常之功,超鲁跨郑,芜累匪工,辄希二颂遗文以揄扬之。因托名不泯,谨蘸笔作颂云。颂曰:赫赫清源,甲于闽山。有屹其巘,有澄其渊。地灵人杰,龙虎旧传。菁莪蕴藻,炜烨青编。我宋龙兴,化被幅员。兹惟望郡,首建学宫。卜云其吉,雉城东偏。公卿纷遝,誉蔼中原。高侯逞憾,乃西徂迁。中虽克复,未正门阑。士气不振,殆几百年。韪矣刘公,忠义蝉联。辍自紫橐,来拥朱旛。雍容才刃,视牛无全。钧礼韦布,载笔载言。时惟上丁,斋戒吉蠲。顾盼廊庑,蠹楹圮砖。恻然淡色,予职承宣。学校不修,又谁咎焉?娄入意匠,乃趣工班。材如云委,杞梓楠楩。百堵俱兴,如飞如翰。门直于西,前揖紫烟。石梁雄跨,虹卧清涟。江山增丽,亘古无前。青衿感慨,淬砺龙泉。鹏抟鹍化,春榜拿先。遵周蹈孔,密勿朝端。何以报之? 绘像岩岩。我公之德业兮,拂日戾天。我公之福履兮,方至犹川。我公之眉寿兮,超万弥千。漫叟作颂兮,托青瑶镌。寄理左从事郎充州学教授戴纬立,刘师岳摹镌。"①碑黑页岩石质,180厘米×85厘米×15厘米,碑上部为圆弧形,下半部残缺,现存于泉州府文庙。碑文作者为南宋张读。碑文见于《闽中金石略》《福建金石志》《泉州府志》等。

州学,是古代泉州的最高学府。泉州文庙及学宫始建于976年,主体格局形成于1137年。建筑群坐北朝南,整体布局为左学右庙,由位于西侧的儒家祭祀建筑文庙组群和东侧的州级地方教育建筑学宫组群构成,两组群均呈中轴线对称的院落布局。此外,两组群周边还分布有明清以来祭祀泉州历史名人的蔡清祠、李文节祠和庄际昌状元祠。建筑面积5000多平方米,建筑规模为中国东南七省之冠。作为州一级的地方公共教育机构,泉州学宫通过科举考试为国家培养、输送了大量政治精英和高级知识分子。据统计,宋代泉州进士数量多达1418位,涌现出一批在海内外产生重要影响的杰出人物,他们在政治、军事、经济、文学、艺术、科技等各个领域都做出卓越的贡献,有力地推动了泉州社会经济、文化的发展。作为儒学的传播中心,泉州文庙及学宫是泉州包括政府官员和高级知识分子在内的泉州精英群体的象征,这些社会精英在宋元海洋贸易的推动和管理中发挥了重要作用。②

李郁(1085—1146年),字汉老,济州任城县人。中崇宁五年(1106年)进士第,累官为起居舍人,试中书舍人。钦宗即位,除徽猷阁待制知越州。高宗即位,复徽猷阁待制。逾岁,召为兵部侍郎兼直学士院。四月,拜尚书右丞。未几,改参知政事。以与吕颐浩论不合,乞罢,遂以本职提举杭州洞霄宫。未阅月,起知平江府。明年,即引赦复之,又升资政殿学士。绍兴五年(1135年),诏问宰执方略,郁条上战阵、守备、措画、绥怀各五事。不报。郁闲居十有七年,薨于泉州,年六十二,谥文

① (宋)张读:《泉州重建州学记》,吴乔生、林德民、林胜利:《泉州古城历代碑文录》,北京:中国文史出版社,2009年,第11~12页。

② 《泉州府文庙》,2017年8月7日,http://www.qzworldemporium.cn/yczhs/201708/t20170807_2467696.htm,2021年10月15日。

敏。有《草堂集》一百卷。^①李邴晚年寓居泉州近二十年，与泉州的名士张读、黄冠等以诗词唱和，来往交流十分密切，尝作诗形容海外贸易繁荣时期的泉州，云："苍官影里三洲路，涨海声中万国商。"^②李邴题咏南安县九日山的诗词亦有不少，又尝于隐居九日山延福寺期间作《水陆堂记》，记载北宋泉州郡守和市舶提举官每年春、冬两季到延福寺通远王庙祈风送舶仪式，反映了泉州海上丝绸之路的发展盛况。

宋高宗赵构绍兴八年　公元1138年　戊午年

三月乙丑（四日），泉州文庙重建落成，提举福建路茶事、常平等事兼市舶任赵奇为《泉州重建州学记》碑题额。

赵奇，河南滑州韦城人，绍兴八年三年（1133年）十一月甲戌，广南宣谕棄奏："左朝散郎、广西提点刑狱公事董棻……知贵州赵奇……等十二人，治行且言棻公正奉法，特立不群。"上诏并进官一等，俟满秩赴行在。^③绍兴八年三月四日乙丑，赵奇在提举福建路茶事、常平等事兼市舶任上，为张读撰写的《泉州重建州学记》碑题额，碑文见前文。

四月丙辰，莆田《祥应庙记》碑刻立，碑文记泉州纲首朱纺舟往三佛齐国事。

按：宋人方略撰的《有宋兴化军祥应庙记》曰："左朝请大夫、主管台州崇道观方略撰，左朝散大夫、行尚书驾部员外郎方昭书并题额。

郡北十里有神祠，故号'大官庙'。大观元年，徽宗皇帝有事于南郊，襃百神而肆祀之。于是诏天下名山大川及诸神之有功于民而未在祀典者，许以事闻。郡使者始列神之功状于朝，从民请也。次年，赐庙号曰'祥应'。其后九季，亲祀明堂，复修百神之祀。而吾乡之人，又相与状神之功迹，乞爵命于朝廷。太常上其议曰'显应侯'，天子曰：'嘻，惟神威灵，惠我一方，宜有以宠异之。'乃宸笔刊定'显惠侯'，时则宣和之四年也。谨按，侯当五季时，已有祠宇，血食吾民。古老相传云，旧祠在驿站之北。一夕，风雨晦暝，雷电交作，若起于祠中者，较杯、香炉忽失所在。翌旦，父老迹其所止之地，而得于龟湖山古榕木之下，因就

---

① （元）脱脱：《宋史》卷三七五，《李邴传》，北京：中华书局，1977年，第11606～11607页。

② （宋）王象之：《舆地纪胜》，北京：中华书局，1992年，第3753页。

③ （宋）李心传：《建炎以来系年要录》卷七十，《影印文渊阁四库全书》第326册，台北：台湾商务印书馆，1986年，第16～17页。

而馆之，即今□庙址是也。其地前直壶山，后拥陈岩，绥溪之水经络其间，盖山川之秀，虽善地理者莫之能得。当时识者咸曰：'神依人而行。今神据有溪山之胜，此方之人其有□乎！'今大姓甲族，多在乎神祠之左右，而践殊科、列膴仕者，时不乏人，皆如识者之说。曰'大官庙'者，相传云，乡人仕有至于大官庙者，退而归老于其乡，帅其子弟与乡□之耆旧，若少而有才德者，每岁于社之日，相与祈谷于神。既而彻笾豆，陈盏罍，揖逊而升堂，序长幼而敦孝弟，如古所谓乡饮酒者。乡人乐而慕之，遂以名其庙，□识神之锡福于吾人者如此。夫七闽诸郡，莆田最为濒海，地多咸卤，而可耕之地又皆高仰，无川渎沟洫之利，旬日不雨，则民有粒食之忧。每岁以旱而祷于神者，未尝不应期而雨，故田虽高而无旱。春夏之交，云雾蒸郁，盲风怪雨，发作不常。寒暄之气为厉为虐，民或苦之。岁于是时，民多祈福于神，或相与迎神出次，以浮屠、老子之法而祝祀之，故民用无灾。政和七季，诸郡多蝗，既而□□□食竹木之叶，牛羊之毛且尽。民惧而祷之，故环庙数十里，蝗不敢入。宣和二年，睦之妖贼，劫库□，杀长吏，聚徒十万，残害江浙数州之民，而盗有其地。朝廷□□□提禁旅百万以夷之，而贼徒始相与聚谋，欲掠舟于定海，据七闽为巢穴。部使者飞檄以告，且使民虚其室以避之，谓风帆信宿可至。居民惶怖，扶老携幼，奔窜于山谷，攀援揉践，至有踣者。群不逞之徒，又相与眸眬之。于是有丧其家资，失其子女，忧愁惊悸，自陨其身者。而吾民先祷与神，神赐之吉卜曰：'其毋害。'遂安其居，无一人迁徙者。既而贼果就擒。今天子嗣位之三年，建州狂卒叶侬聚其众数千人，杀官吏以叛，夺溪船顺流而下。一夕至南台，入福州外郭，焚居民庐舍，其势甚炽，遂谋渡大义而南。诸州守捉之兵未集，郡邑震骇，莫知为计，而贼徒忽一夕相惊曰：'官军阵矣，其旗帜皆有'显惠侯'字，何也？'人人恐怖，始有悔祸之意。漕使张公穆乘贼忧疑，始得以断桥沉舟，绝其南渡之谋。又其后一年，杨勍领西兵叛入于闽，由漳泉而来，所在焚剽，民罹其害。贼压我郡境，守险之卒视众寡不敌，莫有斗志。军士方迪等忽闻空中有声曰：'汝速进，显惠侯兵来矣。'于是我师贾勇，贼众望风畏遁，阖境晏然。往时游商海贾，冒风涛，历险阻，以侔利于他郡外蕃者，未尝至祠下，往往不幸，有复舟于风波，遇贼于蒲苇者。其后郡民周尾商于两浙，告神以行。舟次鬼子门，风涛作恶，顷刻万变，舟人失色，涕泣相视。尾曰：'吾仗神之灵，不应有此。'遂号呼以求助。虚空之中，若有应声。俄顷风恬浪息，舟卒无虞。又泉州纲首朱纺，舟往三佛齐国，亦请神之香火而虔奉之。舟行迅速，无有艰阻，往返曾不期年，获利百倍。前后之贾于外蕃者未尝有是，咸皆归德于神。自是商人远行，莫不来祷。窃闻古者圣明在御，百神效职，无有怨恫。若兴云雨，卸（御）灾殃，呵斥妖厉，扫除不详（祥），降福于善人，而罚其无良，皆神之职也。今侯血食此土，显其威灵，以取爵命于前，又能效职协忠顺，以报恩宠于后。我天子建中兴之业，治人事神，皆有次第，将见褒德赏功，而侯之爵号有加而未已也。然则恢崇庙宇，以严奉祀之诚，上以彰君之宠命，幽以答神之灵贶，不亦宜乎？旧庙数间，历年既久，上雨旁风，无所庇障。元丰六季，太常少卿方公峤，始增地而广之。政和六年，太子詹事方公会又率乡人衰金而新之。今神巍然南面，秩视诸侯，其冕服之制，荐献之礼，皆有品数，视前时为不同也。祈盱跪拜，卜史荐辞，瞻望威容，进退惟惧，亦视前时为不同也。春秋祈服，长幼率从，酒洌肴馨，神具醉止，退就宾位，执酋戈扬觯，有劝有罚，莫不顺命，又不知往时人物若是否？远近奔走，乞灵祠下，时新必荐，出入必告，疾病必祷，凡有作为，必卜而后以事，又不知往时人物能若是否？以至天子郊祀之后，郡侯视事之初，又当来享来告，以荐嘉诚，此亦前时之所无也。是数者，皆与前时不同，宜其视旧宫为犹狭，浸以侈大，亦其时哉！信士方畲始倡其议，众皆悦从，故敛不劳而财用足，工不懈而功用成。治其厅堂，作东西两序，燕息有所，斋庖有房。其合而为屋八十有二楹，其费而为钱一万缗。经始于绍兴四年之春，而成于六年之夏也。新庙既成，民大和会，又相与大享于神以落之，众因请纪其事。略之先庐去神祠为近，为儿童时尝侍先生长者瞻拜于庭，其后尘忝奔走仕路三十余年，两叨郡绂，皆在南方，过家上冢，未尝不谒于祠下，至则徘徊廊庑间。因思古人仕□以不去其乡为戒，自罢官瀛洲，挈家还里，顾惟潦倒，投闲有日，荐乞宫祠，庶几岁时得与乡之耆旧杖履相从，白布长衫祀饮于侯之堂，亦若占所谓乡饮酒者，以偿素愿，此志未央也。余摭侯之事迹章章可传永久者，涤砚捉笔而志之。

绍兴八年，岁次戊午孟夏丙辰朔建，

刻字人福唐蔡清。"[1]

该碑发现于莆田玄妙观三清殿东厢庭院碑园内，碑高140，宽87厘米，为灰砾岩质地，色墨黑。碑额隶书，碑文楷书，全碑计34行，满行63

---

[1] 刘元妹、陈豪：《莆田〈祥应庙记〉碑考》，《福建文博》2010年第2期，第69～71页。

字,全文计 1876 字,除 13 字磨损无存和 16 字略损外,余完好无缺,清晰可辨。祥应庙主神名号无考。在五代时已有祠宇,号火官庙。后因聚居在庙左右的方姓族人科第竞发,以为是神灵所赐,遂于宋神宗元丰六年(1083 年)扩建,并奏请敕颁庙额。大观二年(1108 年)得朝廷赐予庙号祥应,宣和四年(1122 年)得封号"显惠侯"。在北宋时期,祥应庙神的成名要比湄洲神女早,而其地位也比湄洲神女高。祥应庙神虽然早在北宋时期就被封为"侯",但在南宋,祥应庙神仅受两次册封,次数比不上湄洲神女,始终未能登上"王"的级别,而湄洲女神得到"天妃"的封号,两者差了一级。自宋孝宗时宰相陈俊卿建神女庙之后,莆田民众的信仰以湄洲神女为主,祥应神就再也没有得到宋朝廷的封号,这表明南宋时期,莆田人对海神的信仰逐步从祥应神转到了湄洲神女身上。[①] 在宋高宗时期,民间信奉祥应庙神的人很多,其"商贾风涛之险,祷之多有灵应"的神迹应该在闽中地区广为传播,泉州紧邻莆田,故也常有海商前往祈祷。泉州纲首朱纺,舟往三佛齐国,为保一路顺风,亦请神之香火而虔奉之。其后,果"舟行迅速,无有艰阻,往返曾不期年,获利百倍"。在古代乘帆远航的危险环境下,朱纺能够平安回舶且获利百倍,自然很容易将这种美好结果同"请神之香火"联系起来,归功于祥应庙神的保佑之力。口口相传之后,"自是商人远行,莫不来祷",造就祥应庙香火鼎盛的盛况。

五月,吕弼中提举福建茶事兼市舶。

按:《建炎以来系年要录》卷一百十九载:"(绍兴八年五月丙戌),将作监丞吕弼中为驾部员外郎。弼中,好问子,观复平江人,赵鼎所荐也。后旬日,以弼中提举福建茶事。弼中补外,在是月戊戌。"[②]吕弼中(1090—1146 年),吕夷简五世孙,东莱郡侯吕好问第三子,仓部员外郎吕大器之父,南宋著名理学家吕祖谦之祖父。吕弼中原籍寿州,建炎间,其父吕好问携全家避难南迁,吕弼中始定居婺州,为人宏毅刚果,于世无愧无惧,累世勋爵重恩。以祖荫补授将仕郎,授洪州宁陵簿,宿州司户曹事,淮宁司仪曹事、元帅府参议,东南道都总管司主管机宜文字,以勤进元帅府改通直郎,主管亳州明道观,任满再请主管江州太平观,

① 徐晓望:《妈祖信仰史研究》,福州:海风出版社,2007 年,第 46～57 页。
② (宋)李心传:《建炎以来系年要录》,《影印文渊阁四库全书》第 326 册,台北:台湾商务印书馆,1986 年,第 613 页。

召除将作监承枢密院议官，驾部员外郎、提举福建茶事兼市舶，终于右朝请郎、主管台州崇道观，食禄于祠，封东阳郡公。绍兴十六年（1146年）十二月，卒于婺州，享年五十七，赠通议大夫，葬于明招山。娶章氏，继娶文氏，皆赠硕人。尝从其兄游于和靖之门，学者称其为驾部先生，列于《宋元学案》之《和靖学派》。

五月二十六日，诏三路市舶司：香药物货并诸州军起到无用赃物等，系左藏东、西库收纳。先经编估局编拣，定等第、色额估价，申金部下所属复估审验了当，本部连降估帐，行下打套局施行。

按：《宋会要辑稿·食货五十六》载："（绍兴）八年五月二十六日，诏：'三路市舶司：香药物货并诸州军起到无用赃物等，系左藏东、西库收纳。先经编估局编拣，定等第、色额估价，申金部下所属复估审验了当，本部连降估帐，行下打套局施行。'详见打套局门。"①左藏库是宋代中央最大的财库，掌受四方财赋之入，以为国家经费，供给官吏、军兵俸禄赐予。编估打套局，职掌对市舶司送到香药、杂物及诸州、军所纳无用赃罚衣服等进行拣选、估价，不堪公用者送杂卖场出卖。以左藏库监门官一员兼编估职事，其打套职事，委太府寺丞引库监官兼。编估、打套局邀请经验丰富的牙人估算价格，由榷货务隔手投下文钞，关报逐处支给，进入销售环节。货品既有批发给商人，也有通过榷易院直接向消费者出售。

七月十六日，诏令逐路市舶司，如抽买到和剂局无用并临安府民间使用稀少物货，更不起发本色，一面变转价钱，赴行在库务送纳。

按：《宋会要辑稿·职官四四》载："（绍兴）八年七月十六日，臣寮言：'广南、福建、两浙市舶司抽买到市舶香药、物货，依绍兴六年四月九日朝旨，立定合起发本色，并令本处一面变转价钱，赴行在送纳名件，缘合起发内尚有民间使用稀少等名色，若行起发，窃虑枉费脚乘及亏损官钱。'诏令逐路市舶司，如抽买到和剂局无用并临安府民间使用稀少物货，更不起发本色，一面变转价钱，赴行在库务送纳。内广南、福建路仍起轻赍。"②舶货抽买后，若尽数运至临安，不仅滥耗运费，亏损官钱，且

---

① （清）徐松：《宋会要辑稿》第12册，刘琳等校点，上海：上海古籍出版社，2014年，第7285页。

② （清）徐松：《宋会要辑稿》第7册，《职官四四》，刘琳等校点，上海：上海古籍出版社，2014年，第4214页。

对于民间使用稀少的香药物货,运往临安出卖恐会滞销,导致亏损。因此,宋高宗下诏,将"抽买到和剂局无用并临安府民间使用稀少物货"予以留州出售,将出售的现金收入与其他货物一并赴行在交纳。这种将舶货分为"起发"和"留州"两种,予以不同处理的方式,更有利于促进商品流通,增加市舶收入。

绍兴八年(1138年),僧祖派始筑安平桥,安海富商黄护与僧智渊各鸠万缗为助,未就。

按:《安平志》云:"安平桥,晋江、南安之界,旧以舟渡。宋绍兴八年,僧祖派始筑石桥,里人黄护与僧智渊各施钱万缗为之倡。功将半,派与护殁,十四载弗克成。二十一年,郡守赵公令衿卒成之。"[①]安平桥在福建泉州晋江市安海镇的西南,跨越海湾,通往南安市的水头镇,又名五里桥,为中国现存最长的跨海梁式石桥,有"天下无桥长此桥"之说。安海为泉州往漳州、广东必经之路,交通之要冲。宋廷南渡后,泉州海外贸易得到了迅猛发展,斯时安海港千帆百舸,渡头风樯林立,客商云集。但由于港口基础设施和水陆交通体系不够完善,货物集散无法有效运转,单靠舟渡已适应不了发展需要,急需修建造一座横跨海湾的桥梁以适应海内外贸易与交通的需要。但安海湾的海面甚宽,又有河水注入,再加上台风、洪水的不时侵袭,海湾里波涛汹涌,过渡都很危险,更何况造桥,难度很大。绍兴八年(1138年),在僧祖派、智渊和里人黄护的努力下,功将半,但因祖派和黄护去世,遂半途而废,"十四载弗克成"。直到绍兴二十一年(1151年),赵令衿出知泉州才又开始续建,绍兴二十二年十一月始建成。

宋高宗赵构绍兴九年　公元 1139 年　己未年

二月,赵鼎除知泉州,四月二十一日到任,上《谢泉州到任表》。绍兴十年四月,请罢。

按:赵鼎《忠正德文集》卷四《谢泉州到任表》记载:"愚诚上达,方逃会府之繁;申命中颁,复拜名藩之宠。仰衔至意,不敢终辞。亟引道以腾装,已合符而视事。异恩山重,危涕雨零。中谢。伏念臣才不适时,学非闻道。初心耿耿,誓许国以忘身;末路区区,欲庇民而尊主。适中

---

① (清)柯琼璜:《安平志(校注本)》,安海乡土史料编辑委员会校注,北京:中国文联出版社,2000年,第76页。

兴之昌运，荷特达之深知。顾晚节以何堪，谓朴忠而可信。间登帷幄，荐冠钧衡。不知权变之宜，奚补艰难之际？阅时寝久，属疾难胜。亦既就闲，再叨假守。命出九天之邃，道更千里之遥。俟驾靡遑，褰帷庶止。退循疚咎，曷称使令？此盖伏遇皇帝陛下志在宅中，仁深及物。驾驭英杰，肆成克复之功；体貌旧臣，重责蕃宣之效。纶言有耀，汗号莫回。臣敢不祗服训辞，恪施条教。持身率则，革闽俗之浮夸；刻意咨询，究海邦之利病。或少输于报效，当继请于便安。"①文集明确记载上表时间为绍兴九年（1139 年）四月二十一日，并加按语：鼎以绍兴九年二月除知泉州。

赵鼎（1085—1147 年），字元镇，号得全居士，山西解州人。崇宁五年（1106 年）登进士第，建炎二年（1128 年）为枢密计议，迁侍御史，又迁御史中丞。四年权金书密院，罢，提举洞霄。绍兴二年（1132 年），除江东安抚大使，知建康。三年，改江西安抚，知洪州。四年三月，除参知政事。九月，留为尚书右仆射、同中书门下平章事兼知枢密院事。五年，守左仆射。六年十二月，罢为观文殿学士，浙东帅，知绍兴。七年九月，复左仆射，同中书门下平章事兼枢密使。八年十月，金人有许和之议，赵鼎坚执不可讲和，为秦桧所忌，复罢相，出知绍兴兼浙东安抚使。秦桧憾其不赴别筵而去，和议既成，乃以周秘知绍兴府，秘与鼎素不协故也。遂移鼎知泉州。九年四月癸丑，谏议曾统言赵鼎受张邦昌伪命，鼎以奉国军节度使知泉州，诏落节。十年四月，知泉州赵鼎请罢。六月责授兴化军居住，又责授清远军节度副使，潮州安置。十四年，移吉阳军。十七年八月，卒，年六十三。诏许归葬，其后谥曰忠简。二十年六月，赵鼎之子赵汾奉鼎丧归葬于衢州常山县。淳熙十五年（1188 年），配享高庙，为昭勋阁二十四功臣之一。②宋人刘一止《苕溪集》卷三十九《外制》之《赵鼎知泉州》云："敕：朕履运艰虞，省躬祗惧。默通上帝，旋闻悔祸之期；嘉与斯民，共享消兵之福。肆颁庆赉，均逮臣工。矧予旧弼之贤，敢后拜州之宠？具官某，器宇刚特，谋猷靓深，通达事机，凤负敢为之略。执持魁柄，既更再入之荣。方注意以仰成，遽露章而引去。眷泉南之名郡，实闽峤之奥区。分此顾忧，莫如宿望。噫！朕任四方父母之

---

① （宋）赵鼎：《忠正德文集》，李蹊点校，上海：上海古籍出版社，2018 年，第 72 页。

② 赵鼎生平（宋）徐自明：《宋宰辅编年录》卷十五，《影印文渊阁四库全书》第 596 册，台北：台湾商务印书馆，1986 年，第 540～588 页。

责,念慈惠之当先;尔居千里师帅之隆,宜德威之并立。益恢治具,无俟训言。可。"①赵鼎任泉州知州年余,安抚泉民,民感其德,祀于名宦祠。绍兴二十五年(1155年)秦桧死,第二年春,朝廷追复赵鼎旧职,朱熹在同安县学建祠纪念赵鼎。赵鼎为泉守时,莆田人黄彦辉以奉议郎为永春丞,知县洪旦德胜于才,赵鼎遂以旦与彦辉易任。绍兴年间,黄彦辉权知晋江县。会朝命滨海诸县造船,彦辉令主吏曰:"民赋有定,不可加敛。"县帑有所谓本钱者,尽刷出以充其用。县例造九船,其成独先。②

十一月戊子,吕用中提举福建茶事兼市舶。

　　按:《建炎以来系年要录》卷一百三十三载:"(绍兴九年十一月戊子),初命侍从两史官各举所知二人……左宣议郎、新提举福建茶事吕用中……等三十二人,诏三省量材任使。"③吕用中,原籍寿州人,吕好问之子,吕弸中之弟。绍兴九年(1139年)十一月,提举福建茶事兼市舶。又宋张淏《会稽续志》卷二两浙东路提点刑狱条:"吕用中,(绍兴)十年十二月,以右宣教郎到任,十二年十二月改知泉州。……吴序宾,绍兴十三年十月,以右朝奉大夫到任。十四年四月,与知泉州吕用中两易。……吕用中,十四年八月,以右奉议郎、直秘阁到任。十五年五月,宫祠。"④(道光)《晋江县志》卷二十八《职官志》知州事条则载:"吕用中,(绍兴)十三年任。讲乡饮酒礼。吴序宾,十四年任。"⑤吕用中于绍兴十二年(1142年)十二月改知泉州,数月后才到任,故《晋江县志》云其绍兴十三年任。而绍兴十四年四月,吴序宾与知吕用中两易,吕用中直到当年八月才到任,中间也是隔了四个月时间。宋人刘一止《苕溪集》卷四十六《曾几广西运副吕用中福建提举茶事》云:"敕具官某:闽峤去朝廷远,郡县之吏,玩法病民,视部使者能不能以为廉贪勤惰,其来久矣。尔几文学志节,出入数等。尔用中识虑明审,达于事情。兹锡赞书,分行

① (宋)刘一止:《刘一止集》,龚景瑞、蔡一平点校,下册,杭州:浙江古籍出版社,2012年,第390页。

② (清)周学曾:(道光)《晋江县志》卷三十五,晋江县地方志编纂委员会整理,福州:福建人民出版社,1990年,第1056页。

③ (宋)李心传:《建炎以来系年要录》,《影印文渊阁四库全书》第326册,台北:台湾商务印书馆,1986年,第786页。

④ (宋)张淏:《会稽续志》,《影印文渊阁四库全书》第486册,台北:台湾商务印书馆,1986年,第460页。

⑤ (清)周学曾:(道光)《晋江县志》,晋江县地方志编纂委员会整理,福州:福建人民出版社,1990年,第532页。

一道。耳目所及,靡有逸遗。使彼远民,不病于吏,则为尔能。转饷之勤,摘山之利,尔等所习闻也。成法在焉,勉之而已。可。"①

宋高宗赵构绍兴十一年　公元1141年　辛酉年

七月,汪藻移知泉州。

　　按:《新安志》卷九《牧守》知州事条:"汪藻,显谟阁学士、左太中大夫。(绍兴)九年十二月二十九日到任,十一年七月十六日移知泉州。"②汪藻(1079—1154年),字彦章,饶州德兴人。崇宁二年(1103年)进士,调婺州观察推官,改宣州教授。绍兴元年(1131年),除龙图阁直学士知湖州。九年十二月,以显谟阁学士知徽州。十一年七月十六日移知泉州,到任后,上《泉州到任谢表》,云:"恭承休命,就易名藩。去父母之邦,接浙敢同于他国?问蛮夷之俗,褰帷如在于中州。责重扪心,恩深陨涕。伏念臣昨从祠馆,叨领守符。素号迂疏,无问马及羊之智。乃蒙安便,得维桑与梓之州。二年而劳力劳心,一身而畏首畏尾。力祈罢免,反冒迁除。虽卖剑买牛,老犹堪于渤海。然举头见日,身益远于长安。兹盖伏遇皇帝陛下总核百工,照临万国。眷方隅之濒海,须师帅之得人。故遣近臣,往绥遐俗。况今闽徼,莫盛泉山,既旁接书文之同,当尤惩狱市之扰。臣敢不仰遵宽大,俯厉衰残?讲求百粤之宜,参诸禹贡。奉上三年之计,对以春秋。"③绍兴十三年(1143年)罢职居永州,二十四年卒,赠端明殿学士。有《浮溪集》36卷。

十一月,宋政府重行裁定市舶香药名色,合起发运京之细色物货约70种,粗色物货约110种。另有粗重物货140余种,由各路市舶司就地打套出售。

　　按:《宋会要辑稿·职官四四》载:"(绍兴)十一年十一月,户部言:'重行裁定市舶香药名色,仰依合起发名件,须管依限起发前来。所是本处变卖物货,除将自来条格内该载合充循环本钱外,其余遵依已降指挥计置起发施行,不管违戾。合赴行在送纳,可以出卖物色,细色:呵

---

　　①　(宋)刘一止:《刘一止集》,龚景瑄,蔡一平点校,杭州:浙江古籍出版社,2012年,第451页。

　　②　(宋)罗愿:《新安志》,《影印文渊阁四库全书》第485册,台北:台湾商务印书馆,1986年,第502页。

　　③　(明)程敏政:《新安文献志》卷四十,《影印文渊阁四库全书》第1375册,台北:台湾商务印书馆,1986年,第523页。

子、中笺香、没药、破故纸、丁香、木香、茴香、茯苓、玳瑁、鹏砂、莳萝、紫矿、玛瑙、水银、天竺黄、末朱砂、人参、鼍皮、银子、下笺香、芹子、铜器、银珠、熟速香、带梗丁香、桔梗、泽泻、茯神、金箔、舶上茴香、中熟速香、玉乳香、麝香、夹杂金、夹杂银、沉香、上笺香、次笺香、鹿茸、珊瑚、苏合油、牛黄、血蝎、膃肭脐、龙涎香、荜澄茄、安息香、琥珀、雄黄、钟乳石、蔷薇水、芦荟、阿魏、黑笃耨、鳖甲、笃耨香、皮笃耨香、没石子、雌黄、鸡舌香、香螺奄、葫芦芭、翡翠、金颜香、画黄、白豆蔻、龙脑。有九等：熟脑、梅花脑、米脑、白苍脑、油脑、赤苍脑、脑泥、鹿速脑、木扎脑。粗色：胡椒、檀香、夹笺香、黄蜡、黄熟香、吉贝布、袜面布、香米、缩砂、干姜、蓬莪术、生香、断白香、藿香、荜拨、益智、木鳖子、降真香、桂皮、木绵、史君子、肉豆蔻、槟榔、青橘皮、小布、大布、白锡、甘草、荆三棱、碎笺香、防风、蒟酱、次黄熟香、乌里香、苓苓香、中黄熟香、冒头香、三赖子、青芋布、下生香、丁香、海桐皮、蕃青班布、下等冒头香、下等乌里香、苓牙簟、修割香、中生香、白附子、白熟布、白细布、山桂皮、暂香、带枝檀香、铅土、茴香、乌香、牛齿香、半夏、芎裤布、石碌、紫藤香、官桂、桂花、花藤、粗香、红豆、高良姜、藤黄、黄熟香头、钗藤、黄熟香、片螺头、斩刬香、生香片、水藤皮、苍术、红花、片藤、琉琉、水盘头、赤鱼鳔、香缠、小片水盘头、杏仁、红橘皮、二香、大片香、糖霜、天南星、松子、粗小布、大片水盘香、中水盘香、獐脑、青桂香、斧口香、白苎布、鞋面布、丁香皮、草果、生苎布、土檀香、青花蕃布、苁蓉、螺犀、随风子、绸丁、海母、龟同、亚湿香、菩提子、鹿角、蛤蚧、洗银珠、花梨木、琉璃珠、椰心簟、犀蹄、蕃糖、师子绥、枝实。粗重柜费脚乘：宓木、大苏木、小苏木、硫磺、白藤棒、修截香、青桂头香、蕃苏木、次下苏木、海南苏木、镬铁、白藤、粗铁、水藤坯子、大腹子、姜黄、麝香、木跳子、鸡骨香、大腹、檀香皮、把麻、倭板、倭枋板头、薄板、板掘、短板肩、椰子长薄板合簟、火丹子、蛙蚶、干倭合山、枝子、白檀木、黄丹、麝檀木、苎麻、苏木、稍籷、相思子、倭梨木、楂藤子、滑皮、松香、螺壳、连皮、大腹、吉贝花布、吉贝纱、琼枝菜、砂黄、粗生香、硫黄、泥黄、木柱、短小零板杉枋、厚板松枋、海松板木枋、厚板令赤藤厚枋、海松枋、长小零板板头、松花小螺壳、粗黑小布、杉板狭小枋，令团合杂木柱、枝条苏木、水藤箧、三抄香团、铁脚珠、苏木脚、生羊梗、黄丝火枕煎盘、黑附子、油脑、药犀、青木香、白术、蕃小花狭簟、海南白布单、青蕃棋盘小布、白芜荑、山茱萸、苧术、五苓脂、黄耆、毛施布、生熟香、石斛、大风油、秦皮、草豆蔻、乌药香、白芷、木兰茸、薏仁、远志、海螺皮、生姜、黄芩、龙骨草、枕头土、琥珀、冷瓶、密木、白眼香、腐香、铁熨斗、土锅、豆蔻花、砂鱼皮、拍还脑、香柏皮、黄漆、滑石、蔓荆子、金毛狗脊、五加皮、榆甘子、菖蒲、土牛膝、甲香、加路香、石花菜、粗丝茧头、大价香、五倍子、细辛、韶脑、旧香、御碌香、大风子、檀香皮、缠香皮、缠末、大食莒仑梅、熏陆香、召亭枝、龟头犀香、豆根、白脑香、生香片、舶上苏木、水盘头幽香、蕃头布、海南棋盘布、海南青花布被单、长木、长倭条、短板肩。"①

北宋初年,禁榷品加上"许民兴贩"的商品合计不到50种,而到了南宋绍兴间,随着海外贸易的大兴盛,入宋交易的商品数量也有了大幅增长。根据《宋会要辑稿》的记载,裁定合起发运往行在的细色物货就达70种,粗色物货也有约110种,而价值不高、"枉费脚乘",不得不就地出售的粗重物货也达到了140余种,合计达320余种,较北宋初年翻了好几倍。这些舶货既有犀、象、乳香等奢侈品,也有常见的苍术、杏仁、青橘皮等普通药材,以及各种厚重的木材,涵盖了社会需求的方方面面,极大丰富了南宋民众的生产与生活,促进了宋朝商业经济的发展。

宋高宗赵构绍兴十二年　公元1142年　壬戌年

十二月十八日,诏复令福建路市舶司专置一提举官,另置专一提举于茶事归建州。至此,朝廷以福建提举茶事官兼市舶共十年有余。

按:《宋会要辑稿·职官四四》载:"(绍兴)十二年十二月十八日,诏:'福建路提举市舶令见任官专一提举,其已差下替人令疾速赴任,专一提举茶事。'福建路提举市舶司昨自绍兴二年废罢,遂令提举茶事司兼领,就泉州置司。时朝廷措置福建腊茶,欲就行在置局给卖,于是通判临安府吕斌言,乞将福建路茶事司依旧复归建州,专一主管买发腊茶。而户部言,今将提举市舶司未废并以前官吏令量减孔目官、手分各一名外,每月约支钱止三百九十贯,米止十七硕。比之茶事司见请钱米,其钱岁减二千四百六十贯,米减一百二十六硕。故有是诏。"②又《建炎以来系年要录》卷一百四十七载:"(绍兴十二年十月丁亥),诏福建专

---

① (清)徐松:《宋会要辑稿》第7册,《职官四四》,刘琳等校点,上海:上海古籍出版社,2014年,第4214~4215页。

② (清)徐松:《宋会要辑稿》第7册,《职官四四》,刘琳等校点,上海:上海古籍出版社,2014年,第4215~4216页。

置提举茶事官一员,置司建州。先是建州岁贡片茶二十余万斤(省额凡二十一万一千斤)。叶浓之乱,园丁亡散,遂罢之(建炎二年),以市舶官兼茶事。上祀明堂于临安,始命市五万斤,为大礼费(绍兴四年)。已而都督府请如旧额发赴建康,召商人持往淮北。检察福建财用章杰,以片茶难市,请市米茶。许之。转运司言其不经久,乃止。既而官给长引,许商贩渡淮。及兴榷场,遂取腊茶,为榷茶本(今年六月)。寻禁私贩,官尽榷之。上京之余,许通商,官收息三倍(今年九月)。及是将鬻建茶于临安,始别置提举官,专一买法。"①建茶是深受宋代社会各阶层喜爱的饮品。宋太祖年间,陈洪进已开始向宋廷上贡茶。宋徽宗大观以后制愈精,数愈多,而品不一,岁贡片茶二十一万六千斤。宋高宗建炎二年(1128年)六月,建州军叶浓叛乱,至十一月失败,其存在时间虽不足半年,但烧杀掳掠,对闽东北州县造成严重破坏,建州茶场的园丁四散逃亡。因此,宋高宗下诏罢免建州北苑贡茶。建炎三年,又诏减福建岁上贡钱三之一。可见经叶浓之乱后,建州茶叶的生产和运输均已受到极大破坏,福建茶事司的职事也大受影响,时福建路各监司因争夺市舶之利致市舶司屡有罢复。宋高宗经过深思熟虑后,决定于绍兴二年(1132年)九月二十五日,诏旧市舶司职事令福建提举茶事兼领。十月四日,移司泉州,开始长达十年的兼管。直到绍兴十二年,随着建茶生产的进一步恢复发展,朝廷将鬻建茶于临安,遂于十二月十八日下诏复令福建路市舶司专置一提举官,另置专一提举于茶事归建州。自此以后,福建路市舶司再无罢复,维持比较稳定的局面。

宋高宗赵构绍兴十三年　　公元 1143 年　　癸亥年

十二月己酉,泉州商人犯禁,夜以小舟载铜钱十余万缗入洋。舟重风急,遂沉于海,官司知而不敢问。

　　按:《建炎以来系年要录》卷一百五十载:"(绍兴十三年十二月)己酉……初,申严淮海铜钱出界之禁,而闽、广诸郡多不举行。于是泉州商人夜以小舟载铜钱十余万缗入洋,舟重风急,遂沉于海,官司知而不

---

① （宋)李心传:《建炎以来系年要录》,《影印文渊阁四库全书》第 327 册,台北:台湾商务印书馆,1986 年,第 55 页。

敢问。此据汤鹏举义附入。二十六年五月甲子,再降旨申严。"①南宋商品货币经济发达,但由于偏安一隅,疆域缩小,铜的来源减少,矿采日益艰难,各地铸钱数量都在下降,铜钱制造和供应跟不上经济发展步伐。此外,南宋的海外贸易发达,东亚日本、朝鲜,以及东南亚各国均通行使用铜钱,导致大量宋钱从海路输出,造成国内铜钱流通不足,引起钱荒,朝廷三令五申严禁走私铜钱。实际上,早在绍兴十一年(1141 年)十一月二十三日,朝廷就已立法严禁诸舶船夹带铜钱出中国界,"(绍兴十一年十一月)二十三日,臣寮言:'广东、福建路转运司遇舶船起发,差本司属官一员临时点检,仍差不干碍官一员觉察。至海口,候其放洋,方得回归。如所委官或纵容般载铜钱,并乞显罚,以为慢令之戒。'诏下刑部立法,刑部立到法:诸舶船起发,贩蕃及外蕃进奉人使回蕃船同。所属先报转运司,差不干碍官一员躬亲点检,不得夹带铜钱出中国界。仍差通判一员,谓不干预市舶职事者,差独员或差委清强官。覆视。候其船放洋,方得回归。诸舶船起发,贩蕃及外蕃进奉人使回蕃船同,所委点检官覆视官同。容纵夹带铜钱出中国界首者,依知情引领、停藏、负载人法,失觉察者减三等。即覆视官不候其船放洋而辄回者徒一年。从之"②。但由于此时铜钱已具有国际货币功能,宋钱在海外多国都可以流通,直接换取当地商品。因此海商往往勾结官府,冒禁潜载铜钱往外番博易,法令屡禁不行。有泉州商人大胆犯禁,趁夜以小舟载铜钱十余万缗入洋,舟重风急遂沉于海,官司知道了也不敢问。这种情形并非特例,明州、广州等沿海州县也多有发生。铜钱外流问题始终是南宋朝廷的一大困扰。当然,铜钱外流也并非全是坏事,宋钱流入东亚、东南亚各地,必然给当地社会经济结构带来一定变化,促进其货币经济发展,最终构建起以宋朝为中心的东亚货币体系,形成一个紧密的市场,促使宋朝成为世界东部的海洋商贸中心。

宋高宗赵构绍兴十四年　　公元 1144 年　　甲子年

九月,诏准泉州市舶依广州市舶司例,每年于遣发番舶之际,支破官钱

---

① (宋)李心传:《建炎以来系年要录》,《影印文渊阁四库全书》第 327 册,台北:台湾商务印书馆,1986 年,第 100 页。

② (清)徐松:《宋会要辑稿》第 7 册,《职官四四》,刘琳等校点,上海:上海古籍出版社,2014 年,第 4215 页。

300 贯文排办筵宴,犒设诸国番商。

　　按:《宋会要辑稿·职官四四》载:"(绍兴)十四年九月六日,提举福建路市舶楼璹言:'臣昨任广南市舶司,每年于十月内依例支破官钱三百贯文排办筵宴,系本司提举官同守臣犒设诸国蕃商等。今来福建市舶司每年止量支钱委市舶监官备办宴设,委是礼意与广南不同。欲乞依广南市舶司体例,每年于遣发蕃舶之际,宴设诸国蕃商,以示朝廷招徕远人之意。'从之。"①宋朝政府一直以来都比较重视海外贸易,给予外商较高待遇,如有海商住舶,例支送酒食,每年还有宴犒。但在宋高宗建炎二年(1128 年),由于宋金前线战事吃紧,财政十分紧张,遂于当年七月八日,罢每年宴犒之赏。不过,到了绍兴二年(1132 年)六月,广南路经略安抚提举市舶司以所费不多为由,乞依旧犒设,为宋高宗所采纳。于是广州率先恢复犒设。随着宋金对峙逐渐缓和,宋朝的海外贸易逐步繁荣兴盛。为进一步吸引外商来华贸易,绍兴十四年(1144 年)九月,泉州亦依广州例而恢复犒设旧例,表明泉州市舶司已与广州市舶司并驾齐驱,取得同等地位。楼璹,楼钥之伯父,字寿玉,一字国器,浙江鄞县人。初除行在审计司,后历广、闽舶使,官至朝议大夫。②绍兴十五年,提举福建市舶。③

宋高宗赵构绍兴十五年　公元1145 年　乙丑年

七月,泉州右南厢柳三娘舍钱建开元寺阿育王塔。

　　按:泉州开元寺悬"桑莲法界"的大殿前,左右各立一座方形底座的石塔,俗称"宋代二塔"。因其石头上的图案明显带有印度教异域风格而受人关注,也称之为"阿育王塔"。东侧石塔的须弥座上刻有"右南厢梁安家室柳三娘,舍钱造宝塔二座,同祈平安。绍兴乙丑七月题。王思问舍钱三十贯,乙酉重修"④。塔身雕刻有深目高鼻的天竺高僧、獠牙怒目的阿修罗等石像,题材多取自印度教传说,风格与汉传佛教有着明显

---

①　(清)徐松:《宋会要辑稿》第 7 册,《职官四四》,刘琳等校点,上海:上海古籍出版社,2014 年,第 4216 页。

②　(宋)楼钥:《攻愧集》卷七十六,《跋扬州伯父耕织图》,《影印文渊阁四库全书》第 1153 册,台北:台湾商务印书馆,1986 年,第 238~239 页。

③　(宋)楼钥:《攻愧集》卷一百五,《太孺人蒋氏墓志铭》,《影印文渊阁四库全书》第 1153 册,台北:台湾商务印书馆,1986 年,第 609~610 页。

④　吴幼雄:《泉州宗教文化》,福州:福建人民出版社,1998 年,第 44 页。

区别。这些异域神祇的形象和海外宗教的建筑元素,随着海上丝绸之路进入泉州,与伊斯兰教、景教,以及本地的佛教、道教和民间信仰等和谐共处,共同造就了泉州"世界宗教博物馆"的奇观。阿育王塔又称宝箧印经塔,由印度早期王朝时代的桑奇大塔演变而来的。不论金属制小塔或是石制大塔,其基本形式为方形,多数外形做束腰状。小塔为单层。石制大塔为单数多层,自下而上由基座、塔身、塔顶三部分组成。塔身四面,常镌有佛本生故事浮雕。塔顶盖四角,耸立4朵蕉叶状山花,塔顶正中立有塔刹、相轮。泉州如今保存较完整的宝箧印经石塔共有9座,即洛阳桥的月光菩萨塔、阿育王塔,开元寺的东、西阿育王塔,晋江池店的潘湖塔,石狮灵秀的塘园塔,南安诗山的诗山塔,丰泽区的文兴塔,永春达埔的井头塔,都是宋代建造的。泉州宝箧印经石塔在保留了古朴的古印度建筑风格的同时,随着时代的变迁融入了一些中国元素。它的建筑造型与雕刻艺术既吸取五代宝箧印经塔的基本样式,又根据地域特色与民风民俗进行了适当的改造,体现了泉州古代佛教,特别是密宗的发展状况。泉州宝箧印经石塔大都由民众捐修,体现了佛教信徒建塔积累功德以求福报的心理。平民造塔的目的是祈求平安,为家人增福延寿,反映了宋代泉州佛教的世俗化与平民化特征。①

1982年,台风刮倒拜庭前的巨榕,砸倒了石塔,后工作人员在维护修缮时,从塔中清理出五代南唐时泉州刺史王继勋等善男信女雕刻的佛顶尊胜陀罗尼经幢,其题刻云:"□□宣德郎、前守尚书膳部员外郎、柱国、赐绯鱼袋郑元素书,都料将唐琛元、从十将林仁浚等镌(下缺)。

管内僧正临坛匡教大师、赐紫守涓,管内都监长讲经论大德、赐紫道昭,监寺讲经论大德、赐紫惟岳,寺主大德僧惟守,都维那大德们僧从善,上座传经持念□□□通直郎检校尚书、比部员外郎、柱国、赐紫金鱼袋王传嗣舍见钱叁拾仟文。州司马、专客务兼御史大夫陈光嗣,州长史专客务兼御史大夫温仁俨,粮料将御史□□军事左押卫、充海路都指挥使兼御史大夫陈匡俊,已上各舍伍仟文。转运将许延祐,元从押卫杨国轸,右卫大将王蟠,军将唐弘益、严讯,已上各舍铜钱壹仟文□□□榷利院使刘拯舍伍仟文。管内威仪临坛大德、神毅讲赞法慧,大德、赐紫文展,粥院□□大德惠斌,各舍壹仟文。勾当取幢传经大德神悟,舍铜钱

① 孙群:《泉州宝箧印经石塔的建筑特色与文化内涵》,《艺术探索》2013年第3期,第37~40页。

柒仟文。持念大德□□大释迦佛之功德，征其数可谓无穷。瞻部州之修崇于无穷，必有最妙□□倾至倍，孰得其最焉。昔善任有七返之忧，金□说多生之叶，授以佛□□耶致其罪障销除，留传于今，灵验希有。所谓功德之最妙者，莫若建石幢而勒是陀罗尼也。顷者相国邘邘公牧是郡之日，以开元寺殿前旧有其幢，而左无对峙，遂发成愿，始议经营。讲僧于浙水募缘召匠，于太湖采石，徒移五载，竟未成功。及太尉琅琊公副群情殷□□惠化于廉歌谣□访萧寺遗阙之端，谓前政之何为构斯幢而不就。于是遣舟航运泛置，琬琰俄臻，选敏手以雕镌择良辰而建置。斯则收其遗而补而其阙，无量胜□。无先我而无，人同归妙善，莫不千万亿劫。三十三层柱拔屹屹，玉削棱棱，刻斯经咒，封彼佛僧，以功以德，不灭不增。时也，惟吾唐之抚运，幸纳款于明庭，德音宣布于一方，庆赐颁濡于阖郡。既荷惟新之命，须倾祝圣之心。乃敬以鸿恩报国，愿赞一千年历数，庶资三十世宗祧。俾率土以共瞻，与斯幢而永固。将纪其事，爰命直书。

唐保大四年三月二十八日建，岁次丙午，勾当元从押卫兼御史大夫李仁检，功德主英谋叶义定难功臣光禄大夫、检校太尉、持节泉州诸军事、守泉州刺史、御史大夫、上柱国、琅琊郡开国侯、食邑一千户王继勋。"①

经幢八角八面，高 120 厘米，浮雕有飞天形象，身体修长，赤脚裸露。经幢上刻有 76 行文字，除经文外，还刻记了施舍建经幢人的姓名，是研究泉州五代时社会经济史、海外贸易史的重要实物材料，目前收藏于泉州海外交通史博物馆。王继勋为王审知从孙，王延政长子，为侍中，领泉州刺史，后纳款于南唐。专客务兼御史大夫、州长史专客务兼御史大夫，充海路都指挥使兼御史大夫、权利院使，这些职衔可能是管理海外交通贸易事务和海道安全的官职，表明泉州在王继勋治下，延续了闽国"招徕海中蛮夷商贾"的政策，继续大力发展海外贸易。当时许多泉州商人也积极下海从事远洋贸易，从泉州港运往阿拉伯、东非等地的货物包括陶瓷、铜铁等，运回中国的是象牙、犀角、樟脑等，为泉州港在宋元时期跃升为东方第一大港奠定了基础。

十一月丙寅，右朝散郎、添差通判秀州曹泳提举福建路市舶。

---

① （南唐）王继勋：《开元寺陀罗尼经幢题刻》，吴乔生、林德民、林胜利编：《泉州古城历代碑文录》，北京：中国文史出版社，2009 年，第 5～6 页。

按:《建炎以来系年要录》卷一百五十四载:"(绍兴十五年十一月)丙寅……右朝散郎、添差通判秀州曹泳提举福州路舟舶。"①曹泳,秦熺妇兄,以秦桧亲党,进由武弁,致身从班。绍兴十三年(1143年)九月戊子,添差通判秀州。②绍兴十五年十一月丙寅,提举福建市舶。绍兴十七年十一月二十七日丁亥,以右朝奉大夫、提举福建路市舶为两浙路转运判官。③绍兴二十年五月初三日,以右朝请大夫、直徽猷阁知明州。绍兴二十二年六月十九日,除知绍兴府。④秦桧病死后失势,遭同僚弹劾,"(绍兴二十五年)十月二十三日,权户部侍郎,兼知临安府曹泳可特勒停,新州安置。二十六年正月二十四日,移吉阳军编管"⑤。

宋高宗赵构绍兴十六年　公元1146年　丙寅年

四月十日,准福建市舶司对本路沿海州县有无透漏市舶物货一项予以监管。

按:《宋会要辑稿·职官四四》载:"(绍兴)十六年四月十日,提举福建路市舶曹泳言:'乞今后本路沿海令、佐、巡尉批书内,添入本地分内无透漏市舶物货一项。所属得本司保明,方得批书。及州县有承勘市舶透漏公事,如或灭裂,许本司奏劾。'从之。"⑥南宋时期,沿海各州路一般都设有巡检司,以巡逻海道,保护商船,缉拿走私。绍兴十六年(1146年)四月,提举福建路市舶曹泳上奏请求赋予市舶司对本路境内的走私行为予以稽查监管的权力。朝廷批准了此项请求,使市舶司的权力进一步增大,隐然有按察地方州县的监察权。

————————————

① (宋)李心传:《建炎以来系年要录》,《影印文渊阁四库全书》第327册,台北:台湾商务印书馆,1986年,第156页。

② (宋)李心传:《建炎以来系年要录》卷一百五十,《影印文渊阁四库全书》第327册,台北:台湾商务印书馆,1986年,第93页。

③ (宋)李心传:《建炎以来系年要录》卷一百五十六,《影印文渊阁四库全书》第327册,台北:台湾商务印书馆,1986年,第195页。

④ (宋)罗濬:《宝庆四明志》卷一,《叙郡上·郡守》,《影印文渊阁四库全书》第487册,台北:台湾商务印书馆,1986年,第18页。

⑤ (清)徐松:《宋会要辑稿》第8册,《职官七○》,刘琳等校点,上海:上海古籍出版社,2014年,第4938页。

⑥ (清)徐松:《宋会要辑稿》第7册,《职官四四》,刘琳等校点,上海:上海古籍出版社,2014年,第4216页。

宋高宗赵构绍兴十七年　公元 1147 年　丁卯年

十一月四日,诏三路市舶司,龙脑、沉香、丁香、白豆蔻四色舶货,仍依旧例十分抽解一分。

> 按:《建炎以来系年要录》卷一百五十六载:"(绍兴十七年十一月)甲子,诏三路市舶司,自今蕃商所贩丁沉香、龙脑、白豆蔻四色,各止抽一分。先是十取其四,朝廷闻商人病其重也,故裁损焉。"[1]又《宋会要辑稿·职官四四》载:"(绍兴)十七年十一月四日,诏三路市舶司:'今后蕃商贩到龙脑、沉香、丁香、白豆蔻四色,并依旧抽解一分,余数依旧法施行。'先是绍兴十四年,一时措置抽解四分,以市舶司言蕃商陈诉抽解太重,故降是旨。"[2]绍兴六年(1136 年),宋高宗诏令舶货分细货、粗货抽解,细货十分抽一分,粗货十五分抽一分,且博买由商人自愿。但可能由于财政紧张,为增加市舶收入,各路市舶司又将舶货抽解比例大幅提高。绍兴十四年(1146 年),舶货抽解比例高达十分取四分。舶商陈诉抽解太重,无利可图,于是宋高宗不得不调整政策,规定细色香药只能依绍兴六年的"旧法"十分取一分,而其余粗色物货也仍依旧法十五分抽一分。

十一月丁亥,右朝奉大夫、提举福建路市舶曹泳为两浙路转运判官。

> 按:《建炎以来系年要录》卷一百五十六载:"(绍兴十七年十一月)丁亥,右朝奉大夫、提举福建路市舶曹泳为两浙路转运判官。"[3]

宋高宗赵构绍兴十九年　公元 1149 年　己巳年

九月二十五日,诏广南东路市舶司属官今后许与福建路市舶司属官互举。

> 按:《宋会要辑稿·选举三十》载:"(绍兴)十九年九月二十五日,诏

---

①　(宋)李心传:《建炎以来系年要录》,《影印文渊阁四库全书》第 327 册,台北:台湾商务印书馆,1986 年,第 194 页。

②　(清)徐松:《宋会要辑稿》第 7 册,《职官四四》,刘琳等校点,上海:上海古籍出版社,2014 年,第 4216 页。

③　(宋)李心传:《建炎以来系年要录》卷一百五十六,《影印文渊阁四库全书》第 327 册,台北:台湾商务印书馆,1986 年,第 195 页。

广南东路市舶司属官今后许与福建路市舶司属官互举。从吏部请也。"①宋代的监司互查是宋代比较成熟的地方监察制度。北宋中前期实行转运司和提点刑狱司的互查,但始终没有具体化与系统化,亦无格式申明等条文的落实。宋徽宗崇宁五年(1106年),始立诸路监司互查法,庇匿不举者罪之,仍令御史台纠劾。南宋以后,监司互查的法制化进程逐步发展。绍兴十七年(1147年),诏令监司各许互查。绍兴十九年,诏令广南东路市舶司属官今后许与福建路市舶司属官互举。这些都是宋高宗试图通过加强监察制度以加强对地方权力控制的重要举措。其后,宋孝宗淳熙五年(1178年)十一月庚辰,复监司互查法。宋宁宗庆元三年(1197年),诏重修《庆元条法事类》,也将监司互查的内容纳入其中,监司互查制度得以全面发展,成为一项较为成熟的地方监察制度。②

绍兴十八年,叶廷珪以兵部郎中出知泉州。

按:(道光)《晋江县志》卷三十四《政绩志》载:"叶廷珪,字嗣忠,瓯宁人。绍兴十八年,以兵部郎中出知泉州,为政清静简易。时通淮河塞,廷珪疏引入城,语州之士曰:'通此巽水,十年当出大魁。'至期梁克家应之。尤工诗,与傅自得一见如平生,会即谈诗。一日出所作《郡斋罗汉室》示自得,末云:'几多雁鹜行间吏,衔退频来礼释迦。'自得曰:'泉故剧,郡公使吏辈优游如此,可以观政。'廷珪以为会心之友。喜编纂,有《海录杂事》《碎事》传于世。去后,郡人祠于清源下洞。"③叶廷珪,绍兴间知福清县。④ 后为太常寺丞,与秦桧忤,绍兴十八年(1148年)出知泉州。后移漳州。叶廷珪性喜读书,每闻士大夫家有异书,无不借读,读即无不终卷,常恨无资,不能尽写。因做数十大册,择其可用者手抄之,名曰《海录》。叶廷珪又于香学颇有采录,他曾在《叶氏香录序》中云:"古者无香,燔柴炳萧,尚气臭而已。故香之字虽载于经,而非今之

---

① (清)徐松:《宋会要辑稿》第10册,刘琳等校点,上海:上海古籍出版社,2014年,第5823页。

② 高进、应弘毅:《监察之监察:宋代的监司互察》,《廉政文化研究》2019年第6期,第83~90页。

③ (清)周学曾:(道光)《晋江县志》卷三十四,《政绩志》,晋江县地方志编纂委员会整理,福州:福建人民出版社,1990年,第984页。

④ (清)徐景熹:(乾隆)《福州府志》(中册)卷三十三,《职官六》,福州:海风出版社,2001年,第179页。

所谓香也。至汉以来,外域入贡,香之名始见于百家传记。而南番之香独后出焉,世亦罕知,不能尽之。余于泉州职事,实兼舶司,因蕃商之至,询究本末录之,以广异闻,亦君子耻一物不知之意。绍兴二十一年,左朝请大夫知泉州军州事叶廷珪序。"①叶廷珪在泉州知州任上,兼管市舶司事务,因便采录外国番商之言而成《南蕃香录》,主要记载了从南方诸番输入的香料。其书虽已不存,但明陶宗仪所辑的《说郛》收录叶廷珪的《名香谱》一卷,共五十五则。其中大部分条目记载香料,也有小部分为有关香之典故。据考,现存的《名香谱》中的记载,绝大部分还是从宋朝以前历代典籍中摘录有关资料,并非"蕃商"的陈述。而且条目简略,仅寥寥数语,《说郛》也不可能将番商叙述尽数删除,故《名香谱》或为叶廷珪另一香学专著,而非《南蕃香录》的异名。②

宋高宗赵构绍兴二十一年　公元 1151 年　辛未年

闰四月四日,右中奉大夫、直显谟阁知抚州李庄除提举福建市舶。

按:《宋会要辑稿·职官四四》载:"(绍兴)二十一年闰四月四日,右中奉大夫、直显谟阁知抚州李庄除提举福建市舶。上曰:'提举市舶官委寄非轻,若用非其人,则措置失当,海商不至矣。庄可发来赴阙禀议,然后之任。'"③又《建炎以来系年要录》卷一百六十二载:"(绍兴二十一年闰四月)甲戌,秦桧奏以直显谟阁知抚州李庄提举福建市舶。上曰:'市舶委寄非轻,可令庄赴阙禀议,然后之任。'"④南宋初期,中央财政收入紧张,市舶收入可在一定程度上缓解财政危机,故宋高宗对市舶官员的选任也非常重视。宋高宗在任命李庄提举福建市舶的诏令中特意要求李庄赴京城见他,面试通过后才能赴任。李庄,绍兴二十一年(1151年)闰四月,经秦桧荐举,除提举福建市舶。绍兴二十三年四月初二日,以右中奉大夫、直显谟阁知明州到任。十二月十二日,差提举台州崇

①　(明)周嘉胄:《香乘》卷二十八,日月洲注,北京:九州出版社,2014 年,第 555 页。

②　刘幼生:《香学汇典》上册,太原:三晋出版社,2014 年,第 65～67 页。

③　(清)徐松:《宋会要辑稿》第 7 册,《职官四四》,刘琳等校点,上海:上海古籍出版社,2014 年,第 4216 页。

④　(宋)李心传:《建炎以来系年要录》卷一百五十六,《影印文渊阁四库全书》第 327 册,台北:台湾商务印书馆,1986 年,第 265 页。

道观。^①

赵令衿知泉州,续建安平桥。同年,傅自得通判泉州。

　　按:(道光)《晋江县志》卷二十八《职官志》载:"赵令衿,(绍兴)二十一年任。祀名宦,有传。"^②赵令衿(?—1158年),宗室,字表之,号超然居士,赵德昭玄孙。徽宗大观二年(1108年)中舍选,靖康初,为军器少监,以言事忤旨,夺官。高宗绍兴七年(1137年)九月丁亥,以都官员外郎召,因请留张浚复罢。^③绍兴二十一年(1151年),起知泉州。绍兴二十五年(1155年),归寓衢州,尝会宾客观《秦桧家庙记》,口诵"君子之泽,五世而斩",为汪召锡所告。秦桧闻,大怒,乃论令衿谤讪不逊,诏送大理,拘令衿南外宗正司。侍御史徐嚞遂诬陷令衿与赵鼎子汾谋取朝廷机密,捕汾下大理寺。桧病,乃获免。绍兴二十六年正月丙寅,为明州观察使,安定郡王。^④绍兴二十八年薨,赠开府仪同三司。赵令衿知泉州不久,即续建安平桥,自绍兴之辛未十一月,越明年壬申十一月而毕,酾水三百六十二道,长八百十有一丈,广一丈六尺。东西衰延四里余,故名曰"五里西桥"。明永乐间,里人黄韦修。天顺间,耆民安固募众修。成化间,里人蔡守辉、刘耿等修。清康熙二十二年(1683年),邑人施琅修。五十一年,施韬倡修。雍正四年(1726年),知府张无咎修。^⑤

　　同年,傅自得任泉州通判。傅自得(1116—1183年),字安道,其先郓州人。父傅察,第进士,官吏部员外。宣和七年(1125年),金将入寇,不屈死。其母赵氏乃北宋尚书右仆射赵挺之的女儿,曾任泉州知州赵思诚和著名词人李清照的丈夫赵明诚之妹,泉州海交馆藏《傅察夫人赵氏墓志》详其母生平。傅自得幼随母赵氏避居晋江,以父死国,得补承务郎、福建路提点刑狱司。绍兴二十一年(1151年),任泉州通判。时外国商贾建层楼于郡库之前,因"贾资巨万,上下俱受赂",泉州士子认为

---

　　① (宋)罗濬:《宝庆四明志》卷一,《叙郡上·郡守》,《影印文渊阁四库全书》第487册,台北:台湾商务印书馆,1986年,第18页。

　　② (清)周学曾:(道光)《晋江县志》,晋江县地方志编纂委员会整理,福州:福建人民出版社,1990年,第533页。

　　③ (宋)李心传:《建炎以来系年要录》卷一百十四,《影印文渊阁四库全书》第326册,台北:台湾商务印书馆,1986年,第557页。

　　④ (宋)李心传:《建炎以来系年要录》卷一百七十一,《影印文渊阁四库全书》第327册,台北:台湾商务印书馆,1986年,第402页。

　　⑤ (清)怀荫布:(乾隆)《泉州府志》,《中国地方志集成·福建府县志辑》第24册,上海:上海书店出版社,2000年,第202页。

胡人在郡学前建楼会破坏文庙风水,于是群起告官。傅自得受理后,判定贾胡番商是化外人,"法不当城居",要求"立戎兵官,即日撤去",清净寺由郡旧罗城内迁出建于城外濠。贾胡与士子争地事以泉州士人胜利告终,时泉州乡官及士人争颂之,傅自得在《谢乡官及士人献拆番楼诗启》也谈到这件事:"乡校所临,揖山川之美秀;贾胡何识,僭楼观以峥嵘。漫不谁何,公为障蔽。会广文率生徒而有请,适使者下讼牒以如章。奉命惟勤,何力之有。过蒙谦抑,特枉篇章。袖出珠玑,光彩已惊于尘目;榜称龙虎,宠荣即慰于名扬。"[①]傅自得早年颇得秦桧赏识,秦桧想拉拢傅自得,但亦疑其刚果负气,终不为己用。绍兴二十五年(1155年),赵令衿因触怒秦桧坐罪,秦桧命傅自得"体究"追查赵令衿"在泉时纳贿事",即贾胡建层楼于郡庠之前"贾资巨万,上下俱受赂"之事。傅自得因曾与赵令衿同官,故力辞,但秦桧不许,他担心前已有小隙,今又力辞,会遗祸其母,只能力图宽解,按事十得一二,即不复穷究,仅追纳所受金而已。及桧死,傅自得反被人以体究事弹劾,遂罢郡事。孝宗登极,开复故官,除知漳州,再除兴化军。丁母忧服阕,再除知漳州。奏事称旨,留为吏部郎中。力乞外除福建路转运副使,改授两浙西路提点刑狱公事。寻罢归。[②] 淳熙十年(1183年)八月去世,墓在南安县云谷双象峰下。著有《至乐斋文集》三十二卷。傅自得比朱熹大14岁,朱熹将他视为启蒙老师。每次来南安,朱熹都会特地去拜访他,两人曾同游九日山,共同创立九日山书院,并亲自讲学授徒,宣传儒家教化,一同参与讲学的还有朱熹的另一位好友,永春人陈知柔。傅自得去世后,朱熹非常悲痛,专程从武夷山赶来为他吊唁,并为他写下墓志铭,还将他的事迹写成《朝奉大夫直秘阁主管建宁府武夷山冲佑观傅公行状》,云:"公讳自得,字安道,其先郓州人。……年十四,赋玉界尺诗,语意警拔,故参知政事李公邴大惊异之,因许归以女。既乃定居于泉州,家贫甚,夜燃薪自照,与兄弟读书或至达旦。遂博通六经诸史百家之言,下笔为文辄数千言。……临漳公帑岁时,例外致馈守贰甚厚,公独不以一钱入门,悉储于外,以给宾客之费。比去,计所不取,盖余千缗。通判泉州事,公居泉久及贰郡事,洗手奉公,无毫发私,且熟知民俗利病,部使者

---

① (明)谢缙:《永乐大典》卷一○五三九,北京:中华书局,1998年,第4416页。

② (清)周学曾:(道光)《晋江县志》卷三十七,《人物志·名臣》,晋江县地方志编纂委员会整理,福州:福建人民出版社,1990年,第1094~1095页。

多委以事。转运司尝欲榷郡酒沽，公格弗，下吏白恐获辜，公曰：'泉人中产之家仰是，以给者十室而五是，决不可行。若辈徒欲行文书，因取赂于酒家耳。'乃私以书条利害于使者，事竟寝。有贾胡建层楼于郡庠之前，士子以为病，言之，郡贾资巨万，上下俱受赂，莫肯谁何，乃群诉于部。使者请以属公，使者为下其书。公曰：'是化外人，法不当城居。'立戒兵官即日撤之，而后以当撤报，使者亦不说，然以公理直，不敢问也。受代造朝，民争遮道以送。有金户齐民探其怀，出金十两以献公曰：'某为金户郡官，买金无艺，且多不偿直，独公未尝市分星为赐厚矣。此乃丹药所化，为杯器食饮，当益人，故敢以寿公，而非敢以为献也。'公笑却之。差知兴化军事，兴化素号难治，前守听讼，或继以烛，事犹有不决者。公剖决如流，廷无滞讼，发奸摘伏，猾吏束手。日未午棠阴，无一迹矣。于是乃以暇日延礼邦人士大夫之贤者，相与从容赋诗饮酒为乐，而郡以大治。

初，秦丞相桧以公忠臣子，年少能自力学问，有文词，通吏事，遇之甚厚。然亦疑其刚果负气，终不为己用，故虽使之连佐两郡。然皆铨格所当得，召试博学宏辞科，又已奏名，而故黜之。及泉代归，乃间语公曰：'故事三丞，得通用荫补人，而丞宗正者，例以玉牒奏篇，得为郎。况公之文，今从臣中名能文者所不及，顾公太刚耳，盍亦思少自贬乎？'公默喻其意，然以太夫人春秋高，且乐居闽中，不肯远适，乃力请便郡归养。秦丞相以是始怒，而其党又或阴中公以为有顾望，持两端意，以故是时公资序已应典州而仅得莆阳军垒以归，然公亦既朝辞而行有日矣。会通判衢州汪召锡者，告前知泉州赵令衿诽谤，且有及丞相语。台谏徐嚞等交章论奏，事下廷尉，秦丞相因以上旨，命公体究令衿在泉时纳贿事。公以尝同官辞，丞相不可。是时丞相权震天下，一忤其意，家立碎。公念前已有小隙，今又力辞，必重得祸贻太夫人忧，意不能不少回惑，乃不得已奉命以行。至泉，按事十得一二即不复穷竟，然犹虑不免为异时之累，则见故枢密黄公祖舜而问焉。黄公曰：'事端幸不自我加之，以恕可也。'尉然其计。既上其事，又为请得毋更置狱。会延尉狱成，令衿已坐谴，奏上，不过追纳所受金而已。方事作时，户部曹泳、刑部韩仲通实主之。两曹符檄日四五至，督趣甚峻。已而秦丞相死，泳被逐。仲通恐祸及己，乃以体究事劾公。朝廷亦知非公首事，姑下公置对，而仲通章再上，遂罢公郡事。公在郡不半岁，罢去之日，父老邀遮涕泣，其贤士大夫有追路越境持公恸哭而别者。后两年，谏官挟旧怨，复以前事为言，遂夺公官,徙融州为民。……泉州两税外,复科宗子米,岁岁增广,民不堪命。郡太守若周公葵、王公十朋,皆尝请罢之,弗果行。公力以为言,得旨,户部给度牒转运司移他郡钱,俾之和籴而禁其科扰,泉民感公恩,生祠之。……复为福建路转运副使。公所临郡县,小有水旱,必以闻。至是泉州大旱,而守利督租,讳之。公奏请募海舟广籴以助民食,由是米不翔贵。……前居丧哀毁,得脾疾,至是益侵,然犹日诵书数卷。既病则屏却药饵,独饮水以待终。一日,忽召所善前昭武守黄君维之新、新安守石君起宗,置酒卧内,与诀。既而剧谈诙笑,歌呼如常时。望日遂不起,时淳熙十年秋八月也,年六十有八。积官朝奉大夫。……淳熙十年十二月日,具位朱熹状。"①

宋高宗赵构绍兴二十二年　公元1152年　壬申年

八月乙丑(三日),右朝请郎、添差通判平江府张子华提举福建路市舶。

　　按:《建炎以来系年要录》卷一百六十三载:"(绍兴二十二年八月)乙丑,右朝请郎、添差通判平江府张子华提举福建路市舶。子华,叔献子也。右迪功郎吴曾充敕令所删定官。"②张子华,叔献子,绍兴二十二年(1152年)八月三日乙丑提举福建市舶。绍兴二十六年九月丁未,"殿中侍御史周方崇言:'知抚州张子华目不识字。初以玩好结托时相,遂迁福建、广南两路市舶,贪污之声传于化外。'……诏并罢"。③

八月戊子,令沿海守臣严禁泉州私商泛海。

　　按:《建炎以来系年要录》卷一百六十三载:"(绍兴二十二年八月)戊子,上谓大臣曰:比累禁私商泛海,闻泉州界尚多有之,宜令沿海守臣常切禁止,毋致生事。"④舶商未取得公凭便擅自出海贸易的走私行为,历来为宋朝政府所严禁。但南宋初,舶税极不稳定,有时抽解比例过高,绍兴十四年(1144年),甚至"一时措置抽解四分",再加上有的市舶

---

　　①　(宋)朱熹:《晦庵集》卷九十八,《影印文渊阁四库全书》第1146册,台北:台湾商务印书馆,1986年,第353~362页。

　　②　(宋)李心传:《建炎以来系年要录》,《影印文渊阁四库全书》第327册,台北:台湾商务印书馆,1986年,第290页。

　　③　(宋)李心传:《建炎以来系年要录》卷一百七十三,《影印文渊阁四库全书》第327册,台北:台湾商务印书馆,1986年,第439页。

　　④　(宋)李心传:《建炎以来系年要录》,《影印文渊阁四库全书》第327册,台北:台湾商务印书馆,1986年,第291页。

官吏从中贪污勒索,致商人不能获利,舶商往往甘愿铤而走险,不请公凭而擅自下海的走私行为屡禁不止。绍兴二十二年(1152年)八月,宋高宗闻泉州私商泛海多有之,于是下令沿海守臣予以严厉打击。

十一月,安平桥建成,赵令衿为之记。

　　按:自绍兴八年(1138年),僧祖派倡建安平桥,后因祖派去世,其功未成,期间耽搁了十四载。绍兴二十一年(1151年)十一月,泉州知州赵令衿续建安平桥,经过一年时间,工程始完讫,赵令衿作《石井镇安平桥记》以记之,云:"濒海之境,海道以十数,其最大者曰'石井',次曰'万安',皆距闽数十里,而远近南北官道所从出也。皇祐中,莆阳蔡公始桥万安,碑其事而请于朝。惟石井地居其中,两溪尤大,方舟而济者日千万计。飓风潮波,无时不至。船交水中,进退不可,失势下颠,漂垫相系,从古已然,大为民患。爰有僧祖派,始作斯桥。会派死,不克竟。余至郡之初,父老来谒曰:'斯桥之不成,盖有所待,今岁太和,同里无事,而公实来,事与时协,且有前绪,不可中废,请相与终之。而不敢以烦吏,使君幸德于我。'是得邦之贤士新兴化今黄逸为倡,率僧惠胜谨洁而力实后先之。经始之日,人成劝趋,即石于山,依村于麓,费缗钱二万有奇,而公私无扰。自绍兴之辛未十一月,越明年壬申十一月而毕,榜曰'安平桥'。其长八百十有一丈,其广一丈有六尺,疏为水道者三百六十有二。以栏楯为周防,绳直砥平,左右若一,隐然玉路,俨然金堤,雄丽坚密,工侔鬼神。又因其余财为东、西、中五亭以附,实古今之殊胜,东南未有也。涓是良辰,属宾客祭其上,老壮会观,眩骇呼舞。车者、徒者、载者、负者、往者、来者,祈祈舒舒,无所濡壅。日出雾除,海风不扬。岛屿濴湾,寂寞无声。空水苍苍,千里一色。神怪灵幽,波涛弭伏。凫雁之群,鱼龙之族,溯回影隈,翱翔上下。耿祝南山,通望扶桑。贝阙珠宫,鸿蒙可想。恍如仙游,忽若羽化。虽驱石东来,游鱼溉水,不能绝也。斯桥之作,因众志之和,资乐输之费,一举工集,贻利千载,是岂偶然也哉!且乘舆济人,君子以为惠政;邮梁不修,古人讥其旷职。守令之职,固未有先于此者也。今国家安静,文明武戢,岭海之陬,仁均无外。令衿误膺寄委,假守是邦,早夜之思,惟惧弗称。其敢以此自为功乎?亦因民之利,而勉其所当为耳。既而邦人又请镵诸石,以示永久,且作诗以系之。其诗曰:维泉大海濒厥封,余波汇浸千里同。石井两间道所从,坐令往来划西东。怒涛上潮纩天风,舟航下颠一瞬中。孰锐为力救厥凶,伟哉能事有南公。伐石为梁柳下扛,工成若鬼丽且雄。玉梁千尺天投虹,直槛横栏翔虚空。马舆安行商旅通,千秋控带海若宫。震惊蛟鼍骇鱼龙,图维其事竟有终。我今时成则罔功,刻诗涯涘绍无穷。

宋朝散大夫权知泉州军,主管学事兼管内勤农事赵令衿撰并书。"①

赵令衿常至是桥,有诗云:"为问安平道,驱车夜已分。人家无犬吠,门巷有炉薰。月照新耕地,山收不断云。梅花迎我笑,为报小东君。"②

安平桥体为东西走向,桥长约 2255 米,桥面宽 2.9～4 米,条石铺就,两侧护以花岗岩栏杆。共有石砌桥墩 360 座,有长方形、单尖船形、双尖船形等式样。桥墩之间横架巨型石板作为桥面,石板长 5～11 米。桥东端建有瑞光塔、桥头亭,桥中有水心亭,桥西端有海潮庵。桥身中段水中还筑有 4 座方形小石塔,均起到护佑商旅平安的作用。周围保存有历代修桥碑记 16 方,亭前柱旁还立有两尊护桥石将军雕像,系宋代石雕作品。安平桥是泉州与广阔的南部沿海地区的陆运节点,体现出海洋贸易推动下泉州水陆转运系统的发展。同时,安平桥的建成是包括泉州官方、宗教人士、商人及平民共同参与的结果,既体现了宋元时期泉州多元社会结构对海洋贸易的贡献,又反映了海洋贸易给泉州社会带来的经济繁荣和财富积累。③

宋高宗赵构绍兴二十三年　公元 1153 年　癸酉年

朱熹往清源山谒摩尼教呼禄法师墓,并游罗、武二山。山下有老君岩,或为宋时镌也。

按:《闽书》卷七《方域志》载:"(清源山)羽仙岩,在罗山、武山之下。宋罗山下,有北斗殿;武山下,有真君殿,朱文公尝游焉,今曰老君岩。盖石镌李老君宴坐像,高十余尺,不知何年。宋淳祐不载,必淳祐以后镌也。当部置须鬐处,石色皓然,虽露居风雨,苔藓莫侵龉。相传不敢屋也,屋则大虫至。"④又(乾隆)《泉州府志》卷六《山川志》云:"羽仙岩,

① 粘良图、吴幼雄:《晋江碑刻选》,厦门:厦门大学出版社,2002 年,第 98～100 页。

② (清)怀荫布:(乾隆)《泉州府志》,《中国地方志集成·福建府县志辑》第 22 册,上海:上海书店出版社,2000 年,第 202 页。

③ 《安平桥》,2020 年 4 月 28 日,http://www.qzworldemporium.cn/yczhs/202004/t20200428_2467676.htm,2021 年 10 月 15 日。

④ (明)何乔远:《闽书》第 1 册,《闽书》校点组校点,福州:福建人民出版社,1994 年,第 164 页。

在罗、武二山之下,今名老君岩。石像天成,好事者为略施雕琢。宋时,罗山下有北斗殿,武山下有真君殿,朱子尝游于此。中有元元洞,明汪旦辟刻'元元洞天'四字,洞巅六石季本名之曰六老峰,为诗刻石。"① 绍兴二十三年(1153年)秋,时任泉州同安县主簿的朱熹(1130—1200年)与同僚往清源山谒奠,并作诗《与诸同僚谒奠北山过白岩小憩》一首,诗中有云:"祠殿何沉邃,古木郁苍然。明灵自安宅,牲酒告恭虔。"② 据林殊悟考,"明灵"大概指明教之灵,即呼禄法师之灵也。③ 因此,朱熹往谒的对象即摩尼教呼禄法师墓,而北山、白岩山皆在清源山一带,呼禄法师墓则在今清源山下埔任村五庵埔一带。④ 朱熹往谒其墓,遂一并游览罗、武二山下的北斗殿和真君殿。

摩尼教亦称明教,于公元3世纪由波斯人摩尼创立,糅合祆教、基督教和佛教教义,以"二宗三际说"为核心,相信光明必将战胜黑暗,讲求恶有恶报,善得善终,通过抗争改变现状,寄希望于未来,符合社会底层民众的精神需求。因此,在10世纪时,已成为风行亚、欧、非三大洲的世界性宗教。摩尼教自唐初由陆路传入中国,约在大历间,由陆路传入福建。唐武宗灭佛期间,摩尼教遭受打击,教徒纷纷南下避祸,"会昌中,汰僧,明教在汰中。有呼禄法师者,来入福唐,授侣三山,游方泉郡,卒葬郡北山下。至道中,怀安士人李廷裕,得佛像于京城卜肆,鬻以五十千钱,而瑞相遂传闽中"⑤。呼禄法师逃难来到泉州,坚持在民间传教,促进了泉州摩尼教的发展,后卒葬清源山。五代时期,摩尼教仍在泉州有活跃的活动,而且在典籍中第一次出现以"明教"代替摩尼教的称呼。摩尼教在两宋时期的闽浙一带颇为流行,其传播路径大概是由福建的泉州、福州北上传至温州,进而广泛传播于江浙地区。因其迅速发展与秘密结社,摩尼教徒被诬为"吃菜事魔"的邪人,遭到朝廷的取缔

---

① (清)怀荫布:(乾隆)《泉州府志》,《中国地方志集成·福建府县志辑》第22册,上海:上海书店出版社,2000年,第95页。

② (宋)朱熹:《晦庵集》卷一,《影印文渊阁四库全书》第1143册,台北:台湾商务印书馆,1986年,第27页。

③ 林殊悟:《泉州摩尼教渊源考》,载《中古三夷教辨证》,北京:中华书局,2005年,第375～398页。

④ 许添源:《呼禄法师墓究竟在哪里》,《泉州政协报》1997年7月16日第14版。

⑤ (明)何乔远:《闽书》第1册,《闽书》校点组校点,福州:福建人民出版社,1994年,第172页。

和压迫。尽管如此,南宋后期的摩尼教也并未完全绝迹,传教活动仍在隐蔽、低调地进行。朱熹因好佛老而及于明教,其倡导理学之天理人欲说可与摩尼教宣扬的"光明(善)、黑暗(恶)二说"相比附,故往诏呼禄法师亦不足为奇。①

宋之羽仙岩,即明清迄今之老君岩,像高 5.63 米,宽 6.85 米,厚 8.01 米,席地面积 55 平方米,姿态上凭几微微倾坐,自然放松,将老子"崇尚自然"的思想体现得淋漓尽致,是中国现存最大的道教石像。南宋中后期,泉州港发展成为中国第一大对外贸易的港口,由于人口流动带来的多元宗教在这里汇集,泉州也成为当时中国人了解国外文化的重要窗口。当地地方官员一方面敬重道教,主持修建庙观(如雕刻老君岩造像),或参与九日山祈风、法石真武庙祭海,利用道教的宗教活动来推动泉州港的兴盛,道教也随着海上通商贸易的发展向东亚和世界传播。②

老君岩原有真君殿、北斗殿等道教建筑群,石像亦有石室,规模宏大,蔚为壮观。但迫至明代,道观已废,只剩老君造像保存至今。宋时,罗山下有北斗殿,武山下有真君殿。志书所云朱文公,即朱熹尝游于此,但并未提及当时是否有老君岩造像。由于有关石像年代的相关史料知之甚少,除何乔远认为老君岩"必淳祐以后镌也"外,(乾隆)《泉州府志》(道光)《晋江县志》也均只载像而无室,故不少学者对石像的镌成年代纷纷提出不同看法。庄为玑在《古刺桐港》一书中,定为嘉定元年(1208 年),但未详加论证。③ 方拥、杨昌鸣根据老君岩周边出土石建筑构件的要素:如带靴楔栌斗、带靴楔交互斗、绰幕枋残件、券门楔石,其建筑手法与泉州南宋石塔开元寺东西塔、六胜塔等相似,皆为宋代手法,因而老君岩石造像为宋代遗物的可能性最大。④ 温玉成、李晓敏从老子石像的形象和《重建清源纯阳洞记》等史料分析,认为宋代的建筑营造法式仍有沿袭使用至元代,老子像系蒲寿宬、蒲寿庚兄弟出资,造

---

① 林振礼:《朱子新探:朱子学与泉州文化研究》,北京:商务印书馆,2018 年,第 51～56 页。

② 《老君岩造像》,2017 年 8 月 7 日,http://www.qzworldemporium.cn/yczhs/201708/t20170807_2467694.htm,2021 年 10 月 15 日。

③ 庄为玑:《古刺桐港》,厦门:厦门大学出版社,1989 年,第 217～220 页。

④ 方拥、杨昌鸣:《泉州老君岩的宋代建筑构件》,《华侨大学学报(自然科学版)》1995 年第 4 期,第 401～403 页。

于至元二十一年(1284 年)后的若干年内,应真阁就是今天的老君岩。①但《重建清源纯阳洞记》一文并未提及老君岩,无法证明应真阁的殿宇和老君岩石像是一起修建的,而蒲寿庚兄弟系宋末元初泉州著名人物,其人物事迹散见于泉州地方文献,其捐建的天风海云楼、清源纯阳洞皆有记载,若规模宏大的老君岩果为蒲氏兄弟所建,则文献必有所载,但查诸族谱、方志、元明以来的诸家笔记,均无片言只语,方志所云"好事者为略施雕琢",显然指的是一位无名工匠无意中所为,故无人注意,而不会是蒲寿庚在组织重建清源纯阳洞过程中有意兴建的。胡平、方任飞则认为老君像系明代万历三十二年(1604 年)泉州大地震后,"好事者"采用一块地震滚石,根据"三一教"教义雕刻而成,旨在讲解《九序心法》。②但《闽书》所云"盖石镌李老君宴坐像,高十余尺"肯定指的是现在所见到的老君岩,成书于万历四十年(1612 年)的(万历)《泉州府志》也说:"老君岩,其地有石天成,略见头目髭髯之状。"③说明这座石像一直都在,并未毁弃,若如胡、方二人所云系原石像崩坏后,重新雕刻的,那么其时离大地震不远的府志修纂者不可能对此事一无所知,只字不提,故此说颇不可信。综上所述,老君岩的镌刻时间以宋代的可能性最大,约在宋理宗淳祐后,也有可能在宋元之交,但下限不晚于元代。

宋高宗赵构绍兴二十四年　公元 1154 年　甲戌年

谢景英在福建市舶干官任上。

　　按:朱熹《晦庵集》卷八十三《跋方季申所校韩文》载:"余自少喜读韩文,常病世无善本,每欲精校一通,以广流布,而未暇也。……又季申所谓谢本,则绍兴甲戌、乙亥之间予官温陵,谢公弟如晦之子景英为舶司属官,尝于其几间见之。"④谢景英,谢如晦子,谢克家之侄,绍兴二十四、二十五年间(1154—1155)任福建市舶司属官,后任参议官,与陈傅

---

①　温玉成、李晓敏:《泉州老子像是元代的杰作》,《中原文物》2010 年第 5 期,第 83~87 页。

②　胡萍、方任飞:《三一教旨的立体宣言——泉州清源山太上老君石像解读》,载胡萍:《〈太平经〉被动式研究》附录,秦皇岛:燕山大学出版社,2018 年,第 198~204 页。

③　(明)阳思谦:(万历)《泉州府志》卷二,《舆地志》,台北:学生书局,1987 年,第 98~99 页。

④　(宋)朱熹:《晦庵集》,《影印文渊阁四库全书》第 1145 册,台北:台湾商务印书馆,1986 年,第 723 页。

良、郑景元等名士交游唱和,陈傅良有诗作《寄谢景英参议》。又曹勋的《松隐文集》卷十三收有《和谢景英提干》一诗,曹勋曾于绍兴间闲居泉州,与泉州地方官员皆有交往,故与谢景英应较熟悉。此处之提干似指市舶干官,为福建市舶司属官。

宋高宗赵构绍兴二十五年　公元 1155 年　乙亥年

八月二十一日,提举福建市舶郑震奏占城国遣使从泉州入贡。

　　按:《宋会要辑稿·蕃夷四》载:"(绍兴二十五年八月)二十一日,提举福建市舶郑震奏:'占城国遣使赍到进奉表章、方物,并书信上宰相,见听候指挥缴纳。'礼部、太常寺讨论到占城国进奉典故:'天圣八年十月,遣使贡献礼物,入见于崇政殿;皇祐五年四月,遣使来贡。今欲依罗殿国王罗部贡已降指挥,令近上二十三人赴阙,仍令本司差熟事使臣引伴前来。'宰臣秦桧奏:'欲依所请。内献宰臣等物,乞说谕不当创例。'上曰:'可依讨论典故施行。其书信,婉顺说谕,不须创开新例。'"①又《建炎以来系年要录》卷一百六十九载:"(绍兴二十五年八月)丙申,宰执进呈直秘阁提举福建路市舶郑震札子:'占城国遣使赍到进奉表章、方物,并书信上宰相,见听候指挥缴纳。'礼部欲令近上二十三人到阙,仍令本司差熟事使臣引伴前来。宰臣秦桧奏:'欲依所请。内献宰臣等物,乞说谕不当创例。'上曰:'可依典故。其书信,婉顺说谕,不须创开新例。'"②自政和五年(1115 年)占城国从原来的广州入境改为泉州入境后,就一直选择从泉州登陆进贡,而在南宋绍兴、乾道、淳熙年间,泉州成为占城、大食和三佛齐朝贡入境的主要港口,说明泉州在朝贡中的地位相对提高了,而广州则相对衰弱。这和这个时期泉州在民间海外贸易中地位提高和广州在民间海外贸易中地位相对衰弱是一致的。③南宋时期,朝廷的主要精力放在发展能为财政带来巨额收入的市舶贸易,而对朝贡贸易的次数和规模则有所限制。建炎初,朝廷明令禁止海舶擅载外国使者入贡。此后,南宋政府基本上都是有选择性地接受贡物,对入贡次数也加以限制。史籍所见与南宋建立朝贡关系的仅有占

---

① (清)徐松:《宋会要辑稿》第 16 册,《蕃夷四》,刘琳等校点,上海:上海古籍出版社,2014 年,第 9815 页。

② (宋)李心传:《建炎以来系年要录》,《影印文渊阁四库全书》第 327 册,台北:台湾商务印书馆,1986 年,第 367 页。

③ 陈少丰:《泉州与宋代朝贡》,《沧桑》2020 年第 1 期,第 92～93 页。

城、三佛齐、罗斛、真腊、大食、真里富等数国,且入贡次数有限,对朝贡关系持比较消极态度。相对而言,占城国与宋朝的朝贡关系仍较密切,入贡次数也较频繁。尽管与北宋时相比,入贡次数已有所减少,但自建炎三年(1129 年)至嘉泰元年(1201 年)的 70 余年间也累计入贡了 6 次,皆由泉州入贡。① 不过,宋朝政府对占城国的入贡也不太热情,并非每次都让贡使入京陛见,有时令当地市舶司如法招待,以减少财政负担。

九月,直秘阁、提举福建路市舶郑震知严州。

按《建炎以来系年要录》卷一百六十九载:"(绍兴二十五年九月)辛亥,降授左奉议郎知遂宁府李文会知泸州,直秘阁、提举福建路市舶郑震知严州,左朝散大夫、直秘阁杨揆特降一官,仍落职。"②郑震,江西玉山人,郑骧子。绍兴二十五年(1155 年)八月在福建提举市舶任上,九月,知严州。绍兴二十五年十一月,郑震与直秘阁知太平州王晌、右朝请郎知宣州王铸、直秘阁知庐州郑侨年、直敷文阁知明州方滋一起遭汤鹏举弹劾,举报他在任市舶提举时私买市舶货物,谄附贪冒。鹏举言:"晌附势作威,寡廉鲜耻。铸专事谄谀,出官未久,遽得监司郡守。侨年不通世务,沉湎贪饕。震不历州县,骤躐监司,顷为福建市舶,每有货物,半入私帑。滋阴狠恣横,奸赃狼籍。自楚州移桂府,自广帅移福州,其所出珠翠犀象,尽入于权贵之家,复得明州优厚之处。此诚公议不行,私恩特甚。高官美禄,一家有暖衣饱食之幸,而孤寒远官,数年不得差遣,终身有号寒啼饥之忧,其怨将何归耶?伏望将晌等特赐罢黜,以慰臣下孤寒之心。"③故皆黜之。李之亮误读此段史料,"震不历州县",即指郑震不历州县,李之亮忽略了"震"字,故在《宋代路分长官通考(上)》作:"侨年顷为福建市舶,每有货物,半入私帑。"④将郑侨年列入福建市舶提举名录,误。

十一月二十一日,户部奏称占城国使已赴阙,进奉物并未起发,尚在泉州,计有沉香 956 斤,附子沉香 150 斤,笺香 4528 斤,速香 4890 斤,象牙 168 株、3526 斤,澳香 300 斤,犀角 20 株,玳瑁 60 斤,暂香 120 斤,细割香 180 斤,

① 黄纯艳:《宋代朝贡体系研究》,北京:商务印书馆,2014 年,第 135～136 页。
② (宋)李心传:《建炎以来系年要录》,《影印文渊阁四库全书》第 327 册,台北:台湾商务印书馆,1986 年,第 368 页。
③ (宋)李心传:《建炎以来系年要录》卷一百七十,《影印文渊阁四库全书》第 327 册,台北:台湾商务印书馆,1986 年,第 381 页。
④ 李之亮:《宋代路分长官通考》上册,成都:巴蜀书社,2003 年,第 164 页。

翠毛 360 只,番油 10 埕,乌里香 55020 斤。货值 107000 余贯。

　　按《宋会要辑稿·蕃夷四》载:"(绍兴二十五年十一月)二十一日,户部言,太府寺申:'占城人使到阙,所有回赐钱物,准绍兴二十五年十月二日指挥,候见得所进物色价直,划刷参酌应副。其人使虽到行在,缘所进物色尚在泉州,并未起发。依熙宁六年指挥:今后诸番进奉如有进贡物色,令本寺看估计价,下所属回赐下。今将所进香货名色下所属看估,纽计得香货等钱十万七千余贯。本寺划刷回赐物帛数目,乞下所属支给,关报客省回赐。今具下项:一占城进奉到物:沉香九百五十六斤,附子沉香一百五十斤,笺香四千五百二十八斤,速香四千八百九十斤,象牙一百六十八株、三千五百二十六斤,澳香三百斤,犀角二十株,玳瑁六十斤,暂香一百二十斤,细割香一百八十斤,翠毛三百六十只,番油一十埕,乌里香五万五千二十斤。一回答数目:锦三百五十四,生川绫二百四、生川压罗四十四,生樗蒲绫四十四,生川尳丝一百四,杂色绫一千四,杂色罗一千四,熟樗蒲绫五百四,江南绢三千四,银一万两。'诏依。二十二日,客省言:'占城进奉人到阙,别赐国信物色翠毛细法锦夹袄子、金腰带、银器等,已下所属制造讫,乞送祗候库打角。学士院封题请宝讫,附客省关送押伴所。'诏依。同日,客省言:'福建市舶司差到使臣韩全等八人押伴占城进奉人到阙,回日,可就差伴送前去。'诏依。"[①] 按照南宋的市舶制度规定,凡贡使船至,皆须由当地市舶司查验其国公据或章表,验过之后,即以马或轿将贡使迎至馆驿,支给酒食,并派兵保护贡船,谓之"编栏"。而后由市舶官员会同地方官上船查验,防止物货透漏,称为"阅实"。再根据货物的不同类别按规定进行抽买,最后将抽解和博买的舶货,编纲分批发运上京,粗大重货不堪上供者,即在本州出卖。此次从占城国输入泉州的贡物规模较大,香料计有沉香、附子沉香、笺香、速香、澳香、暂香、细割香等 7 种,共计 63334 斤,另有象牙 168 株、3526 斤,犀角 20 株,玳瑁 60 斤,翠毛 360 只,番油 10 埕,总货值达 107000 余贯。

　　客省,在临安东华门北,属独立的常设机构。宋代有一套专门的外交机构来负责处理各国的外交事务,客省即是其中之一,掌四方诸番国朝贡之仪物,贡使回国则代表朝廷赐予皇帝诏书,算是比较专门的外交

---

① (清)徐松:《宋会要辑稿》第 16 册,《蕃夷四》,刘琳等校点,上海:上海古籍出版社,2014 年,第 9818 页。

接待机构。本次占城国自泉州登陆入贡,赴阙见宋高宗,客省不仅要迎接、引伴使臣,承办宴会招待,派人到驿馆赐酒食,还要教阅贡使陛见礼仪。贡使在朝见皇帝时,需进献贡物,并接受皇帝的赐赠和诏书。这个环节也由客省负责接受和赐予礼物器币,并颁发诏书。流程较为烦琐、细碎,但客省一般都能圆满完成,为贡使提供周到服务,对促进宋朝与海外各国的和平交往起到了重要的作用。①

二十五年十一月二十七日,诏引伴占城进奉人使臣韩全等八人,并译语二人,自泉州引伴并伴送前去,特与等第犒设一次。

> 按:《宋会要辑稿·职官三五》载:"(绍兴二十五年十一月)二十七日,诏:'引伴占城进奉人使臣韩全等八人,并译语二人,自泉州引伴并伴送前去,特与等第犒设一次。使臣韩全一百贯,与占射差遣一次,令吏部给据。译语二人各五十贯,衔前一名五十贯,手分一名三十贯,军兵五人各一十五贯,并令户部支给。'"②又《宋会要辑稿·蕃夷四》载:"(十一月)二十八日,礼部言:'占城国入贡回答敕书制度,乞依学士院检坐到交趾国进奉方物给降敕书体例。'从之。《中兴礼书》:十月二日,礼、户、兵部言:'准都省札,勘会占城国已降指挥许入贡,其使、副已到泉州。窃虑非晚到阙,所有合回赐钱物及应合行事件,札付礼部等处检具,申取朝廷指挥。逐部勘会:除就怀远驿安泊,及令客省定赐例物等项目并依得交趾体例施行外,所有其余合行事件开具下项:一《鸿胪寺条》:诸番夷进奉人回,乞差檐擎、防护兵士,并相度合用人数,关步军司差。今来占城国入贡,到阙、回程合差檐擎、防护兵士,欲依条下步军司差拨三十人。内节级一名,赴本驿交割,俟至临安府界,即令以次州军差人交替,令押伴所于未起发已前预报沿路州军,差人在界首祗备交替。二《主客条例》:占城国进奉回赐外,别赐翠毛细法锦夹袄子一领、二十两金腰带一条、银器二百两、衣著绢三百匹、白马一匹、八十两闹装银鞍辔一副。下户、工部令所属计料制造,送客省桩办,依自来条例回赐。其马令骐骥院给赐。'诏依。"③押伴官或称引伴官,是宋代朝廷接待外国使者、陪伴客使的官员,负有引接贡使入京、防范使者、上报情况的

职责,是宋朝政府形象的代表,因此其选派显得十分重要。客使入境所行路线和相关事宜需依照宋朝政府规定,由入境地按程而行,在宋朝官员陪伴下赴阙。入京后,朝廷通常会另派官员陪伴。[①] 押伴分为沿边押伴和在京押伴两类,即地方和中央两套不同体系。沿边押伴由沿边诸路经略安抚司、市舶司等地方政府分管和选派,以各路管库等人为代表。在京押伴则由鸿胪寺和礼部主客司等中央外事机构选派,以宦官、阁门祗候和承务郎以上官员为代表,基本上都是在七品至九品之间的低级官吏,人数一般为1~3人不等。[②] 政和五年(1115年),泉州置来远驿,设使臣一员监市舶务门,兼充接引,干当来远驿。市舶司有选派押伴官职权。此次占城入贡,朝廷下诏"仍令本司差熟事使臣引伴前来",故福建市舶司差使司韩全等八人押伴赴阙。不过,除去衔前、手分各一人,军兵五人,押伴官为韩全本人。时韩全为潮、梅州巡辖马递铺,即掌管邮传的八九品官员,属于低级官吏。韩全将占城国客使伴送赴阙后,其使命暂时终结。之后,朝廷另外派遣官员负责在京的陪伴任务。回程时,送伴官通常也会由原押伴官担任。占城贡使完成觐见任务后,朝廷仍将韩全"差伴送前去",将使臣伴送出境。

十二月丁酉(二十四日),禁三路市舶司及四川茶马司诸处收买进贡真珠、文犀等物。

> 按:《宋会要辑稿·崇儒七》载:"(绍兴二十五年十二月)二十四日,上谓辅臣曰:'近日两浙、闽、广市舶司及四川茶马司诸处收买进贡真珠、文犀等,此物何所用?当批出禁止。'魏良臣等奏曰:'陛下勤俭,不贵珠玉,恭承圣训,降旨行下。'"[③]又《建炎以来系年要录》卷一百七十载:"(绍兴二十五年十二月)丁酉……上又曰:'近日,两浙、闽、广市舶司及四川茶马诸处进贡真珠、文犀等,此物何所用?当批出禁止。'"[④]南宋建炎至绍兴初,宋金持续交战,财政支出极为紧张,故宋高宗一直对华而不实的朝贡贸易持消极态度,采取削减乃至拒收贡物,诏免贡使赴

---

① 纪昌兰:《宋代外交往来中的押伴》,《中州学刊》2018年第1期,第119~125页。

② 陈少丰:《略论宋代对外交流中的押伴官》,《濮阳职业技术学院学报》2012年第6期,第39~41页。

③ (清)徐松:《宋会要辑稿》第5册,《崇儒七》,刘琳等校点,上海:上海古籍出版社,2014年,第2919页。

④ (宋)李心传:《建炎以来系年要录》,《影印文渊阁四库全书》第327册,台北:台湾商务印书馆,1986年,第394页。

阙等措施,以节省财政支出。宋代海外诸国的朝贡主要集中在北宋,南宋后急剧减少。据陈少丰统计,北宋外国来朝 314 次,而南宋仅有 73 次。[①] 建炎四年(1130 年)三月己酉,大食国遣使奉宝玉珠贝入贡,宋高宗谕大臣曰:"捐数十万缗易无用珠玉,曷若爱惜其财以养战士?"[②]遂命宣抚司不得接受。绍兴二十五年(1155 年)十二月二十四日丁酉,宋高宗又禁三路市舶司及四川茶马司诸处收买进贡真珠、文犀等物。宋高宗再三向臣僚表示自己不爱珍宝,一方面,试图为天下士民做出勤俭治国,不事奢侈的榜样;另一方面也表明自己对朝贡的态度,并借机缩减朝贡次数和规模,以减少政府财政支出。

宋高宗赵构绍兴二十六年　公元 1156 年　丙子年

海寇奄至安平镇。

(道光)《晋江县志》卷十八《武功志》:"(绍兴)二十六年,海寇奄至安平镇。"[③]自建炎四年(1130 年),安海升格为安海镇后,安海海外贸易更加繁荣,当地居民多浮海从商,一时客商云集,番货山积。安海的富饶也引起了海寇的垂涎,"郡邑视为富饶,官府赖其急办,而盗贼亦缘此而流涎。故广贼入者二,海寇涎望者屡。但阻于港汊之险,难于兵舰之用耳。然而居民或一岁而春秋汛,或一日而四五惊者有矣"[④]。安海湾海岸曲折,港道迂回,出海门十余里即汪洋大海,海船易于出入藏匿,故安海自宋元以来,一直面临海盗和倭寇的威胁。海寇不仅劫米船、番舶,连人也抢,又放火烧船,上岸需索羊酒、粮食,引起居民恐慌,也影响了海外贸易的发展。泉州地方官员不得不加强海上巡逻,以防遏海寇,尤其是到了真德秀两知泉州期间,重新整顿水军,添置战舰,修理水寨,并擒拿、诛杀了海寇首领,使晋江滨海一带得以安宁。

---

① 陈少丰:《泉州与宋代朝贡》,《沧桑》2020 年第 1 期,第 92~93 页。

② (宋)李心传:《建炎以来系年要录》卷三十二,《影印文渊阁四库全书》第 325 册,台北:台湾商务印书馆,1986 年,第 476~477 页。

③ (清)周学曾:(道光)《晋江县志》,晋江县地方志编纂委员会整理,福州:福建人民出版社,1990 年,第 463 页。

④ (清)柯琮璜:《安平志(校注本)》,安海乡土史料编辑委员会校注,北京:中国文联出版社,2000 年,第 39 页。

宋高宗赵构绍兴二十七年　公元 1157 年　丁丑年

三月己巳(四日),左朝奉郎陈之渊提举福建路市舶。

　　按:《建炎以来系年要录》卷一百七十六载:"(绍兴二十七年三月己巳),左朝奉郎陈之渊提举福建路市舶。"①陈之渊,字宗卿,江苏毗陵人,与兄陈之茂同入太学,时号二陈,复同举绍兴二年(1132 年)进士。②绍兴十七年五月,添差通判饶州。二十七年三月,提举福建路市舶。三十年十月十九日癸亥,以左朝散郎、荆湖北路转运判官为尚书吏部员外郎,③终秘书阁修撰知宣州。

八月十五日,泉州东岳庙建成,韩元吉为之记。

　　按:(道光)《晋江县志》卷十六《祠庙志》载:"东岳行宫,在府治仁风门外凤山之阳。宋绍兴二十二年,尚书张汝锡建。明万历三十五年,副使姚尚德、知府姜志礼重建。"④东岳庙祀东岳大帝,在府治仁风门外凤山之阳,凤山又因有东岳行宫,郡人俗称东岳山,下有皇绩七里亭,故凤山又称皇绩山。官府每年春秋两季都会派员到东岳庙致祭,以祈求风调雨顺,国泰民安。尝宦游泉州的南宋文人韩元吉在《南涧甲乙稿》卷十九收有《东岳庙碑》一文,对东岳庙的建设过程及神迹有详细记载,其文曰:"岳之莅中国五,惟岱宗位东,其德在仁,其职生养,以应夫出乎震者。三代命祀,齐、鲁大邦,得以望而致祭,非其地也。他诸侯虽礼备,莫敢越焉。自秦、汉一四海,无有远迩,毕为郡县,凡山川不在其境,祷祠之盛,犹或举之,而阴骘降监庙而遍天下者,亦惟是东岳为然。宋兴三叶,升中告成,册以帝号,由是冠服、宫室,率用王者之制。盖古者以神事山川,以鬼事宗庙,其曰岳渎视公侯者,特其牲牢豆笾等用而已。坛墠有地,非必庙为也。去古既远,事神之仪,悉务鬼享,故虽山川,而筑宫肖像,动与人埒。土木崇丽,至拟于明堂太室,无甚愧者。将礼与

　　① (宋)李心传:《建炎以来系年要录》,《影印文渊阁四库全书》第 327 册,台北:台湾商务印书馆,1986 年,第 481 页。

　　② (元)佚名:《无锡县志》卷三下,《事物第三》,《影印文渊阁四库全书》第 492 册,台北:台湾商务印书馆,1986 年,第 712 页。

　　③ (宋)李心传:《建炎以来系年要录》卷一百八十六,《影印文渊阁四库全书》第 327 册,台北:台湾商务印书馆,1986 年,第 662 页。

　　④ (清)周学曾:(道光)《晋江县志》,晋江县地方志编纂委员会整理,福州:福建人民出版社,1990 年,第 433 页。

时变,其致力于神,当如是耶?泉州故有东岳庙,附于开元观之侧,规制狭陋。绍兴二十一年,郡人相与谋曰,吾州在闽越东南,负山濒海,自五季而后未尝见兵火。虽列圣临御,泽渫而德洽,岂繄明神实阴相之,其曷以报,宜庙之宇一新焉。乃卜地于城东之山。是土也,溽而甚黄,俗号黄山。或曰皇者,黄也。而麓有大石,高且百尺,相地者言去此则可以庙矣。民趋之,刜锄划夷,老稚奋力,不日而坦焉平壤。遂以为前殿基,刊高培薄,顺其形势,以楹计之,屋且百区。山灵渎鬼,俨列异状;社公土母,拱挹后先。祈年有方,司命有属,巍坛中峙,六庙外辟,璇题丹碧,跂翼焕烂,使望而进者,肃然慴惧,如有执死生祸福之籍在左右,遂为一邦神祠之冠。经始于是年四月,而休工于二十七年八月之望,縻缗钱十有四万,阅岁而后成。噫,亦勤矣!先是右朝请大夫张君汝锡首施钱五千缗,以唱郡人。施者既集,而张君即世,其子婿右朝奉大夫韩君习实始终之。凡庙之位置高下,与夫费用之出纳,工役之巨细,皆韩君力也。逮兹二十年,海无飘风,里无鸣桴,粳稌露委,疫疠不作。而泉之俗利贾而业儒,蛮艘獠舶,岁以时蔑。既富而安,野有弦歌,士皆诗书文雅是厉,踵属通显。民之幸神赐者,不懈益虔,于是请书其事于石,因为作祀神之章,俾声于庙而碑焉。其辞曰:神之徕兮自东,驱列缺兮驭霳霳。玉策照耀兮,石礴穹崇。岩岩在望兮,粤与鲁同。若木出日兮,丹崖火融。嗟泉之阳兮,既新我宫。钧天兮帝所,百祇卫兮万灵从。坎鼓兮镗钟,蔚馨白兮荔红。蚝羞于镈兮,菜荐于瓮。山无毒螫兮,海无飓风。蛮宾委路兮,卉衣蒙茸。盅消厉息兮,岁仍屡丰。发德大兮,靡有不通。民趋于宫兮,惟成在中。猗千万岁兮,神施亡穷。"①根据碑记内容可知,绍兴二十一年(1151年),由官员张汝锡发起倡建东岳庙,二十二年始动工,而于绍兴二十七年八月十五日竣工,费钱十四万缗。建成后"屋且百区",规模甚为宏大,遂为一邦神祠之冠。东岳大帝为五岳之首,主掌世人生死、贵贱和官职,郡人祈于东岳庙,自然为消灾祈福,加官晋爵而来。但韩元吉碑记又云"泉之俗利贾而业儒,蛮艘獠舶,岁以时蔑""山无毒螫兮,海无飓风。蛮宾委路兮,卉衣蒙茸",反映的却是郡人到东岳庙祈求海无飘风,舶商出入平安的事情。大概是当时鼎建兴修东岳庙捐资出力,到东岳庙祷告还愿的信众中,肯定少不了直接从事

---

① (宋)韩元吉:《南涧甲乙稿》,《影印文渊阁四库全书》第1165册,台北:台湾商务印书馆,1986年,第294~295页。

海外交通贸易者及其亲属，或是经营相关行业的人们。他们虔诚祈求东岳大帝及其麾下众神保佑，期望"海无飓风"，海外交通贸易兴旺发达。① 东岳庙后圮，明万历三十五年(1607年)，副使姚尚德、知府姜志礼重建。乾隆、嘉庆年间，林橒懿、徐汝澜等修。民国以后，屡遭破坏，现仅存正殿，其他殿均为新建。

十月乙巳，右通直郎、新福建提举市舶司干办公事、权知衢州江山县陈鼎特转一官。

  按：《建炎以来系年要录》卷一百七十八载："(绍兴二十七年十月乙巳)，右通直郎、新福建提举市舶司干办公事、权知衢州江山县陈鼎特转一官。堂除繁剧，知县俟任满，与升擢差遣。江山阙令久，鼎摄事不数月，士民列状诣部使者举留之，故有是命。"②陈鼎，陈戬子，以荫补官，与绍兴二年(1132年)二月二十一日在福建提举市舶任上被罢的陈鼎非同一人。陈戬，松溪人，绍兴二年由转运使任泉州知州，兼福建路兵马钤辖。③

宋高宗赵构绍兴二十九年　公元1159年　己卯年

闰六月甲戌，范如圭起知泉州。

  按：《建炎以来系年要录》卷一百八十二载："(绍兴二十九年闰六月)甲戌，直秘阁主管台州崇道观范如圭知泉州。"④朱熹《晦庵集》卷八十九《直秘阁赠朝议大夫范公神道碑》记范如圭生平，其文曰："绍兴之初，天子痛念宗社阽危之辱久而未报，窃窥俊杰，以图事功。既得赵忠简公、张忠献公而相之，又俾两公博求天下之英材以备官使。于是忠贤毕集，谠言日进，国以大竞，仇敌詟焉。其后两公相继去位，秦桧遂以讲和误国，胁主擅权，一时诸贤率以异议摈逐。二十年间，埋厄沦谢。其幸及桧死，复见收用者什不二三，然亦往往迟暮奄忽，而不及究其所为

---

① 连心豪：《泉州民间信仰群灵之府——韩元吉〈东岳庙碑〉疏证》，《泉州师范学院学报》2013年第5期，第5~8页。
② (宋)李心传：《建炎以来系年要录》，《影印文渊阁四库全书》第327册，台北：台湾商务印书馆，1986年，第507页。
③ (清)周学曾：(道光)《晋江县志》卷二十八，晋江县地方志编纂委员会整理，福州：福建人民出版社，1990年，第532页。
④ (宋)李心传：《建炎以来系年要录》，《影印文渊阁四库全书》第327册，台北：台湾商务印书馆，1986年，第587页。

矣。呜呼,此岂独士之不幸也哉!若故直秘阁范公,则其一人已。公讳
如圭,字伯达,建州建阳县人。……因复起公知泉州,公辞不得请而行。
既至,举大体,尽下情,择丞史任之,郡以大治。蠲属县负课久不能偿者
什三四,度其力而宽与之期。县感公诚意,输将惟谨,财用以纾。泉地
濒海通商,民物繁夥,风俗错杂,而经用常不足,人始以公不更治民理财
为忧,至是乃大服。南外宗官寄治郡中,挟势为暴,前守不敢诘。至夺
贾人浮海巨舰,其人诉于州、于舶司者三年不得直。占役禁兵以百数,
复盗煮海之利,乱产盐法,为民病苦。公皆以法义正之,则大沮恨,密为
浸润以去公,遂以中旨罢公领祠如故。邦人涕慕,欲相与号诉于朝。公
禁之不得行,遂邵武僦舍以居,门巷萧然。士大夫益高仰之,远近学者
多从质问经子疑义,公亦孜孜引接,朝夕不倦。属疾,移书政府旧交告
诀,语不及私,惟以中原未复,民力未苏,遗贤未用为寄。戒诸子强学,
且毋得用浮屠法治吾丧。以绍兴庚辰六月十八卒,享年五十有九。"[1]范
如圭(1102—1160年),字伯达,建州建阳县人。登进士第,历校书郎兼
史馆校勘。尝以书责秦桧曲学背师、忘仇辱国之罪。谒告去,杜门十余
年。[2] 绍兴二十九年(1159年)闰六月,起知泉州。南外宗官寄治郡中,
时赵士劖以观察使知南外宗正事(绍兴二十四年任),挟势为暴,夺贾人
浮海巨舰,番商诉于州府和市舶司,范如圭的前任辛次膺不敢诘问,三
年都没有得到解决。范如圭接替辛次膺知泉州后,对该案以法义正之。
赵士劖大恨,对范如圭无端诽谤,致范如圭被罢职。泉郡士民皆涕慕,
欲相与号诉于朝,范如圭禁之不得行,遂僻居邵武。士大夫高之,学者
多从之质疑,卒于绍兴三十年(1150年)六月十八日,年五十九。

泉、广两舶司抽分及和买,岁得息钱二百万缗。

　　按:《建炎以来系年要录》卷一百八十三载:"(绍兴二十九年九月)
壬午,诏委官详定闽、浙、广三路市舶司条法,用御史台主簿张阐请也。
旧蕃商之以香药至者,十取其四。十四年,诏旨即贵细者十取其一。十
七年十一月,诏丁蔻、沉香、龙脑皆十分抽一。阐前提举两浙市舶,还
朝,为上言,三舶司岁抽及和买,约可得二百万缗。上谓辅臣曰:'此皆

　　① (宋)朱熹:《晦庵集》,《影印文渊阁四库全书》第1146册,台北:台湾商务印书馆,
1986年,第87~90页。
　　② (清)周学曾:(道光)《晋江县志》,晋江县地方志编纂委员会整理,福州:福建人民出
版社,1990年,第984页。

在常赋之外,未知户部如何收支,可取见实数以闻。'"①又李心传《建炎以来朝野杂记》(甲集)卷十五《市舶司本息》载:"至绍兴末,(泉、广)两舶司抽分及和买,岁得息钱二百万缗,隶版漕。然所谓乳香者,户部常以分数下诸路鬻之。"②又《宋会要辑稿·职官四四》载:"(绍兴)二十九年九月二日,宰执进呈御史台检法官张阐论市舶事,上曰:'广南、福建、两浙三路市舶条法恐各不同,宜令逐司先次开具来上,当委官详定。朕尝问阐市舶司岁入几何,阐奏抽解与和买以岁计之,约得二百万缗。如此即三路所入固已不少,皆在常赋之外,未知户部如何收附及如何支使。卿等宜取见实数以闻。'汤思退奏曰:'谨当遵依圣训,行下逐路舶司抄录条法,并令取见收支实数。俟到,条数闻奏。'以御史台检法官张阐言:'比者叨领舶司,仅及二载,窃尝求其利害之灼然者,无若法令之未修。何者?福建、广南各置务于一州,两浙市舶务乃分建于五所,三路市舶相去各数千里,初无一定之法。或本于一司之申请而他司有不及知,或出于一时之建明而异时有不可用,监官之或专或兼,人吏之或多或寡,待夷夏之商或同而或异,立赏刑之制或重而或轻。以至住舶于非发舶之所,有禁有不禁,买物于非产物之地,有许有不许。若此之类,不可概举。故官吏无所遵守,商贾莫知适从,奸吏舞文,远人被害,其为患深。欲望有司取前后累降指挥及三路节次申请,厘析删修,著为一司条制。故上谕及之。'"③张阐,字大猷,永嘉人。绍兴中通判泉州军州事,靖康中知泉州。④绍兴二十五年(1155年)起提举两浙路市舶,二十九年八月壬子,为御史台检法官。⑤张阐上《论市舶事》札子在同年九月前,又自云"叨领舶司,仅及二载",故他所估计的市舶收入岁入二百万缗,当在绍兴二十八九年间。南宋初年,泉州港逐渐崛起,自建炎二年(1128年)至绍兴四年(1134年),收息钱九十八万缗,到了绍兴中后期,

① (宋)李心传:《建炎以来系年要录》,《影印文渊阁四库全书》第327册,台北:台湾商务印书馆,1986年,第598页。
② (宋)李心传:《建炎以来朝野杂记》,《影印文渊阁四库全书》第608册,台北:台湾商务印书馆,1986年,第380页。
③ (清)徐松:《宋会要辑稿》第7册,《职官四四》,刘琳等校点,上海:上海古籍出版社,2014年,第4217页。
④ (清)周学曾:(道光)《晋江县志》,晋江县地方志编纂委员会整理,福州:福建人民出版社,1990年,第982页。
⑤ (宋)李心传:《建炎以来系年要录》卷一百八十三,《影印文渊阁四库全书》第327册,台北:台湾商务印书馆,1986年,第594页。

已能与广州并驾齐驱,而两浙市舶司则逐渐退出舞台,市舶收入与泉、广两舶司相去甚远。乾道二年(1166年),宋孝宗为节省开支,甚至将两浙路市舶司罢废。假使泉、广两舶司各摊一半计算,则泉州市舶司岁入也有约一百万缗。南宋政府重视海外贸易,固然有增加财政收入的考虑,但也不宜高估其作用。往昔学者论市舶收入占财政收入的比例,有20%说、10%说、5%说,尤其是日本学者桑原骘藏在《蒲寿庚考》中提出宋高宗绍兴二十九年(1159年)财政总收入为四千万缗,而市舶司竟获二百万,居岁入总数二十分之一[①],即市舶收入占到南宋财政总收入的5%,此说甚为流行。但据郭正忠考,绍兴二十九年,南宋财政岁入10182.1万缗,市舶收入不过占财政总收入的2%。事实上,终南宋一朝,海外贸易收入在国家财政岁赋中的比例,从不曾超过3%,一般只在1%~2%间摆动,反而是盐、酒和经总制钱所占比例要大得多。[②]

宋高宗赵构绍兴三十年　公元1160年　庚辰年

三月六日,罗颉在监泉州市舶务任上。

　　按:宋洪适《盘洲文集》卷七十七《罗尚书墓志铭》载:"公罗氏,讳汝楫,字彦济,其先自豫章辟五季之乱,徙家于歙,遂为歙人……岁在戊寅,大夫公即世,公执丧茹哀。后二年五月丁亥薨,年七十,盖绍兴二十八年也。……后二年三月乙酉,葬于县之宁仁乡汪龙原,以俞淑人祔。六男子今皆除丧矣。……颉,右承奉郎,监泉州市舶务。"[③]罗汝楫,字彦济,徽州歙县人。登政和二年(1112年)进士第,官至吏部尚书,曾阿附秦桧,弹劾岳飞、刘子羽、胡诠等名臣,留下历史污点。罗颉,即罗汝辑之第三子。绍兴三十年三月六日,罗汝楫归葬宁仁乡时,罗颉在监泉州市舶务任上。淳熙中,官至奉议郎、通判夔州。[④]

宋高宗赵构绍兴三十一年　公元1161年　辛巳年

二月甲子(二十一日),朝廷申严南外宗、西外宗两宗司兴贩番舶之禁。

---

①　[日]桑原骘藏:《蒲寿庚考》,陈裕菁译订,北京:中华书局,2009年,第160~161页。

②　郭正忠:《两宋城乡商品货币经济考略》,北京:经济管理出版社,1997年,第389~405页。

③　(宋)洪适:《盘洲文集》,《影印文渊阁四库全书》第1158册,台北:台湾商务印书馆,1986年,第767~769页。

④　杨倩描:《宋代人物辞典》上册,保定:河北大学出版社,2015年,第516页。

　　按:《建炎以来系年要录》卷一百八十八载:"(绍兴三十一年二月)甲子,皇叔崇庆军节度使知西外宗正事士衎、建宁军节度使知南外宗正事士劐并罢。士衎等置司泉、福二州,会士衎强市海舟,为人所诉。右谏议大夫何溥奏其事,因请申严两宗司兴贩蕃舶之禁,不惟官课增而民业广,庶几铜钱出界之令可以必行。仍乞择宗英往代其任。"①又《宋会要辑稿·职官二〇》载:"(绍兴)三十一年二月二十一日,诏令大宗正司选择保明宗室二员,代西、南外两司见任人。先是臣僚言:'西、南外宗置司泉、福,所以纠合天支、训饬同姓也。比有漳州百姓黄琼商贩南番,其父客死异乡,物货并已干没,空舟来归。所有遗负,官司追索,估卖其舟。知宗士衎借名承买,必有委曲。小民迫切不能诉于州县、监司,此所以不远数千里,衔冤抱枉,投匦而赴诉。比闻朝廷行下本路提刑,虽先给还其舟,而前人所负倍称之息,盖有未易偿者。如此则是舟必折而入于知宗之家,臣恐小民无以自免。乞令有司立法,如两宗司今后兴贩番舶,并有断罪之文,并画降每岁往泉南议事指挥亦乞寝罢。况两司知宗在任年深,欲乞别选宗英往代其任。'故也。"②随着海外贸易的迅猛发展,海商群体不断壮大,不仅沿海居民纷纷下海经商,达官显贵、一般胥吏、富豪巨室乃至赵宋宗室也纷纷出洋经营贸易,或出资入股,兴贩取利。尽管宋政府明令禁止在任官员经营贸易,但在商品经济大潮的冲击下,官僚贵族置禁令于不顾,经商风气愈禁愈盛,如大将张俊就曾遣手下老卒出海贸易,逾岁而归,珠犀、香药之外且得骏马,获利几十倍。绍兴三十年(1160年)十月己酉,即有言论者指责官员、权贵每岁发舶舟,攘夺民利,亏损国课,已经影响到民间正常贸易活动的开展,要求朝廷设法禁止,言者论:"国家之利,莫盛于市舶,比年商贩日疏,南库之储半归私室,盖商贾之受弊有四,官中之亏损有二。旧法,抽解十五之中泛取其一,今十半之中尽择良者。向来舶贾率皆土人,事力相敌,初无攘夺相倾之患,其后将帅贵近各自遣舟,既有厚赀,专利无厌,商贾为之束手。旧舶舟之行,惟给符引,财货盈缩,事止一身。其后附以官钱,或遇风涛,人溺舟覆,捕系妻子,籍产追偿,故海滨之民冒万死一生之利而

　　① (宋)李心传:《建炎以来系年要录》,《影印文渊阁四库全书》第327册,台北:台湾商务印书馆,1986年,第689页。
　　② (清)徐松:《宋会要辑稿》第6册,《职官二〇》,刘琳等校点,上海:上海古籍出版社,2014年,第3579~3580页。

得不偿费，人人失业。于是私切相戒，不敢发舟，官司又追捕纠告而遣发之。此四弊也。旧海贾既多，物货山积，故抽解所入不可以数计。今权豪之家势足自免，县官岁入坐损其半。往岁土人入蕃之货不过瓷器、绢帛而已，今权豪冒禁，公以铜钱出海，一岁所失，不知其几千万。此二损也。市舶一司，自唐以来恃此以为富国裕民之本，今其弊至此。愿诏将帅贵近之家，毋得岁发舶舟，攘夺民利，亏损国课，仍诏有司讲究，除去宿弊，以便公私，其于国计，诚非小补。"户部奏："复抽解旧法，违者许商人陈诉。应命官以钱物附舶舟，或遣人过海者，依已得旨，徒二年。"①可见不仅富豪巨室、达官贵人在外贸中与民争利的现象相当普遍，连皇族亲室也都在触法冒进，以权谋私。时南外宗正司知宗正事赵士㒟横行不法，尝夺贾胡浮海巨舰，为知州范如圭以法义正之。绍兴三十一年，又发生漳州百姓黄琼控告福州西外宗正赵士衎强行购买海舟一事。因此，右谏议大夫何溥上奏其事，请申严两宗司兴贩番舶之禁。朝廷将赵士㒟、赵士衎两人并罢，并规定"两宗司今后兴贩番舶，并有断罪之文"，禁止西外、南外宗正司官员参与海外贸易，杜绝其非法收入来源。

宋高宗赵构绍兴三十二年　公元 1162 年　壬午年

阿拉伯施那帏商人始于泉州城外东南隅建番商墓。

　　按：林之奇《拙斋文集》卷十五《泉州东坂葬蕃商记》载："负南海征蕃舶之州三，泉其一也。泉之征舶通互市于海外者，其国以十数，三佛齐其一也。三佛齐之海贾以富豪宅生于泉者，其人以十数，试郇围其一也。试郇围之在泉，轻财急义，有以庇服其畴者，其事以十数族，蕃商墓其一也。蕃商之墓建发于其畴之蒲霞辛，而试郇围之力能以成就封殖之。其地占泉之城东东坂，既剪薙其草莱，夷铲其瓦砾，则广为之窀穸之坎，且复栋宇，周以垣墙，严以扄钥，俾凡绝海之蕃商有死于吾地者，举于是葬焉。经始于绍兴之壬午，而卒成乎隆兴之癸未。试郇围于是举也，能使其椎髻卉服之伍，生无所忧，死者无所恨矣。持斯术以往，是将大有益乎互市，而无一愧乎怀远者也。余固喜其能然，遂为之记，以

---

　　①　(宋)李心传：《建炎以来系年要录》卷一百八十六，《影印文渊阁四库全书》第 327 册，台北：台湾商务印书馆，1986 年，第 658 页。

信其传于海外之岛夷云。"①泉州建番商墓,始于绍兴之壬午,即绍兴三十二年(1162 年),成于隆兴之癸未(1163 年)。②"蕃客"一词,唐代已有之,唐宋时中国人称来华之外国商客为"蕃客"。番商墓的倡建者"试郍围",又作"施罗围"或"施那帷"。赵汝适《诸蕃志》大食国条云:"有番商曰施那帏,大食人也。跷寓泉南,轻财乐施,有西土气习,作丛冢于城外之东南隅,以掩胡贾之遗骸。提舶林之奇记其实。"该条施那帏注释云:"施那帷为 Shilave 之音译,即思莲者,或译作撒那威。《苏莱曼东游记》作尸罗围。此之施那帷原系地名而作人名,犹言尸罗围籍之商人。"③岳珂《桯史》卷十一《番禺海獠》亦云:"泉亦有舶獠,曰尸罗围。资乙于蒲,近家亦荡析,意积贿聚散,自有时也。"④日本学者桑原骘藏认为尸罗围就是 Silavi 的对音,即波斯湾岸的撒那威(Silaf)人,系地名而做人名。⑤撒那威(Shilaf),故址在今伊朗波斯湾沿岸。郑天挺、谭其骧主编的《中国历史大辞典》尸罗围条云:"尸罗围,一作施那帏。古代波斯湾撒那威城(Siraf)的阿拉伯商人。宋时,居留在中国沿海城市者为数不少。"⑥显然,施那帷是阿拉伯商人而非三佛齐商人,可能曾往三佛齐经商,或先祖曾在三佛齐经商而被误以为三佛齐国人,林之奇误记之。

绍兴中,僧介殊建关锁塔。

① (宋)林之奇:《拙斋文集》卷十五,《泉州东坡葬蕃商记》,《影印文渊阁四库全书》第1140 册,台北:台湾商务印书馆,1986 年,第 490 页。

② 1965 年,泉州东岳山西麓的金厝围村发现一方伊斯兰石刻,碑由花岗岩石琢成,呈梯形,高 139 厘米,宽 60 厘米,厚 15 厘米,上阴刻横书"蕃客墓"三字和 6 行古阿拉伯文,其中文译文为"爱资哈尔　安拉是今世和来世的主　伊卜·阿卜杜拉　穆罕默德·伊卜·哈桑埃及"。据考,此墓主伊卜·阿卜杜拉系埃及人而非试郍围人,而墓碑也没刻年代,根据泉州宋代此类型阿拉伯文墓碑石的字体判断,仅知此碑为宋代遗物。庄为玑据此推断林之奇《泉州东坡葬蕃商记》所云"泉州东坡建蕃商墓,始于绍兴三十二年,成于隆兴元年"的记载应该是正确的。志诚:《"蕃客墓"及其有关问题试谈》,《海交史研究》1978 年第 1 期,第 22～26页;庄为玑:《古刺桐港》,厦门:厦门大学出版社,1989 年,第 207～209 页;吴文良、吴幼雄:《泉州宗教石刻(增订本)》,北京:科学出版社,2005 年,第 96～97 页。

③ (宋)赵汝适:《诸蕃志校释》,杨博文校释,北京:中华书局,1996 年,第 89～91、97～98 页。

④ (宋)岳珂:《桯史》卷十一,《番禺海獠》,《影印文渊阁四库全书》第 1039 册,台北:台湾商务印书馆,1986 年,第 487～488 页。

⑤ [日]桑原骘藏:《唐宋元时代中西通商史》,冯攸译,郑州:河南人民出版社,2018 年,第 141～142 页。

⑥ 郑天挺、谭其骧:《中国历史大辞典》,上海:上海辞书出版社,2010 年,第 200 页。

按：明何乔远《闽书》卷七《方域志》载："宝盖山，山巅有石塔，可以望商舶。宋绍兴中，僧介殊所建。而俗名之姑嫂塔，谓昔有姑嫂嫁为商人妇，商贩海久不至，姑嫂登塔而望之，若望夫石然。塔中刻二女像，游人拾瓦掷之，中者生男，不中女也。蜿蜒而南五里许，有虎岫岩，滨海诸山，色皆燥淡，独此岩云石光润，林木青葱。岩是宋元所构，体裁精稳。每八九月，海滨男女携饼糍羊酒其上，名曰游春。皇朝山人黄克晦诗：'力尽千山外，心飞积水东。阴森通客路，窈窕入禅宫。'"①又（乾隆）《泉州府志》卷六《山川一》云："宝盖山，在二十都，距郡城东南四十五里，俗名大孤山。……绝顶有石塔，名关锁塔，关锁水口镇塔也。高出云表，登之可望商舶来往。宋绍兴中，僧介殊建，又俗谓之姑嫂塔。"②关锁塔，又称万寿塔，俗称姑嫂塔，建于宋高宗绍兴年间。其塔身高 22.86 米，底座边长 5.2 米，全部石筑，成六角形，呈楼阁式仿木结构。外望五层，实为四层，中间虚空，内有《重修塔峰记》碑，立于清代乾隆四十三年（1778年），叙述塔因遭雷击致塔顶"葫芦尖"掉落，十九都、二十都的闽台郊商林振嵩及其他乡绅富商等 12 人，共捐资银圆 110 元，重新修缮塔尖，并由武举人许陈彪捐资立碑为记，碑文云："关锁塔者，泉南形胜也。主离宫焕文明之象，高出海甸，表堤岸之观。自辛卯秋震击去芦尖，越戊戌重修，两都倡义，自兴工落成，费百十员。既属一时义举，爰志都人盛事，至踵起为全塔之修者，不能无厚笃焉。十九都陈元老、杨廷新、王世懋、陈仕贵、高世梅，二十都高志绍、董俊金、卢其珊、林振嵩、李思察。大清乾隆戊戌孟冬，董事吴山、郭仲山、许陈彪镌。"③关锁塔就在深沪湾，是泉州湾外海航标，主要解决商船通过台湾海峡主航道进出泉州港的指航需求，与石湖港的六胜塔相呼应。深沪湾是泉州港通往海外的必经之路，从江口码头、石湖码头出发的船只驶离泉州港，先后经过祥芝港、永宁港、深沪港、围头港，驶向外海。宝盖山则是泉州湾一带的最高峰，是泉州湾与外海交界处，古人风水思想认为这是泉州的水口，在

① （明）何乔远：《闽书》第 1 册，《闽书》校点组校点，福州：福建人民出版社，1994 年，第175 页。

② （清）怀荫布：（乾隆）《泉州府志》，《中国地方志集成·福建府县志辑》第 24 册，上海：上海书店出版社，2000 年，第 106 页。

③ 中国人民政治协商会议福建省石狮市委员会文史委：《石狮文史资料》第 4 辑，1995年，第 119 页。

此建塔可以锁住水口，以保平安，故名关锁塔。[①] "姑嫂塔传说"述说了古代泉州人多地少，不得不远涉重洋到海外谋生，生死难料的悲壮事件，其望夫成石的传说则承载了泉州民众对海洋贸易的历史记忆。

绍兴中，傅伫迁知晋江县。会治战船，伫躬督其役，劳费半他邑，而事独先办。

> 按：(道光)《晋江县志》卷三十五《政绩志》："傅伫，字凝远，仙游人。重和元年进士，授无埭主簿，调南安县丞。岁大饥，民弃妻子者相属，伫请出常平钱米，设安养院食之，民不失所。明年岁丰，悉访所亲归之。绍兴中，迁知晋江县。会治战船，伫躬督其役，劳费半他邑，而事独先办。张浚闻于朝，时减磨勘三年。除茶司干办公事，转南剑州通判。"[②]在宋代，中国的造船技术日臻成熟，包括船型、船体和造船工艺皆有很大进步。又福建多山，出产木材，木性与水相宜，泉州又是宋朝的商贸中心，无疑是极大地刺激了造船业的发展。宋代，以泉州、漳州、福州为代表的福建造船业闻名全国，海舟以福建船为上，其次才是广船。绍兴间，为加强海防，朝廷多次下令福建造舟以备海道，沿海各州县均有摊派任务。时任晋江知县的傅伫亲自监督，所花费比邻近县少一半，且先完成任务。傅伫，仙游人，政和末曾为南安县丞，绍兴中知晋江县，俱有美绩。

绍兴间，陆祐、徐与可、徐琛、王权、吴详、杜圮、鲍仔（一作鲍存）、陈可大、韦寿成、邱琛、赵士鹏、李正邦、费锴、郑宷、傅自修、张汝楫、黄绩、何俌、林之奇任福建提举市舶。

> 按：陆祐，字亦颜，侯官人，宣和六年（1124 年）进士，绍兴间由福建茶事司干办公事迁任福建提举茶盐兼市舶。[③] 梁克家编纂的《淳熙三山志》卷八《公廨类二》载："陆祐，字亦颜。刻意学问。为莆田簿，荆湖广南路宣抚司准备差遣，福建茶事司干办公事。所至有惠爱，察识冤枉，于茶法讲究，尤不苟。每谓：'榷，无良法。能以仁恕存心，宽其禁网，使公家不失大利之源，足矣。'与使者论辩不屈。泉南当海舶运输之冲，使

---

① 《万寿塔》，2017 年 8 月 7 日，http://www.qzworldemporium.cn/yczhs/201708/t20170807_2467684.htm，2021 年 10 月 15 日。

② （清）周学曾：(道光)《晋江县志》，晋江县地方志编纂委员会整理，福州：福建人民出版社，1990 年，第 1056 页。

③ （清）孙尔准：(道光)《重纂福建通志》，《中国省志汇编：9》，台北：华文书局，1968 年，第 1808 页。

者欲复市易,公曰:'此渔夺之术。'言之切至,乃出。尽心职事,不求荣进。或劝以治生,笑不答。读《论语》《尚书》《中庸》《大学》,反复玩味,究其旨归。居母忧,终丧不忍去坟墓。不随俗之好尚,亦不顾人之是非,率以《礼经》从事。既老,里居。士大夫状其质德,乞添差教授本州。帅叶公梦得以闻,从之。命下而卒。"① 陆祐所云"此渔夺之术",意指泉州虽当海舶运输之冲,但绍兴初,时事多艰,福建海舶常为官府征用,事海舶者未必皆可获利,地方官员为了增加收入,遣富商请验以往。其有不愿者,照籍点发,强迫泉人出海为商,故陆祐以此为弊政。

徐与可,《八闽通志》卷三十:"徐与可……俱绍兴间任。"② 任期在李承迈前,绍兴初以福建提举茶盐兼市舶。绍兴五年(1135年)七月丙戌,左朝散大夫、荆湖南路转运判官徐与可,左奉议郎、通判鼎州张运,并进一官。③

徐琛,江西南昌人,王氏甥,与秦桧之妻为中表,而师川之族弟。(道光)《重纂福建通志》卷九十:"徐琛……俱绍兴间任(福建提举茶盐)。"④ 在李承迈后一人,绍兴初以福建提举茶盐兼市舶。绍兴十五年(1145年)二月二十四日,以直秘阁、福建路转运判官为两浙西路提点刑狱公事。⑤ 绍兴十七年,以右中奉大夫充敷文阁待制知明州,四月二十六日到任,二十年四月初十日除知平江府,五月到任。⑥ 二十三年三月,除敷文阁直学士、提举江州太平兴国宫。⑦

王权,《八闽通志》卷三十:"王权……俱绍兴间任。"⑧ 任期在赵奇

---

① (宋)梁克家:《淳熙三山志》,《影印文渊阁四库全书》第484册,台北:台湾商务印书馆,1986年,第187页。

② (明)黄仲昭:《八闽通志》上册,福州:福建人民出版社,1990年,第626～627页。

③ (宋)李心传:《建炎以来系年要录》卷九十一,《影印文渊阁四库全书》第326册,台北:台湾商务印书馆,1986年,第289页。

④ (清)孙尔准:(道光)《重纂福建通志》,《中国省志汇编:9》,台北:华文书局,1968年,第1808页。

⑤ (宋)李心传:《建炎以来系年要录》,《影印文渊阁四库全书》第327册,台北:台湾商务印书馆,1986年,第134页。

⑥ (宋)罗濬:《宝庆四明志》卷一,《叙郡上·郡守》,《影印文渊阁四库全书》第487册,台北:台湾商务印书馆,1986年,第18页。

⑦ (宋)范成大:《吴郡志》卷十一,《牧守》,《影印文渊阁四库全书》第485册,台北:台湾商务印书馆,1986年,第78页。

⑧ (明)黄仲昭:《八闽通志》上册,福州:福建人民出版社,1990年,第626～627页。

前,绍兴初以福建提举茶盐兼市舶。

吴详,(道光)《重纂福建通志》卷九十:"丽水人,崇宁五年进士,高宗朝任(福建提举茶盐)。"①吴详,字守约,崇宁间为苏州教授,时中贵人朱勔怙权居苏州,详独不屑见。及为福建路茶司提举,以廉著名。②

杜玘,字受言,自江苏仪真徙居邵武。(道光)《重纂福建通志》卷九十:"杜玘,绍兴间任(福建提举茶盐)。"③在徐琛后一人,绍兴初以福建提举茶盐兼市舶,后"仕至右朝请大夫,历福建、江西路提举常平"④。

鲍存,一作鲍仔。《建炎以来系年要录》卷一百八十一:"(绍兴二十九年三月辛亥)右朝请大夫知濠州鲍仔移知南剑州。"⑤《八闽通志》卷三十:"鲍仔……俱绍兴间任。"⑥(道光)《重纂福建通志》:"鲍存,《闽书》'存'作'仔'。"⑦另外,《福建市舶提举司志》、《闽书》、(乾隆)《泉州府志》、(道光)《晋江县志》皆作"鲍仔"。似"鲍仔"与"鲍存"两说并立。绍兴二年(1132年),鲍存在两浙提举市舶任上,后调任福建提举市舶。

陈可大(1092—1179年),字齐贤,仙游人,绍兴九年(1139年)后任福建提举市舶。(乾隆)《仙游县志》卷三十五《人物》云:"陈可大,字齐贤,生而颖异,政和二年第进士,除熙州司户,改潮州教授。……调漳州工曹兼右推……靖康初,知长乐县兼尉职……邑人立碑纪德。转判静江,授崇道观,赐绯金鱼袋。知肇庆府……旋以养归,邑学宫自宣和以来颓圮殆尽,可大捐金新之,且以余资买田备葺……官至朝散大夫,累赠大中大夫,卒年八十有八,著有《尚书解》行世。子伯玉、仲珪,皆以父

---

① (清)孙尔准:(道光)《重纂福建通志》,《中国省志汇编:9》,台北:华文书局,1968年,第1809页。

② (清)潘绍治,周荣椿:(光绪)《处州府志》卷十八,《人物志》,《中国方志丛书》第193号,台北:成文出版社,1974年,第607页。

③ (清)孙尔准:(道光)《重纂福建通志》,《中国省志汇编:9》,台北:华文书局,1968年,第1808页。

④ (宋)韩元吉:《南涧甲乙稿》卷二十,《右通直郎知袁州万载县杜君墓志铭》,《影印文渊阁四库全书》第1165册,台北:台湾商务印书馆,1986年,第322页。

⑤ (宋)李心传:《建炎以来系年要录》,《影印文渊阁四库全书》第327册,台北:台湾商务印书馆,1986年,第567页。

⑥ (明)黄仲昭:《八闽通志》上册,福州:福建人民出版社,1990年,第626页。

⑦ (清)孙尔准:(道光)《重纂福建通志》,《中国省志汇编:9》,台北:华文书局,1968年,第1809页。

荫补官。"①又宋代黄岩孙《仙溪志》卷一《学校》云:"绍兴九年,寓公肇庆守陈可大出家资,率邑人更新之。""学田,绍兴九年,肇庆守陈可大以建学之余资买置,以助修学。"②从以上史料推断,陈可大任福建提举市舶必在知长乐县后,但他在长乐县知县任满即转判静江,授崇道观,又知肇庆府。绍兴九年(1139年),始以养归,其任福建提举市舶应在绍兴九年之后。《闽书》卷四十三、(乾隆)《泉州府志》卷二十六、(道光)《晋江县志》卷二十八都作"嘉定中(间)任",(道光)《重纂福建通志》卷九十作"绍定中任",据考俱误。杨文新引(民国)《福建通志》作"靖康元年任",亦误。③

韦寿成(? —1148年),《八闽通志》卷三十:"韦寿成……俱绍兴间任。"④任期在楼璹前。绍兴十八年(1148年)六月丁亥,"尚书左司员外郎韦寿成权工部侍郎,寿成不及拜而卒"⑤。

邱琛,邱砺第三子,绍兴中任福建提举市舶。《姑苏志》卷五十:"邱砺,字师说,高唐丞磻之弟也,世为昀山人。少读书刻苦,有志事功。建炎初,知吴江县,因家常熟。……四子:璪,应博学宏词科;璋,通直郎、通判宁国府;琛,提举福建市舶;璠,知舒州太湖县。璋子耒。"⑥(康熙)《常熟县志》卷十一:"丘(邱)璪,(绍兴八年)博学宏词科。丘(邱)璠,(绍兴十二年),由词科任文林郎、太湖县知县。"⑦《浙江通志》卷一百五十提到邱璋的儿子邱耒"绍兴中知海盐"⑧。邱砺生于1090年,而邱砺的孙子邱耒在绍兴年间即已出知海盐。据此推算,邱琛很可能出生于

① (清)陈兴祚:(乾隆)《仙游县志》,《中国地方志集成·福建府县志辑》第18册,上海:上海书店出版社,2000年,第419~420页。

② (宋)黄岩孙:(宝祐)《仙溪志》,《宋元方志丛刊》第8册,北京:中华书局,1990年,第8274~8275页。

③ 杨文新:《宋代市舶司研究》,厦门:厦门大学出版社,2013年,第265页。

④ (明)黄仲昭:《八闽通志》上册,福州:福建人民出版社,1990年,第626~627页。

⑤ (宋)李心传:《建炎以来系年要录》卷一百五十七,《影印文渊阁四库全书》第327册,台北:台湾商务印书馆,1986年,第206页。

⑥ (明)王鏊:《姑苏志》,《影印文渊阁四库全书》第493册,台北:台湾商务印书馆,1986年,第940页。

⑦ (清)钱陆灿:(康熙)《常熟县志》,《中国地方志集成·江苏府县志辑》第21册,上海:上海书店出版社,1991年,第213~214页。

⑧ 沈翼机:(雍正)《浙江通志》,《中国地方志集成·浙江省志辑》第6册,上海:上海书店出版社,2000年,第2674页。

1110—1120 年间。杨书认为邱琛约庆元三年（1197 年）前后任市舶提举[1]，但根据年龄推算，此时邱琛已有约八十岁，可能性不大。综合史料来看，邱琛在绍兴中担任福建市舶提举的可能性最大。另外李之亮将"邱琛"记为"邱璋"，及"淳祐三年（1243 年）任"，误。[2]

赵士鹏，宗室，专奉秦桧。《福建市舶提举司志》、《闽书》、《八闽通志》、（乾隆）《泉州府志》、（道光）《重纂福建通志》、（道光）《晋江县志》皆作"赵士鸣"，误。据杨文新考：查《宋史》宗室世系表，无"士鸣"，应为"士鹏"。[3] 绍兴十五年（1145 年）十一月五日丙午，"右朝请大夫赵士鹏提举两浙路市舶。士鹏，秦桧友婿，自江阴军代还，而有是命。绍兴二十七年十一月戊寅，王珪论士鹏再任提舶，凡珍异之物专以奉秦桧，而盗取其半以为私藏"[4]。绍兴二十七年（1157 年）十一月十六日戊寅，"殿中侍御史王珪言：'荆湖南路提点刑狱公事赵士鹏、夔州路转运通判官王珏皆秦桧亲党，居官贪虐，常以官钱市珍异玩好之物以奉秦熺。'诏并罢"[5]。

李正邦，字进之，云觉子，江苏镇江人。宣和二年（1120 年）贡士榜上等，终朝请郎，提举泉南市舶。[6]

费锴，江苏无锡人，登绍兴十一年（1141 年）进士第，提举福建市舶，曾肔的曾祖父。宋代方岳《秋崖集》卷四十《知县奉议费公墓志铭》云："祈门蕞尔邑，然士大夫初脱选，以名次须入者，相传为佳缺，谓县无遗郡易办民，亦无县挠易治也。……公于其间，岂能无邑邑，而竟以殁，悲夫。盖宝祐三年夏六月庚寅也，公讳肔，字叔羽，无锡人。自唐昭宗□□律郎球者，家文笔峰下，至肃以上舍郎，与简斋陈公齐名。建炎初，两人者起，终左朝散郎，赠通奉大夫。娶陈氏，为曾大父锴，登绍兴十一年进士第，提举福建市舶，赠开府仪同三司。娶蒋氏，和国夫人，是为大

---

① 杨文新：《宋代市舶司研究》，厦门：厦门大学出版社，2013 年，第 286 页。

② 李之亮：《宋代路分长官通考》上册，成都：巴蜀书社，2003 年，第 175 页。

③ 杨文新：《宋代市舶司研究》，厦门：厦门大学出版社，2013 年，第 270 页。

④ （宋）李心传：《建炎以来系年要录》卷一百五十四，《影印文渊阁四库全书》第 327 册，台北：台湾商务印书馆，1986 年，第 153 页。

⑤ （宋）李心传：《建炎以来系年要录》卷一百七十八，《影印文渊阁四库全书》第 327 册，台北：台湾商务印书馆，1986 年，第 511 页。

⑥ （元）俞希鲁：（至顺）《镇江志》卷十八，《选举》，杨积庆等校点，南京：江苏古籍出版社，1999 年，第 722 页。

父培,中大夫秘阁修撰,赠少傅。娶郄氏,吉国夫人。陈氏,卫国夫人,是为父,公其第三子也。"①

郑寀,绍兴间任福建提举市舶。杨文新认为其与卒于淳祐九年(1249年)的郑寀非同一人。②后者郑寀,字载伯,号北山,长溪人,宋绍定二年(1229年)进士,淳祐中除右正言,擢殿中侍御史,迁侍御史左谏议大夫,拜端明殿学士,金书枢密院事,淳祐九年(1249年)卒。刘克庄《后村先生大全集》卷一百六十九《枢密郑公行状》对于郑寀的生平所述甚详,未提及郑寀担任过福建提举市舶一事,《宋史》卷四百二十《郑寀传》也未提及。故担任福建市舶提举的郑寀与卒于淳祐九年的郑寀应不是同一人,《泉州海关志》所收的郑寀为后者,误。③

傅自修,字勤道,傅察之次子,傅自得之弟,自河南河阳徙居晋江。绍兴间监福建市舶务,就除提举。知潮州,海寇猖獗,招降之,请于朝,籍为水军,赖以控扼海道。④累官直宝文阁。将漕江西,卒。(道光)《重纂福建通志》卷一百二十二《宋宦绩》载:"傅自修,晋江人,自得之弟,绍兴间监市舶务,宿弊十去八九。秩满代至,番商复为贪吏所困,号泣岸下,或诘之,对曰:'昔官人有须而皙者主我,我故多载以至,今不见此官人矣。'时自修主管安抚司机宜文字,监司以状闻,就除提举。"⑤

张汝楫,浙江归安人,《八闽通志》卷三十:"张汝楫……俱绍兴间任。"⑥任期在傅自修后。张汝楫绍兴十二年(1142年)出知奉化县⑦,绍兴二十七年(1157年)十一月初一癸亥,福建提举常平盐事张汝楫别奏乞行钞法。⑧

---

①　(宋)方岳:《秋崖集》,《影印文渊阁四库全书》第1182册,台北:台湾商务印书馆,1986年,第614~615页。

②　杨文新:《宋代市舶司研究》,厦门:厦门大学出版社,2013年,第271页。

③　泉州海关:《泉州海关志》,厦门:厦门大学出版社,2005年,第95、113页。

④　(明)何乔远:《闽书》第3册,《闽书》校点组校点,福州:福建人民出版社,1994年,第2479页。

⑤　(清)孙尔准:(道光)《重纂福建通志》,《中国省志汇编:9》,台北:华文书局,1968年,第2239页。

⑥　(明)黄仲昭:《八闽通志》上册,福州:福建人民出版社,1990年,第626~627页。

⑦　(清)曹秉仁:(乾隆)《宁波府志》卷十六,《秩官上》,《中国方志丛书》第198号,台北:成文出版社,1983年,第1043页。

⑧　(宋)李心传:《建炎以来系年要录》卷一百七十八,《影印文渊阁四库全书》第327册,台北:台湾商务印书馆,1986年,第508页。

黄绩,《八闽通志》卷三十:"黄绩……俱绍兴间任。"①在陈之渊后一人。杨文新认为此黄绩与《建炎以来系年要录》卷一百九十八:"(绍兴三十二年闰二月乙丑)湖南转运判官黄绩、何俏献助军钱四万缗"的黄绩系同一人。②但《泉州海关志》认为黄绩为黄缜弟,黄仲元父,绍定间任福建市舶提举。③查(民国)《莆田县志》卷二十九《理学传》:"黄绩,字德远……始游淮浙,遍参诸老。中年闻陈宓、潘柄得朱文公之学,遂师事之。……宓、柄殁,绩与同门于望仙门外筑东湖书堂,请田于官,春秋祀焉。……绩虽布衣,然为郡学学正三十年。"④未提黄绩任市舶提举事。黄绩子黄仲元在《四如集》卷四《寿藏自志》中提到"大父汝守,修职郎。父绩,表德远,为乡先生,晚号独不惧翁"⑤,可见黄绩未曾入仕为官,不太可能在绍定间出任福建市舶提举。此处之黄绩,当从杨文新说,与绍兴三十二年(1162年)任湖南转运判官的黄绩为同一人。

何俏,《闽书》载:"何俏……绍兴中任。"⑥又(光绪)《处州府志》卷十八《人物志》云:"何俏,字德辅,龙泉人。登绍兴进士,调德清县簿,时和好初成,俏裒少康、宣王、光武、元帝事可施行者为评议,号《中兴龟鉴》上之。除绍兴府教授,寻除福建提舶,约束甚严。历官工部侍郎兼直学士院,乾道间以集英殿修撰知衢州,东宫特赐诗祖饯,改知宁国,卒。上哀之,加敷文阁待制,赠朝请大夫。有《奏议内外制》《西汉补遗》《孝经本说》《王府大学讲义》。"⑦何俏任期在黄绩后一人。

林之奇(1112—1176年),字少颖,福州侯官人,绍兴二十一年(1151年)进士,二十九年八月癸亥,秘书省校书郎林之奇以疾求去,改知大宗

① (明)黄仲昭:《八闽通志》上册,福州:福建人民出版社,1990年,第626~627页。
② 杨文新:《宋代市舶司研究》,厦门:厦门大学出版社,2013年,第273页。
③ 泉州海关:《泉州海关志》,厦门:厦门大学出版社,2005年,第95、113页。
④ (民国)张琴:(民国)《莆田县志》,《中国地方志集成·福建府县志辑》第16辑,上海:上海书店出版社,2000年,第554页。
⑤ (宋)黄仲元:《四如集》,《影印文渊阁四库全书》第1188册,台北:台湾商务印书馆,1986年,第680页。
⑥ (明)何乔远:《闽书》第2册,《闽书》校点组校点,福州:福建人民出版社,1994年,第1081~1084页。
⑦ (清)潘绍治、周荣椿:(光绪)《处州府志》,《中国方志丛书》第193号,台北:成文出版社,1974年,第616~617页。

正丞,绍兴府供职。① 《八闽通志》卷三十:"……林之奇,俱绍兴间任。"②
又《宋史》卷四百三十三《林之奇传》云:"林之奇,字少颖,福州侯官人。
紫微舍人吕本中入闽,之奇甫冠,从本中学。时将试礼部,行次衢州,以
不得事亲而反。学益力,本中奇之,由是学者踵至。中绍兴二十一年进
士第,调莆田簿,改尉长汀,召为秘书省正字,转校书郎。……以痹疾乞
外,由宗正丞提举闽舶,参帅议,遂以祠禄家居,自称拙斋。东莱吕祖谦
尝受学焉。淳熙三年卒,年六十有五。有《书》《春秋》《周礼说》《论》
《孟》《杨子讲义》《道山记闻》等书行于世。"③ 故林之奇由宗正丞提举闽
舶必在绍兴二十九年(1159年)八月后。林之奇到任后上《任福建市舶
谢上表》云:"久玷宗藩之贰,遽叨使节之名。拜命凌兢,莅官惕畏。伏
念某夤缘朴学,滥中贤科。未更州县之服劳,偶值圣神之更化。复门给
札,首膺试可之求;册府怀铅,骤列校雠之职。冒成书而改秩,趋文陛者
累年。虽既抱疴,犹然窃禄。积岁时之拊养,致筋力之安强。但思农畎
之生还,敢望皇恩之下逮。尚图后效,庸掩素餐。怀德惟宁而宗子维
城,顾何裨于尺寸;下碇有税而阛货有燕,讵敢利于锱铢。自省遭逢,诚
难报塞。此盖伏遇皇帝陛下孔情周思,尧勋舜华。极大亨而养贤,备文
德以怀远。谓臣实儒馆之旧,或能通贯于古今;知臣本闽岭之氓,必也
究知于利病。肆令朽质,叨此误恩。臣叱驭非难,乘轺兹始。愿言辞子
罕之玉,庸戒身贪;尚期还合浦之珠,式资国富。"④

　　林之奇任福建提举市舶期间,曾到九日山参加祈风活动,不过并未
留下石刻。宋代广州、泉州等港出海远航,往返须赖信风,"舶船去以十
一月、十二月,就北风;来以五月、六月,就南风"⑤。为祝祷风顺波平、商
舶频至,地方官每年都要组织祈风仪式。林之奇在《拙斋文集》卷十九
《祈风舶司祭文》指出:"夫祭有祈焉、有报焉。祈也者,所以先神而致其
祷;报也者,所以后神而答其赐。祈不可以为报,而报不可以为祈,自古

---

① (宋)李心传:《建炎以来系年要录》卷一百八十三,《影印文渊阁四库全书》第327册,
台北:台湾商务印书馆,1986年,第595页。

② (明)黄仲昭:《八闽通志》上册,福州:福建人民出版社,1990年,第626~627页。

③ (元)脱脱:《宋史》,北京:中华书局,1977年,第12861~12862页。

④ (宋)林之奇:《拙斋文集》卷四,《影印文渊阁四库全书》第1140册,台北:台湾商务印
书馆,1986年,第403页。

⑤ (宋)朱彧:《萍洲可谈》卷二,《影印文渊阁四库全书》第1038册,台北:台湾商务印书
馆,1986年,第289页。

然也。而舶事之岁举事,祀典于神,则异乎是。于夏之祈,有冬之报;于冬之祈,有夏之报。风之舒惨,每以时应,则祠之疏数,必以时举,如循环之不穷。礼虽不脤,在神宜歆之。"①故在海舶进港及出洋之前,要由地方长官、市舶司官员于每年夏季四、五月及冬季十、十一月间举行两次祭神祈风仪式,以保佑海舶顺风扬帆,带来海外贸易的兴盛。林之奇另撰有两篇祈风文,其一:"维洪范之庶征,媲时风于圣功,此大而化之之事。自匪雨旸寒燠之可同。故凡大块之噫气,悉由造化之密庸。然彼化工之不宰,必以山川之神,司其阖辟而职是,变通古之明神,血食斯民而立。能事于此者,则有旦暮常便樵采于若耶之径。南北分送客舟于洞庭之中,彼逆其所顺,而强其所劣,尚能丕显于灵踪。矧曰用天之时,因地之利,而得其势之所顺,宜其有祷而必应,有欲而必从。繄灵祠之奠食,炯正直而睿聪,来蚁慕之不绝,信响应之无穷。兹良月之初吉,肃严霜于孟冬,属蛮商之遄往,与朔飙而适逢,乃藏仪于常礼,延飞御乎。梵宫望轴轳之善济,致泉货之屡丰,瞻云海之浩渺,假一息之蓬蓬。"其二:"象齿南龟,远出岛舶。以舟为趾,重译罔隔。沙阜石幢,涩如芒刃。以风为翼,万里一瞬。勃勃蓬蓬,怒号瀛海。以神为墟,立谈而改。羽盖云车,逴然浩荡。以礼为介,厥应如响。惟风必期,岁有常信。今虽袭礼,匪常之徇。吏之守职,两年为期。官满则去,位难出思。神所庙食,与天地通。民享利泽,厥望不穷。某也终更行,且还里,席神茈苰,日既久矣,神之歆否?愿以风卜,商舶之衍,亦某之福。桂酒椒浆,为舶预请,指望飙南,留神引领。"②祈风文是用来"读祝"的,它是祈风仪式"将祭"环节的重要一环,缭祀官在神座前宣读祝文,以祈求海神保佑,从中皆可看出宋代泉州市舶司举行祈风典礼的目的,反映了南宋政府对发展海外贸易的重视。

周毅,绍兴间任福建提举市舶司干办公事。

按:(道光)《重纂福建通志》卷九十福建提举市舶司干办公事条:"周毅……绍兴间任。"③周毅……字仁仲,绍兴十八年(1148年)进士,

---

① (宋)林之奇:《拙斋文集》,《影印文渊阁四库全书》第1140册,台北:台湾商务印书馆,1986年,第523~524页。

② (宋)林之奇:《拙斋文集》,《影印文渊阁四库全书》第1140册,台北:台湾商务印书馆,1986年,第523~524页。

③ (清)孙尔准:(道光)《重纂福建通志》,《中国省志汇编:9》,台北:华文书局,1968年,第1810页。

调任泉州市舶干办公事,临安府教授,后任福建常平提举干办公事。林之奇《拙斋文集》卷十八收有《故左奉议郎临安府府学教授周仁仲行状》述其生平,云:"公讳毅,仁仲字也。其先光之固始人,从王氏避地,遂居福之闽县。曾祖瑄,祖汝砺,父之邵,世业儒,连蹇不偶。公少而警敏夙成,笃学能文,有声称场屋之间,益刻苦不懈。登绍兴十八年进士第,授南安军上犹县簿。改抚州录事参军,未赴,罹家艰。服阕,任汀州录事参军。既乃为福建路提举市舶司干办公事,改秩,差充临安府府学教授。将赴,乾道四年六月十五日,以疾卒于正寝。……之奇不敏,辱尝与公为僚友,考公之行实,其可传可继之迹大略如此。宜得品藻之文、形容之声,以诏不泯,敢序著其目以待考信者稽焉。八月甲辰,谨状。"①林之奇云尝与周毅为僚友,概指林之奇在福建提举市舶任上,与时任福建提举市舶司干办公事的周毅为同僚。

绍兴间,傅知柔调泉州佥判。帅臣檄捕海寇,知柔出帜以示,寇即降。

> 按:(道光)《晋江县志》卷三十五《政绩志》载:"傅知柔,仙游人。宣和进士,知龙岩县。素有威名,调泉州佥判。帅臣檄捕海寇,知柔出帜以示,寇即降。终朝请郎。"②傅知柔,仙游人,宣和三年(1121年)进士,授循州推官,擢知龙岩县。绍兴中佥判泉州,治有能声,帅臣檄捕海寇,贼望见知柔帜即降。官终朝请郎,福州佥判,著有《香风遗文》一集。

宋孝宗赵眘隆兴元年　公元1163年　癸未年

十一月十二日,朝廷令二广及泉、福州等沿海州县,以五家互相为保,不得停隐贼人及与贼船交易。一家有犯,五家均受其罪。

> 按:《宋会要辑稿·兵十三》载:"(隆兴元年)十一月十二日,臣僚言:'窃见二广及泉、福州多有海贼啸聚,其始皆由居民停藏资给,日月既久,党众渐炽,遂为海道之害。如福州山门、潮州沙尾、惠州漈落、广州大奚山、高州碙州,皆是停贼之所。官兵未至,村民为贼耳目者,往往前期告报,遂至出没不常,无从擒捕。乞行下沿海州县,严行禁止,以五家互相为保,不得停隐贼人及与贼船交易。一家有犯,五家均受其罪,

---

① (宋)林之奇:《拙斋文集》,《影印文渊阁四库全书》第1140册,台北:台湾商务印书馆,1986年,第511~512页。

② (清)周学曾:(道光)《晋江县志》,晋江县地方志编纂委员会整理,福州:福建人民出版社,1990年,第1025页。

所贵海道肃清,免官司追捕之劳。'从之。"①在宋代,闽、广海域贸易往来频繁,也因此海盗骚扰频发,大者至有数百人,沿海州县苦之。北宋元丰二年(1079年),朝廷始在惠安小兜置寨,不过兵力不足以应付海盗,整体上对水军建设不太重视。宋廷南渡后,防线全面南移,江防、海防压力陡增。又宋金交战多年,民生困顿,沿海居民贫不能自立者,多有入海为寇,他们往往在沿海建立据点,由居民停藏资给,又为贼耳目,通报消息,以至海盗出没不常,无从擒捕。宋金达成和议之后,南宋政府开始重视海防建设,为解决沿海居民"为贼耳目"问题,推行连坐制度,以五家互相为保,不得停隐贼人及与贼船交易,一旦一家有犯,五家均要受其罪。通过沿海居民的互相保证,互相监视,互相揭发,来减少社会治理成本,维护社会稳定。

十二月十三日,令广州、福建、两浙转运司并市舶司,钤束所属州县场务,不得将已经抽解之舶船物货再行收税。

按:《宋会要辑稿·职官四四》载:"孝宗隆兴元年十二月十三日,臣察言:'舶船物货已经抽解,不许再行收税,系是旧法。缘近来州郡密令场务勒商人将抽解余物重税,却致冒法透漏,所失倍多。宜行约束,庶官私无亏,兴贩益广。'户部看详:'在法,应抽解物不出州界货卖更行收税者,以违制论,不以去官、赦降原减。欲下广州、福建、两浙转运司并市舶司,钤束所属州县场务,遵守见行条法指挥施行。'从之。"②按旧法,已经抽解的舶货不能再行收税,但在实际操作中,市舶官员却经常再行抽解,加以重税,以致舶商叫苦连天,为了躲避征苛而犯禁走私,反致市舶收入有亏。因而隆兴元年(1163年),有臣僚提出应对各路市舶司严加管束,杜绝再行抽解的非法行为,让舶商能够安心兴贩,"庶几公私无亏"。

宋朝重视海外贸易,其目的自然是"所以来远人、通物货也",通过招徕外商来增加财政收入,最高统治者也意识到"市舶之利最厚"。因此,涉外买卖政策经常会根据实际情况做出调整,以追求丰厚的利润,故具有一定的灵活性,但也带来法律的不稳定性,例如不同阶段舶货抽

---

① (清)徐松:《宋会要辑稿》第14册,《兵十三》,刘琳等校点,上海:上海古籍出版社,2014年,第8862~8863页。

② (清)徐松:《宋会要辑稿》第7册,《职官四四》,刘琳等校点,上海:上海古籍出版社,2014年,第4217页。

解的比例从"十抽一"到"十抽四"都有，且有的已经抽解的舶货还要再行收税，这就给某些市舶官员上下其手的机会，引起舶商大量走私透漏，最终损害的还是官方的利益。因而朝廷上一直都有要求统一法令的呼声，隆兴二年（1164 年）七月二十五日，臣察言："熙宁初，创立市舶一司，所以来远人、通物货也。旧法，抽解既有定数，又宽期纳税，使之待价，此招致之方也。迩来州郡官吏趣办抽解之外，又多名色，兼迫其输纳，货滞则减价求售，所得无几，恐商旅自此不行。欲望戒敕州郡，推明神宗皇帝立法之意，使商贾懋迁，以助国用。'从之。继而户部欲行广南、福建、两浙路转运司并市舶司，钤束所属州县场务遵守见行条法施行，毋致违戾。"①再次强调了各路市舶司必须约束所属州县场务要按照既有规章制度办事，舶货抽解要有定数，不许巧立名色，兼迫其输纳，以达到"商贾懋迁，以助国用"的目的。

隆兴初，郭知训提举福建市舶。

　　按：郭知训，《八闽通志》卷三十载："郭知训，隆兴初任。"②娶王长庆女，绍兴间，以右承奉郎主管台州崇道观。③

隆兴间，何俌提举福建市舶。

　　按：何俌，《闽书》卷四十三载："何俌，俌字德扬。绍兴甲科，为吏部郎官。金人再犯淮，主议之臣欲弃唐、邓、海、泗四州，俌上封事，请上方剑断奸臣头，朝论以比朱云。除福建提举。右隆兴中任。"④有《玉雪堂小集》，《经验药方》二卷。

宋孝宗赵眘乾道元年　公元 1165 年　乙酉年

陈实任福建路市舶司干办公事。

　　陈实（1143—1212 年），字师是，莆田人，陈俊卿之子。乾道元年，干办福建路市舶司公事。淳熙二年（1175 年），迁主管南外睦宗院。七年，迁通判泉州。庆元间，提举福建路市舶。嘉定二年（1209 年），转福建路

---

① （清）徐松：《宋会要辑稿》第 7 册，《职官四四》，刘琳等校点，上海：上海古籍出版社，2014 年，第 4217 页。

② （明）黄仲昭：《八闽通志》上册，福州：福建人民出版社，1990 年，第 626～627 页。

③ （宋）刘一止：《刘一止集》卷五十，《宋故左中奉大夫致仕文安县开国男食邑三百户王公墓志铭》，龚景翳、蔡一平点校，下册，杭州：浙江古籍出版社，2012 年，第 511～513 页。

④ （明）何乔远：《闽书》第 2 册，《闽书》校点组校点，福州：福建人民出版社，1994 年，第 1082 页。

帅司参议官。五年正月八日卒,享年七十。陈宓《复斋先生龙图陈公文集》卷二十三《奉直大夫福建路安抚司参议陈公行述》详述其生平,曰:"公讳实,字师是,兴化军莆田县人,丞相魏国正献公长嫡子也。妣聂氏,封魏国夫人。公生而端重,学问不烦父师。绍兴三十一年,正献遇明堂恩,授承务郎、监潭州南岳庙。是时正献由御史登法从,骎骎驳秉政。公在侍侧,未尝有子弟之过,宾客人士无识其面者,远绝请托,毫发不敢言。乾道元年,干办福建路市舶司公事。舶司琛赍之府,象、犀、香、珠杂他奇药,裈载山积,临视者往往鱼猎。其尤又有所谓和买,名予其直,十不二三。公曰:'彼冒万死一生以求利,吾忍夺之?'视其人如伤,屏从者于门外如寇,以故蛮商蜑客每遇公之至,环立罗拜,以手加额。郡将侍制汪公大猷、舶使张公坚深器重之。淳熙二年,迁主管南外睦宗院。清源大郡,奸宄所集,恶少无赖挟宗室之势以陵驾平民,民不敢求直。公白宗正赵公不敌,严为陪涉之禁以脱其爪。距亲以义理之言,委曲讽谕以平其心,未几帖然,民受不知之赐居多。七年,迁通判泉州。州有军屯,率岁籴船粟以哺官员,其直以巨万计,商人患之,舟不时至,军情惝惝。公下车,移书属邑,定其轻赋,革奸吏督迫侵渔之弊,诚信不欺,皆感悦承命,迄偿所负。往时商人取直于官,视略为先后,公按籍为次,莫不跃喜抃叫。郡有富商,盖尝德公,因姻戚魄奇货为谢,且以自结,公愕然曰:'子祸我矣。'其人愧谢而去。语闻,郡侯林公枅谓僚属曰:'是能世其家法者。'叹息久之。丁正献忧,哀号毁瘠。反吉,迨十六年,通刺福州,林公复帅三山,知公清谨,事无巨细,悉与评论。继帅辛公弃疾驭下如束湿,僚吏抑首唯诺走趋,公独尽诚不疑,事有不可,必辩止之,气和声亮,帅反加敬侍。同僚有侵公职者,公逊不与校,帅知之,益服公量。暇日与公商论古今,应答如响,皆出入经史百家。故辛公荐公,其章有'博极群书,见谓远器'之语。终更造朝,拜提举福建路市舶。入觐,天颜甚怿,迎谓曰:'卿名相之子。'……魏国夫人薨。居丧尽礼。服阕,改提举广南路市舶。公无意入南。开禧改元,上日既及,逗留未行,会有言者授主管建宁府武夷山冲佑观,公喜曰:'此吾志也。'……嘉定二年,转福建路帅司参议官,……五年正月八日,忽微眩,家人视之,已端坐而逝。……享年七十,积阶由承务郎,十四迁为奉直大夫,封莆田县开国男,邑食三百户,锡服金紫。配方氏,累封恭人,先公二十年卒。合葬焉。子男三人:曰昼,通直郎知潮州海阳县;曰垤,承事郎监泉州南安县盐税,早世;曰熟,承务郎、金书惠州军事判官厅公事。"①陈实任福建路市舶司干办公事之初,市舶官员贪污腐化成风,常假借职务之便,以低价强行购买舶货,名曰和买。予其值十不二三,经过陈实的治理,才稍绝之。番商每遇陈实至,必环立罗拜,以手加额,对他极为尊重。陈实的能力和操守也因此受到泉州知州汪大猷和市舶使张坚的器重。庆元间,陈实提举福建路市舶。

宋孝宗赵眘乾道二年　公元1166年　丙戌年

十二月十六日,诏提举福建路市舶程祐之职事修举,可转一官再任。

　　按:《宋会要辑稿·职官六〇》载:"(乾道二年)十二月十六日,诏提举福建路市舶程祐之职事修举,可转一官再任。"②程祐之,河南人,字吉老,伊川先生从孙。绍兴间,避地寓桂林之永宁寺。乾道初任福建提举市舶。③ 乾道二年(1166年)十二月十六日,转一官再任。四年八月五日,除直秘阁、权广南东路提点刑狱公事。六年,知广州。《程祐之等有关市舶石刻》,《宋会要辑稿》职官四四、蕃夷四,《闽书》卷四十三,《八闽通志》卷三十都作"程祐之"。但《宋会要辑稿》选举三四、《福建市舶提举司志》、(道光)《重纂福建通志》卷九十、(乾隆)《泉州府志》卷二十六、(道光)《晋江县志》卷二十八,及李之亮的《宋代路分长官通考》均作"程佑之",误。

宋孝宗赵眘乾道三年　公元1167年　丁亥年

四月二十二日,诏令别路市舶司所发船前来泉州,不得拘截抽解,仍回原来请公验去处抽解。

　　按:《宋会要辑稿·职官四四》载:"(乾道三年四月)二十二日,诏:'广南、两浙市舶司所发船回日,内有妄托风水不便、船身破漏、樯柁损坏,即不得拘截抽解。若有别路市舶司所发船前来泉州,亦不得拘截,

---

① (宋)陈宓:《复斋先生龙图陈公文集》,《续修四库全书》第1319册,上海:上海古籍出版社,2002年,第562~563页。

② (清)徐松:《宋会要辑稿》第8册,《职官六〇》,刘琳等校点,上海:上海古籍出版社,2014年,第4683页。

③ (明)黄仲昭:《八闽通志》上册,福州:福建人民出版社,1990年,第626~627页。

即委官押发离岸,回元来请公验去处抽解。'从福建路市舶程祐之请也。"①闽、浙、广三路市舶,对舶商的抽解乃至盘剥程度轻重不同,"官吏或侵渔,则商人就易处,故三方亦迭盛衰。朝廷尝并泉州舶船令就广,商人或不便之。"②舶商以趋利故,自然会选择抽解较轻的市舶司口岸登陆,而以各种借口避开抽解率高的市舶司。而住舶地的市舶司也常因经济利益的驱使,允许非本地发舶的回船在当地住舶变卖,这种扰乱市场的行为"遂坏成法,深属不便",朝廷屡禁不止。因此,乾道三年(1167年),南宋政府再次申严舶商回日须于各发舶处抽解,即使到设置市舶机构的其他港口抽解也不行,当地市舶司须即刻委官押发离岸,回原来请公验去处抽解。

十月一日,泉州纲首陈应祥从占城国载回乳香、象牙等,并使、副人等前来进贡。

按:《宋会要辑稿·蕃夷七》载:"乾道三年十月一日,福建路市舶司言:'本土纲首陈应祥等昨至占城蕃,蕃首称欲遣使、副恭贲乳香、象牙等前诣大宋进贡。今应祥等船五只,除自贩物货外,各为分载乳香、象牙等并使、副人等前来。继有纲首吴兵船人赍到占城蕃首邹亚娜开具进奉物数:白乳香二万四百三十五斤、混杂乳香八万二百九十五斤、象牙七千七百九十五斤、附子沉香二百三十七斤、沉香九百九十斤、沉香头九十二斤八两、笺香头二百五十五斤、加南木笺香三百一斤、黄熟香一千七百八十斤。'诏:'使人免到阙,令泉州差官以礼管设。章表先入递前来,候到,令学士院降敕书回答。据所贡物,许进奉十分之一,余依条例抽买。如价钱阙,申朝廷先次取拨,俟见实数估价定,市舶司发纳左藏南库,听旨回赐。'"③宋代,以闽商为代表的海上商人群体活跃于东南亚各地政权,充当诸蕃国与南宋朝贡贸易的桥梁,而其中尤以泉州商人为最。北宋末自泉州设置市舶司以来,泉州的海外贸易迅猛增长,与占城、三佛齐等南海诸蕃联系尤为密切。占城国入贡,多由闽商引带,从泉州登陆,一方面是因为闽商群体在占城国已经深耕多年,熟悉当地语言、习俗,在当地结婚生子的也有不少,入朝为官的亦有之,有的甚至

① (清)徐松:《宋会要辑稿》第7册,《职官四四》,刘琳等校点,上海:上海古籍出版社,2014年,第4218页。

② (宋)朱彧:《萍洲可谈》,李伟国点校,北京:中华书局,2007年,第132页。

③ (清)徐松:《宋会要辑稿》第16册,《蕃夷七》,刘琳等校点,上海:上海古籍出版社,2014年,第9968页。

被国王召为驸马，与当地王室、贵族结成利益集团；另一方面，占城国统治阶层也希望通过闽商群体作为中间媒介来拓展同南宋的朝贡贸易，获得超额利润。此次入贡，正逢泉州纲首陈应祥回舶之际，故占城国的贡使和贡物也均搭载他们的船只，继有纲首吴兵船人赍到占城蕃首邹亚娜进奉物，闽商在其中充当两国朝贡贸易的媒介，为占城当地政权带来经济利益，而占城国则给予闽商群体各种优越待遇和政策支持，双方建立了密切的合作关系，互惠互利。

十一月二十八日，福建提举市舶程祐之奏报占城国掠大食方物遣人入贡事，宋孝宗令说谕以理遣回，其余物货，由泉州市舶司斟酌，依条抽买。

按：《宋会要辑稿·蕃夷四》引《中兴礼书》载："乾道三年十一月二十八日，提举福建路市舶司程祐之言：'本司元劝发占城番兴贩纲首陈应祥等船已回舶，分载正、副使杨卜萨达麻等并随行人计一十二名，已照应入贡体例，差官引伴，于来远驿安泊。其附到进贡乳香、象牙、沉笺香等数目，合无依绍兴二十五年指挥，许令将所贡物货计纲随逐进奉人使赴阙。及据使、副萨达麻等赍到本番首邹亚娜表章，番字一本，唐字一本，及唐字物货数一本。又据大食国乌师点等状：本国得财主佛记、霞啰池各备宝贝、乳香、象牙等赴大宋进奉，到占城国外洋暂驻。有占城番首差土生唐人及番人打驾小船，招引佛记、霞啰池等入占城国拘管，将进奉宝货尽数般上，只拨得乳香、象牙与乌师点等，却差他国番人作己物前来进奉，又将人命杀害，委实痛伤。欲乞备申朝廷施行。候指挥。'勘会已降指挥，据所贡物以十分为率，许进奉一分，余数依条例抽买。奉圣旨：'进奉一物，物色既有争讼，难以收受，可给还，令程祐之说谕，以理遣回。所有其余物货，令市船司斟量依条抽买。'"[1]乾道三年（1167年），占城国邹亚娜发动政变，杀死老国王，弑君上位，急派使者到南宋朝贡，以期获得南宋的承认。但一时未能凑齐贡品，时逢大食国进贡船在占城外洋暂驻，于是邹亚娜下令打劫，将大食国的进奉宝货尽数搬到自己的船上，将抢来的贡物朝奉给宋朝皇帝。而船上的部分大食国商人已被杀害，剩下的人则被幽禁在占城，只有乌师点等少数几人逃脱。福建提举市舶程祐之在十月份已经接待了占城使、副，并安排贡使携带贡物赴临安觐见宋孝宗。乌师点后来也乘船来到南宋，听说占城

---

① （清）徐松：《宋会要辑稿》第16册，《蕃夷四》，刘琳等校点，上海：上海古籍出版社，2014年，第9819页。

拿这批贡物朝贡,遂赶到临安向朝廷告状。宋孝宗得报后,认为既然朝奉的贡物既有争讼,难以收受,可给还,剩下的贡物,则由泉州市舶司依照惯例出资购买。南宋购买的这批贡品后,最后还给了被抢的大食国商人。

十二月二十三日,诏令福建市舶司于赴左藏西库上供银内截拨二十五万贯,专充抽买乳香等本钱。

> 按:《宋会要辑稿·职官四四》载:"(乾道三年)十二月二十三日,诏:'令福建市舶司于泉、漳、福州、兴化军应合起赴左藏西库上供银内,不以是何窠名,截拨二十五万贯,专充抽买乳香等本钱。'从工部侍郎、提领左藏南库姜诜请也。"①左藏库是中央财库,负有管理市舶钱物的职责。为发展海外贸易,南宋政府不但赐以三路市舶司数量不等的空名度牒做博易本钱,有时甚至直接截拨上供银做博易本。泉州市舶贸易在北宋末年至南宋年间快速发展,地位越发重要,宋政府投入充作博易的资金也越来越多。宋徽宗宣和七年(1125年),诏降空名度牒,泉州和广州市舶司各500道,两浙市舶司300道,充作博易本钱。宋高宗建炎二年(1128年),又诏给度牒师号各10万贯,付泉州和两浙市舶司。宋孝宗乾道三年(1167年),令福建市舶司从赴左藏西库的上供银内截拨25万贯,专充抽买乳香等本钱。

宋孝宗赵昚乾道四年　公元1168年　戊子年

二月八日,准福建市舶司将先前已起发之进奉物色改拨作抽买数,按本钱给还,并诏令占城王邹亚娜释见拘大食人还本国。

> 按:《宋会要辑稿·蕃夷七》载:"(乾道)四年二月八日,市舶司言:'准已降旨,给还占城国进贡一分物色,余令本司斟量依条抽买。缘本司未承指挥以前,将一分进奉物色先已起发,乞改拨作抽买数,照降本钱,并以给还。仍乞特降诏旨开谕占城:已并令优价收买,及令尽释见拘大食人还本国。'从之,令学士院降诏。"②按惯例,南宋对藩属国贡品一律采取"一分收受,九分抽买"的方法,即将贡品分成十份,十分之一

---

① (清)徐松:《宋会要辑稿》第7册,《职官四四》,刘琳等校点,上海:上海古籍出版社,2014年,第4218～4219页。

② (清)徐松:《宋会要辑稿》第16册,《蕃夷七》,刘琳等校点,上海:上海古籍出版社,2014年,第9968页。

上贡给皇帝,其余九份则由市舶司依条例抽买。先前十分之一的贡品先已起发前往临安,故程祐的奏请将这部分贡物改拨作抽买数,按本钱给还。同时,请宋孝宗下诏令占城王邹亚娜释放被幽禁的大食国商人。

三月九日,诏令福建市舶司以争讼事理牒报占城国,俟再遣使人修贡如礼,然后赐敕书、降告命。

　　　按:《宋会要辑稿·蕃夷四》载:"(乾道四年)三月四日,诏礼部开具绍兴二十五年答占城诏书制度送尚书省。先是占城番首邹亚娜遣使杨卜萨达麻等贡方物,诏受其献十分之一,使人免到阙。既而福建市舶司言:'大食国人乌师点等诉,占城所贡即所夺本国。'上以争讼,却之。至是宰执进呈答占城国诏书,直学士院答敕洪迈奏,宜用崇宁故事,白背金花绫纸匣襆。而李焘引绍兴二十五年尝受其贡,答诏只用麻纸。况今进贡非诚,却而不受,岂宜更优其礼。上曰:'李焘之论有理,可检二十五年案沓。如有可据,即用近例。'九日,中书门下省言:'勘会提举市舶程祐之乞降诏旨开谕占城:备悉入贡向化之意,所进物货以大食有词,不欲收受,已尽收买,优支价钱。见拘大食人,宜尽放还本国。令学士院降诏。既而臣寮言:占城故王既死,邹亚娜承袭,若以礼入贡,则当议封爵。既大食争讼,难即降诏。乞令程祐之以大食争讼,从市舶司牒报其因,俟再贡如礼,然后赐敕书降告命。'从之。"①占城国的这次朝贡,因发生与大食争讼事件,未能得到宋孝宗的承认,尽管占城贡品最终全由南宋政府购买,但以无礼故,宋朝没有降诏册封邹亚娜。宋孝宗令福建市舶司以争讼事理牒报占城国,待占城再遣使人修贡如礼,然后才给赐敕书、降告命。

八月五日,福建提举市舶程祐之除直秘阁、权广南东路提点刑狱公事。

　　　按:《宋会要辑稿·选举三四》载:"(乾道四年)八月五日,诏:'提举福建路市舶程佑(祐)之职事修举,可除直秘阁、权广南东路提点刑狱公事。'②

九月二十九日,福建提举市舶程祐之与市舶干官王沇等饮钱于延福寺,登临九日山,并刊石纪事。

---

　　①　(清)徐松:《宋会要辑稿》第16册,《蕃夷四》,刘琳等校点,上海:上海古籍出版社,2014年,第9819～9820页。

　　②　(清)徐松:《宋会要辑稿》第10册,《选举三四》,刘琳等校点,上海:上海古籍出版社,2014年,第5920页。

按：宋代《程祐之等有关市舶石刻》："河南程祐之吉老，提举舶事以深最闻，得秘阁移宪广东。金华王泷季充，帅永嘉薛伯室士昭，天台鹿何伯可，浚仪赵庠夫元序，莆阳陈说正仲，蒋巂元肃，饮饯于延福寺。实乾道四年九月二十有九日。"①此石刻位于西峰东麓石刻群上层，东南向。摩崖高140厘米，宽90厘米，字径9厘米，7行，行11字。正书。福建提举市舶程祐之，乾道四年（1168年）八月五日除直秘阁、权广南东路提点刑狱公事。提点刑狱公事也称宪臣，故石刻云"得秘阁移宪广东"，时尚未赴任。王泷，字季充，浙江金华人，王师心第二子。宋代汪应辰的《文定集》卷二十三《显谟阁学士王公墓志铭》云："公讳师心，字与道，世为婺州金华人。……登政和八年进士第，授迪功郎、海州沐阳县尉。……乾道元年，提举江州太平兴国宫。再上章告老，乃进左朝奉大夫，致仕。五年十有二月戊戌薨于里第，年七十有三，诏赠特进。六年十有一月甲申，葬于金华惠日乡常乐寺之东原。公娶曹氏，封淑人。六子：涣，右通直郎，前权通判宁国府事。泷，右宣教郎，前福建路提举市舶司干办公事。"②乾道四年（1168年）九月二十九日，福建提举市舶程祐之祈风于九日山时，王泷正好在市舶干官任上。

乾道四年（1168年），王十朋起知泉州。

按：（道光）《晋江县志》卷二十八《职官志》知州事条："王十朋，（乾道）四年任，五年除敷文阁直学士。祀名宦，有传。"③王十朋（1112—1171年），字龟龄，号梅溪，温州乐清人，绍兴二十七年（1157年）进士第一名，授左承事郎、签书建康军节度判官厅公事，继特添差绍兴府签判。绍兴三十年（1160年）秩满，除秘书省校书郎，寻命兼建王府小学教授。因轮对忤秦桧等权臣，数求去，迁著作佐郎，罢其兼职。绍兴三十一年，迁大宗正丞，主管台州崇道观。三十二年，起知严州，未赴间召对。隆兴元年（1163年）四月，除起居舍人。二年五月，以集英殿修撰起知饶州。乾道元年（1165年）七月，移知夔州，寻除敷文阁待制。三年七月，以敷文阁侍制知湖州。乾道四年，起知泉州。乾道五年冬卸任，十一月

① 黄柏龄：《九日山志（修订本）》，上海：上海辞书出版社，2006年，第88～89页。
② （宋）汪应辰：《文定集》，《影印文渊阁四库全书》第1138册，台北：台湾商务印书馆，1986年，第807～810页。
③ （清）周学曾：（道光）《晋江县志》，晋江县地方志编纂委员会整理，福州：福建人民出版社，1990年，第533页。

二十一日,除敷文阁直学士。^① 在泉州期间有政声,泉人德之。六年,进直学士,又移知台州,以病力辞,且乞致仕,乃复提举太平兴国宫。七年三月,东宫建,王十朋除太子詹事。旋以疾革,累章告老,许归里第。七月四日,诏以龙图阁学士致仕,命下而卒,年六十。^② 绍熙三年(1192年),谥曰"忠文"。王十朋到泉州上任后,上《泉州到任谢表》云:"五年三郡,蒁酬天覆之恩;一札十行,又拜春温之诏。方奉祠而窃禄,遽共理以分符。隆眷不忘,孤忠益励。窃念臣少不学古,晚方入官。论事则意广而才疏,为郡则心劳而政拙。惟民是恤,虽误蒙金口之褒。其毁乃来,终莫夺簧言之巧。松菊方寻于三径,江湖复把于一麾。非神圣素察其衷,岂臣下可得而荐。辞避不获,颠踬是忧。况闽为负山带海遐僻之乡,而泉乃富商大贾往来之会。讵容庸缪,可备使令。兹盖伏遇皇帝陛下尧仁宅天,舜智察物,知臣无剥下益上之罪,恕臣有抑强扶弱之偏,悟即墨之浮言,畀清源之善地。臣敢不清白奉己,循良牧民。富而可求,第守不贪之宝,老之将至,尚怀有犯之忠。"^③王十朋喜与名士交游唱和,知泉州期间,留下了不少有关九日山和祈风的诗作,其中多有描写泉州海外贸易兴盛的景象,如《提举延福祈风道中有作次韵》:"雨初欲乞下俄沛,风不待祈来已熏。瑞气遥看腾紫帽,丰年行见割黄云。大商航海蹈万死,远物输官被八垠。赖有舶台贤使者,端能薄敛体吾君。"^④《提舶生日》诗:"正阳之月愿不作,气候清和满寥廓。阶余嘉瑞十芙蕖,墙出新梢半含箨。正是生才好时节,化日舒长暑犹薄。遥遥华胄马服君,世有功勋上台阁。耳孙挺秀生东蜀,骨相堂堂人磊落。绛帐心潜南郡风,铜柱家传伏波略。致身朝列贰稷官,衔命江东访民瘼。雍容敷奏天颜喜,小试舶台良不恶。北风航海南风回,远物来输商贾乐。日边知己皆达官,行矣归持紫荷橐。平生德性不好饮,今日寿觞宜满酌。烂柯仙侣

---

① (清)徐松:《宋会要辑稿》第10册,《选举三四》,刘琳等校点,上海:上海古籍出版社,2014年,第5921页。

② (清)徐松:《宋会要辑稿》第9册,《职官七七》,刘琳等校点,上海:上海古籍出版社,2014年,第5184页。

③ (宋)王十朋:《梅溪集》卷二十一,《影印文渊阁四库全书》第1151册,台北:台湾商务印书馆,1986年,第524~525页。

④ (宋)王十朋:《梅溪集》卷十七,《影印文渊阁四库全书》第1151册,台北:台湾商务印书馆,1986年,第486页。

年自长,不用西山一九药。"①

乾道间,马希言任福建提举市舶。

　　按:马希言,《八闽通志》卷三十:"马希言……俱乾道间任。"②在程祐之之后,陆沉之前。故马希言应在乾道四年(1168年)底接任程祐之提举福建市舶。马希言,山东濮州鄄城人,寓龙丘。绍兴间,出任海盐县丞,乾道三年,任太府寺主簿。乾道四年,任司农寺丞,诏遣赈灾。乾道四年九月后,提举福建路市舶。乾道六年,任将作少监。③乾道七年,先后任临安府推官、大理少卿。乾道九年七月,除直敷文阁知平江府。淳熙元年(1174年)七月罢。④马希言与郡守王十朋等交游甚密,王十朋有诗《南宫揭榜温陵得人为盛提舶马寺丞有诗赞喜次韵》,称马希言为提舶马寺丞,盖因马希言之前曾任司农寺丞,又有《提舶送荔支借用前韵》:"舶台丹荔新秋熟,风味如人自不同。名字未安真缺典,从今呼作马家红。"⑤将市舶提举马希言送来的荔枝称作马家红。马希言在泉州担任市舶提举与王十朋知泉州的时间几相重合,故王十朋的《梅溪集》中收录有不少两人同往九日山延福寺祈风并游山的诗作。

宋孝宗赵昚乾道七年　　公元1171年　　辛卯年

　　四月,汪大猷以敷文阁待制起知泉州。时海蛮毗舍邪尝掠海滨居民,大猷作屋二百区,遣将屯留。又有戍兵以真腊大贾为毗舍耶执之,汪大猷"验其物货、什器",遂遣之。

　　按:(道光)《晋江县志》卷二十八《职官志》知州事条:"汪大猷,(乾道)七年任,九年再任。祀名宦,有传。"⑥宋代楼钥《攻愧集》卷八十八《敷文阁学士宣奉大夫致仕赠特进汪公行状》详述其生平,曰:"曾祖元吉,不仕。妣何氏。祖洙,皇明州助教,累赠正奉大夫。妣陈氏,累赠太

　　①　(宋)王十朋:《梅溪集》卷二十,《影印文渊阁四库全书》第1151册,台北:台湾商务印书馆,1986年,第513页。

　　②　(明)黄仲昭:《八闽通志》上册,福州:福建人民出版社,1990年,第626~627页。

　　③　(元)脱脱:《宋史》卷三七三,《洪遵传》,北京:中华书局,1977年,第11569页。

　　④　(宋)范成大:《吴郡志》卷十一,《牧守》,《影印文渊阁四库全书》第485册,台北:台湾商务印书馆,1986年,第79页。

　　⑤　(宋)王十朋:《梅溪集》卷十八,《影印文渊阁四库全书》第1151册,台北:台湾商务印书馆,1986年,第491页。

　　⑥　(清)周学曾:(道光)《晋江县志》,晋江县地方志编纂委员会整理,福州:福建人民出版社,1990年,第533页。

硕人。父思温，皇左朝议大夫，直显谟阁致仕，累赠少师。妣王氏，封恭人，累赠越国夫人。本贯庆元府鄞县武康乡沿江里。汪大猷，字仲嘉，年八十有一状。……遂中十五年进士乙科。秩满，关升左从事郎，为婺州金华县丞。……二十年，丁越国忧，星奔哀毁，悲动行路。服除，为严州建德县丞。……差总领淮西江东军马钱粮所干办公事……三十二年，赐绯鱼袋，改干办行在诸司粮料院。……隆兴二年四月，参政钱简肃公宣谕淮东，辟为干办公事。九月，改充参议官。……迁大宗正丞。乾道元年，兼吏部郎官主管，侍郎左选，又兼户部右曹。……七月，遂兼吏部侍郎右选。九月，除吏部郎官主管尚书左选。……（乾道）六月，除秘书少监。……四年正旦，借吏部尚书，为接送伴使。……八月，兼权给事中。……五年，再为参详官。四月，除权刑部侍郎兼侍讲职千秋官。……借吏部尚书，为六年贺金国正旦国信使。……七年正月，除敷文阁待制提举江州太平兴国宫，侍从馆阁诸公赋诗留题以饯行色，今石刻存焉。还乡四月，起知泉州，到郡遇事风生不劳而办。郡实濒海，中有沙洲数万亩，号平湖，忽为岛夷号毗舍邪者奄至，尽刈所种，他日又登海岸杀略。禽四百余人，歼其渠魁，余分配诸郡。初则每遇南风遣戍为备，更迭劳扰，公即其地造屋二百间，遣将分屯，军民皆以为便，不敢犯境。后左翼军狃于盗赏，忽又报侵犯，径捕至庭，自以为功。公曰：'毗舍邪面目如漆，黪涅不辨，此其人服饰俱不类，何耶？'察之，乃真腊大商，四舟俱行，其二已到，余二舟以疑似被诬。公验其物货、什器，信然。军人犹譊譊不已，公谕其将曰：'使真是寇贼，固不应纵舍，既知其为商旅，又岂得陷以深文！'始皆退听，即使尽入来远驿。所贩黄蜡偿以官钱，命牙侩旬日间遣行。军屯城外，有入盗库银者，逾垣而出，为逻者所侦，反执而归，诬以为盗而上之郡。公已得其情，仍械逻者，使参对。失银十二铤，得十而遗其二，主将辩数甚苦，公不为动。已而军士首伏，即其所窖取之，皆伏辜。微公明察善处，则俱失其情矣。蕃商杂处民间，而旧法与郡人争斗，非至折伤，皆用其国俗，以牛赎罪，寖亦难制。公号于众曰：'安有中国而用番俗者？苟至吾前，当依法治之。'始有所惮无敢斗者。三佛齐请就郡铸铜瓦三万片，舶司得旨，令泉、广二州守臣监造付之。公上疏极论其不可，既犯中国之禁，又为外夷所役，独不与。南外宗正司廪给岁广，久以为病，公撙节用度，增价以籴，民始免于苟取。公再岁两求奉祠，九年，以治行尤异，除敷文阁直学士再任，赐衣带。淳熙元年，申前请，始有兴国宫之命。归次延平，除知隆兴府兼江南西路安抚使,赴阙奏事。……十二年始得外祠,十三年高宗庆霁,复龙图阁待制。十四年,再奉祠。十六年,提举凤翔府,上清太平宫。绍熙改元,尽复旧职。二年,致仕。……庆元五年十一月。朝家优老,特除敷文阁学士,赐衣带鞍马。六年秋,初感疾。七月庚辰,薨于正寝。"① 又周必大的《文忠集》卷六十七收录有《敷文阁学士宣奉大夫赠特进汪公(大猷)神道碑(嘉泰元年)》较楼钥所记简略,且文中有缺。汪大猷(1120—1200年),字仲嘉,号适斋,浙江鄞县人,汪思温之子。乾道七年(1171年)四月,汪大猷以敷文阁待制起知泉州。时海蛮毗舍邪尝突至澎湖,尽刈所种,又一日掠晋江围头、水澳等海滨居民。汪大猷遣兵围击,擒四百余人,歼其渠魁,余分配到各县为奴。"毗舍耶"又作"毗舍邪",与澎湖列岛密迩,一水可通。有学者认为"毗舍耶"是台湾的某地,也有学者认为"毗舍耶"为吕宋群岛。但据周运中考,毗舍耶人不太可能是直接来自今菲律宾群岛中部的米沙鄢人,而是米沙鄢人的一支北迁后居住在屏东地区的放索人(Pangsoa)。元末汪大渊的《岛夷志略》所记载的毗舍耶则是米沙鄢群岛的土著。② 时又有四艘真腊大商的船来泉州贸易,但澎湖戍将贪功,以疑似毗舍耶妄捕其中两舟至庭。汪大猷疑其船上的人与毗舍耶肤色、服饰俱不相同,遂亲自上船检验其物货、什器,确认他们是真腊大商,即令有司将真腊商人安排至来远驿款待。其所贩黄腊以官钱博买,旬日间放行出境,保护了番商的正当利益。汪大猷知泉州时,坚持在处理不法番商时适用中国法律。按宋代法律规定,外侨犯罪,先送中国官方审讯,再转交番坊执行,可适用番法,由番长处理,但徒刑以上之罪,则由宋朝官方审定处罚。③ 外侨既多,番商犯罪不法事难免也随之增多,如地方官和番长包庇纵容,难免滋生祸端,对当地社会造成一定的负面影响。汪大猷对番人用番法的规定不以为然,认为"安有中国用外岛夷俗者"。为加强对番商犯罪的威慑,汪大猷坚持"既在吾境,当用吾法"的原则,以中国法治罪,番商始有所惮,无敢斗者。另有三佛齐请就郡铸铜瓦三万片,宋孝宗下诏令泉、广二州守臣督造付之。汪大猷上疏极论其不可,认为宋朝严禁铜钱

---

① (宋)楼钥:《攻愧集》,《影印文渊阁四库全书》第1153册,台北:台湾商务印书馆,1986年,第363页。

② 周运中:《正说台湾古史》,厦门:厦门大学出版社,2016年,第125~135页。

③ 方豪:《中西交通史》上册,上海:上海人民出版社,2015年,第240~160页。

下海,为何还要为三佛齐所驱使?两者岂不自相矛盾,恐以后铜宝泄漏更难禁止。时泉州市舶使张坚也持反对态度,遂诏以铜还之,舶商慑服。

哈拉提人侯赛因卒葬泉州。

按:1952年在泉州中山中路善缘堂发现一方伊斯兰教墓碑,碑的顶部已残毁,残高43厘米,上宽40厘米,下宽42.2厘米,厚10厘米,白花岗石琢成,阴刻古阿拉伯文字六行,碑文云:"这是侯赛因·本·穆罕默德·赫拉蒂之墓。祈求安拉怜悯他,卒于(回历)567年4月13日。"此外,在第五、六行古阿拉伯文字之间,自右至左阴刻横书"蕃客墓"三个汉字。据碑文记载,墓碑主人侯赛因逝世年份为回历567年,即宋孝宗乾道七年(公元1171年)。此为泉州历年来已发现的有记载年代的最古老的一方阿拉伯文字墓碑石。墓主侯赛因,其籍贯"赫拉蒂"(Khalat哈拉摄),其地系亚美尼亚首府。[1] 石碑现存泉州海外交通史博物馆。

宋孝宗赵眘乾道八年　公元1172年　壬辰年

正月二十五日,福建路转运判官兼权市舶陈岘奏请再行钞盐法。

按:《宋会要辑稿·食货二七》载:"(乾道八年正月)二十五日,新提举福建路市舶陈岘言:'福建路海口、岭口、涵头三仓祖额,岁买盐一千九百七十六万七千五百斤。自元丰三年转运使王子京建般运盐纲之法,后来州县奉行,积渐生弊,一则侵盗而损公,二则科买而扰民,至今犹甚。且天下州县皆行钞法,于官则可计所入而无侵渔之弊,于民则便于兴贩而免科买之患,公私之利甚博。今独福建受此运盐之害,岂可不行钞法以革之乎?……'诏委陈岘措置。"[2] 又宋周必大的《文忠集》卷一百《披垣类稿》载:"直敷文阁福建运判吕企中除福建路提点刑狱公事,填赵子英召赴行在阙,候任满前来奏事(正月二十五日)……右朝散郎陈岘除福建路转运判官,填见阙(正月二十五日)。"[3] 梁庚尧认为敕书内容为委陈岘以改革福建盐政之务,故《宋会要辑稿》所记有误,当为福建

---

① 吴文良、吴幼雄:《泉州宗教石刻(增订本)》,北京:科学出版社,2005年,第97～98、344页。

② (清)徐松:《宋会要辑稿》第11册,《食货二七》,刘琳等校点,上海:上海古籍出版社,2014年,第6600页。

③ (宋)周必大:《文忠集》,《影印文渊阁四库全书》第1148册,台北:台湾商务印书馆,1986年,第82页。

路转运判官。① 不过,陈岘也有可能以福建路转运判官兼权市舶。自绍兴十二年(1142年),福建市舶复专一提举,此后市舶机构已趋向稳定,但偶尔也有出现其他监司兼权的个例,如陆游为其堂兄陆沉撰写的墓志铭就有提到"提点刑狱兼权舶司事",而建炎元年(1127年),朝廷也曾罢福建、两浙市舶司,并归转运司。故陈岘在乾道八年(1172年)正月二十五日,除福建路转运判官也有可能兼权市舶,两者并不矛盾。陈岘,字汝仁,诚之子,闽县人,绍兴二十七年(1147年)进士②,乾道八年正月二十五日,以右朝散郎除福建路转运判官兼市舶。淳熙元年(1174年),提举两浙西路茶盐公事。五月二十日到任,至淳熙二年二月二十三日,准告除直秘阁。当年二月二十六日,改除两浙路转运判官。③ 有《东斋表奏》二卷。钞盐法是盐商凭钞运销食盐的制度,即由政府发行盐钞,令商人付现,按钱领券,券中载明盐量及价格,商人持券至产地交验,领盐运销。至于发券多少,则视盐场产量而定。南宋初期财政匮乏,政府颇重盐利,建炎四年(1130年)初,曾在福建行钞盐法,不过很快引起盐价高涨数倍,民众购盐负担加重,不法商人也趁机贩运私盐,弊端丛生。故实行两个多月后即停罢,令转运司官搬官卖。不过,朝廷仍岁发钞盐钱二十万缗赴行在榷货物以助经费。乾道四年(1168年),朝廷将福建应缴纳的钞盐钱蠲除,纲运至上四州发卖的食盐随之数量减少,官府采买的食盐数量亦大减,导致市场上私盐泛滥。陈岘认为只有在福建上四州改行钞盐法,才能阻断私盐流通,将私盐的盐利通过发盐钞给商人转归中央财政,中央再以相当于以往纲运盐额的盐钞补贴地方,解决损公扰民的弊端。但陈岘的建议受到支持官卖人士陈俊卿等人的强烈反对,他们认为盐利转归中央,虽有补贴地方,实则少于现有的州县岁入,"已夺州县岁计",又严禁私贩,必亏税务常额,且上四州本来人口就少,如果盐钞销售不出,必然会摊派给民户。总之,施行钞盐法只会加重百姓的负担,反而可能引起贫民失业,群起为盗。尽管争议很大,朝廷还是决定于当年五月在福建上四州施行钞盐法,直到乾道九年(1173年)

---

① 梁庚尧:《南宋盐榷——食盐产销与政府控制》,上海:东方出版社中心,2017年,第265页。

② (清)徐景熹:(乾隆)《福州府志》(中册),卷三十六,《选举》,福州:海风出版社,2001年,第333页。

③ (宋)范成大:《吴郡志》卷七,《官宇》,《影印文渊阁四库全书》第485册,台北:台湾商务印书馆,1986年,第49页。

正月停罢，效果也并不如陈岘的预期。

十二月八日，诏大理寺正潘景珪前往泉州根勘提举市舶陆沇不法公事。

按：《宋会要辑稿·刑法三》载："（乾道八年）十二月八日，诏大理寺正潘景珪前往泉州根勘提举市舶陆沇不法公事。以沇在任赃污狼籍故也。"[①]陆沇（1110—1194 年），字子元，会稽山阴人，陆游堂兄，曾任监尚书六部门，迁太府寺丞权尚书户部郎，提举两浙市舶司兼暂代舒州知州。乾道间，转任福建提举市舶，丁母忧归。陆沇为人恭谨，夷雅旷远，与王十朋等名士交好，不趋炎附势，攀附权贵。后为泉州通判诬陷在福建提举市舶任上"赃污狼籍"，遂辞官，闭门绝交，终日读佛书。绍熙五年（1194 年）卒，享年 85 岁。陆游亲自为其撰写墓志铭，铭曰："公讳沇，字子元，会稽山阴人。曾大父珪，国子博士，赠太尉。大父佃，中大夫、尚书左丞，赠太师楚国公。考寘，右中散大夫，赠少师。公于某为从父兄，某盖少公十五岁。……会史魏公入为参知政事，为右丞相，与公实姻家。少相从，魏公亦器待公，而公未尝数谒见，朝士亦莫知其相国亲且厚也。监门岁满，迁太府寺丞，权尚书户部郎。久次当为真矣，而公亟求归养，得提举两浙市舶，权知舒州，提举福建市舶，遭母益国夫人忧以归。初，通判泉州者，尝有所请，以法拒之。公去，而提点刑狱兼权舶司事，通判者因谋提点刑狱，以危法中公。公平日以恭谨闻，又方以举职被赏迁一官，朝论右之。公虽得罪，犹傅轻比。于是公阖门绝交游，诵佛书，以夜继日，多至万卷，不复言再仕，亦绝口不及仇家，对客清谈而已。自束发至老，无一日废书，尤长于诗，闲澹有理致。在场屋时，以赋称，老犹自喜，子孙及族党从之讲贯，皆有师法。公为人夷雅旷远，与人言，惟恐伤之。然遇事必力行所知，无所挠屈。尝为丹徒丞，朝廷用言者，遣使籍江上沙田，立税额，使指甚厉，吏莫敢违，亦或从而张虚数以为功。使者至郡，闻人人称公详练，乃檄与偕往，公既极论其不可，又为诗陈民情。诗流传至朝廷，遂止不行。沙人磨石刻其诗，今犹可考。其使福建也，有中贵人所亲皇甫甲者，辄讽公以珍货别进，公正色拒之，戒典客者，他日谒至勿复通。其不阿类如此。公仕自修职郎至朝奉大

---

① （清）徐松：《宋会要辑稿》第 14 册，《刑法三》，刘琳等校点，上海：上海古籍出版社，2014 年，第 8441 页。

夫而废。二十三年，以绍熙五年四月六日卒，享年八十有五。"①根据墓志铭，陆沅在福建提举市舶任上以丁母忧去官，福建提点刑狱兼权舶司事。一段时间之后，乾道八年（1172年）十二月八日，大理寺正潘景珪才前往泉州根勘提举市舶陆沅不法公事。此时，陆沅已不在任。杨文新认为乾道八年十二月八日陆沅还在福建提举市舶任上，误。②又《八闽通志》卷三十："陆沅……俱乾道间任。"③在马希言之后一人。乾道六年（1170年）马希言已在将作少监任上，故陆沅应在乾道六年接替马希言提举福建市舶，后在任上以丁母忧辞官，朝廷以福建提点刑狱兼权市舶事。当时在任的福建提点刑狱应该是赵子英。根据《文忠集》卷一百，周必大为吕企中、陈岘赴任起草的敕书可知，乾道八年（1172年）正月二十五日，福建转运判官吕企中除福建路提点刑狱公事，填赵子英召赴行在阙，而陈岘除福建路转运判官，则是接任吕企中。又《八闽通志》卷三十《秩官》福建路提点刑狱公事："李若朴、何逢原、吴龟年、赵子英、吕企中，俱乾道间任。"④（乾隆）《福州府志》卷二十八《职官志》福建路提点刑狱公事："赵子英，左朝议大夫，直敷文阁，乾道六年任。"⑤赵子英，宗室，绍兴五年（1135年）任黄岩县丞。乾道初，知西外宗正事。乾道五年（1169年）十一月二日，以新福建路提点刑狱公事除直敷文阁，改福建路计度转运副使。⑥乾道六年，任福建提点刑狱。陆沅以丁母忧去官，遂以提点刑狱兼权舶司事。乾道八年十月十四日，除秘阁修撰主管隆兴府玉隆观。⑦

十二月，榷货王裡除福建市舶。

①　（宋）陆游：《渭南文集》卷三十四，《陆郎中墓志铭》，《影印文渊阁四库全书》第1163册，台北：台湾商务印书馆，1986年，第574～576页。

②　杨文新：《宋代市舶司研究》，厦门：厦门大学出版社，2013年，第275页。

③　（明）黄仲昭：《八闽通志》上册，福州：福建人民出版社，1990年，第626～627页。

④　（明）黄仲昭：《八闽通志》上册，福州：福建人民出版社，1990年，第625页。

⑤　（清）徐景熹：（乾隆）《福州府志》中册，福州：海风出版社，2001年，第14页。府志又云："郑兴宗，武功大夫，乾道七年任，有传。吴（吕）企中，左朝奉郎，直敷文阁，乾道八年任。"但据周必大为吕企中、陈岘赴任起草的敕书可知，吕企中于乾道八年（1172年）正月接任赵子英，故府志所云郑兴宗乾道七年任，误。

⑥　（清）徐松：《宋会要辑稿》第10册，《选举三四》，刘琳等校点，上海：上海古籍出版社，2014年，第5920页。

⑦　（清）徐松：《宋会要辑稿》第10册，《选举三四》，刘琳等校点，上海：上海古籍出版社，2014年，第5924页。

按:《建炎以来朝野杂记》(乙集)卷十五《四提辖》:"四提辖,谓榷货务都茶场,杂买务、杂卖场。文思院,左东西库是也。……乾道八年十二月,榷货王祼除福建市舶,左藏王揖除九路铸钱司。"①但到了乾道九年(1173 年)闰正月,在福建提举市舶任上的已是张坚,且因"职事修举"诏除直秘阁,即言职事修举,说明张坚任职有一段时间。疑王祼除福建市舶,但未赴任。

乾道八年(1172 年),毗舍邪复以海舟入寇。汪大猷始置水澳寨于永宁,以控御之。

按:(道光)《晋江县志》卷十八《武功志》:"乾道七年,岛寇毗舍邪掠海滨,八年复以海舟入寇。始置水澳寨,即今永凝(宁),以控御之。"②水澳寨,官称永宁寨,取"永保安宁"之意。乾道八年,毗舍邪复以海舟入寇,汪大猷于澎湖造屋 200 间,遣将留屯,增善水者合前水军数百人长期驻扎。另分 60 人屯水澳寨以控海道,避免了兵士来回往返之劳,也使毗舍耶人无机可乘。

宋孝宗赵昚乾道九年　公元 1173 年　癸巳年

闰正月二十四日,诏提举福建路市舶张坚除直秘阁。

按:《宋会要辑稿·选举三四》载:"(乾道九年闰正月)二十四日,诏提举福建路市舶张坚除直秘阁。以坚职事修举,故有是命。"③张坚,字仲固,张纲之子,绍兴二十四年(1154 年)进士,乾道五年(1169 年)十月通判常州,七年七月任满。④ 乾道间提举福建市舶,淳熙二年(1175 年)知泉州⑤,兼提举市舶。丐祠,除江南西路转运判官。官终户部郎中、四川总领。宋刘宰的《京口耆旧传》卷七收有《张坚传》,比较详细地描述了其在泉州的仕宦经历,云:"坚,字仲固,郊恩补承务郎,再擢绍兴甲戌

① (宋)李心传:《建炎以来朝野杂记》,《影印文渊阁四库全书》第 608 册,台北:台湾商务印书馆,1986 年,第 573 页。

② (清)周学曾:(道光)《晋江县志》,晋江县地方志编纂委员会整理,福州:福建人民出版社,1990 年,第 464 页。

③ (清)徐松:《宋会要辑稿》第 10 册,《选举三四》,刘琳等校点,上海:上海古籍出版社,2014 年,第 5924 页。

④ (宋)史能之:(咸淳)《重修毗陵志》卷九,《秩官》,《续修四库全书》第 699 册,上海:上海古籍出版社,2002 年,第 80 页。

⑤ (清)周学曾:(道光)《晋江县志》,晋江县地方志编纂委员会整理,福州:福建人民出版社,1990 年,第 533 页。

进士第。……连丁大艰，率礼无违。服阕，除将作监丞，改添差通判常州。秩满，差提举福建市舶。陛辞之日，上历言舶司之弊，且问经画所先，对曰：'臣敢不率之以身，绳之以法。'上称善。明日宣谕宰臣，谓遴选得人。到任一以严自律，治药须乳香，亦畏不敢市。朝廷岁降经总制钱及度牒博买乳香，数常不足，坚请榷货务自今变买乳香，并留钱十之三专充本钱。自是本钱有余，舶商无滞，三佛齐番首致生铜，求造瓦于泉州，归以饰佛寺，朝廷从之。坚言：'是欲并缘以泄铜宝。'诏以铜还之，舶商慑服。以劳加直秘阁，故事舶司，任还不该奏对。上闻舶司治迹，特令内引，坚奏疏谓：'朝廷以度牒买乳香，乳香多积无益，度牒多出有害。乞每岁量度所积，以为买纳之数。'又奏乞免抽解番药，上曰：'卿在泉南措置舶司，极齐整。前札所陈，当令大臣与卿商量后札极是。'是日，御批付丞相叶衡：'张某札子甚合朕意。乳香非紧要物，且欲住买，卿可与详议明白。'衡以坚所议入奏，上大悦。进直宝文阁，知泉州，兼提举舶司，已差下提舶苏岘候坚满日赴上。坚谓：'郡与舶司，体实相制，兼官非便。'辞极力，岘始得上。而于陛辞之日，戒以每事必与张某商略。坚闻之，益感激自厉。到任，蠲宿负，剪逋寇，扶弱抑强。为旱祷，至徒行十有五里，应期澍雨。初绍兴间，闽部行经界法，独汀、漳、泉以寇阻，自是因循。坚奏行之，民以为便，而寓公多不悦，从中沮止。坚亦以目眚丐祠，除江南(西)路转运判官。"①张坚在福建提举市舶任上提出许多别弊兴利的措施，如充实博买本钱、改革市舶纲运等，"措置舶司极齐整"，深为孝宗所赏识，故于淳熙二年(1175年)进直宝文阁知泉州，仍兼提举市舶司。

乾道九年(1173年)，汪大猷再任泉州知州。

按：(道光)《晋江县志》卷二十八《职官志》知州事条："汪大猷，(乾道)七年任，九年再任。"②

乾道间，刘诰监泉州市舶务。

(宋)叶适《水心集》卷十七《刘夫人墓志铭》："宜人姓刘氏，名善敬，永嘉人。祖安上，给事中；父诰，监泉州市舶务；夫鲍瀓，朝散大夫知融

---

① (宋)刘宰：《京口耆旧传》，《影印文渊阁四库全书》第451册，台北：台湾商务印书馆，1986年，第198~199页。

② (清)周学曾：(道光)《晋江县志》，晋江县地方志编纂委员会整理，福州：福建人民出版社，1990年，第533页。

州。嘉定五年,年六十四,七月二十四日卒,七年正月十八日葬仙桂乡安丰奥。"①从墓志铭可知,刘氏之祖为刘安上,父为刘诰。刘安上,字元礼,永嘉人。绍圣四年(1097年)进士,历侍御史、给事中,除徽猷阁待制,出知外郡,有《给事集》。②据杨文新考,刘诰为刘安上次子,建炎二年(1128年)刘安上卒时,刘诰年约二十,尚未做官。由于刘诰未中过进士,故其为官应较晚,其任监泉州市舶务或在孝宗初。③

宋孝宗赵昚淳熙元年 公元1174年 甲午年

七月三日,占城国遣使自泉州入贡。诏占城国使人免到阙,令泉州如法管待。

> 按:《宋会要辑稿·蕃夷四》载:"淳熙元年七月三日,诏:'占城国使人免到阙,令泉州如法管待,表章令先次入递前来。候到,令学士院降敕书回答。'福建路市舶张坚言:'占城国进奉使杨卜萨达麻翁毕顿、副使教领离力星翁令、判官霞罗日加益王迟恻到本司,赍出蕃首邹亚娜表章一通,并进奉物数一本,共一银筒,称愿赴朝见。'故有是诏。既而十二月二十三日,学士院言:'乾道三年,占城邹亚娜进奉,称为占城嗣王。今邹亚娜既未曾正授,朝廷封册难以便称国王。'有旨:'令学士院以占城嗣国王称呼回答。'"④淳熙元年(1174年),占城再次遣使入贡,但宋孝宗没有让占城使者赴阙,而是令泉州如法管待,所有贡品由泉州市舶司购买。显然,乾道三年(1167年),占城掠夺大食贡船,并以赃物朝贡宋朝的事件影响到宋孝宗对占城的看法,不再如以前那样重视与占城国的朝贡关系。由于此前因争讼事,宋孝宗未册封邹亚娜,令再遣使人修贡如礼,然后才给赐敕书、降告命,故邹亚娜进奉,称为占城嗣王而不称国王。此次邹亚娜遣使入贡,显然是为请封而来。不过宋孝宗没有让贡使入京觐见,也没有下诏册封邹亚娜。

十月十日,准福建市舶司将细色步檐纲运,差本路司、户、丞、簿合差出

---

① (宋)叶适:《水心集》,《影印文渊阁四库全书》第1164册,台北:台湾商务印书馆,1986年,第328页。

② (清)厉鹗:《宋诗纪事》,《影印文渊阁四库全书》第1484册,台北:台湾商务印书馆,1986年,第679页。

③ 杨文新:《宋代市舶司研究》,厦门:厦门大学出版社,2013年,第291页。

④ (清)徐松:《宋会要辑稿》第16册,《蕃夷四》,刘琳等校点,上海:上海古籍出版社,2014年,第9820页。

官押,粗色海道纲运,选差诸州使臣谙晓海道之人管押。

按:《宋会要辑稿·职官四四》载:"(淳熙元年)十月十日,提举福建路市舶司言:'舶司素有鬻纲之弊,部纲官皆求得之,换易、偷盗、折欠、稽迟,无所不有。今乞将细色步担纲运,差本路司户、丞、簿合差出官押;粗色海道纲运,选差诸州使臣谙晓海道之人管押。其得替待阙官不许差。'从之。二年,市舶张坚有请,以见任官可差出者少,乞依旧差待阙官。从之。"①为了加强对抽买舶货的控制,市舶司将舶货分为粗、细两色。细色纲由陆路押送,粗色纲则走海路。盖陆路运送安全,但需雇脚夫,运费高,行程慢,适合运送小批量、价值高的细货;而海路风险大,易造成商品破坏,但运送成本低,行程也快,适宜运送量大价低的粗货,故又称"细色陆路纲"和"粗色海道纲"。押纲官任务繁重、路程辛苦,又责任重大,且押运海纲需冒风涛之险,纲官多视为畏途,不愿行,故最后派遣的基本上都是军校衙前。②官吏有资财充抵,尚有所顾忌,但衙前军尉则无所顾忌,乘机换易、偷盗、折欠、稽迟,无所不有,多有侵欺贸易之弊。故张坚奏请恢复由官员押运之法,将细色步檐纲运差本路司、户、丞、簿合差出官押。粗色海道纲运则选差诸州使臣谙晓海道之人管押,不再交由武弁押运,以确保纲运能够按期如数送抵京城。

十二月一日,福建提举市舶虞似良帅僚属祈风于延福寺通远祠下。

按:《虞仲房等祈风石刻》:"淳熙元年,岁在甲午季冬朔,吴人虞仲房帅幕属洪子用、朱彦钦、赵德季、赵致孚,祈风于延福寺通远祠下,修岁祀也。与者许称叔、吴景温、闻人应之、赵子张。"③此石刻位于西峰石刻群中南面中层,南向。摩崖高 160 厘米,宽 110 厘米,字径 17 厘米,6 行,行 10 字。隶书。虞似良,字仲房,浙江余杭人,建炎中以父漫分教于黄岩,因寓于此,自号横溪真逸。④乾道八年(1172 年)正月十六日,除大理寺丞,主管右治狱。⑤淳熙元年(1174 年)十二月一日,在福建提

---

① (清)徐松:《宋会要辑稿》第 7 册,《职官四四》,刘琳等校点,上海:上海古籍出版社,2014 年,第 4219 页。

② 曲金良:《中国海洋文化史长编》,青岛:中国海洋大学出版社,2017 年,第 873 页。

③ 黄柏龄:《九日山志》,上海:上海辞书出版社,2006 年,第 90 页。

④ (宋)陈耆卿:《嘉定赤城志》卷三十四,《宋元方志丛刊》第 7 册,北京:中华书局,1990 年,第 7550 页。

⑤ (宋)周必大:《文忠集》,《影印文渊阁四库全书》第 1148 册,台北:台湾商务印书馆,1986 年,第 82 页。

举市舶任上。时潮州韩江大洪水，桥浮梁为洪水所毁，州守常伟修之，在西岸创建杰阁一座，福建舶使虞似良，以古隶体匾之曰仰韩。① 淳熙中为兵部侍郎，官终成都府路转运判官。淳熙十年（1183 年）三月八日，"成都府路转运判官虞似良放罢，以言者论其志趣卑劣，所历之官并无善誉，其在成都，遣人遍求古石刻，职事不修，故有是命"。② 宋代楼钥《攻愧集》卷一收有《送虞仲房赴潼川漕》一诗，云："向来郎曹天咫尺，引山（身）闽山接商舶。贾胡叹仰清节高，雾中亲见越王石。"③

九日山摩崖石刻中现存有关海交官职和祈风的石刻有 13 方，时间跨度从北宋崇宁三年（1104 年）到南宋咸淳二年（1266 年），为往来商舶祈求顺风和平安的文字记录，也是我国现存古代海外交通史独一无二的石刻。每年阴历夏四月间，冬十、十一月间，泉州郡守、提举市舶官员都会率领有关僚属到山麓的延福寺、昭惠庙举行祈风仪典，敬祭海神。祈风典礼是当时的官方祭典，仪式非常隆重。泉州太守率领部属出席，设祭坛，陈列羊、猪、酒等祭品，然后上香，奏迎神曲，由提举市舶司或太守宣读《祈风文》。礼毕就饮宴于延福寺或登临九日山，并刊石纪事，一般记述了祈风时间、地点、参加者姓名和仪式结束后的活动等内容。这 13 方石刻中提到提举市舶职官而没有提到祈风的共有三方，即崇宁三年的章炳文、靖康元年（1126 年）的鲁詹，以及乾道四年（1168 年）的程祐之，其余 10 方皆为祈风石刻，共记录了 11 次祈风仪式，多数由地方政府主官主持，专职负责国家海洋贸易管理的市舶司官员偕同南外宗正司官员（皇族）、军队统帅等朝廷任命的军政要员联袂参与。这些代表国家力量的重要官员的广泛参与，反映了市舶制度下国家对海洋贸易的倡导，也体现出市舶司机构、地方政府对海洋贸易的管控职责。而虞仲房等祈风石刻，是现存最早有关祈风的石刻，"修岁祀"三字可见祈风制度在淳熙元年（1174 年）以前就已经形成。虞似良善篆隶，隶法尤工。家徒四壁，藏汉隶刻数千，心慕手追，尽其旨趣。故此石刻不仅记载着有关祈风的史实，更是一种难得的书法资料。

---

① （明）解缙：《永乐大典》卷五三四五，《仰韩阁记》，北京：中华书局，1986 年，第 2482 页。

② （清）徐松：《宋会要辑稿》第 8 册，《职官七二》，刘琳等校点，上海：上海古籍出版社，2014 年，第 4988 页。

③ （宋）楼钥：《攻愧集》，《影印文渊阁四库全书》第 1152 册，台北：台湾商务印书馆，1986 年，第 282 页。

九日山祈风石刻是体现世界海洋贸易中心管理保障的代表性遗产,它是一组记载了宋代在泉州负责海外贸易管理的国家专员、地方官员以及皇室成员等为海外贸易商舶举行祈风仪式的摩崖石刻,体现了在宋代市舶制度下,国家力量对海洋贸易的倡导和管控。这些珍贵的石刻历史档案真实记录了宋代海洋贸易与季风密切关联的运行周期等历史信息,反映出海神信仰对贸易活动的精神促进。[①]

正月九日,王有大在福建市舶干官任上。

按:(宋)楼钥《攻愧集》卷九十《侍御史左朝请大夫直秘阁致仕王公行状》载:"公字伯礼,其先大名府人。……今遂为鄞人。公登绍兴二年进士科,授左迪功郎,吉州左司理参军。试教官为第一,改充明州州学教授。……七年移知温州,九年赴上,才三月,终于州治,累官至朝请大夫。……子男三人:曰星郎,未名而卒;曰有大,通直郎、福建路提举市舶司干办公事,后公九年卒;曰正大,文林郎、新处州军事推官。……淳熙元年正月九日,葬公于奉化县忠义乡之瑞云山太师墓侧。"[②]王有大,王伯礼之子。淳熙元年正月九日,王伯礼葬于奉化,时王有大在福建市舶干官任上。淳熙九年(1182年),王有大卒。

宋孝宗赵昚淳熙二年　公元1175年,乙未年

二月二十七日,令泉、广二舶司将粗细色纲合并,以五万斤为一全纲。由海路发运,福建限三月程,广南限六月程到行在。

按:《宋会要辑稿·职官四四》载:"(淳熙)二年二月二十七日,户部言:'市舶司管押纲运官推赏,今措置,欲令福建、广南路市舶司粗细物货并以五万斤为一全纲,福建限三月程,广南限六月程,到行在无欠损,与比仿押钱帛指挥推赏。如不及全纲,以五万斤为则作十分纲计,亦依押钱帛纲地里格法等第推赏。'从之。"[③]宋初,细色纲只有龙脑、珠之类,每纲五千两,其余皆作粗色,每纲一万斤。大观以后,大张其数,将犀象、乳香、檀香等皆做细色,每纲规定重量不变,分32纲起发。建炎四

---

①　《九日山祈风石刻》,2017年8月7日,http://www.qzworldemporium.cn/yczhs/201708/t20170807_2467691.htm,2021年10月15日。

②　(宋)楼钥:《攻愧集》,《影印文渊阁四库全书》第1153册,台北:台湾商务印书馆,1986年,第383~386页。

③　(清)徐松:《宋会要辑稿》第7册,《职官四四》,刘琳等校点,上海:上海古籍出版社,2014年,第4219页。

年（1130年），为节省纲运费用，朝廷令以陆路三千斤，水路以一万斤为一纲，增加了每纲的重量。乾道七年（1171年），又将粗色香药物货增加为每二万斤为一纲。为进一步降低运费成本，淳熙二年（1175年），朝廷令泉、广二舶司，将粗细色纲合并，以五万斤为一全纲，由海路发运。对纲运期限，朝廷也做出规定：福建限三月程，广南限六月程到行在。为保证如期如数到货，朝廷要求泉、广市舶司需在四五月间装运上船，乘南风北上，交船时需由市舶官员和地方官会同勘验。又申明推赏办法，押纲官员按期如数完成任务的则有酬赏，没有如期到达，或侵盗货物者则要受罚，以保证纲运顺利完成。

十二月五日，准诸蕃物货往他州兴贩，但须经征榷之后，召保经舶司陈状，疏其名件，给据付之。

按：《宋会要辑稿·职官四四》载："十二月五日，提举福建路市舶苏岘言：'近降旨挥，蕃商止许于市舶置司所贸易，不得出境。此令一下，其徒有失所之忧。乞自今诸蕃物货既经征榷之后，有往他者，召保经舶司陈状，疏其名件，给据付之，许令就福建路州军兴贩。'从之。"① 宋徽宗崇宁三年（1104年）以前，舶货经市舶司抽解后，番商可自由出售自己的商品，开始时主要是在广州，后亦有往东京和他州买卖。崇宁三年，宋徽宗下诏规定番商须取得当地市舶司批准，取得公凭，方可前往外州交易。到了南宋时期，朝廷又禁止番商往贩他州，引起了番商"徒有失所"的忧虑，故宋孝宗重新放宽了禁令，规定番商如欲往他州贸易，可在完纳舶税，找人作保后，到市舶司申请公凭，经市舶司查验和登记造册后核发公凭，即可越州前往。苏岘（1018—1183年），字叔子，苏轼曾孙，四川眉山人，居江苏宜兴。乾道五年（1169年），在右通直郎、将作监丞任上。淳熙二年（1175年），张坚知泉州，兼提举市舶，已差下提舶苏岘候坚满日赴上。坚谓："郡与舶司，体实相制，兼官非便。"辞极力，岘始得上。② 淳熙二年九月，苏岘为福建市舶使者，与同乡建安郡守韩元吉会于郡斋，共同品赏《许昌唱和集》，决定将其付梓传世，《书许昌唱和集后》云："相与道乡间人物之伟，因出此集披玩，始议刻之。盖叔子、父祖

---

① （清）徐松：《宋会要辑稿》第7册，《职官四四》，刘琳等校点，上海：上海古籍出版社，2014年，第4219页。

② （宋）刘宰：《京口耆旧传》，《影印文渊阁四库全书》第451册，台北：台湾商务印书馆，1986年，第198～199页。

诸诗亦多在也。"①其提举福建市舶,前官有以岁市乳香增数授贴职者,苏岘至,增至三十八万斤,不肯自言。时市舶司官员多以私市珍货为利,而苏岘始终清廉自律,自食物外一不以市。淳熙间,任福建转运副使。②淳熙十年(1183 年)十二月七日卒,享年 66 岁。杨文新作"终年76 岁"③,误。苏岘与同乡兼同龄的韩元吉交游甚密,苏岘过世后,韩元吉为其撰写墓志铭,记其生平甚详,其文曰:"苏文忠公以文章冠天下,士大夫称曰东坡先生而不姓也。中兴渡江,始诸孙有显者,其二曾孙,隔在许昌,相继来归,才望表表著见,天子识而用之。一曰峤,字季真,历谏省,给事黄扉,待制显谟阁。次则公也,讳岘,字叔子,兄弟一时驰名。……知邠州,数月,丁内艰。掌舶货于闽,赵丞相雄为枢密,又荐之。上曰:'朕记其面也。'召见,曰:'卿可谓清苦有立矣。'除吏部郎,卿于太府,由福建转运使移江西……而公旧苦肺疾,以哭兄逾戚,连岁屡作。淳熙之十年也,六十有六矣。疾旬余,却医药不肯视,曰:'东坡之年止此,吾何德似之?'屏荤茹,冠帻而逝,十二月七日也。将葬,诸子以铭为请。予与公既故且亲,同里间,共庚甲也,其何可不铭?公为人清澹寡欲,气正而言直,在官以廉,居家以俭,接朋友以信义,恬不务进取,故自奉常辞正而易丞,由寺而移监,未尝一以介意。方曾丞相当国,每以正论助之,人不谓其子婿也,竟以嫌引去。其提举福建市舶,前官有以岁市乳香增数授贴职者,公至增至三十八万斤,不肯自言。还朝主吏部右选,武臣类不知书,所理多不伸,公悉意直之,或俾召保任而行,吏莫敢肆。在太府,同详定敕令,遇迁官辄虀虀不怡累日,曰:'用既逾分矣,禄不及亲,何益也?'……时郡方以事阁公俸,闻是愧而还公。舶使之不谨,多以私市珍货为利,公则自食物外一不以市。今丞相梁公里第与司为邻,尝和公诗,戏曰:'只恐归无荔子图'。言公虽荔枝不肯图画以归也。……其将赴舶司,上询以舶商事,则曰:'不敢以道路之言欺陛下也,俟至部讲究以闻。'议者叹公忠实。既还,始奏二事:以蛮货售于一路,而勿拘于置司之地;舶务官通于四选,而必经任者。皆见纳。大府市药材于杂买务,得不以时,公曰:'药以治病,兹实惠及民者也,请用

①　韩元吉:《南涧甲乙稿》卷十六《书许昌唱和集后》,《影印文渊阁四库全书》第 1165册,台北:台湾商务印书馆,1986 年,第 253～254 页。

②　(明)黄仲昭:《八闽通志》上册,福州:福建人民出版社,1990 年,第 623 页。

③　杨文新:《宋代市舶司研究》,厦门:厦门大学出版社,2013 年,第 276 页。

旧法市于外。'戒监司、郡官不得以私意易置县令。闽之漕计以盐策,而州县积负,公奏除十余万缗。江右俗号嚣讼,公为条目揭道周,有投牒不应法令,皆拒斥之。"①

宋孝宗赵昚淳熙三年　公元 1176 年　丙申年

三月五日,占城遣使赍表章并进奉物从泉州入贡。

> 按:《宋会要辑稿·蕃夷四》载:"(淳熙)三年三月五日,福建路提举市舶司奏:'占城蕃主事官馆宁赍到蕃首邹亚娜表章一牙匣。'诏学士院降敕书回答。"②周必大奉命起草《赐占城嗣国王邹亚娜进奉敕书(淳熙三年三月)》,收于《文忠集》卷一百十一,其文曰:"敕占城嗣国王邹亚娜:昨据提举福建路市舶张坚缴奏,卿所遣进奉使副扬卜萨达麻翁毕顿等,赍到表章一通,并贡象牙、乳香、沉香等事。维乃海邦,旧尊国制。逮而纂服,继述不忘。仍岁以来,使航洊至。旅陈方贡,祗庆郊禋。载念勤诚,良深眷瞩。已降指挥,将所贡物以十分为率,许留一分,其余依条例抽买给还价钱外,今回赐卿锦三十匹、生绫二十匹、川生押罗二十匹、生樗蒲绫二十匹、川生克丝二十匹、杂色绫一百五十匹、杂色罗一百五十匹、熟白樗蒲绫五十匹、江南绢五百匹、银一千两,至可领也。故兹示谕,想宜知悉。春暖,卿比好否?遣书,指不多及。"③淳熙元年(1174年),占城遣使赍表章并进奉物从泉州入贡,但宋孝宗没有让贡使入京觐见,也没有下诏册封邹亚娜,仅令泉州如法管待。淳熙二年,占城国王通书琼管,遣人船过海南买马,但被官司禁约,于是"愤怒大掠而归"。南宋令其放回被掠人口,勿再生事。淳熙三年(1176年),占城再遣使赍表章并进奉物从泉州入贡,并主动归还上次劫掠的 83 人,求与海南通商,但再次被南宋政府以"海南四郡即无通商条令"为由予以拒绝。此后,两国关系迅速转冷,占城除于嘉泰间遣使入贡外,直到南宋灭亡,两国再无交往。

淳熙三年,龚葚以父任为承奉郎,监泉州舶务。

---

①　韩元吉:《南涧甲乙稿》卷二十一,《朝散郎秘阁修撰江南西路转运副使苏公墓志铭》,《影印文渊阁四库全书》第 1165 册,台北:台湾商务印书馆,1986 年,第 253～254 页。

②　(清)徐松:《宋会要辑稿》第 16 册,《职官四四》,刘琳等校点,上海:上海古籍出版社,2014 年,第 9820 页。

③　(宋)周必大:《文忠集》,《影印文渊阁四库全书》第 1148 册,台北:台湾商务印书馆,1986 年,第 220～221 页。

按:宋陈宓《复斋先生龙图陈公文集》卷二十二《中散大夫开国龚公圹铭》载:"公讳叓,字仲旸。始祖居钱塘,七世祖入闽,家莆田。绍兴二十九年十二月十九日生,考讳茂良,故任仕奉大夫、参知政事、资政殿学士,清源郡公,累赠太师、秦国公。妣朱氏、林氏,秦国夫人。淳熙三年,以父任为承奉郎,监泉州舶务。丁外艰,服除,监瑞州新昌县酒税,知泉州惠安县丞。干办两浙西路提举,常平公事知惠安县通判。……绍定二年正月望夜,以疾卒于正寝,享年七十有一。积阶至中散大夫,爵莆田县男,食邑三百户,赐紫金鱼袋,娶方氏,封令人。子男二人,长曰埙,承奉郎,先公十九年殁。次曰埴,从事郎,前主泉州晋江县簿。女二人,长适朝奉大夫陈宓,次适从事郎、信阳军教授郑仲路。遵治命,三月而葬于莆田县嘉禾里。"[①]龚叓,字仲阳,祖居钱塘,后移居莆田,龚茂良之子。淳熙三年,龚叓以父任为承奉郎,监泉州舶务。庆元间,出任惠安县知县。[②]

宋孝宗赵昚淳熙四年　公元1177年　丁酉年

韩康卿在福建提举市舶任上。

按:(道光)《重纂福建通志》卷二十二《坛庙》韩忠献父子祠条:"旧在府治后圃,宋郡守王十朋建。淳熙间,五世孙康卿来泉提举市舶司重建。"[③]又(乾隆)《泉州府志》卷十三《学校一》,引梁克家的《韩忠献父子祠记》曰:"乾道五年(1169年),泉州太守为中令韩公、忠献魏公立祠于州治之大隐庵。淳熙四年(1177年),公五世孙康卿拜奠祠下,及明年夏四月壬申,改作中令及公之祠,秋七月甲子讫事。康卿告飨如礼,来谂克家曰:'是举也,非康卿私其先,将以慰邦人无穷之思。愿乞文以纪岁月。'"[④]韩康卿,河南安阳人,郡守韩国华五世孙。韩国华,字光弼,相州人。宋太平兴国二年(977年)进士,景德四年(1005年)以太常少卿知

---

① (宋)陈宓:《复斋先生龙图陈公文集》,《续修四库全书》第1319册,上海:上海古籍出版社,2002年,第543页。

② (明)黄仲昭:《八闽通志》卷三十二,《秩官》,上册,福州:福建人民出版社,1990年,第679页。

③ (清)孙尔准:(道光)《重纂福建通志》,《中国省志汇编:9》,台北:华文书局,1968年,第575页。

④ (清)怀荫布:(乾隆)《泉州府志》,《中国地方志集成·福建府县志辑》第24册,上海:上海书店出版社,2000年,第294页。

泉州,大中祥符四年(1011年)离泉。韩琦,字稚圭,自号赣叟,韩国华第六子,生于泉州郡舍。天圣年间进士,历官至宰辅,拜同中书门下平章事、右仆射。执政三朝,封魏国公,卒谥"忠献"。乾道五年(1169年),泉州知州王十朋在州治大隐庵内为韩国华、韩琦父子立祠。淳熙四年(1177年),韩康卿提举福建市舶。莅任后,前往祠中祭拜。第二年夏四月壬申,重修祠宇。同年秋七月甲子完工,遵礼法举行祭祀典礼,请梁克家记之。韩国华、韩琦父子奉祀于名宦祠,旧名先贤祠,在府文庙明伦堂东。后废,又改祀泉州五贤祠。2000年,在泉州府城隍庙东侧,即古五贤祠遗地出土《泉州知州韩国华像赞题跋》《忠献王韩琦像赞题跋》石刻,为泉州南建筑博物馆收藏。

宋孝宗赵眘淳熙五年　公元1178年　戊戌年

十月,陈弥作起知泉州。

按:(道光)《晋江县志》卷二十八《职官志》:"陈弥作,(淳熙)五年十月任(泉州知州)。"①陈弥作,侯官人,绍兴八年(1138年)黄公度榜进士,任莆田县丞。②绍兴三十二年四月乙酉,以太府寺丞迁为福建路转运判官。③历吏部侍郎兼权尚书,终敷文阁直学士、太中大夫。④淳熙五年(1178年)九月,陈弥作辞免差遣知泉州,宋孝宗以泉州乃番商大贾宝货齐聚之地,狱市繁杂,非政事强明廉平不扰者难以胜任为由不允。宋周必大《文忠集》卷一百九《赐敷文阁直学士中大夫陈弥作辞免差遣知泉州恩命不允诏(淳熙五年九月二日)》云:"泉南地大民众,为七闽一都会,加以蛮夷慕义,航海日至,富商大贾宝货聚焉,狱市之繁非他邦比也。朕思得政事强明廉平不扰者,付之符竹。阅从臣之籍,无以易卿。已趣开藩,勿劳谦避。所辞宜不允。"⑤

---

①　(清)周学曾:(道光)《晋江县志》,晋江县地方志编纂委员会整理,福州:福建人民出版社,1990年,第533页。

②　(民国)张琴:(民国)《莆田县志》卷九,《职官志上·宦绩》,《中国地方志集成·福建府县志辑》第16辑,上海:上海书店出版社,2000年,第324页。

③　(宋)李心传:《建炎以来系年要录》卷一百九十九,《影印文渊阁四库全书》第327册,台北:台湾商务印书馆,1986年,第861页。

④　(明)黄仲昭:《八闽通志》卷四十六,《选举》,下册,福州:福建人民出版社,1991年,第56页。

⑤　(宋)周必大:《文忠集》,《影印文渊阁四库全书》第1148册,台北:台湾商务印书馆,1986年,第190~191页。

三佛齐国遣使贡方物,诏免赴阙,馆于泉州。

按:《宋史》卷四百八十九《外国五》载:"三佛齐国,盖南蛮之别种,与占城为邻,居真腊、阇婆之间,所管十五州。……绍兴二十六年,其王悉利麻霞啰陀遣使入贡。帝曰:'远人向化,嘉其诚耳,非利乎方物也。'其王复以珠献宰臣秦桧,时桧已死,诏偿其直而收之。淳熙五年,复遣使贡方物,诏免赴阙,馆于泉州。"①三佛齐国,在今苏门答腊岛东北部,是中国通往印度洋、中东地区必经之地,唐时称室利佛逝,宋时称三佛齐,元代和明代则称旧港。三佛齐国地控要津,为商旅辐辏之地,与阿拉伯和中国商人皆有密切来往。绍兴年间,泉州纲首朱纺舟往三佛齐国贸易,往返曾不期年,获利百倍。北宋时期和南宋初年,三佛齐国曾多次遣使从广州入贡。随着泉州海外贸易逐渐追上广州,泉州港地位也渐与广州齐平,且泉州到行在的路程也比广州到行在要近得多,故南海诸番入贡也多有从泉州登陆者。淳熙五年(1178年),三佛齐国复遣使贡方物,宋孝宗诏令贡使免赴阙,馆于泉州,由泉州市舶司负责接待事宜。

宋孝宗赵昚淳熙六年　公元1179年　己亥年

八月,洪槢在监泉州市舶务任上。

按:宋洪适《盘洲文集》卷七十七《莱国墓志铭》载:"莱国夫人,姓沈氏,讳德柔,常州无锡人。左中奉大夫,讳复之。孙太学博士,讳松年之女魏国夫人之侄,年十有六,归于洪氏为太师魏国忠宣公之冢妇。尚书右仆射、同中书门下平章事、观文殿学士鄱阳公某之夫人,事魏国甫三年。……淳熙六年八月二十一日薨,年六十有一。……男子九:槻,承议郎通判德安府;柲,奉议郎江西安抚司主管文字;楉,文林郎江东茶盐司干办公事;櫕,宣教郎主管仙都观;桴,承事郎;槢,承奉郎监泉州市舶务。"②洪槢即洪适之第七子,洪适妻莱国夫人沈德柔于淳熙六年(1179年)八月二十一日薨,时洪槢在监泉州市舶务任上。洪槢,字盈之,官朝奉郎、知台州,赐绯鱼袋。③

①　(元)脱脱:《宋史》,北京:中华书局,1977年,第14090页。

②　(宋)洪适:《盘洲文集》,《影印文渊阁四库全书》第1158册,台北:台湾商务印书馆,1986年,第770~771页。

③　周膺、吴晶:《西溪望族》,杭州:杭州出版社,2012年,第209页。

宋孝宗赵昚淳熙七年　公元1180年　庚子年

海舟贼沈师作乱,戍将萧某统领战死,郡守程大昌趣统制裴师武讨之。

按:《八闽通志》卷三十七《秩官》泉州知州条"程大昌,字泰之,休宁人。淳熙中知州事。江州贼沈师作乱,戍将萧统领战死,闽部大震。大昌趣统制裴师武讨之,贼遂散去,民赖以安。"①又(道光)《晋江县志》卷三十四《政绩志》:"程大昌,字泰之,休宁人。绍兴中试馆职,为秘书省正字,历官权吏部尚书。淳熙七年,方行中外迭更之制,力请出外,遂知泉州,有惠政。江州贼沈师作乱,戍将萧统领战死,闽部大震。大昌趣统制裴师武讨之,贼遂遁去。迁知建宁府,徙知明州,致仕卒。大昌博学善考究,著述传于当时。"②程大昌,字泰之,休宁人,绍兴二十一年(1151年),主吴县簿。未上,丁父忧。服除,擢太平州教授。明年,召为太学正,试馆职,为秘书省正字。孝宗即位,迁著作佐郎。除浙东提点刑狱,徙江西转运副使。进秘阁修撰,召为秘书少监,兼中书舍人。权刑部侍郎,升侍讲兼国子祭酒。③淳熙七年,出知泉州,时海舟贼沈师作乱,镇守军官与之交战中阵亡。程大昌急发军书,约请统制裴师武率兵讨伐增援。裴师武因未得到上级统帅军符而按兵不动,程大昌亲笔写催促裴师武。贼寇谋划攻城,正赶上裴师武的军队赶到,贼遂散去。程大昌自乞奉祠,朝廷以泉州为一大都会,蛮琛夷宝,利输中州,需有重臣镇之,不许。宋代崔敦诗《崔舍人玉堂类稿》卷十《赐敷文阁直学士太中大夫知泉州军州事程大昌乞改畀一在外宫观差遣不允诏》云:"闽山衰长,泉为都会,蛮琛夷宝,利输中州。朕选儒学侍臣之镇,所以布宽诏、惠遐俗也。卿浑深之度,简重之资,出临名邦,休有善状。尚体素遇,迄终令庸,引闲告归,毋至重请。"④后迁知建宁府。宋光宗绍熙元年(1190年),以宝文阁直学士、宣奉大夫知明州,兼沿海制置使。十一月初三日

① (明)黄仲昭:《八闽通志》上册,福州:福建人民出版社,1990年,第800页。
② (清)周学曾:(道光)《晋江县志》,晋江县地方志编纂委员会整理,福州:福建人民出版社,1990年,第986页。
③ (清)嵇璜:《钦定续通志》卷五百四十五,《儒林传》,《影印文渊阁四库全书》第400册,台北:台湾商务印书馆,1986年,第485~486页。
④ (宋)崔敦诗:《崔舍人玉堂类稿》,《续修四库全书》第1318册,上海:上海古籍出版社,2002年,第410页。

到任,初八日,宫观。① 绍熙五年(1194 年)请老,以龙图阁直学士致仕。庆元元年(1195 年)卒,谥"文简"。著有《禹贡论》五卷、《后论》一卷、《山川地理图》二卷,其图据归有光《跋》称吴纯甫家有淳熙辛丑泉州旧刻,则嘉靖中尚有传本,今已久佚。②

福建提举市舶赵彦骙卒。

　　按:宋陈宓的《复斋先生龙图陈公文集》卷二十一《王氏夫人墓志铭》载:"夫人姓王氏,讳惠真,潮州揭阳县丞讳震之长女。生九岁,母夫人方氏殁,夫人实主内事赞府公,爱重之。及笄,适市舶赵公讳彦骙。事舅崇道公尽妇道,以孝称。敬夫如宾,虽小事不敢专,必咨而后行。崇道卒,居丧尽礼。市舶继卒,二子少稚,叔姑皆幼。夫人年卅一,哀苦自誓,阖门百指,节缩营办以取给,又能极力举舅姑及其夫之丧。……好义善施,家虽贫,客至,治具不问有无。春秋蒸尝,凡刀匕盘匜之奉,必躬必亲。其执馈也洞洞属,虽老不懈。少喜浮屠、老子之说,晚而课其书,日盈万言。病革,神闲气定,悉召男女至前,与之诀,其处死生不乱如此。绍定元年十月六日丙午,终于正寝,享年七十有九。其明年十一月朔乙丑,葬于广恩山之麓。子男二人,长曰宠夫,从事郎、建宁府观察判官,先夫人十二年卒。次宁夫,宣教郎、前知漳州漳浦县丞。女二人,长适进士方拱辰,先卒。次学浮屠法,为比丘尼。"③墓志铭提到赵彦骙妻王氏卒于绍定元年(1228 年),卒年 79 岁。其守寡时年 31 岁,以此推算,赵彦骙应卒于淳熙七年(1180 年),时在福建提举市舶任上。其长子赵宠夫,庆元二年(1196 年)进士;次子赵宁夫,嘉定十六年(1223 年)进士。赵宠夫子赵时楝,嘉定十三年(1220 年)进士;赵时朴,嘉定十六年进士。④ 但据《泉州海关志》《宋代市舶司研究》《福建市舶司人物录》三书的考证,福建、两浙、广南三路市舶官员皆没有赵彦骙,今据墓志铭补。

---

　　① (宋)罗濬:《宝庆四明志》卷一,《叙郡上·郡守》,《影印文渊阁四库全书》第 487 册,台北:台湾商务印书馆,1986 年,第 20 页。

　　② (清)纪昀:《四库全书总目提要》(第 1 册)卷十一,《经部十一》,石家庄:河北人民出版社,2000 年,第 328 页。

　　③ (宋)陈宓:《复斋先生龙图陈公文集》,《续修四库全书》第 1319 册,上海:上海古籍出版社,2002 年,第 528～529 页。

　　④ (民国)张琴:(民国)《莆田县志》卷九,《宦绩》,《中国地方志集成·福建府县志辑》第 16 辑,上海:上海书店出版社,2000 年,第 455～457 页。

宋孝宗赵昚淳熙九年　公元1182年　壬寅年

十一月二十一日,诏令大奚山澳长民户收捉兴化、漳、泉等州逋逃之人。

　　按:《宋会要辑稿·刑法二》载:"(淳熙九年)十一月二十一日,诏:'广东经略司晓谕大奚山民户,各依元降指挥,只许用八尺面船采捕为生,不得增置大船。仍递相结甲,不得停著他处逃亡人。如有逃亡人,令澳长民户收捉,申解经略司,重与支赏。'以枢密院言:'大观间曾降指挥,大奚山民户所置船面不得过八尺,近年多有兴化、漳、泉等州逋逃之人聚集其处,易置大船,创造兵器,般贩私盐,剽劫商旅。'故有是命。"①大奚山,在今香港境内大屿山,南宋时属东莞县,居民不事农桑,以鱼盐为生,处于地方政府管理的边缘地带。南宋以来,为闽广海盗的主要聚集地之一。宋廷一方面对其采取招安政策,招降了朱祐等首领,择其少壮者为水军,而放老弱者归寨②;另一方面加强社会管理,减免鱼盐税赋,许民用八尺面船采捕为生,但不得增置大船。且厉行保甲制度,如有逃亡人,令澳长民户收捉,押往广东经略司,即行赏赐,一定程度上收到了打击海盗的效果。

诏广、泉、明、秀漏泄铜钱,坐其守臣。

　　按:《宋史》卷一百八十《食货下二》载:"又自置市舶于浙、于闽、于广,舶商往来,钱宝所由以泄,是以自临安出门,下江海,皆有禁。淳熙九年,诏广、泉、明、秀漏泄铜钱,坐其守臣。"③两宋时期,铜币作为一种通用的支付手段而在东亚地区广泛使用,日本、高丽乃至南海诸番,通过贸易交换使大量宋钱外流,甚至铜币本身即作为一种商品被海舶偷运出国。由于宋钱在海外的购买力坚挺,携带铜钱出海有利可图,许多海商都铤而走险,想方设法避开市舶司的检查,走私铜钱出海。广、泉、四明及并海州郡,钱之去者,不可胜计。是以宋朝政府不得不屡下禁令予以制止,甚至在绍兴三十年(1130年),推出最严厉立法"五贯之罪死,随行钱物,全给告人",不过仍然没有办法杜绝铜钱外泄。宋孝宗时,出知静江府的范成大给皇帝上《论透漏铜钱札子》,指出:"臣闻东南蕃夷

---

① (清)徐松:《宋会要辑稿》第14册,《刑法二》,刘琳等校点,上海:上海古籍出版社,2014年,第8349页。

② 李立人:《宋元之际"妈祖"取代"南海神"考——兼论南宋庆元三年大奚山起义》,《海交史研究》2020年第3期,第33~39页。

③ (元)脱脱:《宋史》,北京:中华书局,1977年,第4396~4397页。

舶船,岁至中国,旧止以物货博易,近年颇以见钱为贵。广、泉、四明及并海州郡,钱之去者,不可胜计。绍兴三十年,尝大立法禁,五贯之罪死,随行钱物,全给告人。罪赏之重,至此极矣。而终弗败获。盖溟渤荒渺,客程飘忽,诚有法禁所不能及者。访闻一舶所迁,或以万计,泉司岁课积聚艰窘,而散落异国终古不还,诚可为痛惜而深恨也。今法禁既不可制,盍亦循其本而救之乎?臣愚欲望明诏,试令有司条具,每岁市舶所得,除官吏糜费外,实裨国用者几何?所谓蕃货中国不可一日无者何物?若资国用者无几,又多非吾之急须,则何必广开招接之路!且以四明论之,蕃舶所赍,止于青瓷、铜器、螺头、松实及板木之类而已,皆非中国不可无之物,而诱吾泉宝以去,利害轻重,不较而判。臣尝试妄议,以为明州一处蕃舶,岂不可以权住,姑塞漏钱之一穴,其他可以类举。此拔本塞源、不争而善胜之道。今无法以必禁,又以为蕃货不可无,则当坐视泉宝四散而去,勿惜恨可也。惟陛下与大臣熟计而图之。"[1]范成大认为所谓番货,并非中国一日不可无之物,除耗费官钱外,于国用无助。因此,大可通过禁绝市舶贸易,以此"拔本塞源",乃不争而善胜之道。当然,范成大的观点并没有被采纳。南宋政府一直以来都以积极的态度拥抱海洋,对发展民间海外贸易的兴趣远大于维持传统的朝贡贸易,并采取措施鼓励海商招徕番商来华贸易,故在处理"漏泄铜钱"这件事上,宋孝宗也不可能因噎废食,实行海禁,故只能通过加大对广州、泉州、明州、秀州等重要港口城市的铜钱走私监管,对未能有力制止铜钱外泄的官员予以治罪。不过,此举似收效不大,铜、铁、粮食等重要物资的海外走私依然较为严重。

宋孝宗赵昚淳熙十年　公元1183年　癸卯年

三月己丑,海贼姜太獠寇泉南,兵马都监姜特立擒之。

　　按:《续资治通鉴》卷一百四十八载:"(淳熙十年三月)己丑,知福州赵汝愚,奏海贼姜太獠寇泉南,兵马都监姜特立以一舟先进,擒之。已诛其凶党,释其余。"[2]淳熙间,海盗在闽、广之间劫掠,福建路兵马都监

---

①　(明)黄淮、杨士奇:《历代名臣奏议》卷二百七十二,《影印文渊阁四库全书》第440册,台北:台湾商务印书馆,1986年,第674~675页。

②　(清)毕沅:《续资治通鉴》,《影印文渊阁四库全书》第345册,台北:台湾商务印书馆,1986年,第472页。

姜特立往泉州击败之。姜特立,字邦杰,浙江处州(今丽水)人,号南山老人。以父绶靖康中殉难恩,补承信郎,累迁福建路兵马副都监。光宗即位,除知閤门事。绍熙二年(1191年),以擅权夺职奉祠,未几,除浙东马步军都总管。庆元六年,再奉祠,并赐节。[①] 姜特立因擒海贼立了大功,赵汝愚上奏于朝,淳熙十年五月二十五日,"诏福州兴化军都巡检使姜特立特转两官,……先是,海寇丁大等作过,两军杀获有功,至是,因经略制置司之请,乃有是命。"[②]据杨俊才考,姜太獠即姜大老,在福建海盗中声势颇盛,曾抓四巡检以去。宋廷直到淳熙十一年末、十二年初才彻底平定,而姜特立淳熙十年冬即解职赴京,故不可能生擒姜大老,而应是海贼丁大。后人未加详审,把丁大误以为是姜大老。[③] 后姜特立进京面圣,奏称他之所以能够顺利擒贼,是因为临战前祷于神庙,得到了湄洲神女相助。交战时,贼桅忽然倒掉,贼人大半落入海中溺毙。宋孝宗嘉许之,予神庙赐额"灵惠"。姜特立《梅山续稿》卷十收有《海上获捷,祷于庙神,王公方交斗间,贼桅忽倒,赴水死者太半,后请于朝,赐额灵惠》一诗,云:"直驾楼船捣贼桅,金盘一掷万人开。何当为奏褒封典,酾酒刲羊亦快哉。"[④]宋人潜说友引丁伯桂《庙记》云:"神,莆阳湄洲林氏女,少能言人祸福,殁,庙祀之,号'通贤神女'或曰'龙女'也。……福兴都巡检使姜特立捕寇舟,遥祷响应。上其事,加封'善利'。"[⑤]

闰十一月二十四日,福建提举市舶林劭与泉州知州司马伋等祈风于延福寺通远王祠。

> 按:《司马伋等祈风石刻》载:"淳熙十年,岁在昭阳单阏,闰月廿有四日。郡守司马伋、同典宗赵子涛、提舶林劭、统军韩俊,以遣舶祈风于延福寺通远、善利、广福王祠下,修故事也。遍览胜概,少憩于怀古堂,待潮泛舟而归。"[⑥]此石刻就在西峰石刻群中南面下层,东向。摩崖高

① 傅璇琮等《全宋诗》第38册,北京:北京大学出版社,1998年,第24074页。
② (清)徐松《宋会要辑稿》第15册,《兵一九》,刘琳等校点,上海:上海古籍出版社,2014年,第9016页。
③ 杨俊才《南宋诗人姜特立研究》,延吉:延边大学出版社,2009年,第19~20页。
④ (宋)姜特立《梅山续稿》,《影印文渊阁四库全书》第1170册,台北:台湾商务印书馆,1986年,第75页。
⑤ (宋)潜说友《咸淳临安志》卷七十三,《祠祀三》,《影印文渊阁四库全书》第490册,台北:台湾商务印书馆,1986年,第758~749页。
⑥ 黄柏龄《九日山志》,上海:上海辞书出版社,2006年,第91页。

236 厘米,宽 150 厘米,字径 15 厘米,7 行,行 12 字。正书。古人以癸为"昭阳",卯为"单阏","昭阳单阏"即癸卯年之意,当年闰月为闰十一月,故林劭等祈风时间为淳熙十年(1183 年)闰十一月二十四日。

林劭,浙江四明人,字致夫。《八闽通志》卷三十、(乾隆)《泉州府志》卷二十六、(道光)《重纂福建通志》卷九十、(道光)《晋江县志》卷二十八均作"林邵",误。韩俊,字用章,时任泉州左翼军统制。淳熙十三年(1186 年),分水军各一百五十人屯法石、宝林二寨。① 司马伋,字季思,山西夏县人。绍兴八年(1138 年),受诏以司马光族曾孙为右承务郎。嗣光后,历官浙东安抚司干办公事、处州通判。乾道二年(1166 年)以右朝散郎、尚书户部员外郎任建康总领,八月二十五日到任。十月十五日,丁忧。② 六年,以试工部尚书使金。淳熙四年(1177 年),为吏部侍郎。五年,以中奉大夫、徽猷阁待制知镇江。六年,升宝文阁待制,改知平江府,四月到任。当年八月,提举江州太平兴国宫。③ 九年,起知泉州。④ 卒,项安世有诗挽之。

宋孝宗赵昚淳熙十二年　公元 1185 年　乙巳年

海寇作,小兜、大岞俱遭劫掠。

按:明何乔远《闽书》卷十《方域志》载:"凤山,山势翔舞,下接溟波。三国吴时,有黄将军名兴者,及妻曹氏,葬于江浒。阴晴仿佛,光怪绝异,里人庙祀之,常有云霞覆盖。一夜雷雨大作,庙忽自移山下。宋绍兴间,海寇犯界,里人告庙,有蜂蛇之属累集港口。淳熙十二年,海寇又作,小兜、大岞俱遭劫掠,惟神所居前后,锣鼓闻声,旗帜露色,贼不敢犯者再。绍定六年,邑进士黄璟闻于朝,封顺济侯。"⑤ 又明张岳(嘉靖)《惠安县志》卷十《典祀》载:"凤山通灵庙,在二十一都之凤山。三国吴时,

---

① (清)周学曾:(道光)《晋江县志》卷十七,《兵制志》,晋江县地方志编纂委员会整理,福州:福建人民出版社,1990 年,第 443~444 页。

② (宋)周应合:《景定建康志》卷二十六,《官守志三》,《影印文渊阁四库全书》第 489 册,台北:台湾商务印书馆,1986 年,第 247 页。

③ (宋)范成大:《吴郡志》卷十,《牧守》,《影印文渊阁四库全书》第 485 册,台北:台湾商务印书馆,1986 年,第 79 页。

④ (清)周学曾:(道光)《晋江县志》卷二十八,《职官志》,晋江县地方志编纂委员会整理,福州:福建人民出版社,1990 年,第 533 页。

⑤ (明)何乔远:《闽书》第 1 册,《闽书》校点组校点,福州:福建人民出版社,1994 年,第 226 页。

有黄将军名兴及妻曹氏葬于此山,常有云霞覆盖其上。居民祈禳多应,因立庙江滨祀之。一夜雷雨大作,庙忽自移山下。宋绍兴间海寇犯界,乡人走告于神,有蜂蛇之属累累而出,遍集港口,贼不敢犯。淳熙十二年,海寇又作,小兜、大岞俱遭劫掠,惟神所居前后,尝闻锣鼓之声,旗炽罗列,贼又不犯。绍定六年,邑进士黄璟闻其事于朝,制曰:'泉南凤山,有祠图牒。所传三国吴时黄将军神也。山势翔舞,下接溪波,而阴晴仿佛,光怪绝异。里人于是尸而祝之,云雾所兴,异能致雨。神明所宅,寇不敢侵,岂将军之英灵,千百岁之未泯也耶?香火供而爵命犹阙,此计臣所以致士民之请也。肆颁初命以视彻侯,其福我民,永绥庙享,可特封顺济侯。'"①惠安凤山通灵庙祀三国吴之将军黄兴。据闻,每年正月初八日为黄兴的诞辰。黄兴为吴国派驻侯官东南沿海的驻军首领,但于何时进驻,及籍贯身世俱不详,待考。惠安滨海,多海寇骚扰。宋神宗赵顼元丰二年(1079年),海寇猖獗,朝廷拨禁军一百人在惠安小兜置寨弹压,后抽还禁军,改招土军,增十人。乾道七年(1171年),增二百人。尽管如此,也一直没能禁断海寇袭扰,故沿海居民祀神以保平安,祈禳多应。绍兴间和淳熙十二年(1185年)的两次海寇犯界,乡人走告于神,神有显应,贼俱不敢犯。到了明代,黄兴信仰仍在延续,嘉靖二十三年(1544年),倭寇从莲城登陆,一路杀掠,明军调大岞舟师与之激战,传得到惠安宁济宫所奉黄兴阴助,遂却之。清朝同治年间,山前铺村民又建万善宫祀奉黄兴。光绪间,又在净峰之中山分香另立一庙,迄今尚存,香火不断。

惠安素来"信巫尚鬼"的民间信仰浓厚,又因其地滨海,故建有天后宫、大蚶庙等海神庙以祈祷海上平安。"大蚶庙,在县东北十一都海滨。昔海涛汹涌,有物轮囷,高大如屋,乘潮而至。邑人神之,为立庙。海舶往来祷者立应。五代南唐封光济王。"②明代叶春及尝遵循洪武礼制,要尽除淫礼,树立正祀。时无封号与赐额的大蚶庙,属于得不到朝廷承认的"淫祀",理应毁去,但大蚶庙最终并未被除掉,大概与其奉祀的是祈求航海平安的海神,与昭惠庙一样具有祈风功能,本地民间信众甚多有

---

① (明)张岳:(嘉靖)《惠安县志》,《天一阁藏明代方志选刊》第32辑,上海古籍书店,1982年,第6~7页。

② (清)怀荫布:(乾隆)《泉州府志》,《中国地方志集成·福建府县志辑》第24册,上海:上海书店出版社,2000年,第404~405页。

关。到了清代，后人甚至矫拟封号，封其为"五代南唐封光济王"，提高了大蚶庙的神格，以摆脱淫祀的嫌疑，使之进入了官祀。[1]

宋孝宗赵昚淳熙十三年　公元1186年　丙午年

八月七日，朝奉大夫、提举福建市舶潘冠英降一官。

按：《宋会要辑稿·职官七二》载："（淳熙十三年八月）七日，朝奉大夫、提举福建市舶潘冠英降一官。以发纳犀角、象牙多短小不堪用，故有是命。"[2]宋梁克家《淳熙三山志》卷二十八《人物类三》："（绍兴）十五年乙丑刘章榜（进士）……潘冠英，师孔之侄，字仲举。"[3]明喻政（万历）《福州府志》卷四十五《选举志》载："（长乐县）绍兴十五年乙丑刘章榜（进士）……潘冠英，字仲桀，提举福建路市舶。"[4]潘冠英，字仲举，福建长乐人，绍兴十五年（1145年）进士，淳熙十三年（1186年）八月，因所上供的犀角、象牙多短小，不堪应用，诏降官一级。

泉州城南十里置宝林寨，城东十五里置法石寨。

按：（道光）《重纂福建通志》卷八十六《海防》载："围头镇，在治南八十里，东南瞰海，南连㳽洲。宋淳熙十三年，州城西置宝林寨，城东置法石寨。嘉定十一年，以海寇冲突，围头守臣真德秀移宝林寨兵戍之，立寨曰宝盖。元，寨废。明初，徙永春陈岩巡司于此，今改名，属金门镇右营巡防。"[5]泉州不仅是海外贸易的重要港口，也是海防重地。城外东南十五里的法石港以及再往东南的浔埔、后渚，其地负山面海，形势天成，商舶出入频繁，是海寇劫掠的主要对象。为抵御外敌，清除海寇，乾道八年（1172年），岛夷毗舍邪入寇，郡守汪大猷在沿海招募了一批水手，增水军至五百五十人，并置水澳寨于永宁，分六十人驻守之，以控扼海道。淳熙十三年（1186年），统制官韩俊又在城南十里置宝林寨，在城东

---

① 钟建华：《叶春及治下明代惠安民间信仰研究——以〈惠安政书〉为剖析面》，《河北北方学院学报（社会科学版）》2013年第6期，第19～22,55页。

② （清）徐松：《宋会要辑稿》第8册，《职官七二》，刘琳等校点，上海：上海古籍出版社，2014年，第4992页。

③ （宋）梁克家：《淳熙三山志》，《影印文渊阁四库全书》第484册，台北：台湾商务印书馆，1986年，第389页。

④ （明）喻政：（万历）《福州府志》下册，福建省地方志编纂委员会整理，福州：海风出版社，2001年，第108页。

⑤ （清）孙尔准：（道光）《重纂福建通志》，《中国省志汇编：9》，台北：华文书局，1968年，第1723～1724页。

十五里置法石寨,各驻兵一百五十人守之。至宋宁宗嘉定十一年(1218年),海寇侵扰围头,郡守真德秀请增法石兵至二百人。又于围头主宝盖寨,移宝林兵百二十人戍之。其正将衔立于法石,诸屯并听命焉。至此,在泉州湾形成比较有力的海军拱卫体系,海寇不敢轻易来犯,泉州海疆治安大为好转。

宋孝宗赵昚淳熙十四年　公元1187年　丁未年

正月十一日,福建提举市舶潘冠英放罢。

　　按:《宋会要辑稿·职官七二》载:"(淳熙)十四年正月十一日,提举福建市舶潘冠英放罢。言者按其苛敛诛求,诱致无术,蕃商海舶畏避不来,故有是命。"①宋政府对市舶官员有一套奖惩机制:对积极招诱番商来华贸易的市舶官员予以奖励,如是商人可委以官职;但对营私索贿、不称职的市舶官员,则处以降官或罢官惩罚。淳熙十三年(1186年)八月,潘冠英已因上供的犀象不堪用被诏降官一级。淳熙十四年,又有人举报他苛敛诛求,诱致无术,番商海舶畏避不来,终被朝廷免职。

宋孝宗赵昚淳熙十五年　公元1188年　戊申年

夏四月、冬十月,福建提举市舶胡长卿与郡守林枅等两祈风于通远王庙。

　　按:《林枅等祈风石刻》:"舶司岁两祈风于通远王庙,祀事既毕,登山泛溪,因为一日之款。淳熙戊申夏四月,会者六人:林枅、赵公迥、胡长卿、韩俊、折知刚、赵善罙。冬十月,会者五人:赵不遏、胡长卿、韩俊、赵善罙、郑颐孙。"②此石刻位于东峰南麓石刻群东中央悬崖,南向。摩崖高185厘米,宽78厘米,字径13厘米,5行,行15字。正书。胡长卿,乾道二年(1166年)进士,江苏吴县人。淳熙七年(1180年)正月二十七日,"将作监丞胡长卿、新除国子录周承勋并罢新命"③。泉州旧有胡寺丞祠,在市舶亭侧,祀宋市舶提举胡长卿。④后废。绍熙间,知吉

　　① (清)徐松:《宋会要辑稿》第8册,《职官七二》,刘琳等校点,上海:上海古籍出版社,2014年,第4993页。

　　② 黄柏龄:《九日山志》,上海:上海辞书出版社,2006年,第86页。

　　③ (清)徐松:《宋会要辑稿》第8册,《职官七二》,刘琳等校点,上海:上海古籍出版社,2014年,第4970页。

　　④ (明)黄仲昭:《八闽通志》下册,福州:福建人民出版社,1991年,第388页。

州。后除广西提刑,广西路转运判官。

林枃,字子方,林攒九世孙,曾任泉州通判兼提举市舶林孝渊之任,绍兴二十一年(1151年)进士,任福州闽县主簿,累调福清丞。敏于为政,以清惠称。绍熙二年(1191年)十二月,以朝请大夫、直徽猷阁知福州。[①] 淳熙中,以直秘阁福建路转运判官,有旨兼领泉州[②],"会泉州缺守臣,孝宗于班簿中求一风力之士补之,遂以授枃。泉为会府,讼牒盈庭,剖决无留。举行荒政,条其病民者划之。立三贤堂,祀姜丞相、秦隐君、欧阳四门"[③]。淳熙十二年(1185年),林枃以福建路转运判官兼知泉州,拨四万八千三百余贯,以充南外宗宗子之俸。[④] 淳熙十三年,修唐德宗宰相曰南人姜公辅墓。[⑤] 后以朝请大夫、直焕章阁任江南东路转运副使,绍熙元年(1190年)正月初三日到任,十二月内改知明州。[⑥] 绍熙二年正月六日到任,兼主管沿海制置司公事。十月内除直徽猷阁,知福州。[⑦]

福建提举市舶张逊坐泉州海商王元懋包庇杀人案被罢。

按:宋人洪迈《夷坚志》之《夷坚三志·己卷第六·王元懋巨恶》载:"泉州人王元懋,少时祗役僧寺。其师教以南番诸国书,尽能晓习。尝随海舶诣占城,国王嘉其兼通番汉书,延为馆客,仍嫁以女,留十年而归。所蓄奁具百万缗,而贪利之心愈炽,遂主舶船贸易,其富不赀。留丞相、诸葛侍郎皆与为姻家。淳熙五年,使行钱吴大作纲首,凡火长之属一图帐者三十八人,同舟泛洋,一去十载。以十五年七月还,次惠州罗浮山南,获息数十倍。其徒林五、王儿者,遽兴悖心,戕吴大以下二十

① (清)徐景熹:(乾隆)《福州府志》(中册),卷三十一,《职官四》,福州:海风出版社,2001年,第133页。

② (明)黄仲昭:《八闽通志》上册,福州:福建人民出版社,1990年,第769~770页。

③ (明)周瑛、黄仲昭:《重刊(弘治)兴化府志》,蔡金耀点校,福州:福建人民出版社,2007年,第966~967页。

④ (宋)真德秀:《西山文集》卷十五,《申尚书省乞拨降度牒添助宗子请给》,《影印文渊阁四库全书》第1174册,台北:台湾商务印书馆,1986年,第231~235页。

⑤ (清)孙尔准:(道光)《重纂福建通志》,《中国省志汇编:9》,台北:华文书局,1968年,第897页。

⑥ (宋)周应合:《景定建康志》卷二十六,《官守志三》,《影印文渊阁四库全书》第489册,台北:台湾商务印书馆,1986年,第255页。

⑦ (宋)罗濬:《宝庆四明志》卷一,《叙郡上·郡守》,《影印文渊阁四库全书》第487册,台北:台湾商务印书馆,1986年,第20页。

一人,唯宋六者常诵《金刚经》,肩背中刀坠水,踊身把舵尾,哀鸣求生。王儿持刀断其指,复坠水。如有物承其足,冥冥不知昼夜,如此七日,抵潮阳界,上岸求乞。凶徒易以小船回泉州,至水隩(澳)泊岸。元懋梦吴大等诉冤。明日,人报所乘舶遭水,人货俱失其半。懋疑而往迎,置酒法石寺。酒半,谓二凶曰:'船若遭水,则毫发无余,何故得存一半?'凶实告其过。且曰:'今货物沉香、真珠、脑麝,价值数十万,倘或发露,尽当没官,却为可惜。'懋沉吟良久,亦利其物,乃言:'提举张逊新到任,未谙职事,但计嘱都吏吴敏辈可也。'懋即以家资厚赂之,白张君用分数抽解外,而中分其赢。九月初夜,宋六叩其家门,其父臻噗唾骂之曰:'汝不幸死于非命,无可奈何,忽用恼我。'对曰:'儿不曾死。'于是启扉,泣道变故。臻曰:'未可使人知。'迨旦,走诣王儿处,问:'我子何故溺水?'王儿怒曰:'各自争性命,我岂得知!'遂密报林五与同恶四人潜窜。臻父子投状于张,下之南安县,县宰施宣教为推吏所绐,以船漏损人,谓非篙梢之过。既已逃亡,在法亡者为首,将寝不治,但申诸司。安抚使马会叔判云:'王元懋知情杀人,包赃入己,改送晋江县鞫勘。'当日移囚,二推吏皆见吴大徒侣,十余鬼,愤色上冲,拥之入水中,即死。县宰赵师硕躬阅案牍,悉力审听,捕懋下狱。缘王儿诸凶佚去,未能竟。而诸凶到九座山,值冤魂,执缚于林中,仙游弓手获之,得以结正。奏请于朝,舶使、南安宰皆罢,吴敏等黥配,王儿、林五剐于市,他皆极法。元懋时为从义郎,隶重华宫祗应,坐停官羁管兴化军。居数月放还,欲兼程亟归,至上田岭,见吴大领众冤遮路曰:'先告于汝,汝不主张,今冥司须要汝来。'懋叩首哀恳,吴引手触其心。轿夫悉聆其言,至家一夕,呕血而死。"[1]泉州古称佛国,僧侣不仅积极参与建寺、造桥等各项社会事务,下海经商在宋元时期也很常见。王元懋生性聪明,从小在寺院长大,边做杂役。其师教"南蕃诸国书",也就是外国文字,他"尽能晓习",很快就熟练掌握了数种外语,这成为他在海外经商成功的重要资本。碰巧有艘海船要去占城国,他就随商船同去,后受到占城国王喜爱,被招为驸马,在占城经商十年后成巨贾,返回泉州。王元懋为富商大贾,而泉州则为舶货云集之地,地方官员多有贪墨不法事,王元懋颇懂得经营官

---

① (宋)洪迈:《夷坚志》第 3 册,何卓点校,北京:中华书局,1981 年,第 1344～1346 页。

场,尝向泉州通判江文叔"因抽解例输白金",不过江文叔为官廉洁,"峻
却之"。① 淳熙五年(1178年),王元懋以高利贷资本的代理人,即行钱
吴大做纲首管理海船,连同水手、火长共38人,泛洋贸易,一去十年,至
淳熙十五年(1188年)七月,回到广东惠州罗浮山南,获利息数十倍。同
去的林五、王儿为了侵占财产,将吴大等21人杀死,然后换乘小船回泉
州,向王元懋假报所乘船遭水,人货都失一半。王元懋虽问明实情,但
为利所趋,以家资贿赂市舶司官员,答应除抽解外,其货物与市舶司官
员对半分。但有一个叫宋六的逃回泉州,并向官府报案。初,南安县宰
施宣教受推吏欺骗,不予治罪。安抚使马会叙判王元懋知情杀人,包赃
入己,改送晋江县审判,终查明实情。朝廷将舶使张逊、南安县宰施宣
教罢官,都吏吴敏被刺面发配,王儿、林五刘于市。王元懋时为从义郎,
停官羁,管兴化军。居数月放还,至家一夕,呕血而死。占城,在今越南
中部,海路通广东,北抵交趾,南与真腊接壤,由于地理位置优越,向来
是南宋同南海诸番交流的中转站,泉州、广州等地商人频繁往来贸易,
占城国也常遣使入贡,受到朝廷的优待。

　　舶使张逊,浙江鄞县人,绍兴二十一年(1151年)进士。② 淳熙间任
福建提举市舶,到任上《福建市舶到任谢表》,云:"星环北极,久缀于朝
班;地重南闽,滥司于商舶。甫策赢而入境,即揆日以承劳。施厚难量,
人微知幸。臣中谢。伏念臣早蒙教养,晚窃科名。两任孚民,仅逃官
谤;七年就列,累冒恩除。自知僻守以昧时,辄露忱辞而丐外。天听甚
迩,人欲必从。盖今日通商而置官,实成周司市之遗意。无者有,利者
阜,要权取予之宜;绥斯来,动斯和,贵有招怀之道。惟详加于简拔,庶
或见于施为。孰谓才卑,乃堪器使。兹盖伏遇皇帝陛下统传尧舜,德广
乾坤。务在养民,仍宽于征赋。不宝远物,悉走于梯航。略臣史氏之术
疏,俾臣董时之贡入。虽事权非诸使之比,然责任亦一望之临。臣敢不
仰戴鸿私,俯竭驽力。忠信以行矣,扪心益惧于不能;文德以来之,稽首
无忘于归美。"③

---

① (宋)周必大:《文忠集》卷七十二,《广南提举市舶江公文叔墓志铭》,《影印文渊阁四
库全书》第1147册,台北:台湾商务印书馆,1986年,第757~758页。

② (清)孙尔准:(道光)《重纂福建通志》卷九十,《中国省志汇编:9》,台北:华文书局,
1968年,第1809页。

③ (宋)魏齐贤、叶棻辑:《五百家播芳大全文粹》卷五下,《影印文渊阁四库全书》第
1352册,台北:台湾商务印书馆,1986年,第202~203页。

十二月十八日，福建提举市舶胡长卿与南外宗正司知宗赵不遏等同游清源山。

按：《赵不遏等游清源山千手岩题刻》："知宗正事赵不遏、提举市舶胡长卿、左翼统制韩俊、添差通判权州事赵善罙，以淳熙戊申腊月十有八日同来。"[1]题刻在清源山弘一法师舍利塔西北侧，通往老君岩山路附近朝西向的岩石上，以隶书直行而成，元款。左翼统制韩俊，淳熙十年（1183 年）和十五年的九日山祈风仪式皆有参与，留名石刻。赵善罙，时任泉州通判权州事。赵不遏，南外宗正司知宗，淳熙十五年（1188 年），曾与福建提举市舶胡长卿、郡守林枅等一同祈风于九日山，故其任知宗当系淳熙年间而非绍熙年间。

宋孝宗赵昚淳熙十六年　公元 1189 年　己酉年

颜师鲁以龙图阁直学士知泉州。

按：（道光）《晋江县志》卷三十四《政绩志》载："颜师鲁，字几圣，龙溪人。第进士，历官监察御史。尝论除职师藩者，平时交结权幸，一纡郡绂，辄掊克以厚苞苴。故昔以才称，今以贪败。高宗纳其疏袖中，行之。后迁吏部尚书，抗章请老。淳熙十六年，以龙图阁直学士知泉州。始至即蠲海舶诸税，诸商贾胡尤服其清。为政专以恤民为心，郡人塑像祀之。"[2]颜师鲁（1119—1193 年），绍兴中进士，历知莆田、福清县。[3] 淳熙间提举两浙西路常平茶盐事，淳熙五年（1178 年）十月初四日到任，六年十二月十七日除直秘阁，七年九月十二日召赴行在。[4] 十年，由太府少卿为国子祭酒。迁吏部侍郎，寻除吏部尚书兼侍讲。淳熙十六年（1189 年），以龙图阁直学士知泉州。宋人楼钥《攻愧集》卷三十五《颜师鲁知泉州制》云："敕：均佚真祠，遂彭泽赋归之志；起临旧镇，慰颍川愿借之心。匪曰朕私，徒得君重。既去家之不远，俾便道以有行。具官某

---

① 泉州赵宋南外宗正司研究会：《赵宋南外宗与泉州》，厦门：厦门大学出版社，2016年，第 69 页。

② （清）周学曾：（道光）《晋江县志》，晋江县地方志编纂委员会整理，福州：福建人民出版社，1990 年，第 987 页。

③ （清）徐景熹：（乾隆）《福州府志》（中册），卷三十三，《职官六》，福州：海风出版社，2001 年，第 180 页。

④ （宋）范成大：《吴郡志》卷七，《官宇》，《影印文渊阁四库全书》第 485 册，台北：台湾商务印书馆，1986 年，第 49 页。

学慕儒先，朝推耆俊。慨孔戣之去，命典外藩；念阳城之劳，许归故里。而远氓怀其惠政，贾胡服其真清。攀辕莫留，垂涕相踵。此诚心之所感，非人力之能为。既彻听闻，重增嘉叹。方遴选惟良之守，要在求已试之才。追常衮之遗风，当一变于闽俗；用蔡襄之故事，宜再领于泉麾。式遄其驱，以副所望。"①颜师鲁在知泉州任上三年，一到任就免除舶货诸杂税，使舶商免于征苛，故诸商贾胡尤服其清。绍熙四年（1193年），再起知泉州，致仕。卒年七十五，嘉泰二年（1202年），赐谥定肃。颜师鲁为郡守，事常询晋江县主簿、朱熹弟子叶文炳。

叶文炳任晋江县主簿，尝摄狱官，有商胡坐重辟，夤缘纳赂以求免。又摄舶，属有海商坐罪，亦以白金因公里人以求赎，公一拒绝且斥里人不复通。

按：（道光）《晋江县志》卷二十八《职官志》："叶文炳，建安人，淳熙十六年任（晋江县主簿），有传。"又卷三十五《政绩志》："叶文炳，字晦叔，建安人。淳熙十一年进士，任晋江主簿。致书请益于朱文公。及至官，文公告以居官临民之法。时颜师鲁为守，事多咨之决。汀州豪民相仇敌，帅张忠定选官抚谕，皆惮行，文炳独请往。既至，折之以理，诸豪皆伏。摄狱摄舶，拒绝苞苴，不徇贵人请。师鲁荐之于朝，秩满，迁剑浦令。"②又真德秀的《西山文集》卷四十六收有《通判和州叶氏墓志铭》一文，文曰："公姓叶氏，讳文炳，字晦叔。世家河南，后有以客省使刺泉州者，过浦城，睹山川秀异，因居焉。曾大父仲通。大父显仁，当范汝为僇扰，募乡丁保里社，人高其义。父梦龄，赠宣义郎。公少刻意问学，再举于乡，登淳熙甲辰第，调晋江簿。……尝摄狱官，有商胡坐重辟，寅缘纳赂以求免。又摄舶，属有海商坐罪，亦以白金因公里人以求赎，公一拒绝且斥里人不复通。泉多公卿贵人，州县例承迎不敢忤，公遇事问理如何，不以执故有所迁就。会诏内外从臣举可为职事官者，颜公以徐谊、陈傅良等应诏，而公与焉。秩满，调剑浦令，改闽县丞。未上，服母孺人郑氏丧，哀毁如礼。服阕，调筠州录参。……改秩知仙游县。……通判和州。将之官，宣义公卒，居丧之。明年，亦以疾终，实嘉定九年十二月二十日，年六十有七，官至奉议郎、赐绯鱼袋。娶张氏，封孺人。子男

---

① （宋）楼钥：《攻愧集》，《影印文渊阁四库全书》第1152册，台北：台湾商务印书馆，1986年，第630页。

② （清）周学曾：（道光）《晋江县志》，晋江县地方志编纂委员会整理，福州：福建人民出版社，1990年，第610、1071～1072页。

三,惟寅、惟清、惟允。孙男六,回孙、桂孙、荣孙、莆孙、颖孙、启孙,皆待补太学生。……予之生后公二十有九年,嘉泰甲子,同试士三山,相与厚甚,每心敬其为人。及公殁,惟寅请铭时,方之官自(泉)南,未及作。后十有六年,公始葬于登云里下沙驿之侧。惟寅又请铭,适予再守泉,行有日。念今不作,无时作矣,乃系其事而铭之。"①叶文炳(1150—1216年),字晦叔,浦城人,淳熙十一年(1184年)进士,朱熹门人。朱熹告以居官临民之法,叶文炳牢记在心,居官洁己爱民,清廉自律。他在晋江主簿任上,尝摄狱摄舶,理案拒绝胡商贿赂,不迁就公卿贵族请托。嘉定四年(1211年),以奉议郎知仙游县。②官终于奉议郎、和州通判。嘉定九年(1216年)十二月二十日卒,年六十七。市舶司属官有监市舶务、干办公事等。监市舶务为兼官与差遣名,一员为所在知县兼,一员为市舶务专职兼官,负责检验官券,抽解和买,发给回引等。而干办公事则负责抽解、博买等事,亦称舶司干官、舶干。③县主簿为知县的佐贰官,具有勾检、监印及部分司法职能,唐宋时皆以主簿为初事之官。叶文炳当时只是晋江县主簿,其摄舶有可能是代理知县监市舶务,管理番商事务。由于他铁面无私,不徇私情,番商犯罪,意图通过行贿逃避罪责,都被他一一拒绝。叶文炳严明奉公的官风得到郡守颜师鲁的赏识,任满,即迁剑浦令。乾隆年间,浦城知县吴镛在县城山麓建南浦书院,并在讲堂建祠,祀浦城章望之、叶文炳、真德秀等理学十三子。厦门莲坂曾发现叶十三郎和叶十五郎墓,有人据《莲溪本纪》和《莲坂叶氏族谱》记载,考为叶文炳(字晦叔,号五郎)之子叶颐(字子平,号十三郎。另有叶颜,十二郎;叶颢,十四郎,于孝宗朝任宰相)及叶颐之子元潾(号十五郎)之墓。又说叶文炳祖居河间府,北宋末年,为避金兵,举家南下暂避漳州。隆兴元年(1163年),其子叶颐又率全家移居厦门莲坂,以"莲溪"为堂号,尊叶文炳为始祖,叶颐为开基祖。④但据真德秀撰写的墓志铭记载,

---

① (宋)真德秀:《西山文集》,《影印文渊阁四库全书》第1174册,台北:台湾商务印书馆,1986年,第740~742页。

② (宋)黄岩孙:(宝祐)《仙溪志》卷二,《令佐题名》,《宋元方志丛刊》第8册,北京:中华书局,1990年,第8285页。

③ 龚延明:《宋代官制词典》,北京:中华书局,2013年,第497~499页。

④ 龚洁:《三十姓氏入厦始祖与年代考略》,《龚洁学术文集》,厦门:鹭江出版社,2019年,第92~93页;张仲淳、陈娟英:《文物·厦门》第1辑,广州:广东人民出版社,2016年,第156~157页;刘瑞光:《厦门故迹寻踪》,福州:海峡文艺出版社,2018年,第270~271页。

叶文炳生于绍兴二十年(1150年),隆兴元年(1163年)不过虚岁14岁,绝无可能发生其子叶颐举家移居厦门之事,显然是叶氏族谱为攀附叶颙,将其当成开基祖,并将叶文炳张冠李戴,认作叶颙之父。后人不察,以讹传讹,流传至今。实际上,叶颙一支世居仙游,与叶文炳并无关系。现莲坂叶氏所称的叶十三郎,当为叶文炳之子叶惟清或叶惟允,叶十五郎则为孙男六的其中一人。①

淳熙间,毗舍耶之酋豪常率数百辈猝至泉之水澳、围头等村杀掠,已而杀之。

> 按:赵汝适《诸蕃志》毗舍耶条云:"淳熙间,国之酋豪常率数百辈猝至泉之水澳、围头等村。恣行凶暴,戕人无数,淫其妇女,已而杀之。"② 据吴幼雄考,楼钥为汪大猷所作行述及周必大为汪大猷所作神道碑皆云毗舍邪于乾道间入寇泉州,而楼、周和汪大猷皆是同时代之人,而赵汝适作《诸蕃志》则在半个世纪后,故其所云淳熙间入寇泉州不足信,应是乾道间入寇,而《宋史·琉球国》又抄自《诸蕃志》,故以讹传讹。③ 但吕变庭认为淳熙七年(1180年)海舟贼沈师作乱,以及淳熙末白蒲延大掠流鹅湾,漳浦主簿周鼎臣生缚其酋二,这些舟贼都具有"毗舍邪人"相类似的特点,因而使赵汝适相信他们就是毗舍邪人。汪大猷离泉后,毗舍邪不仅侵扰泉州,还多次袭掠澎湖诸岛,故赵汝适所记无误。④

淳熙间,彭椿年、严焕任福建提举市舶。

> 按:彭椿年,《嘉定赤城志》卷三十三《人物门三》载:"绍兴二十七年王十朋榜(进士)……彭椿年,黄岩人,字大老,龟年之弟。历国子监主簿、编修官,提举福建市舶,知处州,太常丞、吏部郎中、国子司业,江东转运副使,终右文殿修撰事。见商侍郎飞卿所为行状,有杂稿藏于家。"⑤《八闽通志》卷三十《秩官》福建提举市舶条:"彭椿年……俱淳熙

① 陈洋、陈娜:《厦门莲溪叶氏传衍考略》,方友义、彭一万主编《闽南文化研究论丛》上册,北京:文化艺术出版社,2006年,第268~276页。

② (宋)赵汝适:《诸蕃志校释》,杨博文校释,北京:中华书局,1996年,第149页。

③ 吴幼雄:《澎湖最早的设官置守及隶属晋江的考证》,《晋江文化论丛》,福州:海峡文艺出版社,2015年,第184~191页。

④ 吕变庭:《中国南部古代科学文化史》第3卷,《浊水溪流域部分》,北京:方志出版社,2004年,第249~250页。

⑤ (宋)陈耆卿:《嘉定赤城志》,《宋元方志丛刊》第7册,北京:中华书局,1990年,第7533页。

间任。"①在韩康卿后一人。后以国子司业除祭酒②，绍熙五年（1194年）闰十月二日，以国子祭酒除直龙图阁、江南东路转运副使。③绍熙五年十一月初八日到任，次年十二月宫观。④

严焕，《八闽通志》卷三十《秩官》福建提举市舶条："严焕……俱淳熙间任。"⑤在彭椿年之后，林劲之前。又（康熙）《常熟县志》卷十一："严焕，（字）子文，朝奉大夫，（绍兴）十二年壬戌陈诚之榜（进士）。"⑥严焕，绍兴十二年（1142年）进士，调徽州、临安教官。宋孝宗乾道三年（1167年），以左承议郎通判建康府。六月十八日到任，五年六月二十五日任满。⑦淳熙间，提举福建市舶。《闽书》卷四十三作"严焕"，误。

淳熙间，林湜知晋江县。会州分造战船，诸番助其役，舟先就而民不知。

按：（道光）《晋江县志》卷二十八《职官志》知县事条："林湜，平阳人，淳熙间任。"⑧林湜过世后，其子介请曾担任泉州知州的叶适为其撰写墓志铭，收入叶适《水心集》卷十八，题为《中奉大夫直龙图阁司农卿林公墓志铭》》："公林氏，讳湜，字正甫，福州长溪人。曾祖岩，祖樗，父师中，赠中奉大夫。……登绍兴庚辰进士第，为富阳尉。虏亮之乱，部弓手截隘处，邑豪乘时贩盐行劫，公捕擒之。代归，教授明州。朝廷会其劳，改官泉州晋江县。州分造战船，公曰：'负郭岂有羡钱耶？何忍敛百姓！'将舍去，诸番义公之为，助其役，舟先就而民不知。满秩，攀留空一城。通判南剑……召审察，干办诸司审计司，迁太常寺主簿、国子监丞、

---

① （明）黄仲昭：《八闽通志》上册，福州：福建人民出版社，1990年，第626～627页。
② （宋）楼钥：《攻愧集》卷三十六，《国子司业彭椿年除祭酒》，《影印文渊阁四库全书》第1152册，台北：台湾商务印书馆，1986年，第639页。
③ （宋）陈傅良：《止斋集》卷十八，《国子祭酒彭椿年除直龙图阁江东路转运副使（闰十月二日）》，《影印文渊阁四库全书》第1150册，台北：台湾商务印书馆，1986年，第643～644页。
④ （宋）周应合：《景定建康志》卷二十六，《官守志三》，《影印文渊阁四库全书》第489册，台北：台湾商务印书馆，1986年，第255页。
⑤ （明）黄仲昭：《八闽通志》上册，福州：福建人民出版社，1990年，第626～627页。
⑥ （清）钱陆灿：（康熙）《常熟县志》，《中国地方志集成·江苏府县志辑》第21册，上海：上海书店出版社，1991年，第213页。
⑦ （宋）周应合：《景定建康志》卷二十四，《官守志一》，《影印文渊阁四库全书》第489册，台北：台湾商务印书馆，1986年，第206页。
⑧ （清）周学曾：（道光）《晋江县志》，晋江县地方志编纂委员会整理，福州：福建人民出版社，1990年，第598页。

太常丞。绍熙元年,迁监察御史。……移江西转运判官。……召为吏部郎中,迁太府少卿。……迁司农卿。公之还自江西,众望谓公当遂用,公论事不假借。……公因力请外,除直宝文阁、湖北运副。未几,与冲佑观。起知泉州,不乐公者犹谓不可,复与冲佑。毕祠,遂请老,进龙图阁致仕。嘉泰二年七月二十六日卒,年七十一。"[1]林湜(1132—1202年),字正甫,其先长溪人,徙平阳,绍兴三十年(1160年)进士。[2]淳熙间知晋江县。南宋偏安于江南一隅,受到北方金国强大的军事压力,需要加强海军建设,维持一定规模的战舰和水军,这是一笔不小的支出。此外,每年还须应付沉重的岁贡和庞大官僚体系运转的财政支出,经济上负担极大。尽管宋代的福建泉州已是全国著名的商贸中心和造船业中心,但承担政府分派的制造战船任务仍是一项不小的负担。林湜体恤民艰,不忍增加百姓负担,故一度要舍官而去,后来还是番商感其义,私下凑钱帮他完成造船任务,"舟先就而民不知"。林湜在晋江县任满后,转通判南剑州。绍熙元年(1190年),迁监察御史,出为浙东提刑,移江西转运判官,进直龙阁、吏部侍郎。后因得罪权相韩侂胄,力请补外,历湖北路转运副使、武夷山冲佑观,以龙图阁致仕。林湜性刚正泊淡,为政精敏,尝从朱熹游。朱熹被斥,士皆远嫌,独湜执弟子礼不变,著有《盘隐集》十卷。

宋光宗赵惇绍熙元年　公元 1190 年　庚戌年

三月八日,诏市舶司纲官押海道粗色纲及十万斤,可比附钱纲推赏,例减磨勘二年。

> 按:《宋会要辑稿·职官四四》载:"绍熙元年三月八日,臣僚言:'福建市舶司每岁所发纲运有粗细色陆路纲,有粗色海道纲,其押纲官并无酬赏。至于海纲,人畏风涛,多不愿行。每差副尉、小使臣,多有侵欺贸易之弊。窃见饶州钱监起发钱纲,纲官押及二万三千贯,地满三千里,例减磨勘二年。钱宝与香货皆所以助国家经常之费,况钱由江行,香由海行。乞今后市舶司纲官押海道粗色纲及十万斤,委无少欠,乞组计价

① (宋)叶适:《水心集》,《影印文渊阁四库全书》第 1164 册,台北:台湾商务印书馆,1986 年,第 355 页。

② (清)李拔纂:(乾隆)《福宁府志》卷十八,《选举志》,《中国方志丛书》第 74 号,台北:成文出版社,1978 年,第 345 页。

直,比附钱纲推赏。'从之。"①宋朝制定了严格的纲运制度,对纲运的人员和行程亦有规定,初由中央委派"押香药纲使"常驻市舶司,后改为中央临时派遣,再改为地方临时差遣,押运官既有得替官吏,也有军校衔前。福建市舶司每岁所发纲运有粗细色陆路纲,有粗色海道纲,其押纲官并无酬赏,且押运路程艰辛,责任重大。海道纲尤为艰险,故官吏往往不愿应差。为了激发押纲官员的积极性,朝廷下令市舶司纲官押海道粗色纲及十万斤,可比照钱纲押纲官推赏,例减磨勘二年。朝廷对减磨勘年官员颁发公据以资证明,任满依法可补授官职,若有劳绩,亦可减年提前出官,作为奖励。

绍熙间,赵汝说在监泉州市舶务任上。

　　按:《宋史》卷四百一十三《赵汝说传》载:"赵汝说,字蹈中,少儇悦有轶材,智略出人上。龙泉叶适尝过其家,汝说年少,衣短后衣,不得避。适劝之曰:'名门子,安可不学。'汝说惭,自是终身不衣短后衣。折节读书,与兄汝谈齐名,天下称为'二赵'。以祖遗恩补承务郎,历泉州市舶务、利州大军仓属。从臣荐宗室之贤者,监行在右藏西库。"②据杨文新考证,韩侂胄谋逐赵汝愚被免相在庆元元年(1195年)二月,此时汝说监行在右藏西库,以其初任在绍熙五年(1194年),其任利州大军仓属凡三年计,则泉州市舶务约在绍熙元年至三年间。③(道光)《重纂福建通志》卷九十《职官志》监泉州市舶务条:"赵汝说,商恭靖王元份裔孙,以祖恩补承务郎,庆元间任。后第嘉定元年进士。"④将赵汝说任职时间定在庆元间,《泉州海关志》亦作"庆元间任"⑤,误。另据(乾隆)《泉州府志》卷二十六,《职官志》提举市舶条:"赵汝说,从《闽书·宗室志》增……嘉泰间任。"⑥其任期在曹格之后,郭晞宗之前。但查《闽书》,福建提举市舶名录无赵汝说,《宗室志》也只说他"以祖遗恩补承务郎,历泉

　　① (清)徐松:《宋会要辑稿》第7册,《职官四四》,刘琳等校点,上海:上海古籍出版社,2014年,第4221页。

　　② (元)脱脱:《宋史》,北京:中华书局,1977年,第12397页。

　　③ 杨文新:《宋代市舶司研究》,厦门:厦门大学出版社,2013年,第292页。

　　④ (清)孙尔准:(道光)《重纂福建通志》,《中国省志汇编:9》,台北:华文书局,1968年,第1810页。

　　⑤ 泉州海关:《泉州海关志》,厦门:厦门大学出版社,2005年,第97页。

　　⑥ (清)怀荫布:(乾隆)《泉州府志》卷二十六,《职官志》,《中国地方志集成·福建府县志辑》第24册,上海:上海书店出版社,2000年,第614~615页。

州市舶务,监行在右藏西库"①,未提其出任福建提举市舶一事,那么应该是(乾隆)《泉州府志》误将"泉州市舶务"作"泉州市舶司"。杨文新的考证也未发现有其他史料能证明赵汝说出任提举市舶一事,故杨书未将其收入提举市舶名录。

宋光宗赵惇绍熙三年　公元1192年　壬子年

四月二十七日,盖锐在福建市舶干官任上。

　　按:宋卫泾《后乐集》卷十七《盖经行状》载:"公讳经,字德常,姓盖氏,其先大名府宗城县人。……乃移籍开封……绍熙三年四月二十七日,以微疾卒于正寝,享年六十有四。……子男二人,长曰锐,通直郎、福建路提举市舶司干办公事。"②盖锐,盖经之子,河南开封人。绍熙三年(1192年)四月二十七日盖经卒时,盖锐在福建市舶干官任上。

胡絜在监泉州市舶务任上。

　　按:宋周必大《文忠集》卷三十《资政殿学士赠通奉大夫胡忠简公神道碑(绍熙三年③)》载:"武王一戎衣而定天下,应天顺人之举也。义士犹或非之,孔孟奚取焉?为万世计也。……胡氏本金陵人,五季徙庐陵。公字邦衡,曾祖连,妣康氏、刘氏。祖恺,赠承务郎,妣孺人张氏。父载,有气节,一试有司不中,即弃去,赠大中大夫。母陈氏,张氏所生母曾氏,俱赠淑人。……七年春,超转朝议大夫,再食兴国宫禄。公称疾笃,四月加资政殿学士致仕。五月庚辰薨,遗表犹欲为厉鬼杀贼。赠通议大夫,官其后三人。享年七十有九。初封庐陵县开国男,加至本郡开国侯,食邑自三百户积至一千五百户,实封百户。是年冬十月丙午,葬于县之儒行乡松山原祖茔之右,以子升朝,遇郊,恩赠通奉大夫。娶刘氏,中散大夫、湖南提点刑狱公事敏材女。……孙男十六人:槻,从事

　　① (明)何乔远:《闽书》第2册,《闽书》校点组校点,福州:福建人民出版社,1994年,第1101页。

　　② (宋)卫泾:《后乐集》,《影印文渊阁四库全书》第1169册,台北:台湾商务印书馆,1986年,第714~719页。

　　③ 绍熙三年,原文作"绍兴三年",误。绍兴三年(1134年),周必大尚未满十岁,而胡铨也是到淳熙七年(1180年)才去世。因此,神道碑不可能写于绍兴三年(1134年),当为绍熙三年(1192年)之误。(道光)《重纂福建通志》卷九十载:"胡絜,广陵人,绍熙间任。"可证绍兴三年当为绍熙三年(1192年)之误,时胡絜已在监泉州市舶务任上。

郎,奏辟广南西路转运司主管文字;槊,文林郎、监泉州市舶务。"①胡槊,字仲方,胡铨之孙,庐陵人,淳熙十四年(1187年)知象山县,宝庆二年(1226年),除焕章阁学士、通议大夫,知庆元府兼沿海制置使。宝庆二年二月二十二日到任,在任期间命修《宝庆四明志》二十一卷。绍定元年(1228年)十二月转授通议大夫,绍定二年正月十一日除显谟阁学士,充沿海制置使兼知庆元府,二月十一日视事。七月初九日除龙图阁学士、正奉大夫,致仕。② 绍熙间,胡槊监泉州市舶务。③ 据清源山摩崖石刻《宋胡仲方等游览题刻》:"庐陵胡仲方、温陵林广村、高密赵东老、莱阳辛懋嘉,庆元三年(1197年)二月中休来游。"④胡仲方即胡槊,说明当时胡槊仍未离任。另外(道光)《重纂福建通志》作"广陵人",《泉州海关志》作"胡渠""卢陵人"⑤,胡铨《澹庵文集》附录《资政殿学士赠通奉大夫胡忠简公铨神道碑》作"胡筑"⑥,皆误。

宋光宗赵惇绍熙五年 公元 1194 年 甲寅年

知明州朱伀易知泉州。

> 按:(道光)《晋江县志》卷三十四《政绩志》载:"朱伀,绍熙五年知泉州。奏罢榷盐,以舒民困。"⑦朱伀,平江府吴县人,长文从子,淳熙九年(1182年)任两浙转运副使。⑧ 绍熙间以中奉大夫、直徽猷阁知明州兼

---

① (宋)周必大:《文忠集》,《影印文渊阁四库全书》第1147册,台北:台湾商务印书馆,1986年,第335~339页。

② (宋)罗濬:《宝庆四明志》卷一,《叙郡上·郡守》,《影印文渊阁四库全书》第487册,台北:台湾商务印书馆,1986年,第21页;(清)曹秉仁:(乾隆)《宁波府志》卷十六,《秩官上》,卷十八《名宦》,《中国方志丛书》第198号,台北:成文出版社,1983年,第1030、1055、1423~1424页。

③ (清)孙尔准:(道光)《重纂福建通志》,《中国省志汇编:9》,台北:华文书局,1968年,第1810页。

④ 许添源:《清源山摩崖选粹》,北京:中华书局,2004年,第65页。

⑤ 泉州海关:《泉州海关志》,厦门:厦门大学出版社,2005年,第97页。

⑥ (宋)胡铨:《澹庵文集》,《影印文渊阁四库全书》第1137册,台北:台湾商务印书馆,1986年,第75页。

⑦ (清)周学曾:(道光)《晋江县志》,晋江县地方志编纂委员会整理,福州:福建人民出版社,1990年,第987页。

⑧ (宋)潜说友:《咸淳临安志》卷五十,《秩官八》,《影印文渊阁四库全书》第490册,台北:台湾商务印书馆,1986年,第528页。

沿海制置司公事,绍熙四年(1193 年)二月二十日到任。^① 绍熙五年易知泉州。楼钥《攻愧集》卷三十七《知明州朱伒两易知泉州》云:"敕具官某:才有小大之异,而选用当适其宜。郡有远近之殊,而委寄之重则一。尔详练世故,扬历仕途。鄞岭分麾,报政久矣;温陵改镇,易地皆然。此则控东夷之要冲,彼则据南海之都会。内修侯度,外畅王灵。谅无惮于修途,当复闻于善最。"^②文中称明州为"控东夷之要冲",泉州则为"据南海之都会",皆为番舶往来、海道要冲之地,故州官皆是"委寄之重"。朱伒在知泉州期间,奏罢榷盐,许从便煎烹买卖,一时赖之。又与前任知州颜师鲁相继修葺文庙,颇有政声。

绍熙间,王涣、赵汝彧任福建提举市舶。

> 按:《八闽通志》卷三十《秩官》:"王涣、赵汝彧,俱绍熙间任(福建提举市舶)。"^③王涣,《福建市舶提举司志》、(乾隆)《泉州府志》卷二十六、(道光)《晋江县志》卷二十八均作"王焕",误。王涣,字季光,乾道三年(1167 年)为宜春丞,从政郎。^④ 乾道末为武陵宰,^⑤娶金华曹佃之女。淳熙二年(1175 年),以承议郎通判建宁府。^⑥ 赵汝彧,宗室,汉恭宪王元佐裔孙,淳熙间以宣教郎知建安县。^⑦

宋宁宗赵扩庆元二年　公元 1196 年　丙辰年

泉州浯浦海潮庵僧觉全推里人徐世昌倡建天后宫。

> 按:(道光)《晋江县志》卷十六《祠庙志》载:"天后庙,在府治南德济门内。宋庆元间建,明永乐十三年奉文修葺。嘉靖间,郡人徐毓重修。……神为莆田林氏女。宋宣和四年,赐额顺济。绍兴二十五年,封

① (宋)罗濬:《宝庆四明志》卷一,《叙郡上·郡守》,《影印文渊阁四库全书》第 487 册,台北:台湾商务印书馆,1986 年,第 20 页。

② (宋)楼钥:《攻愧集》,《影印文渊阁四库全书》第 1152 册,台北:台湾商务印书馆,1986 年,第 661 页。

③ (明)黄仲昭:《八闽通志》上册,福州:福建人民出版社,1990 年,第 626～627 页。

④ 朱德才:《增订注释全宋词》第 4 卷,北京:文化艺术出版社,1997 年,第 794 页。

⑤ (宋)王迈:《夷坚志》(补卷)卷第二十四,《龙阳王丞》,北京:九州图书出版社,1998 年,第 2034 页。

⑥ (宋)吕祖谦:《东莱吕太史文集》卷十二,《金华曹君将仕墓志铭》,黄灵庚、吴战垒主编:《吕祖谦全集》,杭州:浙江古籍出版社,2008 年,第 186～187 页。

⑦ (宋)韩元吉:《南涧甲乙稿》卷十六,《凌风亭题字》,《影印文渊阁四库全书》第 1165 册,台北:台湾商务印书馆,1986 年,第 249 页。

崇福夫人,二十六年封灵惠,二十七年封灵惠昭应。淳熙十年,封灵惠昭应崇善福利夫人。绍熙元年,封进爵灵惠妃。庆元四年,封助顺,六年封护国庇民,追封一家。开熙元年,封显卫。嘉定元年,封助顺英烈妃。宝祐元年,封嘉应英烈。协正三年封慈济,四年封善庆。开庆元年,封显济妃。至元十八年,封护国明著天妃,二十六年封显佑。大德三年,封辅圣庇民。延祐元年,封广济。天历二年以怒涛拯溺,加封灵感助顺福惠徽烈,赐额云慈,遣官致祭。明洪武五年,封昭考(孝)纯正孚济感应圣妃,六年遣官致祭。文云:'圣德秉坤极,闽南始发祥。飞升腾玉辇,变现蔼天香。海外风涛静,寰中麟凤翔。民生资保锡,帝室藉勖勚。万载歌清晏,昭格殊未央'。永乐七年,封护国庇民妙灵昭应宏仁普济天妃。隆庆府志:神居莆阳之湄洲屿,都巡检愿之季女也。生有祥光异香,资慧颖悟,能知休咎。长能乘席渡海,常乘云游于岛屿,人呼曰'神女',又曰'龙女',以其变化尤著于江海中也。宋太祖雍熙四年九月二十九日升化,是后常朱衣翩旋,飞行水上,累著灵验。宋庆元二年,泉州浯浦海潮庵僧觉全,梦神命作宫,乃推里人徐世昌倡建。实当笋江、巽水二流之汇,番舶客航聚集之地,时罗城尚在镇南桥内,而是宫适临浯浦之上。自是水旱盗贼,有祷辄应。历代遣官斋香诣庙致祭。"①妈祖,又称天妃、天后、天上圣母、娘妈等是宋元以来中国东南沿海居民信奉的主要海神。妈祖原名林默,宋太祖建隆元年(960年)农历三月二十三日诞生于莆田湄洲岛,因救助海难,于宋太宗雍熙四年(987年)九月初九逝世。升化后被沿海人民尊为海上女神,立庙祭祀。后屡显灵应于海上,渡海者皆祷之,被尊为"通灵神女",庙宇遍海甸。宋徽宗宣和四年(1122年),给事中路允迪使高丽,感神功,奏上,赐"顺济"庙额。②此后,妈祖信仰得到宋政府的大力扶持,遂在沿海一带广泛传播。从宋高宗绍兴二十六年(1156年)起至清朝,历代皇帝先后36次册封妈祖,其中宋代册封即达14次之多。妈祖的封号也由最开始的2字累至64字,爵位由"夫人""妃",明永乐封"天妃",立庙京师,而至清康熙二十三年(1684年)封"天后"。

---

① (清)周学曾:(道光)《晋江县志》,晋江县地方志编纂委员会整理,福州:福建人民出版社,1990年,第428~430页。

② (清)佚名:《天妃显圣录》,《台湾文献丛刊》第77种,台北:台湾银行经济研究室,1960年,第1页。

天后宫是祭祀海神妈祖的庙宇，也是世界范围妈祖信仰的重要传播中心，见证了妈祖信仰伴随海洋贸易的形成和发展历程。海内外各地的天后宫以泉州、湄洲二庙最重要，湄洲庙是妈祖的降生地，泉州庙则是妈祖发祥之处，并且功及海外，庇及社稷。在元代十五座官方承认的天妃宫中，以泉州、湄洲二庙最重要，故天历二年（1329年），朝廷遣官致祭天下各庙，是年八月初一祭直沽妈祖庙开始，由北而南，以湄洲庙、泉州庙结尾。泉州天后宫始称顺济宫，位于泉州古城南端，南临晋江及沿岸港口，内通城区，外连海港，通过德济门，可就近抵达晋江，位置十分显要。它是外来商人、货物进入泉州城的第一站，也是出海的人祭祀海神妈祖之后，顺着晋江通往江口码头或者石湖码头前往海外贸易的第一站，与泉州的商人群体密切关联，见证了海洋贸易作用下泉州南部商业性城区的发展。泉州天后宫自建后多有修缮，现仍保存了16世纪之前形成的前殿后寝的布局特征。现存建筑群坐北朝南，总体呈中轴对称的院落式布局，中轴线上自南向北依次布局有山门、戏台、拜庭、天后殿、寝殿、梳妆楼，两侧为东西厢房、轩房、斋馆和凉亭等附属建筑，将院落围合。建筑群用地面积约6800平方米，历代皆有遣官致祭。它与真武庙、九日山祈风石刻等共同体现出民间信仰与国家意志相结合对海洋贸易发展的共同推动。[①]

庆元间，许知新在福建提举市舶任上。

按：《八闽通志》卷三十《秩官》福建提举市舶条："许知新、詹徽之、黄缵，俱庆元间任。"[②]许知新，仙游人，淳熙五年（1178年），知象山县。[③]据（宝祐）《仙溪志》卷二："绍兴二十四年张孝祥榜（进士）……许知新，镇四世孙，尧夫孙。"[④]《泉州海关志》引《浙江通志》将许知新籍贯"一作仁和人"，科第作"绍兴二十一年进士"，皆误。[⑤]詹徽之庆元四年（1198年）春赴福建提举市舶任，许知新任期在詹徽之之前，故应是庆元四年

① 《天后宫》，2017年8月7日，http://www.qzworldemporium.cn/yczhs/201708/t20170807_2467683.htm，2021年10月15日。

② （明）黄仲昭：《八闽通志》上册，福州：福建人民出版社，1990年，第626～627页。

③ （清）曹秉仁：（乾隆）《宁波府志》卷十八，《名宦》，《中国方志丛书》第198号，台北：成文出版社，1983年，第1504页。

④ （宋）黄岩孙：（宝祐）《仙溪志》，《宋元方志丛刊》第8册，北京：中华书局，1990年，第8294页。

⑤ 泉州海关：《泉州海关志》，厦门：厦门大学出版社，2005年，第95页。

前在任上。

宋宁宗赵扩庆元四年　公元1198年　戊午年

春,詹徽之赴福建提举市舶任。

按:庆元五年,詹徽之为其子詹贺所撰墓志云:"□贺生于淳熙辛丑年六月。戊午年春将趋闽舶官期,贺□染疾濒死。复生,触热就道,舆曳二千里至泉。风土异江浙,遇春疾复作,无良医竟死。明年庆元己未十二月壬申,葬于严州建德县溪南三里朱婆岭下,附其兄嫂李氏墓之右云。朝奉大夫、权知安庆军府事詹徽之记。"①《詹贺墓志》碑高60厘米,宽40厘米,碑石有磨泐残损,现藏于建德市文物保管所。詹徽之,淳熙五年(1178年),以宣义郎任浙东提举常平司干办公事,娶曾几之孙女为妻。② 庆元四年(1198年)春,提举福建市舶。庆元五年,在权知安庆军府事任上。开禧元年(1205年),任两浙转运判官,二年除军器监。③

十一月三日,陈实在福建提举市舶任上。

按:朱熹《晦庵集》卷九十四《陈君廉夫圹志》载:"陈廉夫,名址,莆田人,故少师、观文殿大学士,赠太保、魏国正献公之孙,今朝请大夫、新提举福建路市舶实师是之子。厚重明敏,自幼即有志于学,正献公奇爱之。用致仕恩,奏授承奉郎,转承事郎,差监镇江府户部大军仓。未赴,丁母忧,再调监泉州南安县盐税。庆元三年七月二十有二日卒,享年二十有八。娶兵部侍郎岳公霖之女,女子一人。师是将以庆元四年(1198年)十一月三日,祔廉夫龙汲山正献公大坟之右,以其尝学于余也,使来谒铭。余以老病,久废笔札,亦悲廉夫之贤而不克就其志也。不能文,姑记其实,请刻石纳圹中。十月己卯既望,新安朱熹记。"④陈廉夫,陈实子,因病早逝,陈实将以庆元四年十一月三日祔陈廉夫于龙汲山陈俊卿大坟之右。因陈廉夫曾学从朱熹,故来找朱熹请铭,时陈实身份是朝请

---

① 叶欣:《严州金石》,天津:天津古籍出版社,2012年,第33页。叶欣谓"时詹徽之为泉州知州",误。詹徽之只出任过福建提举市舶,但从未担任过泉州知州。

② (宋)陆游:《渭南文集》卷三十二,《曾文清公墓志铭》,《陆游全集》下册,北京:中国文史出版社,1999年,第1371~1373页。

③ (宋)潜说友:《咸淳临安志》卷五十,《秩官八》,《影印文渊阁四库全书》第490册,台北:台湾商务印书馆,1986年,第528页。

④ (宋)朱熹:《晦庵集》,《影印文渊阁四库全书》第1146册,台北:台湾商务印书馆,1986年,第220页。

大夫、新提举福建路市舶。陈实曾在乾道元年(1165 年)任福建路市舶司干办公事,淳熙七年(1180 年),通判泉州。

宋宁宗赵扩庆元五年　公元 1199 年　己未年

十月庚午,黄瓒在福建提举市舶任上。

　　按:《宋进士杨公墓志铭》载:"公讳雍,字和仲,世福州侯官人。考待时不仕,公少业儒,一再举进士不偶。……一日忽动乡关之念,趣治归装,未行,得脾疾,时丁巳六月季也。……汝其成吾志,有顷而逝,享年七十。……以庆元己未年十月庚午葬于仙宗寺之龙山。……朝奉大夫、提举福建路市舶黄瓒书。"①黄瓒,淳熙中通判泉州②,庆元间提举福建市舶。《八闽通志》卷三十《秩官》福建提举市舶条:"许知新、詹徽之、黄缵(瓒),俱庆元间任。余茂实、曹格、郭晞宗,俱嘉泰间任。"③詹徽之庆元四年(1198 年)底前已离任,陈实庆元四年十一月在福建提举市舶任上,故黄瓒在福建提举市舶任上时间应在陈实之后,余茂实之前。《八闽通志》、《福建市舶提举司志》、《闽书》、(道光)《重纂福建通志》、(乾隆)《泉州府志》、(道光)《晋江县志》及《宋代市舶司研究》《宋代路分长官通考》《泉州海关志》皆作"黄缵",误。

刘颖起知泉州,番舶至,不往行阅货。

　　按:(道光)《晋江县志》卷二十八《职官志》知州事条:"刘颖,(庆元)五年任。"④叶适《水心集》卷二十《宝谟阁直学士赠光禄大夫刘公墓志铭》云:"公讳颖,字公实,衢州西安人。……复提举兴国宫,知泉州。泉土富乐,其暴桀、椎埋、群偷而众夺者,悉株连送远地。公一以静镇,事从其俗,人尤爱之。蕃舶至,旧与提举阅视,公不往,第遣职官喻曰:'货不汝买也。'待制华文阁,次子正学死,复乞兴国而归。"⑤刘颖,庆元五年(1199 年)以中奉大夫集英殿修撰知泉州。市舶抽解,旧为知州与市舶

---

① 薛彦乔:《宋代泉州市舶官员辑补》,《福建文博》2020 年第 4 期,第 52 页。

② (清)万友正:(乾隆)《马巷厅志》卷十三,《职官志》,《中国方志丛书》第 98 号,台北:成文出版社,1978 年,第 105 页。

③ (明)黄仲昭:《八闽通志》上册,福州:福建人民出版社,1990 年,第 626～627 页。

④ (清)周学曾:(道光)《晋江县志》,晋江县地方志编纂委员会整理,福州:福建人民出版社,1990 年,第 534 页。

⑤ (宋)叶适:《水心集》,《影印文渊阁四库全书》第 1164 册,台北:台湾商务印书馆,1986 年,第 367 页。

提举同往阅视之,就中或有乘机索价,"其货价为八十,可与政府报价为一百。反之,政府之索价为一百,则可以百二十诬为商人之索价。尤有甚者,则为强买、干没,此诸机会,皆藉于阅货抽解之时也"。① 而官吏廉洁者,则往往避嫌,不兴阅货之行。对于海外贸易,刘颖没有按照惯例阅视番舶,而是遣贸易官员妥善处理,足见其廉洁奉公之品行。

宋宁宗赵扩嘉泰元年　公元 1201 年　辛酉年

十月一日,福建提举市舶余茂实与郡守倪思等祈风于九日山昭惠庙。

　　按:《倪思等祈风石刻》:"嘉泰辛酉十有一日庚申,郡守倪思正甫,提舶余茂实腾甫,遵令典祈风于昭惠庙。既事,登九日山,憩怀古堂,回谒唐相姜公墓,至莲花岩而归。统军韩俊用章、同僚朱曾景参、戴溪肖望、钱箪仲渊、曾应定之、陈士龙云卿与焉。"② 此石刻位于东峰南麓石刻群中央悬崖,南向。摩崖高 200 厘米,宽 100 厘米,字径 11 厘米,6 行,行 15 字,正书。余茂实,字腾甫,莆田人。倪思,字正甫,归安人,嘉泰元年(1201 年)知泉州,做棂星门,辟武斋,增小学,葺斋廊庙门及从祀之屋。嘉泰三年,别创睦宗院于府治西北居贤坊。又修城郭,缮器械,训士卒,浚河渠,造桥梁,葺候馆,立养济院,百废俱兴,民不告扰。真德秀将守泉,倪思告老家居,贻书问政,告以"毋崇宴觞,毋艳琛货。静以安民,俭以化俗"③。

宋宁宗赵扩嘉泰二年　公元 1202 年　壬戌年

三月五日,郭晞宗除提举福建路市舶。廿一日,以疾乞辞,不许。

　　按:(道光)《晋江县志》卷二十八《职官志》:"余茂实、曹格、赵汝说(从《闽书·宗室志》增)、郭晞宗(《福建通志》郭作邹),以上俱嘉泰间任。"④ 又宋陈耆卿的《嘉定赤城志》卷三十三《人物门三》载:"淳熙五年姚颖榜(进士)……郭晞宗,仙居人,字宗之。历通判处州,知道州,提举

---

　　① 刘铭恕:《宋代海上通商史杂考》,刘长文编:《刘铭恕考古文集》,郑州:河南人民出版社,2013 年,第 878 页。

　　② 黄柏龄:《九日山志》,上海:上海辞书出版社,2006 年,第 87 页。

　　③ (明)何乔远:《闽书》第 2 册,《闽书》校点组校点,福州:福建人民出版社,1994 年,第 1286 页。

　　④ (清)周学曾:(道光)《晋江县志》,晋江县地方志编纂委员会整理,福州:福建人民出版社,1990 年,第 579 页。

福建路市舶。除琼管安抚,未行卒。"①郭晞宗(1136—1204 年),字宗之,浙江仙居人,淳熙五年(1178 年)姚颖榜进士。任福建提举市舶时间在余茂实、曹格、赵汝谠之后。《福建通志》"郭晞宗"作"邹希宗",《福建市舶提举司志》作"郭希宗",皆误。据浙江仙居《乐安郭氏宗谱》卷一《郭氏年谱》云:"宋孝宗隆兴元年癸未八月,安抚公初授迪功郎。……淳熙五年戊戌,安抚公登进士第姚颖榜第四甲七十六名……嘉泰二年三月五日,安抚公除提举福建路市舶。廿一日东归时以疾乞辞,故有是命。不许,候代交割以次官离任。……三年癸亥正月廿一日,安抚公磨勘,转朝散大夫。……四年甲子二月,安抚公赴泉舶,以三月三日交割。六月,朝请加赠朝请大夫。九月廿四日,安抚公改知琼州兼琼管安抚,时公以疾屡丐辞,故有是命。十月廿九日,安抚公卒于官舍。十二月十八日,安抚公之丧至自泉州。……开禧元年乙丑十二月八日,葬安抚公于莲塘之山。"②安抚公即郭晞宗,年谱详细记载了郭晞宗的生平。据此可知,郭晞宗于嘉泰二年(1202 年)三月五日除提举福建路市舶,但并未赴任,直到嘉泰四年二月才赴泉舶。

宋宁宗赵扩嘉泰三年　公元 1203 年　癸亥年

五月十八日,令闽、广舶司,每岁部押纲运。须通差文武见任及待阙有顾藉者,并严立纲运程限。

　　按:《宋会要辑稿·食货四四》载:"(嘉泰三年)五月十八日,前知崇庆府林会言:'下闽、广舶司,每岁部押纲运,不得用杂流及小小武弁,须通差文武见任及待阙有顾藉者,仰舶司籍定姓名,不许私相转售。发纲日,严立程限,预申省部照府,庶免稽滞。如违,舶臣连坐。'从之。"③由于押纲艰辛且风险大,官员越来越不愿意应差,多委衙前小吏前往,至纲运未能如期到达,或贡品损坏、被窃,各种弊端,不一而足。尽管朝廷一再采取奖惩措施,仍有很多官员不愿往。嘉泰三年(1203 年)五月,宋宁宗再次向闽、广两舶司申严,每岁部押纲运,须差现任官员或待阙有

　　① (宋)陈耆卿:《嘉定赤城志》,《宋元方志丛刊》第 7 册,北京:中华书局,1990 年,第 7535 页。

　　② (清)郭良文:《乐安郭氏宗谱》(咸丰丙辰年重修),1856 年,上海图书馆馆藏家谱,第 142 页。

　　③ (清)徐松:《宋会要辑稿》第 12 册,《食货四四》,刘琳等校点,上海:上海古籍出版社,2014 年,第 7001 页。

顾藉者,不得再用小吏武弁,并严立纲运程限,防止押运官员以风阻为由拖延发运。违者,连带舶臣一起受罚。

九月二十三日,福建提举市舶曹格放罢。

　　按:《宋会要辑稿·职官七四》载:"(嘉泰三年九月)二十三日,江东提举常平刘述、福建提举市舶曹格并放罢。以监察御史林行可言,述借法济贪,格移易乳香。"①又《八闽通志》卷三十《秩官》:"曹格,……俱嘉泰间任。"②曹格,籍贯、科年不详③,为台州知州唐仲友长子唐士俊岳父之堂弟。淳熙间任临海县丞,被朱熹弹劾"凶暴贪婪,全无忌惮","倚恃至亲之故,妄作声势,凌侮同官,捶挞胥吏",请求朝廷对其明正典刑。④嘉泰三年(1203 年)九月,在福建提举市舶任上被罢。嘉定三年(1230年)正月四日,知岳州曹格、知昌州王驹并与祠禄,以监察御史范之柔言:"格昏耄已甚,郡事不理;驹实历四考,便任专城。"⑤

陈傅良辞免知泉州。

　　按:陈傅良《止斋集》卷二十七《辞免知泉州申省状》:"准尚书省札子,备奉圣旨,差知泉州,替叶适阙。有合奏陈须至烦渎者,怜贫恤老,君相之恩;量力效官,人臣之谊。伏念某生平辛苦,积成痼疾,自岁庚申至今未已。浮肿如水,颤掉如风,神明支干;日就昏塞,不省人事者屡矣。此岂可尚堪驱使,将以寄千里之命乎?况温陵大邦,甲于闽部,蕃汉杂居,狱市难扰。而使衰瘁当之,必见阙误;课以禅报,徒遭罪责。载念臣自叨误恩,畀以祠禄,月有所入,足了医疗。若及满岁,庶保残龄,贪恋公朝,岂所觊望。失此私便,忽然永已,却抱无穷之恨。又况此邦,比年选牧,多处法从。某往者疵衅之深,患在高位,虽循省不为不久,扶拭不为不至。若一日起废,复此逾越,公论不置,且见颠陷,又非所以保全之也。欲望朝廷特赐敷奏,收回成命,仍旧奉祠。嘉泰三年三月十三

---

　　① (清)徐松:《宋会要辑稿》第 9 册,《职官七四》,刘琳等校点,上海:上海古籍出版社,2014 年,第 5049 页。

　　② (明)黄仲昭:《八闽通志》上册,福州:福建人民出版社,1990 年,第 626～627 页。

　　③ 杨文新引《江南通志》,作"格,江苏江阴人,进士",但此曹格为德祐元年(1275 年)进士,年代不符,误。见杨文新:《宋代市舶司研究》,厦门:厦门大学出版社,2013 年,第 280 页。

　　④ (宋)朱熹:《晦庵集》卷十八,《按唐仲友第三状》,《影印文渊阁四库全书》第 1143 册,台北:台湾商务印书馆,1986 年,第 350 页。

　　⑤ (清)徐松:《宋会要辑稿》第 9 册,《职官七四》,刘琳等校点,上海:上海古籍出版社,2014 年,第 5061 页。

日,同奉圣旨,不允。"①南宋年间,随着泉州海外贸易的发展,大量外商涌入泉州城,其中以阿拉伯商人居多,他们有的候风回舶,有的则长期定居在泉州。外商原先与当地人杂居,后因人口众多,逐渐往城南聚居,形成番人巷。外侨人口既多,带来的犯罪不法事也多,"蕃汉杂居,狱市难扰",处理起来甚为棘手。故陈傅良以年老体衰为由,任之恐"必见阙误,课以祸报,徒遭罪责",奏请辞免。陈傅良(1137—1203年),字君举,学者称止斋先生,浙江瑞安人。乾道八年(1172年)进士,淳熙间任福州通判。②历官差知桂阳军、提举湖南常平茶盐、转运判官、浙西提刑、吏部员外郎。宁宗立,除起居舍人兼权中书舍人,后因"伪学"被罢。嘉泰三年(1203年)三月,诏知泉州,以疾辞,授集英殿修撰、宝谟阁待制。当年十一月十二日卒于里第,年67,谥文节,有《止斋集》五十二卷(含《附录》一卷)。其生平事迹参见楼钥撰的《陈傅良神道碑》,蔡幼学撰的《陈傅良行状》及叶适撰的《陈傅良墓志铭》,均收于《止斋集》附录。

宋宁宗赵扩嘉泰四年　公元 1204 年　甲子年

三月五日,郭晞宗赴福建提举市舶任,九月改知琼州。十月廿九日,未赴任即卒于官舍。

> 按:清代王棻等纂修的(光绪)《仙居志》卷二十一《古迹志中·金石上》收有宋代何澹为郭晞宗撰写的《宋故琼管安抚提举郭公墓志铭》一文,云:"嘉泰四年十月晦,故琼管安抚郭公卒于泉南市舶之官舍。开禧元年十二月□□,葬于台州仙居县升平乡莲塘山之原。……公名晞宗,字宗之,世有为永安镇都监者,因家焉。镇后升县,名仙居。……登戊戌进士第,主处州松阳簿,绍兴司法参军,教授郢州。……外台上其绩,适感微疾,力丐祠,除提举福建市舶。公喜得遂次,归休里闾,有终焉之志。会而虚使命,有旨递行,亲故更劝勉就道。舶司积弊,公正身愧下,究弊缘□□□□去尽而人弗怨,岛夷闻风,来者衔尾。今同知章公良能时为泉守,尝谓公清如冰玉,留卫公尤敬叹。居无何,疾复作,锐意求闲,□□乃丐谢事,□□□□□遂拜琼管安抚之命。将行,以不起闻。

① (宋)陈傅良:《止斋集》,《影印文渊阁四库全书》第 1150 册,台北:台湾商务印书馆,1986 年,第 724 页。

② (清)徐景熹:(乾隆)《福州府志》(中册)卷三十一,《职官四》,福州:海风出版社,2001年,第 135 页。

病革，呼群吏戒以公家事，不及私。徐以后事付家人，诲子弟以忠孝廉谨。属纩一语不乱，略言平日为善得吉报而瞑，年六十有九。□□蛮舶□□□□□□□罗邑智勿才等数十人□顿庭下①，昼夜然异香，缨巾以拜，夷音飔呗，麾之不去。丧车所过哀惨，乡之父老迎哭络绎。"②墓志铭中提到的舶司积弊，概指舶司官员苛敛诛求，贪赃枉法之事。面对宝货山积的诱惑，市舶官员难有能真正做到抵制诱惑者，之前的市舶官员潘冠英、张逊、曹格等人，皆因贪腐被罢。郭晞宗的廉洁自律，在时人看来确实难得，以至"岛夷闻风，来者衔尾"，可见市舶官员贪腐才是常态。另外墓志铭提到的时罗邑，当为时罗巴之误，智勿才则为智力干之误，赵汝适《诸蕃志》南毗国条云："南毗国，在西南之极。自三佛齐便风月余可到……其国最远，番舶罕到。时罗巴、智力干父子，其种类也。今居泉之城南。"南毗国，即在今印度西海岸喀拉拉邦之卡利卡特（科泽科德）。③ 罗巴、智力干，即印度商人也。

张燧，嘉泰四年（1204年）闰二月前任福建市舶干官。

　　按：宋叶适《水心集》卷二十六《宋故中散大夫提举武夷山冲佑观张公行状》载："公姓张氏，讳秀樗，字延卿，温州府永嘉人。幼入太学，用忠简公恩试吏部第一。监临安府粮料院，迁敕令所删定官，司农寺丞，兼权仓部郎官，换工部。……嘉泰四年闰二月二十二日平旦，盥洗索当食，食既，视瞻炯然，家人扚叫曰：'起疾矣！'其日卒，年七十八。自文林郎积官中散大夫，开国永嘉县男。九月二十四日，葬瑞鹿西冈。夫人潘氏，封令人。男五人，曰燧，通直郎，福建舶司干官，先卒。"④张燧，张秀樗长子，张秀樗卒于嘉泰四年（1204年）闰二月二十二日，而张燧先于其父卒，故其任福建市舶干官当在嘉泰四年闰二月前。

　　按：（道光）《重纂福建通志》卷九十《职官志》市舶干办公事条载：

---

　　① 据仙居县文物办所藏的《郭晞宗墓志铭》拓片，此处的缺漏字补上，为"泉商蛮舶闻讣掩泣，蕃酋时罗邑、智勿才等数十人嚎顿庭下"。参见薛彦乔：《宋代泉州市舶官员辑补》，《福建文博》2020年第4期，第50～55页。

　　② （清）王棻：（光绪）《仙居志》，《中国方志丛书》第203号，台湾成文出版社，1975年，第1287～1299页。

　　③ （宋）赵汝适：《诸蕃志校释》，杨博文校释，北京：中华书局，1996年，第67～69页。

　　④ （宋）叶适：《水心集》，《影印文渊阁四库全书》第1164册，台北：台湾商务印书馆，1986年，第461～463页。

"陈经,长溪人,庆元五年进士,宁宗朝任。"①又《八闽通志》卷七十二《人物志》载:"陈经,字正甫,号存斋,福安人。庆元中进士,官终奉议郎、泉州泊(舶)干。经嗜书成癖,启益后学为多。有《书解》五十卷及《诗讲义》《存斋语录》行世。"②陈经于庆元五年(1199 年)考中进士,而张燧于嘉泰四年前卒于官,故陈经很可能在嘉泰以后才出任福建市舶干官一职。

宋宁宗赵扩开禧元年　公元1205年　乙丑年

令泉、广市舶司多方招诱博买乳香,申给度牒变卖,给还价钱。

　　按:《宋会要辑稿·职官四四》载:"开禧元年八月九日,提辖行在榷货务都茶场赵善谧言:'泉、广招买乳香,缘舶司阙之,不随时支还本钱,或官吏除克,致有规避博买,诈作飘风。前来明、秀、江阴舶司,巧作他物抽解收税私卖,挽夺国课。乞下广、福市舶司多方招诱,申给度牒变卖,给还价钱。仍下明、秀、江阴三市舶,遇蕃船回舶,乳香到岸,尽数博买,不得容令私卖。'从之。"③抽解和博买是市舶管理的重要组成部分,南宋不同时期抽解舶货的比例不尽相同,如隆兴二年(1164 年),犀、牙十分抽二,又博买四分;真珠十分抽一,博买六分,最高时舶货的抽解比例达到十分抽四分。各舶司又巧立名色,迫其输纳,在官府的盘剥下,实际上进口舶货十之六七尽归官府所有,而博买之货款还不能及时发放。到了南宋末期,这种现象更加严重,舶商不堪其扰,想方设法规避博买,又或诈为飘风,避开闽、广舶司,跑到两浙的明、秀、江阴等市舶务住舶,将细货做粗货抽解收税,致私卖盛行,国课有亏。因此,赵善谧向朝廷提议,要求广、福市舶司多方招诱博买乳香,并申给度牒变卖,以便及时将货款发放给舶商。对于两浙路各地的市舶务,也要求其在番船回舶,乳香到岸时,应尽数博买,不得容令私卖。

诏令泉、广市舶司将逐年博买蕃商乳香,自开禧二年为始,权住博买。

　　按:《宋会要辑稿·职官七四》载:"十月十一日,诏:"泉、广市舶司

---

　　①　(清)孙尔准:(道光)《重纂福建通志》,《中国省志汇编:9》,台北:华文书局,1968 年,第 1810 页。

　　②　(明)黄仲昭:《八闽通志》下册,福州:福建人民出版社,1991 年,第 726 页。

　　③　(清)徐松:《宋会要辑稿》第 7 册,《职官四四》,刘琳等校点,上海:上海古籍出版社,2014 年,第 4220 页。

将逐年博买蕃商乳香，自开禧二年为始，权住博买。"[1]在宋初规定的禁榷品中，犀、牙、珠贝等其后都已逐渐解禁，唯乳香自始至终都没有放行，作为"有用之物"，一直都是官府博买的对象。概以乳香用量最广，利润最厚，故宋政府不仅垄断乳香贸易，还出台政策对招诱来华乳香贸易的市舶官员和番商给予特别奖励。熙宁九年（1076年）至元丰元年（1078年）三年间，杭、明、广三市舶司每年博买的乳香约有12万斤。而南渡后，数量更大，建炎四年（1130年），泉州市舶司抽买的乳香就有86780斤，则三司总额至少在20万斤。而这些乳香贸易，大多掌握在大食商人手中，这足以使他们在宋朝的南海贸易中居于领先地位。[2]

闰八月一日，新福建提举市舶黄敏德、杨樗年并与祠禄，理作自陈。十月丙辰，杨樗年卒。

> 按：《宋会要辑稿·职官七四》载："（开禧元年闰八月一日），新广南提举市舶陈实、新福建提举市舶黄敏德、杨樗年并与祠禄，理作自陈。以臣僚言，实庸暗巽懦，敏德贪饕鄙猥，樗年瘝老疾病。"[3]黄敏德，江苏姑苏人，号存庵。杨樗年，字茂良，江苏丹徒人，历知华亭县、知台州，主管武夷山冲佑观。开禧元年（1205年），除提举福建市舶，告老，罢复奉祀。十月丙辰卒，年七十四。刘宰《漫塘集》卷三十三收有《杨提举行述》一文，云："公讳樗年，字茂良，世居镇江之丹徒……服阕，除知台州。寻差主管建宁府武夷山冲佑观。居无何，除提举福建市舶，公锐于告老，罢复奉祀。先是恕已官新城，公就养甚适，间苦脾疾，忽命笔仿释氏作颂，末有'六尘不染本来无，撒手便行真自在'之句。恕虽惊，幸公神识不乱，犹冀复初。又十日果卒。实开禧纪元十月丙辰，享年七十有四，官终朝议大夫。"[4]自宋宁宗开禧年间起，因官府盘剥及官员贪污敛财，闽、广市舶皆日渐凋敝，大批海商不堪重负而破产，至真德秀知泉州

---

① （清）徐松：《宋会要辑稿》第7册，《职官四四》，刘琳等校点，上海：上海古籍出版社，2014年，第4220页。

② 白寿彝：《宋时大食商人在中国的活动》，《白寿彝文集》第2卷，开封：河南大学出版社，2008年，第75～119页。

③ （清）徐松：《宋会要辑稿》第9册，《职官七四》，刘琳等校点，上海：上海古籍出版社，2014年，第5051页。

④ （宋）刘宰：《漫塘集》，《影印文渊阁四库全书》第1170册，台北：台湾商务印书馆，1986年，第752～755页。

时,番舶畏苛征,至者岁不三四,宋朝海外贸易逐渐走向衰落。①

宋宁宗赵扩开禧三年　公元1207年　丁卯年

正月七日,饬泉、广市舶司,照条抽解和买入官。其余货物亦不得拘留,巧作名色,违法抑买。如违,许蕃商越诉,犯者计赃坐罪。

按:《宋会要辑稿·职官四四》载:"(开禧)三年正月七日,前知南雄州聂周臣言:'泉、广各置舶司以通蕃商,比年蕃船抵岸,既有抽解,合许从便货卖。今所隶官司择其精者,售以低价,诸司官属复相嘱托,名曰和买。获利既薄,怨望愈深,所以比年蕃船颇疏,征税暗损。乞申饬泉、广市舶司,照条抽解和买入官外,其余货物不得毫发拘留,巧作名色,违法抑买。如违,许蕃商越诉,犯者计赃坐罪。仍令比近监司专一觉察。'从之。"②泉、广市舶官员假借和买之名强买舶货的违法行为自宋初即已有之,朝廷虽再三下令严禁,但利之所趋,实难禁止。到了开禧、嘉定年间,更为厉害,自郡太守而下,唯所欲刮取之,命曰和买,实不给一钱,又于抽解之外,巧立名色,重复征税,致舶货大半落于官吏之手。官吏盘剥太过,导致泉州的海外贸易量急剧下降,走向衰落。至嘉定十年(1217年),真德秀知泉州时,番舶岁至者不过三四艘,市舶税入仅十余万缗。朝廷中也有不少官员意识到这个问题的严重性,开禧三年(1207年),前知南雄州聂周臣奏请朝廷饬泉、广市舶司,照条抽解和买入官,亦不得拘留其余货物,巧作名色,违法抑买,"如违,许蕃商越诉,犯者计赃坐罪"。此举明确规定了番商的越诉权,扩大了番商的诉权,试图以此遏制官吏的腐败行为,维护外商的合法权益,具有一定的进步意义。

十月,胡衍在福建市舶干官任上。

按:宋孙应时《烛湖集附编》收有楼钥《承议郎孙君并太孺人张氏墓铭》一文,云:"开禧二年二月二十三日将赴邵武通判,忽一疾不起,仅以朝奉郎致仕。识者莫不痛之。三年十月二十五日,其母太孺人张氏继卒于家。…孙女五人:长适文正范公五世孙克家,次适宣议郎、新充福

① 廖大珂:《试论封建势力的压迫与南宋中后期海商资本的衰落》,《中国社会经济史研究》1989年第2期,第66～72页。

② (清)徐松:《宋会要辑稿》第7册,《职官四四》,刘琳等校点,上海:上海古籍出版社,2014年,第4220页。

建提举市舶司干办公事胡衍。"①胡衍，字衍道，一字晋远，会稽人，开禧二年（1206年）在义乌县丞任上浚绣川湖。② 开禧三年，调任福建市舶干官。

开禧间，赵盛、赵亮夫任福建提举市舶。

> 按：《八闽通志》卷三十《秩官》提举市舶条："赵盛、赵亮夫，俱开禧间任。"③赵盛，浙江衢州西安人，曾知钱塘县④，开禧间任福建提举市舶。嘉定十三年（1220年）六月十一日，前知筠州赵盛、新知全州富嘉谋并罢黜，以监察御史罗相言："盛席卷府库，稛载而归；嘉谋囊事权奸，因兹骤用。"⑤赵亮夫，宗室，为官贪鄙无耻，屡被同僚弹劾。绍熙二年（1191年）正月九日，诏知秀州赵亮夫放罢，以臣僚言其孝行有亏，闺门不肃，律己不廉，治民不恤，乞赐罢黜，故有是命。庆元元年（1195年）七月七日，新知常州赵亮夫放罢，以臣僚言："亮夫贪鄙无状，人所不齿。向守广德，席卷而去。"⑥庆元五年（1199年）二十三日，新知湖州赵亮夫、新知徽州赵伯桧并放罢，与宫观，理作自陈，以臣僚言二人唯务贪婪，所至席卷。开禧间任福建提举市舶，嘉定元年五月二十三日，广西提刑赵亮夫与宫观，理作自陈。⑦《福建市舶提举司志》"赵盛"作"赵益"，误。

开禧间，郑浦监泉州市舶务。

> 按：宋陈宓《复斋先生龙图陈公文集》卷二十一《参议郑侯墓志铭》云："侯讳浦，字仲淮，兴化军莆田人也。曾祖讳绍，祖讳良臣，考讳猎得。侯登淳熙进士第，主福州长乐县簿，转丞泉之晋江，用荐者改京官，令处之庆元。台府交上政绩，擢监左帑。奉祠二年，通判信州。丁母夫

---

① （宋）孙应时：《烛湖集附编》卷下，《影印文渊阁四库全书》第1166册，台北：台湾商务印书馆，1986年，第773～775页。

② （明）宋濂：《文宪集》卷十六，《义乌重浚绣川湖碑》，《影印文渊阁四库全书》第1224册，台北：台湾商务印书馆，1986年，第60～61页。

③ （明）黄仲昭：《八闽通志》上册，福州：福建人民出版社，1990年，第626～627页。

④ （宋）陈傅良：《止斋集》卷十四，《新知钱塘县赵盛婺州通判吴璘并除职事官》，《影印文渊阁四库全书》第1150册，台北：台湾商务印书馆，1986年，第605页。

⑤ （清）徐松：《宋会要辑稿》第9册，《职官七五》，刘琳等校点，上海：上海古籍出版社，2014年，第5085页。

⑥ （清）徐松：《宋会要辑稿》第9册，《职官七三》，刘琳等校点，上海：上海古籍出版社，2014年，第5003、5036页。

⑦ （清）徐松：《宋会要辑稿》第9册，《职官七四》，刘琳等校点，上海：上海古籍出版社，2014年，第5044、5058页。

人忧,反吉,调循州通判,改知南恩州。到官一考,力丐闲,改参江西议幕。归抵家,旬日卒。……为时开禧军兴,须海舟甚急,吏并缘为扰,侯躬至海乡,以见存舟及丈尺者籍之,商人帖然。石井巡检官白太守曰:'某舟不可用。'时太守严不可犯,械使易舟,为期峻迫,侯亟入府言曰:'舟危道,事不厌细,寨官之言不足责,且舟非寨官所能办,盍命邑之易?'守寤,寨官得免。摄主管舶司,于番货一无所问,弊例所入一切绝之,蛮贾咸悦。……享年六十有六。以嘉定十七年十一月十一日甲申,葬于莆田县云峰之原。"①郑浦,开禧间任晋江县丞,摄主管舶司。县丞乃知县之佐官,此处应指代理知县监泉州市舶务,而非提举市舶。在任上颇为廉洁,于番货无所取,番商皆感叹佩服。

开禧间,胡大正任泉州节度金判,检视舶货,秋毫无所取。

按:(道光)《重纂福建通志》卷九十《职官志》载:"胡大正,字伯诚,崇安人。……开禧间迁泉州节度金判。……郡为商贾之冲,每海舶至,检视之得利不赀,大正秋毫无所取。"②金判,即签判,签书判官厅公事的简称,为宋代各州幕职,协助州长官处理政务及文书案牍。胡大正时任泉州节度金判,故有协助州长官阅视舶货的职责。阅货的行使权力掌握在地方官吏手中,不少官吏乘机对舶商敲诈勒索,损公肥私,故往往得利不赀。而胡大正为人正直廉洁,于阅货时,秋毫无所取。

宋宁宗赵扩嘉定二年　公元 1209 年　己巳年

八月二日,新提举福建市舶徐大节任上被罢。

按:《宋会要辑稿·职官七四》载:"(嘉定二年)八月二日,新提举福建市舶徐大节、新知新州韦翌、新知浔州高可行并罢新任。以臣僚言,大节诛求边民,翌屡经弹劾,可行贿赂公行。"③徐大节,浙江开化人,隆兴元年(1163 年)进士,嘉定间提举福建市舶。二年八月二日,因"诛求边民"被弹劾罢官。

差充福建路提举市舶司干办公事李大有为《梁溪集》作跋。

---

① (宋)陈宓:《复斋先生龙图陈公文集》,《续修四库全书》第 1319 册,上海:上海古籍出版社,2002 年,第 526~528 页。

② (清)孙尔准:(道光)《重纂福建通志》,《中国省志汇编:9》,台北:华文书局,1968 年,第 2268 页。

③ (清)徐松:《宋会要辑稿》第 9 册,《职官七四》,刘琳等校点,上海:上海古籍出版社,2014 年,第 5061 页。

　　按：宋李纲《梁溪集》附录："嘉定二年五月既望，孙修职郎、差充福建路提举市舶司干办公事大有谨书。"[①]又《淳熙三山志》卷三十一《人物》："庆元五年己未曾从龙榜（进士）……李大有，字景温，纲之孙，夔之曾孙，经之侄孙，终奉议郎。"[②]李大有，两宋之际抗金名将李纲之孙。考之史料，有三处需辨析：一、李大有有无担任市舶提举一职。（民国）《福建通志》之《职官志》卷四："李大有，忠定公孙，见《梁溪集》附录，嘉定间任。"[③]《梁溪集》版本繁多，光宋刻本就有嘉定二年（1209 年）、六年、十三年和绍定六年（1233 年）刻本四种。嘉定二年，李纲孙李大有任职于福建市舶司，将其祖父的八十卷奏议刊行于世，并亲自为《梁溪集》作跋，落款为"嘉定二年五月既望，孙修职郎、差充福建路提举市舶司干办公事大有谨书"，行文中只提到李大有任福建路提举市舶司干办公事，未提及其任福建市舶提举一事，其余志书也均未见载，（民国）《福建通志》应为误记。《宋代市舶司研究》《宋代路分长官通考》《泉州海关志》均将其收进福建提举市舶名录，误。二、名为"李大有"的庆元间进士有两位，一为侯官人，字景温，李纲孙，庆元五年（1199 年）进士；一为东阳人，字谦仲，庆元二年进士。（万历）《福州府志》卷四十六《选举志二》："（侯官县）李大有，字景温，纲之孙，朝奉郎，庆元五年曾从龙榜进士。"[④]宋魏了翁《鹤山集》卷七十五《太常博士李君墓志铭》："李大有，谦仲……知福州闽县，通判通州。"[⑤]《姑苏志》卷四十二《宦绩六》："李大有，字谦仲，东阳人，庆元二年进士。……迁博士，官至朝请郎。"[⑥]宋卫泾《后乐集》卷十三《奏举丘橚李大有充所知状》："宣教郎、知福州闽县李大有"[⑦]，后三处之李大有似为东阳人，非李纲之孙。《泉州海关志》作

　　① （宋）李纲：《李纲全集》，王瑞明点校，长沙：岳麓书社，2004 年，第 1766 页。
　　② （宋）梁克家：《淳熙三山志》，《影印文渊阁四库全书》第 484 册，台北：台湾商务印书馆，1986 年，第 435 页。
　　③ （民国）沈瑜庆、陈衍：（民国）《福建通志》，《中国地方志集成·省志辑·福建》第 13 辑，上海：上海书店出版社，2011 年，第 22 页。
　　④ （明）喻政：（万历）《福州府志》下册，福州：海风出版社，2001 年，第 164 页。
　　⑤ （宋）魏了翁：《鹤山集》，《影印文渊阁四库全书》第 1173 册，台北：台湾商务印书馆，1986 年，第 172～174 页。
　　⑥ （明）王鏊：《姑苏志》，《影印文渊阁四库全书》第 493 册，台北：台湾商务印书馆，1986 年，第 777～778 页。
　　⑦ （宋）卫泾：《后乐集》，《影印文渊阁四库全书》第 1169 册，台北：台湾商务印书馆，1986 年，第 646 页。

"李大有,东阳人,字谦仲",误。① 三、李大有的籍贯,(万历)《福州府志》卷四十六作"侯官人"。李纲乃邵武人,晚年寓居福州,葬于侯官,其后人以籍焉。杨文新引《后乐集》(民国)《福建通志》等史料,称李大有"邵武人,曾知福州闽县,嘉定间任市舶提举",误。②

宋宁宗赵扩嘉定三年　公元1210年　庚午年

陈沂任福建市舶干官。

　　按:《泉州海关志》和《莲都区志》引《永乐大典》关于陈沂的记载,云:"陈沂,丽水人,字咏甫,一字唐卿,淳熙十四年进士。初任岳州户曹,迁武冈军教授,升上杭县令。任满调泉州舶司干官,改任宣教郎,后任霍丘、惠安知县。"③又《八闽通志》卷三十二《秩官》惠安县知县条:"陈沂,……嘉定间任",卷三十四《秩官》上杭县知县事条:"陈沂,开禧间任。"④又据(民国)《上杭县志》卷十四《职官志》知县事条:"开禧陈沂,三年任,嘉定三年满替。"⑤陈沂,淳熙十四年(1187年)进士⑥,在嘉定三年(1210年)上杭县知县任满后调任福建市舶干官。

宋宁宗赵扩嘉定四年　公元1211年　辛未年

郡守邹应龙始建顺济桥。

　　按:(万历)《泉州府志》卷五《规制志(下)》:"顺济桥,在德济门外,笋江下流。旧以舟渡,宋嘉定四年,守邹应龙建石桥,长一百五十余丈,翼以扶栏。以其造于石笋桥之后,俗呼曰新桥。"⑦现存桥长约400米,桥墩长约8.5米,宽约3.5米,共有船型桥墩及桥墩遗址约30处。顺济桥采用"筏型基础"法,全河床抛填石块形成结构基础,其上干砌条石形成桥墩,上部为石梁结构。桥北原特设段木梁吊桥,并筑有桥头堡,置

①　泉州海关:《泉州海关志》,厦门:厦门大学出版社,2005年,第95页。
②　杨文新:《宋代市舶司研究》,厦门:厦门大学出版社,2013年,第281页。
③　泉州海关:《泉州海关志》,厦门:厦门大学出版社,2005年,第113页;丽水市莲都区志编纂委员会:《丽水市莲都区志》,北京:方志出版社,2018年,第1388页。
④　(明)黄仲昭:《八闽通志》,上册,福州:福建人民出版社,1990年,第679、717页。
⑤　(民国)张汉、丘复:(民国)《上杭县志》,《中国地方志集成·福建府县志辑》第36册,上海:上海书店出版社,2000年,第156页。
⑥　(光绪)《处州府志》卷十六,《选举志》,台北:成文出版社,第550页。
⑦　(明)阳思谦:(万历)《泉州府志》,台北:学生书局,1987年,第426页。

戟门,昼开夜闭,南端桥堡上勒有"雄镇天南"四个大字,今皆不存。顺济桥的建设体现了国家口岸的水路运输网络的逐步完善,它把晋江南岸的广大地区与泉州城的陆路交通紧密联系在一起,由南部往来泉州不必再绕行至晋江上游的石笋桥,方便了晋江南岸各港口与泉州城之间的交通。由石湖港至古城可沿12世纪建成的海岸长桥,经顺济桥至泉州南门,而深沪湾、围头湾的其他港口也可由陆路经顺济桥到达古城,使泉州与安海、同安、漳州等地的陆路交通更为便捷。顺济桥附近的江岸边曾是泉州进城港口南关港的所在,这一带成为商舶货物云集,商人行香祷告的繁忙区域。它与德济门遗址、天后宫共同体现了海洋贸易推动下古城南部商业性城区的发展,也见证了商业拓展对交通系统的促进。① 邹应龙,字景初,泰宁人,庆元二年(1196年)进士,嘉定三年(1210年)守泉州,修举废坠,兴学右文。郡城故卑薄,应龙以贾胡薄禄之资请于朝而大修之,城始固。又即明伦、议道堂间建六经阁,历官金书枢密院事。②

王淹在福建提举市舶任上。

> 按:宋楼钥《攻愧集》卷九十五《签书枢密院事赠资政殿大学士谥节愍王公神道碑》:"公讳伦,字正道,世为大名府莘县人。……又二十有二年,当嘉定之四年,公之诸孙求铭,距公之亡盖六十八年矣。……闽舶淹,公之从孙行也,与钥缔婚,又助之请。钥生晚,窃慕公之节义有年矣。"③王淹,字伯奋,河北路大名府莘县人,王伦之从孙。开禧二年(1206年)五月二十八日,知衢州王淹放罢,以臣僚言其才品凡下,素乏能称。④ 嘉定间任福建提举市舶。王伦,宋高宗绍兴间奉命使金,被金国扣押。绍兴十四年(1144年),金国胁迫王伦,欲以伦为平滦三路都转运使,王伦不肯,遂杀之,年六十一。嘉定四年(1211年),王淹在福建提举市舶任上,请姻亲楼钥为王伦撰写神道碑。杨文新将王淹的籍贯作

---

① 《顺济桥》,2020年4月28日,http://www.qzworldemporium.cn/yczhs/202004/t20200428_2467677.htm,2021年10月15日。

② (清)怀荫布:(乾隆)《泉州府志》卷二十九,《名宦》,《中国地方志集成·福建府县志辑》第25册,上海:上海书店出版社,2000年,第10页。

③ (宋)楼钥:《攻愧集》,《影印文渊阁四库全书》第1153册,台北:台湾商务印书馆,1986年,第462~471页。

④ (清)徐松:《宋会要辑稿》第9册,《职官七四》,刘琳等校点,上海:上海古籍出版社,2014年,第5053页。

"河南莘县",误。①

嘉定初,赵善鄣在监泉州舶司门任上。

　　按:宋代陈文蔚《克斋集》卷十二《向夫人墓志铭》载:"成平、祥符间,文简公以厚德重望,再相定陵。后五十年,钦圣宪肃皇后复以坤厚之载母仪天下。……夫人归太宗皇帝下汉王东位孙知西外宗正、赠少傅士㧑第八子不防。……生四子……善防、善鄣皆以闽漕贡用,上登极,恩补官。善防,今为迪功郎,任泉州晋江县丞。所至有能声,在泉为郡守邹公夕郎所知,使入幕参决,知可任以事,畀以斤削。善鄣,成忠郎、前监泉州舶司门,亦以廉谨整办称。……善防、善鄣适同官温陵,温陵乐土,齐启夫人,愿迎侍。夫人欣从之,客南二载。二子更相娱侍,心安体舒,无羁旅戚。一日,歘起归意,值善鄣官满,得承其志。及家,仅月余,婴疾,遂不起,实嘉定辛未十二月一日也。夫人生绍兴丙辰十月四日,享年七十有六。"②邹应龙于嘉定四年至六年(1211—1213)守泉州,赵善防时任晋江县丞,为能吏。故邹应龙将其延入幕参决,而赵善鄣则在监泉州舶司门任上,以廉谨整办称。市舶务库为市舶务安顿官物处,负责收支宝货钱物,置监门官,为市舶司属官。③

宋宁宗赵扩嘉定五年　　公元1212年　　壬申年

二月三日,新提举福建市舶黄士宏罢新任。

　　按:《宋会要辑稿·职官七四》载:"(嘉定五年二月)三日,新提举福建市舶黄士宏罢新任。以臣僚言其顷知沅州,政以贿成,民冤莫伸。"④黄士宏,字时用,闽清人,乾道二年(1166年)丙戌萧国梁榜进士。⑤

诏令漳、泉、福等沿海诸州县,凡大小海船,除防托差使外,应干科敛无名色钱并行蠲免。

　　按:《宋会要辑稿·刑法二》载:"(嘉定五年)九月二十八日,臣僚

　　① 杨文新:《宋代市舶司研究》,厦门:厦门大学出版社,2013年,第283页。
　　② 陈文蔚:《克斋集》,《影印文渊阁四库全书》第1171册,台北:台湾商务印书馆,1986年,第91~92页。
　　③ 龚延明:《宋代官制词典》,北京:中华书局,2017年,第551页。
　　④ (清)徐松:《宋会要辑稿》第9册,《职官七四》,刘琳等校点,上海:上海古籍出版社,2014年,第5066页。
　　⑤ (宋)梁克家:《淳熙三山志》卷二十九,《人物》,《影印文渊阁四库全书》第484册,台北:台湾商务印书馆,1986年,第405页。

言：'窃见漳、泉、福、兴化，凡滨海之民所造舟船，乃自备财力兴贩年利而已。朝廷以备边之务不可弛，间籍定其数，更番以备防托。奈何州县创例科取，胥吏并缘搔扰百出，利归于下，怨归于上。乞行下漳、泉、福、兴化等郡禁戢，沿海诸邑凡大小海船除防托差使外，应干科敛无名色钱并行蠲免。如温、台、明等有海船去处，亦一例禁戢，毋得非法科取。若水居小船，不应丈尺，不得拘籍骚扰。如违，许船户越诉，官吏计赃，重置典宪。'从之。"①北宋对民间拥有的各类船只尚未形成稳定的登记制度，宋廷南渡后，由于海防压力大增，对海船的登记入簿大为重视。建炎四年（1130 年），规定沿海各州有海船民户及尝做水手之人，权行籍定，五家为保，以防民船北上为金人所用。绍兴年间，遂逐渐形成船户编伍互保的制度，对征调入籍的船只大小也有规定。在海防上，要求沿海每县各分三番应募把隘，并根据船只变化实行销籍和增补。但在实际操作中，不少地方政府肆意创例科取，乱做名色指占舟船，引起船户的强烈不满。因此，嘉定间，宋宁宗下诏令给沿海各州县，海船除防托差使外，地方政府不得非法科取，未达到征调尺寸要求的船只，也不得随意拘籍骚扰，官府若有违令，许民越诉，朝廷将对违令官员予以重罚。汪德辅在监泉州市舶务任上。

按：(同治)《余干县志》卷十八《艺文志》收有宋代刘光祖为赵汝愚撰写的《宋丞相忠定赵公墓志铭》，其铭曰："自古有大勋劳于天下，如周之周公……盖未有遭时不幸，大臣以同姓定大策，受命父母，举神器而授之于春秋既富之君，而自引退，不敢居其功，力辞相位不得去。而小人谮之，谓将不利于社稷，使以贬死，如故相赠太师忠定赵公之事，为可哀也。……甫四日正月乘舟薨，年五十有七……公凡七男子：长曰崇宪，今为朝议郎、秘书监；崇范，宣义郎、监隆兴府苗米仓，蚤世；崇楷，奉议郎、通判郴州；崇模，从政郎、荆湖北路提点刑狱干办公事；崇度，宣议郎、权发遣桂阳军；崇实，承事郎、监建康府粮料院；崇斌，承事郎、监隆兴府苗米仓，悉有家法。女子六人，嫁承奉郎、监泉州市舶务汪德辅，承务郎、监兴化军莆田县涵头盐仓，宣教郎知南剑将乐县刘填。"②赵汝愚

---

① （清）徐松：《宋会要辑稿》第 14 册，《刑法二》，刘琳等校点，上海：上海古籍出版社，2014 年，第 8365 页。

② （清）区作霖：(同治)《余干县志》，《中国方志丛书》华中地方第 257 号，台北：成文出版社，1975 年，第 1274～1310 页。

因拥立宋宁宗有功,升任右相,与留正同心辅政。庆元元年(1195年)遭韩侂胄诬陷,被贬为宁远军节度副使。庆元二年(1196年),于衡州暴卒。长女嫁监泉州市舶务汪德辅。汪德辅,字长孺,江西饶州鄱阳人,朱熹门生。刘光祖为赵汝愚撰写的墓志铭时间应在嘉定五年(1212年)。(万历)《郴州府志》卷二《秩官表(上)》:"赵崇楷,嘉定元年由奉议郎任(郴州通判)。赵善杓,六年由奉议郎任。"卷三《秩官表(下)》:"赵彦北,(嘉定)五年任(宜樟知县)。"①又据《永乐大典》卷七五一三《桂阳军举子仓》:"(桂阳军)先是民俗有不举子,嘉定五年,赵知军崇度始为措画,富者劝以义,贫者给以食,请于提举司,在城每岁支发常平米二百石,两邑各拨百石,其乡都并于户绝、冒占等田发充举子田。"②卫泾《后乐集》卷十二《奏举赵崇度赵彦北徐简乞赐擢用状》云:"臣等伏见宣教郎知桂阳军赵崇度家法严整,吏事详明。推其恻怛忠诚之心,施于抚摩爱利之政。……文林郎、知郴州宜章县赵彦北。"③可见嘉定五年(1212年),赵崇楷在通判郴州,赵崇度在知桂阳军,赵彦北在知宜樟县,汪德辅在监泉州市舶务任上。

宋宁宗赵扩嘉定六年　公元1213年　癸酉年

诏令自泉、广转买到香货等物,许经本路市舶司给引,赴临安府市舶务抽解住卖,即不得将原来船只再贩物货往泉、广州军。

按:《宋会要辑稿·职官四四》载:"嘉定六年四月七日,两浙转运司言:'临安府市舶务有客人于泉、广蕃名下转买已经抽解胡椒、降真香、缩砂、豆蔻、藿香等物,给到泉、广市舶司公引,立定限日,指往临安府市舶务住卖。从例系市舶务收索公引,具申本司,委通判、主管官点检,比照元引色额数目一同,发赴临安府都税务收税放行出卖。如有不同并引外出剩之数,即照条抽解,将收到钱分隶起发上供。今承指挥,舶船到临安府不得抽解收税,差人押回有舶司州军,即未审前项转贩泉、广已经抽解有引物货船只,合与不合抽解收税。'诏令户部,今后不得出给兴贩海南物货公凭,许回临安府抽解。如有日前已经出给公凭客人到

---

① (明)胡汉:(万历)《郴州府志》,《天一阁藏明代方志选刊》,第58册,上海:上海古籍书店,1962年,第2卷,第17页;第3卷,第25页。

② (明)解缙:《永乐大典》,北京:中华书局,1986年,第3417~3418页。

③ (宋)卫泾:《后乐集》,《影印文渊阁四库全书》第1169册,台北:台湾商务印书馆,1986年,第631~632页。

来，并勒赴庆元府住舶。应客人日后欲陈乞往海南州军兴贩，止许经庆元府给公凭，申转运司照条施行。自余州军不得出给。其自泉、广转买到香货等物，许经本路市舶司给引，赴临安府市舶务抽解住卖，即不得将元来船只再贩物货往泉、广州军。仍令临安府转运司一体禁戢。从之。"①按此项规定，本国商人若从番商手中收买各类舶货，转贩临安等地，只需到泉、广舶司办理手续，领取公凭，再赴临安府市舶务抽解，交纳舶税后，即可放行出卖，但不得将原来船只再贩物货往泉、广州军。

九月二十三日，泉州通判兼主管市舶务石范终于官舍。

按：宋袁燮《絜斋集》卷十八《通判泉州石君墓志铭》载："淳熙中，余游太学，得直谅多闻之友，曰石君，讳范，字宗卿，婺州浦江人也。其先占籍青社，国初徙焉。……初，君以绍熙元年擢进士科，为奉化尉……改承奉郎、知处州丽水县……通判袁州……通守泉南兼南外宗正丞。又佐舶司，而左翼养军之费，复隶焉。事亦丛矣，剖析随宜莫不中，节余益信君才力敏裕，非若腐儒之胶，固不通。而俗吏之所为，君亦不屑也。可不谓贤乎哉？嘉定六年九月二十三日终于官舍，享年六十有六，官承议郎。既纳禄，转朝奉郎，八年十月乙酉葬于邑之松塘。"②又(道光)《重纂福建通志》卷九十《职官志》："石范，浦江人，绍兴元年进士，见《絜斋集·范墓志》……嘉定间任。"③绍兴元年，当为绍熙元年之误。据墓志所云，石范以泉州通判兼南外宗正丞、佐舶司，既云"佐"，则必不是市舶提举。而宋徽宗崇宁后，主管市舶务例由州通判兼，故石范很可能是以通判身份兼领主管泉州市舶务。

朱辅、王枢，嘉定间任福建提举市舶。

按：《八闽通志》卷三十《秩官》提举市舶条："朱辅、王枢、赵不熄……嘉定间任。"朱、王二人任期在赵不熄前。赵不熄在嘉定六年(1213年)十月二十二日被降一官，故朱辅、王枢任期必在嘉定六年十月

① (清)徐松：《宋会要辑稿》第7册，《刑法二》，刘琳等校点，上海：上海古籍出版社，2014年，第4221页。

② (宋)袁燮：《絜斋集》，《影印文渊阁四库全书》第1157册，台北：台湾商务印书馆，1986年，第254~255页。

③ (清)孙尔准：(道光)《重纂福建通志》，《中国省志汇编：9》，台北：华文书局，1968年，第1809~1810页。

前。朱辅,字季公,浙江桐乡人,著有《溪蛮丛笑》一卷,另有《咏虎丘诗》一首。① 王枢,河南莘县人,居平江府。②

十月二十二日,提举福建市舶赵不熄更降一官。

按:《宋会要辑稿·职官七四》载:"(嘉定六年十月)二十二日,提举福建市舶赵不熄更降一官。先因臣僚言其多抽番舶,抄籍诬告,得旨降两官放罢。既而给事中曾从龙复乞更行镌降,永不得与监司、郡守差遣。"③赵不熄,宗室,淳熙中以忠翊郎添差平江府,④嘉定六年(1213年)十月,在福建提举市舶任上被降一官,嘉定九年(1216年)正月九日,罢宫观,以监察御史刘棠言不熄性习贪鄙,嗜利无厌。⑤

十二月七日,革泉、广舶司纲运之弊。

按:《宋会要辑稿·食货四四》载:"(嘉定六年)十二月七日,臣僚言:'纲运之弊,至今日极矣,盖缘权奸专政,请托公行。起纲之初,以粗易精,以伪易真。纲与所差官司分受在道,则盗将官物非理破用。沿路虽有催纲官司,反与为市。逮至交纳,则又夤缘嘱托,逼胁仓库交受。至于泉、广舶司纲运,奸弊尤甚。今左帑积压香货,有同柴薪,虽痛裁价直,无人愿售。此皆押纲与交纲通同作弊,重为公家之蠹。……乞降指挥,应监司州郡起发纲运,须于发日专人赍纲解赴所属投下状,内书填实日并当行都吏、典级姓名,其承受官司置籍拘辖,并以当职官职位、姓名及当行都吏、典级书籍,画时关报沿路监司督责催纲,官司严紧催赶,批凿行程。至交纳时,仰交纳官司取索驱磨。如有非理滞留三日以上,具申所属,行下监司,将本地分催纲官吏重作施行。如监司州郡避免黜,不申纲解,从所属委邻路监司追本处都吏断勒。其有侵盗换易,纲官重置典宪,元差当职官开具职位,取旨罢黜,都吏、典级决配,并不以

① (清)嵇璜、曹仁虎:《钦定续文献通考》卷一百七十一,《经籍考》,《影印文渊阁四库全书》第630册,台北:台湾商务印书馆,1986年,第311页。
② (清)孙尔准:(道光)《重纂福建通志》,《中国省志汇编:9》,台北:华文书局,1968年,第1809~1810页。
③ (清)徐松:《宋会要辑稿》第9册,《职官七四》,刘琳等校点,上海:上海古籍出版社,2014年,第5071页。
④ (明)王鏊:《姑苏志》卷四十,《宦迹四》,《影印文渊阁四库全书》第493册,台北:台湾商务印书馆,1986年,第717页。
⑤ (清)徐松:《宋会要辑稿》第9册,《职官七四》,刘琳等校点,上海:上海古籍出版社,2014年,第5076页。

去官赦降原免,庶几奸弊或可少戢。'从之。"①臣僚指出纲运积弊日久,至今日极矣,并列举种种弊端。这些其实在之前宋高宗、宋孝宗朝都屡有臣僚提及,但都没有得到最终解决,至嘉定间愈演愈烈,甚至催纲官司与押纲官吏共同作弊,侵盗现象非常严重,极大影响了市舶贸易的发展。为革除弊端,保证如期、保质完成纲运,嘉定六年(1213年),朝廷下诏令要求完善押纲程序,发纲日须安排专人赍纲解赴所属投下状,里面填写当行都吏、典级和押纲官员的姓名、职位和所属单位,让沿途监司核实检验,沿途州县官吏也要严紧催赶,批凿行程,确保如期送达。如发生侵盗换易事,则予以严惩,原差当职官将予以罢黜,都吏、典级决配,且不因离开原官而得赦免。

宋宁宗赵扩嘉定十年　公元1217年　丁丑年

十一月二十九日,为防庆元、泉、广诸郡透漏铜钱,令纲首重立罪状,舟行之后,或有告首败露,不问缗钱之多寡,船货悉与拘没。

　　按:《宋会要辑稿·刑法二》载:"(嘉定十年)十一月二十九日,臣僚言:'臣闻楮币之折阅,原于铜钱之消耗;铜钱之消耗,原于透漏之无涯。乞行下庆元、泉、广诸郡,多于舶船离岸之时差官检视之外,令纲首重立罪状。舟行之后,或有告首败露,不问缗钱之多寡,船货悉与拘没。仍令沿海州郡多出榜示于湾澳泊舟去处,重立赏格,许人缉捕。每获到下海铜钱一贯,酬以十贯之赏,仍将犯人重与估籍,庶几透漏之弊少革。'从之。"②楮币即宋、金、元时发行的"会子"、"宝券"等纸币,因其多用楮皮纸制成,故名。南宋时,纸币已流通于全国,"行在会子"流通于闽浙,"湖会"行于湖广。由于纸币的价值,须以相当的铜钱做准备金,当纸币价格回落时政府即出钱收回,才能维持其价值,否则纸币价值就要下跌,以纸币为交换媒介的商品价格即会大涨,从而引起钱荒物贵,结果是商业凋敝,百货不通。③嘉定十年(1217年),为防止庆元、泉、广等沿海诸郡透漏铜钱,朝廷加强对舶商的管理,令纲首重立罪状,舟行之

　　① (清)徐松:《宋会要辑稿》第12册,《食货四四》,刘琳等校点,上海:上海古籍出版社,2014年,第7002页。

　　② (清)徐松:《宋会要辑稿》第14册,《刑法二》,刘琳等校点,上海:上海古籍出版社,2014年,第8370页。

　　③ 全汉升:《宋代广州的国内贸易》,《中国经济学百年经典上1900—1949》,广州:广东经济出版社,2005年,第580~589页。

后,或有告首败露,不问缗钱之多寡,船货悉与拘没。同时,对告发之人予以重赏,每获到下海铜钱一贯,即酬以十贯之赏。宋政府试图通过更加严格的管理措施,打击非法运载铜钱出口,以维持纸币价格稳定,改变"物与钱俱重"的不利局面。

真德秀首知泉州。

按:《宋史》卷四百三十七《真德秀传》载:"真德秀,字景元,后更为希元,建之浦城人。四岁受书,过目成诵。十五而孤,母吴氏力贫教之。同郡杨圭见而异之,使归共诸子学,卒妻以女。登庆元五年进士第,授南剑州判官。继试,中博学宏词科,入闽帅幕,召为太学正,嘉定元年迁博士。……召试学士院,改秘书省正字兼检讨玉牒。二年,迁校书郎。……三年,迁秘书郎。……四年,选著作佐郎。……五年,迁军器少监,升权直。六年,迁起居舍人……德秀以右文殿修撰知泉州。番舶畏苛征,至者岁不三四,德秀首宽之,至者骤增至三十六艘。输租令民自概,听讼惟揭示姓名,人自诣州。泉多大家,为闾里患,痛绳之。有讼田者,至焚其券不敢争。海贼作乱,将逼城,官军败衄,德秀祭兵死者,乃亲授方略,禽之。复遍行海滨,审视形势,增屯要害处,以备不虞。……十二年,以集英殿修撰知隆兴府。……十五年,以宝谟阁待制、湖南安抚使知潭州。……理宗即位,召为中书舍人,寻擢礼部侍郎、直学士院。……五年,进徽猷阁知泉州。迎者塞路,深村百岁老人亦扶杖而出,城中欢声动地。诸邑二税尝预借至六七年,德秀入境,首禁预借。诸邑有累月不解一钱者,郡计赤立不可为。或咎宽恤太骤,德秀谓民困如此,宁身代其苦。决讼自卯至申未已。或劝啬养精神,德秀谓郡弊无力惠民,仅有政平、讼理事当勉。建炎初置南外宗正司于泉,公族仅三百人,漕司与本州给之,而朝廷岁助度牒。已而不复给,而增至二千三百余人,郡坐是愈不可为。德秀请于朝,诏给度牒百道。弥远薨,上亲政,以显谟阁待制知福州。……召为户部尚书……改翰林学士、知制诰,时政多所论建。逾年,知贡举,已得疾,拜参知政事,同编修敕令、《经武要略》。三乞祠禄,上不得已,进资政殿学士、提举万寿观兼侍读,辞。疾亟,冠带起坐,迄谢事,犹神爽不乱。遗表闻,上震悼,辍视朝,赠银青光禄大夫。……所著《西山甲乙稿》《对越甲乙集》《经筵讲义》《端平庙议》《翰林词草四六》《献忠集》《江东救荒录》《清源杂志》《星沙集

志》。既薨,上思之不置,谥曰文忠。"①又(道光)《晋江县志》卷二十八
《职官志》知州事条:"真德秀,(嘉定)十年任,十二年改知隆兴府。祀名
宦,有传。绍定五年再任,六年除福建安抚使。"②真德秀(1178—1235
年),福建浦城人,字景元,又字希元,庆元五年(1199年)进士及第,分别
于嘉定十年(1217年)和绍定五年(1232年)两度出知泉州。后累官至
参知政事,世称西山先生。真德秀知泉州时,泉州市舶司因地方财政支
出负担加大,不得不向番舶收取重税,加之市舶官吏苛敛诛求,招诱无
术,致番舶畏避不来,至者岁不三四,以致市舶贸易衰败不堪。真德秀
在上《知泉州谢表》中即指出:"泉虽闽镇,古号乐郊。其奈近岁以来,浸
非昔日之观。征榷大苛而蛮琛罕至,涝伤相继而农亩寡收。宗支之廪
倍增,郡帑之储赤立。银溢于山者亡有,岁为旁郡而代输;粟生于地者
几何,日伺邻邦之转饷。敖敖乎鞭朴之苦,盼盼焉帆樯之来。凡兹数
端,尤为深病。"③到胡佣知泉州时,制书还提到泉州一片衰败之象,"温
陵邑屋繁雄,军府殷实,素号闽之乐土。今之郡犹昔之郡也,而谈者类
曰凋匮不可为",朝廷希望胡佣能够"变珠犀之俗,必能还殷富之旧而洗
凋匮不可为之谤矣"④。可见在理宗朝中后期,泉州港一度走向下坡路,
真德秀两知泉州期间,就将振兴泉州港作为其首要任务。

真德秀提到以前泉州舶利充足,宗子之给尚能应付,商贾川流不
息,人民安居乐业,故号乐郊。然而到嘉定间,宗子人数从三百人增至
二千三百余人,增加了七倍多,地方财政负担极重,宗室侵占市舶之利,
以致市舶司征榷大苛而蛮琛罕至,舶税锐减,宗子之费又倍增,财政支
出日见赤字,民贫不能自给,官库无有储币,敝之极矣。真德秀上任后,
即和市舶提举赵崇度重整吏治,约束官员,罢和买,禁重征,税率如定
制,番舶闻而翩至。第二年,即迅速恢复至36艘,扭转了因番舶畏惧苛
征不至的不利局面。为保护海外贸易,真德秀致力于加强海防建设,大
力缉捕海盗,他亲率僚属巡视海滨,对宝林、法石、永宁、石湖、小兜等各

① (元)脱脱:《宋史》,北京:中华书局,1977年,第12957~12963页。
② (清)周学曾:(道光)《晋江县志》,晋江县地方志编纂委员会整理,福州:福建人民出
版社,1990年,第534页。
③ (宋)真德秀:《西山文集》,《影印文渊阁四库全书》第1174册,台北:台湾商务印书
馆,1986年,第256页。
④ (宋)刘克庄:《后村先生大全集》卷六十八,《胡佣仍旧秘阁知泉州制》,《四部丛刊初
编》第1305册,上海:商务印书馆,1919年,第15页。

寨增援兵力,建设营房,增添战舰。又于围头设立新寨,通过实施一系列海防措施,肃清海道,终使沿海一带海氛得以宁静,泉州的海外贸易有所恢复。真德秀也是南宋著名的理学大家,曾与刘克庄合编《文章正宗》,继承发展了程朱理学。端平元年(1234 年),宋理宗诏真德秀进讲《大学衍义》。二年卒,谥号"文忠"。刘克庄《后村先生大全集》卷一百六十八收有《西山真文忠公行状》一文,记述其生平,曰:"公讳德秀,字希元,浦城县迁阳镇人。四岁受书,立成诵。入小学,夜归尝置书枕旁,灯膏所薰,帐皆墨色。群儿休浴聚戏,公并取其书卷兼熟之矣。……除右文殿修撰知泉州。郡以番舶为命,然商人畏重征,苦官吏和买,至者绝少。公镌税额,戒官吏毋得买一物,虽诸台委倅属市物,必申州始得奉行。是年舶至者十有八,明年二十有四,又明年三十有六,征税之入遂及绍熙旧额。秋苗令民执概,两造示姓名,使自诣,然惟王公十朋与公能行之。海贼王子清、赵郎以十八艘横行巨浸,劫晋江县围头湾,距州仅百余里。公调左翼军捕逐,拨发官王大寿力战无援,与队将秦淮等六人死之。公为文以祭,且请赠与于朝,出宿中和堂,讨贼弥厉。或言没沿江诸港澳民兵可用,而同安管下烈屿其尤也,公议选官劝谕。寓客宝谟储公用自请行,得民兵四百、舟三十二,与官军犄角,并授之簿侯处厚曰:'官民一体,有功并论。'逆贼至漳浦境内沙淘洋,败之,获大舟四、贼首六,赵郎者在焉,子清逸去。诛群贼于教场,设王大寿位,令其子剖心以祭。磔者三人,诛死者二十余人,胁从者破械纵去。赵郎自称直徽猷阁子游孙希却也,毙于狱。子清寻为台州杜门巡检所擒。诏以获贼功增一秩。公委僚属遍行海滨,审视形势,创修沿海诸寨,增屯诸寨水军,复教定巡逻地分,后皆可行。左翼军受守臣节制,公所请也。时相生日,四方争献珍异,公大书'开诚心、布公道、集众思、广忠益'十二字以饷,且将以书曰:'丞相勤身辅政而中外之心未孚,屈已受言而士大夫之情犹能以自竭,愿因某之言,考武侯之为,勉其未至,则功业日盛,福禄日臻。'不报。泉多大家,或席贵势患苦闾里,公严绳其仆而雅责其主,皆愧之而不敢怒。始至,郡之先达有田讼,闻公语自慊,焚其契不复争。曾从龙贻书寓里曰:'此人视宰执如小儿,宜谨避之。'傅公伯成方退居,公每诣之必移日,虚心问政,受其规戒,傅公亦以世道期之。即除集英殿修撰知隆兴府……建炎初置南外宗正司,宗子仅三百余人,令漕司与本州均任其责,朝廷岁给祠牒五十助焉,乾道间又益三十焉。后属籍日增,漕司止按旧额,余不复问,祠牒亦不复给。绍定末,宗子至二千三百余人,每岁钱米本州自备十四万余缗,而一司官属与宗学养士尚不与焉。公奏:'郡不可为矣,虽有材健之守,智力无所施,不过预借重催,或抑都保代输,或佑籍无罪。泉民憔悴,为日已久,惟朝廷哀怜。'诏岁给祠牒六十,会故相死,上始亲政,除显谟阁待制知福州、福建安抚使。明日,诏岁赐泉州祠牒增四十焉。七宫宗子为佛事以祝圣寿,公喜曰:'温陵庶几可为矣。'"①

赵崇度在福建提举市舶任上。

按:真德秀《西山文集》卷三十四《石鼓挽章祭文后》:"嘉定十年,某自江东漕计移守泉,提舶使者赵侯崇度实摄州事。侯,丞相忠定公子也。庆元初,忠定公以谗去位,薨于衡阳。海内之士,知与不知,皆为流涕。某时年十八九,以进士游都城,闻被诬始末,已知切齿痛忿,念恨不请尚方剑以诛奸臣。其后官于朝,始获与公元子吏部游相好。及来南,复代侯为郡,且联事,又缔姻焉。"②赵崇度,字履节,号节斋,汉恭宪王赵元佐裔孙,名相赵汝愚之子。居余干县,由承务郎为右曹郎中,提举湖南常平,改江西,终朝散大夫。著有《磐湖集》《左氏常谈》《史髓》《节斋闻记》等书。③嘉定间以知州兼提举市舶。嘉定十年(1217年),真德秀代赵崇度守泉州,两人同心铲除前弊,罢和买,止征苛,遂使入港商舶得以迅速增加。赵崇度去世后,真德秀铭其墓,称他劲气直节,实似忠定。《提举吏部赵公墓志铭》一文收于《西山文集》卷四十三,云:"公名崇度,字履节,丞相忠定公子也。……知桂阳军,陛辞请募散卒补虚籍以销盗贼之党,赋北来人,田以减州郡之蠹……提举福建市舶,兼泉州。先是浮海之商以死易货,至则使者、郡太守而下,惟所欲刮取之,命曰和买,实不给一钱。蠙珠、象齿、通犀、翠羽、沉脑、熏陆诸珍怪物,大半落官吏手。媚权近,饰妻妾,视以为常。而贾胡之衔怨茹苦,抚膺啜泣者弗恤也。以故舶之至者滋少,供贡阙绝,郡赤立不可为。及是公以选来,余亦代公守郡,相与划刬前弊,罢和买,镌重征,期年至者再倍,二年而三倍矣。故事,岁以土物遗诸公贵人,下洎三省六曹吏皆餍满,公曰:'吾

<hr />

① (宋)刘克庄:《后村先生大全集》卷一六八,《四部丛刊初编》第1329册,上海:商务印书馆,1919年,第1~25页。

② (宋)真德秀:《西山文集》,《影印文渊阁四库全书》第1174册,台北:台湾商务印书馆,1986年,第535~536页。

③ (清)黄宗羲、全祖望:《宋元学案》卷四十六,《玉山学案》,《续修四库全书》第518册,上海:上海古籍出版社,2002年,第691~694页。

不能朘民脂膏以市宠',悉罢弗遣。知邵州,驭诸蛮宽猛有则,不肯用狙诘小数,卒以帖服。……始公爱冕山之胜,葺亭榭,艺卉木,将退而休焉,弗果。至是卜葬于山之麓,卒之明年正月二十有二日也。"①从墓志铭可知,时泉州市舶司官吏贪污腐化积习已久,以至番舶畏苛征,不敢来泉州贸易。按照以往的惯例,每年都要送各国方物给有权势者,甚至连一般的办事者都得很多。但赵崇度自励如玉雪,不忍秋毫点污,尽废陋习惯例,市舶官员的贪墨得到一定程度的遏制,使招徕的番舶数量有所增加。

日本僧庆政上人侨居泉州。翌年,携福州开元寺版《毗卢藏》与福州东禅寺版《崇宁藏》两部大藏经归国。

按:今日本东山寺藏《波斯文书》,其序中有载:"此是南蕃文字也,南无释迦如来、南无阿弥陀佛也,两三人到来舶上望书之。尔时大宋嘉定十年丁丑于泉州记之。为送遣本朝辨和尚(高辨明惠上人),禅庵令书之。彼和尚殊芳印度之风故也,沙门庆政记之。"②《波斯文书》,甫见其书名,概系由南宋时期侨居泉州的一波斯商人所著,用波斯文字书写而成。但据日本学者羽田亨和法国学者伯希和考试,《波斯文书》实为阿拉伯文学诗歌集,系古阿拉伯文学遗留东方的早期珍本。③当时日本僧庆政上人侨居泉州,误认为此书是用"南蕃文字",即印度文写成,故称所赠之日本僧明惠上人"殊芳印度之风",要将该书赠与他。据考,庆政上人(1189—1268年)是镰仓时代天台宗僧人,约于嘉定五年(1212年)十一月至嘉定十二年(1219年)正月间入宋游历,在泉州、福州一带居留,并曾挂锡开元寺研习佛学,著有《证月上人渡唐日记》《漂到琉球国记》等书,记录其行止见闻,惜皆不传。嘉定十一年,庆政上人携带福州开元寺版《毗卢藏》与福州东禅寺版《崇宁藏》两部大藏经返回日本(当时还有行一、明仁两位日僧与两部大藏经有关,可能是与庆政上人一起入宋),于1263年在京都西山创建法华山寺,五年后以八十岁高龄圆寂。日本后来的藏经刊刻都以其带来的两部藏经为标准,对日本佛

---

① (宋)真德秀:《西山文集》,《影印文渊阁四库全书》第1174册,台北:台湾商务印书馆,1986年,第535~536页。

② 转引自[日]木宫泰彦:《日中文化交流史》,胡锡年译,北京:商务印书馆,1980年,第347页。

③ 泉州市人民政府地方志编纂委员会:《外国人在泉州与泉州人在海外》,福州:海风出版社,2007年,第26~27页。

教经典的传播起到了重要影响。①

宋宁宗赵扩嘉定十一年　公元1218年　戊寅年

正月二十五日,下纲运条例,防福建市舶纲官欺盗作弊。

　　按:《宋会要辑稿·食货四四》载:"(嘉定)十一年正月二十五日,户部言:'左藏东、西库指定福建市舶司遵依指挥,条具装发纲运事理下项:一、纲运交装之初,监官不能皆廉,下逮专库,各有常例,隐瞒斤两,以高为次,弊幸百端。照得本司递年纲运,并于未支装前唤上舶务合干人等重立罪赏,不得就纲官乞觅,方差官吏监视行人,先次分色额等第。伺交装日,提举官同本司官属公共下库,再监无干碍行人重验色额,仍差泉州无干碍官监视。以省降铜陶法物对纲官两平秤制斤两,当官封角。每包作封头两个:一系印提举官阶位,小书,用本司铜朱印记;一系监装官名衔印记。外檀香宨木,并数计条截两头,各用提举官押字雕皮记,责付纲官下船。仍差近上吏人、军员各一名防察,随纲前去,责限两月到行在所属库分交纳。今准指挥,本司除已遵禀,严行约束,日后合干人辄乞纲官钱物,将香货以高为次,定行根究决配。或监装官属容情隐庇,致因觉察得知,定申朝廷施行。此项库司今从本司所申事理,常切遵守,毋致废弛,务在久远施行。一、精选畏谨之人以充部押纲运。照得本司近降指挥,选差见任、寄居大使臣堪倚仗畏谨之人,近来本司

---

① 释本性:《丝路海潮音》,北京:宗教文化出版社,2018年,第134~135页;郭万平、郭媛:《宋风石刻东传日本与东亚海域交流》《东方研究集刊》第1辑,杭州:浙江工商大学出版社,2017年,第47~56页。另据吴幼雄、李大伟等人的说法,宋元年间,日僧法忍净业曾来泉州开元寺学习佛法,大拙祖能亦曾率数十人到泉州开元寺学习佛法。元末莆田刻工俞良甫也从泉州港东渡日本,居住在博多,他的刻版被称为"博多版",对日本的文化和雕版印刷术有深刻的影响。但曲金良和苏文菁则认为法忍净业和大拙祖能去的开元寺是福州开元寺,而非泉州开元寺,他们登陆的地点也是在福州而非泉州。俞良甫则是由福州港渡海到达日本。现有史料似乎并不能证明日僧法忍净业、大拙祖能曾到泉州开元寺学习佛法,俞良甫东渡日本的史料见于《师守记》,云:日本贞治六年(1367年)七月二十一日,"今日唐人八人至嵯峨,是为菩萨去年渡唐。渡日本唐人也,形木开之辈也。""形木开"即开版之意,俞良甫从博多登陆,居于京都附近的嵯峨(见林祖泉、康永福《壶山采璞》,福州:海风出版社,2001年,第34页)。但俞良甫究竟是从泉州港还是福州港东渡日本,也无确切史料依据,故此处存疑。吴幼雄:《泉州宗教文化》,福州:福建人民出版社,1993年,第66页;李大伟:《宋元泉州与印度洋文明》,北京:商务印书馆,2015年,第50~51页;曲金良:《中国海洋文化史长编》,青岛:中国海洋大学出版社,2017年,第897~898页;苏文菁:《闽商发展史·福州卷》,厦门:厦门大学出版社,2016年,第57、59页。

起发纲运,移文泉州选差。况聚泉州见任、寄居大使臣少,纵有员额,又系归明不厘务官,委是于条有碍。间差见任官,又复推避,正缘日前管押纲运有冒涉鲸波,而依限到库者往往不蒙推赏,所以多有不愿管押之人。欲今后差官部押,如依程限到库,委无欺弊少欠,乞与优加推赏。及防纲公吏,亦从本司犒劳,升补名次。此项,逐库检准《庆元重修令》,诸纲运以本州县见任合差出官,各籍定姓名,从上轮差,不许辞避;无官可差,即募官管押。窃缘先来本司不与照条差募,或差无籍之官,致有在路故作稽违,交卸又有欠损,其押纲官遂不敢乞赏。今乞下舶司,须管照条选差可倚仗谨畏之人。如所押官物无欠损、违程,即与照条推赏。

一纲官将官给之物换易变卖,沿途商贩,经岁滞留。照得本司每遇差官押发纲运,并从条关报本司以至行在。凡所经由州县及沿海巡尉官迭递催赶,防护出界。其经由州县与沿海巡尉官司更不用心差人赶发,是致逗留作弊。缘本司与州县初无统摄,文牒视为具文。今乞下纲运所经由郡县及沿海巡尉官司,如纲运逗留界分之,不即差人起发过界,并许本司移文所属郡县根究。如稍有违戾,申取指挥施行。此项乞朝廷行下所隶监司,严督催纲巡尉,遇有纲运到界,继时催赶,防护出界,及于本纲行程分明批凿起离时日。如有违戾,许从监司、属郡根究,重作施行。

一交装纲运,先以色样申解户部,不许随纲将带,以防换易。本司今遵禀,日后起发纲运,只发各色香样一项,前期专差人赍发赴户部投下,伺纲运到日,照样交纳,更不出给随纲香样,庶革侵欺移易之弊。此项欲从本司申请。日后起纲,于所发香货逐件抽取色样封角,专人先次赍赴户部投下寄留,候到库,唤集行众当官开拆封样,看验一同,即与交收。

一起发纲运,除细色香药物货遵陆前去不以时月,有可稽考外,其粗色物货系雇船乘载泛海,直是四五月间支装,赶趁南风顺便发离,庶免飓风海洋阻滞。缘本司逐时遵奉省部行下催发严峻,逐色于秋冬时月装发,致纲官以阻风为词,公然抛泊湾澳,逗留作弊。今准指挥,后起粗色物货纲运预期支装,候四月、五月南风顺便,方赶趁风信发离,及责日限,到所属库分交纳。如有违限,即乞根究住滞情弊,重作施行。此项乞下市舶司。应有蕃船到舶,抽收香货,将合解数目按月具申,遇便起发,照立定程限行运。如所押官物至交卸出违限日,将纲官从条根究，亦不推赏。

一纲运至左帑交卸，牙侩看验，帑吏经由，莫不岁有定价，几类执券取偿。常例之需既足，则交收指日了办。今乞严行约束左帑合干人等，今后纲运到库，如看验委无欺弊，即交秤给钞，不许多方需索常例。此项逐库照得纲运到库交卸，自有元降指挥板榜立定官脚等则例，充雇夫脚剩之费。今来本司所请纲运，乞指挥下日，重立罪赏，严行约束施行。本部今勘当，欲从指定到逐项事理施行。'从之。"①南宋时期，泉州市舶抽买的细色香药及部分粗色香药的纲运路线主要走闽浙通道，即由闽江上行至南剑州、建宁，经浦城越仙霞岭至江山，从衢州顺兰溪江而下，进入钱塘江至临安。② 这条纲运路线由于北上穿过闽浙山区，路途崎岖，且江河急流甚多，押纲是为苦差，押纲官多为武弁、小吏充任，又常与催纲官、仓库官吏等互相勾结，在纲运的交装、押运、催检、卸货等环节欺盗作弊，私吞官物，致纲运奸弊丛生，难以有效运转。嘉定十一年（1218 年），朝廷出台一系列纲运监管条例，在纲运的装发、催检、交卸等各个环节，制定有周密的防范制度和详细的操作规范，并在押纲官员选任、纲运程限规定、实行推赏激励等方面也采取了一定的加强措施，力图解决侵盗作弊等腐败行为，以降低纲运成本、提高运输效率。

真德秀移宝林寨兵戍围头，立宝盖寨，擒杀海寇赵希却。

按：(道光)《晋江县志》卷十八《武功志》："嘉定十一年，海寇赵希却等冲突围头。知州事真德秀请移宝林寨兵戍围头，立宝盖寨，分地巡徼，获赵希却，诛之。"③围头去州一百二十余里，与永宁相对，两者相距约五十里，正阚大海，南北洋舟船往来必泊之地。旁有支可达石井，地势险要，属于外海入泉州港之要地，寻常客船、贼船自南北洋经过，皆于此停泊。南宋早期，海盗多由台、温而下，劫掠泉州。乾道以后，则多由潮、惠北上。④ 为保护泉州海外贸易，乾道间，知州汪大猷于永宁置寨，

① （清）徐松：《宋会要辑稿》第 12 册，《食货四四》，刘琳等校点，上海：上海古籍出版社，2014 年，第 7003～7004 页。

② 夏时华：《宋代市舶香药纲运考述》，《云南社会科学》2015 年第 6 期，第 158～164 页。

③ （清）周学曾：(道光)《晋江县志》，晋江县地方志编纂委员会整理，福州：福建人民出版社，1990 年，第 464 页。

④ 吴幼雄：《南宋围头与永宁寨杂识》，《晋江文化论丛》，福州：海峡文艺出版社，2015 年，第 270～276 页。

派兵扼守。嘉定十一年(1218年),真德秀发现围头湾多贼徒出入劫掳商船,又有当处居民与贼交通,认为有必要在此置寨,上可呼应永宁寨,下可控扼石井一带港口,遂移宝林寨兵戍围头,立宝盖寨,分兵轮番巡视。当时海寇赵希却与王子清等横行闽、浙洋面,嘉定十一年四月,海寇逼抵泉州洋面,真德秀牒左翼军分兵防遏。左翼军将领统制薄处厚等率领战舰5只,水军418人,烈屿守领方知刚、林枋等纠集民船36只,乡兵462人,岭兜总首王行巴船4只,乡兵60人,合力围剿,共抓获贼首赵希却、林添二、陈百五、蔡郎4名,及贼徒共计136人,极大鼓舞了士气。① 王子清窜入北洋,泉、漳一带盗贼遂渐平息,番舶得以通行,真德秀上《泉州申枢密院乞推海盗赏状》,为薄处厚等有功将领请赏。赵希却自称宗室,直徽阁赵子游之孙,人称赵郎,被捕后冀求以宗室身份免罪。真德秀说宗室即为贼首,就不能再算宗室,应正以国法,遂毙于狱中。

宋宁宗赵扩嘉定十二年　公元1219年　己卯年

严饬泉、广二司及诸州舶务,今后除依条抽分和市外,不得衷私抽买。如或不悛,则以赃论。

按:《宋会要辑稿·食货三八》载:"(嘉定)十二年十二月二十三日,臣僚言:'泉、广舶司日来蕃商浸少,皆缘克剥太过,既已抽分和市,提举监官与州税务又复额外抽解和买,宜其惩创消折,惮于此来。乞严饬泉、广二司及诸州舶务,今后除依条抽分和市外,不得衷私抽买。如或不悛,则以赃论。'从之。"② 在真德秀首知泉州时,他与市舶提举赵崇度一起,针对市舶司的种种弊端做了大幅改革。但好景不长,自嘉定十二年(1219年)真德秀改知隆兴府离开泉州后,人去政息,南外宗正又乘机介入舶事,市舶之弊如旧。臣僚一针见血地指出,泉、广舶司对番商克剥太过,舶货既已经抽分和市,还要重复征税,额外抽解和买,番商自然畏征苛而不来,两舶司的舶税收入因此也大受影响。绍定五年(1232年),真德秀再知泉州时,称他在首知泉州时舶税收钱犹有十余万贯,而

---

① (宋)真德秀:《西山文集》卷八,《泉州申枢密院乞推海盗赏状》,《影印文渊阁四库全书》第1174册,台北:台湾商务印书馆,1986年,第123~125页。

② (清)徐松:《宋会要辑稿》第11册,《食货三八》,刘琳等校点,上海:上海古籍出版社,2014年,第6839~6840页。

到了绍定四年才收四万余贯,五年止收五万余贯。① 可见泉州的市舶贸易不仅没有得到恢复发展,反而更加衰落。

知州真德秀在小兜巡检寨造营房 62 间,驻兵 310 名。

按:(道光)《晋江县志》卷十七《兵制志》小兜巡检寨条载:"嘉定十二年,郡守真德秀造营房六十有二,额管三百一十人。"②宋神宗熙宁间,朝廷始在惠安设立小兜巡检寨。元丰二年(1079 年),拨禁军 100 人增防小兜水寨,巡缴晋南惠同四县沿海地。后改为招募当地民兵,又增额防守土兵 10 人。乾道七年(1171 年),增 200 人。到了嘉定年间,泉州知州真德秀重修寨城,建造营房 62 间,增加编制至 310 人,有力保障了泉州湾出海口航道畅通和航运安全。

诏左翼军受泉州节制。

按:宋真德秀《西山文集》卷八《申枢密院乞节制左翼军状》载:"窃见左翼一军屯驻泉南垂七十载,官兵月粮衣赐、大礼赏给及将校折酒等钱,间遇出戍借请,悉倚办于本州,招刺效用军兵,亦例从本州审验,若无一事不与州郡相关,其实未尝略有统摄。故于军政全不与闻,兵籍之虚实,舟楫之有无,器械之利钝,教阅之勤隋,升差之当否,本州悉不知之。……窃见比年以来,海盗不时出没,米商舶贾间遭劫掠,今夏一警,尤为猖獗。凭藉朝廷威德,幸遂肃清。近准帅宪司牒,明、台海界复有强寇,正是整饬军政之时。某见具措置事宜,申取朝廷指挥。若本州与左翼军不相统摄,终恐别生矛盾,无由集事。伏望钧慈俯赐详酌,照殿步司出戍淮上体令,令左翼军听本州守臣节制,庶几彼此一家,平日有所施行,可相评议,缓急或有调发,不至乖违实悠久之利,伏候指挥。"③又(道光)《晋江县志》卷十七《兵制志》载:"殿前司左翼军,禁军也。绍兴十五年,命统制刘宝讨汀虔潮惠山寇,往来诸州,泉士民乞留宝收剿余党。于是诏本路帅司统领陈敏及汀、漳二州兵,合二千七百七十五人,充殿前司左翼军,听宝节制。宝回,敏代统其军,复选诸州兵少壮千五百人益之。后定驻于泉州,建寨于东禅等院隙地,仍拨将三员,各带

---

① (宋)真德秀:《西山文集》卷十五,《申尚书省乞拨降度牒添助宗子请给》,《影印文渊阁四库全书》第 1174 册,台北:台湾商务印书馆,1986 年,第 231~235 页。

② (清)周学曾:(道光)《晋江县志》,晋江县地方志编纂委员会整理,福州:福建人民出版社,1990 年,第 442 页。

③ (宋)真德秀:《西山文集》,《影印文渊阁四库全书》第 1174 册,台北:台湾商务印书馆,1986 年,第 133 页。

兵五百戌汀、漳、建三州。又分福州延祥寨水军一百九十三人,令郑广将之来属。乾道八年,岛夷以海舟入寇,复增善水者合前水军为五百五十人,分六十人屯水澳寨以控海道。淳熙十三年,统制官韩俊复分水军各一百五十人屯法石、宝林二寨,免其调遣。嘉定十一年,海寇冲突围头,守真德秀请增法石兵至二百人。又于围头主宝盖寨,移宝林兵百二十人戌之。其正将衔立于法石,诸屯并听命焉。于是分地巡徼,自岱屿以北,以小兜、石湖土兵主之,至击蓼而止。自水澳以南,永宁、宝盖主之,至中栅而止。其岱屿之内外,法石主之,至永宁而止。十二年,真德秀复以殿司远在行都,戌将骄蹇培克,郡弗能禁,乞以军隶本州节制。诏从之。端平二年,统制司移置建宁。淳祐六年,复驻泉州,与诸州共听安抚司节制。兵额总五千人,在泉一千八百八十二人,内马步一军一千三百三十一人,分四将二十二队。每将以副将、准备将各一员,每队训练官一员。水军五百五十一人,分屯四寨,将官各一员。廪给衣粮,掌于通判厅。每月支,计钱九千三百九十八贯,米二千七十石。春冬衣钱,岁计四万三百四十贯。马二百七十四,分隶诸戌。其水军各寨战船,旧管甲乙丙三只,三年小修,五年大修。嘉定十二年,真德秀更造三只,拨钱生息以补修费,亦委通判主之。"[1]殿前左翼军成立于绍兴十五年(1145年),由殿前司统领,受福建安抚使节制,属于禁军系统。绍兴中,因江西石城豪族陈敏镇压福建民乱有功而成立。绍兴十八年(1148年),以陈敏为殿前左翼军统制,成立之初,人数有2700多人,后屡扩编。绍兴二十六年(1156年),扩展至5000人。乾道八年(1172年),复增水军至550人以控扼海道。淳熙十三年(1186年),左翼军统制韩俊复分水军各150人屯法石、宝林二寨。嘉定十一年(1218年),真德秀增法石兵至200人,又移宝林寨兵120人戌围头,立宝盖寨,左翼军的海防实力大为增加,逐渐承担起缉拿海寇、肃清海道的重任。不过左翼军属中央禁军系统,与泉州地方无隶属关系,泉州知州并无权力调动指挥左翼军,然而其开支却需要泉州地方财政负责。又因远离中央,平定地方民乱时需听福建安抚使节制,造成双重管理问题,一旦地方事急,州

---

① (清)周学曾:(道光)《晋江县志》,晋江县地方志编纂委员会整理,福州:福建人民出版社,1990年,第443~444页。

郡守臣亲出救援，但将士却不肯用命，严重影响了左翼军的战斗力。①
因此，嘉定十二年(1219年)，真德秀复以殿司远在行都，戍将骄蹇掊克，
郡弗能禁，乞以军隶本州节制。诏从之。

宋宁宗赵扩嘉定十四年　公元1221年　辛巳年

二月，施械在福建提举市舶任上。

按：叶适《水心集》卷二十四《故知枢密院事资政殿大学士施公墓志
铭》载："淳熙十五年，知枢密院事施公师点引疾辞位，逃宠畏盈，敷露恳
切。……公径出六和塔俟命，上不得已，以为资政殿大学士知泉州。固
辞州，提举洞霄宫。……公字圣与，信州玉山人。……绍兴二十七年太
学上舍中第，教授复州。……绍熙三年二月乙未，薨于豫章，年六十九。
□自为表谢。……四年十一月戊寅，葬永丰县富成乡西塘山。提举福
建市舶械来曰：'先人蒙国大恩，赠死恤孤，一用旧礼，阶崇二列，谥美正
宪，盖哀荣略备矣。独墓道之碑未立，非敢慢也……子：栝，上舍甲科，
福建帅司干官；柏，通判福州；械；椐，通判沅州；椟，通判抚州。……栝、
柏、椐、俩皆已卒。……嘉定十四年二月□日。"②四库本的原文为"绍兴
三年"，当为"绍熙三年"之误。据施师点长子施栝撰写的《资政殿大学
士施师点圹志》所载，施师点"(绍兴)二十七年登进士第，授复州教
授。……(淳熙)十四年，除知枢密院事。十五年，乞解机务，除资政殿
大学士知泉州府，继除提举临安府洞霄宫。上即位，改元绍熙之次年，
诏知隆兴府、江南西路安抚使。三年二月得疾，上致仕章。乙未，薨于
府寺，享年六十有九。……五男：长栝，登丁未甲科，修职郎、福建安抚
司干办公事。次柏，奉议郎、知江州瑞昌县事。械，宣教郎、通判严州军
州事。……以绍熙五年五月辛酉葬。"③施械，施师点三子，施栝之弟。
《福建市舶提举司志》、《闽书》卷四十三、《八闽通志》卷三十、(道光)《重
纂福建通志》卷九十，及李之亮《宋代路分长官通考》均作"施械"，误。
据《资政殿大学士施师点圹志》所载，其先世于"五季避地信州玉山县，
后创邑永丰，分籍属焉"。其属籍当为"江西永丰(即今广丰)"。杨文新

---

①　黄伟：《宋末元初泉州殿前司左翼军降元史事考》，《闽台缘》2020年第2期，第19～
26页。

②　(宋)叶适：《水心集》，《影印文渊阁四库全书》第1164册，台北：台湾商务印书馆，
1986年，第436～439页。

③　陈柏泉：《江西出土墓志选编》，南昌：江西教育出版社，1991年，第178～180页。

据叶适《故知枢密院事资政殿大学士施公墓志铭》和《江西通志》作"江西玉山人",误。杨文新又引叶适文:"(绍熙)四年十一月戊寅,葬永丰县富成乡西塘山。提举福建市舶械来日……"认为施械于绍熙四年(1193年)在福建市舶提举任上,误。① 该墓志铭的落款时间为"嘉定十四年二月日",且叶适在文中已明确提到施栝已过世,而施栝为其父写的墓志铭则在绍熙五年(1194年)五月,显然,叶适撰文不可能在绍熙四年。此处当为杨文新误读。

宋宁宗赵扩嘉定十五年　公元1222年　壬午年

严禁沿海州县兴贩铜钱下海,有载钱入蕃者,别立赏格,许人指告。命官追官勒停,永不叙理;百姓籍没家财,重行决配。

按:《宋会要辑稿·刑法二》载:"(嘉定)十五年十月十一日,臣僚言:'国家置舶官于泉、广,招徕岛夷,阜通货贿。彼之所阙者如瓷器、茗、醴之属,皆所愿得,故以吾无用之物易彼有用之货,犹未见其害也。今积习玩熟,来往频繁,金银、铜钱、铜器之类,皆以充斥外国。顷年泉州尉官尝捕铜铤千余斤,光烂如金,皆精铜所造,若非销钱,何以得此。颇闻舶司拘于岁课,每冬津遣富商请验以往,其有不愿者,照籍点发。夫既驱之而行,虽有禁物,人不敢告,官不暇问。铜日以耗,职此之由。臣愚谓宜戒饬舶司,俾之从长措置,至冬不必遣船,只如初制,听其自至。彼既习用中国之物,一岁不通,必至乏用,势不容不求市于我。吾以客主之势坐制其出入,机察其违犯,较夫津遣豪民卖物求售、坐视其弊而莫之禁者,得失有间矣。乞亟赐行下,是亦禁戢铜钱、称提官会之一助也。'又言:'泉、广每岁起纲,所谓粗色,虽海运以达中都,然水脚之费亦自不赀。今外帑香货充斥,积压陈腐,几为无用之物,臣以为当令舶司就地头变卖,止以官券来输左帑。乞并赐行下,其于称提官会亦非小补。'又言:'蕃夷得中国钱,分库藏贮,以为镇国之宝。故入蕃者非铜钱不往,而蕃货亦非铜钱不售,利源孔厚,趋者日众。今则沿海郡县寄居,不论大小,凡有势力者则皆为之,官司不敢谁何,且为防护出境。铜钱日寡,弊或由此。傥不行严行禁戢,痛加惩治,中国之钱将尽流入化外矣。乞亟赐行下,应兴贩铜钱下海入蕃者,别立赏格,许人指告。命

---

① 杨文新:《宋代市舶司研究》,厦门:厦门大学出版社,2013年,第278～279页。

官追官勒停,永不叙理;百姓籍没家财,重行决配。'并从之。"①南宋时期,由于铜钱在境外的购买力远远超过境内购买力,故铜钱大量外流,成为朝廷的心腹之患。不仅铜钱随海舶泄于外洋,且由于铜币的币材值远高于其币面值,造成铜器比铜钱价值高数倍,"销熔十钱,得精铜一两,造作器物,获利五倍"②。民间也在大量毁钱铸器,各种铜器再被贩洋出海,充斥外国,从而引起宋朝境内严重的钱荒。尽管政府一再出台禁令,严禁铜钱下海,但在巨大利益的驱使下,仍无法阻止铜钱、铜器的源源不断外流。此外,一些沿海州县的财政收入不敷支出,地方官员为增加税收,一方面不惜动用国家刑法,强迫富商放洋,另一方面为安抚舶商,对装载禁物出洋的行为也只能采取放纵的态度。铜钱耗散日趋严重,引起统治阶层的担忧,认为若不严行禁戢,痛加惩治,则中国之钱将尽流入境外。嘉定十五年(1222年),宋廷下诏严禁沿海州县兴贩铜钱下海,规定若发现有载钱入番者,别立赏格,许人指告。官员有参与者,予以停官罢职,永不叙用;百姓有参与者,则籍没家财,重行决配。试图通过对港口贸易的管制,来制止愈演愈烈的铜钱外泄之风。

章楶知泉州。州多货舶,楶与真德秀毫发不染。二人去州之日,番商拥道攀送,以大炮炷于州治门,香闻阖府,相与涕泣而祝之。

　　按:宋人卫泾《后乐集》卷十三《应诏举真德秀章楶赵崇模充廉吏状》载:"臣伏准尚书省札子,并吏部牒中书门下省,八月十八日三省同奉御笔,可令侍从两省台监、卿谏、郎官,及在外前执政、侍从、诸路帅臣、监司,各举廉吏,可以为表劝者,三人疏名闻奏,以备选擢者。……臣窃见前知泉州真德秀、章楶二人者天资廉洁,操守纯固,泉南多舶货,贤士大夫间有不免,而二人者前后为泉,皆于舶货毫发无取。去泉之日,舶商拥道攀送,以大香注(炷)钱其行,二人者皆却不受。商人无以效其勤,持香至郡治曰:'此吾欲献使君,而使君皆不受,吾安可复留。'以大炉注(炷)香于郡之门,香闻阖府,相与涕泣而祝之,何施而得此于人也?……若小吏之贪者闻大吏之廉必皆化而为廉,所谓中人以上可

①　(清)徐松:《宋会要辑稿》第14册,《刑法二》,刘琳等校点,上海:上海古籍出版社,2014年,第8372~8373页。

②　(宋)张方平:《乐全集》卷二十六,《论钱禁铜法事》,《影印文渊阁四库全书》第1104册,台北:台湾商务印书馆,1986年,第273~274页。

以语上也,其关系风俗之枢机,实非细事,故敢冒昧奏闻。"①章楶,浙江东阳人,淳熙十一年(1184年)进士,淳熙末提举两浙西路常平茶盐事,嘉定三年(1210年)五月到任。四年正月兼权提刑,闰二月正除。② 嘉定十五年(1222年)知泉州,十七年除福建路提刑。③ 章楶与真德秀皆属廉吏,于舶货丝毫不取,在南宋末期泉广地方官员多有污吏充任,苛征盘剥舶商的背景下,实属难得。他们二人离任之日,番商感其恩德,皆相率拥道攀送,以大香钱其行,涕泣而祝之。时卫泾为安抚使,应诏举廉吏状,闻于朝,谓二人忠信行夫蛮貊。④

宋宁宗赵扩嘉定十六年 公元1223年 癸未年

四月二十六日,泉州知州章楶与市舶提举魏岘等僚属16人祈风于通远王祠下。

> 按:《章楶等祈风石刻》载:"嘉定癸未孟夏二十六日戊戌,东阳章楶敬则,寿春魏□叔子,山西杨进勋元功,三山林力行勉之,郡人留元主持中,括苍何法德常之,含□陈亿曼卿,莆阳王彦广居之,清漳郑名卿坤辅,句水咸达先兼权,嘉禾陆相同甫,莆阳黄筌德言,即墨干达卿兼仲,天台应筌子履,开封赵汝苂千里,三山赵与官清叟,三山南璔士登,以祈风□□昭惠祠下。因会于延福,登山瞻石佛,访隐君亭,少憩于怀古而归。期而不至,俊仪赵善軼载卿、莆阳刘辉叔元览。"⑤此石刻位于西峰石刻群中南面,下层,东向。摩崖高247厘米,宽136厘米,字径9厘米,8行,行22字,正书。此处的"寿春魏□叔子"应为魏岘⑥。魏岘,南宋明州鄞县(今浙江宁波)人,嘉定十四年(1221年),以朝奉郎提举福建路市舶。坐事罢,著有《四明它山水利备览》二卷。为何称魏岘是寿春人而

① (宋)卫泾:《后乐集》,《影印文渊阁四库全书》第1169册,台北:台湾商务印书馆,1986年,第651~652页。

② (宋)范成大:《吴郡志》卷七,《官宇》,《影印文渊阁四库全书》第485册,台北:台湾商务印书馆,1986年,第45、49页。

③ (清)周学曾:(道光)《晋江县志》卷二十八,《职官志》,晋江县地方志编纂委员会整理,福州:福建人民出版社,1990年,第534页。

④ (清)孙尔准:(道光)《重纂福建通志》,《中国省志汇编:9》,台北:华文书局,1968年,第2267页。

⑤ 黄柏龄:《九日山志》,上海:上海辞书出版社,2006年,第93页。

⑥ (宋)罗濬:《宝庆四明志》卷四,《郡志四·叙水》,《影印文渊阁四库全书》第487册,台北:台湾商务印书馆,1986年,第57~58页。

不是明州人？盖因魏岘的祖父是南宋名臣魏杞。魏杞（1121—1184年），字南夫，一字道弼，寿州寿春（今安徽寿县）人，移居明州鄞县（今属浙江）。绍兴十二年（1142年）进士，以宗正少卿为金通问使，不辱使命，连擢参知政事、右仆射兼枢密使。后出知平江府，以端明殿学士奉祠告老。淳熙十一年（1184年）十一月薨，谥"文节"。[①] 为浙江魏姓"太廉堂"始祖，故而魏岘以寿春人称。

宋宁宗赵扩嘉定十七年　　公元1224年　　甲申年

九月，赵汝适除提举福建路市舶。

　　赵汝适（1170—1231年），字伯可，宋太宗八世孙。关于赵汝适的生平，史书所载不详，《四库全书·诸蕃志提要》无奈称"汝适始末无考"，直到1983年，临海县在文物普查中，于大田区岭外乡岭外村农民钱元璋家中发现了赵汝适之子赵崇缜为其刻立的墓志，才最终厘清赵汝适的生平事迹。该墓早毁，志石系钱元璋于1970年间在乱石堆中拣得，现藏临海市博物馆，其文曰："先君讳汝适，字伯可，太宗皇帝八世孙，而濮安懿王六世孙也。曾祖讳士说，保顺军节度使、开府仪同三司、安康郡王；姚向氏夫人。祖讳不柔，承议郎、通判潮州，赠银青光禄大夫；姚郭氏，大宁郡夫人。考讳善待，朝请大夫、知岳州，赠少保；姚季氏，卫国夫人。

　　先君生于乾道庚寅三月乙亥。绍熙元年，受少保遗泽，补将仕郎。二年铨，中第一，授迪功郎、临安府余杭县主簿。庆元三年锁试，赐进士及第，授修职郎。五年，循从政郎。以应办人使赏，循文林郎。六年，知潭州湘潭县丞。开禧元年，为绍兴府观察判官。三年，以奏举，改宣教郎。嘉定二年，知婺州武义县。五年，转奉议郎。六年，充行在点检赡军激赏酒库所主管文字。八年任满，赏转承议郎。九年，转朝奉郎。二月，通判临安府。十一年四月，丁卫国忧。十三年，转朝散郎。十五年，皇帝受宝恩，转朝请郎。十六年，知南剑州。十七年，转朝奉大夫。八月，上登极恩，转朝散大夫。九月，除提举福建路市舶。宝庆元年七月，兼权泉州。十一月，兼知南外宗正事。三年六月，除知安吉州，未上，改知饶州。绍定元年二月，转朝请大夫。三年闰二月，被旨兼权江东提

① （元）脱脱：《宋史》卷三八五，《魏杞传》，北京：中华书局，1977年，第11831～11833页。

刑,以疾,三上辞请。三月,依所乞,主管华州云台观。四年,寿明仁福慈睿皇太后庆寿恩,转朝议大夫。三月,召为主管官告院。七月属疾,乞致仕。丙申卒,享年六十有二。是年十月癸酉,葬于临海县重晖乡赵岙山之原。

娶陈氏,献肃詹事讳良翰之孙,宝制侍郎讳广寿之长女。封恭人,先卒一纪矣。子二人:崇缜,从事郎、严州司户参军;崇绚,从事郎、绍兴府余姚县主簿。孙必协,将仕郎。孙女尚幼。

先君端方凝重,廉洁之操,始终不渝。教子以义方,理家有法度,居官所至有声绩,而寿不百年,哀痛罔极!崇缜等忍死襄人事,未及丐铭于立言君子,敢叙世系、官迁岁月,书石以藏诸幽。孤哀子崇缜泣血谨记。

岙戚朝奉郎主管建昌军仙都观陈成之填讳。"①

由墓志可知赵汝适于嘉定十七年(1224 年)九月上任福建市舶提举,宝庆元年(1225 年)七月,兼权泉州。十一月,兼知南外宗正事。宝庆三年六月离任,除知安吉州。未上,改知饶州。在泉州任职近三年时间。墓志所提"兼权泉州"一事,长期以来学界各家各执己见,有兼泉州知州说,有兼福建市舶提举说。但如以知州兼摄市舶,志书一般在人名后附记"知州兼权",如李韶、叶宰、赵涯、王会龙、陈大猷、赵师耕等六人皆是如此,但赵汝适没有。查《八闽通志》、《闽书》、(道光)《晋江县志》等志书,泉州知州名录亦无赵汝适。(道光)《晋江县志》卷二十八《职官志》知州事条载:"王栋,(嘉定)十七年任,宝庆元年致仕,有传。刘希仁,年月无考。吕午,歙县人,从《闽书》增。游九功,宝庆元年任,祀名宦,有传。"②王栋于嘉定十七年任,宝庆元年即致仕。游九功则于宝庆元年任。中间还隔着刘希仁、吕午二人,宝庆元年一年内即更换四任泉州知州,似乎不太可能。据李之亮考,王栋于宝庆元年致仕后由游九功接任,而吕午则是淳祐二年(1175 年)任,刘希仁(又作刘师仁)景定五年(1264 年)任,皆非嘉定间任。③ 苏铁推测,赵汝适在泉州提举市舶司供职期间,或因王栋年龄或体力、能力之由,协助王知州工作,而非正式兼

① 马曙明、任林豪:《临海墓志集录》,丁伋点校,北京:宗教出版社,2002 年版,第 45～46 页。

② (清)周学曾:(道光)《晋江县志》,晋江县地方志编纂委员会整理,福州:福建人民出版社,1990 年,第 534 页。

③ 李之亮:《宋福建路郡守年表》,成都:巴蜀书社,2001 年,第 113～114、116～117 页。

任泉州知州一职。① 此说似有理,也有可能他在王栋致仕之后游九功上任之前,暂代泉州知州事,但无收到正式任命。《诸蕃志》成书于当年九月,时赵汝适已兼权泉州,但他在序言落款只署"朝散大夫、提举福建路市舶赵汝适序",未提知州一职,也可为证。

嘉定间,傅庸、叶元瀚、诸葛若任福建提举市舶。陈宿监泉州市舶务。

按:《八闽通志》卷三十《秩官》提举市舶条:"朱辅、王枢、赵不熄、傅庸、叶元瀚、赵崇度、施械、魏岘、赵汝适,俱嘉定间任。"②傅庸、叶元瀚二人任期在赵不熄之后、赵崇度之前。傅庸,江西新城人,淳熙二年(1175年)进士。③ 叶元瀚,签书惠州判官,历将作监丞、司农丞、宗正丞,尝知桂阳军。④ 嘉定间任福建提举市舶。宋人陈耆卿《嘉定赤城志》卷三十四《人物》载:"诸葛若,黄岩人,字钦之,嘉泰二年进士,终泉州市舶。"⑤《嘉定赤城志》成书于嘉定十六年(1223年)底,故诸葛若出任福建提举市舶的时间应不晚于嘉定十六年。

陈宿,泉州知州陈俊卿之子,陈复斋弟。刘克庄《后村先生大全集》卷一五〇《知常州寺丞陈公墓志铭》云:"故相正献陈公有五丈夫子,其二季尤知名。复斋行谊表一世,论者以方原明、公休。公讳宿,字师道,复斋弟也。由父任监福州海口镇、泉州市舶务、知惠安县、通判靖州、知德庆府,需道州次,改南剑州,擢大理寺丞。以亲养辞,知惠州,未上。或言其滞,改常州,公方为所生母吴恭人服心丧,不拜。终制。将进用矣。淳祐二年三月己酉晨起盥栉,骤感疾卒,年七十,积阶至朝议大

---

① 苏铁:《〈诸蕃志〉成书新考》,载《海关与经贸研究》2016年第1期,第21~33页。另外可吴维棠:《赵汝适的生平及其〈诸蕃志〉》,载《浙江学刊》1995年第5期,第121~123页。

② (明)黄仲昭:《八闽通志》上册,福州:福建人民出版社,1990年,第626~627页。

③ (清)孙尔准:(道光)《重纂福建通志》,《中国省志汇编:9》,台北:华文书局,1968年,第1809~1810页。

④ (清)王闿运:(同治)《桂阳直隶州志》卷七,《官师志》,《中国地方志集成·湖南府县志辑》第32册,上海:上海书店出版社,2002年,第116页。《州志》在知军名录云"……赵宗度(《省志》有《旧志》无),以上理宗时……叶元瀚(《旧志》作瀚)、赵崇度……以上度宗时",误。据《永乐大典》卷七五一三《桂阳军举子仓》可知,嘉定五年(1212年),赵崇度在知桂阳军任上,大约过了四五年后,方出任福建提举市舶。因此,赵崇度不可能是在理宗或度宗朝知桂阳军,"赵宗度"疑为"赵崇度"之误。叶元瀚的仕宦经历与赵崇度是同一个时代,故其知桂阳军的时间也不可能是度宗朝,而是大约在宋宁宗嘉定年间,在其出任福建提举市舶之前。

⑤ (宋)陈耆卿:《嘉定赤城志》,《宋元方志丛刊》第7册,北京:中华书局,1990年,第7543页。

夫。……二女,长适朝散大夫、主管冲佑观郑逢辰;次许适承直郎宋应先,未行而夭。"①陈宿,嘉定间监泉州市舶务,知惠安县。②后历官通判靖州、知德庆府、南剑州,擢大理寺丞,所到之处皆以廉闻名。淳祐二年(1175年)三月卒,年七十。杨文新引刘克庄《知常州寺丞陈公墓志铭》,将其考订于淳祐二年在监泉州市舶务任上卒③,误。

嘉定间,何松通判泉州。

按:《八闽通志》卷三十二《秩官》泉州通判条:"何松……嘉定间任。"④又宋卫泾《后乐集》卷十三《奏举朱端常何松赵善稌张国均楼鐩乞加表用札》云:"朝奉郎、通判泉州何松,性资明达,政术亦优。一试剧邑,以办治称。两为郡丞,以循良著。温陵浩穰,民夷错杂,屯戍军兵供亿以时,弥缝关决赖以协济。"⑤宋代知州与通判共理州政,但在财政方面通判有专责,对本州有关上供及其他重要专项收入负总体之责。嘉定间,泉州人口众多,民夷错杂,财政本就吃紧,再加上殿前左翼军和南外宗正司的支出也均由泉州地方承担,财政负担极重。何松在通判任上,能够顺利征收各项税赋,协助筹办军需,有效维持了地方军政运转,故而卫泾在奏举中称他"性资明达,政术亦优",以循良著称。

宋理宗赵昀宝庆元年　公元 1225 年　乙酉年

七月,福建市舶提举赵汝适兼权泉州;九月,《诸蕃志》成书。

按:宝庆元年七月,福建市舶提举赵汝适兼权泉州,协理或暂代知州事,前文已述。九月,赵汝适撰写的《诸蕃志》完稿成书。《〈诸蕃志〉序》云:"《禹贡》载岛夷卉服,厥篚织贝。蛮夷通财于中国古矣,由汉而后,贡珍不绝。至唐市舶有使招徕,懋迁之道自是亦广。国朝列圣相传,以仁俭为宝,声教所暨,累译奉琛,于是置官于泉广,以司互市。盖欲宽民力而助国朝,其与贵异物穷侈心者乌可同日而语?汝适被命此

① (宋)刘克庄:《后村先生大全集》卷一五〇,《四部丛刊初编》第 1325 册,上海:商务印书馆,1919 年,第 5~6 页。

② (明)黄仲昭:《八闽通志》卷三十二,《秩官》,上册,福州:福建人民出版社,1990 年,第 679 页。

③ 杨文新:《宋代市舶司研究》,厦门:厦门大学出版社,2013 年,第 292 页。

④ (明)黄仲昭:《八闽通志》上册,福州:福建人民出版社,1990 年,第 676 页。

⑤ (宋)卫泾:《后乐集》,《影印文渊阁四库全书》第 1169 册,台北:台湾商务印书馆,1986 年,第 645~646 页。

来,暇日阅诸蕃图,有所谓石床、长沙之险,交洋、竺屿之限,问其志则无有焉。乃询诸贾胡,俾列其国名,道其风土,与夫道里之联属,山泽之蓄产,译以华言,删其秽渫,存其事实,名曰《诸蕃志》。海外环水而国者以万数,南金象犀珠香瑇瑁珍异之产,市于中国者,大略见于此矣。噫!山海有经,博物有志,一物不知,君子所耻。是志之作,良有以夫。宝庆元年九月日。朝散大夫、提举福建路市舶赵汝适序。"①赵汝适在嘉定十七年(1224 年)上任福建市舶提举后不久,即着手进行《诸蕃志》的写作,他本人虽未能亲自出访海外,但利用职务之便亲自询访外来的商贩和水手,又深入番坊,询诸贾胡,阅诸番图,所书皆有据可依,述论亦公允,少怪诞之词。书中所记海外诸国事物,被其后的《文献通考》《宋史》等诸史书所采,可见其见闻之广,著录之严,也填补了这一时期中国海外交通史籍的空白,给后人留下了一份弥足珍贵的历史遗产。

十二月十一日,安南李朝权臣陈守度逼迫李昭皇让位于闽籍驸马陈日煚,降昭皇为昭圣皇后,改元建中。后世尊陈日煚为"陈太宗"。

按:陈日煚(又名陈煚、陈光昺、陈日照、陈昺),1225—1258 年在位。1224 年,安南国李朝惠宗让位于皇太女,是为李昭皇。1225 年 12 月 11 日,权臣陈守度逼迫李昭皇让位于驸马闽人陈日煚,降昭皇为昭圣皇后,改元建中,后世尊陈日煚为"陈太宗"。关于陈日煚的籍属,自古以来有多种传闻,有福州长乐邑说者,有晋江安海说者,有桂林说者,未有定论。越南古史书《大越史记全书》卷五《陈纪一·太宗皇帝》云:"初帝之先世闽人,或曰桂林人,有名京者,来居天长即墨乡,生翕。翕生李,李生承。世以渔为业。帝乃承之次子也,母黎氏。"②,承认陈日煚之高祖父从中国闽地或桂林移居越南,世以渔为业。时宋人亦有传其来自闽者。宋周密《齐东野语》卷十九《安南国王》载:"安南国王陈日煚者,本福州长乐邑人,姓名为谢升卿。……至衡,为人所捕。适主者亦闽人,遂阴纵之。至永州,久而无聊,授受生徒自给。永守林呈,亦同里,颇善里人。"③明代何乔远所撰的《闽书》似采此说,他在该书卷一百五十二《蓄德志》云:"元安南国王陈日煚,故谢升卿,闽人博徒也。美少年,

---

① 杨博文:《诸蕃志校释》,北京:中华书局,1996 年,第 1 页。
② 转引自庄景辉:《泉州港考古与海外交通史研究》,长沙:岳麓书社,2006 年,第 425 页。
③ (宋)周密:《齐东野语》,高心露、高虎子校点,济南:齐鲁书社,2007 年,第 237 页。

亡命邕州。交趾相率闽人贸易邕界上，见升卿，异之，与偕归，纳为王昷女婿。昷老无子，死，王女主国事，因以与其夫。而升卿变姓名为陈日煚。"①民国年间，黎正甫撰的《安南国王陈日煚考》指出，陈日煚正是从福建跑到越南的谢升卿，与李惠宗年龄相仿，先是入赘于陈嗣庆，后篡夺李朝王位，建立陈朝。为遮人耳目，又纳昭圣为后，入赘于李惠宗。②但他的观点遭到童书业的批判，童书业指责黎正甫误读史料之处甚多，指出陈嗣庆乃陈日煚之叔父，非岳父也。陈日煚的先祖从闽地移居越南，至陈日煚时已有五世，他与李昭皇婚配时只有八岁，因此绝非《齐东野语》提到的谢升卿。童书业推测其从叔父陈守度的行事风格与谢升卿很像，两者很有可能是同一人，谢升卿从福建到越南去，成了陈氏的养子或赘婿，以有才能而掌握了实权。③清代晋江东石人蔡永蒹所撰的《西山杂志》另有异说，他在《陈厝坑》中将陈日煚的籍属记为晋江安海人，云："陈厝，在仁和之东，俗曰"陈厝坑"，其地宋元之邱家涯，海水航舟可至也。陈厝之来，起于三国，垂及东晋，相传避五胡而来者焉，为泉开族之鼻祖。五代之陈洪进，平海节度使，于北宋太平兴国三年归附宋。六年，建陈埭。北宋之陈搏隐居华山，其子陈业安于太平兴国六年任泉州推官。业安子东明，皇祐时任泉之榷市司，为烟茶令。宗族植茶于□宅，茶之涤暑沁心，运销广南、交州。东明曾孙陈日照（煚），字阳光。其世代居湾海，舟行交州经商，深得交人之心望。南宋宝庆二年，日照以安南入贡端平；丙申三年，复入贡。于是册封陈日照为安南国王。至明建文，明封黎氏安南王，而不知被所篡。永乐时侦知，派兵南征，归其地作交趾、天越二省，设交趾布政使，以黄中任之。陈厝，宋末被元兵所毁。"④韩振华认为周密与陈日煚同时代的人，宋人说宋事，陈日煚系闽人这点应无疑义，永守林呈与《晋江县志》所载乾道年间担任泉州教授的林呈很可能是同一人。日后林呈为永州守，才会看在陈日煚同为晋江人的份上搭救他，因此，《西山杂志》所言非虚，陈日煚的籍

①　（明）何乔远：《闽书》第5册，《闽书》校点组校点，福州：福建人民出版社，1994年，第4489页。

②　黎正甫：《郡县时代之安南》，上海：商务印书馆，1945年，第272～280页。

③　童书业、陈云章：《越南陈氏王朝得国经过考》，《山东大学学报（哲学社会科学版）》1962年第3期，第64～77、94页。

④　（清）蔡永蒹：《西山杂志》（手抄本），第82～83页。

属也应该是晋江安海。① 郑山玉、丁东认为此说可信度不高,提出永守
林呈与泉州教授林呈可能是同一人也可能是不同的两个人,且泉州教
授林呈也不一定是晋江人。至于与陈日煚(谢升卿)同里的林呈,反而
有可能是福州长乐一带的人,《西山杂志》错讹甚多,不足为信,周密说
陈日煚是福州长乐人反而更可信一些。②《李庄焘内李氏房谱》的发现
又引起了新一轮讨论。《李庄焘内李氏房谱》记第二十一派昭圣公主
云:"昭圣公主,昊旵之女。交趾李朝九世,特封安南女王,仍赐推诚顺
化女功臣。生南宋庆元元年乙卯七月初七,宝祐六年戊午,禅让其子威
晃。昭圣太后于景定元年庚申十月初九卒。驸马日煚生绍熙四年癸丑
六月十四,卒开庆元年十二月十八。公姒陵墓在交趾升龙山。"③李天锡
将谱载资料结合实地调查,以及史书记载,三者互相比对,认为谱载李
朝第九世即陈朝第一世。古陈厝坑、陈垵坑之名今虽不存,不过谱载的
其他地名与志书都对得上,陈日煚的籍属还应以晋江安海为是。④ 但
《李庄焘内李氏房谱》关于安南李朝的世系记载尚有一些疑问,陈朝的
世系又疏于简略,仅依谱载很难明确考订陈日煚的籍属就是晋江安海。
陈日煚的籍属究竟是福州长乐还是晋江安海,还有待挖掘新的文献
证据。

宋理宗赵昀绍定元年　公元 1228 年　戊子年

开元寺僧自证重建仁寿塔,始易砖为石,顶藏金银诸宝。

按:明释元贤《温陵开元寺志》载:"西塔,号'仁寿塔'。五代梁贞明
二年戊申建。先是地涌者数尺,俄有僧浮海来,止于寺。适闽王审知,
于大都督府造木塔,夜梦一僧,语曰:'闻王于大都督府造塔,乞移之镇
泉。'王怒,命斩之,首坠而身涌高数尺。王觉骇之,物色于泉。泉人云,
有疯和尚,今去矣。王乃以材木浮海至泉建塔。经始于贞明二年四月

① 韩振华:《宋代两位安海人的安南王》,载《安海港史研究》编辑组编:《安海港史研究》,福建教育出版社,1989 年,第 42～46 页。
② 郑山玉、丁东:《华侨史上一位值得研究的重要人物——安南国王陈日煚籍属辨析》,载《华侨华人历史研究》1997 年第 1 期,第 36～39 页。
③ (宋)咸淳丙寅年(1266 年)编纂,(明)嘉靖甲子年(1564 年)重修,晋江安海《李庄焘内李氏房谱》(手抄本),第 15～18 页。
④ 李天锡:《安南李朝世家新考——兼考安南陈朝一世陈日煚籍属》,《华侨华人历史研究》2002 年第 1 期,第 56～61 页。

朔,至十二月晦日成。凡七级,号'无量寿塔'。宋政和甲午十月十日,有青黄光起塔中,高侵云。须史五色,质明乃灭。有司具奏,赐名'仁寿'。绍兴乙亥,灾。淳熙间,僧了性再造。复灾,僧守谆改造砖塔。绍定元年戊子,僧自证始易砖为石,顶藏金银诸宝。规制一如东塔,而围广杀五尺,高减一丈五尺五寸,壮丽耸拔,则相伯仲也。嘉熙元年始竣工,实先东塔十年而成云。洪武辛巳,塔心坏,住持僧正映重修。万历戊子,飓风大作,塔竿坏,金顶坠地。里人傅明智重修,下际扶栏有坏者,俱易之。丙午年八月,复有异风,塔竿、铜盖、铁索、沃金葫芦俱坏于簸荡中。壬子秋,寺僧募众重修。"①开元寺东西塔,东塔为代表东方娑婆世界的镇国塔,西塔为代表西方极乐世界的仁寿塔,是我国现存最高的一对宋代石塔,代表了13世纪中国石构建筑技艺的最高水平。仁寿塔初为木塔,始建于五代梁贞明二年(916年),闽王王审知以材木浮海至泉建塔,北宋至南宋前期屡灾复建。宋理宗绍定元年,僧自证始易砖为石,改建石塔,塔身须弥座石刻则为花兽图案,外壁的80尊石刻造像内容为佛教人物,第四层雕刻有印度佛教男性观音菩萨、猴行者腰系《孔雀王咒》经书,体现出与外来宗教文化的交流融合。其造型和工艺做法与东塔相同,高度上略低于东塔,为45.06米,底层面积270平方米。开元寺双塔这样的东西塔院格局体现了佛寺格局变革早期的特征,后世并未推广,具有标本性价值。同时,双塔的宏伟体量和精湛的石雕工艺,非普通水平的财力和物力所及,从侧面反映出13世纪时泉州作为国家指定的国际港口,拥有的先进建筑技术、完整工程组织、强大社会动员能力以及雄厚的经济实力。②

宋理宗赵昀绍定三年　公元1230年　庚寅年

谢采伯由泉舶除新安。

　　按:谢采伯《密斋笔记》卷五:"宝庆乙亥,余寓报慈,改葬亡室。初秋梦归,自东家四顾,荡然绝无居室。时夕阳未收,独步平沙,金星粲屑前山,奇秀层出,旁植桑竹,因赋长篇,觉来略成诵,尚嗳嚅口间,迨晓止记忆两句。因笔僧窗,云:'归来邻里悉不记,未免惊呼问桑竹。'绍定庚

---

① (明)释元贤:《温陵开元寺志》,吴幼雄点校,北京:商务印书馆,2019年,第12页。

② 《开元寺》,2017年8月7日,http://www.qzworldemporium.cn/yczhs/201708/t20170807_2467693.htm,2021年10月15日。

寅,由泉舶除新安,剑浦盗发,余自三山道东嘉而归。己丑大浸,江岸仅存桑竹。"①谢采伯,临海人,字元若,枼伯之兄,嘉泰二年(1202 年)傅行简榜进士,历知广德军、湖州,监六部门,大理寺丞,大理正。② 绍定三年(1210 年)庚寅,由福建市舶提举除知徽州府。谢采伯从未担任过泉州知州,杨文新作"谢采伯,绍定间知泉州兼提举市舶",误。③

赵汝固由莆守司舶温陵。

　　按:宋王迈《臞轩集》卷十三收有《送莆守赵孟坚汝固司舶温陵》一诗,云:"君不见有唐元结守春陵,湘湖一道盗纵横。独元所治一无犯,镇抚孤垒如金城。又不见祁公曾作乾州牧,移镇凤翔何迅速。两州之民境上争,先把州麾后钧轴。使君来莆全似元,精明旗帜张辕门。威风惠雨相劘拂,鼠辈不敢闯吾藩。使君去莆仍似杜,截镫遮留喧道路。吾莆赤子方有依,泉何为者争吾父。我将软语劳莆人,此地幸与泉为邻。刁斗相闻邹近鲁,瘠肥不比越视秦。使君风采压人望,莆亦倚泉为保障。渠魁缚致薰街前,四野腥膻行涤荡。长淮以北多风埃,社稷正倚经纶才。出平西贼入衮绣,一韩一范何人哉。书生自顾老无力,不能从公取俘馘。愿将诗颂纪中兴,浓墨大字书涽石。"④又(民国)《莆田县志》卷九《职官志上·宦绩》:"赵汝固,字孟坚,宗室,居福州。开禧元年正奏,绍定三年知兴化军。……曾用虎,字君遇,晋江人,丞相公亮裔。以荫仕,绍定三年由通判福州知兴化军。"⑤赵汝固,宗室,字孟坚,寄居连江,开禧元年(1205 年)宗子正奏,朝议大夫。⑥ 开禧三年(1207 年),以承务

---

① (宋)谢采伯:《密斋笔记》,《影印文渊阁四库全书》第 864 册,台北:台湾商务印书馆,1986 年,第 685 页。

② (宋)陈耆卿:《嘉定赤城志》,《宋元方志丛刊》第 7 册,北京:中华书局,1990 年,第 7537 页。

③ 杨文新:《宋代市舶司研究》,厦门:厦门大学出版社,2013 年,第 284 页。

④ (宋)王迈:《臞轩集》,《影印文渊阁四库全书》第 1178 册,台北:台湾商务印书馆,1986 年,第 638 页。

⑤ (民国)张琴:(民国)《莆田县志》卷九《宦绩》,《中国地方志集成·福建府县志辑》第 16 辑,上海:上海书店出版社,2000 年,第 321 页。

⑥ (清)徐景熹:(乾隆)《福州府志》(中册)卷三十八,《选举三》,福州:海风出版社,2001 年,第 451 页。(宋)黄岩孙:(宝祐)《仙溪志》卷二,《令佐题名》,《宋元方志丛刊》第 8 册,北京:中华书局,1990 年,第 8286 页。(清)周学曾:(道光)《晋江县志》卷二十八,《职官志》,晋江县地方志编纂委员会整理,福州:福建人民出版社,1990 年,第 567 页。(明)黄仲昭:《八闽通志》卷三十一,《秩官》,上册,福州:福建人民出版社,1990 年,第 660 页。

郎任仙游县丞。绍定间,知南外宗正事。端平间,知建州军州事。绍定三年(1230 年),谢采伯由泉舶除新安,曾用虎也是在绍定三年接替赵汝固出知兴化军,而王迈又云"莆守赵孟坚汝固司舶温陵",说明赵汝固应是在绍定三年赴泉州,接替谢采伯出任福建提举市舶。

郡守游九功于南城外拓地增筑翼城。

按:(道光)《晋江县志》卷九《城池志》载:"罗城,亦南唐保大中留从效所筑。周围二十里,高一丈八尺,门凡七。东曰仁风,俗呼东门。西曰义成,俗呼西门。南曰镇南,俗呼南门桥头,近今泮宫口处。……翼城则宋绍定三年……守游九功于诸城口增筑瓮城各一,东瓮城二;复于南城外拓地增筑翼城。东起涴浦,西抵甘棠桥,即临漳门外第一桥。沿江为蔽,成石城四百三十八丈,高盈丈,基阔八尺。后真西山守泉时,刘叔智自建翼城,不知何处。元至正十二年,监郡偰玉立始废罗城之镇。南门径就翼城,周三十里,高二丈一尺。城东西北基各广二丈四尺,外甃以石。南基广二丈,内外皆石。为门七,东西北暨东南西南门,皆沿旧名。惟改南门曰德济。废通津门(通志作废通淮门,误)。而于临漳德济之间(通志作德济、仁风之间,误)建门曰南薰,俗呼水门,无增瓮城。而统为今之罗城。"[①]镇南门(元至正十二年,公元 1352 年改称德济门)位于泉州府城南,内有天后庙祀妈祖娘娘,外有顺济桥横卧于晋江之上。宋元年间,泉州城南一带外商云集,商埠林立。绍定三年(1230 年),郡守游九功于濒江一线建设城墙,开设两门,其中之一就是位于南端的镇南门(德济门)。城门外筑有濠沟,兼具防洪功能。镇南门(德济门)及与之相连的翼城,成为进入城市南部商业区的交通要道。镇南门(德济门)是城市南部商业性城区的重要地标,体现了官方对海洋贸易和城市商业发展的行政保障。直到 20 世纪初,随着泉州近代城市的发展建设,南城门不再使用,后毁于火灾,德济门遗址即宋元泉州城的南门遗址。遗址位于泉州古城南端的天后宫外,门外遥对晋江及顺济桥遗址,门址在元至正十二年(1352 年)进行了拓建,明代增建瓮城,清代重修加固,沿用至 20 世纪中期,历时七百余年。2001 年经过考古发掘,完整揭露出 13 世纪以来多次营建遗迹。遗址坐北面南,面积近 2000 平方米,由花岗岩条石、废旧石建筑构件等砌筑而成,局部以白灰灌浆

---

① (清)周学曾:(道光)《晋江县志》,晋江县地方志编纂委员会整理,福州:福建人民出版社,1990 年,第 183～184 页。

加固,从中出土了部分外来宗教石刻,证明了宋元时期泉州政府对各宗教采取兼容并包的政策,出现了基督教与伊斯兰教之间存在融合的现象。① 游九功,建阳人,宝庆元年(1225 年)守泉。在郡以清严称,留心教化,拨五废寺田于石井书院,以廪学徒。南安令毛淮、簿谢观作新学舍,考成之日,九功率僚属、诸生周旋庙庭,以庆其能。②

宋理宗赵昀绍定四年　公元 1231 年　辛卯年

李韶提举福建市舶。

按:《宋史》卷四百二十三《李韶传》载:"李韶,字元善,弥逊之曾孙也。父文饶,为台州司理参军,每谓人曰:'吾司臬多阴德,后有兴者。'……绍定四年,行都灾,韶应诏言事。提举福建市舶,会星变,又应诏言事。入为国子监丞,改知泉州兼市舶。端平元年,召。明年,转太府寺丞,迁都官郎官,迁尚左郎官。"③李韶,字元善,连江人,李弥逊曾孙,嘉定四年(1211 年)进士。④ 嘉定间,添差通判泉州。⑤ 李韶为人忠厚纯实,清廉自处,通判泉州时,郡守游九功虽素称清严,却特别照顾李韶。绍定四年(1231 年),行都灾,应诏言事,提举福建市舶。后在端平初,又以泉州知州兼提举市舶。

宋理宗赵昀绍定五年　公元 1232 年　壬辰年

真德秀再知泉州。时番舶因官府征税太重,畏而不来。至绍定四年,舶税收钱才收四万余贯,五年止收五万余贯。

按:《宋史》卷四百三十七《真德秀传》载:"(绍定)五年,真德秀进徽猷阁知泉州。"⑥真德秀首知泉州时,和市舶使赵崇度一起整顿市舶,使招徕的番舶数量有所增加。但好景不长,嘉定十二年(1219 年),真德秀

---

① 《德济门遗址》,2017 年 8 月 7 日,http://www.qzworldemporium.cn/yczhs/201708/t20170807_2467687.htm,2021 年 10 月 15 日。

② (清)周学曾:(道光)《晋江县志》卷三十四,《政绩志》,晋江县地方志编纂委员会整理,福州:福建人民出版社,1990 年,第 989 页。

③ (元)脱脱:《宋史》,北京:中华书局,1977 年,第 12628～12629 页。

④ (清)徐景熹:(乾隆)《福州府志》(中册)卷三十七,《选举二》,福州:海风出版社,2001 年,第 365 页。

⑤ (清)万友正:(乾隆)《马巷厅志》卷十三,《职官志》,《中国方志丛书》第 98 号,台北:成文出版社,1978 年,第 105 页。

⑥ (元)脱脱:《宋史》,北京:中华书局,1977 年,第 12957～12963 页。

改知隆兴府离开泉州,不久番舶又畏征苛而不来。十余年间,泉州舶税收入从十余万贯跌至四五万贯。真德秀在《西山文集》卷十五《申尚书省乞拨降度牒添助宗子请给》云:"窃见本州通年以来,公私窘急,上下煎熬,虽其积非一日,其病非一端。然其供亿之难,蠹耗之甚,则惟宗子钱米一事而已。考之故牒,建炎置司之初,宗子仅三百四十有九人,其后日以蕃衍,至庆元中则在院者一千三百余人,外居者四百四十余人矣。至于今日,则在院者一千四百二十七人,外居者八百八十七人。比之庆元中,虽仅增五百余人,然自建炎至淳熙间,则朝廷、运司应赡之数多而本州出备者少;淳熙以后至于今日,则朝廷、运司应赡之数少而本州出备者多。何以言之?方置司之初,令运司与本州同共应副俸料钱。以数百人之廪给,其费未为鲜也,而漕司与州各任其半,朝廷已岁降度牒五十道以给本州。盖知州郡经赋有限,不令自任其责也。……比年以来,属籍日增,以俸钱言之,每岁支一十四万五千余贯,而漕、舶两司所给之钱仅五万四千四百贯,而本州出备者九万六百贯也。……然庆元之前未以为难者,是时本州田赋登足,舶货充美,称为富州,通融应副,未觉其乏。自三二十年来,寺院田产与官田公田多为大家巨室之所隐占,而民间交易率减落产钱而后售,日朘月削,至于今七县产钱元计三万四千七百余贯文,今则失陷一千六百余贯。经界未行,版籍难考,不坍落者指为坍落,未逃亡者申为逃亡,常赋所入大不如昔矣。富商大贾积困诛求之惨,破荡者多而发船者少,漏泄于恩、广、潮、惠州者多而回州者少。嘉定间,某在任日,舶税收钱犹十余万贯,及绍定四年,才收四万余贯,五年止收五万余贯,是课利所入又大不如昔也。"[①]真德秀在上奏中指出,南外宗室的开支负担日益加重,其宗子人数自建炎置司之初的 349 人,增至"在院者 1427 人,外居者 887 人",增长了六倍多。俸钱也水涨船高,每岁支 145000 余贯,而漕、舶两司所给之钱仅 54400 贯,远远不够支出。宗室开支的沉重负担加重了市舶税的征收,进一步引发商船逃离,以致"富商大贾积困诛求之惨,破荡者多而发船者少"。番舶为了避重税,转而走私至广东恩州、广州、潮州、惠州等其他港口,而不愿来泉贸易,造成恶性循环。在海盗猖獗和苛征舶税的双重打击下,泉州港在南宋末年逐渐走向衰落,其舶税收入每况愈下,从绍兴间的百

---

① (宋)真德秀:《西山文集》,《影印文渊阁四库全书》第 1174 册,台北:台湾商务印书馆,1986 年,第 231~235 页。

万贯跌至绍定间的四五万贯,不足巅峰时期的1/20。

真德秀遣队将王大寿防遏海寇王子清,死之。

(道光)《晋江县志》卷十八《武功志》:"绍定五年,海寇王子清等泊舟围头澳,知州事真德秀遣队将王大寿防遏,猝与贼遇,大寿射杀贼十余人,贼为夺气,竟以独力难支死之。官军乘进,遂有沙陶之捷。"①王大寿在与海寇激烈斗争中牺牲,其余将士则感奋杀敌,遂有沙陶之捷,俘获贼首林添二等,皆下手杀害官兵之人。行刑之际,设大寿位于旁,令其子剖心以祭。之后,真德秀上《申枢密院乞优恤王大寿状》,详细讲述了此次战役的经过,并乞优恤王大寿,朝廷特赐王大寿保义郎。②此次事件在当地引起了强烈反响,在真德秀的主导下,泉州很快建立起了海防体系,百姓对海盗的警惕也有所加强。不过,在真德秀离开泉州后,这种防御体系似乎没有再发挥有效作用,南宋后期的海寇依旧猖獗。一方面是因为海上贸易的衰落,使得沿海居民生计出现困难,为求生存不得不加入海寇队伍;另一方面,私盐贩出身的海贼也有不少,他们一边贩卖私盐,一边劫掠商船,致私盐盛行,商旅不通,反过来又进一步阻碍了市舶贸易的发展,加剧地方财政赤字。地方官在无奈之下,只能向百姓和舶商重加征税,又导致舶商不敢来,百姓也无以为生,纷纷下海为盗,如此恶性循环,遂成为地方治理的一大顽疾。③淳祐中,福建提点刑狱包恢上《防海寇申省状》,即一针见血地指出,"盖海寇虽未尝无之,然未见如近年之猖獗。近年虽无岁无之,然未见如今年之凶横。前乎此但闻就海劫船,后则敢登海岸而放火劫杀矣;前乎此犹闻舟小人寡,今则众至数千,而巨艘千数矣"④。宋理宗淳祐八年(1181年),甚至发生海盗千余人结伙深入内陆邵武郡劫掠之事。包恢认为海盗团伙多是受胁迫随从的,建议采用招安之策,对海盗内部人员也要采取分化之策,对贼首和部众各出招安时赏给,以使两相猜疑,以间其心。此外,还

---

① (清)周学曾:(道光)《晋江县志》,晋江县地方志编纂委员会整理,福州:福建人民出版社,1990年,第464页。

② (宋)真德秀:《西山文集》卷八,《申枢密院乞优恤王大寿状》,《影印文渊阁四库全书》第1174册,台北:台湾商务印书馆,1986年,第125~126页。

③ [韩]李瑾明:《南宋时期福建一带的海贼和地域社会》,《宋史研究论丛》第6辑,保定:河北大学出版社,2005年,第227~258页。

④ (宋)包恢:《敝帚稿略》卷一,《防海寇申省状》,《影印文渊阁四库全书》第1178册,台北:台湾商务印书馆,1986年,第708~710页。

应厉行保伍之法,以掐断沿海居民同海盗的勾结联络,彻底根除海盗在陆地的活动空间。包恢的建议具有比较切实可行的操作性,宋朝对海盗的政策也逐渐以招安法为主,转变为保伍法为主,收到了部分成效,到咸淳年间蒲寿庚平定海寇之后,泉州的海外贸易得到了一定程度的恢复发展。

绍定间,赵彦侯知南外宗正事兼提举市舶。

宋人刘克庄《后村先生大全集》卷一六九《秘阁东岩赵彦侯公行状》载:"公讳彦侯,字简叔,宗室秦悼魏王之后,自汴入闽,今为闽人。……今上登极,赐进士第……除西外宗正,下车未几,改南外,摄郡兼舶。适继饕残,化以廉平,泉人大悦。舶琛满前,吏以例进笞而却之。"①又王迈《臞轩集》卷十一《祭赵东岩文》:"呜呼!东岩在闽,南塘在浙,皆工文章,皆负气节。……其宰安溪也,人爱之如鲁恭;其守惠阳也,人歌之如元结。董睢邸之宗盟,属舶台之兼摄,视琛货如涕洟,化不清作玉雪。加以真西山之高,与夫李竹湖之洁,三清萃于一时,贤者之师而不屑者之怛。持两节于重湖,抚遐氓如饥渴。当狎至之羽书,督洪流之战筏,不加赋以扰民,竟如期而津发。"②赵彦侯,宗室,字简叔,公宾子,宝庆二年(1226 年)宗子正奏,官终湖南宪。③绍定间,知南外宗正事兼提举福建市舶,为官廉洁,泉舶宝物山积,吏员循旧例进奉,被赵彦侯拒绝,并予以鞭笞示警。赵彦侯以知南外宗摄郡事,但并未出任泉州知州,这种情况也有先例,如绍兴间宗室赵公凋以南外摄州事,(乾隆)《泉州府志》知州事名录未收录赵公凋、赵彦侯二人,可证之。杨文新作"绍定间知泉州兼"④,《泉州海关志》作"庆元元年进士,端平间任",误。⑤

宋理宗赵昀绍定六年　公元 1233 年　癸巳年

十月,伊宗尹在监泉州市舶务任上。

①　(宋)刘克庄:《后村先生大全集》卷一六九,《四部丛刊初编》第 1330 册,上海:商务印书馆,1919 年,第 12 页。

②　(宋)王迈:《臞轩集》,《影印文渊阁四库全书》第 1178 册,台北:台湾商务印书馆,1986 年,第 598～599 页。

③　(清)徐景熹:(乾隆)《福州府志》(中册)卷三十八,《选举三》,福州:海风出版社,2001 年,第 457 页。

④　杨文新:《宋代市舶司研究》,厦门:厦门大学出版社,2013 年,第 284 页。

⑤　泉州海关:《泉州海关志》,厦门:厦门大学出版社,2005 年,第 96 页。

按：明代程敏政辑撰的《新安文献志》卷九十六收有宋人章琰撰写的《武翼郎差监泉州市舶务朱公（由义）墓志铭》，附录收有朱由义及其子朱惟贤的敕札二通，明代弘治年间徽州婺源县人汪奎注明此敕札为朱由义八世孙朱彦荣所藏，其中有关朱由义的敕札为《泉州市舶诰》，云："修武郎朱由义右奉圣旨，宜差监泉州市舶务，替伊宗尹，将来到任成资阙。札付朱由义，准此。绍定六年十月日。"① 可知绍定六年（1233年）十月伊宗尹在监泉州市舶务任上，朱由义直到嘉熙二年（1238年）才补伊宗尹阙赴任。

宋理宗赵昀端平元年　公元 1234 年　甲午年

李韶以宝章阁直学士知泉州兼市舶。

按：（道光）《晋江县志》卷二十八《职官志》知州事条："李韶，连江进士，端平元年任。祀名宦，有传。"② 李韶于绍定四年（1231年）提举福建市舶，但不久会星变，又应诏言事，入为国子监丞。端平初，李韶迁右正言，上封事数千言，理宗嘉其真有爱君忧国之心，以宝章阁直学士知泉州。③ 结合《宋史》和方志的记载，李韶任福建提舶有两次，第一次是在绍定四年，后一次是端平元年（1234年），以宝章阁直学士知泉州兼市舶。（乾隆）《泉州府志》卷二十六、（道光）《晋江县志》卷二十八提举市舶条均作"李韶，端平间任"，只提及李韶后一次以知州兼市舶事，不确。李韶去世后，李昴英为其请谥，称李韶为台谏、侍从，为词臣，出入数十年间，弹击奸孽，呵斥近侍，已有直声。其提泉舶，则尽却兼司非额之宿例，其清名劲节，终始不衰。④

宋理宗赵昀端平二年　公元 1235 年　乙未年

林遂提举福建市舶，叶宰、黄朴以知州兼提举市舶。

---

① （明）程敏政：《新安文献志》，《影印文渊阁四库全书》第 1376 册，台北：台湾商务印书馆，1986 年，第 628 页。

② （清）周学曾：（道光）《晋江县志》，晋江县地方志编纂委员会整理，福州：福建人民出版社，1990 年，第 535 页。

③ （清）周学曾：（道光）《晋江县志》卷三十四，《政绩志》，晋江县地方志编纂委员会整理，福州：福建人民出版社，1990 年，第 989 页。

④ （宋）李昴英：《文溪集》卷十，《请谥李韶方大琮状》，《影印文渊阁四库全书》第 1181 册，台北：台湾商务印书馆，1986 年，第 180～181 页。

按:(道光)《晋江县志》卷二十八《职官志》知州事条:"叶宰,二年任,即赴召。黄朴,二年任。"提举市舶条:"林遂(莆田人,有传)、李韶(端平间任,知州兼权)、叶宰(知州兼权)、黄朴,俱端平间任。"[①](道光)《重纂福建通志》:"林遂,莆田人。提举市舶,有遗鲊十瓮者,已受矣。家人启视,乃白金也,遂嗟曰:'昔人畏四知,予独畏一心。'遽还之。"[②]叶宰,端平二年(1235年)以直华文阁知泉州兼舶事。泉州为七闽望郡,"且管琛航",但因市舶贸易每况愈下,"凋瘵久而未苏",故朝廷希望叶宰"以奎直起家,熟思振刷之方,挽回富庶之旧"。[③]黄朴,字成父,侯官人,绍定二年(1229年)进士第一人,历馆阁吏部郎,终广东漕。[④]端平二年,以知州兼提举市舶。黄朴极为孝顺父母,曾亲撰《百孝篇》以明孝道,又崇尚家庭教育,训示儿孙当以德胜人,不可以财傲众,要牢记王法,不可贪财。[⑤]闻黄朴出知泉州,"父老相与荣艳于道周,且喜色相告,曰:'仁孝同源,孝于亲必仁于民,凋瘵其苏乎'"[⑥],对他寄予厚望。时泉州内外交困,经济下行,民生凋敝,王迈在《黄侍郎再知泉州启》中云:"民忻吾父之来,裹粮以迓;士喜吾师之至,动色相夸。蛮贾抃于海堧,饷妇歌于农亩,户持牛酒,巷拥旌旗。若非心悦诚服之自然,难以利诱刑驱而至此。但观近事,大异曩时。当焚山竭泽之余,有剜肉医疮之叹。民亦劳止,天甚爱之,乃会聚于福星,以照临于下土。东岩摄郡,断无容盂水之规;南舶建台,了不受贪泉之污。痼疾虽可以暂起,生意未易以遽回。盖自军兴,至于事定,用度广而廪无储粟,楮币轻而地乏流钱。吏胥肆弊之无穷,兵卒索哺之尤横。用平平策,未易以左支而右吾;下急急符,或议其前宽而后猛。惟中和可以为政,惟诚实可以感人,

① (清)周学曾:(道光)《晋江县志》,晋江县地方志编纂委员会整理,福州:福建人民出版社,1990年,第535、579页。

② (清)孙尔准:(道光)《重纂福建通志》卷一百二十二,《宦绩》,《中国省志汇编:9》,台北:华文书局,1968年,第2239页。

③ (宋)洪咨夔:《平斋文集》卷二十,《叶宰直华文阁知泉州制》,《洪咨夔集》,侯体健点校,杭州:浙江古籍出版社,2015年,第502页。

④ (清)徐景熹:(乾隆)《福州府志》(中册)卷三十七,《选举二》,福州:海风出版社,2001年,第374页。

⑤ 彭坑尾洋仑坪黄氏族谱编委会:《宋状元黄朴家训》,《彭坑尾洋仑坪黄氏族谱》,彭坑尾洋仑坪黄氏族谱编委会编印,2014年,第261~263页。

⑥ (宋)洪咨夔:《平斋文集》卷二十三,《黄朴改差知泉州制》,《洪咨夔集》,侯体健点校,杭州:浙江古籍出版社,2015年,第567页。

是亦不谓之难,抑亦有大于此。"①王迈谈到泉州市舶司在经过赵彦侯的整治之后,贪污之风虽稍得收敛,但市舶贸易仍远未恢复,舶税匮乏,财政收入不敷支出,赤字很大,面临极大困境。黄朴为官刚正清廉,于舶货丝毫不取,王迈在《送黄成甫殿讲被召》一诗中将他与王十朋、真德秀类比,云:"泉为闽望郡,山海来航梯。琛贡交异域,珠贝象玳璃。腥风易浼人,浊如雨后泥。不屑受点污,除非辟尘犀。南渡贤太守,前称王梅溪。中间西山真,后有苕川倪。近岁李竹湖,四贤玉雪齐。他守非不贤,多以欲境迷。一缠苟可投,趋者由旁蹊。利心长萌蘖,公道生蒺藜。鸱见腐鼠吓,凤甘梧桐栖。物性殊洁秽,人品随高低。君侯第一人,壮气干虹霓。天墀一长鸣,万马不敢嘶。为州上异最,趋觐下宸奎。归装试检点,定无南物齐。时艰方急贤,君命焉可稽。"②

宋理宗赵昀端平三年　公元 1236 年　丙申年

端平间,陈梦庚添差通判泉州,屹立如冰霜,大商豪姓敬远之,人目为古老通判。

　　按:《八闽通志》卷三十二《秩官》添差通判泉州条:"陈梦庚,端平间任。"③又宋林希逸的《竹溪鬳斋十一稿续集》卷二十二《崇禧陈吏部墓志铭》云:"咸淳二年十二月二十有四日,崇禧提举、宫讲、吏部开国陈公梦庚卒。……公以未试邑辞,改太社令。甫两月,台评去,以公安晚所敬,疑其为党,添差通判泉州。吏于泉,多以珠犀自污,公屹立如冰霜,大商豪姓敬远之,人目为古老通判。垂满,又以台评去。公朝知弹者修同幕之怨,甚不直之。逾年,遂添倅庐陵。"④按惯例,泉州通判兼有监泉州市舶务之职,故通判之任多有贪墨,以珠犀自污者,陈梦庚在任上则屹立如冰霜,不取分毫,大商豪姓敬而远之,不敢结党营私。陈梦庚(1190—1266 年),字景长,侯官人,北宋理学家陈襄之八代重孙。嘉定十六年(1223 年)进士,授潮州教授。绍定中,任广西路漕幕,后为浙西转运司

---

① (宋)王迈:《臞轩集》卷八,《影印文渊阁四库全书》第 1178 册,台北:台湾商务印书馆,1986 年,第 562 页。

② (宋)王迈:《臞轩集》卷十二,《影印文渊阁四库全书》第 1178 册,台北:台湾商务印书馆,1986 年,第 618~619 页。

③ (明)黄仲昭:《八闽通志》上册,福州:福建人民出版社,1990 年,第 626 页。

④ (宋)林希逸:《竹溪鬳斋十一稿续集》,《影印文渊阁四库全书》第 1185 册,台北:台湾商务印书馆,1986 年,第 767~770 页。

干办公事,迁泉州通判。淳祐六年(1246年)知惠州,官至吏部司封郎官。咸淳二年(1266年)卒,年七十七。著有《竹溪诗稿》,已佚。

宋理宗赵昀嘉熙元年　公元1237年　丁酉年

开元寺仁寿塔建成。

按:明释元贤《温陵开元寺志》载:"西塔,号'仁寿塔'。……绍定元年戊子,僧自证始易砖为石,顶藏金银诸宝。规制一如东塔,而围广杀五尺,高减一丈五尺五寸,壮丽耸拔,则相伯仲也。嘉熙元年始竣工,实先东塔十年而成云。"①西塔仁寿塔重建于宋理宗绍定元年(1228年)戊子,于嘉熙元年(1237年)丁酉竣工。镇国塔则于嘉熙二年始重建,历十年而成,故云"实先东塔十年而成"。

刘炜叔知泉州兼提举市舶。

按:(道光)《晋江县志》卷二十八《职官志》知州事条:"刘伟(炜)叔,嘉熙元年任,二年除直秘阁。"提举市舶条:"刘伟叔……嘉熙间任,俱知州兼权。"②刘炜叔,莆田人,嘉熙间以奉直大夫知泉州兼权福建路市舶,尝捐公帑钱二百一十万,治庙门、殿庑、讲堂。③(道光)《晋江县志》原文作"刘伟叔",《八闽通志》卷三十作"嘉祐间任",误。宋许应龙《东涧集》卷六收有《刘炜叔知泉州制》,云:"温陵大藩,民繁事夥。蛮舶萃聚,财货浩穰。苟非公廉练达之才,曷著牧养阜通之绩?以尔美由世济,学本家传。践更百为,精勤一意。庐陵善政,靡人不称。晋陟郎闱,庸示褒宠。载念南土,寖不逮前。整顿一新,正资敏手。畴咨舆论,咸曰汝宜。往服厥官,以称朕意。"④

宋理宗赵昀嘉熙二年　公元1238年　戊戌年

十月初四日,泉州知州兼提举市舶刘炜叔立万安祝圣放生石。

按:宋代《万安祝圣放生石刻》:"嘉熙二年冬十月初四日,万安祝圣

---

①　(明)释元贤:《温陵开元寺志》,吴幼雄点校,北京:商务印书馆,2019年,第12页。

②　(清)周学曾:(道光)《晋江县志》,晋江县地方志编纂委员会整理,福州:福建人民出版社,1990年,第535、579页。

③　(清)周学曾:(道光)《晋江县志》,晋江县地方志编纂委员会整理,福州:福建人民出版社,1990年,第989页。

④　(宋)许应龙:《东涧集》,《影印文渊阁四库全书》第1176册,台北:台湾商务印书馆,1986年,第467页。

放生。中散大夫、知泉州军州事兼管内劝农事、提举福建路市舶莆田县开国男、食邑三百户、借紫刘炜叔谨立。"①此刻分二石,花岗岩石质,一碑230厘米×105厘米,另一碑只剩残段,置于洛阳万安桥中亭。

开元寺僧本洪重建镇国塔,易砖为石,历十余载而成。

按:明释元贤《温陵开元寺志》载:"东塔,号'镇国塔'。唐咸亨文偁禅师始作木塔,凡五级。作时置大柜四衢待施者,至夕钱辄满。师云:'每工匠,日值百钱,可自取也。'有过取者,归辄迷途,后遂无敢多取钱者。咸通六年,木塔成,赐名'镇国'。七年,仓曹徐宗仁自上都来,以佛舍利镇塔中。宋天禧中,改作十三级。绍兴乙亥,灾。淳熙丙午,僧了性重建。宝庆丁亥,复灾,僧守淳改造砖塔,凡七级。嘉熙戊戌,僧本洪始易以石,仅一级而止。法权继之,至第四级化去。天竺讲僧乃作第五级及合尖,凡十年始成。其上有铁香炉、铜宝盖于塔八角,以铁索上钩之。厥顶作沃金葫芦,煜煜若黄金色。每层中为塔心,环转空洞。层各八龛,龛供石菩萨一尊,两壁刻二大神像翼之。外绕廊檐,护以石栏。梯而登,海色峰岚,在襜裾间。塔初层高二十八尺,圆广一百七十二尺。次级高稍杀二尺有五,圆杀八尺。三级高二十三尺五寸,圆杀十有六尺。四级高复减一尺有五,圆减尺者八。末则高一十九尺,圆百四十有六尺。顶竿长六十七尺也。尽本末凡高一百九十三尺有五寸。凡大石柱四十,大梁如其柱之数,小者亦如之。内外大斗,凡百九十有二,小斗四百十,枅四十。大拱百有十二,小拱八十焉。下座复镌青石,具诸化境,坚致伟丽;皆鬼工神斧,非人力所能也。洪武甲戌,塔竿偃。丁丑,僧永安募修。万历甲辰,地大震。顶盖橑石,从南圮者二,从东南隅圮者八。诸级为所压者皆坏。万历丙午,侍郎詹公仰庇为主缘,寺僧通全、弘誉暨南京天界僧真晓,募缘缮修,弘本董其事。"②镇国塔为五层八角仿阁楼式石塔,通高48.27米,底层面积255平方米。塔由塔座、塔身、塔顶、塔刹四部分组成。弥座束腰处有40幅雕刻,其中37幅是佛经故事图。塔中为一根花岗岩块石叠砌的八角形塔心柱,直径约4米,从塔底直达塔顶。塔壁外各层均环绕檐廊,护以石栏。每面塔壁均由

---

① 吴乔生、林德民、林胜利:《泉州古城历代碑文录》,北京:中国文史出版社,2009年,第17页。

② (明)释元贤:《温陵开元寺志》,吴幼雄点校,北京:商务印书馆,2019年,第11~12页。

立柱、额坊、斗拱等组成。塔顶有刹,由刹座、复盆、火珠、仰莲钵盂、宝盖、相轮七层、圆光和鎏金的铜葫芦串连起来,自刹顶至上层翘角系大铁链八条,气势峥嵘。[①] 自下而上每层的门与龛互相错位排列,可以平衡塔身的压力和减受风力。东西双塔,屹立于泉州港城之中,登高望远,可以俯瞰全城,远眺海港,成为泉州古城最有特色的标志,与溜石塔、关锁塔、六胜塔一起成为商船沿晋江下游直达泉州城南的航标。

宋理宗赵昀嘉熙三年　公元 1239 年　己亥年

赵涯知泉州兼提举市舶。

按:(乾隆)《泉州府志》卷二十六《职官志》知州事条:"赵涯,临川进士,(嘉熙)三年任,兼福建路市舶。"[②]赵涯,宗室,字伯泳,临川人。嘉定七年(1214 年)进士,端平中除监察御史。首论边防,破王楫请和谲诈之谋。历右正言、起居舍人、权工部侍郎,以集英殿修撰知郡,兼权福建路市舶。寻知宁国府,辞不赴。所著有《春秋集说》《博约集》。[③]《福建市舶提举司志》将赵涯任期作"宝祐间任",《八闽通志》卷三十作"嘉祐间任",皆误。赵涯甫到任时,泉州费广财殚,官贪吏滑,"骨蛇虺其性也,其谨畏者少;巨族盘根于此也,其不仁者亦少。若夫分曹列职,佐太守为理者也,宗支蕃而赡给艰,仰舶舟与税以佐费非一日"[④]。赵涯见僚属争饮贪泉,暴殓无度,诛求及于菅蒯,纲纪日益大坏,即严明吏治,缉拿黠胥,使官不扰民,百姓得以安居乐业,故泉人以得赵史君为快事。王迈《臞轩集》卷十二《有客一首寄温陵史君赵侍郎涯》赞曰:"有客至自泉,为我出嘉话。泉得赵史君,谁人不称快。天生冰玉姿,系出龟琴派。标峻垺昭回,气清融沆瀣。方在谏省时,朝绅推鲠介。及膺承宣命,未到心已解。真李报政后,纪纲日大坏。有坐泉山堂,不守盂水戒。户庭交贾胡,宝货通买卖。继者廉而懦,卧疴力衰惫。暴吏恃饕官,诛求及菅蒯。大姓及细民,怨仇起眦睚。我公方下车,当食辄兴喟。寮属爱贪

---

① 林钊:《泉州开元寺石塔》,《文物》1958 年第 1 期,第 62~63 页。

② (清)怀荫布:(乾隆)《泉州府志》,《中国地方志集成·福建府县志辑》第 24 册,上海:上海书店出版社,2000 年,第 609 页。

③ (明)何乔远:《闽书》第 2 册,《闽书》校点组校点,福州:福建人民出版社,1994 年,第 1397~1398 页。

④ (宋)方大琮:《铁庵集》卷十七,《赵侍郎(涯)》,《影印文渊阁四库全书》第 1178 册,台北:台湾商务印书馆,1986 年,第 222 页。

泉，争饮不为怪。予将辈元结，谁肯伍樊哙。职曹与舶属，时号大狙侩。两疏劾四凶，人喜如爬疥。州胥富盖藏，至则系以械。曰此其渠魁，岂止为胃鲑。县官庇黠胥，期限稍宽解。山判吁可惊，即日命追解。惟仁必有勇，勇去禾中稗。良善苦势家，至则行决夬。府史例橐奸，今乃听自败。无欲始能刚，刚拔园中薤。我起瞻四方，风涛极澎湃。砥柱设无人，沧胥靡所届。理欲差毫芒，公私分限界。公竖硬脊梁，浮荣等草芥。出处民戚休，行藏道隆杀。授公以师旄，一路息凋瘵。位公以中书，举世警蒙瞆。宇宙倘清明，行有大除拜。作歌者何人，江左狂生迈。"①

监泉州市舶务朱由义以疾卒。

按：明代程敏政辑撰的《新安文献志》卷九十六收有宋人章琰撰写的《武翼郎差监泉州市舶务朱公（由义）墓志铭》，云："公讳由义，字宜之，姓朱氏，世居歙之黄墩。十世祖制置公古寮，唐天佑中，以陶雅命戍婺源，因家焉。而长子拱卫上将军、歙州团练使云，遂居休阳，即晦庵先生七世伯祖也。公曾祖瑞，潜德不耀，祖逢时，中大夫；父晞孟，武略郎。母童氏，岳之官裔，封安人。公生而岐嶷，长而敏练，伯父侍郎晞颜心甚爱之，每游宦必与俱。丞相周益公一见加重，特奏补公右阶，调平江昆山醴曹、天台港头镇官、三山兴化都巡使、上饶银铜场与夫福清戎官、泉南市舶。公之仕，其次第可考也。方公之仕也，市骏瘴乡，备尝艰阻。公一以恩遇部下，皆为之谨牧养，时水刍，马数无耗，朝廷屡加赏。迨巡使瓜期，至母安人疾逊，吏感公平夷，惟恐失公，至焚臂以祈安者。及任铜场，中明利害，或压伤部役，畀汤药棺具，此其恻隐一念发于性真，人莫不感慨。其他善政未易枚举。官泉南仅岁余以疾卒。时番商闻者，皆流涕，嗟惜此公之忠信笃敬，足以行蛮貊，抑于是可觇矣。……公生于乾道癸巳四月，卒于嘉熙己亥三月，积阶至武翼郎。娶曹，继刘，并封孺人。惟贤以淳祐己酉十二月辛酉奉葬于古塘之原，其山丁离，其向子癸。元配曹氏葬前山，密迩公墓。今惟贤状公之实，远来乞铭，谨第其本末为之铭曰：惟公德人，文武弛张。厥施未竟，必有余光。埋玉于兹，长发其祥。施于孙子，千古流芳。"附录收有朱由义及其子朱惟贤的敕札二通，明代弘治年间徽州婺源县人汪奎注明此敕札为朱由义八世孙朱彦荣所藏，其中有关朱由义的敕札为《泉州市舶诰》，云："修武郎朱由

---

① （宋）王迈：《臞轩集》，《影印文渊阁四库全书》第1178册，台北：台湾商务印书馆，1986年，第619页。

义右奉圣旨,宜差监泉州市舶务,替伊宗尹,将来到任成资阙,札付朱由义,准此。绍定六年十月日。"①朱由义(1173—1239 年),字宜之,休宁人,侍郎晞颜之侄。绍熙二年(1191 年),荫补进义副尉,寻擢管界巡检兴安驻扎。庆元元年(1195 年),差克廉州指使。嘉泰三年(1203 年),差克福建路安抚司、水军总领、福州兴化军都巡检使,获芦门驻扎。嘉定六年(1213 年),监台州宁海县港头镇酒税兼烟火公事。寻差福州兵马都监,特授训武郎,积阶至武翼郎,所至有善政,诗得唐体,著有《秀轩集》。② 绍定六年(1233 年)十月,朝廷任命朱由义接替伊宗尹为监泉州市舶务,待伊宗尹任满补阙。朱由义于嘉熙二年(1238 年)到任,在监泉州市舶务任上有善政。他廉洁奉公,刚正执法,深受番商爱戴,翌年病逝,番商闻者皆流涕嗟叹。

宋理宗赵昀嘉熙四年　　公元 1240 年　　庚子年

王会龙知泉州兼提举市舶。

　　按:周学曾(道光)《晋江县志》卷二十八《职官志》知州事条:"王会龙,(嘉熙)四年任,淳祐元年除大府少卿。"又提举市舶条:"……王会龙,嘉熙间任,俱知州兼权。"③《福建市舶提举司志》将王会龙作"黄会龙",任期作"宝祐间任",《八闽通志》卷三十作"嘉祐间任",皆误。王会龙,浙江临海人,宝庆二年(1226 年)进士第一人④,嘉熙四年(1240 年)以朝奉郎知泉州。与典宗赵师恕,率僚属偕寓公、郡士诣学,行乡饮酒。擢太府少卿。⑤

宋理宗赵昀淳祐二年　　公元 1242 年　　壬寅年

三月,宋应先在监泉州市舶务任上。

① (明)程敏政:《新安文献志》,《影印文渊阁四库全书》第 1376 册,台北:台湾商务印书馆,1986 年,第 628 页。

② (明)澎泽、江舜民:(弘治)《徽州府志》卷八,《人物志》,《天一阁藏明代方志选刊》第 21 册,台北:新文丰出版公司,1909 年,第 22 页。

③ (清)周学曾:(道光)《晋江县志》,晋江县地方志编纂委员会整理,福州:福建人民出版社,1990 年,第 535、579 页。

④ (清)孙尔准:(道光)《重纂福建通志》,《中国省志汇编:9》,台北:华文书局,1968 年,第 1809～1810 页。

⑤ (清)周学曾:(道光)《晋江县志》卷三十四,《政绩志》,晋江县地方志编纂委员会整理,福州:福建人民出版社,1990 年,第 990 页。

按:刘克庄《后村先生大全集》卷一五九《宋通判墓志铭》载:"君宋氏,名应先,字有间(开),故浙东常平使者讳藻之曾孙,赠奉直大夫讳久之孙,故秘阁修撰、广东经略讳钧之仲子,母韩硕人,生母莫安人。秘撰牧泉,值玺赦,君持表入贺,补初品官,监德庆府晚(悦)城镇。当路诸公日前帅子也,争致之幕。秩满,调南剑州理掾。以外舅擢为谏官,乞中岳庙。俄而外舅解言责,监泉州市舶务。居是职者率与贾胡交贿,君独玉雪自将。以考举溢格,自承直郎改通直郎,得邑泉之惠安,改瑞之新昌。……而通判广州……需次通判漳州,狭以逋纲,为王人劾免。通判泉州,泉亦二倅,东厅新失牙契,专主军饷。泉米粟筑底,君不幸又当之,遇宣限甲士打请,官吏相顾,危在目睫。君下车仅五十余日,汲汲鲜欢,自辍酒器,又贷金谷于姻家曾氏,增籴以抒祸。积忧畏得疾,清羸骨立,卒不废曹务。以宝祐戊午十一月某日卒,年四十八,积阶朝请郎。娶安人方氏,宝学忠惠公大琮之女。"①宋应先,字有开,莆田人,宋钧次子,方大琮之婿。刘克庄《朝议大夫知常州寺丞陈公墓志铭》载陈宿有二女,"次许适承直郎宋应先,未行而夭。"②可见宋应先先娶的是陈宿之女,但未及娶而陈氏夭折,后才娶方大琮之女。陈宿卒于淳祐二年(1242年)三月,时宋应先还在监泉州市舶务任上。因奉公守法,清廉自律,以考举溢格,遂由承直郎改通直郎,知泉州惠安县。淳祐七年(1247年),以奉议郎改知瑞州新昌县。③ 宝祐间,通判泉州,积劳成疾,于宝祐六年(1258年)十一月病卒于官。《泉州海关志》作"宋应先,字有开,嘉定间以州通判兼提举市舶",误。④

宋理宗赵昀淳祐三年　公元1243年　癸卯年

四月乙丑,泉州知州颜颐仲与提举市舶刘克逊率市舶干官赵崇盚等僚属往九日山通远王祠祈风。

按:九日山《颜颐仲等祈风石刻》:"太守贰卿颜颐仲,祷回舶南风,

① (宋)刘克庄:《后村先生大全集》卷一五九,《四部丛刊初编》第1327册,上海:商务印书馆,1919年,第16~17页。
② (宋)刘克庄:《后村先生大全集》卷一五〇,《四部丛刊初编》第1325册,上海:商务印书馆,1919年,第5~6页。
③ (宋)刘克庄:《后村集》卷四十,《方阁学墓志铭》,《影印文渊阁四库全书》第1180册,台北:台湾商务印书馆,1986年,第441~445页。
④ 泉州海关:《泉州海关志》,厦门:厦门大学出版社,2005年,第97页。

遵典彝也。提舶寺丞刘克逊俱祷焉,重司存也。礼成,饮福,尚羊岩蹊,真胜践也。别驾卢同父,左翼权军陈世才,舶幕赵崇盉,邑令尹薛季良从与祠事也。宗正徽猷赵师恕,适拜开国令,弗果至也。时淳祐癸卯孟夏乙丑也。书者同父也。"①此石刻位于西峰石刻群中南面,下层,东向。摩崖高 225 厘米,宽 150 厘米,字径 15 厘米,8 行,行 13 字,正书。"太守贰卿颜颐仲",即指颜颐仲以侍郎出知泉州。古代尚书称卿,侍郎副之,故称贰卿。"提舶寺丞刘克逊",杨文新认为提舶是差遣,寺丞是官名,故此处提舶寺丞指的是提举市舶。② 此说有理,如泉州旧有胡寺丞祠,在旧市舶亭侧,即水门巷,祀宋市舶提举胡长卿③,将淳熙间担任提举市舶的胡长卿称作胡寺丞。又刘克庄《后村先生大全集》卷一五三《工部第》云:"克逊以父任补承务郎,外历海口镇沙县丞、古田令、佥事镇南军幕府江西安抚司干官、通判临安府、知邵武军、潮州、闽舶、泉州、内监六部门、大府寺丞、工部郎官,积阶至期散大夫。……莅琛台,以清禁官吏强买,明谕贾胡以宽征意,风樯鳞集,舶计骤增;治温陵以严,稍绳束豪右而扶植善良。"④刘克庄指出刘克逊先后知邵武军、潮州、闽舶、泉州。此处的闽舶,当指的是提举福建路市舶,官职与知军、知州相当,而不会是市舶干官这种小吏。黄威廉将"太守贰卿"释为"太守之副职",即相当于明朝"同知","提舶市丞"释为"市舶提举的辅佐僚属"⑤,《泉州海关志》据石刻将刘克逊补入市舶干官名录,又作"字无竟",皆误。⑥ 刘克逊,字无竟,弥正次子,刘克庄弟,莆田人。工于诗,以父任补承务郎,嘉定间知古田县兼兵马监押。⑦ 淳祐三年(1243 年)四月,在福建提举市舶任上,与郡守颜颐仲一起到通远王祠祈风。刘克逊一生清廉,在提举福建市舶任上"禁官吏强买,蕃商闻风并集,舶计骤增。擢知

① 黄柏龄:《九日山志》,上海:上海辞书出版社,2006 年,第 83~84 页。

② 杨文新:《宋代市舶司研究》,厦门:厦门大学出版社,2013 年,第 295 页。

③ (清)周学曾:(道光)《晋江县志》卷十四,《学校志·附名宦专祠之祭》,晋江县地方志编纂委员会整理,福州:福建人民出版社,1990 年,第 371 页。

④ (宋)刘克庄:《后村先生大全集》卷一五三,《四部丛刊初编》第 1326 册,上海:商务印书馆,1919 年,第 3~5 页。

⑤ 黄威廉:《九日山摩崖石刻诠释》,出版者不详,2002 年,第 18 页。

⑥ 泉州海关:《泉州海关志》,厦门:厦门大学出版社,2005 年,第 97 页。

⑦ (清)徐景熹:(乾隆)《福州府志》(中册)卷三十三,《职官六》,福州:海风出版社,2001 年,第 182 页。

泉州,绳束豪右,扶植善良,郡遂大治"①。颜颐仲(1188—1262 年),字景正,龙溪人,师鲁之孙。理宗朝以祖遗泽补官,历宁化尉,转西安丞,除知西安县,迁通判临安府。嘉泰二年(1202 年),由安溪县移兴化军通判。② 端平二年任(1235 年)两浙转运判官,是年知临安府。③ 淳祐二年(1242 年),以侍郎出知泉州。罢溪籴,减商税,除监贼,教宾室,开东湖,民甚德之。④ 淳祐五年(1245 年),以朝请大夫、右文殿修撰知庆元府兼沿海制置副使。七年四月二十五日,再以职事修举,除宝章阁待制,任升制置使。八年十月初九日,除兵部侍郎。⑤ 宝祐元年(1253 年)冬,任吏部尚书,以宝章阁学士衔提举玉隆万寿宫。"舶幕赵崇盉",赵崇盉,宗室,舶幕即市舶司幕僚,应是提举市舶司属下主管文书案牍工作的官员,辅助长官处理政务⑥,与舶司干官职责有所不同。

八月戊午,令福建安抚司,照沿海例,团结福、泉、漳、兴化民船,以备分番遣戍。

> 按《续资治通鉴》卷一百七十载:"(淳祐三年八月)戊午,令福建安抚司,照沿海例,团结福、泉、漳、兴化民船,以备分番遣戍。从帅臣项寅孙请也。癸亥,以寅孙言,并福州延祥、荻芦二寨,置武济水军,摘本州厢禁习水者补充,凡一千五百人。"⑦沿海即沿海制置司,有提领战舰舟师,巡防自通州至福建海道的职责,一般是知庆元府兼任沿海制置使。当时南宋面临北方蒙古的强大军事压力,水军是宋军之长,为抗衡蒙古骑兵劲旅,宋理宗除了在沿江一带布置重防,对海军建设也颇重视。淳

---

① (清)孙尔准:(道光)《重纂福建通志》卷一百八十,《人物志》,《中国省志汇编:9》,台北:华文书局,1968 年,第 3248 页。

② (民国)张琴:(民国)《莆田县志》卷九,《职官志上·宦绩》,《中国地方志集成·福建府县志辑》第 16 辑,上海:上海书店出版社,2000 年,第 322 页。

③ (宋)潜说友:《咸淳临安志》卷五十,《秩官八》,《影印文渊阁四库全书》第 490 册,台北:台湾商务印书馆,1986 年,第 529 页。

④ (清)周学曾:(道光)《晋江县志》卷三十四,《政绩志》,晋江县地方志编纂委员会整理,福州:福建人民出版社,1990 年,第 990 页。原文为"淳熙二年",误。

⑤ (宋)罗濬:《宝庆四明志》卷一,《叙郡上·郡守》,《影印文渊阁四库全书》第 487 册,台北:台湾商务印书馆,1986 年,第 22～23 页。

⑥ 王杰:《中国古代对外航海贸易管理史》,大连:大连海事大学出版社,1994 年,第 118 页。

⑦ (清)毕沅:《续资治通鉴》,《续修四库全书》第 346 册,上海:上海古籍出版社,2002 年,第 95 页。

祐三年(1243 年)八月,宋理宗诏令福建安抚司按照沿海制置司的惯例,团结福、泉、漳、兴化民船,以备分番遣戍。又置武济水军,补充习水者入列,将水军规模增至一千五百人,以加强海军水师力量来扩充对抗蒙古的军事实力。

宋理宗赵昀淳祐五年　　公元 1245 年　　乙巳年

刘克逊擢知泉州。

按(道光)《晋江县志》卷二十八《职官志》知州事条:"刘克逊,莆田人,淳祐五年任,六年改知袁州。"又提举市舶条:"刘克逊(莆田人)、赵希楸、陈大猷(知州兼权)、赵师耕(知州兼权)、杨瑾,俱淳熙间任。"①《八闽通志》俱作淳祐间任,误。考之《八闽通志》卷三十《秩官》提举市舶条:"刘克逊……淳祐间任。"②(乾隆)《泉州府志》卷二十六《职官志》提举市舶条:"刘克逊(莆田人)、赵希楸、陈大猷(知州兼权)、赵师耕(知州兼权)、杨瑾,俱淳熙间任。"③《八闽通志》俱作淳祐间任,误。显然,《八闽通志》所记无误,而(乾隆)《泉州府志》卷二十六、(道光)《晋江县志》卷二十八皆作"淳熙间任",误。另外根据《工部第》和(道光)《重纂福建通志》的记载,刘克逊先是提举福建市舶,后擢知泉州,而非淳祐五年(1245 年)始以知州身份兼市舶,《泉州海关志》作"刘克逊,淳祐五年以知州兼市舶"④,李之亮《宋代路分长官通考》作"刘克逊,淳祐五年始任"⑤,误。

宋理宗赵昀淳祐六年　　公元 1246 年　　丙午年

淳祐间,赵希楸、韩补提举福建市舶。

按:赵希楸,宗室,燕懿王德昭裔孙。《八闽通志》卷三十《秩官》:"刘克逊、赵希楸、陈大猷、赵师耕、杨瑾,俱淳祐间任。"⑥赵希楸任期在

①　(清)周学曾:(道光)《晋江县志》,晋江县地方志编纂委员会整理,福州:福建人民出版社,1990 年,第 535、579~580 页。

②　(明)黄仲昭:《八闽通志》上册,福州:福建人民出版社,1990 年,第 626~627 页。

③　(清)怀荫布:(乾隆)《泉州府志》,《中国地方志集成·福建府县志辑》第 24 册,上海:上海书店出版社,2000 年,第 614~615 页。

④　泉州海关:《泉州海关志》,厦门:厦门大学出版社,2005 年,第 96 页。

⑤　李之亮:《宋代路分长官通考》上册,成都:巴蜀书社,2003 年,第 175 页。

⑥　(明)黄仲昭:《八闽通志》,上册,福州:福建人民出版社,1990 年,第 626~627 页。

刘克逊之后,陈大猷之前。韩补,字复善,江西玉山人,嘉定十六年(1223年)进士,淳祐五年(1245年)知徽州,迁户部郎官,淮西总领。^①淳祐七年二月十七日,以朝奉郎、尚书户部员外郎到淮西总领任交割职事,五月准告磨勘,转朝散郎兼督视行府防议官。八年正月一日,除将作监。三月初六日,令赴行在奏事。^②(民国)《福建通志》(总卷)三十二《职官志》提举市舶条:"韩补,淳祐间任。"^③又刘克庄《后村先生大全集》卷六十《韩补福建舶制》云:"朕闽海贾之以命易货,而吏之墨者或重征而豪夺之也,每择佳士,俾持琛节。尔由朝列牧歙郡,褒贤而崇教,戢吏而爱民,自节缩而加厚于人,多触弛而反裕于力,廉平之誉,达于予闻。夫互市之事非所以烦汝也,将使珠犀垢浊之俗,识吾冰檗清白之吏。汝勉为朕一行,时方急材,岂久劳汝于外者!可。"^④歙郡即徽州,制书上说他"牧歙郡"时崇教爱民且以廉名,因此,朝廷才将他调往泉州出任福建提举市舶。盖因市舶百货山积,非清官廉吏难以胜任。而韩补于淳祐五年(1245年)出知徽州,又于淳祐七年二月十七日到淮西总领任上报到,故韩补出任福建市舶提举的时间当在淳祐六年前后。韩补离任之后,陈大猷于淳祐七年六月,以泉州知州兼提举市舶。《泉州海关志》作"韩朴""宝祐间任"^⑤,误。

宋理宗赵昀淳祐七年　公元1247年　丁未年

六月,陈大猷知泉州兼提举市舶,八月致仕。

按:(道光)《重纂福建通志》卷九十《职官志》提举市舶条:"陈大猷,以知泉州兼……淳祐间任。"^⑥又(道光)《晋江县志》卷二十八《职官志》

---

①　(清)马步蟾:(道光)《徽州府志》卷七之一,《职官志》,《中国地方志集成·安徽府县志辑》第48册,上海:上海书店出版社,1998年,第447页。

②　(宋)周应合:《景定建康志》卷二十六,《官守志三》,《影印文渊阁四库全书》第563册,台北:台湾商务印书馆,1986年,第29页。

③　(民国)沈瑜庆、陈衍:(民国)《福建通志》,《中国地方志集成·省志辑·福建》第13辑,上海书店出版社,2011年,第22页。

④　(宋)刘克庄:《后村先生大全集》卷六十,《四部丛刊初编》第1303册,上海:商务印书馆,1919年,第13~14页。

⑤　泉州海关:《泉州海关志》,厦门:厦门大学出版社,2005年,第96页。

⑥　(清)孙尔准:(道光)《重纂福建通志》,《中国省志汇编:9》,台北:华文书局,1968年,第1809~1810页。

知州事条:陈大猷,"七年六月任,八月致仕"。① 陈大猷,宋代有两人。据《四库全书总目提要》卷十一《经部》:"(陈)大猷,东阳人,登绍定二年进士。……由从仕郎历六部架阁,著《尚书集传》。又有都昌陈大猷者,号东斋,饶双峰弟子,著《书传会通》。仕为黄州军州判官。乃陈澔之父,与东阳陈氏实为两人。……此陈大猷为理宗初人,故所引诸家仅及蔡沈而止。……若都昌陈大猷乃开庆元年进士(见其子澔《礼记集说序》),当理宗之末年,时代既后。"②结合方志史料可知,担任泉州知州兼提举市舶的陈大猷为东阳人,非都昌人。《泉州海关志》作"陈大猷,字文猷,号东斋"③,误。

十一月二十一日,泉州知州兼提举市舶赵师耕往九日山祈风。

　　按:九日山《赵师耕祈风石刻》:"淳祐丁未仲冬二十有一日,古汴赵师耕以郡兼舶,祈风遂游。"④此石刻位于西峰石刻群中南面,下层,东向。摩崖高190厘米,宽77厘米,字径16厘米,3行,行8字,正书。赵师耕,宗室,燕懿王赵德昭裔孙,浙江黄岩人,嘉定七年(1214年)进士,淳祐七年(1247年)知泉州兼提举市舶。⑤ 淳祐间,知西外宗正事、提举福建常平茶盐公事。⑥ (乾隆)《泉州府志》卷二十六、(道光)《晋江县志》卷二十八皆作"淳熙间任",误。

十二月,刘克逊女婿丁南叟以承务郎监泉州市舶务。

　　　按:刘克庄《后村先生大全集》卷一五三《工部第》:"(刘克逊)娶宜人方氏。子二人:伟甫,将士郎,风度玉立,入京铨注,以疾客死,无竞钟爱,以至于病;兴甫,博仕郎。孙男在,将仕郎;女一人,适承务郎、新监泉州市舶务丁南叟。孙女一人。淳祐丁未腊月壬午,葬于兴化军莆

　① (清)周学曾:(道光)《晋江县志》,晋江县地方志编纂委员会整理,福州:福建人民出版社,1990年,第535页。

　② (清)纪昀:《四库全书总目提要》第1册,石家庄:河北人民出版社,2000年,第340页。

　③ 泉州海关:《泉州海关志》,厦门:厦门大学出版社,2005年,第97页。

　④ 黄柏龄:《九日山志》,上海:上海辞书出版社,2006年,第97页。

　⑤ (清)周学曾:(道光)《晋江县志》,晋江县地方志编纂委员会整理,福州:福建人民出版社,1990年,第535、579页。

　⑥ (明)喻政:(万历)《福州府志》上册,卷四十《官政志三》,福州:海风出版社,2001年,第408、409页。

田县西山之麓。"①丁南叟,给事中丁伯桂之子,娶刘克逊之女。淳祐七年(1247年)以承务郎监泉州市舶务,宝祐二年(1254年)病卒于任所。

宋理宗赵昀淳祐十年　公元 1250 年　庚戌年

开元寺东塔镇国塔重建成。

　　按:明阳思谦(万历)《泉州府志》卷二十四《杂志》载:"东塔号镇国,唐咸通六年,文偁禅师作木塔九层。宋天禧中,改十三层。绍兴中改木为砖,高七层。嘉熙二年,本供禅师易砖为石,仅一层止。法权继之,造四层。天锡成之作第五层。至淳祐十年完其上,合尖。有铁香炉铜宝盖、镀金铜葫芦,塔八角以铁索钩之,每层中为塔心环转空洞。外为八窗。各有龛,龛内安石像一龛。外两壁翼以神像各二,又外绕以檐廊,护以石栏,广围圆一十七丈二尺,高凡一十九丈三尺五寸。"②开元寺东塔镇国塔在嘉熙二年(1238年)重建,淳祐十年(1250年)始竣工,历十二年之久。西塔仁寿塔则是重建于宋理宗绍定元年戊子,于嘉熙元年丁酉竣工,历十年而成,故先东塔十年而成。东西双塔前后共建造了22年之久,应是同时规划,分批先后建造而成。建成后即作为商舶从泉州港入城南的航标,也是泉南佛国众多佛教信众的精神寄托,虽历经台风、地震等自然灾害考验而不倒,至今仍保存完好,实为我国古代建筑的奇观之一。

孙梦观知泉州兼提举市舶。

　　按:(宋)吴潜《履斋遗稿》卷三《孙守叔墓志铭》载:"嘉熙丁酉,余以工部侍郎领吴牧,适常平使者阙,被旨摄事,始与鄞人孙守叔为同僚。……然年未六十,遽弃明时,其命也夫!……君登丙戌进士第,与兄囷俱占南宫魁列,授迪功郎……调桂阳军教授,浙西提举司干办公事,差主管吏部架阁文字,除武学谕、添差通判严州台州崇道观,复除武学博士、太常寺簿,诸王宫大小学教授、宗正丞兼屯田郎官,将作少监、知嘉兴府,仍旧班兼右曹郎官,将作监国子司业、知泉州兼提举市舶事,改知宁国府,除司农少卿,兼资善堂赞读,太府卿,充御试编排官,宗正少卿,兼给事中,起居舍人,起居郎,直龙图阁予祠,慈溪县开国男,食邑

---

①　(宋)刘克庄:《后村先生大全集》卷一五三,《四部丛刊初编》第1326册,上海:商务印书馆,1919年,第3~5页。

②　(明)阳思谦:(万历)《泉州府志》,台北:学生书局,1987年,第1793~1795页。

三百户……出守泉州。旋易宣……董丞相槐以枢密召还,上问江东廉吏,首以君对,上悦,除司农少卿。"①据杨文新考证,董丞相槐以枢密召还在淳祐十一年(1251年)十二月丙辰,据此,其自宁国召还时间应在淳祐十二年(1252年)初。而淳祐十年知宁国府者为王玥,则孙梦观知宁国府应在淳祐十一年,其知泉州应在淳祐十年。② 孙梦观,字守叔,号雪窗,庆元府慈溪人。宝庆二年(1226年)进士,调桂阳军教授、浙西提举司干办公事,差主管吏部架阁文字,为武学谕。淳祐间出知泉州兼提举市舶改知宁国府,蠲逋减赋无算,泛入者尽籍于公帑。③ (道光)《晋江县志》卷二十八《职官志》知州事条:"孙梦观,建炎间任。《闽书》作绍定间任。有传。下一名注慈溪人,即此人。"在真德秀之后和李韶之前又有"孙梦观,慈溪人,从《闽书》增。祀名宦,有传"之语。④ (道光)《晋江县志》卷三十四《政绩志》又云:"孙梦观,字守叔,慈溪人。宝庆二年进士,历官大宗正丞兼屯田郎中、将作少监。以言事忤当路者,绍定中出知泉州,兼提举市舶。"皆误。(道光)《重纂福建通志》卷九十作"淳祐间任",无误,但排在杨瑾、张理之后,误。杨瑾是淳祐十二年(1252年)任泉州知州,应排在杨瑾前一人。《泉州海关志》⑤和《宋代路分长官通考》⑥皆作"淳祐八年任",误。

宋理宗赵昀淳祐十一年　公元1251年　辛亥年

广东转运副使包恢上《禁铜钱申省状》,痛斥泉、广、庆元三舶司漏泄铜钱之弊。

按:包恢《敝帚稿略》卷一《禁铜钱申省状(广东运使)》云:"使臣某伏准省札,行下本司,责令体访条其漏泄铜钱利病。某窃于此事久为国家寒心,第事大体重,非惟未有万全禁绝,亦缘人微望轻,未敢出鸿毛轻率之言。今既准指挥,岂容自默?窃惟倭船一项,其偷漏几年,彰彰明

---

① (宋)吴潜:《履斋遗稿》,《影印文渊阁四库全书》第1178册,台北:台湾商务印书馆,1986年,第424~428页。

② 杨文新:《宋代市舶司研究》,厦门:厦门大学出版社,2013年,第287页。

③ (元)脱脱:《宋史》,北京:中华书局,1977年,第12654页。

④ (清)周学曾:(道光)《晋江县志》卷二十八,《职官志》,晋江县地方志编纂委员会整理,福州:福建人民出版社,1990年,第532、535页。

⑤ 泉州海关:《泉州海关志》,厦门:厦门大学出版社,2005年,第96页。

⑥ 李之亮:《宋代路分长官通考》上册,成都:巴蜀书社,2003年,第175~176页。

甚，已不待赘陈。但漏泄之地，非特在庆元抽解之处。如沿海温、台等处境界，其数千里之间，漏泄非一。……虽然，此为庆元漏泄而论，止漏泄一处耳。若某所虑，实有数处，敢因言之。盖向之所闻惟倭好铜钱，今则闻海外东南诸番国，无一国不贪好，而凡系抽解之司，无一处不漏泄。庆元之外，若福建泉州与广东广州之市舶两处，无以异于庆元，而又或过之。盖诸番国各以其国货来博易抽解，并是漏泄一色现钱，而归尤不可以计其数矣。福建之钱聚而泄于泉之番舶，广东之钱聚而泄于广之番舶，两路之钱非如海水之无穷，其将尽入于尾闾，岂不至枯渴者？次则此土贩海之商，无非豪富之民，江淮闽浙，处处有之，亦多有假作屯驻之所营运军需为名者，虽曰他有杂货，其实以高大深广之船，一船可载数万贯文而去，每是一贯之数，可以易番货百贯之物；百贯之数可以易番货千贯之物，以是为常也。此则北自庆元，中至福建，南至广州，沿海一带数千里，一岁不知其几舟也。此又海商之漏泄之大者也。又其次，海上人户之中下者虽不能大有所泄，而亦有带泄之患，而人多有不察者。盖因有海商或是乡人，或是知识海上之民，无不与之相熟。所谓带泄者，乃以钱附搭其船，转相结托，以买番货而归。少或十贯，多或百贯，常获数倍之货。愚民但知贪利，何惮而不为者。又有一等，每伺番舶之来，如泉、广等处，则所带者多银，乃竞贵现钱买银，凡一两止一贯文以上，得之可出息两贯文。此乃沿海浙东、福建、广东海岸之民，无一家一人不泄者。此一项，乃漏泄之多者也。虽然，已上二者犹是番国人与吾国人为弊至此极也。若在官司，则有明明与之漏泄而曾不知禁者，水军之漏泄是也。盖屯驻水军去处，每月多是现钱支给。此钱一出，固是不可复入，散在外州可也。今乃未尝到寨，军兵未尝得使，自本州支出，则城下大舟径载入番国矣。此亦以为常而恬不知怪也。广东水军尤纯支现钱，漏泄尤甚焉。一年每月若干，一月一次漏泄，不知何为不略虑及此者？此钱系各州通判厅所办也，极其艰苦，措置不及，一月仅了，又虑后月，动是多方兑借以应急，时刻不可缓也。是此钱非以支吾军，乃以送番人耳。自有水军以来，不啻当以千万亿兆矣，此又漏泄之最大者也。曩时沿边尚有铁钱，防漏泄也。今隔海即是异国，一舟可以直到，而不虑及此，某窃惑焉。然此一项乃军国大计，须是朝廷急作变通之计，非某小官所敢与知也。其他如泉州、广州之抽解去处，须与庆元一体，别立规模，痛革前弊，或者各州市舶司别与置一官司，专一稽察关防，重立赏罚于旧条法，及赏格中更增加严密施行。至贩海之商，沿海之民,犯漏泄之罪者,在法虽有明条,然不过远配而止。在今日则为情重法轻,人不知惧,又未尝见严切举行,所以愚民多不知法,知者亦敢玩法,无所忌惮。今须详酌旧法,更与加严,犯者断无容贷,责之各州知郡,各县知县,协心任责,申严督责巡尉,不住巡捕。如获到漏泄之钱,照条法中赏格一一推赏。不然,州县既不任责,巡尉亦不巡捕,名曰巡捕,又不获实钱,官员罢黜,吏卒远配,情理重者又别重作施行。外此,则所有中下民户,惟有三路十数郡,沿海数千里,并与行下逐州逐县,严结保伍,每十家为一甲,递相纠察。如一家漏泄,则九家举觉,或配或杀,随多少科罪。举觉者特与免罪,数之多者又当推赏。若一家漏泄,九家沉匿,不行举觉,定相连坐,一甲内并无容恕。十甲又为一大甲,十甲之内,如有一甲漏泄,则九甲举觉,其法尽如一甲之法。甲内断不使有引领牙侩等奸人容留其间,如有此等,并以正漏泄人论罪。其甲户又当各统之以隅总,而隅总又多通同,反为漏泄之主。此又全在责之州县,选择公忠为众所服、可为隅总之人,方许差充。州县各特置一局,差官专主此一事。上下相承,持之以久,庶几积年之弊可革也。然此其大略耳,其详则乞朝廷特为敷奏,乞圣旨行下三路十数郡一体施行,又庶几仰藉威灵,乃克有济。若但行下本司,使偏责之郡县,则推转,未必能使之丕应,此非可以常事论也。外此,则又钚销一项法令,虽昭如日星,而所在郡县之民未始一日无钚销,其销耗又非特沿海而已。此又在朝廷别作施行。今治司一年所铸不过一十五万贯,而费近二十文之本,方得成一文之利,至于漏泄,一年不知其几千百万也。举世但虑官楮之折兑,而钱皆置之不问,故钱已漏泄欲无矣。使一旦用钱,殆将无钱之可用,岂不大可为寒心哉!姑据某之愚见,条具大概如常。是非可否,不敢专决,乞赐指挥行下,须至申闻者。"[1]包恢,淳祐间任福建转运判官兼知建宁府,升福建提点刑狱,[2]淳祐十一年,出任广东转运副使,[3]向朝廷上《禁铜钱申省状》,痛斥泉、广、庆元三舶司漏泄铜钱之弊。包恢指出海外多地通用宋钱,且在当地购买力极高,一贯之数可易番货百贯之

① (宋)包恢:《敝帚稿略》,《影印文渊阁四库全书》第1178册,台北:台湾商务印书馆,1986年,第712~714页。

② (明)喻政:(万历)《福州府志》(上册)卷四十,《官政志三》,福州:海风出版社,2001年,第400、404页。

③ (清)郝玉麟:(雍正)《广东通志》卷二十六,《职官志》,《影印文渊阁四库全书》第563册,台北:台湾商务印书馆,1986年,第29页。

物,故不仅百姓、富商争相私载铜钱入海,权贵阶层也趋之若鹜,或明或暗参与其事,官司也不敢问。又因国内银价高于海外,故泉、广等处舶商,则所带者多银,用铜钱买银贩回宋境,即可获一倍之利,这也是铜钱外泄的另一大原因。而百姓以铜钱筹资作本让舶商带去番国买货牟利,再加上水军不能抵挡诱惑,支用薪水的铜钱也被用来谋利,以至于铜钱自本州支出,则城下大舟径载入番国矣。重利之下,番商也广泛参与铜钱的走私,在市舶司管理不及的地方,如高、恩州等地偷贩铜钱,逃避检查,这也是导致泉、广二州市舶收入递年减少的原因之一。铜钱走私的方式多种多样,或潜藏于船底,寄之海中之人家,或埋之海山险处,或预先以小舟搬到离州岸较远处,待检查过后再行搬运上船,安然而去;也有将铜钱铸成铜器,再运到海外,凡此种种,不一而足。宋理宗时诗人戴复古《泉广载铜钱入外国》云:"人望南风贾舶归,利通中国海南夷。珠珍犀象来无限,但恐青钱有尽时。"①描述了当时宋钱经由泉、广二地大量外泄的严重情况。包恢认为杜绝之法,一方面要申严督责巡尉,不住巡捕,有捕获走私铜钱之船者,则按条法予以推赏。不获实钱,则官员罢黜,吏卒远配,情理重者又别重作施行。另一方面要严结保之法,每十家为一甲,互相纠察。有一家泄露,则先举觉告发者免罪,告发数额较大者还有赏。若与其沆瀣一气,隐匿不报者,则十家皆要问罪。但重利之下,就算严刑峻法也难以有效遏制,再加上南宋后期吏治腐败,官商勾结,有钱有势者无不为之,则"虽有禁物,人不敢告,官不暇问。铜日以耗,职此之由"②。终宋一朝,始终未能解决铜钱外流的大问题。

宋理宗赵昀淳祐十二年 公元 1252 年 壬子年

六月,徐谓礼除福建提举市舶兼知泉州,未及到任而卒。

按:宋代《徐谓礼文书》:"淳祐十二年六月 日知信州零考成⋯⋯承朝散大夫前宜差权知信州军州兼管内劝农营田事徐 公文:'昨准敕授前件差遣,替徐士龙阙,已于淳祐八年十二月十八日到任,交割职事

---

① (宋)戴复古:《石屏集》,《全宋诗》第 54 册,北京:北京大学出版社,1998 年,第 33613 页。

② (清)徐松:《宋会要辑稿》第 14 册,《刑法二》,刘琳等校点,上海:上海古籍出版社,2014 年,第 8387 页。

管干。至淳祐九年十二月十七日终,成第一考。……尚书省札:备奉圣旨,徐 除福建市舶,兼知泉州。'具申朝廷辞免。"①又 2012 年 4 月,浙江省对武义县徐谓礼墓进行抢救发掘,发现《徐谓礼圹志》残碑一方,云:"先君讳谓礼,字敬之,姓徐氏,婺武义人。……除将作监簿,迁太府丞,出知信州(下残)事兼知泉州,积阶至朝散大夫。……禄寿且未艾而忽大□之,实宝祐二年六月四日也。生于□□壬戌二月二十七……"②据墓志可知徐谓礼生于"壬戌"年,当即宋宁宗嘉泰二年(1202 年),卒于宋理宗宝祐二年(1254 年),终年五十三岁。淳祐十二年(1252 年)六月,被朝廷任命为提举福建市舶兼知泉州。宝祐二年,可能是在汪应元离任之后补缺,于赴任途中病卒,后来赵隆孙代替了他。③

杨瑾、张理、汪应元先后知泉州兼提举市舶。

按:《闽书》卷四十三《文莅志》提举市舶条:"提举市舶司……杨瑾,张理,理,字仲纯,清江人。尝从杜本于武夷,书得其学,以其所得于《易》者,演为十有五图,以发明天道自然之象,名《易象图说》。右淳祐中任。"④又(道光)《晋江县志》卷二十八《职官志》知州事条:"杨瑾,十二年任。汪应元,十二年任。"又提举市舶条:"杨瑾,俱淳熙间任。《八闽通志》俱作淳祐间任,误。张理,清江人,著有《易象图说》。依《闽书》增,以上俱淳祐中任。"⑤杨瑾,余姚人,宝庆二年(1226 年)进士。⑥ 刘克庄《后村先生大全集》卷一一二《杂记》有"赵(观文)移书闽舶杨瑾云:'后村之去非某意'"⑦之语,刘克庄是理宗朝名臣,故杨瑾不可能在宋孝宗淳熙年间出任提举市舶。(道光)《晋江县志》所记有误。张理在杨瑾后一人,故其出任知州兼提举市舶时间也应在淳祐十二年(1252 年)。

① 包伟民、郑嘉励:《武义南宋徐渭礼文书》,北京:中华书局,2012 年,第 265～266 页。

② 李晖达、邵路程、龚军等:《武义南宋徐谓礼墓》,《东方博物》2013 年第 1 期,第 20～29 页。

③ 薛彦乔:《宋代泉州市舶官员辑补》,《福建文博》2020 年第 4 期,第 50～55 页。

④ (明)何乔远:《闽书》第 2 册,《闽书》校点组校点,福州:福建人民出版社,1994 年,第 1084 页。

⑤ (清)周学曾:(道光)《晋江县志》卷二十八,《职官志》,晋江县地方志编纂委员会整理,福州:福建人民出版社,1990 年,第 535、580 页。

⑥ (清)孙尔准:(道光)《重纂福建通志》,《中国省志汇编:9》,台北:华文书局,1968 年,第 1809～1810 页。

⑦ (宋)刘克庄:《后村先生大全集》卷一一二,《四部丛刊初编》第 1316 册,上海:商务印书馆,1919 年,第 14 页。

汪应元,字尹卿,淳祐十二年知泉州兼提举市舶。据明代澎泽、江舜民纂修的(弘治)《徽州府志》卷八《汪应元传》云:"汪应元,字尹卿,歙稠墅人,登绍定五年进士,……淳祐六年,擢刑法科,除大理评事,掌议天下狱,皆精审明辨。……复召为大理评事,迁大理寺丞。再迁太府寺丞兼权刑部郎官。自廷尉至于郎凡七年,断狱数百,精察有余。迁太常丞。寻摄太常卿,使山陵。擢知泉州兼提举福建路市舶公事,务为不扰。"①可知汪应元自淳祐六年(1246 年)擢刑法科至十二年迁太府寺丞兼权刑部郎官,都是担任管理刑事监狱的官职,前后共七年,与传记"凡七年"的记载相符。但他在太府寺丞兼权刑部郎官任上时间也很短,据宋人曾塈撰写的《汪应元行状》说他"俄迁太常丞……寻摄太常卿使山陵。使还,擢知泉州兼提举福建路市舶公事。"②从文字表述上看,汪应元在太常丞、太常卿任上时间也很短,在当年就外放泉州知州兼提举市舶。(道光)《晋江县志》作"淳祐十二年任",无误。《行状》说他在任上"征榷有度,故无苛求。商贾乐与官为市,逾年而课以美闻",也就是说,到了第二年的宝祐元年(1253 年),汪应元尚在任上。因此,汪应元应在杨瑾、张理之后知泉州兼提举市舶。

淳祐间,泉州人口持续增长,共有 255758 户,其中主户 197279 户,客户 58479 户。

按:(万历)《泉州府志》卷六《版籍志上》云:"淳祐志载,当时主户一十九万七千二百七十九,客户五万八千四百七十九。主丁二十二万六千六百一十七,客丁一十二万二千二百五十七。"③主客户合计 255758人,主客丁合计 348874 人。南宋时期政府控制力量比较弱,析居现象更普通,口户比应当更低一些,定为 4∶1。淳祐年间,泉州人口达到 10230032 人,突破百万大关。④

---

① (明)澎泽、江舜民:(弘治)《徽州府志》,《天一阁藏明代方志选刊》第 21 册,台北:新文丰出版公司,1909 年,第 25~26 页。

② 陈建华、王鹤鸣主编:(民国)《江苏汪氏族谱》卷三,《中国家谱资料选编(传记卷)》,上海:上海古籍出版社,2013 年,第 50~52 页。

③ (明)阳思谦:(万历)《泉州府志》,台北:学生书局,1987 年,第 460 页。

④ [荷兰]费梅儿、林仁川:《泉州农业经济史》,厦门:厦门大学出版社,1998 年,第 5页。

宋理宗赵昀宝祐二年　公元 1254 年　甲寅年

五月,赵隆孙知泉州兼提举市舶。

　　按:《宝庆会稽续志》卷二《提举题名》:"提举常平仓事创于熙宁二
年,崇宁中又置提举茶盐事,绍兴中合常平茶盐为一司……赵隆孙,宝
祐元年,以朝请大夫六月十三日到任。宝祐二年五月,除直秘阁知泉
州,兼提举福建市舶。"①赵隆孙,浙江四明人。根据《徐谓礼文书》的记
载,淳祐十二年(1252 年)六月,徐谓礼被朝廷任命为提举福建市舶兼知
泉州。宝祐二年(1254 年),可能是在汪应元离任之后补缺,于赴任途中
病卒,故赵隆孙代替他出任泉州兼提举市舶。

九月一日,监泉州市舶务丁南叟病卒,终年二十四岁。

　　按:刘克庄《后村先生大全集》卷一五六《丁倩监舶墓志铭》载:"君
名南叟,字山父,给事中丁公之子,母硕人林氏、庄氏。给事为御史时,
余为枢掾,君尚卯角,供立亲傍执弟子职,貌甚恭也。年甫志学,一铨而
捷,艺甚敏也。终日劬书,端坐家塾,未尝识茗枋酒炉,足迹可数也。余
□工部方为爱女择配,余曰无如丁氏子,遂谐姻好。□以父任受迪功
郎、太平州司户参军。未上,丁外艰,改奏承务郎、监福州海口镇。未书
考,丁内艰,调监泉州市舶务。秩满,以疾终于寝,宝祐甲寅九月朔也,
年二十四。娶刘氏。三男:锡老、及老、长老。初,长老茕然,甫晬,刘氏
为门户计,又命君从兄汝振、南一之子同绍君后,锡、及是也。一女,未
笄。"②丁南叟,刘克逊之女婿。根据《全集》卷一五三《工部第》的记载可
知,丁南叟于淳祐七年(1247 年)以承务郎监泉州市舶务,而从该墓志铭
的记载来看,丁南叟于宝祐二年(1254 年)任满,病卒于任所,时年只有
24 岁。

宋理宗赵昀宝祐五年　公元 1257 年　丁巳年

十一月下旬,泉州知州谢埴、权舶干卢文郁、监舶李宏模等祈风于九日
山昭惠庙。

---

　　①　(宋)张淏:《宝庆会稽续志》,《宋元方志丛刊》第 7 册,北京:中华书局,1990 年,第
7121 页。

　　②　(宋)刘克庄:《后村先生大全集》卷一五六,《四部丛刊初编》第 1326 册,上海:商务印
书馆,1919 年,第 13～14 页。

按:九日山《谢埴等祈风石刻》:"宝祐丁巳仲冬下浣,郡守天台谢埴允道,因祈风昭惠庙,邀宗正天水赵师清东之,及总管寿阳纪智和子常,别驾姑苏赵梦龙骧父,莆阳方澄孙蒙仲,晋江宰三山彭樵道夫,南安宰三山王广翁居安,权舶干三山卢文郁从周,监舶豫章李宏模希膂(膂),陟西峰,探石穴,寻佛岩之遗迹,访君谟之旧游,觞咏梅竹泉石间,竟日而归。"①注:此石刻位于西峰石刻群中南面,上层,东向。摩崖高 295 厘米,宽 206 厘米,字径 16 厘米,9 行,行 14 字,正书。谢埴,浙江台州临海人,理宗谢皇后侄,宝祐中知泉州,后累官至节度使。卢文郁,字从周,福州人,时为泉州市舶司干办公事。李宏模,字希膂,豫章人,时监泉州市舶务。②方澄孙,字蒙仲,莆田人(侯官人,寄居兴化),方大壮之孙,方大东之子,淳祐七年(1247 年)进士。淳祐间教授邵武军,宝祐中出知泉州兼提举市舶,景定间知邵武军事。方澄孙以秘书郎召,著有《通鉴表》《微洞斋集》《和刘克庄梅花百咏》。③

宋理宗赵昀宝祐六年　公元 1258 年　戊午年

四月十二日,泉州通判方澄孙摄州事兼司舶。二十九日,与监舶李宏模等祈风于九日山延福寺。

按:九日山《方澄孙等祈风石刻》:"宝祐戊午四月辛卯,莆田方澄孙被旨摄郡兼舶,越十有八日戊申,祈风延福,寿阳纪智和,开封赵梦龙,三山彭樵、王广翁、赵时繥,豫章李宏模同会,遵故事也。时农望方切,并以雨祷,瓣萝才兴,霡霂随至。乃书于石以纪之云。"④此石刻位于西峰石刻群中南面,最北端,东向。摩崖高 240 厘米,宽 170 厘米,字径 16 厘米,8 行,行 12 字,正书。又(道光)《晋江县志》卷二十八,《职官志》知州事条:"方澄孙,莆田人,淳祐间任。"卷三十五《政绩志》:"方蒙仲,字澄孙,莆田人。淳祐七年进士,由国子监出为泉州通判,摄郡守篆,兼司舶。剔除蠹弊,黠籍舞文之吏不得逞。终秘书丞,所著有《通鉴表微》

---

① 黄柏龄:《九日山志》,上海:上海辞书出版社,2006 年,第 98 页。

② (明)黄仲昭:《八闽通志》上册卷三十九,《秩官》,福州:福建人民出版社,1990 年,第826 页。

③ (明)黄仲昭:《八闽通志》下册卷七十一,《人物》,福州:福建人民出版社,1991 年,第707 页。

④ 黄柏龄:《九日山志》,上海:上海辞书出版社,2006 年,第 99～100 页。

《洞斋集》。"①这里有两个地方需要明确:一是方澄孙以通判摄州事兼司舶时间,石刻记文已明确是宝祐六年(1258年)四月辛卯奉旨摄郡兼舶,(道光)《晋江县志》和(道光)《重纂福建通志》均作"淳祐间任",误。方澄孙也不是以知州身份兼提举市舶,而是以通判身份代理知州事兼市舶,故杨文新作"知泉州兼",误。② 二是究竟是"方蒙仲,字澄孙",还是"方澄孙,字蒙仲"? 据《后村先生大全集》卷一六二《方秘书蒙仲墓志铭》云:"蒙仲名澄孙,以字行。……入为国子监书库官,校艺南宫,坐商论去取不能下气去。涤倅南剑州,改泉州。先是两倅同饷左翼戍兵,蒙仲慨然曰:'添差犹方外司马耳。'请于朝,改属正倅,而水厅遂无一事。关会阙守,朝命摄郡兼舶,黥籍魁素无文者,舶至,吏请按视,蒙仲曰:'以待新侯。'为岷之隐太公,竹湖李公作'风月堂',二公皆尝为赘倅者。"③又《八闽通志》卷五十四《选举志》:"方澄孙,淳祐七年丁未张渊微榜进士,更名蒙仲,大东之子。"④可见其本名为方澄孙,字蒙仲。之所以称"方蒙仲",是因为后来改名,以其字名于世,《泉州海关志》作"字以行",误。⑤ 他在泉州任上为官清廉干练,剔除各种宿弊,使为非作歹者无法得逞,吏治得以澄清。

宋理宗赵昀景定二年　公元1261年　辛酉年

吴洁知泉州。

按:(道光)《晋江县志》卷二十八《职官志》知州事条:"吴洁,(景定)二年三月任,八月致仕。"⑥刘克庄《后村先生大全集》卷六十二《吴洁知泉州制》云:"温陵为闽巨屏,旧称富州,近稍趋凋敝,或谓非兼舶不可为。朕犹记臣德秀出牧者再,未尝兼舶,而郡何尝不可为哉?属弄印久之,未得其人。子曰:'如有所誉,其有所试。'尔修于家为美子,立于朝

① (清)周学曾:(道光)《晋江县志》卷二十八《职官志》,晋江县地方志编纂委员会整理,福州:福建人民出版社,1990年,第545、1025页。

② 杨文新:《宋代市舶司研究》,厦门:厦门大学出版社,2013年,第288页。

③ (宋)刘克庄:《后村先生大全集》卷一六二,《四部丛刊初编》第1328册,上海:商务印书馆,1919年,第3~5页。

④ (明)黄仲昭:《八闽通志》下册卷五十四,《选举志》,福州:福建人民出版社,1991年,第263页。

⑤ 泉州海关:《泉州海关志》,厦门:厦门大学出版社,2005年,第96页。

⑥ (清)周学曾:(道光)《晋江县志》,晋江县地方志编纂委员会整理,福州:福建人民出版社,1990年,第535页。

为吉士,施于郡国为良吏,有其誉美。尝倅是州,以治办闻,又见诸已试矣。乃辍戎监,往布宽条,今言郡难者有四:民夷杂居也,贵豪盘错也,财粟殚竭也,珠犀点涴也。朕谓民夷杂居,惟仁可以得众;贵豪盘错,惟公可以服人;财粟殚竭,惟俭可以足用;珠犀点涴,惟清可以范俗。此皆尔所习知而素讲者,勉之哉!最声达于朕听,将下玺书召尔矣。可。"①

南宋绍兴后,市舶司专置提举的官制已较稳定。嘉定间,真德秀两知泉州,整顿市舶事务,也没有兼领市舶提举,直到绍定后,知州兼领市舶的情况才又逐渐增多,故制书云"德秀出牧者再,未尝兼舶,而郡何尝不可为哉"? 南宋末年,中央和地方两级财政收支关系恶化,叶适、真德秀、刘克庄等人都曾提到泉州财政面临困境,泉、广地方官员为了增加财政收入,不断向中央要求扩大事权。因此,掌握市舶税利的市舶司也成了争夺对象。地方官员寻找各种机会制造"非兼舶不可为"的舆论,向皇帝施压,企图恢复"以守兼舶"的旧例,以便夺取市舶之权,增加地方财政的税源。故绍定后,常见有郡守兼市舶的情形,如李韶、叶宰、黄朴、刘炜叔、赵涯、王会龙、刘克逊、陈大猷、赵师耕、孙梦观、杨瑾、汪应元、赵隆孙、赵孟传等,都是两者兼领。

宋理宗赵昀景定三年　公元1262年　壬戌年

三月,赵孟传知泉州兼提举市舶,八月除福建运副。

按:(道光)《晋江县志》卷二十八《职官志》知州事条:"赵孟传,(景定)三年三月任,八月除福建运副。"② 又刘克庄《后村先生大全集》卷六十九《赵孟传依旧秘阁修撰除提举福建市舶兼知泉州制》云:"互市置使,非宝远物也,所以来远人也。后之居是官者失其意,彼愚民以命易货于鲸波万里之外,幸登于岸,重征焉,强买焉,或陷之罪而干没焉。商贾失业,民夷胥怨,朕弄印久之,不知所付。尔清吏也明使指,近属也知朕意,集台之选,无以易尧。玉之在郑商者可勿买,珠之去合浦者可复还矣,可。"③ 可见赵孟传是以提举福建市舶兼知泉州。赵孟传,字岩起,

---

① (宋)刘克庄:《后村先生大全集》卷六十二,《四部丛刊初编》第1303册,上海:商务印书馆,1919年,第9～10页。

② (清)周学曾:(道光)《晋江县志》,晋江县地方志编纂委员会整理,福州:福建人民出版社,1990年,第535页。

③ (宋)刘克庄:《后村先生大全集》卷六十九,《四部丛刊初编》第1305册,上海:商务印书馆,1919年,第10～11页。

浙江四明人,宗室,燕懿王赵德昭裔孙。淳祐八年(1248年)七月二十九日,以宣教郎知严州。十年二月,除刑部郎官。① 景定三年(1262年)三月任泉州知州兼市舶司提举,同年八月授福建转运副使,德祐间知庆元府。② 宋亡后仕元,元世祖至元十五年(1278年)拜浙东宣慰使。二十一年入为集贤学士,未几卒。

宋理宗赵昀景定五年　公元 1264 年　甲子年

泉州判院蒲公去世,葬于文莱。

　　按:文莱出土的《有宋泉州判院蒲公之墓碑》碑文:"有宋泉州判院蒲公之墓,景定甲子,男应甲立。"③此碑系 1972 年 3 月西德著名汉学家傅吾康教授在文莱寻访华人文化古迹、搜集庙碑和墓刻时,发现的一座宋代古墓,该墓碑高 38.5 英寸,宽 16 英寸,厚 4 至 4.5 英寸,系东南亚一带发现最早的华文文物。景定甲子年,即南宋景定五年(1264 年),"判院蒲公"究系何人,学界争议颇多。陈铁凡认为"院判"是知州、知府的尊称,而非通判。庄为玑引《西山杂志》"宋绍定间,有进士蒲宗闵,司温陵道通判,后升都察院",判院即指两者合称。④ 林少川《渤泥"有宋泉州判院蒲公之墓"新考》一文则指"院判"为通判之误,都察院系明代之职官,大概是《西山杂志》作者蔡永蒹以明清之习惯称呼蒲宗闵。龚延明则认为《西山杂志》所述蒲宗闵由泉州通判升都察院,系属后人伪托,岂有宋理宗朝去世之官员,担任明朝官职之理。院判也非如陈氏所言,为知州、知府的尊称,而是对州府一级的长官,如知州或通判之尊称。蒲宗闵乃神宗、哲宗朝官员,南宋未见记载,《西山杂志》张冠李戴,将北宋人物蒲宗闵拉到南宋,权作"蒲公"。⑤ 陈铁凡、傅吾康也否认了蒲公即

---

①　(宋)郑瑶、方荣仁:《景定严州续志》卷二,《知州题名》,《影印文渊阁四库全书》第 487 册,台北:台湾商务印书馆,1986 年,第 535 页。

②　(清)曹秉仁:(乾隆)《宁波府志》卷十六,《秩官上》,《中国方志丛书》第 198 号,台北:成文出版社,1983 年,第 1032 页。

③　林少川:《渤泥"有宋泉州判院蒲公之墓"新考》,《海交史研究》1991 年第 2 期,第 57 页。

④　庄为玑:《文莱国泉州宋墓考释》,《华侨华人历史研究》1991 年第 1 期,第 35～37 页。

⑤　龚延明:《文莱国宋基"判院蒲公"索解——兼评〈西山杂志〉(手抄本)的史料价值》1991 年第 2 期,第 65～69 页。

蒲宗闵之说。①《西山杂志》已被学界考证其中史料颇多张冠李戴，不足征信，而院判在宋代非正式职官，现有史料所载泉州知州名录和通判名录均无蒲姓之人。蒲公又失名讳，故墓主人究竟为谁，尚无法定论。但蒲姓在泉州为小姓，宋元史料所见泉州蒲姓的官员多与阿拉伯归化商人蒲寿庚家族有关，此蒲公或为蒲寿庚之族人。

江万顷任福建提举市舶。

按：江万顷之子江鉴为其父撰写的《南宋朝议大夫尚书仓部员外郎直秘阁江西提举南剑州知郡古崖先生圹中记》云："呜呼痛哉！先君子姓江氏，讳万顷，字子洪，其家南康之都昌。……伯父古心先生则特进观文殿大学士、醴泉观使，前左丞相，南康郡国公，食邑六千四百户，实封一千二百户，讳万里，字子远。……补将仕郎，谒选迪功郎、江州彭泽尉不赴，改监绍兴钱清盐场，成考，调沿江制司屯田郎官。……除司农寺丞，拜卿，牧清江，有善誉之衰。出提举福建市舶，覃恩朝请郎，所谓金山珠海，天子南库，涅磨缁磷，上意简知，训辞'允藉不贪之宝，复还既去之珠'。先君子清节愈励，奏免和买，禁职吏饕，压挥案之白金，却呈祥之象齿。匡贾林诡以银合缄香为献，满贮皆大齐直百；奚啼又以银瑶及勒饰名马献者，直亦数十万。先君子悉命还之，蛮商感悦。讳为夷躯，至登叫佛楼，燃领幕拜，以祈寿使君者，人谓真西山不得专美于前矣。去之日，行李萧然，不持一南物，常公挺祖之诗曰：'人道探泉可为饮，公虽墨水不能缁。'君子谓之知言。时永嘉为潜藩，升瑞安府，遂移镇焉。盖上以第一麾付也。"②宋代马廷鸾《碧梧玩芳集》卷六《江万顷除福建市舶制》云："海市分珍，裨于国计；辎轩锡宠，予以使权。尔父兄之学克传，缙绅之望尤伟。顷登藩最，益无愁叹之声；迨列班行，有不吐茹之节。冰蘖自厉，水镜其明。言曳朝裾，往司集货。允借不贪之宝，庶还既去之珠。服此训词，增而绩用。可。"又据卷十三《家藏御制御书诗恭跋》云："臣景定壬戌，以国子司业兼翰林权直。明年癸亥，以中书舍人升兼直学士院。故事，经筵侍从官、词臣递宿玉堂。其后浸弛，臣僚寓宿，辄称疾不入。臣之为词臣也，恪遵旧制。又明年甲子，朝廷亦申严国典。夏六月丙辰，臣入直。申时，中官李忠辅传旨，锡臣金香酒肆

---

① 陈铁凡、傅吾康：《文莱国泉州宋墓考释》，《海交史研究》1991年第2期，第54～56页。

② 马楚坚：《大忠集新编》，南昌：江西人民出版社，2008年，第490～493页。

瓶、新荔枝五百颗,盖异恩也。臣即援词苑旧比,具短表奏谢。翼日,遂有宸章之赐。自是七月,而星文示变,玉色弗怡。十月,而先帝弃群臣矣。"①翰林权直,宋时遇翰林学士院偶缺学士时或置,以别官兼任,掌暂行学士院文书。故起草制书的马廷鸾最早任翰林权直在景定三年(1262年),而江万顷提举福建市舶的时间必在景定三年后。② 据李之亮考,此制书为景定五年(1264年)制。③ 他在提举福建市舶任上清节愈励,罢和买,禁贪腐,却进奉之物,番商莫不感悦,将他比作真德秀一样的君子。到离任之日,行李萧然,不持一南物。咸淳元年(1265年),江万顷升任知瑞安府事节制镇海水军,立石刻府名于郡治。④ 咸淳六年(1270年),在知吉州任上。九年,知南剑州,不久辞官隐于家。德祐元年(1275年),江万顷冒险前往饶州探访江万里,城陷被元人所执,骂贼不屈,支解之。

景定间,赵若伉任泉州市舶干官。

　　按:(光绪)《仙居志》卷十一:"开庆元年己未周震炎榜(进士)赵若伉……字伯仁,宗室,泉州市舶干官。"⑤市舶干官官阶不算高,与县丞、主簿相类,但因是辅助市舶提举管理市舶司日常事务,故职事颇重,而通判"主管市舶职事,比之干办公事,职事为简"⑥。赵若伉中进士数年后应可出任市舶干官,咸淳二年(1266年),提举市舶王㮚等往九日山祈风,未提赵若伉,故其出任市舶干官时间或在景定间。

宋度宗赵禥咸淳二年　公元1266年　丙寅年

十一月,知宗兼郡事赵希悆与提举市舶王㮚等往九日山祈风。

　　按:九日山《赵希悆等祈风石刻》:"咸淳丙寅,南至后十日,祷风此

　　① (宋)马廷鸾:《碧梧玩芳集》,《影印文渊阁四库全书》第1187册,台北:台湾商务印书馆,1986年,第46、95页。

　　② 尹波:《江万顷行实考略》,余星初、江五科主编:《江万里研究文集》,北京:中国文联出版社,2000年,第174~178页。

　　③ 李之亮:《宋代路分长官通考》上册,成都:巴蜀书社,2003年,第177页。

　　④ (清)李琬:(乾隆)《温州府志》卷十七,《职官志》,《中国地方志集成·浙江府县志辑》第58册,上海:上海书店出版社,1993年,第193页。

　　⑤ (清)王棻:(光绪)《仙居志》,《中国方志丛书》第203号,台北:成文出版社,1975年,第641页。

　　⑥ (清)徐松:《宋会要辑稿》第7册,《职官四四》,刘琳等校点,上海:上海古籍出版社,2014年,第4216~4217页。

山。知宗兼郡事古汴赵希恈安宅,提举溱事眉山王橚茂悦,领郡优三峒虞会和叔,三山郑君为瑞国,寮居番禺史霆声宏甫,天台卢应伯和,东嘉赵东崇旸卿,三山林起东景仁、黄以谦谦之、潘昌廷孔时,邑令三山陈梦发以道,陈山公仰卿。是日也,霜日熙明,溪山献状。登怀古,景先哲,宛然有得。彝典云何哉!"①此石刻位于西峰东坡,"九日山"三字的巨岩南壁不易看到的高处摩崖。高 300 厘米,宽 177 厘米,字径 17 厘米,9行,行 15 字,行书。南至即冬至。这是宋代现存最晚的一方祈风石刻。咸淳二年(1266 年),元兵大规模南下侵宋,南宋政权已岌岌可危,此后再无暇顾及祈风事,故石刻中有"彝典云何哉"之叹,宋之祈风典礼也就此停止。赵希恈,宗室,咸淳间知南外宗正事兼知泉州。咸淳中,府文庙大成殿毁,守赵希恈重建。②王橚,字茂悦,号会溪,四川眉州人,初知彬州,就除福建市舶,"其归也,为螺钿卓面屏风十副,图贾相盛事十项,各系之以赞,以献之。贾大喜,每燕客,必设于堂焉。行将有要除,而茂悦狙矣"③。王橚性贪婪,谄事贾似道,在市舶提举任上贪污索贿。时有泉州人名林乔者,"与蒲舶交,借地作屋,王茂悦为舶使,蒲八官人者漏舶事发,林受其白金八百锭,许为言之。既而王罢去,蒲并攻之,且夺其所借地。乃往从元杰之子直谅,以清潭和买吏屋,且任和籴。既而直谅得宪节,林随以行。后以词诉为徐帅择斋明叔所治,押往五年,摧锋军寨,拘锁而狙,时咸淳末年也。或言后改名为天同,字景郑云"④。此段史料的"徐帅择斋明叔"即徐明叔,字仲晦,号择斋,晋江人,绍定五年(1232 年)进士。咸淳四年(1268 年),在提举福建路平义仓案事兼提刑任上,为《宋提举秘阁太常少卿退庵陈公墓志铭》书丹。⑤ 根据周密的记载,蒲八官人犯了漏舶之罪,遂以白金八百锭委托林乔向王橚行贿。此后不久,王橚因事罢官,诸蒲遂围攻林乔,并夺回其所借之地。之后,林乔跟从徐直谅一段时间,咸淳四年前后,被徐明叔所治,押往摧锋军寨

①　黄柏龄:《九日山志》,上海:上海辞书出版社,2006 年,第 101 页。

②　(清)周学曾:(道光)《晋江县志》卷十四,《学校志》,晋江县地方志编纂委员会整理,福州:福建人民出版社,1990 年,第 311 页。

③　(宋)周密:《癸辛杂识》别集下,《钿屏十事》,吴企明点校,北京:中华书局,1988 年,第 304～305 页。

④　(宋)周密:《癸辛杂识》别集上,《林乔》,吴企明点校,北京:中华书局,1988 年,第 229页。

⑤　陈自强:《泉漳集续编》第 1 辑,漳州:出版者不详,2013 年,第 16～17 页。

五年,死于咸淳末年。也就是说林乔从王櫄罢官到死去大概经历了七八年时间。据此推算,王櫄在提举市舶任上被罢应发生在咸淳二年(1266年)前后。可见市舶官吏贪腐之风虽经整治,然并未见好转。周密的这段史料,日本学者桑原骘藏有不同解读,他认为任舶使的是蒲八官人,即蒲寿庚,而非王櫄,此句应读为"王茂悦,为舶使蒲八官人者,漏舶事发",而刘师恕认为桑原骘藏的考证是错误的。① 根据九日山祈风石刻,王櫄于咸淳二年以提举市舶身份参与祈风事确定无疑,桑原骘藏所解有误,不过王櫄在祈风之后不久即因事坐罢,可能由蒲寿庚接替其出任提举市舶。《宋代路分长官通考》中,福建提举市舶,咸淳元年(1265年)至二年间,皆作"江万顷任"②,误。

蒲寿庚提举福建市舶。

按:福建永春《达埔蒲氏族谱》:"寿庚,宋度宗咸淳二年为泉州提举市舶等职。咸淳末年,平海寇之功授福建安抚使、沿海都制置使。时宋祚将终,朝政日非,公与泉知州田真子同归元,深识时务。守泉州,人民安居乐业。生子:长曰师文,次曰师斯,三曰均文。"③根据周密《癸辛杂识》别集上《林乔》的记载,王櫄坐事罢官后,林乔先是被诸蒲攻击,而后往从徐直谅,又"以词诉为徐帅择斋明叔所治,押往五年,摧锋军寨,拘锁而殂,时咸淳末年也"。从王櫄罢官到林乔咸淳末被拘锁而殂,中间可能隔了六七年时间,故王櫄很可能于咸淳二年(1266年)底因坐事被罢,而由蒲寿庚接任。《达埔蒲氏族谱》所记应无误。

蒲寿庚,阿拉伯人(一说占城人)④,定居泉州。根据《达埔蒲氏族谱》的记载,蒲寿庚的父亲蒲仕宾,"字子玉,号邦光,惟善公次子。以恩贡官知福建泉州府晋江县。官眷赴任,任满入籍,卜居晋江之法石乡。

---

① 吴幼雄:《泉州史迹研究》,厦门:厦门大学出版社,1998年,第138～139页。

② 李之亮:《宋代路分长官通考》上册,成都:巴蜀书社,2003年,第177页。

③ 福建省少数民族古籍丛书编委会:《家族谱牒·回族卷》,北京:民族出版社,2015年,第362～363页。

④ 关于蒲寿庚的先世,学界争议颇多。桑原骘藏在《蒲寿庚考》中将其考订为阿拉伯人,韩振华《蒲寿庚国籍考》认为桑原骘藏之说缺乏史料依据,蒲寿庚祖先乃占城人,所信奉的宗教乃占婆之印度教。张秀民《蒲寿庚为占城人非阿拉伯人说》也主张蒲寿庚祖先为南番人,南番为占城别称,故其先人为占城人。李玉昆:《20世纪蒲寿庚研究述评》,《中国史研究动态》2001年第8期,第16～23页。

夫人蔡氏。生三子：寿晟、寿宬、寿庚"①。关于他任泉州提举市舶之年，及在任多长时间，长期以来颇多争议。《宋史》卷四十七《瀛国公》云："（德祐二年十一月）癸丑，大军至福安府，知府王刚中以城降。昰欲入泉州，招抚蒲寿庚有异志。初，寿庚提举泉州舶司，擅蕃舶利者三十年。"②桑原骘藏据此推算蒲寿庚在淳祐间即担任福建提举市舶，在任约30年。周密《癸辛杂识》所云"蒲舶"者，即蒲寿庚。③ 罗香林认为按照桑原骘藏的观点推算，则蒲寿庚大概是在淳祐五六年间（1245—1246）提举市舶，但实际上时任舶使的是赵师耕，故蒲寿庚任提举市舶当在宋理宗开庆元年（1259年）以后。又据族谱记载，认为其父是从四川入福建晋江为官，遂入籍，而非从广州迁入。④ 陈自强根据史料考证，淳祐至景定年间尚有多位官员出任福建提举市舶，桑原骘藏提出蒲寿庚淳祐间出任市舶使是错的，蒲寿庚虽在咸淳末"平海寇得官"，但并未提举市舶，而是到了景炎元年（1276年）才以招抚使的身份兼任市舶使，但在任仅七个月即降元。⑤ 苏基朗认为蒲寿庚应在景炎元年（1276年）五月前任泉州提举市舶使，在任一年多。⑥ 据毛佳佳考证，蒲寿庚任泉州提举市舶使的起始时间，应在咸淳十年（1274年）平海寇之后。《泉南杂志》《读史方舆纪要》《丽史》等均载蒲寿庚兄弟以平海寇得官，寿庚为招抚使，主市舶。《泉州府志》、《福建通志》都有咸淳末（十年）海寇来犯泉州，蒲寿庚兄弟击退之的记载。故蒲寿庚于咸淳十年（1274年）以平海寇之功入仕，任泉州市舶使，可能性最大，最合乎情理。而蒲寿庚任提举市舶使的终止时间，应在德祐元年（1275年）五月朝廷"罢市舶分司，令通判任舶事"，其在任时间约一年，之后应没有再任是职。⑦

综合以上各家之说，笔者认为桑原骘藏的"淳祐间任"说法是明显错误的，其他诸家之说也有待商榷。根据前文的考证，淳祐七年（1247

① 福建省少数民族古籍丛书编委会：《家族谱牒：回族卷》，北京：民族出版社，2015年，第362页。

② （元）脱脱：《宋史》，北京：中华书局，1977年，第942页。

③ ［日］桑原骘藏：《蒲寿庚考》，陈裕菁译订，北京：中华书局，2009年，第119～127页。

④ 罗香林：《蒲寿庚传》，台北：中华文化出版事业委员会，1955年，第86页。

⑤ 陈自强：《"蒲寿庚宋末提举市舶三十年"说考辨》，《中国史研究》1983年第1期，第161～164页。

⑥ 苏基朗：《论蒲寿庚降元与泉州地方势力的关系》，《中国近世社会文化史论文集》，台北："中央研究院"历史语言研究所，1992年，第193～195页。

⑦ 毛佳佳：《蒲寿庚事迹考》，《海交史研究》2012年第1期，第29～42页。

年)六月,陈大猷知泉州兼提举市舶,八月致仕。十一月二十一日,泉州知州兼提举市舶赵师耕往九日山祈风。淳祐十年(1250 年),孙梦观知泉州兼提举市舶。杨瑾、张理、汪应元也都是在淳祐七年后至宝祐元年(1253 年)之间先后知泉州兼提举市舶。宝祐二年(1254 年)五月,赵隆孙知泉州兼提举市舶。六年四月十二日,泉州通判方澄孙摄州事兼司舶。景定三年(1262 年)三月,赵孟传知泉州兼提举市舶,八月除福建运副。景定五年(1264 年),江万顷提举福建市舶。咸淳二年(1266 年)十一月,福建提举市舶王櫄等往九日山祈风。从淳祐七年至咸淳二年的20 年间就有十一位官员出任福建提举市舶或摄舶事,这也符合宋代市舶使任期一般不超过三年的惯例。《宋史》卷四十七《瀛国公》所云:"初,寿庚提举泉州舶司,擅蕃舶利者三十年。"陈自强认为"擅蕃舶利"指的是"总诸蕃互市",即蒲寿庚在泉贩舶获利已有三十年,而非担任市舶使三十年。此说有理。元代方回在《桐江集》卷六《乙亥前上书本末》云:"泉之诸蒲为贩舶作三十年,岁一千万而五其息,每以胡椒八百斛为不足道。"[1]可以为证,不可谓蒲寿庚担任市舶使三十年。

那么蒲寿庚有没可能在咸淳十年(1274 年)乃至景炎元年(1276 年)才出任市舶使呢?《泉南杂志》云:"蒲寿庚,其先西域人,与兄寿宬总诸番互市,因徙于泉,以平海寇得官。"[2]《闽书》卷一百五十二《蓄德志》云:"寿庚少豪侠无赖,咸淳末与其兄寿宬平海寇有功,累官福建安抚、沿海都制置使。景炎元年授福建广东招抚使,总海舶。"[3]（道光）《重纂福建通志》卷二百六十六《杂录》云:"咸淳十年,海贼寇泉州境,西域人提举市舶蒲寿宬、蒲寿庚击退之。"[4]（道光）《晋江县志》卷十八《武功志》云:"咸淳末,海贼寇郡境,时西域人蒲寿宬、寿庚兄弟在泉,俱无赖,击贼退之。以功累官沿海都制置。"[5]《读史方舆纪要》云:"寿庚以鹰犬

① （元)方回:《桐江集》,《全元文》第 7 册,南京:江苏古籍出版社,1998 年,第 474 页。

② （明)陈懋仁:《泉南杂志》,《丛书集成初编》第 3161 册,上海:商务印书馆,1936 年,第 20～21 页。

③ （明)何乔远:《闽书》第 5 册,《闽书》校点组校点,福州:福建人民出版社,1994 年,第 4496 页。

④ （清)孙尔准:(道光)《重纂福建通志》,《中国省志汇编:9》,台北:华文书局,1968 年,第 5048 页。原文作"宝祐十年",宝祐仅有六年,此处应是"咸淳十年"。

⑤ （清)周学曾:(道光)《晋江县志》,晋江县地方志编纂委员会整理,福州:福建人民出版社,1990 年,第 465 页。

微功,过假之以禄位,擅市舶利者三十年,官招抚使。狼子野心,背宋而潜献地于元。"①晋江《清源金氏族谱》附录《丽史》云:"泉州故多西域人。宋季,有蒲寿庚以平海寇得官。寿庚为招抚使,主市舶。"②这些文献史料虽云蒲寿庚兄弟以平海寇得官,但都没说得官即是出任福建提举市舶,而是明确指出得的是"安抚使""沿海都制置使""招抚使"一类的武官。景炎元年(1276年),因蒲寿庚海军势力强大,又曾任市舶使,朝廷即令他当福建广东招抚使,总领泉、广两市舶的海外贸易,故《闽书》和《丽史》说他授招抚使后主市舶,而不是指他当招抚使才兼提举市舶。因此,毛佳佳认为蒲寿庚是在咸淳十年(1274年)以平海寇得官才出任提举市舶,陈自强认为蒲寿庚于景炎元年以招抚使的身份兼任市舶使,都只是一种推测,并无实据。

王櫰在咸淳二年(1266年)祈风后不久即罢去,蒲寿庚就此接任是极有可能的。《达埔蒲氏族谱》记载蒲寿庚于咸淳二年(1266年)提举福建市舶应是比较可信的,也与周密《癸辛杂识》别集上《林乔》的记载时间相吻合。林乔在咸淳二年王櫰罢去、蒲寿庚接任后,蒲并攻之,且夺其所借地。林乔之后跟从徐直谅一段时间,咸淳四年前后被徐明叔所治,押往摧锋军寨五年,死于咸淳末年。周密所云"蒲舶"或指蒲寿庚,"蒲舶"之舶,可指舶商,也可指舶使,《癸辛杂识》写于元初,周密当然知道蒲寿庚在王櫰之后接任舶使,所以在书中称其为"蒲舶"也无不可。

蒲寿庚由番商而任舶使虽无先例,但并非没有可能。南宋政府偏安江南一隅后,只剩半壁江山,财政收入大不如前,为增加财政收入,政府更为看重海外贸易,给予番商各种优待,以吸引他们来华贸易,而其中授予贡献突出的番商以官职,也是一项有吸引力的政策。绍兴六年(1136年)八月戊午,"大食蕃客蒲罗辛特补承信郎,仍赐公服履笏。以福建市舶司言:'罗辛所贩乳香直三十万缗,理宜优异推恩故也。'"③蒲姓外商在泉州结成大海商集团,资财冠于诸商,形成一股重要的社会力量。朝廷授予番商官职,有利于提高番商群体在宋朝的地位和归属感。

① (清)顾祖禹:《读史方舆纪要·福建方舆纪要叙》,《续修四库全书》第609册,上海:上海古籍出版社,2002年,第661~662页。

② 福建省少数民族古籍丛书编委会:《家族谱牒:回族卷》,北京:民族出版社,2015年,第501~515页。

③ (宋)李心传:《建炎以来系年要录》卷一百四,《影印文渊阁四库全书》第326册,台北:台湾商务印书馆,1986年,第434页。

而其时蒲寿庚家族汉化已深，蒲寿庚兄长蒲寿宬（亦作蒲寿宬）也在宋廷为官，咸淳七年（1271年）知蒲州，著有《心泉学诗稿》六卷，其中收有与刘克庄、胡仲弓、洪天锡、徐明叔、赵希怮等名流仕宦交游唱和的诗作。① 可见蒲寿庚家族深耕泉州多年，与当时的不少权贵保持良好关系，自然易于互相提携举荐。蒲寿庚因商而入仕，且是出任管理市舶贸易的福建市舶使，完全合乎情理。

当然，蒲寿庚得以任舶使，也与其大力发展海上私人武装力量有关。海寇问题一直是南宋社会治理的隐患，宋理宗嘉定年间，福建海道虽经真德秀整治，有所好转，但并没有得到根本解决。宋理宗淳祐以后，海寇复猖獗，沿海居民深受其扰。淳祐末年，时任福建提刑的包恢向朝廷上《防海寇申省状》，称海寇近年无岁无之，"前乎此犹闻舟小人寡，今则众至数千，而巨艘千数矣"。贼船不仅数量比官船多，且船体更高大，战斗力更强，官船"惟泉州左翼犹有大船可济困者"，进剿甚为困难，官府不得不团结民船以助官船，但百姓却不甚乐意，因此包恢只能"委曲区处，反覆劝谕，以示其自卫乡井，自保室家之计"②。景定三年（1262年），朝廷还因妈祖祷捕海寇，得反风胶舟就擒有功，册封其为"灵惠显济嘉应善庆妃"。③ 蒲寿庚长期经营海上贸易，面对海寇横行，肆意劫掠商民之事自然不能坐以待毙，最直接的应对办法就是发展私人海上武装力量，保护商船。而官府海防实力薄弱，对保护商船心有余而力不足，甚至需要团结民船以助官船，这样也给了蒲寿庚发展私兵武装提供了借口和机会。景炎元年（1276年），董文炳率兵南下，蒲寿庚有家童数千，闻张世杰出海上，遂向董文炳表示"愿率本家丁壮镇守东南，必保无虞"④。可见蒲寿庚的私人武装亦有一定规模，几可比肩左翼军。

咸淳二年（1266年），元兵大规模南下侵宋，南宋政权已岌岌可危，此后再无暇顾及祈风事，故《赵希怮等祈风石刻》中有"彝典云何哉"之

---

① （宋）蒲寿宬：《心泉学诗稿》，《影印文渊阁四库全书》第1189册，台北：台湾商务印书馆，1986年，第836页。

② （宋）包恢：《敝帚稿略》卷一，《影印文渊阁四库全书》第1178册，台北：台湾商务印书馆，1986年，第708～710页。

③ （元）程端学：《积斋集》卷四，《灵济庙事迹记》，《影印文渊阁四库全书》第1212册，台北：台湾商务印书馆，1986年，第353页。

④ （元）王磐：《赵国忠献公神道碑》，《全元文》第2册，南京：江苏古籍出版社，1998年，第290页。

叹，宋之祈风典礼也就此停止。蒲寿庚在接任市舶使后，因其曾是经验有年的舶商，颇懂经营，能为朝廷带来稳定可观的市舶收入，又因他大力发展私人海上武装力量，为闽广一带的海上贸易提供安全的运输环境，在咸淳末甚至有能力直接出兵"平海寇"，客观上为泉州港的恢复发展创造了良好的发展机遇。各种史料也表明，在南宋最后30年，泉州港又呈现出繁荣景象。① 与之相应，泉州人口也在南宋末年首次突破了百万大关。咸淳三年（1267年），蒙古再次大举南侵，对襄樊形成了长期围困，双方展开拉锯战，宋廷数次派重兵破围，均未成功。宋廷军费开支再次陡升，财政压力极大。而此时已担任福建市舶使的蒲寿庚，每年能为朝廷带来巨额舶税收入，帮助朝廷缓解财政压力，又有私人武装协助海防，朝廷对蒲寿庚的任职应该是满意和信任的。

　　蒲寿庚的福建市舶使任期止于何时？毛佳佳据《宋史》载，德祐元年（1275年）五月，"罢市舶分司，令通判任舶事"②，认为诏令下达后，蒲寿庚即不再担任市舶使。不过宋恭帝的诏令也许并没有得到贯彻实行。查《八闽通志》、《闽书》、（万历）《泉州府志》等志书，《八闽通志》卷三十二《秩官》所载宋代通判泉州军州事最后一人为刘垕，淳祐间任。添差通判泉州军州事最后一人为吴洁，淳祐间任。③《闽书》卷五十三《文莅志》所载宋代通判泉州军州事最后一人为赵若恭，咸淳间任；添差通判泉州军州事最后一人为吕洁，淳祐间任。④（道光）《重纂福建通志》卷九十三《职官志》所载宋代通判泉州军州事引《闽书》最后一人为赵若恭，咸淳间任；添差通判泉州军州事最后一人为吕洁，淳祐间任。⑤（万历）《泉州府志》卷五十三《文莅志》所载宋代通判泉州军州事最后一人为戴溪，宋知州事凡一百八十六人，通判军州事仅有六人，无添差通判泉州军州事名录。⑥ 从上述方志所载知州与通判、添差通判名录来看，

① 毛佳佳：《蒲寿庚事迹考》，《海交史研究》2012年第1期，第29～42页。

② （元）脱脱：《宋史》，北京：中华书局，1977年，第930页。

③ （明）黄仲昭：《八闽通志》上册卷三十，《秩官》，福州：福建人民出版社，1990年，第676页。

④ （明）何乔远：《闽书》第2册，《闽书》校点组校点，福州：福建人民出版社，1994年，第1401～1402页。

⑤ （清）孙尔准：（道光）《重纂福建通志》，《中国省志汇编：9》，台北：华文书局，1968年，第1834～1835页。

⑥ （明）阳思谦：（万历）《泉州府志》，台北：学生书局，1987年，第711页。

通判(添差通判)人数远较知州为少,通判之任常有空缺,最后的名单也止于咸淳间,没有德祐间的记载。(道光)《晋江县志》卷二十八《职官志》所载宋通判军州事名录,最后一人为宋应先。添差通判军州事名录最后一人为林春一,闽县人,宝祐四年(1256年)登文天祥榜进士,判泉州。① 据刘克庄为宋应先撰写的《宋通判墓志铭》记载,宋应先于宋理宗宝祐戊午(1258年)十一月卒,年四十八,积阶朝请郎。② 因此,不可能在德祐间任通判一职。林春一,据《长乐进士》云:"字端甫,东林人,公度子。宝祐四年(1256年)进士。景定中任漳浦主簿,改顺昌县尉。咸淳中升平江府录事参军,改德化知县,迁莲城。德祐中荐任泉州通判。宋亡,隐居不仕。"③林春一应是德祐中添差泉州通判军州事。但"添差官"的意思是指正式官职以外的额外差遣,最大特征是绝大多数添差之官并不实领职事,称"添差不厘务",添差官虽为冗员,却不能干政,只有极少数人才能有限度地参与政事,称"添差仍厘务"。④ 绍兴间,朝廷发布诏令,"诸添差官不应差而特差或用恩例陈乞者,并不厘务",宋孝宗隆兴元年(1163年)十月,又申明"应添差文武官及宗室、戚里、归正、归明或恩例或特差之人,并不厘务,但与支破厘务请给"⑤。添差不厘务,即不领实职,不过仍可领俸禄,但无职田,其人从、请给、驿券皆减半,其履历仍能作为升迁的资历。林春一添差泉州通判军州事很可能是"添差不厘务",即不领实职,也就没有领市舶事。志书既无载,或可从其他史料中寻找些蛛丝马迹。傅宗文先生根据《心泉学诗稿》《佩韦斋集》等史料,考证出赵是斋、赵日起两位泉州知州,认为南宋自宁宗嘉定年间伊始,泉州市舶司如不另派提举,即由知州兼权,故赵是斋、赵日起任内即由知州兼提举市舶,前者任期可能为咸淳五年至七年(1269—1271),后者约在咸淳八年(1272年)接任,至咸淳末辞任。⑥ 南宋末期,确常有

---

① (清)周学曾:(道光)《晋江县志》卷二十八,《职官志》,晋江县地方志编纂委员会整理,福州:福建人民出版社,1990年,第545~546页。

② (宋)刘克庄:《后村先生大全集》卷一五九,《四部丛刊初编》第1327册,上海:商务印书馆,1919年,第16~17页。

③ 林忠:《长乐进士》,福州:海潮摄影艺术出版社,2007年,第133页。

④ 刘坤太:《宋朝添差官制度初探》,《河南大学学报(哲学社会科学版)》1984年第4期,第31~36页。

⑤ (清)徐松:《宋会要辑稿》第5册,《职官三》,刘琳等校点,上海:上海古籍出版社,2014年,第3037页。

⑥ 傅宗文:《沧桑刺桐》,厦门:厦门大学出版社,2011年,第452~454页。

郡守兼领市舶的情形,但也未成定例。如嘉定间,真德秀两知泉州,整顿市舶事务,但并没有兼任市舶提举。景定二年(1261年),吴洁知泉州,也并未兼舶,宋理宗颁发的制书云:"温陵为闽巨屏,旧称富州,近稍趋凋敝,或谓非兼舶不可为。朕犹记臣德秀出牧者再,未尝兼舶,而郡何尝不可为哉?属弄印久之,未得其人。"①可见连皇帝也认为知州未必要兼舶使才可整顿市舶事务。从现存史料记载来看,在赵是斋、赵日起两人中,我们只能确定赵日起曾兼任过舶使。赵日起,号月山,四川遂宁人,淳祐元年(1241年)进士。② 景定二年三月至八月召除考功郎,知镇江府。咸淳五年六月转朝请大夫、集贤修撰再至,十一月与祠。③ 赵日起知镇江府期间,俞德邻为其幕僚,两人相交甚笃,《佩韦斋文集》中关于赵日起的诗文颇多,在卷十三到卷十六中有十篇以上的公文是代赵日起而作,如《谢知镇江府兼淮东总领到任表》《辞免知镇江府申省状》《贺镇江赵徽猷启》等。④ 大约在咸淳八年(1272年),赵日起知泉州兼提举市舶,任期至咸淳末。1281年,赵日起去世,俞德邻为其作《故舶使知泉州赵公挽词五首》以悼念。既云"舶使知泉州",说明赵日起知泉州期间兼任了市舶使。德祐元年(1275年),蒲寿庚有可能再次出任市舶使。(道光)《重纂福建通志》卷九十提举市舶条云:"蒲寿庚,德祐间任。"⑤《元史类编》卷二《世祖一》云:"至元十三年(1276年,宋德祐二年)冬十二月戊辰,宋提举市舶使蒲寿庚以泉州降。"⑥可见最迟至德祐间,福建提举市舶一职已再次由蒲寿庚担任。另外《元史》卷一百五十六《董文炳传》云:"至元十四年四月,董文柄应召入朝,向忽必烈上奏:'昔者泉州蒲寿庚以城降,寿庚素主市舶,谓宜重其事权,使为我捍海

① (宋)刘克庄:《后村先生大全集》卷六十二,《四部丛刊初编》第1303册,上海:商务印书馆,1919年,第9~10页。
② (清)张鹏翮:(康熙)《遂宁县志》卷二,《选举志》,宋国祥、宋以荣校注,成都:巴蜀书社,2018年,第65页。
③ (元)俞希鲁:(至顺)《镇江志》卷十五,《刺守》,杨积庆等校点,南京:江苏古籍出版社,1999年,第596~597页。
④ 王营营:《俞德邻〈佩韦斋文集〉研究》,广西大学硕士学位论文,2019年,第10页。
⑤ (清)孙尔准:(道光)《重纂福建通志》,《中国省志汇编:9》,台北:华文书局,1968年,第1810页。
⑥ (清)邵远平:《元史类编》,清乾隆六十年(1795年)刊,第34~35页。

寇,诱诸蛮臣服,因解所佩金虎符佩寿庚矣。惟陛下恕其专擅之罪。'"①
董文炳用"素主市舶"一词,其意指蒲寿庚曾长期担任市舶使,至降元之
时,仍在市舶使任上。因此建议朝廷要重其事权,委之以扫荡海寇,招
诱诸蛮臣服的重任。蒲寿庚早在咸淳二年(1266年)即已出任福建市舶
使,咸淳间虽短暂由赵日起代之,但到德祐间又已再任,并以此身份降
元,任职时间颇长,与董文炳的奏言是吻合的。如毛佳佳所言蒲寿庚是
在咸淳十年(1274年)任市舶使,德祐元年(1275年)五月卸任,任期仅
一年左右,且在降元时已卸任一年多,或如陈自强所言,蒲寿庚于景炎
元年(1276年)才以招抚使的身份兼任市舶使,但在任仅七个月即降元,
那么《元史》何云"素主市舶"? 于史不符。(道光)《重纂福建通志》引
《元史类编》,将蒲寿庚始任福建提举市舶的时间定为"德祐间任"。② 李
之亮引《福建通志》,作"蒲寿庚,德祐元年至二年任"③。应该指的是蒲
寿庚再任市舶使的任期。

至于罗香林引《蒲氏族谱》的记载,认为蒲寿庚之父是从四川入福
建晋江为官的,遂入籍,而非从广州迁入。此当为忽略考察元末明初泉
州的社会历史背景,而受族谱之误导。元末泉州爆发了长达十年之久
的亦思巴奚兵乱。至正甲午(1354年),陈駬、龚名安领兵入泉州,"凡西
域人尽歼之,胡发高鼻者有误杀者。闭门行诛三日,民间秋毫无所犯",
于蒲氏尤痛恨之,"发蒲贼诸家,得诸宝货无计"。不久,明朝建立,朱元
璋独下圣旨:"蒲氏余孽悉配戍伍禁锢,世世无得登仕籍,监其祸也。"④
泉州在经历元末兵乱后,出于对色目人的怨恨情绪,掀起"反色目人运
动",当地色目人纷纷逃往海外,或迁居他乡。如陈埭丁氏为避祸,从泉
州城迁到陈埭安居,后又历经成化年间的"撒脱氏之戍",几近灭族,不
得不隐匿家史,"去夷姓(瞻思丁)而以其名末字为氏","以明其裔不出

---

① (明)宋濂、王祎:《元史》,《影印文渊阁四库全书》第295册,台北:台湾商务印书馆,
1986年,第121页。

② (清)孙尔准:(道光)《重纂福建通志》,《中国省志汇编:9》,台北:华文书局,1968年,
第1810页。

③ 李之亮:《宋代路分长官通考》上册,成都:巴蜀书社,2003年,第177~178页。

④ 晋江《清源金氏族谱》,《家族谱牒:回族卷》,北京:民族出版社,2015年,第514~515
页。

于回回也"。① 当时很多泉州色目人为躲避汉族报复,而改用汉姓,并在族谱中隐匿家史,攀附汉人祖先,以洗脱夷姓嫌疑。蒲氏在元末几近灭族,逃散全国各地后,更加小心翼翼,哪敢在族谱中明言是阿拉伯人后裔? 故此,《达埔蒲氏族谱》说蒲寿庚的父亲蒲仕宾原籍四川,后以恩贡官知福建泉州府晋江县,任满入籍,不过是一种托词。查《泉州府志》《晋江县志》,也均无蒲仕宾知晋江县的记载,族谱这么说不过是为混淆视听,避祸罢了,自不必当真。但对于蒲寿庚"宋度宗咸淳二年为泉州提举市舶等职"一事,却反而可以相信,因为这不涉及世系来源,当然可以秉笔直书,蒲氏后人没必要隐瞒,也不会在这件事上做手脚。

宋末史料似乎留下的空白不少,李之亮才有咸淳三年至十年福建提举市舶缺考之叹。② 我们也只能根据现有史料推测,蒲寿庚应是在咸淳二年(1266年)即出任市舶使,咸淳八年(1272年)至咸淳末则由赵日起代之。咸淳十年,因平海寇之功,蒲寿庚升为福建安抚使。德祐元年(1275年)仍兼市舶,后任沿海都制置使。景炎元年(1276年),升任福建广东招抚使兼泉广市舶使,总领闽广海外贸易。当年十二月,以此身份降元。③

宋度宗赵禥咸淳七年　公元1271年　辛未年

四月七日,花剌子模贵族穆罕默德卒,葬于泉州。

按:宋代《清净寺伊斯兰教碑6号墓碑》阿拉伯文碑文译文:"这是华蕙兹姆汗·本·异乡烈士穆罕默德汗的墓,愿主饶恕他和穆民男女们,他在穆历670年斋月星期四逝世。"④6号墓碑,辉绿岩琢成。1983年夏,清理《明善堂》附属建筑北屋地面时掘获。碑残高54厘米、宽39厘米、厚12.2厘米。碑顶尖拱破损,碑面磨光,阴刻古阿拉伯文字六行。

---

① 晋江《陈埭丁氏族谱》,《家族谱牒·回族卷》,北京:民族出版社,2015年,第41～42页。

② 李之亮:《宋代路分长官通考》上册,成都:巴蜀书社,2003年,第177～178页。

③ 笔者在《泉州师范学院学报》2022年第1期曾刊文《宋蒲寿庚任职市舶提举文献史料补说》指出蒲寿庚于咸淳二年(1266年)出任福建提举市舶是可信的,一直到景炎元年(1276年)以此身份降元,任期长达十年之久。后经泉州海交馆陈少丰先生指出,俞德邻《佩韦斋集》卷五收录有《故舶使知泉州赵公挽词五首》,可证赵日起曾担任过市舶使,傅宗文《沧桑刺桐》一书对此亦有考。在此特更正之。

④ 吴幼雄、王耀东、黄秋润:《福建泉州清净寺发现一批伊斯兰教碑》,《考古》1986年第6期,第528页。

穆历670年,即南宋度宗咸淳七年(1271年),正当元军攻陷泉州的前六年。据吴幼雄等考证,"汗"(Khan),为阿拉伯语贵族之意,这里"汗"是墓主的身份。华葱兹姆,即中亚阿姆河下游古国花剌子模(Kho rasm或 Khwarizm)。墓主穆罕默德汗是位花剌子模的贵族,他在南宋末年可能是通过波斯航海来泉州贸易,而卒葬泉州。这是泉州地区发现的第一方宋代花剌子模人的墓碑。①

公历八月十三日,意大利商人雅各·德安科纳抵达泉州。翌年离开泉州。

按:意大利商人雅各·德安科纳所著的《光明之城》载:"1271年8月13日,也就是说5031年厄路耳月(Elul)的第5天,在绍菲迪姆(Shofetim)安息日之前,我们的船队来到了蛮子居住的刺桐。"②《光明之城》记述的是1271—1272年间,意大利犹太商人雅各由海道前往"光明之城",亦即泉州经商的经过和见闻。书中描述了泉州社会生活的各个方面,其内容之丰富、描写之详细非同时代其他西方作者旅行记所能及。《光明之城》手稿原件在某收藏家手中,但英译者塞尔本对藏家的姓名和地址讳莫如深,手稿既未公布,也没有照片,因此写本的来源和所有权都不清楚。1997年,该书在英国一出版,就引发了真伪的论争。关于《光明之城》的真伪之辨,国内学者与国外学者也是分为两派,真伪观点针锋相对。关于前人的讨论,李玉昆先生已有回顾。③近年来,周运中《雅各〈光明之城〉新证》一文提出,作者知晓南宋的方言、制度、人物、商品、地名、宗教,很多内容就是现在学者也很难全面掌握,如果要伪造这些内容,实在极难。书的真伪和书的内容是否有错,其实是两个问题。宋代人写宋代的事还会出错,何况是短暂来到中国的外国人?古代抄本难免出错,这些内容的错误不能证明书本身出自伪造,因此《光明之城》不可能出自伪造。④

---

① 吴幼雄:《泉州伊斯兰教文化遗存及其现代价值》,林振礼、吴鸿丽:《泉州多元文化和谐共处探微》,厦门:厦门大学出版社,2017年,第194~206页。

② [意]雅各·德安科纳:《光明之城》,[英]大卫·塞尔本译,杨民等译,上海:上海人民出版社,1999年,第144页。

③ 李玉昆:《关于〈光明之城〉的讨论》,《中国史研究动态》2007年第2期,第15~19页。

④ 周运中:《雅各〈光明之城〉新证》,《海交史研究》2018年第1期,第16~28页。

宋度宗赵禥咸淳八年　公元 1272 年　壬申年

赵日起知泉州兼提举市舶。

按：俞德邻《佩韦斋集》卷五收录有《故舶使知泉州赵公挽词五首》，其三云："壮岁风云会，衰龄岸谷迁。蒂棠南国里，细柳曲江边。天地纷戈甲，园林寂管弦。康成共丁卯，肯避巳辰年。"①注云：公讳日起，号月山，生于丁卯，卒于辛巳，故云。康成，即汉代郑玄之字，郑玄卒于公元 200 年（庚辰年），而赵日起卒于 1281 年（辛巳年），在六十甲子中，辛巳年与庚辰年仅差一年，故诗中称"肯避巳辰年"。诗作既称赵日起为"故舶使知泉州"，可知其知泉州时兼任舶使。据傅宗文考，赵是斋约于咸淳五年至七年（1269—1271）知泉州，赵日起则是在咸淳八年前后接任赵日斋知泉州兼提举市舶的，至咸淳末辞任。②

宋度宗赵禥咸淳九年　公元 1273 年　癸酉年

波斯格兹威尼人吐特卡卒，葬泉州。

按：1942 年，在泉州东门外仁风街石店发现一方石碑，系由城垣中出土，碑高 71 厘米，宽 34 厘米，厚 11 厘米，辉绿岩石琢成，现存泉州海外交通史博物馆。碑正面浮刻古阿拉伯文字七行，背面浮刻五行，碑侧一面也浮刻古阿拉伯文字一行，系记载墓主死亡时间。碑文云："教长，吐特卡·迈努奈·阿明·阿里·本·哈桑·本·阿里·卡罗姆。卒于（回历）772 年斋月的一个星期五。求安拉宽恕他及其双亲。"卡罗姆，即波斯古城格兹威尼，在里海以南，今亚美尼亚境内。③

宋度宗赵禥咸淳十年　公元 1274 年　甲戌年

咸淳末至景炎间，杨秀监泉州市舶务。

按：元代贡师泰《玩斋集》卷九《四明慈济寺碑》云："慈济寺，在明城之东，鄞江之上，故泉州德化县尹扬（杨）侯秀为乾符观主太虚容法师创

---

① （宋）俞德邻：《佩韦斋集》，《影印文渊阁四库全书》第 1189 册，台北：台湾商务印书馆，1986 年，第 41 页。

② 傅宗文：《沧桑刺桐》，厦门：厦门大学出版社，2011 年，第 452～454 页。

③ 吴文良、吴幼雄：《泉州宗教石刻（增订本）》，北京：科学出版社，2005 年，第 61、329 页。

建者也。侯郡人,仕宋为监舶官。入国朝,尝使暹人以其主来朝。"①根据碑文,浙江四明人杨秀在南宋末年监泉州市舶务,不久降元,朝廷以其熟悉市舶事,故遣其出使暹罗,招其国主来朝。以此推断,杨秀监泉州市舶务时间应在咸淳末至景炎间。

宋恭宗赵㬎德祐元年　公元1275年　乙亥年

蒲寿庚再任福建市舶使。

按:(道光)《重纂福建通志》卷九十提举市舶条云:"蒲寿庚,德祐间任。"②《元史类编》卷二《世祖一》云:"至元十三年(1276年,宋德祐二年)冬十二月戊辰,宋提举市舶使蒲寿庚以泉州降。"③可见最迟至德祐间,福建提举市舶一职已再次由蒲寿庚担任。

宋端宗赵昰景炎元年　宋恭宗赵㬎德祐二年　元世祖忽必烈至元十三年　公元1276年　丙子年

二月辛酉,巴延遣本布、周青招泉州蒲寿庚、寿晟兄弟。

按:《元史·本纪第九·世祖六》载:"至元十三年二月辛酉,巴延(即伯颜)遣本布、周青招泉州蒲寿庚、寿晟兄弟。"④蒲寿庚、寿晟(或称寿宬、寿岚)兄弟仕宋时,南宋已岌岌可危。蒲氏兄弟所拥有的强大海外贸易网络及其在诸番国中的威望、人脉为元朝所看中,故元朝遣使来招降。蒲寿宬计宋事已去,除知吉州而不赴,遂与蒲寿庚密谋降元,《闽书》云蒲寿庚迎降及歼淮兵、宗子,皆寿宬阴为之谋。⑤

十一月,宋端宗由福州航海至泉州,蒲寿庚闭门不纳。十二月,元军至,蒲寿庚与泉州知州田子真以城降。元朝授官蒲寿庚昭勇大将军、闽广都提举福建广东市舶事。

按:《宋史》卷四十七《瀛国公》载:"(德祐二年十一月)癸丑,大军至

①　(元)贡师泰:《玩斋集》,《影印文渊阁四库全书》第1215册,台北:台湾商务印书馆,1986年,第683页。
②　(清)孙尔准:(道光)《重纂福建通志》,《中国省志汇编:9》,台北:华文书局,1968年,第1810页。
③　(清)邵远平:《元史类编》,清乾隆六十年(1795年)刊,第34～35页。
④　(明)宋濂、王祎:《元史》,《影印文渊阁四库全书》第292册,台北:台湾商务印书馆,1986年,第115页。
⑤　(明)何乔远:《闽书》第5册,《闽书》校点组校点,福州:福建人民出版社,1994年,第4496页。

福安府,知府王刚中以城降。昰欲入泉州,招抚蒲寿庚有异志。初,寿
庚提举泉州舶司,擅蕃舶利者三十年。昰舟至泉,寿庚来谒,请驻跸,张
世杰不可。或劝世杰留寿庚,则凡海舶不令自随,世杰不从,纵之归。
继而舟不足,乃掠其舟并没其资,寿庚乃怒杀诸宗室及士大夫与淮兵之
在泉者。"①元代廖大奎《筑城曲》诗云:"君不见泉州闭门不纳宋天子,当
时有城乃如此。"②又《云麓禅寺暨三翁宫记》云:"宋帝端宗遭元兵之难
南迁,欲作都泉州,招抚使蒲寿庚闭城不纳。帝乃趣驾,由通淮门外取
道直之东南,有层云叠起,自山之麓前来拥盖帝驾,帝因望云气而信宿
于斯焉。遂敕赐山名曰'云麓'。"③蒲寿庚降元之年,《元史》卷九《本纪
第九·世祖六》则谓:"(至元十四年三月)乙未,福建漳、泉二郡蒲寿庚、
印德傅、李珏、李公度皆以城降。"④盖据最后降者之年以记之。宋末蒲
寿庚保存的海上实力颇强,是宋、元双方争相拉拢的对象,但其时宋元
之战胜负之势已明,蒲寿庚还是选择倒向了元朝。随着福建招抚使王
积翁降元,元兵入福州,宋端宗及杨太妃在陈宜中、张世杰的保护下由
福州航海至泉州城南,"欲作都泉州"。但蒲寿庚早有降元之意,故闭门
不纳,宋端宗无法入城,只好驻跸在东海法石寺。而张世杰掠取蒲寿庚
海船并没其货为用,最终激怒了蒲寿庚,很快与泉州知州田子真以城降
元,其后以舟师助元攻击宋军,使得端宗兄弟俩被迫失散。蒲寿庚导元
倾宋不符合中国"忠君"的传统,背叛了宋朝,为汉人士大夫所不齿,其
后世也受到朱元璋"禁蒲姓者不得读书入仕"的惩罚。不过,蒲寿庚以
城降元客观上却保全了泉州。第二年,元朝即于泉州置市舶司,重新恢
复了海外贸易,促使其迅速成长为"东方第一大港"。蒲寿庚降元后,元
朝封蒲寿庚为昭勇大将军、闽广都提举福建广东市舶事,改镇国上将
军、参知政事。⑤"闽广都提举福建广东市舶事"与宋朝所封"福建广东

---

① (元)脱脱:《宋史》,北京:中华书局,1977年,第942页。

② (清)顾嗣立:《元诗选》,《影印文渊阁四库全书》第1471册,台北:台湾商务印书馆,
1986年,第219页。

③ 吴乔生、林德民、林胜利:《泉州古城历代碑文录》,北京:中国文史出版社,2009年,
第138页。

④ (明)宋濂、王祎:《元史》,《影印文渊阁四库全书》第292册,台北:台湾商务印书馆,
1986年,第115页。

⑤ (明)何乔远:《闽书》第5册,《闽书》校点组校点,福州:福建人民出版社,1994年,第
4496页。

招抚使,总海舶"的职务相对应,也算是元朝对其海上势力的认可。当然,蒲寿庚的海上军事力量也不宜高估,其私人武装不过是"家童数千",自始至终,元朝对南宋残余政权的追击都是在元朝大将唆都等的指挥之下,蒲寿庚只是起协助作用,并非如有些学者所言,在宋元海战中起到了决定性的作用。

敕封惠安青山庙神张梱(悃)为灵安王。

按:明何乔远《闽书》卷九《方域志》载:"青山,山面大海。山石色莘确,仅顶有草树,故名青山。下有庙,名青山庙,祀张悃之神。悃,三国吴将也,尝屯兵是山,以御海寇。殁葬于县堂左库,袝祭于邑城隍。至宋太平兴国间,令崔某移古县于今县,开基得铜牌,志云:'太平兴国间,古县移惠安。若逢崔知县,送我上青山。'牌阴云:'开我基者立惠安,葬我身者祀青山。'崔令遂送铜牌青山,立庙祀之。建炎南渡,与虏人战采石,人见大旗上题张将军姓字。时虞允文讯青山土人之从军者,得其神迹,录功上闻,制入祀典,进封为侯,后累加封。至景炎元年,敕封灵安王。岁十月二十三日,神诞日也。令来致祭,至今为常。庙中铜牌,洪武初尚存。岛夷入寇,以为金也,载归,船寻没海。又云,令不亲祭,即有虎患。"[1]又《宋会要辑稿·礼二〇》载:"青山神祠,在泉州府惠安县守节里。绍兴五年十二月,赐庙额'诚应'。绍兴十九年八月,封灵惠侯。"[2]又明张岳(嘉靖)《惠安县志》卷十《典祀》:"青山诚应庙,在二十六都。神姓张讳悃,闽时尝营青山下,以御海寇。宋建炎间海寇作,神有阴助功,邑人蔡义可闻于朝,赐庙额诚应,封灵惠侯。妻华氏,封昭顺夫人。景炎元年,进封灵安王,夫人封显庆妃。至今有司岁一致祭。"[3]青山王信仰源于惠安,至今已逾千年,惠安、泉港多建有主祀青山王的宫庙,尤以山霞、张坂、崇武和螺阳四个乡镇为盛。青山王信仰在南宋初年即得到官方承认,真德秀在嘉定八年(1215年)任江东转运副使时,曾多次祈求青山王神灵降雨救旱。知泉州期间,又亲自到惠安祖庙祭祀,并撰写多篇祝文。至明代,地方官员每逢春、秋,亦会到青山诚应庙致

---

① (明)何乔远:《闽书》第1册,《闽书》校点组校点,福州:福建人民出版社,1994年,第227页。

② (清)徐松:《宋会要辑稿》第2册,《礼二〇》,刘琳等校点,上海:上海古籍出版社,2014年,第1043页。

③ (明)张岳:(嘉靖)《惠安县志》,《天一阁藏明代方志选刊》第32辑,上海:上海古籍书店,1982年,第6~7页。

祭。清末民初以来，由于惠安人到台湾和东南亚一带谋生的人越来越多，青山王信仰在当地得到广泛传播，今在台湾和东南亚兴建有崇祀青山王的庙宇多达 168 座，近年来纷纷组团到惠安诚应祖庙进香，或迎请金身，每年多达三千人次。① 青山王张悃，光州固始人，五代时随王潮、王审知入闽，奉闽王之命，率兵驻扎青山，以保境安民，殁而乡人庙祀之。张悃逝世后，海寇又经常在惠安沿海地区登陆，导致地方不宁。人们渴望社会安定，经济发展，安居乐业，故将武将张悃立为神祀之，以期借助神力抵御海寇，保全境平安。张悃殁后常出灵异，海寇登岸，每见旌旗敌空，金鼓时鸣，辄自引去。建炎年间，张悃助官兵抵御海寇有功，朝廷赐庙额"诚应"，封灵惠侯，妻华氏封昭顺夫人。景炎元年（1276 年）进封灵安王，夫人封显庆妃。至今每逢三月初十（青山王忌日）和十月廿三日（青山王诞辰日），信众都举行隆重的祭典活动以示纪念。

宋端宗赵昰景炎二年　元世祖忽必烈至元十四年　公元1277 年　丁丑年

七月，忽必烈升伯嘉努（百家奴）为镇国上将军、海外诸蕃宣慰使，兼福建道市舶提举。

按：《元史》卷一百二十九《列传第十六·伯嘉努（百家奴）传》载："（至元十四年）七月，遂朝于上都，升镇国上将军、海外诸蕃宣慰使，兼福建道市舶提举，仍领本翼军守福建。俄兼福建道长司宣慰使都元帅。是时福建多水灾，伯嘉努（百家奴）出私钱市米以赈，贫民全活者甚众。"② 元朝立国之初，因忙于战事，对海外贸易管理暂无暇顾及，故市舶官员多由地方大员兼领。直到至元后期，始由政府任命的官员专任，不再由他官兼任。百家奴，唆都（索多）之子，买住之侄，宋开庆元年（1259 年）随忽必烈南征，至元十三年（1276 年）追击张世杰所部至惠州甲子门，次年春正月，凯旋。七月，朝廷升伯嘉努（百家奴）为镇国上将军、海外诸蕃宣慰使，兼福建道市舶提举，不久兼任福建道长司宣慰使都元帅。百家奴治闽期间，多有善政。时福建多发水灾，百家奴拿出自己的钱买米赈灾，全活者甚众。至元十七年（1280 年），进京觐见忽必烈，加

---

① 谢贵文：《从惠安到台湾：青山王信仰的移植与变迁》，陈支平、肖惠中主编：《海上丝绸之路与泉港海国文明》，厦门：厦门大学出版社，2015 年，第 403～411 页。

② （明）宋濂、王祎：《元史》，《影印文渊阁四库全书》第 294 册，台北：台湾商务印书馆，1986 年，第 357～360 页。

授正奉大夫、宣尉使、都元帅。至元二十二年(1285年),随父唆都征战交趾,唆都战死,百家奴水陆转战有功,元武宗即位,升镇江路总管,至大四年(1311年),因病卒于家。

七月,宋张世杰攻泉州。蒲寿庚杀宋诸宗室及士大夫、在泉之淮兵。十月,张世杰因元军元帅唆都等来援,解泉州围南撤。

按:《闽书》卷一百五十二《蓄德志》:"七月,张世杰自海上回攻城,寿庚遣其党孙胜夫诣杭求唆都援兵,自与尤永贤、王与、金泳协谋拒守,尽杀淮军、宗子之在城者。攻凡九十日不下,世杰解去。寿庚进昭勇大将军、闽广都提举福建广东市舶事,改镇国上将军、参知政事。胜夫等各进官有差。"① 又《续资治通鉴》卷一百八十三《元纪》载:"(至元十四年、宋景炎二年)九月戊申,页特密实破邵武军,入福安。宋主舟次广之浅湾。命达春与李恒、吕师夔等以步卒入大庾岭,蒙古岱、索多、蒲寿庚及元帅刘深等以舟师下海,合追宋二王。宋张世杰使谢洪永进攻泉州南门,不利。蒲寿庚复阴赂畲军,攻城不力,得间道求救于索多。至是索多来援,世杰解围,还浅湾。"② 蒲寿庚降元后,又是时奔走,以舟师载泉州左翼军将领夏璟及其军队继续追击南宋残余势力,"先后捷瑞安,捷温陵,捷三阳"③,为元朝立下战功。张世杰闻蒲寿庚降元大怒,率宋军至泉州,攻打盘踞泉州的蒲寿庚,围泉州。兴化军知军陈文龙之女、晋江东石舶商许汉青之夫人会同族弟、漳浦起义军首领陈吊眼等闻之,亦率畲兵来助。蒲寿庚与尤永贤、王与、金泳协谋拒守,尽杀宋诸宗室及士大夫与淮兵之在泉者,同时派人向元军统帅索多(唆都)求救。蒲寿庚暗中以金银财宝贿赂畲军,再加上张世杰部将谢洪永进攻泉州南门失利,因而宋军虽声势浩大,但却久攻不下。很快,元军统帅索多率领大军增援泉州,宋军腹背受敌,遂解泉州围南撤,蒲寿庚转危为安。

七月,泊后渚港之海船毁于宋兵之手。

按:1974年8月25日,泉州湾后渚港挖掘出一艘宋代沉船,它是迄今国内已发掘出土的年代较早、体量最大、保存相对较完整的古代海

---

① (明)何乔远:《闽书》第5册,《闽书》校点组校点,福州:福建人民出版社,1994年,第4496页。

② (清)毕沅:《续资治通鉴》,《续修四库全书》第346册,上海:上海古籍出版社,2002年,第254页。

③ (宋)黄仲元:《四如集》卷四,《夏宣武将军墓志铭》,《影印文渊阁四库全书》第1188册,台北:台湾商务印书馆,1986年,第674页。

船。出土时,船体自舭部以上结构及桅、舵、碇等已不复存在,残存船体水下部分,残长 24.20m,残宽 9.15m。船体扁阔,平面近椭圆形,尖底。船内有 12 道隔舱板将船分隔成 13 舱,所有的舱壁钩联十分严密,水密程度很高。隔板与船壳用铁钩钉钩联在一起,并在两旁装置"肋骨",以增加船体强度。船体用材主要是杉木、松木和樟木三种,其中龙骨为两段松木结合而成,船壳基本上为杉木,桅座、舵座与肋骨均为樟木,隔舱板为杉樟并用。① 船舱出土物中最多的是香料、药物,有绛真、檀香、槟榔、乳香、龙涎、玳瑁等,其中香料木占多数,未经脱水时重量达 4700 多斤。也出土大量的陶瓷器,从器形、釉色、纹饰看,都具有宋代的特征。除此之外,船舱中共出土了铜钱 504 枚,除少数是唐钱外,其余全是宋钱,没有元代以后的铜钱,其中年号最晚的是二枚"咸淳元宝",背文一为"五"字,一为"七"字,说明海船是在咸淳七年(1271 年)后沉没的。而出土的海船的钉迹十分规整,船板尚新,故其使用年限当不长,应是咸淳七年前不久建成下水的。据陈高华等人推测,海船在靠近码头的内海湾沉没,应非遭风或触礁沉没,而船上物货仍存留有相当可观的数量,可证亦非遭海寇袭击掠夺,可能是毁于景炎二年(1277 年),张世杰围攻泉州之时。宋兵赶赴围城时,此船不及开走逃脱,船上人员弃船而逃,船随即被宋兵毁坏沉没。张世杰自泉州撤退后,人们已不知船之所踪,故一直沉没至今。② 这艘船及随船出土物现展陈于泉州开元寺内的古船陈列馆。

元朝立市舶司一于泉州,令孟古岱(忙古解)领之。

按:《元史》卷九十四《食货二·市舶互市之法》载:"至元十四年,立市舶司一于泉州,令孟古岱(忙古解)领之。立市舶司三于庆元、上海、澉浦,令福建安抚使杨发督之。每岁招集舶商,于番邦博易珠翠、香货等物。及次年回帆,依例抽解,然后听其货卖。时客舶自泉、福贩土产之物者,其所征亦与番货等,上海市舶司提控王楠以为言,于是定双抽、单抽之制。双抽者番货也,单抽者土货也。"③ 元朝早期市舶司设置极不

---

① 费利华、李国清:《泉州湾宋代海船保护 40 年回顾、现状与分析》,《文物保护与考古科学》2015 年第 4 期,第 95～100 页。

② 福建省泉州海外交通史博物馆:《泉州湾宋代海船发掘与研究》,北京:海洋出版社,1987 年,第 26、31～33、53～55 页。

③ (明)宋濂、王祎:《元史》,《影印文渊阁四库全书》第 293 册,台北:台湾商务印书馆,1986 年,第 798 页。

稳定。至元十四年(1277 年),立福建市舶司于泉州兼办盐课。此为元廷最早设立市舶司的地方,而广州迟至至元二十三年(1286 年)才设立市舶司,此消彼长之下,泉州港在元初即隐然超越广州港,迈向"东方第一大港"。至元二十一年(1284 年),元廷设市舶都转运司于杭、泉二州。九月,并市舶入盐运司,立福建等处盐课市舶都转运。二十二年正月,又诏立市舶都转运司。六月,并福建市舶司入盐运司,改曰都转运司,领福建漳、泉盐货市舶。二十三年十二月,复置泉州市舶提举司。二十四年闰二月,改福建市舶都转运司为都转运盐司,直到至元二十五年四月,才设置了单独的市舶司机构。可见至元间的大部分时段,市舶司几与盐课、转运诸司合并为一,合署办公。而市舶提举官员也多由其他官员兼任,非专置提举,孟古岱(忙古解)即由闽、广大都督行都元帅府事兼领市舶提举。孟古岱,蒙古塔塔儿氏,事世祖,为博州路鄂啰总管。至元七年(1270 年),又为监战万户,佩金虎符。八年,改邓州新军蒙古万户。十四年,改闽广大都督,行都元帅府事。时宋二王逃遁入海,孟古岱奉旨率诸军,与江西右丞达春(塔出)会兵收之。十五年,师还福州,拜参知政事。十月,召赴阙,升左丞。十六年七月,沙县盗起,诏孟古岱复行省事,讨平之。二十七年,特命为丞相,兼枢密院事,出镇江西,在官四十日卒。[①]

始置市舶司,领煎盐征课之事。

按:《元史》卷九十一《百官七·福建等处都转运盐使司》载:"福建等处都转运盐使司,秩正三品,使二员,同知二员,运判二员,经历、知事各一员,照磨一员。至元十四年,始置市舶司,领煎盐征课之事。二十四年,改立盐运使司。二十九年罢,立提举司。大德四年,复为运司。九年复罢,并入元帅府兼掌之。十年,复立都提举司。至大四年,复升运司,隶行省。"[②]元朝时盐利仍是国家最大财源,由于技术上的改进,福建盐产量较宋朝有所提高,但福建盐政制度之复杂、管理之紊乱则为淮、浙、广东等他处所不及。元朝前中期,福建盐务、市舶时而统领,时而分立,管理十分混乱。元世祖至元十三年(1276 年)立福建盐运司,此

---

① (明)宋濂、王祎:《元史》,《影印文渊阁四库全书》第 294 册,台北:台湾商务印书馆,1986 年,第 381～383 页。

② (明)宋濂、王祎:《元史》,《影印文渊阁四库全书》第 293 册,台北:台湾商务印书馆,1986 年,第 747 页。

为元代福建盐务主管机关之始,盐运司主要负责盐之运输;至元十四年始置市舶司,领煎盐征课之事,此时福建盐之煎晒、征课和运输分别统领于市舶司和盐运司。至元十六年,设转运使榷盐兼市舶;至元二十一年(1284年)将福建市舶提举司并入盐运司,立福建等处盐课市舶都转运司。至元二十四年,先改立福建等处转运盐使司,后又升为福建等处都转运盐使司,习惯上仍称为"盐运司"。至此,福建盐务、市舶正式分开管理。至元二十九年,福建盐运司及盐使司皆罢,立福建盐课提举司专司盐课。至元三十一年五月,升福建盐提举司为盐转运司。大德四年(1300年)复为运司,九年复罢,十年又立福建盐课都提举司。至大四年(1311年)改立福建盐运司,至此,福建盐政才趋于稳定,由福建等处都转运盐使司总领。① 此后,管理制度不断完善,福建等处都转运盐使司秩正三品,使二员,同知二员,运判二员,经历知事各一员,照磨一员。管理机构也趋于稳定,保持了较长一段时间。

宋端宗赵昰景炎三年　宋卫王赵昺祥兴元年　元世祖忽必烈至元十五年　公元1278年　戊寅年

八月乙丑,元朝制封泉州神女号"护国明著灵惠协己(正)善虔(庆)显济天妃"。

> 按:《元史》卷十《本纪第十·世祖七》载:"(至元十五年八月乙丑),制封泉州神女号"护国明著灵惠协己(正)善虔(庆)显济天妃。"② 又《新元史》卷八十七《礼志七》载:"泉州神女灵惠夫人,至元十五年,加号护国明著灵惠协己(正)善虔(庆)显济天妃。天历元年,加号护国庇民广济福惠明著天妃,赐庙号曰灵慈,直沽、平江,周泾、泉、福、兴化等处皆有庙。皇庆以来,岁遣使赍香遍祭,金幡一,合银一锭,付平江官漕司及本府官,用柔毛酒醴便服行事。祝文云:'维年月日,皇帝特遣某官等致祭于护国庇民广济福惠明著天妃。'"③ 南宋时期朝廷虽已对妈祖屡加敕封,但尚未奠定妈祖在众多海神中的独尊地位。元朝建立后,随着海上漕运重要性的突显,"国家以漕运为重事,海漕以神力为司命",妈祖被元廷授予更高封号,元世祖、元成宗、元文宗、元惠宗等几代皇帝都有对

---

① 吴家洲:《元代福建之盐政》,《盐业史研究》2020年3期,第50~57页。

② (明)宋濂、王祎:《元史》,《影印文渊阁四库全书》第292册,台北:台湾商务印书馆,1986年,第131页。

③ (民国)柯劭忞:《新元史》,上海:开明书店,1935年,第204页。

妈祖敕封。朝廷将妈祖作为漕运保护神而加以崇拜,纳入国有祭祀系统,在春秋两季皆要遣官致祭,在沿海航线各地也兴建了许多天妃宫,而以湄洲、泉州二庙最重要。不过,至元十五年(1278年),元廷首次对妈祖褒封时称"泉州神女"而不称"湄洲神女",或与泉州当时在元朝海外贸易和海外用兵中的重要地位有关。元朝建立以后不久,即在泉州设市舶司,元世祖下诏令唆都、蒲寿庚等招徕外商,又给予泉州优惠的低关税,吸引外商,很快造就了泉州港鼎盛局面,而元朝几次对日本、爪哇等海外诸国用兵,也皆是从泉州港出发。远洋航行风险更高,更需要海神的庇护,《元史》所载的"泉州神女",当指的是神化后的妈祖,即其时供奉在泉州顺济庙里的那尊妈祖神像。[①]

八月辛巳,诏令行中书省索多(唆都)、蒲寿庚等招徕外商。

按:《元史》卷十《本纪第十·世祖七》载:"(至元十五年八月辛巳),诏行中书省索多(唆都)、蒲寿庚等曰:'诸蕃国列居东南岛寨者,皆有慕义之心,可因蕃舶诸人宣布朕意,诚能来朝,朕将宠礼之。其往来互市,各从所欲。'诏谕军前及行省以下官吏,抚治百姓,务农乐业,军民官毋得占据民产,抑良为奴。以中书左丞董文炳签书枢密院事、参知政事,索多(唆都)、蒲寿庚并为中书左丞。"[②]唆都虽善战,但于诸海事并不熟悉,主要还是靠与诸番有丰富交往经验的蒲寿庚来执行招谕重任。蒲寿庚长子蒲师文、亲信尤永贤、孙胜夫等人都有往海外宣抚诸夷之行迹,其招谕活动均由泉州港出发,彰显了泉州港在元朝海外交通上的中心地位。

海外诸番宣尉使蒲师文与其副孙胜夫、尤永贤等,通道外国,抚宣诸夷。

按:元吴鉴《岛夷志略序》云:"世祖皇帝既平宋氏,始命正奉大夫、工部尚书、海外诸蕃宣慰使蒲师文与其副孙胜夫、尤永贤等通道外国,抚宣诸夷。"[③]但蒲师文究竟于何时出海招谕诸番,序文并无明说,徐晓望认为蒲师文应是在至元十五年(1278年)被派到海外去招徕诸邦,是一次不亚于郑和的远航。至元十八年(1281年),他到湄洲庙进香时,其官职为"正奉大夫、宣慰使、左副都元帅兼福建道市舶提举",可见蒲师

① 陈桂炳、高达峰:《"泉州神女"与元代泉州海外交通》,中国航海学会、泉州市人民政府编:《泉州港与海上丝绸之路(二)》,北京:中国社会科学出版社,2003年,第528~537页。

② (明)宋濂、王祎:《元史》,《影印文渊阁四库全书》第292册,台北:台湾商务印书馆,1986年,第131页。

③ (元)汪大渊:《岛夷志略校释》,苏继庼校释,北京:中华书局,1981年,第5页。

文回来后升了官,以新的官职去湄洲庙进香。① 此次远航结束后不久,尤永贤再次得到忽必烈重用,至元十七年(1280 年)十一月,尤永贤得授占城、马八儿国宣抚使,带同副将薛迢往占城、马八儿等国宣抚。

---

① 徐晓望:《论元代的湄洲庙与妈祖信仰》,《莆田学院学报》2007 年第 3 期,第 79～84 页。

三、元代(1279—1368)

宋卫王赵昺祥兴二年　元世祖忽必烈至元十六年　公元1279年　己卯年

二月甲申,敕扬州、湖南、赣州、泉州四省造战船六百艘以征日本。

　　按:《元史》卷十《本纪第十·世祖七》载:"(至元十六年二月甲申),……以征日本,敕扬州、湖南、赣州、泉州四省造战船六百艘。"[①]宋代起,泉州就是我国重要的造船基地,所造船只结构坚固、稳定性好、抗风力强、装载量大、吃水较深,尤适于远洋,是福船的先进代表。至元十六年(1279年),元廷准备对日本用兵,令扬州、湖南、赣州、泉州四省造战船600艘,其中泉州领造200艘,时任闽广大都督的蒲寿庚领旨在泉州督造大海船50艘。由于资金匮乏,至元十八年,蒲寿庚请求停造战船,以减轻百姓负担。当年,忽必烈派舰队东征日本,但遭台风袭击而失败。

五月辛亥,蒲寿庚请下诏招海外诸番,不允。

　　按:《元史》卷十《本纪第十·世祖七》载:"(至元十六年五月辛亥),蒲寿庚请下诏招海外诸蕃,不允。"[②]元以寿庚有功,官其诸子若孙,多至显达。至元十五年(1278年)八月,忽必烈还令索多、蒲寿庚等招诸番来华贸易,但仅数月之后,又不允蒲寿庚招海外诸番之请,至此蒲寿庚的海外贸易之利,始为忽必烈断之。方豪认为是因为蒲寿庚在此九月之间,以招诸番成绩优异,忽必烈恐其与索多等垄断番舶之利,故禁绝之。[③]

十二月,遣泉州人、蒲寿庚旧部万户孙胜夫等使占城,谕其王入朝。

　　按:《元史》卷二百十《占城》载:"(至元)十六年十二月,遣兵部侍郎

---

　　①　(明)宋濂、王祎:《元史》,《影印文渊阁四库全书》第292册,台北:台湾商务印书馆,1986年,第134页。

　　②　(明)宋濂、王祎:《元史》,《影印文渊阁四库全书》第292册,台北:台湾商务印书馆,1986年,第136页。

　　③　方豪:《中西交通史》,上海:上海人民出版社,2008年,第344页。

教化的、总管孟庆元、万户孙胜夫与唆都等使占城,谕其王入朝。"①孙胜夫,字壮敏,泉州人,蒲寿庚旧党。至元十四年(1277年),张世杰围泉州,蒲寿庚遣孙胜夫诣杭求唆都援兵,唆都派兵及时赶到,解了泉州之围。孙胜夫降元后历任万户、宣慰使、行省参政和左丞,其子孙天有长期担任镇戍泉州的万户府万户,其长孙孙三宝历任南雄路同知、福建闽海道肃政廉访司廉访使,祖孙三代"家荷帝恩",为元代泉州又一显赫家族,元亡乃止。② 明朝建立后,汉族人重掌政权,朱元璋乃"禁泉人蒲寿庚、孙胜夫之子,不得齿于士。盖治其先世导元倾宋之罪,故终夷之也。"③

福建路设转运使,榷盐货兼市舶。

> 按:《八闽通志》卷二十七《秩官·元福建等处都转运盐使司》引《三山续志》云:"至元十六年,设转运使,榷盐货兼市舶。"④此处转运使即指转运盐使司,盐运司与盐使司开始并存。此时,转运盐使司也兼领市舶事,两者合署办公。

元世祖忽必烈至元十七年　公元1280年　庚辰年

五月癸丑,福建行省移泉州。

> 按:《元史》卷十一《本纪第十·世祖八》载:"(至元十七年五月癸丑),福建行省移泉州。"⑤宋元更替之际,由于泉州未受大规模战乱影响,对外经贸往来迅速恢复,很快就成为"东南巨镇"和"梯航万国"的都会,在元朝经济和军事版图上占据重要的战略地位,为配合泉州作为中外交往中心的地位,元朝提高了泉州的政治地位,从府治提高到福建行省的首府。

二月二十日,上海市舶司招船提控王楠奏请今后兴贩泉、福物货,依数

① (明)宋濂、王祎:《元史》卷二百十《占城》,《影印文渊阁四库全书》第295册,台北:台湾商务印书馆,1986年,第732页。

② 陈丽华:《家荷帝恩:元代孙胜夫家族在泉州事迹考》,《福建文博》2018年第3期,第37~44页。

③ (明)陈懋仁:《泉南杂志》,《丛书集成初编》第3161册,上海:商务印书馆,1936年,第20~21页。

④ (明)黄仲昭:《八闽通志》上册卷二十七,《秩官》,福州:福建人民出版社,1990年,第583页。

⑤ (明)宋濂、王祎:《元史》,《影印文渊阁四库全书》第292册,台北:台湾商务印书馆,1986年,第145页。

单抽。

按:《大元圣政国朝典章》户部卷之八典章二十二《市舶则法二十三条》:"至元十七年二月二十日,行中书省来呈:'上海市舶司招船提控王楠状告:凡有客船自泉、福等郡短贩土产吉布、条铁等货物到舶抽分,却非番货,蒙官司照元文凭番货体例双抽,为此客少。参详吉布、条铁等货,即系本处土产物货。若依番货例双抽,似乎太重,客旅生受。今后兴贩泉、福物货,依数单抽。乞明降。'省府准呈,合下仰照验施行。"①此处"单抽""双抽"之"抽",指舶货抽解。单抽,指经市舶司抽解一次后即可发运至内地或出口海外;双抽,则指经市舶司抽解后,如再要转运至他地贩卖,须再经抽解一次。其具体比例究竟为何,学界有争论。据王杰考,单抽比例为"三十抽一",双抽则为"十五抽一",因泉、福诸州兴贩的土货虽也归之粗货,但与外来舶货不同,利润要低很多。故其抽分采用三十抽一的"单抽",而"双抽"则指外来舶货的粗货在土货三十抽一的基础上,再加一倍,抽解比率即为十五取一。②郑有国则认为元初朝廷将近海贸易也归到市舶司管理,并按照海外贸易例则来抽分。元初虽行"粗货十五抽一,精货十抽一"之制,但实际操作中却有"粗货十五抽三,精货十抽三",至延祐元年(1314年)修订市舶法时,才正式定下"粗货十五抽二,精货十抽二"。故此处单抽应指"十五抽一",双抽则是"十五抽二"。③姑且不论抽解比例为何,元廷将近海贸易纳入市舶司管理,并比照海外贸易例则抽分则是事实。因土货利润要少很多,故按同样税率抽分,无疑加重了百姓负担,致使国内物货贸易阻滞,商品流通不畅。因此,王楠提出将原先双抽的土货改为单抽的建议是合理的,并得到朝廷的采纳,降低了商品流通成本,提高了近海商人的积极性。

十一月,泉州永春人尤永贤得授占城、马八儿国宣抚使。先航马八儿国,至元十九年(1282年)返抵占城,适逢其内乱,尤永贤及副使等30多人皆遇害。

按:泉州《闽泉吴兴分派卿田尤氏族谱》的《元镇国将军加九锡充马八儿国宣抚使贤公传志》载:"公世居泉郡,宋忠训郎,带行环卫官、福州

① (元)拜柱:《大元圣政国朝典章》,《续修四库全书》第787册,上海:上海古籍出版社,2002年,第268页。

② 王杰:《中国古代对外航海贸易管理史》,大连:大连海事大学出版社,1994年,第192~193页。

③ 郑有国:《中国市舶制度研究》,福州:福建教育出版社,2004年,第187~188页。

路都铃辖。至于至元十三年归元。……十七年,征入觐,升安远将军万户侯、建宁路总管兼府尹。十一月,进镇国将军加九锡,又授占城、马八儿国宣抚使,正授征蛮大将军、总管,带同副将薛迢征金幽诸蛮,奉旨招谕盖南毗也。航海逾年,始至马八儿国,宣上威德,国人从风而靡。治舟以归。十九年,抵占城。继而天兵来伐,占城人以宣抚为绐,举国叛,宣抚使暨副将三十余人皆被杀。占城破,行省拘八儿表章礼物赴阙,朝命世袭。"①从族谱记载来看,尤永贤于至元十七年(1280年)十一月得授占城、马八儿国宣抚使,加上准备时间,其从泉州出海或在至元十八年春,原本自泉州风帆,"六十日至爪哇,百二十八日至马八儿"②。但因中途"征金幽诸蛮,奉旨招谕盖南毗",故"航海逾年",直到十九年初才至马八儿国。回国则乘风便,不数月抵达占城,适逢其内乱,尤永贤及副使等30多人皆遇害。至元十九年十月,元廷遣兵征占城,因"宣慰使尤永贤、亚阑等使马八儿国,舟经占城,皆被(占城国王子)执。故遣兵征之"③。

元世祖忽必烈至元十八年　公元1281年　辛巳年

十八年正月,噶扎尔哈雅(哈撒儿海牙)偕杨庭璧自泉州入海,往俱蓝国招谕。

> 按:《元史》卷二百十《列传第九十六·马八儿等国》载:"(至元十七年)十月,授噶扎尔哈雅(哈撒儿海牙)俱蓝国宣慰使,偕庭璧再往招谕。十八年正月,自泉州入海,行三月,抵僧伽耶山,舟人郑震等以阻风乏粮,劝往马八儿国,或可假陆路以达俱蓝国,从之。四月,至马八儿国新村马头,登岸。"④元之马八儿国,即宋之名注辇国,明代则称琐里,在今在印度半岛东南部的科罗曼德尔海岸一带。元之俱蓝国,即宋之麻啰拔国、故临国,即今印度南部西岸马拉巴尔(Malabar)地方。僧伽耶山,即在今斯里兰卡。元代时的马八儿国是当时通往印度洋西岸的两条海

---

① 王连茂:《元代泉州社会资料辑录》,《海交史研究》1993年第1期,第126~136页。

② (明)叶盛:《水东日记》卷十七,《广轮疆里图》,《影印文渊阁四库全书》第1041册,台北:台湾商务印书馆,1986年,第100~101页。

③ (明)宋濂、王祎:《元史》卷二百十,《占城》,《影印文渊阁四库全书》第295册,台北:台湾商务印书馆,1986年,第732页。

④ (明)宋濂、王祎:《元史》,《影印文渊阁四库全书》第292册,台北:台湾商务印书馆,1986年,第738~739页。

道的分航点，自西北行可经俱蓝、科泽科德至伊利汗国控辖的忽鲁谟斯，西南行可至海上岛国马尔代夫。经索科特拉岛至亚丁，地当印度洋要冲，为其时中西交通的印度洋海域的重要贸易港和中途给养补给站。[1] 元朝与马八儿国、俱蓝国交往甚密，曾派杨庭璧三次出使俱蓝国，一方面通过开辟海上新航路，遣使诏谕印度洋各国来贡，加强了与远在波斯的伊利汗国的联系；另一方面，加强对印度洋的控制，畅通东西航海要道，极力构建起环绕欧亚大陆和非洲北部以及东海岸的"亚非欧海上贸易圈"。

二月己丑，泉州已造海船五十艘，蒲寿庚奏请停造新船，以减民艰。

按：《元史》卷十一《本纪第十一·世祖八》载："（至元十八年二月己丑），福建省左丞蒲寿庚言：'诏造海船二百艘，今成者五十，民实艰苦。'诏止之。"[2] 至元十六年（1279 年），元廷准备对日本用兵，遂令扬州、湖南、赣州、泉州四地造战船 600 艘，其中泉州领造 200 艘。至元十八年（1281 年），泉州已造成海船五十艘，蒲寿庚向朝廷奏请停造新船，以减轻百姓负担，忽必烈采纳了他的建议。

四五月间，泉州印度商人圣班达·贝鲁玛创建印度教神庙，俗称番佛寺。

按：1956 年 12 月，泉州南门伍堡街民房内发现一方印度泰米尔文和汉方石碑，碑高 32 厘米，宽 55 厘米，厚 11 厘米。白花岗石雕成，碑面阴刻六行印度泰米尔文字，其下阴刻一行汉字，原为一碑，但很可惜，当吴文良先生发现此碑时，它已破损断裂为二段，是年即移入厦门大学人类博物馆保存。泰米尔文字石碑经日本国东京大学辛岛辛教授释读，几成定本，其汉文译文为："向庄严的合罗致敬，愿此地繁荣昌盛。时于释迦历 1203 年（公元 1281 年）奇帝莱日（4—5 月）的奇帝莱之日，圣班达·贝鲁玛，别名达瓦·查库拉瓦蒂（尊称）蒙契嘎察伊汗的御赐执照，为了契嘎察伊汗的健康，建造了乌代耶尔·铁尔迦尼·舒拉代耶尔神的神像。""合罗"亦即印度教的湿婆神，按辛岛辛的说法，是元世祖忽必烈的长子曾患疾病，而泉州的印度商人为了建印度教寺立碑效忠元廷，祈求忽必烈之子恢复健康。但是"契嘎察伊汗"是谁？则无可稽考。碑

---

[1] 马建春、王籲：《元代马八儿》，《国家航海》2018 年第 2 期，第 84～106 页。

[2] （明）宋濂、王祎：《元史》，《影印文渊阁四库全书》第 292 册，台北：台湾商务印书馆，1986 年，第 150 页。

文汉字吴幼雄读为："路和智日通□日籍理无师矩山经"或"经山矩师无理籍日□通日智和路"，不过具体是什么意思，还有待研究。[①] 2019 年，在伍堡街附近、俗称"番佛寺"的遗址出土了第二块泰米尔、中文双语碑铭，其形制、字体、石材与第一块碑铭类似，这块碑铭上，泰米尔文字共有四行，第五行是中文。泰米尔文部分由 Yellava Subbarayalu 解读，由沈丹森（Tansen Sen）译成英语，其意如下："敬礼诃罗！让世界富有、降雨丰沛、真信者富有，唯有湿婆派的道路繁荣昌盛，让洁白的圣灰超越一切！"中文部分可以读出："开山祖师蔗哇籍加那日智和尚。"开山祖师是依照汉传佛教的习俗，将一座寺院或者一个宗派的奠基人，称作"开山祖师某某和尚"。"蔗哇"应该是"爪哇"（Java），"加那日智"是印度史诗《摩诃婆罗多》的英雄"阿周那"的别称，这可以是一位印度教信徒的名字。从碑文来看，该寺庙住持加那日智，应该是来自爪哇，这也就解开了之前那方石碑最后一行汉字之谜。[②]

印度教是世界上最古老的宗教之一，起源于古代印度河流域。宋元时期，许多印度商人沿着海上丝绸之路来到泉州，也带来了他们的信仰和印度教建筑艺术，并在泉州修建印度教寺和若干祭坛。根据相关文献记载及丰富的石刻遗存，元代时，泉州应该至少有两座印度教寺。一座是建于 1281 年的供奉湿婆神的寺院，一座是至正年间泉州市舶使阿亚那所建的番佛寺。[③] 至正末，泉州由于遭遇兵乱等各种原因，印度商人纷纷跑回国或远走他乡，印度教与祭坛遂废灭无闻。20 世纪初以来，泉州陆续发现了 300 多方的印度教石刻，成为中国唯一留下印度教寺遗存的城市。这些石刻是元代印度教寺及祭坛的建筑构件，以印度教主神和有关神话传说为题材，吸收中国元素，加以印度及中国常见的纹饰，塑造出兼有中国风味的印度图像。它们大部分集中发现于开

---

① 吴文良、吴幼雄：《泉州宗教石刻（增订本）》，北京：科学出版社，2005 年，第 460～461 页。

② 陈建中等：《泉州番佛寺遗址考古勘探简报》，《福建文博》2020 年第 1 期，第 16～23 页；张红兴等：《泉州旧车站片区考古调查、勘探简报》，《福建文博》2020 第 2 期，第 2～10 页；刘震：《泉州泰米尔文、汉文双语碑铭增补考》，《海交史研究》2020 年第 4 期，第 21～29 页。

③ 关于阿亚那所建番佛寺是否就是印度教寺庙，学界有不同看法。韩振华、努尔等人就认为番佛寺是伊斯兰教寺庙，而不是印度教寺庙。努尔：《那兀纳与番佛寺》，《中国穆斯林》1982 年第 1 期，第 42～47 页；韩振华：《元末泉州伊斯兰的"番佛寺"》，《海交史研究》1998 年第 1 期，第 96～98 页；王丽明：《泉州印度教石刻研究回顾与思考》，《海交史研究》2016 年第 1 期，第 122～136 页。

元寺附近区域和泉州南校场、南门城垣、通淮门城垣区域,现大部分都收藏在泉州海外交通史博物馆和开元寺、天后宫等处。由于历史文献对泉州番佛寺乃至印度教着墨极少,而考古勘探也尚未发现关于番佛寺的相关信息,仅靠遗存的印度教石刻很难重现当时的场景,因此关于泉州番佛寺是否就是印度教寺庙、泉州历史上有几座番佛寺,以及印度教何时传入泉州等诸多问题,尚需挖掘更多的文献和考古证据予以解谜。

九月癸酉,令商贾市舶货物已经泉州抽分者,诸处贸易,止令输税。

按:《元史》卷十一《本纪第十一·世祖八》载:"(至元十八年九月)癸酉,商贾市舶物货已经泉州抽分者,诸处贸易,止令输税。益耽罗戍兵,仍命高丽国给战具。"[1]为保证刺桐港的贸易利益,元廷下令商贾市舶货物凡经泉州抽分后,不得再次抽分,只缴纳地方行销税即可。这表明泉州市舶司在当时已相当于是中国海关的总关,是东南沿海诸港的"示范区",为其他诸港贸易提供范例。

遣正奉大夫、宣慰使、左副都元帅兼福建道市舶提举蒲师文册封妈祖为"护国明著天妃"。

按:《天妃显圣录》载:"元世祖至元十八年,封'护国明著天妃'诏。制曰:惟昔有国,祀为大事。自有虞望秩而下,海岳之祀,日致崇极。朕恭承天休,奄有四海,粤若稽古,咸秩无文。惟尔有神,保护海道,舟师漕运,恃神为命,威灵赫濯,应验昭彰。自混一以来,未遑封爵,有司奏请,礼亦宜之。今遣正奉大夫、宣慰使、左副都元帅兼福建道市舶提举蒲师文册尔为'护国明著天妃'。於戏!捍患御灾,功载祀典,辅相之功甚大,追崇之礼宜优。尔其服兹新命,以孚佑我黎民,阴相我国家,则神之享祀有荣,永世无极矣!"[2]蒲寿庚降元后,受到元廷的重用,官至平章政事,掌握了泉州的最高权力。至元十八年(1281年),"海云平章"(即蒲寿庚)与其兄蒲寿晟兴复纯阳洞。[3]今清源山上留有石刻以记之。其子孙也多得元廷重用,被授以高官厚禄,泉人避其熏炎者十余年。蒲师

---

① (明)宋濂、王祎:《元史》,《影印文渊阁四库全书》第292册,台北:台湾商务印书馆,1986年,第152页。

② (清)佚名:《天妃显圣录》,《台湾文献丛刊》第77种,台北:台湾银行经济研究室,1960年,第3页。

③ (元)释用平:《重建清源纯阳洞记》,《泉州宗教石刻(增订本)》,北京:科学出版社,2005年,第574~575页。

文,字章甫,号立庵、行一,乃蒲寿庚长子。性暴悍嗜杀,淮兵、赵宋宗子之死,师文力居多。① 蒲师文因其父经营诸番的关系,得授海外诸番宣尉使兼福建道市舶提举,负有管理海外贸易之责。至元十八年(1281年),受朝廷派遣,前往湄洲庙进香,册封妈祖为"护国明著天妃"。

元世祖忽必烈至元十九年　公元1282年　壬午年

九月壬申,敕泉州、扬州等地共造大小船三千艘。

> 按:《元史》卷十二《本纪第十二·世祖九》载:"(至元十九年九月)壬申,敕平滦、高丽、耽罗及扬州、隆兴、泉州共造大小船三千艘。"② 元代的造船基地主要有泉州、广州、扬州等,每年的造船数量非常多,不仅体积庞大、载重量,也相当可观,最大的船载重量可达万石(600吨左右),海路中通常使用的船只,载重量也有一二千石。中世纪摩洛哥旅行家伊本·白图泰就曾提到泉州制造的大海船,称:"中国船只共分三类:大的称作艟克,复数是朱努克。中者为艚,小者为舸舸姆。大船有十帆,至少是三帆,帆系用藤篾编织,其状如席,常挂不落。顺风调帆,下锚时亦不落帆。每一大船役使千人:其中海员六百,战士四百,包括弓箭射手和持盾战士以及发射石油弹战士。随从每一大船有小船三艘,半大者,三分之一大者,四分之一大者,此种巨船只在中国的刺桐城建造,或在隋尼凯兰即隋尼隋尼建造。"③ 可见当时的泉州和广州已是全国知名的造船中心,其造船工艺居于世界领先地位,制造的海船不仅体形巨大,性能良好,且航器先进,设备齐全,被广泛应用于航海商贸和海军战斗。

诏令市舶司以钱易海外金珠货物,仍听舶户通贩抽分。

> 按:《元史》卷九十四《食货二·市舶互市之法》载:"至元十九年,又用耿左丞言,以钞易铜钱,令市舶司以钱易海外金珠货物,仍听舶户通

---

① (明)何乔远:《闽书》第5册,《闽书》校点组校点,福州:福建人民出版社,1994年,第4496页。

② (明)宋濂、王祎:《元史》,《影印文渊阁四库全书》第292册,台北:台湾商务印书馆,1986年,第160页。

③ [摩洛哥]伊本·白图泰:《伊本·白图泰游记》,马金鹏译,银川:宁夏人民出版社,1985年,第490页。

贩抽分。"①与宋朝对进口舶货实行严格的禁榷、博买等管控制度不同,元朝取消了对进口货物的审查管制,而对于出口货物,则实行部分禁止出海的管制制度。对于宋代屡禁不止的铜钱下海现象,元初也没有加以管制,而是放任自流,全面放开了进出口货物的限制。不过,这种情况并没维持多久,至元二十年(1283 年),朝廷担心钱币持续外泄会引发国内经济危机,遂下令禁止以金属货币进行外贸结算。

元世祖忽必烈至元二十年　公元1283 年　癸未年

三月丁巳,罢福建市舶总管府,存提举司,并泉州行省入福建行省。

  按:《元史》卷十二《本纪第十二·世祖九》载:"(至元二十年三月丁巳),罢福建市舶总管府,存提举司,并泉州行省入福建行省。"②元初市舶司常常更改名称,时称市舶总管府,又称市舶都转运司、提举市舶使司等,直到至治二年(1322 年)才统一称为"市舶提举司",不再反复变化。

六月庚寅,定市舶抽分例,舶货精者取十之一,粗者十五。

  按:《元史》卷十二《本纪第十二·世祖九》载:"(至元二十年六月)庚寅,定市舶抽分例,舶货精者取十之一,粗者十五。"③元初抽分沿宋制,对细货征税十分之一,粗货十五分之一。此后,由于偷、漏及夹带严重,至元三十年(1293 年),元廷颁布《市舶则例》二十二条,再次明确抽分比例为"粗货十五分中一分,细货十分中一分"。总体而言,元初市舶司对舶货的抽分大抵是取此数。直到延祐元年(1314 年),朝廷才将抽分之数改为"细物十分抽二,粗物十五分抽二",即按元初抽分数的二倍加以征收。

十月,孟古岱言舶商皆以金银易香木,于是下令禁之,唯铁不禁。

  按:《元史》卷九十四《食货二·市舶互市之法》载:"(至元二十年)

---

  ①　(明)宋濂、王祎:《元史》,《影印文渊阁四库全书》第 293 册,台北:台湾商务印书馆,1986 年,第 798 页。

  ②　(明)宋濂、王祎:《元史》,《影印文渊阁四库全书》第 292 册,台北:台湾商务印书馆,1986 年,第 164 页。

  ③　(明)宋濂、王祎:《元史》,《影印文渊阁四库全书》第 292 册,台北:台湾商务印书馆,1986 年,第 167 页。

十月，孟古岱言，舶商皆以金银易香木，于是下令禁之，唯铁不禁。"①由于元初未禁金属下海，导致金、银、铜等货币的大量流失，元朝政府终于意识到钱币外泄会引发与南宋同样的问题。至元二十年（1283年），始禁以金属货币进行外贸结算。但元朝政府并没有照搬南宋政府的方法使用易货方式进行结算，而是采用纸质货币进行结算。元代的币制，始终以使用纸币为主，并禁止金银流通。发行纸币时，以银为本位，规定纸钞无限法偿，并设立平准库，买卖金银以准持钞价，使钞法流通，民受其利，也极大促进了商业贸易的发展。由于元朝存在的时间不长，铸币有限，且大量使用纸币，故元代铸造的铜钱颇为珍贵。

元世祖忽必烈至元二十一年　公元1284年　甲申年

二月辛巳，以福建宣慰使管如德为泉州行省参知政事，征缅。

按：《元史》卷十三《本纪第十三·世祖十》载："（至元二十一年）二月辛巳，以福建宣慰使管如德为泉州行省参知政事，征缅。"②至元间，元朝五次于泉州设省，至元二十一年（1284年）为第四次设省。当年九月，福建行省并入江淮行省，蒲寿庚被授以行省左丞分省泉州，行使行省平章政事职权。此为泉州第五次设省，更置甚为频繁，或为镇压百姓起义、对外征战及传输贡物及军饷之需。③

七月，王积翁出使日本，行至对马岛附近，为泉州人任大公所杀。

按：周密《癸辛杂识》别集上《王积翁》载："王积翁留耕，参政伯大之侄也。尝宰富阳有声，后觐北，留连甚久，遂自诡宣谕日本，遂命为奉使，以兵送之。至温陵，有任大公者，家有四舶，王尽拘用之，使行，又于途中鞭之。有诇语，王颇闻之，至骷山（即髑髅山），以好语、官职诱之，且付以空头总管文帖，且作大茶饭享之。任亦领略，亦作酒以报，众使醉饱，任纵兵尽杀之，靡有孑遗。王窜匿于柁楼下，任叱之曰：'奉使何在？'犹佯笑曰：'在此。'出则叩头乞命，任顾其徒，鞭而挤之于水，席卷所有宝物、货财而去。取所乘身断其首尾，使若倭身然。后有水手四人

---

① （明）宋濂、王祎：《元史》，《影印文渊阁四库全书》第293册，台北：台湾商务印书馆，1986年，第798～799页。

② （明）宋濂、王祎：《元史》，《影印文渊阁四库全书》第292册，台北：台湾商务印书馆，1986年，第172页。

③ 吴幼雄：《元代泉州八次设省与蒲寿庚任泉州行省平章政事考》，《福建论坛（人文社会科学版）》1988年第2期，第43～47页。

逃回永嘉,北朝为之立庙赐谥焉。"①王积翁(1229—1284年),字良存,自号存耕,福建长溪县(今霞浦)人,以荫入仕。德祐二年(1276年)八月,宋廷以王积翁为福建提刑、招捕使,知南剑州。当年十一月,元兵在唆都(索多)率领下,陆续攻破建宁府、邵武军,兵锋进至福州。时王积翁虽被任命为福建制置使,但此时福州城中缺兵无援,实为空城,王积翁思虑再三,决定降元。遂单骑赴唆都军营,约以元兵进城不扰民和献八郡图籍为交换条件后,即与知府王刚中同降。② 王积翁被元廷任命为建宁府知府。至元二十一年(1284年)正月,元朝廷拟再次计划征讨日本,王积翁正好朝觐,元世祖以征伐日本事问他,王积翁考虑到朝廷此前两次伐日均已遭到失败,不仅劳民伤财,且有损国威,为舒民困计,遂向忽必烈进言:"日本未易以力服,而可以计取。诚令臣得备一介之使,以招徕之事,成可无残民匮财,即事不成亦无损国威重。"③忽必烈从其言,至元二十一年春正月甲戌,"遣王积翁赍诏使日本"④。四月,王积翁和普陀山如智禅师、思溪禅师接到诏书,他们征用了温陵(泉州)任大公的四艘船,还从永嘉等地招募了水手,于五月十三日。从宁波出发,五月下旬抵达耽罗(今济州岛)。六月中旬,使船团到达高丽合浦(今韩国釜山附近镇海湾马山浦)。由于担心到日本之后会像之前使臣杜世忠那样被斩首,船夫任大公等人不愿前行,消极怠工,王积翁对其处以鞭刑,任大公暗生报复心思。后船队继续前行,即将到达对马岛的骽山(即髑髅山),王积翁怕生变故,又对任大公等人加以安抚,以好语、官职诱之,且许诺回国后聘他为总管并当场写下文帖,还拉任大公等人同桌吃饭。七月十四日,船行至对马岛,半夜时分,任大公请船上众人喝酒,"众使醉饱",任大公与同谋者突然暴起杀人,王积翁躲于舵楼下,求饶不得,遂被杀害,年五十有六。任大公席卷所有宝物、货财,并将船断其首尾,伪装成日本船只而去。天明之后,如智禅师船上的人才发现海面上漂浮着部分使团成员的尸体,方知出事,只好返航。后来,如智禅师

---

① (宋)周密:《癸辛杂识》,吴企明点校,北京:中华书局,1988年,第246~247页。

② (明)宋濂、王祎:《元史》,《影印文渊阁四库全书》第294册,台北:台湾商务印书馆,1986年,第357页。

③ (元)黄溍:《金华黄先生文集》第八卷,《忠愍王公祠堂碑》,《四部丛刊初编》第1460册,上海:商务印书馆,1919年,第5~8页。

④ (明)宋濂、王祎:《元史》,《影印文渊阁四库全书》第292册,台北:台湾商务印书馆,1986年,第172页。

再次到日本,并于至元二十八年(1291 年)在日本回忆并记录了这次行程,后收录于日本史书《善邻国宝记·海印接待庵记》中,不过由于未乘同一艘船,他对王积翁如何被害一事竟一无所知。好在后来的当事水手四人逃回永嘉,将这件事披露了出来,周密在《癸辛杂识》中得以详细记录了王积翁遇害的经过。关于王积翁出使日本一事的相关考证,可丁磊的《从〈王公堂祠碑〉来看王积翁使日问题》,载于《元史及民族与边疆研究集刊》第三十辑,2015 年。

九月甲申,并市舶司入盐运司,立福建等处盐课市舶都转运司。

　　按:《元史》卷十三《本纪第十三·世祖十》载:"(至元二十一年)九月甲申,京师地震。并市舶司入盐运司,立福建等处盐课市舶都转运司。中书省言:'福建行省军饷绝少,必于扬州转输,事多迟误。若并两省为一,分命省臣治泉州为便。'诏以中书右丞、行省事孟古岱为江淮等处行中书省平章政事,其行省左丞呼喇珠、蒲寿庚,参政管如德分省泉州。"①又《元史》卷九十四《食货二·市舶互市之法》载:"(至元)二十二年,并福建市舶司入盐运司,改曰都转运司,领福建漳、泉盐货市舶。"②关于并福建市舶司入盐运司的时间,《元史》的这两处记载有矛盾之处。《续文献通考》《六典通考》《元书》的记载与《元史》卷九十四《食货二·市舶》记载同,而《续通志》《蒙兀儿史记》《元史类编》的记载与《元史》卷十三《本纪第十三·世祖十》记载相类。据吴家洲考,福建市舶仅开泉州一处,盐产则有福、兴、漳、泉四处,疑《元史》卷九十四《食货二·市舶》的记载有误,福建市舶提举司并入盐运司,立福建等处盐课市舶都转运司应发生在至元二十一年(1284 年)。同年,又在泉州设市舶都转运司。③ 其年,福建行省与江淮行省合并,于泉州置分省,此时蒲寿庚为左丞,仍掌握泉州的最高权力。

　　十一月癸卯,福建行省遣使人巴噶鲁斯(八合鲁斯)招降南巫里、别里剌、理伦、大力等四国。

　　按:《元史》卷十三《本纪第十三·世祖十》载:"(至元二十一年十一月)癸卯,福建行省遣使人巴噶鲁斯(八合鲁斯)招降南巫里、别里剌、理

---

①　(明)宋濂、王祎:《元史》,《影印文渊阁四库全书》第 292 册,台北:台湾商务印书馆,1986 年,第 175~176 页。

②　(明)宋濂、王祎:《元史》,《影印文渊阁四库全书》第 293 册,台北:台湾商务印书馆,1986 年,第 799 页。

③　吴家洲:《元代福建之盐政》,《盐业史研究》2020 年 3 期,第 50~57 页。

伦、大力等四国,各遣其相奉表以方物来贡。"①南巫里(Lamuri),《马可波罗行纪》作 Lambri,宋代《诸蕃志》作蓝无里,《岛夷志略》作喃诬哩、《瀛涯胜览》作南淳里,在今印尼苏门答腊岛西北角亚齐河下游哥打拉夜(Kotaraya)一带。别里剌(Perlak),又称法里郎、法里剌,《马可波罗行纪》作 Ferlac,在今苏门答腊岛东北岸兰沙西北之珀拉克(Parlak)。理伦(Lide),《瀛涯胜览》《西洋朝贡典录》作黎代,《明史·外国传六》作黎伐(伐为代之讹误),此国在那姑儿西,当在苏门答腊岛亚齐以东梅雷杜(Meureu—du)一带。大力(Deli),《岛夷志略》作日丽,在今苏门答腊岛东北岸的日里(Deli)。②此四国皆在印尼苏门答腊岛北部,处于海上丝绸之路南洋通往西洋的必经之路。元廷重视与海外诸国发展贸易,故遣使往南洋招谕。四国也皆遣其相奉表以方物来贡。

设市舶都转运司于杭、泉二州,官自具船、给本,选人入番,贸易诸货。

　　按:《元史》卷九十四《食货二·市舶互市之法》载:"(至元)二十一年,设市舶都转运司于杭、泉二州,官自具船、给本,选人入番,贸易诸货。其所获之息以十分为率,官取其七,所易人得其三。凡权势之家,皆不得用己钱入番为贾,犯者罪之,仍籍其家产之半。其诸番客旅就官船卖买者,依例抽之。"③此项政策为卢世荣向忽必烈提出的。当时蒙古贵族赢利极盛,这些权豪势要多利用特权偷税、漏税,营私舞弊,与国家争利,造成财政收入的重大损失。卢世荣推行"官本船"制度,旨在抑制贵族势力,禁止权势之家用己钱入番为贾,而改由政府垄断海外贸易,以杜绝市舶之弊,提高国家财政收入。但是这种制度触犯了蒙古贵族及官僚商人的利益,难以通行,权豪势起而反扑,第二年,卢世荣即被下狱处死。

伊克穆苏(亦黑迷失)自僧迦剌国使返泉州。

　　按:《元史》卷一百三十一《伊克默色传·伊克默邑》载:"伊克穆苏(亦黑迷失),辉和尔人也。至元二年,入备宿卫。九年,奉世祖命使海外八罗孛国。十一年,偕其国人以珍宝奉表来朝,帝嘉之,赐金虎符。

① (明)宋濂、王祎:《元史》,《影印文渊阁四库全书》第 292 册,台北:台湾商务印书馆,1986 年,第 176~177 页。

② 陈佳荣等:《古代南海地名汇释》,北京:中华书局,1986 年,第 935、982~983、977、1019 页。

③ (明)宋濂、王祎:《元史》,《影印文渊阁四库全书》第 293 册,台北:台湾商务印书馆,1986 年,第 799 页。

十二年,再使其国,与其国师以名药来献,赏赐甚厚。十四年,授兵部侍郎。十八年,拜荆湖占城等处行中书参知政事,招谕占城。二十一年,召还。复命使海外僧迦剌国,观佛钵舍利,赐以玉带、衣服、鞍辔。二十二年,自海上还,以参知政事管领镇南王府事,复赐玉带。"①僧迦剌(Simhala),即《宋书》《梁书》《新唐书》《旧唐书》之狮子国,《诸蕃志》之细兰,《岛夷志略》之僧加剌、僧伽剌,《瀛涯胜览》之锡兰,《明史》《星槎胜览》之锡兰山,在今之斯里兰卡。②根据《元史》的记载,至元二十一年(1284年),亦黑迷失被忽必烈召回,奉命出使僧迦剌国,当年就完成任务。但据陈丽华考证,《元史》的记载或有误,按常理,往返僧迦剌国的航程不可能在短时间内完成,一般是秋冬季乘西北季风起航,第二年夏季乘东南季风返回,亦黑迷失出使僧迦剌国时间应为至元二十年(1283年),至元二十年一才回国。③亦黑迷失,元代航海家、政治家,至元二年(1265年)入宫服侍忽必烈,至元九年至至元二十四年,先后四次奉使八罗孛国、僧迦剌国和马八儿国,因出使功劳,累官至行泉府太卿、福建行省平章,元仁宗时诏封"吴国公"。至迟在至元二十年,亦黑迷失即已来过泉州。至元二十一年,奉命使僧迦剌国。二十四年,使马八儿国,均是从泉州出发。至元二十八年,以泉府司左丞来泉,娶盛世忠之孙女盛柔善。④至元三十年(1293年),亦黑迷失随史弼、高兴远征爪哇败归,仍回泉州任职定居,掌管在泉州港的斡脱商帮及海外交通事务。大德五年(1301年)七月,盛柔善因病去世,留下一双幼女。

元世祖忽必烈至元二十二年　公元1285年　乙酉年

春正月壬午,诏立市舶都转运司。六月庚午,诏减商税,罢牙行,省市舶司入转运司。

> 按:《元史》卷十三《本纪第十三·世祖十》载:"(至元二十二年春正月)壬午,诏立市舶都转运司。……(六月)庚午,诏减商税,罢牙行,省

---

①　(明)宋濂、王祎:《元史》,《影印文渊阁四库全书》第294册,台北:台湾商务印书馆,1986年,第388~389页。

②　陈佳荣等:《古代南海地名汇释》,北京:中华书局,1986年,第1039~1040页。

③　陈丽华:《元代畏吾儿航海家亦黑迷失与泉州港——以三方碑刻为中心》,《海交史研究》2017年第1期,第121~138页。

④　(元)盛师度:《盛柔善墓志铭》,载《元代畏吾儿航海家亦黑迷失与泉州港——以三方碑刻为中心》,《海交史研究》2017年第1期,第121~138页。

市舶司入转运司。"①元初市舶司多有调整,或独立设司,或将其合并入转运司,或并入盐使司,而合署办公的时间较多。概为方便管理起见,元廷将这几个有关财政的机构合并一处,后又将市舶司转由泉府司直接管辖。

九月戊辰,罢禁海商。

　　按:《元史》卷十三《本纪第十三·世祖十》载:"戊辰,罢禁海商。"②元廷于至元二十一年始推行"官本船"制度,将海洋贸易权收归国有,导致走私现象的普遍出现。走私贸易不仅影响了"官本船"制度的推行,更是为国家带来了安全隐患。为打击私商贸易,元朝先后实行过几次海禁,贯穿于整个元朝的始终。但是每每禁后即因为国家的实际需要而取消,海禁的时间几次加起来只有十余年。

元世祖忽必烈至元二十三年　公元 1286 年　丙戌年

八月己亥,以市舶司隶泉府司。十二月乙卯,复置泉州市舶提举司。

　　按:《元史》卷十四《本纪第十四·世祖十一》载:"(至元二十三年八月己亥),以市舶司隶泉府司。……(十二月乙卯),复置泉州市舶提举司。"③元代沿袭了蒙古国时期的斡脱制度,在斡脱机构建制的基础上设立了泉府司,它是管理官营商业的机构。大德十一年(1307 年)改称"泉府院",掌管斡脱经营、海运、市舶贸易等。元廷在中央泉府院之下,于各行省设行泉府司,以市舶司隶泉府司,受其管辖,故市舶司受泉府司和行省的双重领导。

禁海外博易者,毋用铜钱。

　　按:《元史》卷九十四《食货二·市舶互市之法》载:"(至元)二十三年,禁海外博易者,毋用铜钱。"④元初未严格限制铜钱出海,至元十九年(1282 年),仍许以钞易铜钱,令市舶司以钱易海外金珠货物。不过这一

　　① (明)宋濂、王祎:《元史》,《影印文渊阁四库全书》第 292 册,台北:台湾商务印书馆,1986 年,第 177、181 页。
　　② (明)宋濂、王祎:《元史》,《影印文渊阁四库全书》第 292 册,台北:台湾商务印书馆,1986 年,第 182 页。
　　③ (明)宋濂、王祎:《元史》,《影印文渊阁四库全书》第 292 册,台北:台湾商务印书馆,1986 年,第 193、194 页。
　　④ (明)宋濂、王祎:《元史》,《影印文渊阁四库全书》第 293 册,台北:台湾商务印书馆,1986 年,第 799 页。

政策没能持续多久,至元二十年即已开始禁金银入海交易。至元二十三年,又禁铜钱出海易货,概因前期管理松弛,致铜钱大量外泄,引发与南宋同样的问题,引起忽必烈的重视,遂禁铜钱出海。

元世祖忽必烈至元二十四年　公元 1287 年　丁亥年

闰二月乙酉,改福建市舶都漕运司为都转运盐使司。

> 按:《元史》卷十四《本纪第十四·世祖十一》载:"(至元二十四年闰二月乙酉),改福建市舶都漕运司为都转运盐使司。"[1]至元二十一年(1284 年),元廷将福建市舶提举司并入盐运司,立福建等处盐课市舶都转运司。同年又在泉州设市舶都转运司,即"福建市舶都漕运司",主管福建漳州、泉州等地的盐货、市舶等事务。直到至元二十四年(1287 年)改为"都转盐运司"后,市舶司才从盐运司中真正分离出来。

伊克穆苏(亦黑迷失)从泉州港启航,出使马八儿国。至元二十六年(1289 年),返回泉州。

> 按:《元史》卷一百三十一《伊克默色传》载:"(至元)二十四年,使马八儿国,取佛钵舍利,浮海阻风,行一年乃至。得其良医善药,遂与其国人来贡方物,又以私钱购紫檀木殿材并献之。"[2]至元二十四年,亦黑迷失奉忽必烈之命使马八儿国,浮海阻风,行一年乃至,两年后从马八儿国返回泉州。此次出使名为取佛钵舍利,实则是为忽必烈搜罗良医善药及各种奇珍异宝,又以私钱购紫檀木殿材进献给忽必烈,得到忽必烈的赞赏。至元二十八年(1291 年),忽必烈用这批紫檀木建造了"紫檀殿",内设御榻,晚年常在此理政、歇息。[3]

王道授中顺大夫、泉州路总管兼府尹。

> 按:元王恽《秋涧集》卷五十五《大元故中顺大夫徽州路总管兼管内劝农事王公神道碑铭(并序)》曰:"公讳道,字之问,姓王氏,其先为京兆终南县人,世将家。……廿四年,授中顺大夫、泉州路总管兼府尹。泉据南海津会,豪侩吏商假权贵声势,日凌轹请索,紊大府纪纲,牟取众

---

①　(明)宋濂、王祎:《元史》,《影印文渊阁四库全书》第 292 册,台北:台湾商务印书馆,1986 年,第 197 页。

②　(明)宋濂、王祎:《元史》,《影印文渊阁四库全书》第 294 册,台北:台湾商务印书馆,1986 年,第 388~389 页。

③　陈丽华:《元代畏吾儿航海家亦黑迷失与泉州港——以三方碑刻为中心》,《海交史研究》2017 年第 1 期,第 121~138 页。

利。公折以理,拒以威,辄落其机牙,束手嗫语而去,公堂为肃然。……
维闽之南大府泉,畀公抚循面则专。锄剃强梗安茕鳏,风帆踔海鱼龙
翻。万货山积来诸番,晋江控扼实要关。势取豪索非一端,不动声气为
周旋。"① 王道,字之问,先世京兆终南人,后迁潍州北海县。至元初,以
布衣上书,请置执法官则吏畏政肃。至元二十四年(1287年),授泉州路
总管。元初,泉州即凭借政治优势和海陆交通要道,成为元朝最重要的
通商口岸之一。当时泉州的海外贸易十分繁盛,番商云集、帆樯如林,
有"万货山积来诸番,晋江控扼实要关"之说。出口货物汇聚于泉州港
远销海外,进口商品也被转贩于国内其他市场,形成国内最大的中外商
品集散地。很多船牙(中间商)便假借权贵的声势,目无法度,上下其
手,谋取暴利。王道上任后,即大力整肃官场腐败,折以理,拒以威,纠
治了牙人扰乱市场的不法行为,使官场风气为之肃然。

元世祖忽必烈至元二十五年 公元1288年 戊子年

四月辛酉,从行泉府司沙布鼎(沙不丁)、乌玛喇(乌马尔)请,置镇抚司、
海船千户所、市舶提举司。

> 按:《元史》卷十五《本纪第十五·世祖十二》载:"(至元二十五年夏
四月)辛酉,从行泉府司沙布鼎(沙不丁)、乌玛喇(乌马尔)请,置镇抚
司、海船千户所、市舶提举司。"②泉府司的沙不丁、乌马尔皆系西域官
商,他们不仅品秩较高,而且有权代替朝廷颁谕诸番商,并拥有自己的
海船与水军。③ 市舶司自此之后,建置渐趋稳定,市舶提举官也不再由
他官兼任,而改由朝廷任命官员专任。

元世祖忽必烈至元二十六年 公元1289年 己丑年

二月,元廷自泉州至杭州立海站十五,站置船五艘、水军二百,专运番夷
贡物及商贩奇货。

> 按:《元史》卷十五《本纪第十五·世祖十二》载:"(至元二十六年二
月)丙寅,尚书省臣言:'行泉府所统海船万五千艘,以新附人驾之,缓急

---

① (元)王恽:《秋涧集》,《影印文渊阁四库全书》第1200册,台北:台湾商务印书馆,
1986年,第732~734页。

② (明)宋濂、王祎:《元史》,《影印文渊阁四库全书》第292册,台北:台湾商务印书馆,
1986年,第205页。

③ 马建春:《元代东迁西域人及其文化研究》,北京:民族出版社,2003年,第166页。

殊不可用。宜招集纳延及星纳噶尔流散户为军,自泉州至杭州立海站十五,站置船五艘、水军二百,专运番夷贡物及商贩奇货,且防御海道为便。'从之。"①原来外国贡使进贡方物,由泉州登岸走陆路至杭州,需经福建路、温州路、婺州路,水陆转换十分不便,致劳民负荷、驿马多死。至元二十六年(1287 年)二月,忽必烈从沿海镇守官蔡泽言,以旧有水军三千人,于海道置立水站②,即在泉州至杭州之间立海站十五,每站置船五艘、水军二百,专运番夷贡物及商贩奇货。以此更进一步疏通海道、保护海商的生命、财产安全,也方便泉州舶货的内运,鼓励了外商前来贸易。

元世祖忽必烈至元二十八年　公元 1291 年　辛卯年

八月己巳,罢泉州至杭州海中水站十五所。

　　按:《元史》卷十六《本纪第十六·世祖十三》载:"(至元二十八年八月己巳),罢泉州至杭州海中水站十五所。"③至元二十六年(1289 年),元廷始自泉州至杭州立海站十五。但两年后,即行罢废,重又回到利用内陆地区的水路转运,此后再无在闽浙间设置海站。据日本学者向正树考,在丞相桑哥主政时期,统管福建市舶与海运的江淮行省实际统治者孟古岱,以行泉府司与杭州为中心,建构起控制福建的市舶司体制,江浙在行政上、物流上与福建互动并与京师相通,建立了泉州直达杭州的海运驿站。④至元二十八年(1291 年),随着桑哥伏诛,庆元路总管府海船万户张文虎反对在泉、杭之间设置海站,而令罢去之。不过,很快朝廷就面临了陆路纲运的巨大负担。至元二十九年,福建宣慰司高兴奏称"本道每年递运泉州贡赋及外国来使赴上,皆仰民力纲运,重劳苦之。今沿途逃亡之屋甚多,良可哀悯",为了解民艰,请于"建宁路建阳

---

　　①　(明)宋濂、王祎:《元史》,《影印文渊阁四库全书》第 292 册,台北:台湾商务印书馆,1986 年,第 211 页。

　　②　(明)宋濂、王祎:《元史》,《影印文渊阁四库全书》第 294 册,台北:台湾商务印书馆,1986 年,第 53 页。原文为二千人,误。

　　③　(明)宋濂、王祎:《元史》,《影印文渊阁四库全书》第 292 册,台北:台湾商务印书馆,1986 年,第 231 页。

　　④　[日]向正树:《从福州到杭州:元代初期江南行省官员忙兀台对南海贸易的影响(1274—1290)》,李治安、宋涛主编:《马可波罗游历过的城市——Quinsay:元代杭州研究文集》,杭州:杭州出版社,2012 年,第 156～173 页。

县、崇安县各立马站一所，迤逦至铅山州车盘站。至沐口下船直至大都，每处用夫二百五十人"，又于"福州怀安县水口南剑，各置水站以达宁，似望官民便益"。① 忽必烈以亦黑迷失和沙不丁曾至其地，且熟于市舶海运，令中书省询于他二人。二人附和高兴所奏，皆以为便。这条贡路比之西路饶州等处驿道计省五站，且近七百余里。

十月，以杨祥为宣抚使，佩虎符。阮鉴兵部员外郎，志斗礼部员外郎，并银符，从泉州赍诏往琉求。明年，杨祥、阮鉴果不能达琉求而还，志斗死于行。

按：《元史》卷十六《本纪第十六·世祖十三》载："（至元二十八年九月壬子），命海船副万户杨祥、哈玛尔、张文虎并为都元帅，将兵征琉求。置左右两万户府，官属皆从祥选辟。既又用福建吴志斗言'祥不可信，宜先招谕之'，乃以祥为宣抚使，佩虎符。阮监（阮鉴）兵部员外郎，志斗礼部员外郎，并银符，赍诏往琉求。明年，杨祥、阮监（阮鉴）果不能达琉求而还，志斗死于行。时人疑为祥所杀，诏福建行省按问，会赦不治。"② 又《元史》卷二百十《列传第九十六·琉求》载："琉求，在南海之东。漳、泉、兴、福四州界内彭湖诸岛，与琉求相对，亦素不通。……世祖至元二十八年九月，海船副万户杨祥请以六千军往降之，不听命则遂伐之，朝廷从其请。继有书生吴志斗者上言生长福建，熟知海道利病，以为若欲收附，且就彭湖发船往谕，相水势地利，然后兴兵未晚也。冬十月，乃命杨祥充宣抚使，给金符。吴志斗礼部员外郎，阮监（阮鉴）兵部员外郎，并给银符，往使琉求。……二十九年三月二十九日，自汀路尾澳舟行，至是日巳时，海洋中正东望见有山长而低者，约去五十里。祥称是琉求国，鉴称不知的否。祥乘小舟至低山下，以人众，不亲上岸，令军官刘闰等二百余人以小舟十一艘，载军器，领三屿人陈辉者登岸。岸上人众不晓三屿人语，为其杀死者三人，遂还。四月二日，至彭湖。祥责鉴、志斗已至琉求文字，二人不从。明日，不见志斗踪迹，觅之无有也。先，志斗尝斥言祥生事要功，欲取富贵，其言诞妄难信，至是疑祥害之。祥顾称志斗初言琉求不可往，今祥已至琉求而还，志斗惧罪逃去。志斗妻子诉

---

① （明）谢缙：《永乐大典》卷一九四一九，《站赤四》，北京：中华书局，1986年，第7214页。

② （明）宋濂、王祎：《元史》，《影印文渊阁四库全书》第292册，台北：台湾商务印书馆，1986年，第231页。

于官。有旨，发祥、鉴还福建置对。后遇赦，不竟其事。"①瑠求，元代对
今台湾岛的称谓，《元史》卷二百十称"琉求"，东汉、三国时称为夷洲，
隋改称流求，一直沿用到宋元。明中叶后称北港、东番，末年始称台
湾。忽必烈积极经略海外，曾派兵远征日本、安南、占城和爪哇诸国，对
于与泉州隔海相望的台湾，也有意招抚。先是在至元二十八年（1291
年），忽必烈从海船副万户杨祥之请，拟派海军前往征讨，后以福建人吴
志斗言可先至澎湖诸岛发船招谕，不听再出兵征讨，遂作罢，改派杨祥
为宣抚使从泉州前往招谕。元人赵孟頫《松雪斋文集》卷四收有《吴礼
部奉旨诣彭湖》一诗，吴礼部即吴志斗，据方豪考，此诗为赵孟頫送吴志
斗赴澎湖而作，诗题"奉旨诣彭湖"，可见吴志斗出发之前，即已决定仅
到澎湖，赵孟頫祝其早归，未料其竟至下落不明。②但周运中认为元军
到达澎湖后，从汀路尾澳（即澎湖岛最南端的猪母落水社）出发，经东吉
洋，到达了台湾岛南部，"山长而低者"大概位置在今高雄附近的大冈山
到打鼓山一带。③

禁蒙古男女从泉州过海。

《通制条格》卷二十七《杂令·蒙古男女过海》载："至元二十八年六
月初一日，钦奉圣旨：泉州那里每海船里，蒙古男子、妇女人每做买卖的
往回回田地里、忻都田地里将去的有，么道听得来。如今行文书禁约
者，休教将去者，将去人有罪过者。么道圣旨了也。钦此。"④元代是中
国历史上国际人口贩卖活动最活跃的一个朝代，被贩卖到中国的外国
人，主要来自朝鲜和非洲。同样也有不少中国人被贩卖到海外，时称
"过海"。由于元代的蒙古社会等级森严，阶层分化严重，一些下层的蒙
古族男女贫困潦倒，无以为生，他们从泉州港出海，被贩卖到回回田地
里（波斯湾沿岸）、忻都田地里（南亚）等地。元廷曾多次禁止男子、妇女
人口私贩诸番，可知蒙古下层百姓被辗转贩卖到海外的一定不少。

意大利旅行家马可·波罗率船队从刺桐港出海，护送元朝公主阔阔真
远嫁波斯。

---

① （明）宋濂、王祎：《元史》，《影印文渊阁四库全书》第295册，台北：台湾商务印书馆，
1986年，第737～738页。

② 方豪：《台湾早期史纲》，北京：海豚出版社，2016年，第70～71页。

③ 周运中：《正说台湾古史》，厦门：厦门大学出版社，2016年，第145～148页。

④ （元）完颜纳丹等：《通制条格》，黄时鉴点校，杭州：浙江古籍出版社，1986年，第285
页。

　　按:《马可波罗行纪》载:"行五日毕,则抵壮丽之城刺桐。此城有一名港在海洋上,乃不少船舶辐辏之所,诸船运载种种货物至此,然后分配于蛮子全境。所卸胡椒甚多,若以亚历山大运赴西方诸国者衡之,则彼数实微乎其微,盖其不及此港百分之一也。此城为世界最大良港之一,商人、商货聚积之多,几难信有其事。大汗征收税课为额甚巨,凡商货皆值百抽十。顾商人细货须付船舶运费值货价百分之三十,胡椒百分之四十四,沉香、檀香同其他香料或商品百分之四十,则商人所缴副王之税课连同运费,合计值抵港货物之半价。然其余半价尚可获大利,促使商人仍欲载新货而重来。"①至元十二年(1275年),意大利旅行家马可·波罗行抵元上都,颇受忽必烈器重,曾奉命出使缅甸、占城等国。至元末,马可·波罗奉命护送公主阔阔真远嫁波斯为王后,从大都沿京杭大运河南下杭州,沿陆路抵福州、泉州。至元二十八年(1291年)初,其庞大船队从刺桐港出海。自十八世纪中以来,学界与民间对马可·波罗是否真正到过中国一直存有争议。而关于马可·波罗从泉州离华的时间,据杨志玖、伯希和等人考证,应为公元1291年初,而非西方人说的1292年初,这一说法得到学术界的普遍认同。② 据闻,泉州法石社区曾有条"石头街",街边有一条"马可·波罗巷",马可·波罗就是从这里出发,护送蒙古公主远嫁波斯。回到故乡威尼斯后,马可·波罗根据见闻,写了脍炙人口的《马可波罗行纪》。元世祖至元末年以后,泉州港贸易进入鼎盛时期,根据《马可波罗行纪》的记载,其时的泉州港已成为与埃及亚历山大港齐名的世界最大的贸易港,泉州的经济、社会繁荣程度达到了当时社会的最高水平。

泉州德化、磁灶等地出产的瓷器远销海外。

　　按:《马可波罗行纪》载:"此处一切生活必需之食粮皆甚丰饶,并知此刺桐城附近有一别城,名称迪云州(Tiunguy),制造碗及瓷器,既多且美。除此港外,他港皆不制此物,购价甚贱。此迪云州城,特有一种语言。"③迪云州(Tiunguy),冯承钧译时已指出是德化,认为Tiunguy疑是

　　① 〔意〕马可·波罗:《马可波罗行纪》,冯承钧译,上海:上海书店出版社,2001年,第376~377页。

　　② 李治安:《杨志玖先生与马可·波罗来华的"世纪论战"》,《历史教学》2019年第12期,第62~67页。

　　③ 〔意〕马可·波罗:《马可波罗行纪》,冯承钧译,上海:上海书店出版社,2001年,第376页。

泉州之对音,德化属泉州,马可波罗将泉州港称作刺桐,而称德化为泉州,乃情理中之事。徐本章也认为戴云的主峰就在德化境内,"戴云"与"迪云"字音相近,同时"德"与"迪"的音亦近似。作者把德化指为戴云而写为迪云是可以理解的。[①] 也有人提出 Tiunguy(或刺木学本的 Tingui)即沙海昂本"洪州"之闽南语对音,"丰州"闽南语读为"洪州",宋元时也生产外销瓷,故迪云州指的是丰州。还有学者认为文稿在传抄的过程中可能出现讹误,故可采用变通译名的方法,即将刺木学本的 Tingui 之拼写变为 Tongan,则与福建"同安"相合[②],同安汀溪窑也是宋元时期外销瓷的产地之一。实际上,马可·波罗的游记原稿已佚,根据原稿传抄传译的大约 140 多种抄本中,没有两种本子是完全相同的,以讹传讹者亦多有之,给该书的翻译带来了很多麻烦。冯承钧选译的底本虽是采用法国沙海昂所编定的新注本,但也参考了巴黎地理学会本、颇节(G. Pauthier)本、刺木学(Ramusio)本、玉尔—科迭本、拜内戴托本等。若以对音法而言,Tingui 与"德化"的闽南语发音反而更接近,故以上诸家之考释难成定论。尽管如此,关于马可·波罗相关记载的争论,恰恰说明了宋元时期泉州各地生产外销瓷的兴盛。

宋元时期泉州沿海地区制瓷业全面发展,十分繁荣,泉州海外贸易的发展大力推动了泉州地区陶瓷业的发展。宋代赵汝适《诸蕃志》、元代汪大渊《岛夷志略》和周去非《真腊风土记》,以及中世纪摩洛哥旅行家伊本·白图泰所著的游记等文献,都有泉州对外出口瓷器、青瓷器、青白瓷器的记载。泉州沿海地区制瓷业技术来源达 12 处之多,在本地制瓷传统的基础上,积极吸收当时畅销海内外的名窑瓷器风格,主要有越窑青瓷、景德镇窑青白瓷、龙泉窑划花青瓷等,出土的青瓷、青白瓷、青黄釉瓷、黑釉瓷等,无论是造型、胎釉特征,还是装饰纹样、技法,都与前代存在较大差异,而且出现了明显的分化和不同的制瓷系统,最终形成了宋元时期比较发达的沿海瓷器生产体系。[③] 泉州下属晋江、南安、同安、惠安、安溪、永春、德化诸邑均发现有宋元时期外销瓷窑址,共达

---

① 叶文程:《略谈古泉州地区的外销陶瓷》,《中国古外销瓷研究论文集》,叶文程著,北京:紫禁城出版社,1988 年,第 183~201 页。

② 郑弌:《Tiunguy 即"丰州"——对〈马可·波罗行记〉中一地名的考证》,《历史教学》2004 年第 2 期,第 38~45 页。

③ 孟原召:《宋元时期泉州沿海地区制瓷业的兴盛与技术来源试探》,《海交史研究》2007 年第 2 期,第 75~89 页。

150 多处。窑场遍布泉州城内外,其分布之广泛居全国第一,历史上著名的窑场有德化窑、磁灶窑等。

德化窑是中国陶瓷文化发祥地之一,在中国陶瓷史上占有重要的历史地位。目前,德化县境内发现的古窑址多达 239 处,其中宋元时代达 42 处,有的窑址规模大,延烧时间长,甚至从宋元一直延续到明清时期,出产的外销瓷久负盛名,一直是泉州港出口商品的一大宗。明代陈懋仁《泉南杂志》云:"德化县白瓷,即今市中博山佛像之类是也。其坯土产程寺后山中,穴而伐之,缠而出之,碓极细滑。淘去石渣,飞澄数过,倾石井中,以漉其水,乃抟埴为器。石为洪钧,足推而转之,薄则苦窳,厚则锭裂,土性然也。初似贵,今流播多,不甚重矣。或谓开窑时,其下多藏白瓷,恐伤地脉,复掩之。"①《安平志》云:"白磁出德化,元时上供。"②(乾隆)《德化县志》云:"磁器,泥产山中,穴而伐之,缠而出之,碓舂细滑,入水飞澄,淘净石渣,顿于石井以漉其水,乃砖埴为器。烈火煅炼,厚则绽裂,薄则苦。罂、瓶、罐、瓿,洁白可爱。饮食之器,多粗拙。"③可见德化窑生产的瓷器类型丰富、数量庞大,且适应不同层次的消费需求。而从南海Ⅰ号宋代沉船出水的瓷器来看④,德化窑青白瓷器所占比最大,其种类非常丰富,数量也非常庞大,甚至是目前所发掘的船货中的最大宗,既有不计成本、精工细作,可与景德镇青白瓷相媲美的七瓣菱口刻花盘、印花小罐等面向达官贵人的高端产品,也有比较粗劣用以满足普通民众需求的普通产品,说明德化窑在海外销售市场上占据了

---

① (明)陈懋仁:《泉南杂志》卷上,《丛书集成初编》第 3161 册,上海:商务印书馆,1936 年,第 5 页。

② (清)柯琮璜:《安平志(校注本)》,安海乡土史料编辑委员会校注,北京:中国文联出版社,2000 年,第 124 页。

③ (清)鲁鼎梅:(乾隆)《德化县志》卷四,清刻本,第 37 页。

④ "南海Ⅰ号"系 1987 年发现沉没于阳江海域的一艘南宋古沉船,此后历经三十余年的考古挖掘,截至 2020 年,"南海Ⅰ号"已经基本发掘完毕,并相继刊布了基于最新发掘成果的系列研究。沉船中共出土 18 万余件文物精品,现存的货物以瓷器、铁器为主,钱币亦有相当数量,纸张、丝绸等有机质货物可能已分解不存。但关于该远洋商船的发舶港是从泉州港还是广州港始发,以及该船的发舶方式、航行路线等问题,学术界存在不同看法,尚需进一步深入探讨研究。参见黄纯艳、冯辛夷:《"南海Ⅰ号"研究中历史文献与考古资料的相互补证——对现有研究史料和路径的检讨》,《海交史研究》2021 年第 1 期,第 1~11 页。

重要地位,可针对不同的消费需求使用不同的制作工艺或装烧方法。①
宋元时期是德化窑业发展的第一个黄金期,窑业水平高,规模大,产品
日益精湛。产品博采众长,因地制宜,独具特色,并以海外市场为导向,
大量远销东亚、南亚、东南亚、西亚以及东非的许多国家和地区。德化
窑由自给自足模式,一跃成为10—14世纪中国东南沿海重要的以"外
销为主、内销为辅"的外销陶瓷生产基地,而蜚声海内外,在中外经济文
化交流史上发挥了重要作用和影响,也为中国手工业史、陶瓷史、海外
交通史、对外贸易与经济交流史等提供了重要的研究资料。②

　　磁灶窑位于福建省泉州之南的古镇晋江市磁灶镇,距泉州古城21.4
公里,距泉州港江口码头不到20公里,是泉州城郊规模最大的一组古
窑址。(乾隆)《泉州府志》云:"磁器……其瓷瓮则出晋江磁灶。"③磁灶
窑陶瓷生产与泉州港的发展兴盛紧密联系。10—14世纪,磁灶地区窑
业发达,考古发现窑址12处,中国的"南海一号""华光礁Ⅰ号"沉船,以
及韩国新安沉船、印尼爪哇沉船、菲律宾吕宋沉船、哲帕拉沉船等都大
量出水磁灶窑典型外销器物。军持壶(或称注水壶、双龙壶)是古泉州
地区外销陶瓷的重要物证,这种壶器表施绿釉,釉水光亮,边唇外折,颈
短而粗,底平微凹,腹部周身印有两条龙纹,腹下部有一道弦纹,底腹印
有瓜瓣纹。这类军持在晋江磁灶窑出土不少,在海外也屡有发现。④宋
元时期,磁灶窑生产的瓷器产品虽比较粗放,但生产工艺博采众长,因
地制宜,独具特色,并以海外市场为导向,大量远销东亚、东南亚以及东
非的许多国家和地区,它的生产体系和生产规模展现了世界海洋贸易
中心强大的基础产业能力和贸易输出能力。其窑址是世界海洋贸易中
心出口商品生产的代表性遗产要素,是宋元时期泉州城郊外销瓷窑址
的杰出代表,反映了泉州以外贸手工业为显著特点的产业结构。⑤

---

　　① 牛健哲:《中国国家博物馆馆藏南海Ⅰ号沉船出水的景德镇窑青白瓷与德化窑青白
瓷之比较》,《福建文博》2019年第2期,第63～68页。
　　② 《德化窑址》,2020年4月28日,http://www.qzworldemporium.cn/yczhs/202004/
t20200428_2467673.htm,2021年10月15日。
　　③ (清)怀荫布:(乾隆)《泉州府志》卷十九,《物产志》,《中国地方志集成·福建府县志
辑》第22册,上海:上海书店出版社,2000年,第481页。
　　④ 叶文程:《略谈古泉州地区的外销陶瓷》,《中国古外销瓷研究论文集》,叶文程著,北
京:紫禁城出版社,1988年,第183～201页。
　　⑤ 《磁灶窑址》,2017年8月7日,http://www.qzworldemporium.cn/yczhs/201708/
t20170807_2467689.htm,2021年10月15日。

元世祖忽必烈至元二十九年　公元 1292 年　壬辰年

正月庚子,禁商贾私以金银航海。

　　按:《元史》卷十七《本纪第十七·世祖十四》载:"(至元二十九年春正月庚子),禁商贾私以金银航海。"①元代对金、银等贵重金属颇为重视,往往作为赏赐物赐予诸王、大臣等。因其开采量小,元初的贵金属大量外流造成了纸币的贬值,为保住币值,元廷只能通过禁海的手段阻止金银外流。不过,由于海外大量货物交易的需要,而元朝国力又足够强大,元廷发行的"纸钞"在东南亚反而成为一种通行的货币,颇有"亚元"的味道。如《岛夷志略》罗斛国条就称:"法以贝子代钱,流通行使,每一万准中统钞二十四两,甚便民。"②

二月乙亥,将兵征爪哇,用海船大小五百艘、军士二万人。

　　按:《元史》卷十七《本纪第十七·世祖十四》载:"(至元二十九年二月)乙亥,立总管高丽女直汉军万户府,颁银印,总军六千人。以泉府太卿伊克穆苏(亦黑迷失)、邓州旧军万户史弼、福建行省右丞高兴并为福建行中书省平章政事,将兵征爪哇,用海船大小五百艘、军士二万人。"③从此次远征爪哇事件中可以看出,除通商贸易外,元代刺桐港在军事上也占有非常重要的地位,朝廷此前也曾以之作为远征日本的基地,是前代所未有的现象。在这两次规模最大的海上军事行动中,元廷都是以泉州为军队、装备、船只的总集结地和出发港,说明泉州不仅是东南重镇和海陆交通枢纽,而且造船业发达,有大量海船可供利用。

六月癸未,以征爪哇,暂禁两浙、广东、福建商贾航海者。

　　按:《元史》卷十七《本纪第十七·世祖十四》载:"(至元二十九年六月)癸未,以征爪哇,暂禁两浙、广东、福建商贾航海者,俟舟师发后,从其便。"④元政府在出征爪哇之前实行了第一次海禁,或为了防止海商往爪哇通商贸易期间向对方通报信息,泄露军事机密,乃至借机出售武

---

　　① (明)宋濂、王祎:《元史》,《影印文渊阁四库全书》第 292 册,台北:台湾商务印书馆,1986 年,第 238 页。

　　② (元)汪大渊:《岛夷志略校释》,苏继庼校释,北京:中华书局,1981 年,第 114 页。

　　③ (明)宋濂、王祎:《元史》,《影印文渊阁四库全书》第 292 册,台北:台湾商务印书馆,1986 年,第 239 页。

　　④ (明)宋濂、王祎:《元史》,《影印文渊阁四库全书》第 292 册,台北:台湾商务印书馆,1986 年,第 242 页。

器、金属等违禁物品以资敌。爪哇之战失利后不久，忽必烈崩逝，元成宗上台后结束了大规模对外战争，并"诏有司勿拘海舶，听其自便"①。自此以后，元朝再也没有因对外战争导致海禁。

闰六月壬寅，罢福建岁造象齿、鞶带。

按：《元史》卷十七《本纪第十七·世祖十四》载："（至元二十九年闰六月）壬寅，罢福建岁造象齿、鞶带。"②象齿即象牙，鞶带即犀牛皮带，皆为舶来奢侈品。忽必烈崇尚节俭，提倡淳朴之风，不穿戴贵重华丽衣帽。他虽先后任用阿合马、卢世荣、桑哥理财，但其目的是国富民强，而非用在个人生活上。至元二十九年，为减轻百姓负担，忽必烈罢福建岁造象齿、鞶带。

十一月，中书省定抽分之数及漏税之法。凡商旅贩泉、福等处已抽之物，于本省有市舶司之地卖者，细色于二十五分之中取一，粗色于三十分之中取一，免其输税。

按：《元史》卷九十四《食货二·市舶互市之法》载："（至元）二十九年，命市舶验货抽分。是年十一月，中书省定抽分之数及漏税之法。凡商旅贩泉、福等处已抽之物，于本省有市舶司之地卖者，细色于二十五分之中取一，粗色于三十分之中取一，免其输税。其就市舶司买者，止于卖处收税，而不再抽。漏舶物货，依例断没。"③此项规定表明元廷不仅对易地贸易抽分纳税，对于本省有市舶司之地贸易也要于卖处另行收税，征收本地售卖税了。而在宋代，于本地卖货是不收税的。不过，如果是从市舶司那边购入货物，则只在卖处征商税，不另行抽分，或为鼓励商人购买市舶司之舶货，以增加财政收入。

十二月，史弼、伊克默色（亦黑迷失）、高兴等率舰队从泉州港出海，往征爪哇。

按：《元史》卷一百六十二《史弼传》载："（至元）二十九年，（史弼）拜荣禄大夫、福建等处行中书省平章政事，往征爪哇，以伊克默色（亦黑迷失）、高兴副之，付金符百五十、币帛各二百，以待有功。十二月，弼以五

① （明）宋濂、王祎：《元史》，《影印文渊阁四库全书》第293册，台北：台湾商务印书馆，1986年，第799页。
② （明）宋濂、王祎：《元史》，《影印文渊阁四库全书》第292册，台北：台湾商务印书馆，1986年，第242页。
③ （明）宋濂、王祎：《元史》，《影印文渊阁四库全书》第293册，台北：台湾商务印书馆，1986年，第798~800页。

千人合诸军,发泉州。风急涛涌,舟掀簸,士卒皆数日不能食。过七洲洋、万里石塘,历交趾、占城界,明年正月至东董西董山、牛崎屿,入混沌大洋橄榄屿,假里马答、勾阑等山,驻兵伐木,造小舟以入。"①又《元史》卷二百十《列传第九十六·爪哇》载:"至元二十九年二月,诏福建行省除史弼、伊克穆苏、高兴平章政事,征爪哇。会福建、江西、湖广三行省兵凡二万,设左右军都元帅府二、征行上万户四,发舟千艘,给粮一年、钞四万锭,降虎符十、金符四十、银符百、金衣段百端,用备功赏。伊克穆苏等陛辞。帝曰:'卿等至爪哇,明告其国军民,朝廷初与爪哇通使往来交好,后刺诏使孟右丞之面,以此进讨。'九月,军会庆元。弼、伊克穆苏领省事,赴泉州;兴率辎重自庆元登舟涉海。十一月,福建、江西、湖广三省军会泉州。十二月,自后渚启行。"②忽必烈灭宋之后,仍积极向外扩张,尤其注重经略南海诸国。而爪哇是当时南海诸国中国力最强者,爪哇服则其余小国即当自服。至元二十九年(1292年),忽必烈以孟琪出使爪哇遭黥面之侮为借口,决定派军远征爪哇。忽必烈权衡再三,最终把这次远征任务托付给史弼、伊克默色(亦黑迷失)、高兴三人,给粮一年,命他们率领海军从泉州渡海,往征爪哇。十一月,发福建、江西、湖广三行省兵2万,舟千艘,会集泉州。十二月,从后渚港启航,进军爪哇。

元世祖忽必烈至元三十年　公元1293年　癸巳年

夏四月己亥,诏令诸市舶司以泉州为定制,于抽分之外,又取三十分之一为税。

按:《元史》卷九十四《食货二·市舶互市之法》载:"(至元)三十年,又定市舶抽分杂禁,凡二十一条,条多不能尽载,择其要者录焉。泉州、上海、澉浦、温州、广东、杭州、庆元市舶司凡七所,独泉州于抽分之外,又取三十分之一以为税。自今诸处,悉依泉州例取之,仍以温州市舶司并入庆元,杭州市舶司并入税务。凡金银铜铁男女,并不许私贩入番。行省行泉府司、市舶司官,每年于回帆之时,皆前期至抽解之所,以待舶

① (明)宋濂、王祎:《元史》,《影印文渊阁四库全书》第295册,台北:台湾商务印书馆,1986年,第199~201页。
② (明)宋濂、王祎:《元史》,《影印文渊阁四库全书》第295册,台北:台湾商务印书馆,1986年,第735~736页。

船之至,先封其堵,以次抽分,违期及作弊者罪之。"①又《大元圣政国朝典章》户部卷之八《市舶则法二十三条》:"市舶抽分则例,若依亡宋例抽解,切恐舶商生受。比及定夺以来,止依目今定例抽分,粗货十五分中一分,细货十分中一分。所据广东、温州、澉浦、上海、庆元等处市舶司,舶商回帆,已经抽解讫物货,并依泉州见行体例,从市舶司更于抽讫物货内,以三十分为率,抽要舶税钱一分,通行结课。"②为了适应海外贸易大发展的需要,元朝设立了泉州、庆元(今宁波)、上海、澉浦(今浙江海盐县)、杭州、广州、温州等七所市舶司,数目之多为前代所未见。几经扩删合并,最终形成泉州、庆元和广州三处市舶司的稳定格局。元代在全国统一后,各地市舶司仍沿用南宋的旧制,市舶官吏乘机营私舞弊,严重影响海外贸易收入。因此,至元二十八年(1291年),朝廷派遣命官各处访求南宋市舶吏员,了解市舶制度的章法及优弊之处,着手制定元代法规,到了至元三十年(1293年),始拟定"整治市舶勾当",呈现出"货分粗细、率分二等,土货、番货抽分有别,抽分之外另行征收舶税及进口抽分、转输征税"四方面特征。③至元三十年之前,泉州市舶司即已于抽分之外,另取三十分之一为舶税。与抽分不同,舶税是元朝独创的一种市舶税目,"市舶抽分杂禁"明确将此项税率定为三十取一,要求全国各地市舶司均依照泉州的惯例实施。此项舶税的税率此后一直稳定在三十分之一,元成宗元贞年间,"高丽王遣周侍郎浮海来商,有司求比泉、广市舶,十取其三,公(史燿)曰:'王于属为副车,且内附久,岂可下同海外不臣之国,惟如令三十税一'"④。可见这种三十取一的舶税税率已成定制。

元军从爪哇败归泉州。八月庚寅,放爪哇出征军归其家。

　　按:《元史》卷一百六十二《高兴传》载:"三十年春,浮海抵爪哇。伊克默色将水军,兴将步军,会八节涧,爪哇主婿土罕必阇耶降。进攻葛郎国,降其主哈只葛当,事见弼传。又谕降诸小国。哈只葛当子昔剌八

---

①　(明)宋濂、王袆:《元史》,《影印文渊阁四库全书》第293册,台北:台湾商务印书馆,1986年,第798~800页。

②　(元)拜柱:《大元圣政国朝典章》,《续修四库全书》第787册,上海:上海古籍出版社,2002年,第266页。

③　黄天华:《中国财政制度史》第3卷,上海:上海人民出版社,2017年,第1641页。

④　(元)姚燧:《牧庵集》卷十六,《荣禄大夫福建等处行中书省平章政事大司农史公神道碑》,《影印文渊阁四库全书》第1201册,台北:台湾商务印书馆,1986年,第566页。

的、昔剌丹不合逃入山谷,兴独帅千人深入,掳昔剌丹不合。还至答哈城,史弼、伊克默色已遣使护土罕必阇耶归国,具入贡礼。兴深言其失计。土罕必阇耶果杀使者以叛,合众来攻,兴等力战,却之,遂诛哈只葛当父子以归。诏治纵爪哇者,弼与伊克默色皆获罪,兴独以不预议,且功多,赐金五十两。"又卷一百六十二《史弼传》载:"土罕必阇耶于道杀二人以叛,乘军还,夹路攘夺。弼自断后,且战且行,行三百里,得登舟。行六十八日夜,达泉州,士卒死者三千余人。有司数其俘获全宝香布等,直五十余万,又以没理国所上金字表及金银犀象等物进,事具高兴及爪哇国传。于是朝廷以其亡失多,杖十七,没家资三之一。"①至元三十年(1293年)春,元军抵达爪哇后,爪哇国王女婿土罕必阇耶降,双方共同出兵消灭葛郎国,降其主哈只葛当。事成之后,土罕必阇耶却反戈打退元军,随即进军西爪哇和万丹,统一爪哇岛,于1293年在东爪哇的泗水西南部建立了满者伯夷王国。满者伯夷(爪哇语:Madjapahit;马来语:Majapahit)是13世纪时东爪哇的一个印度教王国,位于今日泗水的西南,《元史》称为麻喏巴歇,《明史》称为满者伯夷。从1293年至1500年,满者伯夷王国曾统治马来半岛南部、婆罗洲、苏门答腊和巴厘岛。此后,满者伯夷在对元朝的外交和贸易关系上却采取了积极和务实的态度,曾多次派遣使者前往中国进行朝贡,双方互动频繁。这次海上军事行动,元军有胜有败,但即使在吃败仗的情况下,全军也能乘船安然撤退,从泉州登岸,回到中国。元军败归泉州后,忽必烈以军士亡失多,问罪于史弼与伊克默色(亦黑迷失),而高兴独以不预议,且功多,赐金五十两。八月庚寅,敕福建行省,放爪哇出征军归其家。②

命选人招诱三屿国,平章政事巴延(伯颜)乞不遣使,帝从之。

按:《元史》卷二百十《三屿国传》载:"三屿国,近琉求。世祖至元三十年,命选人招诱之。平章政事巴延(伯颜)等言:'臣等与识者议,此国之民不及二百户,时有至泉州为商贾者。去年入琉求,军船过其国,国人饷以粮食,馆我将校,无它志也。乞不遣使。'帝从之。"③三屿国,在今

---

①　(明)宋濂、王祎:《元史》,《影印文渊阁四库全书》第295册,台北:台湾商务印书馆,1986年,第199~203页。

②　(明)宋濂、王祎:《元史》,《影印文渊阁四库全书》第295册,台北:台湾商务印书馆,1986年,第738页。

③　(明)宋濂、王祎:《元史》,《影印文渊阁四库全书》第295册,台北:台湾商务印书馆,1986年,第738页。

菲律宾群岛北部,吕宋岛之南,地产黄蜡、木绵、花布等。因离泉州较近,其人常附海舶至泉州贸易。宋赵汝适《诸蕃志》称"三屿",元汪大渊《岛夷志略》则称"三岛",云:"居大崎山之东,屿分鼎峙,有叠山层峦,民傍缘居之。……男子尝附舶至泉州经纪,罄其资囊,以文其身。既归其国,则国人以尊长之礼待之,延之上坐,虽父老亦不得与争焉。习俗以其至唐,故贵之也。"①《元史·三屿国传》似记载有误,三屿国之民肯定不只二百户。又其地在琉求之南,至元二十九年(1292年)杨祥率元军从泉州往征琉求也不经过其国,或因军中有三屿国的陈辉等人,故有此误会。②

泉南巨贾南番回回佛莲殂,女少无子,官没其家资。

> 按:周密《癸辛杂识》续集下《佛莲家资》载:"泉南有巨贾南蕃回回佛莲者,蒲氏之婿也,其家富甚,凡发海舶八十艘。癸巳岁殂,女少无子,官没其家资,见在珍珠一百三十石,他物称是。省中有榜,许人告首隐、寄债负等。"③回回即中国史籍对伊斯兰之称,据桑原骘藏考,"佛莲"当为巴林(Bahrain)之音译,回回人有以地称人之习,故南蕃回回佛莲者应为巴林地方之贾胡。④佛莲为蒲寿庚之婿,他以一己之力而拥有海舶八十艘,珍珠一百三十石,可见当时泉州伊斯兰商人财力的雄厚,蒲氏家族势力的熏炙。按宋元户绝法之规定,番商死后,无至亲,无合承分人,其遗产依户绝法没官。佛莲死后,因其无子,其遗产亦按户绝法处理。

元世祖忽必烈至元三十一年　公元1294年　甲午年

至元间,立澎湖巡检司,隶泉州晋江县。

> 按:《岛夷志略》彭湖条载:"岛分三十有六,巨细相间,坡陇相望。乃有七澳居其间,各得其名。自泉州顺风二昼夜可至。有草无木,土瘠不宜禾稻。泉人结茅为屋居之。……地隶泉州晋江县,至元年间立巡检司,以周岁额办盐课中统钱钞一十锭二十五两,别无科差。"《岛夷志略》所云至元年间立巡检司,并没有说明是元世祖的前至元间或元惠宗

---

① （元）汪大渊:《岛夷志略校释》,苏继庼校释,北京:中华书局,1981年,第23页。
② 参见周运中:《正说台湾古史》,厦门:厦门大学出版社,2016年,第145页。
③ （宋）周密:《癸辛杂识》,吴企明点校,北京:中华书局,1988年,第193页。
④ ［日］桑原骘藏:《蒲寿庚考》,陈裕菁译订,北京:中华书局,2009年,第173~174页。

的后至元间,学界对此有争论。荣孟源先生认为是在元世祖至元二十九年至三十一年(1292—1294)之间,而以至元二十九年可能性最大。①方豪根据元末担任过澎湖巡检的泉州晋江人陈信惠的史料推断澎湖巡检司设立于后至元间可能性最大。②而张崇根根据翔实的史料考订,认为澎湖巡检司的设立不可能在后至元间,也不大可能在前至元末,而应在至元十六年至十八年(1279—1281年)间,而以至元十七年可能性最大。③现在学术界一般认同澎湖巡检司的设立时间是在忽必烈的前至元间。④早在宋代,澎湖即已正式纳入中国版图,元代设立的澎湖巡检司则是中央政权最早在澎湖建立的正式行政机构,隶属泉州。明代的澎湖巡检司辖区则进一步扩大到了台湾本岛。

至元间,黑的、宋熙、张铎、陈珪任福建提举市舶,高间任同提举,卫璧任副提举,高升任知事,张僖、虞泽任提控,张垫、袁裔任照磨。

按:(乾隆)《泉州府志》卷二十六《职官志》元市舶提举司提举条:"黑的、宋熙、张铎、陈珪,俱至元间任。"同提举条:"高间,至元间任。"副提举条:"卫璧,至元间任。"知事条:"高升,至元间任。"提控条:"张禧(《福建通志》"僖"作"禧")、虞泽,俱至元间任。"⑤又《八闽通志》卷三十《秩官志》元市舶提举司提举条:"黑的、宋熙、张铎、陈珪,俱至元间任。"提控条:"张禧、虞泽,俱至元间任。"照磨条:"张垫、袁裔,俱至元间任。"⑥黑的,康里人氏,历官兵部侍郎、荆湖北道宣慰使。至元五年(1268年)九月,忽必烈命兵部侍郎赫德(黑的)、礼部侍郎殷弘赍国书复使日本,仍诏高丽国遣人导送,期于必达,毋致如前稽阻。六年十月,诏遣兵部侍郎赫德(黑的)、淄莱路总管府判官徐世雄,召高丽国王王禃、王弟淐及权臣林衍俱赴阙。⑦至元间任福建提举市舶。张铎,字宣卿,本济南章邱人,后迁禹城,至元十七年(1280年)三月,在同知浙东道宣

① 荣孟源:《澎湖设巡检司的时间》,《历史研究》1955年第1期,第18页。
② 方豪:《台湾早期史纲》,北京:海豚出版社,2016年,第73～78页。
③ 张崇根:《台湾四百年前史》,北京:九州出版社,2005年,第361～370页。
④ 周运中:《正说台湾古史》,厦门:厦门大学出版社,2016年,第144页。
⑤ (清)怀荫布:(乾隆)《泉州府志》,《中国地方志集成·福建府县志辑》第22册,上海:上海书店出版社,2000年,第619～621页。
⑥ (明)黄仲昭:《八闽通志》上册卷三十,《秩官》,福州:福建人民出版社,1990年,第631～632页。
⑦ (明)宋濂、王祎:《元史》卷六,《本纪第六·世祖三》,《影印文渊阁四库全书》第292册,台北:台湾商务印书馆,1986年,第73,76页。

慰司事任上。① 至元间任福建提举市舶。提控张僖，《福建通志》卷三十、(道光)《重纂福建通志》卷九十五"张僖"俱作"张禧"。

至元末，罗马教皇使者约翰·孟高维诺(即约翰·蒙特·科维诺)抵达泉州，后北上大都传教。

  按：巴黎国家图书馆馆藏罗马教皇派往中国传教的使者约翰·孟高维诺的一封信，信中说："我是方济各会的修士约翰·蒙特·科维诺。我于我主纪元 1291 年离开波斯讨来思城进入印度。我在印度圣多默使徒教堂居留十三个月，在印度各地受我洗礼者约百人。同行者宣道会之尼古拉·皮斯托亚修士在此去世，葬于圣多默教堂内。我继续前进，来到鞑靼皇帝辖地契丹国。鞑靼皇帝号称大汗。谒见皇帝时，我呈上教皇国书，并要求皇帝本人信奉我主耶稣基督圣教。但彼迷信偶像过深，难以改宗。但皇帝对基督徒甚为恩待，我与他现已同处十二年。景教徒名义上信奉基督，而实际远离基督教信仰。他们在东方势力颇大，竟不许举行其他仪式的任何基督徒甚至建一所小教堂，也不许刊印不同于景教信仰的任何经义。因这些地方从未来过任何一位使徒或其门徒。"②基督教传入中国甚早，但不同教派入华的时间则有先后。陈垣《基督教入华史略》提出基督教入华的四个分期史：第一期为唐时期的景教，自唐贞观九年(635 年)起，在华有 210 年传教史，唐武宗灭佛后景教衰灭；第二期为元朝的也里可温教，为基督教各派之总名，元亡后绝迹于中国；第三期为明中后期至清初年间的天主教，后因罗马与康熙两方面关于尊孔敬祖一事意见不能相容，传教事业遂几乎中断；第四期为耶稣新教之来华至清末，约 170 年，各省教堂林立，信徒号称四十万。③此说为学术界广泛认同。

  景教即基督教中的聂斯脱利派，因与神学观点分歧，被斥为异端，遂向东方传教，于唐贞观九年(635 年)正式传入中国，自称"景教"。唐武宗灭佛期间受到牵连，在中原几乎绝迹。辽、金时期，它在中国西北和北方的一些游牧民族中如汪古等部仍颇为盛行。到了元代，又随蒙

---

  ① (明)宋濂、王袆：《元史》卷九十九，《志第四十七·兵二》，《影印文渊阁四库全书》第 294 册，台北：台湾商务印书馆，1986 年，第 24 页。

  ② [英]阿·克·穆尔：《一五五○年前的中国基督教史》，郝镇华译，北京：中华书局，1984 年，第 195～199 页。

  ③ 陈垣：《基督教入华史略》，《陈垣史学论著选》，上海：上海人民出版社，1981 年，第 184～192 页。

古人南下重新传入中原,其后与元朝统治者一起进入全国各地分散居住。而基督教的另一派别天主教的圣方济各会派,则迟至至元二十六年(1289年),才由罗马教皇尼古拉四世派遣方济各会士约翰·孟高维诺来华传教,罗马教廷在1307年正式任命孟高维诺为大都大主教与东方总主教。皇庆二年(1313年),孟高维诺于泉州增设剌桐主教区,由哲拉德出任第一任天主教剌桐主教。后又陆续有几位方济各会士出任剌桐主教。

约翰·孟高维诺生于意大利南部萨勒诺省孟高维诺村。1280年前后,在亚美尼亚和波斯传教,1289年返回教廷,报告伊利汗阿鲁浑优待基督教的情况。教皇尼古拉斯四世遣其为使臣,携带致蒙古诸汗的信件,前往东方传教。先至伊利汗国讨来思城(今伊朗大不里士),1291年赴印度,在印度逗留13个月后,乘坐商船前往中国。据阿·克·穆尔考,约翰·孟高维诺从大不里士到孟买附近的塔那约三个月里程,他在印度的马巴尔城曾写过一封信。因此,他到达印度的时间可能已进入1292年,此后他来到东海岸的梅拉普尔,在此逗留13个月,次年则乘夏天的西南季风到达广州和剌桐(泉州)。[①] 据信中内容推断,约翰·孟高维诺应该是在1293年夏天,最晚在1294年夏抵达剌桐城(泉州)。在此稍事休憩,即北上大都与元朝皇帝会晤。约翰在信中提到他呈上教皇国书的皇帝和同处十二年的皇帝为同一人,那么此元朝皇帝即不可能是忽必烈,而是元成宗。元成宗为元世祖忽必烈之孙、皇太子真金第三子,至元三十年(1293年)封皇太孙,总兵镇守漠北。至元三十一年(1294年),在其母阔阔真与大臣伯颜等人的支持下即皇帝位于上都大安阁,直到十月才来到大都。因此,约翰·孟高维诺抵达大都时间应在1294年秋冬,他在那里积极传教,建造了一座教堂,为3万民众施礼,并收养约40名儿童,教他们拉丁文和圣教礼仪,直到1328—1329年间在大都去世。

元成宗铁穆耳元贞元年　公元1295年　乙未年

闰四月壬戌,诏禁行省、行泉府司抽分市舶货,同匿其珍细者。

按:《元史》卷十八《本纪第十八·成宗一》载:"(元贞元年闰四月壬

---

① ［英］阿·克·穆尔:《一五五〇年前的中国基督教史》,郝镇华译,北京:中华书局,1984年,第199~200页。

戌），诏禁行省、行泉府司抽分市舶货，同匿其珍细者。"①泉府司是元朝中央设立的机构，管理市舶司则由派出机构行泉府司管辖，至元二十三年（1286 年），以市舶司隶泉府司。当年十二月，复置泉州市舶提举司。至元三十年（1293 年），"行省行泉府司、市舶司官，每年于回帆之时，皆前期至抽解之所，以待舶船之至。先封其堵，以次抽分，违期及作弊者罪之。"②这些变革反映了元朝管理上的困难，若七个城市港口各设一个行泉府司，则行泉府司与市舶司又无异；若只设一个行泉府司，则管理七个港口也有很大困难。故以泉府司管理市舶司非长久之计，至大二年（1309 年），最终罢行泉府院，以市舶归之行省。③

元成宗铁穆耳元贞二年　公元 1296 年　丙申年

八月丁酉，禁舶商毋以金银过海，诸使海外国者不得为商。

按：《元史》卷十九《本纪第十九·成宗二》载："（元贞二年）八月丁酉朔，禁舶商毋以金银过海，诸使海外国者不得为商。"④元代屡禁金银下海，以防止贵金属外流，引起纸钞贬值。但实际上，商贾权贵犯禁用金银到海外换取宝货珍玩的现象依然存在，金银的流出禁而不绝。

元成宗铁穆耳元贞三年　元成宗铁穆耳大德元年　公元 1297 年　丁酉年

二月己未，改福建省为福建平海等处行中书省，徙治泉州。高兴遣省都镇抚张浩、福州新军万户张进赴琉求国，擒生口一百三十余人。

按：《元史》卷十九《本纪第十九·成宗二》载："（大德元年二月）己未，改福建省为福建平海等处行中书省，徙治泉州。平章政事高兴言泉州与琉求相近，或招或取，易得其情，故徙之。"⑤又《元史》卷二百十《列传第九十六·琉求国传》载："成宗元贞三年，福建省平章政事高兴言，

---

① （明）宋濂、王祎：《元史》，《影印文渊阁四库全书》第 292 册，台北：台湾商务印书馆，1986 年，第 261 页。

② （明）宋濂、王祎：《元史》卷九十四，《食货二·市舶互市之法》，《影印文渊阁四库全书》第 293 册，台北：台湾商务印书馆，1986 年，第 799 页。

③ 徐晓望：《中国福建海上丝绸之路发展史》，北京：九州出版社，2017 年，第 210 页。

④ （明）宋濂、王祎：《元史》，《影印文渊阁四库全书》第 292 册，台北：台湾商务印书馆，1986 年，第 268 页。

⑤ （明）宋濂、王祎：《元史》，《影印文渊阁四库全书》第 292 册，台北：台湾商务印书馆，1986 年，第 271 页。

今立省泉州,距琉求为近,可伺其消息,或宜招宜伐,不必它调兵力,兴请就近试之。九月,高兴遣省都镇抚张浩、福州新军万户张进赴琉求国,擒生口一百三十余人。"①至元二十九年(1292年),忽必烈遣杨祥、吴志斗等人往琉求招谕未果。元成宗即位后,有意继续招谕琉求,元贞三年(1297年),福建省平章政事高兴言泉州与琉求相近,或招或取,易得其情,故请求将福建行省徙治泉州。元成宗从其请。同年九月,高兴遣省都镇抚张浩、福州新军万户张进率军赴琉求国招谕,生擒一百三十余人而返。元代两次招抚台湾虽都没有结果,但在至元间于澎湖设立了巡检司,隶属于泉州晋江县,再次将澎湖列入中华王朝帝国的行政区域内。

罢行泉府司。

> 按:《元史》卷九十四《食货二·市舶互市之法》载:"大德元年,罢行泉府司。"②至元二十三年(1286年),元廷以市舶司隶泉府司,受其管辖,市舶司至此接受了行省和泉府司的双重领导。大德元年(1297年),朝廷罢行泉府司。二年置制用院,市舶司一度归制用院管辖。直到至大元年(1308年),才又复归行泉府院管辖。

元成宗铁穆耳大德三年　公元1299年　己亥年

二月壬申,加封泉州海神曰"护国庇民明著天妃"。

> 按:《元史》卷二十《本纪第二十·成宗三》载:"(大德三年二月)壬申,加……泉州海神曰护国庇民明著天妃。"③至元十五年(1278年),忽必烈下诏封泉州神女为天妃,提高了妈祖的神格。至元十八年(1281年),忽必烈再次下诏册封妈祖,并派蒲师文前往致祭。大德三年(1299年),元成宗下诏加封妈祖,诏文中直呼妈祖为"泉州海神",妈祖的海神职位进一步得到明确。

五月戊午,申禁海商以人马兵仗往诸番贸易者。

> 按:《元史》卷二十《本纪第二十·成宗三》载:"(大德三年五月)戊

---

① (明)宋濂、王祎:《元史》,《影印文渊阁四库全书》第295册,台北:台湾商务印书馆,1986年,第737～738页。

② (明)宋濂、王祎:《元史》,《影印文渊阁四库全书》第293册,台北:台湾商务印书馆,1986年,第799页。

③ (明)宋濂、王祎:《元史》,《影印文渊阁四库全书》第292册,台北:台湾商务印书馆,1986年,第282页。

午,申禁海商以人马兵仗往诸番贸易者。以福建州县官类多色目、南人,命自今以汉人参用。"①马匹作为重要的战略物资,元廷历来都禁止其出口,大德三年五月,元成宗诏禁马匹偷运下海。大德七年(1303年)三月,又规定"马匹若有私贩番邦者,将马给付告人充赏。若搜检得见马,与搜检之人,犯人杖一百七下。市舶司官吏故纵者同罪,罢职不叙。"②从朝廷多次发布禁令可以看出,马匹、兵仗等重要战略物资仍是海外诸番的急需之物,朝廷虽一再严禁,但利之所趋,偷贩下海的仍屡禁不绝。

原马八儿国宰相布哈尔薨于京师,元成宗命归葬泉州。

　　按:元刘敏中《中庵集》卷十六《敕赐资德大夫中书右丞商议福建等处行中书省事赠荣禄大夫司空景义公布哈尔神道碑铭》云:"有元大德三年冬,十月某日,资德大夫中书右丞商议福建等处行中书省事布哈尔薨于京师,诏赐中统宝钞二万余千缗,以驿传负其梓归葬泉州。命有司议赠谥、撰墓碑,而其文以命臣敏中。臣谨按礼部事状:公本名萨题世,西域人。西域有城曰哈喇哈达,其先世所居也。远祖徙西洋,西洋地负海,饶货,因世为贾贩以居。父布哈尔得幸西洋主,使与诸弟齿,弟有五人,布哈尔称六弟。俄总领诸部,益贵富,侍妾至三百人,象床、黄金饰称是。布哈尔殁,公克绍其业,王益宠。凡召命惟以父名,故其名不行,而但以父名称焉。圣朝之平宋也,公闻之喜曰:'中国大圣人混一区宇,天下太平矣,盍往归之?'独遣使以方物入贡,极诸环异。自是终岁不绝。复通好亲王阿布、哈斯二邸,凡朝廷二邸之使涉海道,恒预为舟筏必济乃已。世祖熟其诚款,至元二十八年赐玺书,命某部尚书阿尔班、侍郎拜特穆尔列名往谕,且召之。公益感激,乃尽捐其妻孥、宗戚故业,独以百人自随,偕使入觐。既见,世祖加慰谕,赐以锦衣及妻廪之公馆,所以恩遇良渥。圣上嗣位,特授资德大夫、中书右丞、商议福建等处行中书省事。累赐以巨万计,而宠数益隆矣。至是年来朝,遂以病薨,享年四十有九。……大德四年二月日撰。"③布哈尔(1250—1299年),中

---

① (明)宋濂、王祎:《元史》,《影印文渊阁四库全书》第292册,台北:台湾商务印书馆,1986年,第283页。

② (元)拜柱:《大元圣政国朝典章》,《续修四库全书》第787册,上海:上海古籍出版社,2002年,第558页。

③ (元)刘敏中:《中庵集》,《影印文渊阁四库全书》第1206册,台北:台湾商务印书馆,1986年,第133～135页。

国元代居华伊斯兰官员,西域合剌合底城(今阿曼的 Qalkhat)人。其父是马八儿国王的六弟,朝鲜《东国通鉴》称其为马八儿王子。布哈尔曾任马八儿国宰相,为沟通元朝与伊儿汗国之间的政治、经济交往做出过积极贡献。后受其伯父们的排斥,于至元二十八年(1291 年)来华,定居于泉州,受到元世祖忽必烈的保护,授以资德大夫、中书右丞、商议福建等处行中书省事,赏赐巨款,并赐妻蔡氏,生子 1 人、女 2 人。布哈尔于大德三年(1299 年)奉旨由泉州北上入大都,十月在京城去世。元成宗诏赐中统宝钞二万余千缗,命归葬泉州。

遣官往使火鲁没思。

按:1953 年在泉州发现了一方《元代奉使波斯使者墓碑》,碑辉绿岩石质,255 厘米×655 厘米。现存泉州海外交通史博物馆,碑文云:"大元进贡宝货,蒙圣恩赐赉,至于大德三年内,悬带金字海青牌面,奉使火鲁没思田地勾当。蒙哈赞大王特赐七宝货物,呈献朝廷,再蒙旌赏。自后回归泉州本家居住,不幸于大德八年十……"[①]由于石碑仅存上半段,碑文残缺,不知墓碑主人为谁。据杨钦章考,此人或为不阿里(即布哈尔)。[②] 火鲁没思,即忽鲁谟斯,位置在今阿曼湾与波斯间、霍尔木兹海峡以北滨海地区,是当时伊利汗国的重要贸易港口。大德二年(1298 年),伊利汗国第七代大汗哈赞大王,遣使来元朝,进献大珠、宝石等宝物。伊利汗国使臣回国时,元成宗给了丰厚的赏赐,并派人护送使者从泉州港出发回国,此人大约就是墓主。元朝使者出使伊利汗国后,又带回了哈赞大王回赠给元朝的金、银、琉璃、珊瑚、玛瑙、砗磲、玻璃等七宝货物。使者回泉州后,在本家居住,于大德八年(1304 年)去世。

元成宗铁穆耳大德四年　公元 1300 年　庚子年

波斯施罗围人迈哈茂德卒,葬泉州。

按:泉州东门外灵山圣墓区有一座伊斯兰教须弥座式四层石墓,第二层正面阴刻古阿拉伯文字一行,云:"这是迈哈茂德·本·亥姆宰·夏菲之墓。(回历)700 年 7 月。"回历 700 年即公元 1300 年,元成

---

① 吴乔生、林德民、林胜利:《泉州古城历代碑文录》,北京:中国文史出版社,2009 年,第 341 页。

② 杨钦章:《元代奉使波斯碑初考》,《文史》第 30 辑,北京:中华书局,1988 年,第 137～146 页。

宗大德四年。"夏菲"(Siraf)即施罗围,或译作施那威、撒那威、西拉围,是地处波斯南部法尔斯坦(Farstan)的重要城市,地近波斯湾。[①]

元成宗铁穆耳大德五年　公元 1301 年　辛丑年

高昌城人图克迷西乌斯提克·塔斯汗卒,葬泉州。

　　按:1943 年,在泉州仁风门外发现一方叙利亚文石碑,碑高 36 厘米,宽 30.3 厘米。辉绿岩石琢成。碑的四周未雕花纹,碑顶做圆拱形。圆拱上部稍凹陷且很粗糙,似乎是建墓时砌于石中,其外面应该还有龛石。碑面上部浮刻一个十字架,十字架四端的叶片上各有三个圆珠。这是在全部发现的十字架石刻中最特殊的一方,因为它没有雕刻天使、火焰、云片等。十字架下面阴刻十一行叙利亚文字。[②]据牛汝极释读,碑文的汉文译文为:"以圣父、圣子和圣灵的名义。亚历山大帝王纪年 1613 年(即公元 1301 年),桃花石纪年牛年十月二十六日。高昌城人图克迷西·阿塔·艾尔之子乌斯提克·塔斯汗在他六十七岁时,来到刺桐城并完成了上帝的使命。他的灵魂将在天国安息。阿门!"[③]碑文里的"亚历山大帝王纪年",即希腊历,始用于塞硫古王朝。塞琉古王朝是亚历山大帝所建,以叙利亚为统治中心,故又称叙利亚王国。亚历山大帝王纪年 1613 年对应于西历 1301 年。"桃花石"一词为唐至元时期少数民族和域外对中原王朝或汉人的称呼。"桃花石纪年",即汉族十二生肖纪年。

　　公元 840 年,漠北回鹘汗国分崩离析,其部众之一支进入今新疆吐鲁番绿洲,建立了高昌地方政权。回鹘人逐渐转为农耕生活,一部分回鹘人信奉景教。与唐代景教徒以伊朗语系的波斯、粟特裔教徒为主不同,蒙元时代的也里可温主要为突厥语系族群,高昌回鹘则是唐元景教重要的中间环节,其前承唐代,下启元代,是蒙元也里可温的重要来源。碑铭中所云高昌城,在元代是一个景教徒聚居地,景教曾盛行一时。乌斯提克·塔斯汉(或其父)应当是循陆路抵达泉州,若走海路,须往东绕

---

　　① 吴文良、吴幼雄:《泉州宗教石刻(增订本)》,北京:科学出版社,2005 年,第 174～175、362 页。

　　② 吴文良、吴幼雄:《泉州宗教石刻(增订本)》,北京:科学出版社,2005 年,第 377～379 页。

　　③ 牛汝极:《从出土碑铭看泉州和扬州的景教来源》,《世界宗教研究》2003 年第 2 期,第 74～75 页。

行中亚,或西行波斯,或南下印度再改海路,皆属行程漫长,路况艰险,于情于理不通。① 泉州迄今也没有发现景教从海路传入的明确物证。不过,作为蒙元时代重要的南方景教中心,泉州一直和同样信奉景教的回鹘诸部保持着密切的联系,并深受其影响。

元成宗铁穆耳大德六年　公元1302年　壬寅年

札剌立丁重浚泉州罗城外濠,庄弥邵为之记。

　　按:元代庄弥邵《罗城外壕记》云:"泉本海隅偏藩。世祖皇帝混一区宇,梯航万国,此其都会,始为东南巨镇,或建省或立宣慰司,所以重其镇也。一城要地莫盛于南关,四海舶商,诸番琛贡,皆于是乎集。旧有镇南门,门之外有河,跨河为桥,流东西贯直南并受潮汐。岁久湮阏,有力者占为园池亭榭,以便娱乐。前太守真西山虽尝开修,利未尽而中辍,今又八十年矣。皇帝飞龙之六载,省并江浙,立宣慰司。行省右丞札剌立丁公领使司帅府,视事以来,曾未逾时,政通人和,百废俱兴。既重修泮宫,因慨其地之卑湿,盖由城河之不通。且薪米之负运良艰,粪壤之丘积无所。每值淫潦,深厉浅揭,连以旬浃,非惟有妨生理,亦致湫底之疾,邦人患之。公乃忧民之忧,锐意疏浚。军民官董其工,始事于二月初八日,至于二十九迄成。材售直,工给资,农不夺时,民不知役,皆公之指授有方也。河面阔如旧,深视旧更三尺余,南门桥鼎建崇楼,仍扁'镇南'。潮流参错其冲要,渔歌响答于闇闠。吞吐溟渤,雄视东南。望之如垂虹,登之若骑鲸。云栋飞翚,星河影转,非公器宇襟度,畴克臻兹。邦人大夫士请记之。弥邵载惟典谟,九叙无先于平水。故曰万世永赖,时乃功。然则公,今日之伯禹也。我泉亦永有利赖,当与禹功相并不朽,勒之坚砥,宜矣。"②文中所云"皇帝飞龙之六载",即指元大德六年(1302年),当年福建平海等处行中书省并入江浙行省,原福建行省右丞札剌立丁"领使司帅府"来泉州上任,重浚了泉州罗城外濠,庄弥邵为此作记赞扬其功德。罗城外濠环绕罗城,广六丈,深二丈余,三面通流,潆洄如带,独东北一隅,磐石十余丈,地势高仰,潮不能通。③ 德济

---

①　殷小平:《唐元景教关系考述》,《西域研究》2013年第2期,第51~59页。

②　(清)怀荫布:(乾隆)《泉州府志》卷二十六,《职官志》,《中国地方志集成·福建府县志辑》第22册,上海:上海书店出版社,2000年,第219页。

③　(清)周学曾:(道光)《晋江县志》卷九,《城池志》,晋江县地方志编纂委员会整理,福州:福建人民出版社,1990年,第186页。

门外有壕沟,建于宋宁宗绍定三年(1230 年),初为宋代城墙南侧的外城壕,大德六年,札剌立丁重浚罗城外濠。元至正十二年(1352 年),郡守偰玉立南扩城墙至壕沟以南,并改砌壕沟侧壁及沟底,作为内壕沟使用。庄弥邵的碑记描述了泉州"四海舶商,诸番琛贡"的海外贸易盛况,当时泉州南门内外为番舶出入之所,商业繁华之境。碑记也为元朝福建行省变迁提供了翔实的记载,可补志书之不足。庄弥邵,庄夏之孙,"以荫补承务郎,监福州水口镇,擢临安通判。讨平天目寇,以功权知安吉州。……宋亡,弃官归里。时蒲寿庚附元为中书左丞,辟宋故臣之在泉者,复其官。弥邵改肇庆路治中,弥大改广州路治中,并不赴。"①

布哈拉人赛典赤·杜安沙卒,葬泉州。

按:1952 年,在泉州东南隅南较场城基内掘出一方石碑,碑高 86 厘米,宽 49.2 厘米,厚 10.2 厘米,辉绿岩石琢成。正面阴刻古阿拉伯文字六行,背面阴刻五行,碑文云:"死者——殉教者,埃米尔·赛典赤·杜安沙·本·赛典赤·乌马儿·本·赛典赤·埃米兰·本·埃米尔·艾斯费赫萨拉尔·杜尔·比克尔,(祖籍)布哈拉人。愿安拉照亮他们的墓穴,使他们得居天堂。卒于(回历)702 年 2 月 9 日。"赛典赤,阿拉伯文原音为赛伊德·艾杰勒(Sayyid-ajall),意为尊贵的首领,是墓主家族所特有的尊贵称号。据考,赛典赤·杜安沙系赛典赤·乌马儿之子,元代名臣赛典赤·瞻思丁之后裔。②赛典赤·乌马儿,伯颜之弟,曾于大德间任福建市舶提举司同提举,累官福清州达鲁花赤,福建平海行中书省左丞,泉州路总管府达鲁花赤。

伊斯兰教徒哈只·阿卜杜拉卒,葬泉州。

按:1987 年,泉州发现一方伊斯兰教墓碑,碑石残高 41 厘米,残宽 24 厘米,厚 7.5 厘米,辉绿岩石雕成。正面的上部与右侧全损毁,仅存三行不完整的阴刻阿拉伯文字,碑文云:"这是哈只·阿卜杜拉的墓。愿真主慈悯亡人,他已经到达真主的慈爱了。……于回历 702 年……"③回历 702 年即公元 1302 年,元成宗大德六年。墓碑现存泉州海外交通史博物馆。

---

① (清)周学曾:(道光)《晋江县志》卷五十七,《人物志》,晋江县地方志编纂委员会整理,福州:福建人民出版社,1990 年,第 1362~1363 页。

② 吴文良、吴幼雄:《泉州宗教石刻(增订本)》,北京:科学出版社,2005 年,第 64~68、330 页。

③ 吴文良、吴幼雄:《泉州宗教石刻(增订本)》,北京:科学出版社,2005 年,第 223 页。

元成宗铁穆耳大德七年　公元 1303 年　癸卯年

二月壬午,罢制用院。禁诸人毋以金银丝线等物下番。

按:《元史》卷二十一《本纪第二十一·成宗四》载:"(大德七年二月壬午)罢致用院。禁诸人毋以金银丝线等物下番。"①此处之"致用院"应为"制用院"之误。制用院仅见于成宗朝,大德元年罢行泉府司,二年又置制用院,专事采办。七年,以禁商下海,罢之。制用院有别于斡脱性质的泉府院,后者是蒙古权贵与伊斯兰商人的合伙赢利产物,实际上是隶属于皇室的一种内府机构,而前者则直隶于中央,专司采买宝物,是一个独立于斡脱系统的组织机构,直接对中央和成宗负责。② 成宗在位期间,海外贸易机构、海商集团屡遭变革,其意在绕开斡脱商人和官僚勾结的中间环节,将采办宝货的权力控制在自己手里。③

禁金银、男子、妇女、人口、马匹等物下海私贩诸番。

按:《大元圣政国朝典章》刑部卷之十九《禁下番人口等物》载:"大德七年三月,江浙行省照得:先准中书省咨,御史台呈,行台咨。

福建廉访司申:金银、人口、弓箭、军器、马匹,累奉圣旨禁约,不许私贩诸番。非不严切,缘有一等下海使臣,并贪之徒,往往违禁。本船事头稍手人等,容隐不首,通同私贩番邦。莫若明立罪赏,庶革前弊。具呈照详。送刑部拟到罪赏事理,仍令廉访司常加体察、相应。都省逐一区处于后,咨请依上施行。

一下番船只,先钦奉奏准市舶法则内一款节该:金银、男子、妇女、人口,并不许下海私贩诸番。

又一款:舶商下海,开船之际,合令市舶司轮差正官一员,于舶岸开岸之日,亲行检视,各各大小船内有无违禁之物。如无夹带,即时放与开洋前去。仍取检视官结罪文状。如将来有告发,或因事发露,但有违禁之物,及因而非理搔扰舶商,取受作弊者,检视官并行断罪,廉访司临

---

① (明)宋濂、王祎:《元史》,《影印文渊阁四库全书》第 292 册,台北:台湾商务印书馆,1986 年,第 295 页。

② 高荣盛:《元大德二年的珍宝欺诈案》,《元史论丛》第九辑,北京:中国广播电视出版社,2004 年,第 118~135 页。

③ 邱轶皓:《大德二年(1298)伊利汗国遣使元朝考——法合鲁丁·阿合马·惕必的出使及其背景》,《切偲集》,《首都师范大学历史学院史学沙龙论文集》第 2 辑,上海:上海古籍出版社,2018 年,第 285~328 页。

将体察。钦此。除外,体知得一等不畏公法之人,往往将蒙古人口贩入番邦博易。若有违犯者,严行断罪。今后下番船只,开洋之际,仰市舶司官用心搜检。如有将带蒙古人口,随即拘留,发付所在官司,解省。

一马匹若有私贩番邦者,将马给付告人充赏。若搜检得见马,与搜检之人,犯人杖一百七下。市舶司官吏故纵者同罪,罢职不叙。"[1]元朝政府为了管理官营和私营的海外贸易,对商舶的进出口做出严格规定,要求本国和外国商船出海贸易,均须取得官方许可,舶商须到该地所属市舶司登记领取公据、公凭(大船领公据,小船领公凭),内"开具本船财主某人,直库某人,梢工某人,杂事某人,都领某人,碇手某人,做伴某人;船只力胜若干,樯高苦干,船面阔若干,船身长若干",并要填写"所往是何国土经纪,不得诡写管下洲岛列名,亦不许越过他国",公据背面附有空白纸八张,前面填写贩去货物的种类和数量,后面准备批写"所博到物货名件包数,以备回船时清点抽分。"[2]商人领到公据后,才能安排出海时间。元代对出口商品的管制种类有逐渐扩大增加的趋势,先是禁金、银、铜、铁、人口,后又禁马匹、兵器、弓箭,皆不许私贩下海,违者予以严惩。特别是在违禁物品的查验环节,更为严格谨慎,规定于舶船开岸之日,市舶司轮差正官员一名"亲行查视各大小船内有无违禁之物"。经仔细审查,确无违禁之物后,方准放行出海。航行途中如遇飘风,未能抵达目的地,则允许就地贸易,回时按例抽分,不得虚报,否则,船物尽行没官。可见元廷对海外贸易虽持鼓励和保护态度,但在管理上又是十分严格的。

伊斯兰教徒尼纳·穆罕默德卒,葬泉州。

按:1940年,泉州涂门街外津头埔发现一方伊斯兰教墓碑,碑高57厘米,宽35.5厘米,厚9.2厘米,辉绿岩石琢成,1959年移北京中国历史博物馆保存。碑正面阴刻古阿拉伯文字六行,背面阴刻直行汉字五行,碑文云:"先君生于戊辰十二月初九日,卒于癸卯二月初七日,享年三十六岁,安葬于此。时大德七年七月初一日,孤子吴应斗泣血谨志。"但阿拉伯文碑文则云死者尼纳·穆罕默德·本·阿卜杜拉卒于回历704年

① (元)拜柱:《大元圣政国朝典章》,《续修四库全书》第787册,上海:上海古籍出版社,2002年,第557~558页。

② 杞晨:《元明时期广州的海外贸易》,《广州外贸两千年》,陈柏坚主编.广州:广州文化出版社,1989年,第163~209页。

(公元 1304 年),与汉文纪年相差一年。吴应斗的父亲阿卜杜拉有可能是阿拉伯人或波斯人,吴应斗可能是用汉名、汉姓的侨生子。①

元成宗铁穆耳大德九年　公元 1305 年　乙巳年

伊斯兰教长老赫瓦杰·加麦尔丁卒,葬泉州。

　　按:1931 年夏,泉州东门城拆卸时发现一方伊斯兰教石碑,碑高 69 厘米,宽 40 厘米,辉绿岩石琢成。正面浮刻古阿拉伯文字六行,碑文云:"'他'是永生的。已故的长老、殉教者赫瓦杰·加麦尔丁·本·穆罕默德·本·易卜拉欣已与至高无上的安拉的怜悯相接。愿安拉照亮他的墓穴。卒于(回历)705 年 1 月 13 日。"碑文中的"赫瓦杰"即波斯语的"和加",意为宗教长老。墓主赫瓦杰·加麦尔丁卒于回历 705 年(公元 1305 年),是一位伊斯兰教长老。②

元成宗铁穆耳大德十年　公元 1306 年　丙午年

三月初一,兴明寺住持吴唵哆呢嗯在管领泉州路也里可温掌教官任上。

　　按:1984 年,泉州发现了一方辉绿岩石刻,阴刻十四行楷书:"于我明门,公福荫里。匪佛后身,亦佛弟子。无憾死生,升天堂矣。时大德十年岁次丙午三月朔日记。管领泉州路也里可温掌教官兼住持兴明寺吴唵哆呢嗯书。"③兴明寺是泉州的一座景教寺院,也里可温则是元代对景教徒、天主教徒的通称。元朝在中央设立崇福司,在地方则设立各路也里可温掌教司管理基督教事务,碑刻撰写者吴唵哆呢嗯既是景教寺院兴明寺的主持,也是元朝的宗教官员,而担任这一职务的一般是蒙古人或色目人,说明其人应该不是汉人。"唵哆呢嗯"似为基督教名"安东尼(Anthony)"之音译,吴姓则应是其为融入中原文化而取的汉姓。④根据墓碑的文字内容推测,疑碑文的撰者"吴唵哆呢嗯"是谙于汉文字

①　吴文良、吴幼雄:《泉州宗教石刻(增订本)》,北京:科学出版社,2005 年,第 69～70 页。

②　吴文良、吴幼雄:《泉州宗教石刻(增订本)》,北京:科学出版社,2005 年,第 75、334 页。

③　吴文良、吴幼雄:《泉州宗教石刻(增订本)》,北京:科学出版社,2005 年,第 418～419 页。

④　陈少丰:《元代泉州景教兴明寺史事补说——读〈寄大兴明寺元明列班〉》,《中国天主教》2021 年第 2 期,第 60～61 页。

的回鹘人或汪古部人,元代泉州的也里可温教徒,有部分来自汪古部。①
从泉州出土的大量景教文物来看,泉州应是当时中国南方景教的中心,
景教教堂肯定也不只是兴明寺一所,但也里可温掌教官则由兴明寺住
持兼领,说明兴明寺应是泉州景教的主要教务活动场所,也里可温司可
能就置于兴明寺内。有元一代,景教和天主教在泉州都可自由传教,和
谐共处,并未见互相排斥、倾轧之事。直到至正末年,泉州发生亦思巴
奚战乱,社会经济遭受重创,各国番商和僧侣纷纷逃亡或远走他乡,各
教派寺院迅即荒废,景教的大本营兴明寺也不例外,时色目人金元素有
《寄大兴明寺元明列班》诗云:"寺门常锁碧苔深,千载灯传自茀林。明
月在天云在水,世人谁识老师心。"②可见当时景教徒已四处逃散,教务
处于停顿状态,尽管当时的景教列班(长老)元明仍在坚守,但应该已是
最后一批传教士。而天主教的最后一任刺桐主教约翰·佛罗伦萨与传
教士古格列莫·坎巴诺也于至正二十二年(1362年)离开泉州返回欧
洲,但在途经米提亚帝国时因坚持天主教信仰而被萨拉森人杀害。至
此,泉州的基督教已经湮灭于历史长河中。直到明中后期,西班牙人赫
雷德、意大利人艾儒略等传教士进入福建传教,泉州复有天主教活动的
迹象。

伊斯兰女信徒法蒂美卒,葬泉州。

　　按:1963年3月在泉州东门外瑞枫岭附近发现一方伊斯兰教墓碑,
碑高60厘米,宽38.2厘米,厚8.6厘米,辉绿岩雕成。正面阴刻古阿拉
伯文字七行,碑文云:"这是善良的虔诚的女信徒法蒂美之墓。她是艾
哈迈德之女,您死者得到安拉的怜悯和欣悦。她卒于(回历)706年安拉
的吉祥之月——斋月13日。愿安拉赐福给穆罕默德及其全体家族。"
此碑现存泉州海外交通史博物馆。③

元成宗铁穆耳大德十一年　公元1307年　丁未年

格兹威尼人侯赛因卒葬泉州。

　　按:1935年,泉州通天门拆卸时,发现一方伊斯兰石碑,碑高65厘

---

　　① 吴幼雄、黄伟民、陈桂炳:《泉州史迹研究》,厦门:厦门大学出版社,1998年,第185~
189页。

　　② 杨镰:《全元诗》第42册,北京:中华书局,2013年,第381页。

　　③ 吴幼雄、黄伟民、陈桂炳:《泉州史迹研究》,厦门:厦门大学出版社,1998年,第78~
79、336页。

米,宽 35.5 厘米,厚 8 厘米,辉绿岩石琢成。正面阴刻古阿拉伯文字八行,碑文云:"死于异国,即为殉教而死。安拉的使者说的是实话。这幸运的墓主,得到至高无上的安拉之宽宥的殉教者,名叫侯赛因·本·哈只·格兹维尼。求安拉怜悯他、宽恕他。卒于(回历)707 年 2 月 15日。"墓主侯赛因的父亲是格兹威尼人(里海南部城市,在今亚美尼亚境内),是一位朝觐过圣城麦加的伊斯兰教徒,卒于回历 707 年(大德十一年,公元 1307 年)。[①]

约大德后,伊斯兰教乌马儿教长卒,葬泉州。

按:1942 年,泉州东门挖城墙础石时获得一方伊斯兰教石碑,碑高92 厘米,宽 49 厘米,厚 9 厘米,辉绿岩石琢成。碑正面阴刻古阿拉伯文字十行,碑文云:"……祈求安拉宽恕的大长老,可敬的教长乌马儿××X已逝世。愿安拉宽恕他。于 7××年 3 月。"本墓碑的主人乌马儿是位教长,卒于回历 700 年代(后两位数未辨)。"[②]按此推算,墓主卒年或在元成宗大德后。

大德间,八哈迭儿、马合谋、段庭珪任福建提举市舶,乌马儿任同提举,阿不撒、刘孚任副提举,康珪任提控。

按:《八闽通志》卷三十《秩官志》元福建提举市舶条:"八哈迭儿、马合谋、段庭珪,俱大德间任。"同提举条:"乌马儿,大德间任。"副提举条:"阿不撒、刘孚,俱大德间任。"[③]提控条:"康珪,大德间任。"[③]马合谋,元初任南安县主簿,后升惠安达鲁花赤,至元间任晋江达鲁花赤[④],大德间任福建提举市舶。段庭珪,《福建市舶提举司志》作"段廷珪"[⑤]。乌马儿,伯颜之弟,初任鄞县达鲁花赤[⑥],大德间任福建市舶提举司同提举,累官

---

① 吴文良、吴幼雄:《泉州宗教石刻(增订本)》,北京:科学出版社,2005 年,第 72、332页。

② 吴幼雄、黄伟民、陈桂炳:《泉州史迹研究》,厦门:厦门大学出版社,1998 年,第 72、332 页。

③ (明)黄仲昭:《八闽通志》上册卷三十,《秩官》,福州:福建人民出版社,1990 年,第631~632 页。

④ (明)黄仲昭:《八闽通志》上册卷三十二,《秩官》,福州:福建人民出版社,1990 年,第683~686 页。

⑤ (明)高岐:《福建市舶提举司志》,《琉球文献史料汇编(明代卷)》,北京:海洋出版社,2014 年,第 650 页。

⑥ (元)袁桷:《延祐四明志》卷三,《职官志》,《宋元方志丛刊》第 6 册,北京:中华书局,1990 年,第 6169 页。

福清州达鲁花赤,福建平海行中书省左丞,泉州路总管府达鲁花赤。①在任期间,崇饰学宫,做新泮宫,诸生遂将伯颜与乌马儿合而生祠之,表之曰"棣萼联辉之祠",儒学提举吴涛为祠记。②

元武宗海山至大元年　公元1308年　戊申年

八月壬戌,泉州大商哈苏台吉噜(合只铁即剌)进异木沉檀可构宫室者。戊寅,泉州大商玛哈丹达尔(马合马丹的)进珍异及宝带、西域马。

按:《元史》卷二十二《本纪第二十二·武宗一》载:"(至大元年八月)壬戌,太尉托克托奏:'泉州大商哈苏台吉噜进异木沉檀可构宫室者。'敕江浙行省驿致之。……戊寅,泉州大商玛哈丹达尔(马合马丹的)进珍异及宝带、西域马。"③元武宗即位后大兴土木,不仅营建豪华宫室,又在大都和五台山大建佛寺,需使用大量上等木材。泉州大商哈苏台吉噜(合只铁即剌)为满足皇帝需求,从海外采进贵重的沉檀木,武宗即命江浙行省送至京师以构筑宫室。而另一泉州大商玛哈丹达尔(马合马丹的)则从海外采买珍异及宝带、西域马进献给武宗。据陈高华、高荣盛等人考证,马合马丹的与沙不丁之弟马合谋但的为同一人。④武宗至大三年(1310年)十月,江浙行省左丞沙布鼎(沙不丁)言其弟哈卜齐勒(合八失)及玛哈穆特丹达(马合谋但的)等"皆有舟,且深知漕事,乞以为海道运粮都漕万户府官,各以己力输运官粮",因其进献宝货有功,加之拥有大舟,精于海道,沙不丁请以马合谋但的为"遥授右丞、海外诸蕃宣慰使、都元帅,领海道运粮都漕运万户府事"。⑤可见在元朝政府严格的民族等级制度下,当时泉州的色目人回回巨贾拥有优越的社会地位,其政治、经济实力之雄厚远超汉人。这两次泉州大商进献宝物

①　(明)黄仲昭:《八闽通志》上册卷三十二,《秩官》,福州:福建人民出版社,1990年,第682页。

②　(明)黄仲昭:《八闽通志》下册卷五十九,《祠庙》,福州:福建人民出版社,1990年,第388~389页。

③　(明)宋濂、王祎:《元史》,《影印文渊阁四库全书》第292册,台北:台湾商务印书馆,1986年,第331页。

④　陈高华:《元代的航海世家澉浦杨氏——兼说元代其他航海家族》,《海交史研究》1995年第1期,第14~18页;高荣盛:《元大德二年的珍宝欺诈案》,《元史论丛》第九辑,北京:中国广播电视出版社,2004年,第118~135页。

⑤　(明)宋濂、王祎:《元史》卷二十三,《本纪第二十三·武宗二》,《影印文渊阁四库全书》第292册,台北:台湾商务印书馆,1986年,第349页。

正值元廷第二次"海禁"期间。此次海禁始于大德七年(1303年),以"禁商下海",取消市舶机构开始,到武宗至大元年(1308年),"复立泉府院,整治市舶司事"止。不过,这五年间,所禁止的只能是无权领官本、乘官船的私商,而权贵垄断外贸,他们的航海贸易依然存在。如上述泉州大商向朝廷朝奉的宝物,即由色目人富商大贾出海贸易获得的进献之物。外贸如果完全中断了五年,"重开市舶"之年,泉州商人不可能立刻就从海外贩运商品回国。可见在此期间,中国特权商人显然继续合法地经营外贸。①

至大元年,复立泉府院,整治市舶司事。

> 按:《元史》卷九十四《食货二·市舶互市之法》载:"至大元年,复立泉府院,整治市舶司事。"②行泉府司本是泉府院的地方机构,从二品衙门,统领市舶司。元成宗大德元年(1297年)罢行泉府司,二年又置制用院,七年以海禁罢之,但之后应该有复立。元武宗即位后,为表示对海外贸易的重视,复立泉府司,并升泉府司为泉府院,秩正二品,大大提高了其地位,而制用院即罢去,彻底退出了历史舞台。泉府院虽掌管市舶司,负有为国敛财的职责,但也负责为皇帝采买海外宝物,满足武宗个人的宝货占有欲。元武宗升泉府司为泉府院,实属公私两相宜之举。

元武宗海山至大二年　公元1309年　己酉年

二月癸亥,罢行泉府院,以市舶归之行省。

> 按:《元史》卷二十三《本纪第二十三·武宗二》载:"(至大二年二月癸亥),罢行泉府院,以市舶归之行省。"③元初,作为外贸主管机构的市舶司,其设置呈现多变特点,时而隶属地方,时而改属中央,且各市舶司废置不常。直到元武宗至大二年(1309年),罢行泉府院,以市舶归之行省。至此,市舶司隶属于行省管理的关系不复变更,此后市舶司虽有废置,但此项基本制度仍得以保留,一直延续至元末。

九月庚辰,禁金银私相买卖及海舶兴贩金、银、铜钱、绵丝、布帛下海。

① 章深:《元代外贸政策与广州的海外贸易》,《元史及民族与边疆研究集刊》第十五辑,上海:上海古籍出版社,2002年,第112~124页。
② (明)宋濂、王祎:《元史》,《影印文渊阁四库全书》第293册,台北:台湾商务印书馆,1986年,第799页。
③ (明)宋濂、王祎:《元史》,《影印文渊阁四库全书》第292册,台北:台湾商务印书馆,1986年,第336页。

按:《元史》卷二十三《本纪第二十三·武宗二》载:"(至大二年九月庚辰),金银私相买卖及海舶兴贩金、银、铜钱、绵丝、布帛下海者,并禁之。"①元武宗海山统治时期,官僚机构日益庞大,为巩固政权,又大肆封官赏赐,导致财政入不敷出,面临危机。为增加财政收入,元武宗推行理财政策,发行"至大银钞"和"至大通宝",规定"至大银钞"和"至元钞"的比值为1∶5,和"中统钞"的比值为1∶25,虽然叫银钞,但其实准备金已经不足。为此,元武宗干脆下令以后不准纸币兑换金银,民间也禁用金银,更不准海舶兴贩金、银、铜钱等金属货币下海。②

伊斯兰教徒格兰塔·特勤卒,葬泉州。

按:1938年在泉州东门挖城石时获一伊斯兰教石碑,碑高72厘米,宽39厘米,辉绿岩石琢成,正面浮雕古阿拉伯文字六行,碑文云:"死于异国,即为殉教而死。这是受人尊敬的青年格兰塔·特勤·本·素丹之墓。卒于(回历)708年7月。""特勤"(Takin),在波斯语中作为王子、贵族的称号,说明墓主或为早逝的贵族青年。③

波斯贾尔杰尔姆城人古图布丁·雅各布·凯里姆拉卒,葬泉州。

1927年,在泉州东门外东禅寺附近发现一方伊斯兰教须弥座式墓墓顶石,长140.5厘米,高26.5厘米,底宽33.5厘米,白花岗石雕成。浮刻古阿拉伯文字四行,云:"他是永生不死的,已从毁灭世界转入永恒世界。死者是贾尔杰尔姆哈只×××的后代古图布丁·雅各布·凯里姆拉。求安拉怜悯他。卒于(回历)709年12月。"④回历709年即公元1309年,元武宗至大二年。贾尔杰尔姆城位于波斯北部,墓主应是从波斯航海来泉州经商的伊斯兰。墓顶石现存泉州海外交通史博物馆。

元武宗海山至大三年　公元1310年　庚戌年

重修泉州清净寺。

按:清净寺阿拉伯纪年石刻载:"艾哈玛德·本·穆罕默德·贾德

① (明)宋濂、王祎:《元史》,《影印文渊阁四库全书》第292册,台北:台湾商务印书馆,1986年,第339页。

② 郭建龙:《中央帝国的财政密码》,厦门:鹭江出版社,2017年,第323页。

③ 吴文良、吴幼雄:《泉州宗教石刻(增订本)》,北京:科学出版社,2005年,第70~71、331页。

④ 吴文良、吴幼雄:《泉州宗教石刻(增订本)》,北京:科学出版社,2005年,第159、356页。

斯,即设拉子著名的鲁克伯哈只,建筑了高悬的穹顶,加阔了甬道,重修了高贵的寺门并翻新了窗户,于(伊斯兰历)710年竣工。"①清净寺创建于伊斯兰历400年,即宋真宗大中祥符二年至三年(1009—1010),后重修竣工于伊斯兰历710年,即元武宗至大三年至四年(1310—1311),波斯商人艾哈玛德捐资扩建了大门的穹顶,加阔了甬道,并翻新了窗户。艾哈玛德是波斯南部著名商贸城市设拉子的商人,因他曾朝觐过麦加,故称哈只,以鲁克伯(骑士)闻名。

元武宗海山至大四年　公元1311年　辛亥年

又罢市舶提举司,禁下番船只。

按:《元史》卷九十一《百官七》载:"(至大四年),禁下番船只。"②卷九十四《食货二·市舶互市之法》:"(至大)四年,又罢之(市舶提举司)。"③随着市舶提举司的取消,元廷开始实行新一轮海禁,直到元仁宗延祐元年(1314年)七月,诏开下番市舶之禁,又重新设立了市舶提举司,才标志着第三次海禁的结束。

至大间,沙的、石抹羌吉剌歹、孙国英、海寿任福建提举市舶,刘侃、王良弼任同提举,木八剌沙、别都鲁丁、忽辛任副提举,张复礼任知事,蔡时亨任提控。

按:《八闽通志》卷三十《秩官志》元福建提举市舶条:"沙的、石抹羌吉剌歹、孙国英、海寿,俱至大间任。"同提举条:"刘侃、王良弼,俱至大间任。"副提举条:"木八剌沙、别都鲁丁、忽辛,俱至大间任。"知事条:"张复礼,至大初任。"提控条:"蔡时亨,至大间任。"沙的,回回人,元贞初任福清州达鲁花赤,至大间任福建提举市舶,皇庆初任泉州路总管府判官,泰定间升任达鲁花赤。④ 木八剌沙,大食人,大德二年(1298年)

---

① 福建省泉州海外交通史博物馆:《泉州伊斯兰教石刻》,银川:宁夏人民出版社,福州:福建人民出版社,1984年,第3页。

② (明)宋濂、王祎:《元史》,《影印文渊阁四库全书》第293册,台北:台湾商务印书馆,1986年,第748页。

③ (明)宋濂、王祎:《元史》,《影印文渊阁四库全书》第293册,台北:台湾商务印书馆,1986年,第799页。

④ (明)黄仲昭:《八闽通志》上册卷三十、卷三十一、卷三十二,《秩官》,福州:福建人民出版社,1990年,第631~632、648、682页。

二月任慈溪县尉,后升任鄞县达鲁花赤①,至大间任福建市舶副提举,皇庆间任福州路总管府治中,延祐间升任福建提举市舶。② 别都鲁丁,初任奉化县达鲁花赤③,至大间升任福建市舶司副提举。忽辛,回回人,大德间任福建闽海道肃政廉访司佥事,至大间任福建市舶副提举,延祐初升任泉州路总管府判官。④ 孙国英,(乾隆)《泉州府志》卷二十六、(道光)《晋江县志》卷二十八皆作"系国英"。木八剌沙,(道光)《晋江县志》卷二十八作"木八喇沙"。

元仁宗爱育黎拔力八达皇庆元年　公元1312年　壬子年

西洋喳啫例绵人夏不鲁罕丁被吴鉴所记清净寺(扎维耶)聘为住持。

按:(乾隆)《泉州府志》卷七十五载:"夏不鲁罕丁者,西洋喳啫例绵人,皇庆间随贡使来泉(住排铺街)。修回回教,泉人延之住持礼拜寺。寺绍兴创也。"⑤夏不鲁罕丁,元代著名的回族伊斯兰教经师,原为西洋喳啫例绵国人,于元仁宗皇庆年间来到泉州,被泉人延聘为吴鉴所记清净寺(非现存清净寺)的"摄思廉夏"(意为伊斯兰长老,系对主持伊斯兰教务的人的尊称)。元至正九年(1349年),闽海佥宪赫德尔到泉州巡视,夏不鲁罕丁"命舍剌甫丁哈悌卜领众分诉。宪公审察得情,任达鲁花赤高昌偰玉立正议为之□理,复征旧物,众志大悦。于是里人金阿里质以己赀,一新其寺"⑥。清净寺修复后,他又继续担任住持。其子亦继承其业,主持清净寺教务。据张星烺、李光斌等学者考证,夏不鲁罕丁即《伊本·白图泰游记》笔下之鲍尔汗丁·卡泽龙尼。中世纪摩洛哥旅行家伊本·白图泰在其游记中说:"当地的高尚谢赫中有鲍尔汗丁·卡

① (元)袁桷:《延祐四明志》卷三,《职官志》,《宋元方志丛刊》第6册,北京:中华书局,1990年,第6169、6174页。
② (明)黄仲昭:《八闽通志》上册卷三十、卷三十一,《秩官》,福州:福建人民出版社,1990年,第631、647页。
③ (元)袁桷:《延祐四明志》卷三,《职官志》,《宋元方志丛刊》第6册,北京:中华书局,1990年,第6170页。
④ (明)黄仲昭:《八闽通志》上册卷三十、卷三十二,《秩官》,福州:福建人民出版社,1990年,第630、682页。
⑤ (清)怀荫布:(乾隆)《泉州府志》,《中国地方志集成·福建府县志辑》第24册,上海:上海书店出版社,2000年,第658~659页。
⑥ (元)吴鉴:《重立清净寺碑记》,白寿彝主编《中国回回民族史》上册,北京:中华书局,2003年,第446~447页。

泽龙尼,他在城外有一道堂,商人们在这里缴纳他们向谢赫阿布·伊斯哈格·卡泽龙尼许下的愿。"①谢赫是对伊斯兰教教务领袖的尊称,鲍尔汗丁是他的名字,卡泽龙尼则是他出生地的形容词。从姓名中可推知,鲍尔汗丁的社会地位是宗教领袖,出生在卡泽龙,而喳嗜例绵即今伊朗的卡泽龙城。②

元仁宗爱育黎拔力八达皇庆二年　公元1313年　癸丑年

哲拉德出任第一任天主教刺桐主教。

按:安德烈·佩鲁贾1326年在致佩鲁贾修道院沃登神甫的信中说:"您读此信时将会知道,我和一位主教,即旅途中形影不离的同伴、已仙逝的帕莱格林修士,在行经海路陆路时,备受艰难困苦和饥饿劳累,几经生命危险,又遭强盗洗劫,连教士衣装也尽丢失。幸有天主保佑,据我所记,终于在我主纪元1318年抵达大汗帝国都城汗八里。来此后,我们遵照罗马教廷训谕拜总主教后,在此居留约五年。……所以言归正传,谈谈我本人的事。在大洋海岸有一相当大城市,波斯语称之为刺桐。城内有一富有亚美尼亚妇人,建一十分雄伟华丽的教堂,后来总主教将此教堂作为总教堂。此妇人生前自愿将此教堂交于哲拉德主教及其同伙修士,死后又遗赠彼等相当一笔捐款。哲拉德是首先占有此教堂的人。哲拉德主教去世后葬于此。此后,总主教希望我为继承人住此教堂,但我未同意此项任命,于是他将此职委于修士帕莱格林主教。他在获得这个机会后,管理此教堂数年,于1323年圣保罗和圣彼得祭节后九日去世。在他去世前将近四年,我在汗八里,由于某些原因感到不便,我得许可,同意我在刺桐领取皇帝赐予我的阿拉发。刺桐距汗八里约三月路程。我的恳切要求被同意后,带着皇帝准许的八匹马十分隆重地出发。我抵达刺桐时,帕莱格林修士还在世。……我主纪元1326年1月写于刺桐。"③1289年(元朝至元二十六年),罗马教皇尼古拉四世派遣方济各会士约翰·孟高维诺来华,他于1293年或1294

---

① [摩洛哥]伊本·白图泰:《伊本·白图泰游记》,马金鹏译,银川:宁夏人民出版社,1985年,第551页。

② 张星烺:《中西交通史料汇编》第2册,北京:中华书局,1977年,第76～78页;李光斌:《伊本·白图泰中国纪行考》,北京:海洋出版社,2009年,第82～85页。

③ [英]阿·克·穆尔:《一五五〇年前的中国基督教史》,郝镇华译,北京:中华书局,1984年,第217～221页。

年由海路经泉州到达元大都,得到许可,在京传教。教皇克雷芒五世于1307年派遣7名传教士来华协助他,同时任命他为汗八里(大都)大主教。① 这7人中似乎只有哲拉德、帕莱格林、安德烈·佩鲁贾三人到达中国,且是1313年以后到达的(安德烈·佩鲁贾原信中写的是1318年,但根据信中内容,他在汗八里住了五年后移居刺桐,又四年后的1323年,帕莱格林去世。据此推算,他们应是1313年抵达汗八里)②,并先后出任刺桐主教。根据信件内容,1313年,时任汗八里总主教约翰在刺桐(泉州)增设了一个主教区,任命哲拉德为首任主教。当时泉州有一位富有的亚美尼亚妇人,修建了一座十分雄伟华丽的教堂,并自愿将此教堂交于哲拉德主教及其同伙修士,后来约翰总主教将此教堂作为刺桐教区的总教堂。哲拉德主教去世后葬于此,并由帕莱格林修士接替其做第二任刺桐主教。

八月十五日,管领江南诸路明教秦教等也里可温马里失里门·阿必思古八卒,葬泉州。

　　按:1950年代,泉州通淮门外发现一方回鹘语——汉语双语景教碑,其汉文碑文云:"管领江南诸路明教、秦教等,也里可温、马里、失里门·阿必思古八、马里哈昔牙。皇庆二年岁在癸丑八月十五日,帖迷答、扫马等泣血谨志。"碑辉绿岩石质,56厘米×49厘米×9.5厘米。碑右阴刻直书的聂斯脱利叙利亚文字两行,碑左阴刻汉字两行(共五十三个字),即上述文字。碑存泉州海外交通史博物馆,是叙利亚文与中文合璧。死者失里门是泉州教区的大主教或教长,负责管领江南秦教(景教)事务和江南诸路明教(摩尼教)等的总管。③ 据牛汝极考,墓碑主人为一人而非两人,马里哈昔牙是叙利亚语"主教"之意,是马里失里门(Mar Solomon)·阿必思古八的头衔和称号,此人系西域撒马尔罕景教区主教,大约在13世纪80年代来华传教,于1313年卒,葬泉州。蒙古帝国时期,中亚地区突厥语民族是主要的景教民众,而回鹘后裔畏吾儿(维吾尔)人则是中国主要的景教徒来源,他们由陆路进入中国北方,并将景教传入南方的扬州、泉州等地。元代泉州的宗教与西域维吾尔人

----

① 詹石窗、林安梧:《闽南宗教》,福州:福建人民出版社,2007年,第164页。

② [英]阿·克·穆尔:《一五五〇年前的中国基督教史》,郝镇华译,北京:中华书局,1984年,第191页。

③ 吴乔生、林德民、林胜利:《泉州古城历代碑文录》,北京:中国文史出版社,2009年,第342页。

保持着频繁密切的接触,其中景教和伊斯兰教的联系最为紧密。泉州出土的叙利亚文和回鹘文景教墓碑,其主人多为畏吾儿人,而他们正是当时泉州景教的主要信众。^① 不过,元代泉州的景教碑也有汉人立碑,如元顺帝后至元三年(1337 年)戴舍王氏十二小娘为故妣二亲立景教碑,立碑人即为汉人景教徒,并按照汉人习俗刻写墓碑。

皇庆间,赡思丁任福建提举市舶。

按:《八闽通志》卷三十《秩官志》元福建提举市舶条云:"沙的、石抹羌吉剌歹、孙国英、海寿(俱至大间任)。赡思丁、木八剌沙、严文、哈散、朱善辅、廉寿山海牙(上五人,俱延祐间任)。"^②海寿等四人为至大间提举福建市舶,而木八剌沙至廉寿山海牙五人则为延祐间提举福建市舶,故赡思丁应在皇庆间提举福建市舶。赡思丁,初任南安县丞^③,皇庆间升任福建提举市舶。

皇庆后至至正前,陈珤任泉州市舶司吏目。

按:元代戴良《九灵山房集》卷十五《元中顺大夫秘书监丞陈君墓志铭》载:"元有循吏曰陈君文昭,而今亡矣。……君讳麟,文昭字也。其先闽人,……后又自福清徙温,遂占籍焉。……父珤,泉州市舶司吏目,以君贵,赠承事郎、同知温州路瑞安州事。……瑞安公有疾,君侍汤药,不解带者十有四月。迨革,复刲股和糜以进,乃寻愈。后捐馆,君哀毁逾节。……一日,从南溪父相问己所宜,相者谓曰:'公当以经术进,高科可芥拾也。'君闻之心喜,遂一其志于学,时年已三十……君生于皇庆壬子九月十七日,卒于洪武戊申九月二十日。次年十二月乙酉,葬之日也。"^④陈文昭(1312—1368 年),元代温州著名循吏,曾以进士为慈溪县尹。根据墓志铭所记,当他虚岁三十岁(1341 年)时,始有志于学,时其父陈珤早已过世。以此推断,陈珤担任泉州市舶吏目时间应该在皇庆后、至正前。

---

① 牛汝极:《从出土碑铭看泉州和扬州的景教来源》,《世界宗教研究》2003 年第 2 期,第 73～79、157 页。

② (明)黄仲昭:《八闽通志》上册卷三十,《秩官》,福州:福建人民出版社,1990 年,第 631～632 页。点校本将"廉寿山海牙"点作"廉寿、山海牙"两人,误。

③ (明)黄仲昭:《八闽通志》上册卷三十二,《秩官》,福州:福建人民出版社,1990 年,第 684 页。

④ (元)戴良:《九灵山房集(附补编)》,《影印文渊阁四库全书》第 1207 册,台北:台湾商务印书馆,1986 年,第 513～516 页。

元仁宗爱育黎拔力八达延祐元年 公元 1314 年 甲寅年

七月庚午,开下番市舶之禁。改立泉州、广东、庆元三市舶提举司。

　　按:《元史》卷二十五《本纪第二十五·仁宗二》载:"(延祐元年秋七月庚午),开下番市舶之禁。"①卷九十一《百官七》载:"延祐元年,弛其禁,改立泉州、广东、庆元三市舶提举司。每司提举二员,从五品;同提举二员,从六品;副提举二员,从七品;知事一员。"②卷九十四《食货二·市舶互市之法》载:"延祐元年,复立市舶提举司,仍禁人下番,官自发船贸易。回帆之日,细物十分抽二,粗物十五分抽二。"③又《通制条格》卷十八《关市·市舶》载:"延祐元年七月十九日钦奉圣旨节该:中书省奏,在前设立市舶下番博易,非图利国,本以便民。比闻禁止以来,香货、药物销用渐少,价直陡增,民用阙乏,乞开禁事。准奏,仰于广东、泉州、庆元复立市舶提举司,杭州依旧设立市舶库,知专市舶公事,直隶行省管领诸人不得搅扰沮坏。所有法则开列于后……"④延祐元年(1314 年)七月,元仁宗开下番市舶之禁,标志着自元武宗至大四年(1311 年)开始的第三次海禁结束。同时,至元间于泉州、上海、澉浦、温州、广东、杭州、庆元等七处设立的市舶司也裁并为庆元、泉州、广州三处,形成鼎足而立的局面。市舶司由行省直接管辖,每司设提举二人,从五品,并有同提举、副提举、知事若干人,形成比较稳定的机构,其后不再有大的变化。元廷在至元三十年(1293 年)和延祐元年先后出台了《市舶则法》。《延祐市舶法》是在《至元市舶法》的基础上形成的,从出台之日至元末,大体沿用始终,并在具体运作中以通例形式加以发展补充。《延祐市舶法》的相关则例条数从二十三条调整为二十二条,在《至元市舶法》的基础上又做了若干变动,主要体现在增加抽解比例和税率、禁品种类,进

---

① (明)宋濂、王祎:《元史》,《影印文渊阁四库全书》第 292 册,台北:台湾商务印书馆,1986 年,第 372 页。

② (明)宋濂、王祎:《元史》,《影印文渊阁四库全书》第 293 册,台北:台湾商务印书馆,1986 年,第 748 页。

③ (明)宋濂、王祎:《元史》,《影印文渊阁四库全书》第 293 册,台北:台湾商务印书馆,1986 年,第 799 页。

④ (元)完颜纳丹等:《通制条格》,黄时鉴点校,杭州:浙江古籍出版社,1986 年,第 230~237 页。

一步规范元朝宗室的海外贸易行为，以及对违法犯罪行为的量刑等方面。①

元仁宗爱育黎拔力八达延祐三年　公元 1316 年　丙辰年

夏，张养浩以礼部侍郎征舶泉南。

　　按：元代张养浩《张文忠公文集》卷十八《析津陈氏先茔碑铭（有序）》载："延祐丙辰夏，走以礼部侍郎征舶泉南，回遇资善大夫云南诸路行中书左丞陈公于京师……"②张养浩（1270—1329 年），字希孟，号云庄，又称齐东野人，济南（今山东省济南市）人，元代著名政治家、文学家。延祐二年（1315 年），张养浩以礼部侍郎的身份，与元明善、程钜夫等一起主持了元朝举办的第一次科举考试。延祐三年，奉旨为朝廷征船舶于泉州，一路游历江浙闽诸地。回遇云南诸路行中书左丞陈英，陈英请他撰写先茔碑铭，遂为之撰《析津陈氏先茔碑铭》。从张养浩征舶泉南一事可知，元代的泉州是全国最重要的造船基地之一，所造海船的性能和安全设施等在当时都具有先进水平。同时，泉州的海商、舟师所掌握的海外诸国或地区的航道水情，较宋朝更为详细。造船业的兴盛，极大地拓展了泉州海外贸易的范围，造就了"东方第一大港"的美称。

十月，亦黑迷失刻立《一百大寺看经记》，碑中有泉州路大开元寺、承天寺、崇福寺等 17 座佛寺。

　　按：元代亦黑迷失刻立的《一百大寺看经记》云："钦奉圣旨立碑（第一行阙）（上阙）贤院使领会同馆事

　　伏以鹫岭山中，四十九年，云行雨施。龙宫藏内，五千余卷，玉转珠回。爰分深浅之机，故有偏圆之说。八部咸仰，以无缘慈摄化众生。六度齐修，以大施心利乐群品。感王臣之敬服，亘今古以流通。伏念亦黑迷失，自幼年钦奉世祖薛禅皇帝，宣唤历朝，委用至今。圣恩莫报，特发诚心，谨施净财，广宣梵典，上□□□。世祖薛禅皇帝、完者都皇帝、曲律皇帝圣恩，端为祝延今上皇帝圣寿万安，皇太后、皇后齐年。

　　太子千秋，诸王文武官僚同增禄位。风调雨顺，国泰民安。佛日增

　　①　陈佳臻：《元代〈市舶则法〉的演变及其"官法同构"现象》，《江西社会科学》2021 年第 5 期，第 148～156 页。

　　②　（元）张养浩：《张文忠公文集》卷十八，《析津陈氏先茔碑铭（有序）》，《全元文》第 24 册，南京：江苏古籍出版社，1999 年，第 683～685 页。

辉，法轮常转。敬就都城西京、汴梁、真定，河南汝州、荆州，顺德府明州、补陀山朝里，宁夏路西凉府、甘州，两淮、江浙、福建诸路一百大寺，各施中统钞一百定。年收息钞，轮月看转三乘圣教一藏。其余寺院、庵堂、接待，或舍田、施钞，看念四大部华严、法华等经，及点照供佛长明灯。谨写西天银字经一藏进上。

当今皇帝，回赐大都普庆寺看读。仍就都城创吉祥法王寺一区，赡寺地一项，栗园一所，印经一藏，施钞二百定。又以中统钞一百定，就嘉兴路崇德州置苗田一百二十五亩，岁收租米一百石，含入杭州灵芝寺。续施钞二百定，与泉州承天、开元二寺。以上置田出息为岁念藏经费。又将元买兴化路仙游县，租田二千余石，散施泉州、兴化各处寺院，递年看转藏经。其斋□以岁收子粒多寡为率。然则财法无尽，因果俱彰，施心□于虚空，本无住相。惠性通于历劫，普导含灵。极真际以庄严，尽刹尘而回向。仍为祖祢、宗亲同超佛地。次冀亦黑迷失，偕室中夫人茶茶，身宫康泰，寿命延长，福禄荣迁，子孙昌盛。万行功圆之日，百年报满之时，普与法界众生，同证萨婆苦海。延祐三年十月　日记报答……"①

石碑为花岗岩石质，350厘米×115厘米×11厘米，碑文见于《闽中金石略》。至元三十年(1293年)，亦黑迷失与史弼、高兴等率军远征爪哇败归，此时亦黑迷失正40岁出头。忽必烈去世后，亦黑迷失并未告老还乡，而是继续履行泉府司左丞或太卿的职责，同时兼具斡脱商人的身份，掌管泉州的海外贸易，历经成宗、武宗、仁宗三朝，为元廷搜罗海外珍宝，并从海外贸易中获取巨额财富。② 元仁宗念他"屡使绝域"，封其为吴国公。延祐三年(1299年)十月，亦黑迷失于泉州立《一百大寺看经记》，先是求佛保佑大元皇帝与江山，并列明一百大寺，大都路32座，居首位。泉州路则有承天寺、大开元寺、崇福寺、光孝寺、北藏寺、水陆寺、法石寺、积善寺、延福寺、西禅寺、香积寺、招福寺、封崇寺、明心寺、白沙灵应寺、楞伽接待、清源洞等17所，说明了当时泉州佛寺林立，在全国寺院中占有举足轻重的地位，无愧于"泉南佛国"之美誉。而后亦

---

① 吴乔生、林德民、林胜利：《泉州古城历代碑文录》，北京：中国文史出版社，2009年，第23～24页。

② 陈丽华：《元代畏吾儿航海家亦黑迷失与泉州港——以三方碑刻为中心》，《海交史研究》2017年第1期，第121～138页。

黑迷失祈求自己与夫人盛柔善,身宫康泰,寿命延长,福禄荣迁,子孙昌盛。碑文中特别说明一百大寺,各施中统钞一百锭,年收息钞,轮月看转三乘圣教一藏。其余寺院庵堂、接待,或施田施钞,看念四大部、《华严》《法华》等经,及点照供佛长明灯。据陈得芝估算,亦黑迷失施钞、施田数目总计达一万五千锭,如此巨额的施舍,占其家产总额也最多不过三分之一①,可见亦黑迷失在泉州经营海外贸易获利之巨,从另一侧面也说明了泉州港的繁荣昌盛。

元仁宗爱育黎拔力八达延祐五年　公元1318年　戊午年

帕莱格林修士在第二任剌桐主教任上。

按:帕莱格林在1318年寄回教廷的书信中说:"我被选为剌桐主教,我和上述三位虔诚修士可以从容地、安安静静地为神工作。……我们在剌桐城内有完备教堂一所,此乃一位亚美尼亚妇人留与我们的,她还为我们及其他来人配给生活必需品。我们在城外树林购置一块优美地方,欲在此建造若干小屋和一所小礼拜堂。我们一切不缺,只盼有修士来。……剌桐是个大城,位处滨海,距汗八里约三月路程。我主纪元1318年1月3日,写于剌桐。"②当时第一任剌桐主教哲拉德已经过世,而由帕莱格林修士接替其做第二任剌桐主教。从这封信内容可以看出,元朝实行较宽松的宗教政策,泉州更是宗教传播的热土,佛教、道教、印度教、伊斯兰教、天主教、景教、摩尼教都在这片土地上多元并存,和谐共处。因此,帕莱格林可以在泉州自由传教,而不必担心会遭到官方或民间压迫。他们担心的是传教士后继乏人,如无人继任的话,教堂和教务终将荒废。

元仁宗爱育黎拔力八达延祐六年　公元1319年　己未年

伊斯兰教徒阿布贝克尔·本·侯赛因卒,葬泉州。

按:1956年12月,泉州通淮门外津头埔乡发现一方伊斯兰教墓碑,碑的上部已残缺,残高47厘米,宽42.5厘米,厚8厘米,辉绿岩石琢成。

---

① 陈得芝:《从亦黑迷失身份看马可波罗——〈一百大寺看经记〉碑背景解读》,《蒙元史与中华多元文化论集》,上海:上海古籍出版社,2013年,第119~137页。

② [英]阿·克·穆尔:《一五五〇年前的中国基督教史》,郝镇华译,北京:中华书局,1984年,第235~236页。

碑的正面阴刻古阿拉伯文字三行,碑文云:"阿布贝克尔·本·侯赛因
××年。卒于(回历)719年4月1日。"墓碑于当年12月被移至厦门大
学历史系人类博物馆保存,墓主身份不详。①

元仁宗爱育黎拔力八达延祐七年　公元1320年　庚申年

罢市舶司,禁贾人下番。

　　按:《元史》卷二十七《本纪第二十七·英宗一》载:"(延祐七年四月
己巳),罢市舶司,禁贾人下番。"②卷九十四《食货二·市舶互市之法》:
"(延祐)七年,以下番之人收丝银、细物易于外国,又并提举司罢之。"③
由于下番之人违禁将丝银、细物运往海外,元仁宗再次下诏禁止下番,
并罢市舶司,开始第四次海禁。不过这也是元朝最后一次海禁。

延祐间,木八剌沙、严文、哈散、朱善辅、廉寿山海牙任福建提举市舶,杨
思敬、石廷玉、乐礼任副提举。

　　按:《八闽通志》卷三十《秩官志》元福建提举市舶条:"木八剌沙、严
文、哈散、朱善辅、廉寿山海牙,上五人俱延祐间任",副提举条:"杨思
敬、石廷玉、乐礼,延祐间任。"④哈散,西域人,初任永春县尉,迁同安县
达鲁花赤。⑤至大三年十二月,任江浙行省慈溪县达鲁花赤。⑥延祐间
提举福建市舶。廉寿山海牙,畏吾儿(维吾尔)人,延祐间提举福建市
舶,其祖上或为布鲁海牙(1197—1265年),又译卜鲁凯雅,畏吾儿人,为
内迁廉氏家族始祖。历官真定路达鲁花赤,后升任燕南诸路廉访使,顺

---

①　吴文良、吴幼雄:《泉州宗教石刻(增订本)》,北京:科学出版社,2005年,第100、345
页。

②　(明)宋濂、王祎:《元史》,《影印文渊阁四库全书》第292册,台北:台湾商务印书馆,
1986年,第395页。

③　(明)宋濂、王祎:《元史》,《影印文渊阁四库全书》第293册,台北:台湾商务印书馆,
1986年,第799页。

④　(明)黄仲昭:《八闽通志》上册卷三十,《秩官》,福州:福建人民出版社,1990年,第
631~632页。

⑤　(明)黄仲昭:《八闽通志》上册卷三十二,《秩官》,福州:福建人民出版社,1990年,第
684、685页。

⑥　(元)袁桷:《延祐四明志》卷三,《职官志》,《宋元方志丛刊》第6册,北京:中华书局,
1990年,第6173页。

德等路宣慰使，以其官职"廉访使"为子孙取汉姓"廉"。①《泉州海关志》云：廉寿山海牙，字光亮，元中书平章政事希宪之侄，至治元年进士，延祐间任福建提举市舶。② 但据王梅堂《元代内迁畏吾儿族世家——廉氏家族考述》一文所考，字光亮之人为廉惠山海牙，乃布鲁海牙之孙，阿鲁浑海牙之子，至治元年（1321年）登第后授承事郎，任顺州同知。后官至福建行省右丞，迁行宣政院使，拜翰林学士承旨知制诰，兼修国史，《元史》有传。《泉州海关志》概系将廉寿山海牙与廉惠山海牙混为一人，廉寿山海牙断无先于延祐间提举福建市舶，而后于至治元年才登进士第之理。尚衍斌据（至正）《金陵新志》、（弘治）《温州府志》等志书考证，廉寿山海牙可能是布鲁海牙的重孙辈，字号不详，历任婺源州、兰溪州达鲁花赤，延祐间任福建提举市舶。泰定三年（1326年），以奉训大夫迁南台监察御史。至正七年（1347年），转任温州路总管兼管内劝农事。③

元英宗硕德八剌至治元年　公元1321年　辛酉年

伊斯兰教徒艾哈迈德卒，葬泉州。

　　按：1956年12月，在泉州通淮门外津头埔池畔发现一方伊斯兰教墓碑，碑高54厘米，宽35.8厘米，厚7.8厘米，辉绿岩石琢成。现藏于厦门大学人类博物馆。碑正面阴刻古阿拉伯文字六行，背面阴刻竖行汉字六行："先君生于壬辰六月二十三日申时，享年三十岁。于至治辛酉九月二十五日卒，遂葬于此。时至治二年岁次壬戌七月　日。男阿含抹谨志。"但据碑正面阿拉伯文字的记载，死者名叫艾哈迈德，卒于回历672年7月（公元1273年），两种文字记载时间竟然相差四十八年。④出现此种情形，概有两种可能：一是墓主为同一人，阿拉伯纪年碑文为误记；一是此碑所记为两个不同墓主，艾哈迈德墓主葬于前，其后因某些原因墓被毁，石碑为阿含抹所获，并在石碑另一面刻汉文，记其为父立碑事。

---

① 王梅堂：《元代内迁畏吾儿族世家——廉氏家族考述》，《元史论丛》第七辑，南昌：江西教育出版社1999年，第123~136页。

② 泉州海关：《泉州海关志》，厦门：厦门大学出版社，2005年，第118页。

③ 尚衍斌：《元代高昌廉氏家族研究》，《中国边疆民族研究》第十辑，北京：中央民族大学出版社，第21~69页。

④ 吴文良、吴幼雄：《泉州宗教石刻（增订本）》，北京：科学出版社，2005年，第68~69页。

伊斯兰贵妇可敦·本·哈桑卒,葬泉州。

按:1932 年,泉州东门城垣拆卸时发现一方伊斯兰教石碑,墓碑高 74 厘米,宽 43.5 厘米,厚 7 厘米,辉绿岩石琢成。正面阴刻古阿拉伯文字八行,碑文云:"他是永生的。'人人将尝死的滋味,然后你们将被遣回我处'。这幸运的被宽恕的殉教者已逝世。这位著名的可敦是当权者哈桑之女。愿安拉照亮她的墓穴,使她到乐园归宿。她已从毁灭世界转入永恒世界,时为回历 721 年斋月 21 日。愿安拉赐福于穆罕默德及其全体家族。"墓主可敦,原为土耳其语,意为"皇后""夫人",故墓主是一位地位较高的女人。墓碑现存泉州海外交通史博物馆。①

元英宗硕德八剌至治二年　公元 1322 年　壬戌年

三月丙戌,复置市舶提举司于泉州、庆元、广东三路,禁子女、金银、丝绵下番。

按:《元史》卷二十八《本纪第二十八·英宗二》载:"(至治二年三月丙戌),复置市舶提举司于泉州、庆元、广东三路,禁子女、金银、丝绵下番。"②卷九十四《食货二·市舶互市之法》:"至治二年,复立泉州、庆元、广东三处提举司,申严市舶之禁。"③第四次海禁始于延祐七年(1320年),到元英宗至治二年(1322 年)三月,复置市舶提举司于泉州、庆元、广东三路才结束。此后一直到元朝灭亡,市舶机构就再没有发生过变动。

九月,泉州伊斯兰重修灵山圣墓。

按:泉州灵山圣墓有一方阿拉伯文重修圣墓碑刻,碑文译文为:"伊斯兰集体重修了这座吉祥的坟墓,此举为赢得尊贵的真主的喜悦和丰盛的报酬,并祈求真主的怜悯和祝福,愿真主护佑他们。此二亡者在法厄福尔时代来到这个国度,据传为有大德行者,因而死后由尘世抵达永世。人们因虔信他们俩能赐福,一旦遭遇艰难,进退维谷,即前来瞻礼,默祷二者的庇佑,俱获益平安回返。此纪念碑写于 722 年(伊斯兰教

---

① 吴文良、吴幼雄:《泉州宗教石刻(增订本)》,北京:科学出版社,2005 年,第 77~78、335~336 页。

② (明)宋濂、王祎:《元史》,《影印文渊阁四库全书》第 292 册,台北:台湾商务印书馆,1986 年,第 407 页。

③ (明)宋濂、王祎:《元史》,《影印文渊阁四库全书》第 293 册,台北:台湾商务印书馆,1986 年,第 799 页。

历)斋月。"①伊斯兰教历 722 年斋月即元英宗至治二年(公元 1322 年)九月(壬戌月)。② 此碑为圣墓中最早有文字记载的文物史迹。

灵山位于泉州东郊,清源山脉东翼,东南临海,原可望海舶,因经常晚上会发出灵光,故此山被当地人称为"灵山"。山上的墓被称为"灵山圣墓",山下的聚落以"圣墓村"命名。圣墓中现存两墓并列,墓冢用花岗岩雕刻,墓盖底下为覆盖墓坑的石板。墓上原有亭,早圮。墓上现卷棚歇山式花岗岩石亭系 1962 年重建。墓廊内、外竖历代碑刻 7 通。正中为伊斯兰历 722 年斋月阿拉伯文重修圣墓碑,左侧有《郑和行香碑》,此外,尚有清代陈有功、陈美,及夏必第、郭拔萃、马建纪、江长贵等重修圣墓碑。《闽书》云:"自郡东南折而东,遵湖冈南行为灵山。有默德那国二人葬焉,回回之祖也。回回家言:默德那国有吗喊叭德圣人,生隋开皇元年,圣真显美,其国王聘之,御位二十年,降示经典,好善恶恶。奉天传教,日不晒曝,雨不湿衣,入火不死,入水不渐,呼树而至,法回而行。门徒有大贤四人,唐武德中来朝,遂传教中国。一贤传教广州,二贤传教扬州,三贤、四贤传教泉州,卒葬此山。然则二人,唐时人也。二人自葬是山,夜光显发,人异而灵之,名曰圣墓,曰西方圣人之墓也。其在郡城,有清净寺云。"③据《闽书》记载,唐武德年间(618—626 年)穆罕默德门徒四人来华,一贤传教广州,二贤传教扬州,而三贤、四贤则来到泉州传教,卒葬于东门外灵山南麓,故又称三贤四贤墓。因深受伊斯兰敬重,这两位先贤入土安眠之墓也就被称作"圣墓"。但由于缺乏其他文献史料佐证,现代有不少学者对《闽书》的记载提出质疑,并围绕圣墓年代的"唐武德说"展开激烈争论。不过大多也只能从灵山圣墓的历史背景、建筑形式等进行分析推测,提出不同看法,有支持唐武德说(杨鸿勋、童家洲、蒋颖贤等),有认为是唐永徽说(庄为)、唐中叶至北宋说(桑原骘藏)、唐末宋初以后说(张星烺、林翠茹和庄景辉)、上限为公元九世纪说(陈达生)、宋代说(吴文良、韩振华等)、元代说(苏基朗)等主要观点,而关于两位传教伊斯兰的身份,有认为是传教士,也有认为是德高

---

① 陈达生:《泉州灵山圣墓年代初探》,《世界宗教研究》1982 年第 4 期,第 116～121 页。

② 此碑文纪年《泉州宗教石刻》作"(回历)728 年(公元 1328 年)斋月",似有误。见吴文良、吴幼雄:《泉州宗教石刻(增订本)》,北京:科学出版社,2005 年,第 328 页。

③ (明)何乔远:《闽书》第 1 册,《闽书》校点组校点,福州:福建人民出版社,1994 年,第 165～166 页。

望重的伊斯兰商人。① 尽管学术界对伊斯兰教徒最早来到泉州的时间及其身份还存在争论,但宋元时期伊斯兰商人在泉州的活动,不仅从清净寺等现存建筑及相关历史文献中得到证实,也同样可以从伊斯兰教圣墓及泉州大量出土的伊斯兰教石刻中得到见证。灵山圣墓坐北面南、依山而筑的选址符合中国传统建筑选址观念,而墓盖石最下层环刻的莲瓣纹也是中国文化的常用装饰,与伊斯兰文化相辉映,这些特征显示出海洋贸易带来的外来文化与本土文化的融合。②

十一月,陈端被旨理市舶于泉州。

按:《新元史》卷二百零三《陈端传》载:"陈端,字正卿。汴梁原武人。由掾吏累迁工部员外郎,擢左司都事。占对详敏,成宗大器之,敕中书省凡事必与陈都事俱。……英宗即位,出为湖广行省参知政事,进中奉大夫。至治元年,奉旨理算盐政于海南、北两道。二年,又理算市舶于泉州。"③又元人孛术鲁翀为陈端撰写的《左丞陈公墓表并铭》云:"公,汴之原武人,世居德不耀……至治改元,奉旨理盐事海道南北。还,迁政江浙。二年冬十有一月,被旨理市舶泉州。还,召为集贤侍读学士。"④陈端,字正卿,素有贤名。延祐三年(1316年),官拜吏部尚书。延祐四年,升为中书参知政事。元英宗即位后,陈端又出任湖广行省参知政事,进中奉大夫。元朝至治元年(1321年),陈端奉旨负责处理盐务于海南、北两道。至治二年,陈端又负责处理泉州市舶事宜。还朝,拜为集贤侍读学士。泰定元年(1324年),同知宣政院事。二年,引疾归。不久,卒于家。陈端墓,在原武镇东南三华里处。

王艮从省官至泉州,建言买旧有之船以付舶商,省官钱五十余万缗。

按:《元史》卷一百九十二《王艮传》载:"王艮,字止善,绍兴诸暨人。尚气节,读书务明理以致用,不苟事言说。……辟江浙行省掾史。会朝廷复立诸市舶司,艮从省官至泉州,建言:'若买旧有之船以付舶商,则费省而工易集,且可绝官吏侵欺掊克之弊。'中书省报如艮言。凡为船

---

① 林翠茹、庄景辉:《泉州伊斯兰教圣墓年代及其墓主人身份的考证》,《海交史研究》2000年第1期,第102~114页。

② 《伊斯兰教圣墓》,2017年8月7日,http://www.qzworldemporium.cn/yczhs/201708/t20170807_2467685.htm,2021年10月15日。

③ (民国)柯劭忞:《新元史》,上海:开明书店,1935年,第401页。

④ (民国)乔纯修:《重修原武县志》卷二,《舆地下》,原阳县志编纂委员会整理,新乡:华北石油地质局印刷一厂,2004年,第107~108页。

六艘，省官钱五十余万缗。"①王艮，字止善，浙江诸暨人，他虽未在泉州任职，但曾为江浙行省掾（1316年）史，从省官至泉州。至治二年（1322年），适逢朝廷复立市舶司，王艮即建议买旧船以付舶商，花费既少，还可杜绝官吏侵扰克扣商人之弊。中书省即如王艮之言上报，共得船六艘，为此省官钱五十余万缗。后王艮担任建德县尹，约在元统年间（1333—1335）由两浙盐运司经历转任海道万户府经历，革除海运弊政，卓有政声。② 王艮卒后，元人黄溍为之撰写《中宪大夫淮东道宣尉副使致仕王公墓志铭》，收于《黄文献集》卷九。

花剌子模人夏菲卒，葬泉州。

按：1936年，在泉州朝天门拆城时获得一方伊斯兰教石碑，碑高49厘米，宽36厘米，辉绿岩石琢成。碑面浮刻古阿拉伯文字六行，碑文云："他已得到至高无上的安拉之怜悯。死者花剌子模国人哈比克的后代夏菲·拜莱代夏赫·赫瓦杰·哈只。愿安拉照亮他的墓穴，使他得居天堂。已由毁灭世界来到永恒世界。于希吉来历（回历）722年吉庆的斋月22日。愿安拉赐福于穆罕默德及其全体家族。"③墓主人为花剌子模国人。花剌子模地处咸海南部，今中亚基发一带，1231年为蒙古帝国所灭。

元英宗硕德八剌至治三年　公元1323年　癸亥年

听海商贸易，归征其税。

按：《元史》卷九十四《食货二·市舶互市之法》："（至治）三年，听海商贸易，归征其税。"④元初在推行"官本船"制度过程中，权贵豪商贿赂朝中官员，相互勾结，仍多违法经商，每年获利无数。而一般海商也私自泛海贸易，朝廷虽多次重申禁令，但私商下海的现象仍屡禁不绝，实际上形成了官本船与私人航海贸易并存的局面。由于"官本船"制度在

① （明）宋濂、王祎：《元史》，《影印文渊阁四库全书》第295册，台北：台湾商务印书馆，1986年，第557页。
② 陈彩云：《政治歧视与文化互动：元代漕粮海运体制中的族际关系》，载《社会科学》2020年第4期，135～146页。
③ 吴文良、吴幼雄：《泉州宗教石刻（增订本）》，北京：科学出版社，2005年，第74～75、333页。
④ （明）宋濂、王祎：《元史》，《影印文渊阁四库全书》第293册，台北：台湾商务印书馆，1986年，第799～800页。

实施过程中遇到不少困难,英宗至治三年(1323 年),元廷宣布"听海商贸易,归征其税",官方独占海外贸易的企图终于破产。

帕莱格林修士去世,安德烈·佩鲁贾接替其成为第三任刺桐主教。

按:安德烈·佩鲁贾《致佩鲁贾修道院沃登神甫的信(1326 年)》载:"此后,总主教希望我为继承人住此教堂,但我未同意此项任命,于是他将此职委于修士帕莱格林主教。他在获得这个机会后,管理此教堂数年,于 1323 年圣保罗和圣彼得祭节后九日去世。在他去世前近四年,我在汗八里,由于某些原因感到不便,我得许可,同意我在刺桐领取皇帝赐予我的阿拉发。刺桐距汗八里约三月路程。我的恳切要求被同意后,带着皇帝准许的八匹马十分隆重地出发。我抵达刺桐时,帕莱格林修士还在世。在距城四分之一英里的小树林中,我建造了一所舒适而华丽教堂,堂内有各种办公室,足够二十位同事使用。另有四室,可供任何高级教士享用。我的确一直住在此处,靠钦赐俸金生活。……我主纪元 1326 年 1 月,写于刺桐。"①圣保罗和圣彼得祭节后九日当在1323 年 7 月 7 日星期四。据此信内容可知,1323 年 7 月,第二任刺桐主教帕莱格林去世,安德烈·佩鲁贾接替其成为第三任刺桐主教。不过在此之前的 1319 年前后,当时作为总主教约翰副手的安德烈,或因与其相处不洽而申请离开大都,前往泉州。安德烈生于意大利佩鲁贾,年长加入方济各会。他来华后协助约翰传教,因为人忠厚诚实、品德高尚而广受赞扬。安德烈在泉州不仅可以自由传教,而且受到元朝皇帝的资助,因此积攒了一笔财富,并用此建造了一所舒适而华丽的教堂。他有时在此居住,有时在总教堂居住。元文宗至顺三年(1332 年),安德烈在任职刺桐总主教九年后去世,并葬于泉州。

至治间,意大利旅行家鄂多立克抵达泉州。

按:《鄂多立克东游录》载:"我来到一个叫作刺桐(ZAYTON)的著名城市,吾人小级僧侣在该地有两所房屋,我把为信仰耶稣基督而殉教的僧侣的骨骸寄放在那里。此城中有大量各种生活必需品,例如你用不着花到半个银币便能买三磅八盎司的糖。该城有波洛纳(Bologna)的两倍大,其中有很多善男信女的寺院,他们都是偶像崇拜者。我在那里访问的一所寺院有三千和尚和一万二千尊偶像。其中一尊偶像,看

---

① [英]阿·克·穆尔:《一五五〇年前的中国基督教史》,郝镇华译,北京:中华书局,1984 年,第 217~221 页。

来较其他的为小,大如圣克里斯多芬像。我在供奉偶像的时候到那儿去,好亲眼看看。其方式是这样:所有供食的盘碟都冒热气,以致蒸气上升到偶像的脸上,而他们认为这是偶像的食品。但所有别的东西,他们留给自己并且狼吞虎咽掉。在这样做后,他们认为已很好地供养了他们的神。该地系世上最好的地方之一,就其对人之生活所需说亦如此。关于该地确实有很多别的事要讲,但目前我不再谈了。"①鄂多立克(1286—1331年),意大利人,圣方济各会修士,在乌丁(udine)寺内修道,以苦行著称。1316年(也有认为是1314年或1318年)开始周游世界,1322年(也有认为是1324年或1325年)由海道抵中国广州,再至福建的泉州、福州,取道仙霞岭,至杭州和南京,再从扬州沿大运河北上,最后到达元朝的都城汗八里(北京),时间大约是1325年。他在北京居住三年,协助总主教孟德高维诺传教,1328年回国,1331年卒于意大利。②鄂多立克约在1322—1323年间到达泉州,他对泉州城的宏伟规模和繁华盛景赞不绝口,称"该城有波洛纳(Bologna)的两倍大","该地是世界上最好的地方之一,就其对人之生活所需该亦如此"。他对基督教在泉州的传播情况,有比较详细的描述,称"吾人小级僧侣在该地有两所房屋,我把为信仰耶稣基督而殉教的僧侣的骨灰寄放在那里"。这里说的殉教者指鄂多立克在印度时,有四个罗马教廷派出的传教士被萨拉森人杀害,鄂多立克把他们的骨灰带到泉州。在泉州期间,鄂多立克曾会见刺桐主教安德烈·佩鲁贾。此外,他在游记中提到的寺院可能指的是开元寺。

至治间,倒刺沙、裴坚任福建提举市舶,马合麻、拜住任同提举,刘文佐、赵敬任副提举。

按:《八闽通志》卷三十《秩官志》元福建提举市舶条:"刺倒沙、裴坚,俱至治间任。"同提举条:"马合麻、拜住,至治间任。"副提举条:"刘文佐、赵敬,俱至治间任。"③刺倒沙,《福建市舶提举司志》、(乾隆)《泉州府志》卷二十六、(道光)《晋江县志》卷二十八则作"倒刺沙",至治间任

---

① [意]鄂多立克:《鄂多立克东游录》,《海屯行纪·鄂多立克东游录·沙哈鲁遣使中国记》,何高济译,北京:中华书局,1981年,第65~66页。

② 李玉昆:《关于鄂多立克来华的登陆地点问题》,《海交史研究》1982年第4期,第127~128页;吴怀民:《鄂多立克在福建》,《福建史志》2005年第4期,第61页。

③ (明)黄仲昭:《八闽通志》上册卷三十,《秩官》,福州:福建人民出版社,1990年,第631~632页。

福建提举市舶,至正间任泉州路总管府同知。①《福建市舶提举司志》作"延祐间任",误。马合麻,大德间任晋江县达鲁花赤②,至治间升任福建市舶司同提举。

元泰定帝也孙铁木耳泰定元年　公元1324年　甲子年

诏令诸海舶至者,止令行省抽分。

　　按:《元史》卷九十四《食货二·市舶互市之法》:"泰定元年,诸海舶至者,止令行省抽分。"③至大二年(1309年),元廷罢行泉府院,以市舶提举司隶行省。自此以后,市舶司即由原先的行泉府院管理改为本地行省负责管理。泰定元年(1324年),又令诸海舶至者,止令行省抽分。再次明确地方行省兼管市舶司,此局面一直持续到元末。

元泰定帝也孙铁木耳泰定二年　公元1325年　乙丑年

伊斯兰教徒瞻思丁卒,葬泉州。

　　按:1940年,泉州东门城拆卸时发现一方伊斯兰教石碑,碑高54厘米,宽30厘米,厚9厘米,辉绿岩石琢成。正面浮刻古阿拉伯文字七行,背面刻五行,碑文云:"先知(祝其平安)说:死于异国,即为殉教而死。离开今世并得到至高无上的安拉之宽恕的死者为瞻思丁·本·努尔丁·本·伊斯哈甘·×××。卒于(回历)725年1月27日星期五。"墓主瞻思丁卒于回历725年(公元1325年),墓碑现存泉州海外交通史博物馆。④

元泰定帝也孙铁木儿泰定三年　公元1326年　丙寅年

伊斯兰教徒穆罕默德·本·迈斯乌德卒葬泉州。

　　按:1933年,在泉州东门拆卸城墙时获得一方伊斯兰教墓碑,碑高

---

　　①　(清)周学曾:(道光)《晋江县志》卷二十八,《职官志》,晋江县地方志编纂委员会整理,福州:福建人民出版社,1990年,第535、547页。

　　②　(清)周学曾:(道光)《晋江县志》卷二十八,《职官志》,晋江县地方志编纂委员会整理,福州:福建人民出版社,1990年,第600页。

　　③　(明)宋濂、王祎:《元史》,《影印文渊阁四库全书》第293册,台北:台湾商务印书馆,1986年,第800页。

　　④　吴文良、吴幼雄:《泉州宗教石刻(增订本)》,北京:科学出版社,2005年,第76～77、335页。

77厘米、宽39厘米、厚7厘米,白花岗石琢成,正面阴刻古阿拉伯文字六行,碑文云:"他是永生、永存的。这是幸福的殉教者穆罕默德·本·迈斯乌德之墓。他已与至高无上的安拉之怜悯相接,卒于(回历)726年12月25日。真主啊!……"回历726年,即元泰定三年(公元1326年)。[1]

元泰定帝也孙铁木耳泰定四年　公元1327年　丁卯年

十月,泉州陈埭回族丁氏为始祖丁节斋立碑。

按:1940年夏,在泉州东城门发现一方元代墓碑,碑高84厘米,宽60厘米,厚12厘米,辉绿岩石雕成。碑面上部刻"大元"两字,中间竖刻"节斋丁公墓"。其右侧和左侧分别竖刻"泰定四年"和"冬十月立",皆阴刻。碑背面阴刻两竖行汉字,"葬于东塘头灵堂山之原"。[2] 东塘头灵堂山,即今天的泉州灵山圣墓。此处为泉州中外伊斯兰的墓葬区。丁节斋乃陈埭回族丁氏始祖,《晋江陈埭丁氏族谱》云:"宋一世祖考,讳谨,字慎思,号节斋。公自姑苏贾于泉州,遂卜居文山里。好聚书,人称曰聚书公。生一子曰嗣,宋咸淳间移居于泉。生宋理宗淳祐十一年(1251年)辛亥正月十五日辰时,卒元成宗大德戊戌年七月廿五日戌时,享年六十八岁。……元四世祖考,讳善,字彦仁,号仁庵。生元顺帝至正三年癸未年十一月初七日丑时,卒明成祖永乐十八年庚子年正月初二日□时,享年七十八岁。生子三,徙居陈江。"[3]根据谱载,丁氏始祖丁节斋乃宋末元初由苏州来泉州经商的伊斯兰商人,并定居泉州。不过由于其祖上世系不复考其由来,故不知其所自迁也。其先祖或是阿拉伯人,于宋时入华经商并在中国安家落户。丁节斋卜居泉州文山里,其子孙亦往来苏、泉之间营商,卒葬于泉州。1~3世祖姚合葬在泉郡东门外三十九都东塘头灵堂山之左右。及至元至正末,因受亦思巴奚战乱影响,丁氏四世祖丁彦仁为避祸而举族离开泉城,徙居南门外二十里之陈江,即今天的陈埭。有学者认为丁节斋是元代名宦色目人赛典赤·瞻思丁之后裔,与大德六年(1302年)葬于泉州的赛典赤·杜安沙(赛典

① 吴文良、吴幼雄:《泉州宗教石刻(增订本)》,北京:科学出版社,2005年,第94~95、343页。
② 吴文良、吴幼雄:《泉州宗教石刻(增订本)》,北京:科学出版社,2005年,第42页。
③ 福建省少数民族古籍丛书编委会:《家族谱牒·回族卷》,北京:民族出版社,2015年,第61~62页。

赤·瞻思丁之玄孙,福建平海行中书省左孙乌马尔之子)系同一人。明代的丁氏后人丁衍夏等也牵强附会,以赛典赤·瞻思丁后裔自居。不过此碑所记丁节斋卒于大德二年(1298年),与杜安沙卒年相差四年,证明此说乃是误判,且丁节斋不过是一普通商人,如系瞻思丁后裔,其祖先身份如此显赫,族谱不可能不记其祖。种种迹象表明,丁节斋不过是一名普通的伊斯兰商人,而并非赛典赤·瞻思丁的后裔。①

元文宗图帖睦耳天历元年　公元 1328 年　戊辰年

十一月庚午,日本舶商至福建博易者,江浙行省选廉吏征其税。

　　按:《元史》卷三十二《本纪第三十二·文宗一》载:"(天历元年十一月庚午),日本舶商至福建博易者,江浙行省选廉吏征其税。"②尽管元初中日关系十分紧张,双方有过交战,元廷与日本也没有互派使臣,但双方的经济和文化交流仍十分频仍,从至元末到至正末的七十多年中,中日间商船和僧侣等人员来往、年份可考者即有近五十次,此外还有许多年份不明或失载者。③元代时中日交通的主要港口是庆元港,但日本商船也常往南开到福建贸易,元中期后往福州、泉州者日多,故致和元年(1328年)泰定帝命江浙行省选廉吏征"日本舶商至福建博易者"之税。泉州商人带到日本的货物主要有锦、绫、绢、瓷器、文具、茶叶、书籍等,而日本则带来沙金、硫磺、水银、药材工艺品等,如折扇、屏风、铜品、刀剑等。④

元文宗图帖睦耳天历二年　公元 1329 年　己巳年

遣使祭泉州妈祖庙。

　　按:《天妃显圣录》载:"(天历二年)癸丑祭泉州庙,文曰:圣德秉坤极,闽南始发祥。飞升腾玉辇,变现蔼天香。海外风涛静,寰中麟凤翔。

---

　　① 庄景辉:《杜安沙碑与泉州丁氏回族关系考辩》,《厦门博物馆建馆十周年成果文集》,福州:福建教育出版社,1998年,第114~117页。

　　② (明)宋濂、王祎:《元史》,《影印文渊阁四库全书》第292册,台北:台湾商务印书馆,1986年,第472页。

　　③ [日]木宫泰彦:《中日文化交流史》,胡锡年译,北京:商务印书馆,1980年,第389~393,422~460页。

　　④ 丁毓玲:《闽商发展史·泉州卷》,厦门:厦门大学出版社,2016年,第23页。

民生资保锡,帝室藉助勋。万载歌清宴,昭格殊未央。"①元代漕运有海运与河运两种,两者相比,海运损多但费省,相比河运有成本优势。元初的南粮北运主要依靠运河做漕路,至元十九年(1282年)十二月,因伯颜之请,始创行海运。至元二十四年(1287年),朝廷设立行泉府司,专掌海运,对海上漕运开始重视起来。海上风涛变幻莫测,故须倚仗神力保护海道,元朝统治者对妈祖的尊崇也随之而高涨,不论是官方,还是民间,皆兴起崇拜妈祖的热潮。天历二年(1329年)八月起,元文宗遣使自北方的直沽庙始,南下历祭沿海各妈祖庙,至泉州庙止。在当时十五座官方承认的妈祖庙中,以湄洲、泉州二庙为最重要。

伊斯兰贵妇法蒂美可敦卒,葬泉州。

按:1956年10月,从泉州仁风门外色厝美村收回一方伊斯兰教墓碑,12月移交厦门大学人类博物馆保存。碑高66厘米,宽34厘米,厚8厘米,辉绿岩石琢成。碑面阴刻古阿拉伯文字九行,碑文云:"这是法蒂美可敦之墓。她是一位高尚、贞洁的母亲,是阿里·特肯·库哈提之女。求安拉宽恕、满意她。卒于回历729年3月6日星期日。""可敦",意为皇后、夫人。"特肯"即"特勒",原为突厥语"可汗之弟"的意思,"特肯"在波斯语作王子、贵族之意。可知墓主法蒂美出身于贵族家庭。②

元文宗图帖睦耳至顺元年　公元1330年　庚午年

郑千龄升从仕郎、泉州录事,辞不赴。

按:元代程文撰写的《贞白先生郑公千龄行状》云:"公讳千龄,字耆卿,姓郑氏,徽之歙县人,故歙令郑君安之子也。其先有讳球者,始居歙之双桥里,以资雄乡里,号双桥郑家。……至顺元年,升从仕郎、泉州录事。是时廷臣有言泉南并海,多诸番宝货,宜择廉能吏为守令者,故起公驰驿就职。公叹曰:'吾老矣,毋以贪介取辱。'即手署致仕章上之。"③郑千龄(1265—1331年),安徽歙县郑村人,大德元年(1297年)授宁国路太平县弦歌乡巡检,延祐六年(1319年)提为建德路淳安县尉。

① (清)佚名:《天妃显圣录》,《台湾文献丛刊》第77种,台北:台湾银行经济研究室,1960年,第7页。

② 吴文良、吴幼雄:《泉州宗教石刻(增订本)》,北京:科学出版社,2005年,第82、338页。

③ (明)程敏政:《新安文献志》卷八十六,《影印文渊阁四库全书》第1376册,台北:台湾商务印书馆,1986年,第408页。

至顺元年（1330年），升任从仕郎、泉州录事，为从七品，主管泉州路总录文簿。泉南多诸番宝货上贡，言者谓应择廉吏守之，朝廷知郑氏之廉，遂决定起用他，但郑千龄以年老上表章辞谢，次年四月病逝于杭州。歙县乡亲以郑千龄德行廉洁，正直不阿，向朝廷请谥其为"贞白先生"，并请改"善福里"为"贞白里"。朝廷准奏，并为其立贞白里坊于郑村，石牌坊二楼匾额上有元代翰林、国史院编修程文为其撰写的铭文。

元文宗图帖睦耳至顺二年　公元1331年　辛未年

十二月二日，也里可温教徒贵妇玛尔达公主卒，葬泉州。

按：1941年，泉州城北门城墙的一个角落发现了一方也里可温教石碑，材质为辉绿岩，长66厘米，高29厘米，厚14厘米，两侧刻有细腻的连续花卉图案。碑石的上部正中间，刻有一个长方形的横额。横额正中浮雕有一个佛教造像中常见的"华盖"，两端向上翘起，各装饰有三颗圆珠下方，下方则有下垂的璎珞。在"华盖"之下，则是一个四边相等，顶端呈尖角状的十字架，在十字架中间的交叉处饰有一粒圆珠。十字架安立在一朵盛开的莲花上，莲花下还有四朵梅花承托。在"华盖"、十字架和莲花座组成的"圣物"两旁，两个栩栩如生的四翼天使正展开翅膀，飘舞在云端。只见他们头戴乌纱帽，羽翼舒展，缯带飞扬，双臂裸露，轻托圣物，一条摆的丝带将他们和图中间的圣物紧紧相连。[①]碑文上的文字深奥难懂，1980年代，吴幼雄先生曾向北京中央民族学院耿世民先生请教，在耿先生的辨认下，确定了这些文字是古回鹘文字，可能拼写的是方言，但仍不知其义。1995年12月，法国突厥学家哈蜜屯（James Hamilton）博士和牛汝极先生最终成功释读了墓碑上的文字："幸福而圣洁的也里可温教徒的贵妇玛尔达公主，于羊年（1331年）腊月满，二日完成了上帝的使命。她已升达神圣的天堂。"[②]玛尔达公主身份不详，或为汪古部或西域畏吾儿（维吾尔）公主。墓碑雕刻的华盖、莲花皆是佛教之物，飞天、十字架则是基督教之物，乌纱帽则是中国特有之物，表明景教受佛教和儒家文化影响较大，在中国传教过程中，借用大

---

① 吴文良、吴幼雄：《泉州宗教石刻（增订本）》，北京：科学出版社，2005年，第384～386页。

② 哈密屯、牛汝极：《泉州出土回鹘文也里可温（景教）墓碑研究》，王元化主编：《学术集林》第五卷，上海：上海远东出版社，1995年，第270～281页。

量佛教用语来阐述基督教义，同时也吸收了大量儒家文化，以使中国普通老百姓更易于接受。

元文宗图帖睦耳至顺三年　公元 1332 年　壬申年

刺桐主教安德烈·佩鲁贾卒，葬泉州。

　　按：1946 年，在泉州通淮门附近出土一方拉丁文石碑，经辨析确定为刺桐主教安德烈的墓碑，现藏于泉州海外交通史博物馆。碑高 63 厘米，宽 45 厘米，厚 9 厘米，原碑顶作尖拱形，尖拱下浮雕两个有飘带的飞天，扶持着"圣物"。上面刻一朵莲花，在莲花上竖立一个十字架。碑额雕刻的两个天使已残，下面雕刻着 9 行拉丁文，译文为："主的……圣谕：安德利亚斯·贝鲁斯鲁斯　刺桐城，教会的神职……授予圣爵……（耶稣基督的）主教……（为纪念）……千（百百百十十）十二。"①尽管拉丁文字迹模糊，但据英国人约翰·福斯特的辨读，其纪年可能是公元 1327 年，吴幼雄在《泉州史迹研究》中认为墓主为公元 1326 年卒葬泉州的安德烈·佩鲁贾。② 据民国年间德礼贤所著的《中国天主教传教史》云："安德肋·贝鲁亚（即安德烈·佩鲁贾），这位主教到任后，又建造了一座教堂，一座规模较大的修院。这些新建筑刚完工，安德肋主教也在公元 1326 年病故了。而且他去世后，竟无人再继任他的位置。"③吴幼雄据此推测安德烈·佩鲁贾在 1326 年去世，而于 1327 年葬于教堂。不过在《泉州宗教石刻（增订本）》中，吴幼雄又提出由于纪年字迹过于模糊，有可能是公元 1332 年，也有可能是 1327 年。张星烺则认为安德烈不惯中国生活，到泉州后似不能专心传教，遂于 1336 年复随元朝大使由陆路返回故里，之后不再随元使东归。④

　　1323 年 7 月，第二任刺桐主教帕莱格林去世，安德烈·佩鲁贾接替其成为第三任刺桐主教，在泉州开展传教工作。1326 年，安德烈主教在给沃登神甫的信中提到"我现在身体健康，就年岁而言，堪称精力充沛，

---

① 吴文良、吴幼雄：《泉州宗教石刻（增订本）》，北京：科学出版社，2005 年，第 373～376 页。

② 吴幼雄、黄伟民、陈桂炳：《泉州史迹研究》，厦门：厦门大学出版社，1998 年，第 190 页。

③ （民国）德礼贤：《中国天主教传教史》，上海：商务印书馆，1934 年，第 39～40 页。

④ 张星烺：《中西交通史料汇编》第 1 册，北京：中华书局，1977 年，第 229～230 页。

除发须已白,别无任何其他年迈所遇之缺陷,不测之事和特征"①。此时安德烈自觉身体健康,似较不可能于当年突然患病离世。另外约同一时期的约翰·科拉,在《大汗国记》之《大汗国内方济各会修士的状况》中提到"汗八里城有一位大主教,名约翰·蒙特·科维诺(即约翰·孟高维诺),是方济各会修士,是教皇克列蒙特派往该国的专使。这位大主教在该城建方济各会教堂三所,各所相距约二里格。他还在刺桐(拉康)城建立两所教堂,该城距汗八里足足三月路程,位处海滨。两教堂内各有一位方济各会主教,一名安德烈·帕黎斯修士,一名彼得·佛罗伦萨修士"②。安德烈·帕黎斯应该就是安德烈·佩鲁贾,彼得·佛罗伦萨修士则是后来教皇增派往中国的三位修士之一。《大汗国记》约写于 1330 年,文中提到大汗国总主教约翰·孟高维诺(约去世于 1328—1329 年间)在大都离世时,大批基督教徒和异教徒纷纷前来参加葬礼,但未提及安德烈·佩鲁贾离世的消息。若安德烈于 1326 年即已离世,则《大汗国记》必有所提及,也不会载其仍在泉州传教之事。故 1330 年安德烈应该还在世,他去世的时间很可能是在公元 1332 年,而不是1326 年。

元惠宗妥懽帖睦尔(后)至元元年　公元 1335 年　乙亥年

波斯丞相撒都丁之女海地哲卒,葬泉州。

> 按:清末夏姓开掘园圃获得一方伊斯兰教墓碑,碑高 61.5 厘米,宽 39 厘米,厚 7.5 厘米,辉绿岩石琢成。碑面浮刻古阿拉伯文字五行,碑文云:"吉庆、善良、礼拜、廉洁的夫人海地哲,故宰相帖哈麦人赛尔屯·丁先生的女儿。在穆历 736 年 10 月的一个夜晚,由虚幻的尘世到达幸福的世界,到达赦人的真主慈爱的一边。"据考,海地哲为波斯丞相撒都丁之女,其父于 1312 年为波斯国王所杀,她与亲属则随伊斯兰客商航海来泉州避难,卒葬于此。③

元统间,泉州经历林泉生以法谕舶商,使代偿民之酒税。

---

①　[英]阿·克·穆尔:《一五五〇年前的中国基督教史》,郝镇华译,北京:中华书局,1984 年,第 220 页。

②　[英]阿·克·穆尔:《一五五〇年前的中国基督教史》,郝镇华译,北京:中华书局,1984 年,第 280~281 页。

③　吴文良、吴幼雄:《泉州宗教石刻(增订本)》,北京:科学出版社,2005 年,第 79~81 页。

按：《八闽通志》卷三十二《秩官》泉州经历条："林泉生，元统间任。"①《八闽通志》卷六十二《人物志》："林泉生，字清源，永福人。天历中登进士第，授福清州同知。时山海之寇久为民害，泉生悉以计擒歼之。除泉州经历。民负酒税，械系累年，至有死者，泉生以法谕舶商，使代偿之。迁永嘉县尹，核监郡隐田二百余亩以付民。"②林泉生（1299—1361年），字清源，永福县（今永泰县）人，天历中进士。为官洁己奉公，爱民下士，元统间出任泉州经历。他发现当地不少贫民因私自酿酒拖欠酒税，被关押至死，遂按法律规定，责令私酿的舶商为贫民缴纳酒税，使他们得以释放。林泉生转任温州路永嘉县尹时，将隐瞒不报的200多亩土地分给农民耕种，农民无不称颂林泉生。再任漳州推官时，"狱市大治"，畲峒不敢作乱。后官至翰林直学士，知制诰，参与编修国史，卒谥文敏。著有《春秋论断》《觉是集》《诗义矜式》，与陈旅、林以顺、卢琦等并称为闽中文学名士。

元惠宗妥懽帖睦尔至元二年　公元1336年　丙子年

瓮蛮人阿卜杜拉·哈曼烈士卒，葬泉州。

按：1984年5月，在泉州通淮街清净寺门楼东边迁移居民拆屋时发现一方伊斯兰教墓碑，碑高59厘米，宽32.7厘米，厚9厘米。碑面阴刻古阿拉伯文字六行，碑文云："万物皆朽，真主永存，主掌判决，尔等复归宿于他。马立克子阿卜杜拉·哈曼烈士墓，在（回历）743年九月六日。"③回历743年，即公元1342年，元顺帝至正二年。瓮蛮，在今阿拉伯半岛东南部的阿曼（Oman），位处波斯湾和阿拉伯海间，《诸蕃志》有瓮蛮国专条。

元惠宗妥懽帖睦尔至元五年　公元1339年　己卯年

九月四日，晋江谢店市信士陈真泽捐刻草庵摩尼光佛石像。

按：元代《草庵纪事崖刻》载："谢店市信士陈真泽、□□等，喜舍本

---

①　（明）黄仲昭：《八闽通志》上册卷三十二，《秩官》，福州：福建人民出版社，1990年，第683页。

②　（明）黄仲昭：《八闽通志》下册卷六十二，《人物志》，福州：福建人民出版社，1991年，第454页。

③　吴文良、吴幼雄：《泉州宗教石刻（增订本）》，北京：科学出版社，2005年，第221～222页。另有译文作"卒于760年（元顺帝至正二十年）"，见该书第363页。

师圣像,祈荐考妣早生佛地者。至元五年戊月四日记。兴化路丽山境姚兴祖,奉舍石室一完,祈荐考君正卿姚汝坚三十三宴、妣郭氏五九太孺、继母黄千三娘,先兄姚月涧四学世生界者。"①该崖刻在晋江市罗山街道草庵寺,镌于摩尼光佛摩崖造像左右上角,元(后)至元五年(1339年)刻石。左一方高 28 厘米,宽 21 厘米,楷书竖排 5 行。右边一方高27 厘米,宽 21 厘米,楷书竖排 5 行,字径 2.5 厘米。

元代,由于元廷对宗教信仰采取兼容并包的政策,各种宗教和教派得以自由传教,原先在闽浙地区流行的摩尼教,复又逐渐兴盛。元廷为加强管理,还设有管理明教的僧官,草庵即是元代摩尼教活动兴盛的见证。至元五年(1339 年),摩尼教徒在草庵依山建构一座面积约 62 平方米的石室,内供奉刻于崖壁的摩尼光佛像,石室右边则依山崖筑为居室。元代草庵是在宋绍兴间的草堂、元初的"结草为庵"的基础上重建的。②草庵保存了体现较为完整的摩尼教教义和仪轨的系列物证,如"明教会"碗、庙宇、光佛造像、记事石刻、劝念石刻等,为研究摩尼教传播的实物,并印证草庵摩尼石雕像的历史年代。③元亡后,因明太祖朱元璋依靠明教夺取政权,嫌其教门上逼国号,遂摈其徒,毁其宫,明教复又转入地下活动。草庵前 20 米处,原有明正统乙丑年(正统十年,1445年)刻的摩崖碑记,文云:"劝念:清净光明,大力智慧,无上至真,摩尼光佛。正统乙丑九月十三日,住山弟子明书立。"④表明摩尼教仍在继续活动,并未消亡。不过,至万历间,摩尼教已大为衰落,衍化为"行符咒名师氏法"。民国时,佛教两位高僧大德瑞意、广空重兴草庵,弘一大师为

---

① 吴文良、吴幼雄:《泉州宗教石刻(增订本)》,北京:科学出版社,2005 年,第 442~443页。

② 粘良图:《晋江草庵研究》,厦门:厦门大学出版社,2008 年,第 44~46 页。关于草庵始建于何时,及泉州摩尼教系由陆路或海路传入等问题,学术界诸家各有不同看法。庄为玑:《泉州摩尼教初探》,《世界宗教研究》1983 年第 3 期,第 77~83 页;李玉昆:《20 世纪福建摩尼教的新发现及其研究》,《泉州港与海上丝绸之路》,北京:中国社会科学出版社,2002 年,第 471~477 页;黄展岳:《摩尼教在泉州》,中国航海学会、泉州市人民政府编:《泉州港与海上丝绸之路(二)》,北京:中国社会科学出版社,2003 年,第 490~501 页;林悟殊:《泉州摩尼教渊源考》,载《中古三夷教辨证》,北京:中华书局,2005 年,第 375~398 页;李天锡:《晋江草庵肇建于宋代新证》,《宗教学研究》2006 年第 2 期,第 64~67,141 页。

③ 粘良图、吴幼雄:《晋江碑刻选》,厦门:厦门大学出版社,2002 年,第 227~228 页。

④ 吴文良、吴幼雄:《泉州宗教石刻(增订本)》,北京:科学出版社,2005 年,第 444~445页。

之作《重兴草庵碑记》,并在草庵殿堂大门石柱上刻《华严经·偈颂集句》。此时草庵已被改造为佛教寺院,泉州成为摩尼教的最后消亡地。①

草庵摩尼光佛造像凿于 1339 年,浮雕于庵内崖壁直径 168 厘米的圆龛上,圆龛意在象征日形、月形,与摩尼教崇拜日月的义理吻合。佛像身着宽袖对衽道袍,结带为扣,盘膝端坐莲花台上,背后有 18 道毫光,意在象征"光明",与"清净光明"的偈语对应。在元代,本来反对偶像崇拜的摩尼教已经与泉州的佛、道信仰融合,借鉴佛道造像,创造了"道貌佛身"的摩尼形象,成为多元文化一佛共存的奇观,体现出中国化摩尼教"三圣同一"的思想。摩尼光佛像作为世界仅存的摩尼教教主石刻造像,是摩尼教在中国传播与发展的珍贵物证,其与泉州本土文化的融合,体现出 10—14 世纪泉州多元文化交流融合的重要社会特质。②

泰定至后至元间,昔宝赤、赵敏、八都鲁丁、刘选、亦思马因、暗都剌、蛮子海牙、忽都鲁沙、也先帖木儿、马合马沙任福建提举市舶,怯烈、怯来、马合马沙、袁成、忻都任同提举,施泽、答亦儿不花、买驴、刁赤剌不花、刘克礼任副提举。

按:《八闽通志》卷三十《秩官志》元福建提举市舶条:"昔宝赤、赵敏、八都鲁丁、刘选、亦思马因、暗都剌、蛮子海牙、忽都鲁沙、也先帖木儿。"同提举条:"怯烈、怯来、马合马沙、袁成、忻都。"副提举条:"施泽、答亦儿不花、买驴、习昔剌不花、刘克礼。"③以上各官,任期俱在泰定至后至元间任,但具体任期不详。昔宝赤,延祐二年(1315 年)二月,以承务郎任奉化州达鲁花赤。④ 后升任福建提举市舶。亦思马因,《福建市舶提举司志》作"亦思司因",误。暗都剌,大德间任晋江县主簿,延祐间升任达鲁花赤。后任福建提举市舶,至顺间任建宁路总管府总管。⑤ 刘选,《福建市舶提举司志》作"刘逊",误。也先帖木儿,(乾隆)《泉州府

---

① 吴幼雄:《泉州宗教文化》,福州:福建人民出版社,1998 年,第 102~104 页。

② 《草庵摩尼光佛造像》,2017 年 8 月 7 日,http://www.qzworldemporium.cn/yczhs/201708/t20170807_2467690.htm,2021 年 10 月 15 日。

③ (明)黄仲昭:《八闽通志》上册卷三十,《秩官》,福州:福建人民出版社,1990 年,第 631~632 页。

④ (元)袁桷:《延祐四明志》卷三,《职官志》,《宋元方志丛刊》第 6 册,北京:中华书局,1990 年,第 6171 页。

⑤ (明)黄仲昭:《八闽通志》卷三十一、卷三十二,《秩官》,上册,福州:福建人民出版社,1990 年,第 663、683 页。

志》卷二十六、(道光)《晋江县志》卷二十八作"也先黏木儿",误。马合马沙,字士达,由泉州市舶同提举升任提举,再迁福清州达鲁花赤。出资贷民给军兴费,痛屏隶卒为民害者,治蒜岭、宏路二驿马政尤严。① 怯烈,福建市舶司同提举,泰定间升任泉州路总管府总管。怯来,福建市舶司同提举,泰定间任泉州路总管府总管。忻都,延祐初任南安县达鲁花赤,后升任福建市舶司同提举。至大、至正间两任泉州路总管府判官。② 买驴,元代似有多人同名者,此买驴(亦称买同或玛噜、玛鲁)或为高昌王伊埒格(或称月鲁哥)之子。伊埒格,元朝大臣,高昌回鹘畏吾儿(维吾尔)人,元世祖忽必烈亲征,伊埒格年二十六,奋战有功。元成宗时,率兵镇守北方,后为大都兵马都指挥使,追封为高昌王,谥庄肃。元成宗以泉南之地,外接海岛,帆舶互市,蛮夷交关,非慎密者不足以当其任,命以为泉州市舶使,且金闽海省事以重之,但伊埒格不拜。③ 后其子买驴(?—1328年)出任福建市舶提举司副提举,元英宗时任中书平章政事。副提举习赤剌不花,《八闽通志》卷三十作"习昔剌不花",(乾隆)《泉州府志》卷二十六、(道光)《晋江县志》卷二十八皆作"刁赤剌不花"。

元惠宗妥懽帖睦尔至正六年　公元1346年　丙戌年

春,卢僧孺除奉议大夫、泉州路总管府判官。

按:明代殷奎《强斋集》卷四《元奉议大夫常州路宜兴州知州卢公行状》云:"公讳僧孺,字希文,号定斋,姓卢氏。其先范阳人,更五代以来世居郑之河阴。……至正六年春,终丧,除奉议大夫、泉州路总管府判官。泉当诸蕃商舶之市,宝货所集,民夷杂居,素称剧郡。公至官,适罗天麟寇汀,官军四集,供具百需,悉出公之调度,而民不告劳。……去之日,军士庶民结彩、焚香于其家,署曰'卢府判生佛',送之东郭。父老咸曰:'富庶之邦,其官能免者几人?泉南号佛国,曷尝见士民感服如此。'

---

① (明)何乔远:《闽书》第2册,《闽书》校点组校点,福州:福建人民出版社,1994年,第1371页。

② (明)黄仲昭:《八闽通志》上册卷三十二,《秩官》,福州:福建人民出版社,1990年,第682、684页。

③ (元)虞集:《道园学古录》卷十六,《大宗正府伊克扎尔固齐高昌王神道碑》,《影印文渊阁四库全书》第1207册,台北:台湾商务印书馆,1986年,第233~236页。

至正庚寅,朝廷重选守令,以公知常州路宜兴州事。"①卢僧孺(1302—
1369 年),字希文,号定斋,元开州(治今河南濮阳)人,卢景之子,元顺帝
至正六年(1346 年)任泉州路判官。当时泉州已跃升为世界大港,与泉
州贸易的国家和地区由南宋时期的 50 多个增加到元代的 100 多个,大
量外国商人涌入泉州,其中以阿拉伯人居多,也有波斯人、占城人、高丽
人、印度人等。他们有候风暂居,也有长期定居的,初与当地居民混居,
后聚集于城南,形成集中居住区。泉州向以"民夷杂居,素称难治"著
称,卢僧孺除郡判时,又逢罗天麟寇汀,官军四集,所需钱粮甚巨,在卢
僧孺的调度管理下,供费足用而不加民负。至正九年(1349 年),卢僧孺
在文庙建泮桥于方池。十年,迁任宜兴(今属江苏)知州。离任时,泉州
士民结彩、焚香于其家皆,感服其清廉操守。

公历六月,摩洛哥旅行家伊本·白图泰抵达泉州,同年冬季离开泉州
回国。

按:《伊本·白图泰游记》载:"让我们谈谈我们的旅行吧！我们渡
海到达的第一座城市就是刺桐城,中国其他城市和印度地区都没有油
橄榄,但该城的名称却是刺桐。这是一座巨大城市,此地织造的锦缎和
绸缎也以刺桐命名。该城的港口是世界大港之一,甚至是最大的港口。
我看到港内停有大䑸克约百艘,小船多得无数。……瓷器亦在刺桐制
造。"②14 世纪初,摩洛哥旅行家伊本·白图泰从丹吉尔港启程,到世界
各地旅行。1341 年,德里苏丹派他随元朝使团回访中国,从南印度经东
南亚远航中国。据李晴考,其航行线路大概为:从德里南下,经印度、马
尔代夫、斯里兰卡、孟加拉、安达曼群岛、苏门答腊、马来半岛、泰国、越
南中南部、文莱、吕宋群岛,最后从菲律宾吕宋岛南部的八打雁出海,经
17 个昼夜的航行,于 1346 年 6 月抵达刺桐(泉州)城。③ 到达泉州后,他
又到广州游览。返泉不久,即此上赴杭州等地游览,之后似乎并没有去
汗八里(大都),而是回到泉州,同年 10 月或 11 月离开泉州回国。他在
游记中将泉州称为"刺桐",称它的"港口是世界大港之一,甚至是最大
的港口",里面停泊着成千上万艘的海船。除对泉州自然风光的描述

① (明)殷奎:《强斋集》,《全元文》第 57 册,南京:江苏古籍出版社,1999 年,第 722～
723 页。

② [摩洛哥]伊本·白图泰:《伊本·白图泰游记》,马金鹏译,银川:宁夏人民出版社,
1985 年,第 551～552 页。

③ 李晴:《伊本·白图泰远航中国考》,《海交史研究》2018 年第 1 期,第 29～40 页。

外,白图泰还记载了泉州的物产,特别介绍了瓷器、丝绸及其生产情况,从而留下了极有参考价值的史料。[1]

八月二十七日,戴舍王氏十二小娘为故姑二亲立景教碑。

> 按:《泉州宗教石刻》收录一方泉州汉文景教墓碑,碑文云:"至元丁丑 郭氏十太孺 故姑二亲 陈氏十太孺 戴舍王氏十二小娘 丙戌仲秋壬申。"[2]据吴幼雄考,墓主人郭氏、陈氏为太孺,立碑者戴舍王氏十二小娘为两位墓主的儿媳,其夫姓戴。但王氏立此碑时其夫已过世。至元十四年丁丑年(1277年)正月,郭、陈二氏合葬。至元二十三年丙戌年(1286年)八月壬申,王氏代夫为两位婆婆重新立碑。此碑说明南宋中后期景教即已从海路传入泉州,且有汉人景教徒。[3]但据陈少丰新考,仲秋即八月,至元二十三年八月并无壬申日。因此,立碑之年丙戌年应为元至正六年(1346年),八月壬申日为八月二十七日,而合葬之年至元丁丑年,应为元顺帝时期的后至元三年(1337年),而非前至元十四年,也就无法证明南宋中后期景教即已从海路传入泉州。[4]不过该石碑是泉州已知现存最早的汉文纪年景教石墓碑,体现了中国传统儒家文化与景教文化的融合,仍具有重要的历史价值。

公历十二月二十六日,马黎诺里从泉州启程回意大利。

> 按:《约翰·马黎诺里游记》载:"还有剌桐城,这是一个令人神往的海港,也是一座令人惊奇的城市。方济各会修士在该城有三所非常华丽的教堂,教堂十分富足。有一浴堂,一栈房,这是商人储货之处。还有几座极其精美的钟,其中二钟是我命铸造的,在铸成悬挂时,举行了隆重仪式。其中之一,即较大者,我们决定命之为约翰尼纳,另一命之为安顿尼纳,皆置于萨拉森人居住地中心。我们于圣斯提凡祭日离开剌桐。"[5]圣斯提凡祭日又称"节礼日",在每年的12月26日,为纪念基

---

① 许永璋:《伊本·白图泰与泉州》,《阿拉伯世界》2002年第1期,第49~52页。

② 吴文良、吴幼雄:《泉州宗教石刻(增订本)》,北京:科学出版社,2005年,第413~414页。

③ 吴幼雄:《元代泉州两方基督教(景教)墓碑研究——多元一体文化的典范》,中国航海学会、泉州市人民政府编:《泉州港与海上丝绸之路(二)》,北京:中国社会科学出版社,2003年,第466~489页。

④ 陈少丰:《元代泉州汉族景教徒合葬墓碑纪年考》,《中国天主教》2020年第4期,第61~62页。

⑤ [英]阿·克·穆尔:《一五五〇年前的中国基督教史》,郝镇华译,北京:中华书局,1984年,第289~290页。

督教殉道第一人、初期教会七执事之一的圣斯提凡而设。马黎诺里(约
1290—？年),意大利佛罗伦萨人,圣方济各会士,教皇派出的最后一位
出使中国的使节。后至元二年(1336年),元顺帝派使臣前往欧洲致书
罗马教皇。1338年12月,教皇本尼狄克特十二世委派马黎诺里等四人
为特使,携带国书,率领32人的使团出使中国,于元至正二年(1342年)
八月到达元大都,向元顺帝进呈教皇回信及骏马一匹。至正六年启程
返国,经杭州、宁波到达泉州。[1] 当年12月26日,由泉州启航回国。他
们所见到的教堂,一座由亚美尼亚妇人所建,一座由方济各会泉州主教
安德烈所建,鄂多立克到泉州时也见到这两座教堂,另一座教堂不知谁
建。可见当时泉州方济各会的传教士不仅布道,有的还积极参与商业
活动,这对研究元代方济各会在泉州的历史具有重要的参考价值。[2]

元惠宗妥懽帖睦尔至正八年　公元1348年　戊子年

二月二十三日,惠安百崎郭氏开基祖郭仲远生。

按:清代嘉庆十三年(1808年)《惠安百奇郭氏族谱》云:"公郭姓,讳
谔,字仲远,毅轩其别号也。……而暖公七世孙文宪公家于杭之富阳
者,乃仲远公五世祖矣。文宪公长子章公生二子,长德广公,次德昭公,
分横宅东街等处。德广公生于元季,以宣差微禄奉命来泉督输供应,于
时干戈扰攘,莫克返朝,以疾终于传舍,因是居泉。洪武初以例占籍法
石,配吴氏,生男子洪,娶翁氏,生男三,长和卿,次仲远,三季渊。惟仲
远公居惠,居家勤俭,待物宽宏,铢积寸累而底有成,乃择地筑室于本县
廿三都奇山之下,轮奂一新。……公生于元至正戊子年二月三十日,卒
于明永乐壬寅年七月十三日,享受七十有五。"又云其始祖为汾阳王郭
子仪,传至郭仲远之祖父郭德广,因仕元游宦于泉,逢战乱不得返朝,遂
定居泉州,为泉州一世祖。彼时郭德广即已"从清真教",族谱认为是因
为当时元代清真教最炽,郭德广或为免其差扰,或受其影响而从教。[3]
1978年11月,在泉州通淮门外法石乡圣殿村的金二娘山下发现了郭德
广的墓碑,碑高138厘米,宽94厘米,厚11厘米。碑面文字皆阴刻,右

① 方豪:《中西交通史》下册,上海:上海人民出版社,2015年,第450～452页。

② 泉州市人民政府地方志编纂委员会:《外国人在泉州与泉州人在海外》,福州:海风出
版社,2007年,第78页。

③ 福建省少数民族古籍丛书编委会:《家族谱牒·回族卷》,北京:民族出版社,2015年,
第261、331～332页。

上角竖刻篆体"庭坡",下面刻"晋",代表晋江县法石庭坡;左上角竖刻篆体"百奇",下面刻"惠",代表惠安县百奇(即百崎)。这两处是白奇郭氏先后居住的地方。下面竖刻楷体"元郭氏祖坟茔",而在"坡庭"和"百奇"之间,则横刻有疑似古阿拉伯文字一行。据陈达生考,此段文字应是古波斯文,其释义为"伊本·库斯·德广贡·纳姆",因纳姆是波斯语"著名"的意思,而认为白奇郭氏是波斯人的后代。[1] 吴幼雄则认为该碑额文字是消经文(即运用阿拉伯字母书写汉语的一种非正规的书写文字),而非波斯文,系汉字"元郭氏德广之墓"的闽南语对音,因为之前解读的人都不熟悉闽南话,所以没有译出,郭氏源自波斯的证据也根本不存在。这块墓碑很有可能是清代由信仰伊斯兰教的郭氏后人重新树立的。[2] 不过,长期从事消经文字研究的学者韩中义则将此碑额文字释义为"元郭头德广公名目",其中"元""郭""德广公"为消经转写汉语,"头"和"名目"则为波斯语。[3] 而马强、马新国在《泉州宗教石刻"元郭氏世祖坟茔"碑消经文字再释与发微》一文中,将碑额释读为"元郭氏德广公铭",其中"元郭氏德广公"为消经转写汉语,"铭"是波斯语"名字"的"名",用同音字表示"铭"的音,并认为泉州郭氏家族来自中东伊斯兰。此碑既留下了郭氏家族中国化的印记,也约略以被回族民间看作是"经字"的消经文字,含蓄地表达和暗示了郭氏家族的伊斯兰身份。[4] 若此说为确,则郭德广确系中东伊斯兰后裔,而非郭子仪后裔,元末因游宦于泉,遂举家从浙江富阳来到泉州,此后又因战乱而未再回浙江,而是定居于法石一带。不过,经过元末明初的动乱,泉州的海上贸易严重受损,法石港口繁荣不再,而洪武间为防范倭寇侵扰、肃清海道,朱元璋多次发布禁海令,郭氏很有可能在这一时期转商为农,郭德广的孙子郭仲远也在明洪武年间从法石迁到了后渚港对岸的白奇铺居住,形成了现在的百崎回族乡。从郭氏族谱的记载来看,百崎郭氏一族在明朝占领

① 陈达生:《泉州伊斯兰教派与元末亦思巴奚战乱性质试探》,《海交史研究》1982 年第 4 期,第 113~119 页。

② 吴文良、吴幼雄:《泉州宗教石刻(增订本)》,北京:科学出版社,2005 年,第 98~100 页。

③ 韩中义:《小经拼写体系及其流派初探》,《西北第二民族学院学报(哲学社会科学版)》2005 年第 3 期,第 10~16 页。

④ 马强、马新国:《泉州宗教石刻"元郭氏世祖坟茔"碑消经文字再释与发微》,《中国穆斯林》2019 年第 5 期,第 59~62 页。

泉州后即已编入户籍,之后又培养后代科举做官,似未在亦思巴奚战乱和之后反对色目人运动中遭难。因此,有学者认为郭仲远迁居是受元末战乱和明初反色目人影响,此说并无实据。

元惠宗妥懽帖睦尔至正九年　公元 1349 年　己丑年

里人金阿里出资重修清净寺。

按:吴鉴《重立清净寺碑记》:"至正九年,闽海宪佥赫德尔行部至泉,为政清简,民吏畏服。摄思廉不鲁罕丁,命舍剌甫丁哈悌卜领众分诉。宪公审察得情,任达鲁花赤高昌俣玉立正议为之□理,复征旧物。众志大悦。于是里人金阿里质以己资,一新其寺。来征余文为记。"①又(乾隆)《泉州府志》卷七十五载:"至正九年,夏不鲁罕丁与金阿里谋出己资修之。请佥宪赫德尔、监郡俣玉立主其事。"②里人金阿里应该是一位泉州混血伊斯兰,他出资重修吴鉴所记清净寺,说明此时期,混血伊斯兰在吴记清净寺中还是具有相当大的势力。

冬,汪大渊《岛夷志略》成。

按:汪大渊《岛夷志后序》云:"皇元混一,声教无远弗届。区宇之广,旷古所未闻。海外岛夷无虑数千国,莫不执玉贡琛,以修民职;梯山航海,以通互市。中国之往复商贩于殊庭异城之中者,如东西州焉。大渊少年尝附舶以浮于海,所过之地,窃尝赋诗以记其山川、土俗、风景、物产之诡异,与夫可怪可愕可鄙可笑之事,皆身所游览,耳目所亲见。传说之事,则不载焉。至正己丑冬,大渊过泉南,适监郡俣侯命三山吴鉴明之续《清源郡志》,顾以清源舶司所在,诸蕃辐辏之所,宜记录不鄙。谓余方知外事,属《岛夷志》附于郡志之后,非徒以广士大夫之异闻,盖以表国朝威德如是之大且远也。"③《岛夷志略》作者汪大渊,字焕章,江西南昌人,约生于元至大初,卒年不详,曾两度从泉州港出发,实现周游列国的壮举。《岛夷志略》全书共记 220 余国,分为 100 条,每条主记一国或一地,兼及他地,详细记载了风土人情、物产、贸易等。所记资料极为丰富,又多为作者所亲历,是记载元代海外地理最详尽的中文著作,

① 白寿彝:《中国回回民族史》(上册),北京:中华书局,2003 年,第 474~476 页。

② (清)怀荫布:(乾隆)《泉州府志》,《中国地方志集成·福建府县志辑》第 24 册,上海:上海书店出版社,2000 年,第 658~659 页。

③ (元)汪大渊:《岛夷志略校释》,苏继庼校释,北京:中华书局,1981 年,第 385 页。

可称得上是中国古代最重要的中外交通史籍。据《岛夷志略》所载,元代与泉州通贸的国家和地区比宋代《诸蕃志》所记增加了 1/3 以上,除了澎湖外,达 98 个。而元代泉州的外销商品也达到了 90 多种,比宋代增加了不少,其中仅"刺桐缎"(泉缎)等产自泉州的纺织品就有 20 余种。至正九年(1349 年),汪大渊路过泉州,适逢泉州路达鲁花赤偰玉立命吴鉴主修《清源续志》一书,请其著书述海外诸国之事,汪大渊遂据其游历见闻撰成《岛夷志略》,附于《清源续志》之后。后序所云"五年旧志"是指《岛夷志略》旧稿,或是宋人所写的《岛夷志》一书,学术界颇有争论。廖大珂等认为《岛夷志》原系南宋泉州人所撰,记载的是宋代海外国家的情况,附于《清源郡志》之后,汪大渊裁定削删宋本《岛夷志》,续以其海外见闻而成《岛夷志略》,"五年旧志"系指宋本的《岛夷志》。[①]而据黄云生所考,《岛夷志》系南宋泉州人所撰无误,不过并非附于《清源续志》之后而是附于《清源文集》之后,且早在元时就已佚失,汪大渊《岛夷志略》系其本人独立创作,而"略"字进书名,当是对己书的谦称。"五年旧志"系指《岛夷志略》旧稿,元明清时期诸书所著录和引用的《岛夷志》当指的是汪大渊的《岛夷志略》。[②] 此外,关于汪大渊的两次出海时间,张星烺、冯承钧、伯希和、鄂卢梭、苏继顾、沈福伟等诸家也是其说各异。据近年许永璋所考,汪大渊第一次航海游历时间在 1327 年冬至 1331 年夏秋,到了东南亚、南亚一带,最远至波斯湾沿岸的霍尔木兹和巴士拉等地;第二次航海游历时间则在 1332 年冬至 1337 年夏秋,到达非洲东部的桑给巴尔等地。[③] 不过据周运中考,汪大渊的两次航海,东洋航程从泉州出发,经过澎湖、台湾、吕宋、卡拉棉群岛、文莱,绕过加里曼丹岛西部到爪哇,很可能没有到达爪哇岛以东;西洋航程则是经过占城到泰国的单马令,再经过马六甲海峡到锡兰、印度、阿拉伯、波斯和非洲均未涉足。[④] 由于现存史料中对汪大渊本人及《岛夷志略》可供研究参考的文献并不多,故学术界对汪大渊生平及出海时间、航行路线等提

---

① 廖大珂:《〈岛夷志〉非汪大渊撰〈岛夷志略〉辨》,《中国史研究》2001 年第 4 期,第 135~142 页。

② 黄云生:《论〈岛夷志〉与〈岛夷志略〉之关系》,《中国史研究》2021 年第 3 期,第 199~208 页。

③ 许永璋:《古代中非关系史稿》,上海:上海辞书出版社,2019 年,第 166~177 页。

④ 周运中:《〈岛夷志略〉地名与汪大渊行程新考》,《元史及民族与边疆研究集刊》第二十七辑,上海:上海古籍出版社,2014 年,第 98~131 页。

出不少各异的见解，并无定论，似可继续讨论。

元惠宗妥懽帖睦尔至正十年　公元 1350 年　庚寅年

吴鉴为泉州清净寺作记。

  按：吴鉴《重立清净寺碑记》落款："时至正十年，三山吴鉴志。"① 吴鉴，三山（福州）人，生卒年不详，曾于元至正间寓居泉州，奉郡侯偰玉立之命主修《清源续志》，惜今已不存。至正十年（1350 年），吴鉴为泉州清净寺作记，但原碑早已毁坏，明正德二年（1507 年），又将此碑重刻，不过重刻时原碑无处可寻，遂据郡志照录原文，同时记下重刻之原委。因系重立之碑，故新碑名《重立清净寺碑》，碑额亦为此六字，后世学者亦将吴鉴撰文的《清净寺记》称作《重立清净寺碑记》。② 吴鉴撰写的泉州《重立清净寺碑记》十分详细地叙述了大食的地理、风土人情、文化、工艺、伊斯兰教义及其传入中国，以及泉州清净寺的历史和重建情况等等。它与同年郭嘉撰文的广州《重建怀圣寺记》是我国伊斯兰教历史上最早，同时是最重要的两方元刻，具有不可估量的历史和文化价值。据刘有延考，碑文中云："隋开皇七年，有撒哈八撒阿的斡葛思者，自大实（食）航海至广东，建礼拜寺于广州，赐号怀圣。"这是一段珍贵、已知的中外文献中伊斯兰教入华的最早记录，时间、地点、人物、事件四要素兼具的历史记述。当时吴鉴和泉州伊斯兰长老们有很广泛的交往和友谊，在撰写《重立清净寺碑记》时，关于伊斯兰教入华的知识直接来自阿拉伯裔伊斯兰，他们虽长期在中国生活，但仍保存原有的文化和生活习惯，并按希吉拉历生活和进行宗教活动。在委托吴鉴撰碑文时，主其事者按希吉拉历把传说的斡葛思于希吉拉历七年入华以及现在是 769 年这一事实告诉他，吴鉴再按汉历回推相应的中国皇朝年代及时间。按 769 年回溯，则伊历建元落在公元 581 年，即隋开皇元年。但实际上按希历和汉历的积年差，希历七年正确的对应是唐贞观二年，即公元 628 年。不过，随后的几百年间，吴鉴碑文"隋开皇七年"的误记却被后世反复转引并简化为"隋开皇中"，一直流传到民国时期，而且成为回族内部

---

① 白寿彝：《中国回回民族史》（上册），北京：中华书局，2003 年，第 478 页。

② 杨晓春：《元代吴鉴〈清净寺记〉相关问题的讨论》，《北方民族大学学报（哲学社会科学版）》2010 年第 5 期，第 44～50 页。

的主流说法,给后人带来代代相传的误导。①

元惠宗妥懽帖睦尔至正十二年　公元1352年　壬辰年

泉州达鲁花赤偰玉立拓建罗城城垣,与翼城合为新罗城。

按:(道光)《晋江县志》卷九《城池志》载:"罗城亦南唐保大中留从
效所筑。周围二十里,高一丈八尺,门凡七。……元至正十二年,监郡
偰玉立始废罗城之镇。南门径就翼城,周三十里,高二丈一尺。城东西
北基各广二丈四尺,外甃以石。南基广二丈,内外皆石。为门七,东西
北暨东南西南门,皆沿旧名,惟改南门曰德济。废通津门(通志作废通
淮门,误),而于临漳德济之间(通志作德济、仁风之间,误)建门曰南薰,
俗呼水门,无增瓮城。而统为今之罗城。"②宋末以前的泉州"罗城"内的
主干街衢只有一条"十字街",即约现在的中山路与东、西街交叉口。当
时泉州的番坊或番人区,以及宗教寺庙,如清净寺等,均设在罗城外。
南宋时期,泉州港渐趋鼎盛,为保护番商、水手之安,郡守游九功、真德
秀等又先后在南城外筑翼城"以为蔽"。翼城当属罗城外之城,并非严
格意义上的城内之属。③ 直到至正十二年(1352年),泉州达鲁花赤偰
玉立始拓建城垣,将罗城与翼城合为新罗城。城墙内外皆石,高2丈1
尺,东、西、北三面城墙基宽2丈。内外墙体均用石砌筑,城门仍为过梁
式结构,直抵晋江岸边,使罗城周围达到了15公里。又改"镇南门"为
"德济门",废"通津门",而于临漳门和德济门之间新建"南薰门"。④ 宋
时,城孤立不正方,时名葫芦城。及偰玉立成城,成为一座上宽下狭的

---

① 刘有延:《伊斯兰教入华隋开皇说溯源及其正确评价》,《回族研究》2013年第3期,
第8~24页。

② (清)周学曾:(道光)《晋江县志》,晋江县地方志编纂委员会整理,福州:福建人民出
版社,1990年,第183~184页。

③ 陈凯峰:《泉州城居文化释码:"建筑文化学"应用研究之二》,天津:天津大学出版社,
2012年,第166~172页。

④ 明何乔远《闽书》卷三十三《建置志·泉州城》记为"废通淮门,而于德济、仁风之间建
门曰南薰"。但据《八闽通志》、(万历)《泉州府志》所记,"浯浦"在通淮门与镇南门之间,"甘
棠桥"乃临漳门外第一桥,在两者之间乃"通津门"而非"通淮门"。据此,元至正十二年(1352
年)偰玉立拓城时是改"镇南门"为"德济门",废"通津门",而在临漳门和德济门之间新建"南
薰门"。清代顾祖禹《读史方舆纪要》卷九十九《泉州府·天水淮》沿《闽书》之说,误也。吴孟
显:《〈读史方舆纪要〉所记泉州"南薰门"订误》,《中国历史地理论丛》2007年第3期,第37
页。

长形城郭,形似鲤鱼,"则呼鲤鱼城矣"。① 此亦泉州别称"鲤城"的由来。至此,现中山路与涂门街、新门街交叉的十字街一带始纳入新罗城内。傅玉立,字世南,忠襄长子,元延祐戊午进士。至正中监泉州,诸路兵乱,玉立筑城浚河为捍御计,与提举项焴孙捐俸易粟以赈饥兵,郡赖以安。兴学修废,政绩尤多,泉人立祠祀之。②

元惠宗妥懽帖睦尔至正十七年　公元 1357 年　丁酉年

三月乙亥,泉州为赛甫丁、阿迷里丁据叛,进入为期十年的"亦思巴奚"战乱。

按:《元史》卷四十五《本纪第四十五·顺帝八》载:"三月乙亥朔,义兵万户赛富鼎(赛甫丁)、阿穆尔丹(阿迷里丁)叛,据泉州。"③赛甫丁等领导的这支义军,就是元末活动于福建沿海的"亦思巴奚"武装。在《八闽通志》卷八十七《拾遗·兴化府》所节录的明洪武时人吴源的《至正近记》记载最详。关于亦思巴奚及其兵乱的性质,学界有不同看法。张星烺认为亦思巴奚即波斯古城伊斯法罕(Ispahan)之音译,赛甫丁为普通的回教徒人名,其原音为 Seifuddin,阿迷里丁的原音为 Amireddin。④吴文良认为亦思巴奚兵乱是"反元起义"的武装斗争。⑤ 陈达生则认为是伊斯兰教什叶派与逊尼派的教派战争,以什叶派的胜利,掘逊尼派墓并夷其寺及住宅告终。⑥ 吴幼雄认为该武装是色目人为了自身的利益而协助元政府保卫泉州港之战的军事力量,他们被迫卷入元统治者夺权斗争中,但与什叶派和逊尼派的教派之争无关。⑦ 根据刘迎胜的最新考证,至正十二年(1352 年)福建沿海出现的动乱,番商为自保而组建了

① (明)何乔远:《闽书》第 1 册,《闽书》校点组校点,福州:福建人民出版社,1994 年,第817 页。

② (清)冯夔飏、朱霖增:(乾隆)《镇江府志》,《中国地方志集成·江苏府县志辑》第 28册,南京:江苏古籍出版社,1991 年,第 117 页。

③ (明)宋濂、王袆:《元史》,《影印文渊阁四库全书》第 292 册,台北:台湾商务印书馆,1986 年,第 617 页。

④ 张星烺:《中西交通史料汇编》第 3 册,北京:华文出版社,2018 年,第 909 页。

⑤ 吴文良:《泉州宗教石刻》,北京:科学出版社,1957 年,第 59 页。

⑥ 陈达生:《泉州伊斯兰教派与元末亦思巴奚战乱性质试探》,《海交史研究》1982 年第4 期,第 113～119 页。

⑦ 林振礼、吴鸿丽:《泉州多元文化和谐共处探微》,厦门:厦门大学出版社,2017 年,第230～239 页。

这支私人性质的义军,亦思巴奚为波斯文 ispāh 之音译,意为"军队",而非张星烺所言伊斯法罕之音译,它得到了元朝当地军事当局福建道都元帅府的承认,受命增援福州并驻守下来,其性质为维护元朝统治的"义军"。① 但到了至正中后期,元朝统治者内部集团展开激烈的权力斗争,元廷对泉州的统治力逐渐下降,而波斯人则借亦思巴奚军的力量逐渐掌控了泉州,使得元朝失去对泉州的实际控制权,亦思巴奚军走向与元朝政府争夺地方权力的叛乱之路。这场战乱分两个阶段:第一阶段为至正十七年(1357 年)到至正二十一年(1361 年),赛甫丁阿迷里丁在泉州发动兵乱;第二阶段为至正二十二年(1362 年)到至正二十六年(1366 年),阿巫那杀阿迷里丁并发动第二次兵乱,陈友定率兵平乱,阿巫那最终兵败被擒,元廷重新控制泉州。至正十七年(1357 年)三月,义兵万户赛甫丁与阿迷里丁在泉州发动兵乱。至正十九年二月,阿迷里丁领兵进驻福州参加内战,实欲袭兴化,三月入城据之,纵兵杀掠踩蹦近一月,于四月退回泉州。至正二十年(1360 年)十月,兴化同知陈从仁(惠安人)与总管林德隆交恶,杀之。林德隆两子林珙和林许瑛分别逃往福州赛甫丁和泉州阿迷里丁处,潜议复仇。至正二十一年四月,阿迷里丁急遣兵击陈从仁弟陈同于惠安,元官苫思丁杀陈从仁。六月,陈同为兄复仇,率众自漳州航海回,打败林珙,攻占惠安城。七月,陈同姐夫柳伯顺率兵陷兴化城。林许瑛急奔泉州,乞兵于阿迷里丁。八九月间,阿迷里丁、马合谋等率亦思巴奚之兵赶走柳伯顺,进据兴化,杀掠无禁,兴化之民咸遭其荼毒。②

元惠宗妥懽帖睦尔至正十八年　公元 1358 年　戊戌年

波斯伊斯法罕人拜赫莱旺·亚南卒,葬泉州。

按:1936 年,在泉州通淮门外津头埔乡发现一方波斯伊斯法罕人石碑,碑高 50 厘米,宽 36 厘米,厚 10 厘米,辉绿岩石琢成。碑面浮刻古阿拉伯文字七行,碑文云:"已从毁灭世界转入永恒世界,已与至高无上的安拉之怜悯相接。死者——幸福的殉教者拜赫莱旺·亚南·本·卡赛

---

① 刘迎胜:《元末福建沿海战乱与亦思巴奚义军的组建》,《海交史研究》2020 年第 4 期,第 1~20 页。

② (明)黄仲昭:《八闽通志》下册卷八十七,《拾遗·兴化府》,福州:福建人民出版社,1991 年,第 1035~1037 页。

姆,伊斯法罕人。愿安拉慈悯、喜爱他。安拉于(回历)759年将其留居天堂。"墓主拜赫莱旺·亚南,拜赫莱旺为共别号,意为君主,波斯人以"拜赫莱旺"与地名伊斯法罕(或族名)相配合构成别号。墓碑现存泉州海外交通史博物馆。① 伊斯法罕,伊朗中部城市、伊斯法罕省省会,曾为波斯古都、宗教中心。

伊斯兰教徒哈瓦杰·阿里卒,葬泉州。

按:1939年,泉州通淮门城墙拆卸时获得一方伊斯兰教墓碑,碑高55.7厘米,宽32.6厘米,辉绿岩石琢成。碑面浮刻古阿拉伯文字七行,碑文云:"他是永生的,已从今世到后世。已与至高无上的安拉之怜悯相接。死者名哈瓦杰·阿里·本·奥斯曼,愿安拉宽恕他。卒于(回历)759年第四个禁月6日。"回历一年有4个禁月,即一月、七月、十一月和十二月,第4个禁月即十二月。"哈瓦杰",在波斯语中为先生、商人、教师、长老之意,这里作为称号。② 墓碑现存泉州海外交通史博物馆。

元惠宗妥懽帖睦尔至正十九年　公元1359年　己亥年

卢琦擢贰盐课司,分司海口。有番商胁户部令下四盐场引自为市,琦坚执不顾。

按:(嘉庆)《惠安县志》卷二十三《卓绩拾遗·卢绮传》载:"卢绮,字希韩,号奎峰,峰尾人。至正二年,试春官,以《诗经》魁多士。终元之世,泉人第进士者惟琦一人。……以年劳,擢贰监课司,分司海口。有番商以货得参省,势震中外,胁户部令下四盐场引自为市,琦曰:'是上亏国课,下毒亭民,腕可断,牒不可署。'坚执不顾。"③ 卢琦(1306—1362年),惠安峰尾人,至正二年(1342年)进士,是元代泉州府唯一中进士之人,此或与当时泉州港海外贸易繁荣、民间重商轻儒的风气蔓延有关。元末明初的诗文家林弼云:"夫泉在闽,号繁庶,郡民多逐末利,裔夷杂糅,惟浮屠是崇。逐末利则学不力,崇浮屠则学以惑。"可见当时泉州重

① 吴文良、吴幼雄:《泉州宗教石刻(增订本)》,北京:科学出版社,2005年,第81～82、337页。

② 吴文良、吴幼雄:《泉州宗教石刻(增订本)》,北京:科学出版社,2005年,第88～89、341页。

③ (清)吴裕仁:(嘉庆)《惠安县志》,《中国地方志集成·福建府县志辑》第26册,上海:上海书店出版社,2000年,第91页。

商崇佛之风盛行,而于儒业则不甚重视。① 至正十二年(1352年),卢琦迁永春县尹。在县多惠政,深得永春人民拥戴,《元史》亦为之立传。十六年,改宁德县尹。十九年,又以年劳擢福建行省照磨盐课司提举,秩八品。时泉州有番商以货得"参议中书省事",此虽为四品之员,但番商势力渗透中央,竟能胁迫户部下令开放福建沿海四盐场给番商自由贸易,说明元末朝廷已然危机四伏,为解决财政困难,公然对外商卖官,又其时各地农民起义四起,朝廷无力保障泉州港安全,而需要依靠有资财的番商协助防守,以至尾大不掉,造成泉州番商集团的割据自立,终酿亦思巴奚之祸。② 不过当时卢琦并没有受迫就范,而是毅然抗令不行,托病迁延不办,体现了其刚正不阿的清正之风。至正二十二年(1362年),卢琦以近臣荐,得授温州路平阳州知州,未上任而卒。卢琦以诗文闻名于世,与陈旅、林以顺、林泉生等人并称为闽中文学名士。清代的《元诗别裁》及《惠安县志》《螺阳文献》等都收录不少卢琦的诗词,不过其所著的《圭峰文集》十卷、《诗集》十二卷均已失传。现存《圭峰卢先生集》二卷,系明万历三十七年(1609年)庄毓庆等刻本,据隆庆六年(1572年)朱一龙编本刊刻,现藏于国家图书馆。③

元惠宗妥懽帖睦尔至正二十二年　公元1362年　壬寅年

二月,泉州市舶使阿巫那(又名那兀纳)杀阿迷里丁据泉。

　　按:《八闽通志》卷八十七《拾遗·兴化府》:"(至正)二十二年二月,泉州阿巫那杀阿迷里丁,将穷其党,扶信惧,林珙送之奔福州,赛甫丁令珙还兴化,仍以总管据之。"④ 又(道光)《重纂福建通志》卷二百六十六《杂录》云:"二十二年春二月,泉州阿巫那杀阿迷里丁。阿巫那本以番人主市舶,既杀阿迷里丁,将穷其党。扶信惧及祸,林珙与之俱奔福州

　　① 林弼:《林登州集》卷八,《送孔叔原长泉山书院序》,《影印文渊阁四库全书》第1227册,台北:台湾商务印书馆,1986年,第73~74页。
　　② 林振礼、吴鸿丽:《泉州多元文化和谐共处探微》,厦门:厦门大学出版社,2017年,第230~239页。
　　③ 黄建聪:《卢琦文集的稿本、版本、抄本及馆藏》,陈支平、肖惠中主编:《海上丝绸之路与泉港海国文明》,厦门:厦门大学出版社,2015年,第504~513页。
　　④ (明)黄仲昭:《八闽通志》下册卷八十七,《拾遗·兴化府》,福州:福建人民出版社,1991年,第1036页。

赛甫丁,令珙还兴化路,仍以总管处之。"①至正二十二年(1362年),泉州市舶使阿亚那突然击杀阿迷里丁,并在泉州大肆搜捕阿迷里丁的亲信党羽,将亦思巴奚军置于自己的控制之下,割据泉州,炮烙郡人,杀戮惨酷。阿亚那又作那兀纳,原字为 Nakhoda,波斯语意为"舶主"②,大概也和蒲寿庚一样,由舶商而任舶使。至正二十三年(1363年)至至正二十五年间(1365年),阿亚那(那兀纳)遣其党白牌、马合谋、哈散、大闾等率兵多次攻打惠安、仙游、莆田等地,所至焚掠,生灵涂炭。《晋江县志》卷十八《武功志》云:"西域那兀纳者,以总诸番互市至泉。元末兵乱,遂攻泉州据之。"但同时又云:"至正二十二年,回寇那兀纳叛,据泉州。官军至,千户金吉开门纳之,遂执兀纳。是年陈友定攻泉州,陷之。"③那兀纳兵败被擒,发生在至正二十六年(1366年)五月,而非至正二十二年(1362年),此处记载当有误。另:(道光)《重纂福建通志》卷二百六十六《杂录》云:"至正二十二年,回寇那兀纳据泉州叛,寻被执。官军至,千户金吉开门迎之,遂执那兀纳。"又云:"(至正二十六年)五月,陈有定兵克泉州,擒阿亚那等以归。至是兴、泉二郡悉平,民始获免伊巴尔希(亦思巴奚)之祸。"④此处似将那兀纳与阿亚那视为两人,此亦为误记。

五月乙巳,泉州赛甫丁据福州路,福建行省平章政事燕只不花击败之,余众航海还据泉州。

  按:《元史》卷四十六《本纪第四十六·顺帝九》载:"(至正二十二年)五月乙巳朔,泉州赛富珠(赛甫丁)据福州路,福建行省平章政事扬珠布哈(燕只不花)击败之,余众航海还据泉州。"⑤至正十九年(1359年),赛甫丁率部分亦思巴奚军长期驻守在福州。至正二十二年四月,

  ① (清)孙尔准:(道光)《重纂福建通志》,《中国省志汇编:9》,台北:华文书局,1968年,第5054~5055页。

  ② 廖大珂:《"亦思巴奚"初探》,《海交史研究》1997年第1期,第76~81页。不过,也有学者认为是阿拉伯语 Abna 的音译,此名有时意谓波斯侨民的后裔;也有的学者认为是阿拉伯语 Naina 音译,即波斯语"鱼"的复数。还有的认为是印度人名 Rahula 的音译。刘迎胜:《元末福建沿海战乱与亦思巴奚义军的组建》,《海交史研究》2020年第4期,第1~20页。

  ③ (清)周学曾:(道光)《晋江县志》卷二十八,《职官志》,晋江县地方志编纂委员会整理,福州:福建人民出版社,1990年,第465页。

  ④ (清)孙尔准:(道光)《重纂福建通志》,《中国省志汇编:9》,台北:华文书局,1968年,第5054~5055页。

  ⑤ (明)宋濂、王祎:《元史》,《影印文渊阁四库全书》第292册,台北:台湾商务印书馆,1986年,第631页。

元朝委任燕只不花接替调往江浙的普化帖木儿任福建行省平章政事，但驻守福州的赛甫丁却紧闭城门、拒绝让燕只不花进入，燕只不花会诸军攻围赛甫丁。既而尚书李士瞻诱赛甫丁登海舟，参政魏留家奴又借机杀亦思巴奚兵数百人。① 赛甫丁从海路离开福州回到泉州，从此失势。

天主教最后一任刺桐主教约翰·佛罗伦萨与古格列莫·坎巴诺修士离开泉州返回欧洲，在米提亚帝国被萨拉森人杀害。

按：《方济各会纪事概要》载："同年（1362 年），刺桐总主教约翰·佛罗伦萨神甫和古格列莫·坎巴诺神甫在米提亚帝国因坚持天主教信仰，被萨拉森人所杀害。"② 第三任刺桐主教安德烈·佩鲁贾在泉州逝世后，又有一些方济各会传教士进入泉州传教。约翰·佛罗伦萨应是最后一任刺桐主教，在元末泉州遭遇亦思巴奚兵乱后，与另一位传教士古格列莫·坎巴诺试图返回欧洲，走到米提亚帝国时，因为坚持天主教信仰而被萨拉森人杀害。自此之后，泉州景教与天主教会迅速没落，直到明朝末年才陆续又有西方传教士进入泉州传教。

伊斯兰教徒萨哈只卒，葬泉州。

按：1930 年，泉州东门城拆卸时发现一方石碑，碑高 88 厘米，宽 31 厘米，厚 9.5 厘米，辉绿岩石琢成。现存泉州海外交通史博物馆。碑正面浮雕古阿拉伯文字七行，背面浮刻古阿拉伯文字六行，碑文云："永存属于安拉，万物的生死是命中注定。今世不是安定世界。墓主是哈只。×××。卒于（回历）764 年 6 月 26 日星期四。"墓主被称为"哈只"，此为曾赴麦加朝觐者均可获得的称号。③

伊斯兰教徒萨阿德拉卒，葬泉州。

按：清末，在蒲姓园圃中挖出一方伊斯兰教墓碑，碑高 91 厘米，宽 60 厘米，厚 14.6 厘米，辉绿岩石琢成。正面阴刻十行古阿拉伯文字，碑文云："奉大仁大慈的主的尊名。在你以前，我没有规定人类永活不死，若是你死了，难道他们能永活不死吗？每个有生命的都要死亡，你们将

① （明）黄仲昭：《八闽通志》下册卷八十七，《拾遗·兴化府》，福州：福建人民出版社，1991 年，第 1035～1037 页。

② ［英］阿·克·穆尔：《一五五〇年前的中国基督教史》，郝镇华译，北京：中华书局，1984 年，第 225 页。

③ 吴文良、吴幼雄：《泉州宗教石刻（增订本）》，北京：科学出版社，2005 年，第 62～63、330 页。

归宿他那里。……(回历)764 年……赞颂归化育众世界的主。"①回历 764 年即公元 1362 年,元至正二十二年。

波斯施罗围人哈只·赫瓦杰·侯赛因卒,葬泉州。

按:1958 年 4 月,在泉州通淮门附近城基掘获一方伊斯兰教墓碑,碑高 58.5 厘米,宽 35 厘米,厚 8.7 厘米,辉绿岩石琢成。碑面浮刻六行古阿拉伯文字,碑文云:"他是永存的。已从今世到后世,已与至高无上的安拉之怜悯相接。死者哈只·赫瓦杰·侯赛因·耶勒基·西拉菲。卒于回历 764 年 10 月 15 日。""哈只",表明墓主生前朝觐过圣地麦加;"赫瓦杰"(Khewajh)原为波斯语,意为先生、教师、商人、长老,在伊斯兰教国家用作称号;"西拉菲"(Sira),即波斯的施罗围(亦称施拉夫、撒那威、尸罗夫、斯罗夫),近波斯湾,宋元间为波斯湾最大贸易港,《桯史》《诸蕃志》等均有施罗围商人定居泉、广的记载。② 墓碑现存泉州海外交通史博物馆。

伊斯兰教徒胡斯娜·易司马仪小姐卒,葬泉州。

按:1956 年 11 月,泉州通淮门外街道上发现一方伊斯兰教墓碑。碑高 49 厘米,宽 38.7 厘米,厚 9.3 厘米,花岗石雕成。同年 12 月,移厦门大学人类博物馆保存。碑正面阴刻古阿拉伯文字五行,碑文云:"'人人将尝死的滋味。'已从毁灭世界转入永恒世界。胡斯娜·易司马仪小姐卒于(回历)764 年斋月。"③

元惠宗妥懽帖睦尔至正二十四年　公元 1364 年　甲辰年

四月,福建行省左丞观孙奉诏分省兴泉,遣员外郎任立检计泉州仓库,阿巫那不受命。

按:《八闽通志》卷八十七《拾遗·兴化府》载:"(至正)二十四年四月,福建行省左丞观孙自京师至,奉旨分省兴泉,提调市舶军马。恃有朝命及铸降印信,遂轻视阿巫那等,以为皆当禀属于己,遣所设员外郎任立往泉州,封市舶库及检计仓库钱谷。阿巫那空市舶库待之,又阻止

① 吴文良、吴幼雄:《泉州宗教石刻(增订本)》,北京:科学出版社,2005 年,第 82～84 页。

② 吴文良、吴幼雄:《泉州宗教石刻(增订本)》,北京:科学出版社,2005 年,第 89～90、341 页。

③ 吴文良、吴幼雄:《泉州宗教石刻(增订本)》,北京:科学出版社,2005 年,第 90～91、342 页。

不与封视,就用观孙提调军马之文,遣湖州左副千百户领军三百至兴化听调。阳为尊奉,实示悖慢,且以觇之。观孙处之无法,听其为暴而不能禁制,故适以启其桀骜之心。自是使传无日不来,然皆侵上生事为不逊语,又日纵兵往来惠安之境以恐胁之。观孙惶惑不知所为,遂缮城浚河,日役万夫,苛政滋出,民不堪扰。至观孙罢分省还京师,德安以郎中摄分省事,阿巫那乃召其兵退,民始安息。"①阿巫那掌控亦思巴奚军后,与地方豪富权贵相互勾结,渐有独霸一方之势。元朝政府原先对这支军队的组建持支持态度,寄冀于借助其武装力量维护地方统治,但亦思巴奚军的组织和军费支出皆由组织者自行筹措安排,与地方政府关系不大,故久之已难受政府约束,最后竟至尾大不掉。而作为镇戍泉州的湖州万户府和左副翼万户府难以制衡,甚至集体依附于亦思巴奚军权贵,"听其暴而不能禁制",实际上已被亦思巴奚军所控制,任其调遣使唤。② 阿巫那据泉之后,掌控海上贸易,独霸市舶,自然不愿他人插手。他与福州的燕只不花保持一定默契,企图摆脱元朝中央政府的管理和控制。故对福建行省左丞观孙提分省兴泉,调市舶军马一事极为抵触,想尽办法拒绝服从元朝中央政府的命令,最后逼迫观孙离职。

元惠宗妥懽帖睦尔至正二十五年　公元1365年　乙巳年

八月,王彝为泉州海商孙天富、陈宝生作《泉州两义士传》。

　　按:元末明初诗文家王彝《王常宗集》续补遗收有《泉州两义士传》一文,云:"孙天富、陈宝生者,皆泉州人也。天富为人外沉毅而含弘,宝生性更明秀,然皆勇于为义。初,宝生幼孤,天富与之约为兄弟,乃共出货泉,谋为贾海外。天富曰:'尔母一子惟尔,吾不忍尔远尔母,涉海往异域,吾其代子行哉!'宝生曰:'吾母即若母也。吾即远吾母,惟君以为母,吾行又何忧焉?'于是两人相让,乃更相去留,或稍相辅以往。至十年,百货既集,犹不稽其子本,两人亦彼此不私有一钱。其所涉异国,自高句骊外,若阇婆、罗斛,与凡东西诸夷,去中国亡虑数十万里。其人父子君臣,男女衣裳,饮食居止,嗜好之物,各有其俗,与中国殊。方是时,

---

　　① (明)黄仲昭:《八闽通志》下册,卷八十七,《拾遗·兴化府》,福州:福建人民出版社,1991年,第1037~1038页。

　　② 陈丽华:《元代镇戍泉州的万户府及其职官探析》,《闽南师范大学学报(哲学社会科学版)》2018年第2期,第91~99页。

中国无事,干戈包武库中,礼乐之化焕如也。诸国之来王者,且帆蔽海上而未已;中国之至彼者,如东西家然。然以商贾往,不过与之交利而竞货,两人者,虽亦务商贾,异国人见此两人者,为人有特异也。自王化被海外,且及百年中国之人,至彼如此两人者,亦不多也。此两人者,乃身往其地而亲其人,使其人皆见而信之,有切于所传闻者。两人异姓也,长为兄,少为弟,如同气然。异国人曰:'彼兄若弟非同胞者,吾同胞宜何如。'宝生至言其母事则泣,天富亦母事宝生母,每慷慨为诸国人言其事,辄欷歔乃已。异国人曰:'我与彼皆人也,人谁无父母、夫妇、子孙者。'两人客万里裔夷,动必服中国礼俗,言必称二帝、三王、周公、孔子,又能道今国家圣德神功、文章礼乐与凡天下之人材。异国于是益信吾中国圣王之道,海内外可共行也。异国有号此两人者,译之者曰:'泉州两义士也。'中国之贤士大夫闻之,亦皆以为然云。天富,字惟善;宝生,字彦廉。今居吴之太仓,方以周穷援难为务。宝生母事,别有陈节妇传。妫蜼子曰:'余读《周书·王会篇》,夷之国众矣,而皆纳贡周邦。孔子,周人也,欲居九夷,然未往也。今孙、陈氏以商贾往,且犹动乎彼,岂其读圣王书慕义而行之?不然何其居夷而能是也。古语曰:放之东海而准。余于孙、陈见之矣。'至正二十五年八月,蜀郡王彝生制。"[1]元朝海外贸易的主要港口设在福建泉州,然后经京杭大运河运往元大都(今北京)。元末爆发红巾军起义后,京杭大运河漕运被迫停运。至正十三年(1353年),泰州张士诚率盐丁起义反元。至正十六年,据平江,控制了江苏昆山、太仓、澉浦等海港,并采取鼓励海外贸易的措施,希望从中获得更多收入,以支持军队开支。而为了躲避亦思巴奚战乱,泉州海商陈宝生、孙天富和朱道山等人纷纷北上投靠张士诚,在娄江港从事海外贸易。[2] 这些海商发家致富之后,都不惜斥巨资打造私家园林,与文人雅士交游唱和,藉以提高社会知名度。此时,陈宝生修建的春草堂所藏甚富,他与元明之交的大学者如王彝、高启、袁华等交游甚密,形成一个以陈氏春草堂为中心的士商社会。

陈宝生,字彦廉,元末江南名士,兼通诗画。其父也是一名海商,名

① (明)王彝:《王常宗集》,《影印文渊阁四库全书》第1229册,台北:台湾商务印书馆,1986年,第439～440页。

② 林梅村:《大朝春秋——蒙元考古与艺术》,北京:故宫出版社,2013年,第255～258页。

陈思恭,自海盐来泉州,入赘于庄家,既生子而辄浮海以去,去而无闻者五年,既还而复去,去而溺海以死。① 时陈宝生方五岁,其母庄氏守节,独自抚育宝生长大,养其父母及死且葬,又守夫信倾家资偿债。为嘉其义,(乾隆)《泉州府志》(道光)《晋江县志》(弘治)《太仓州志》列女传都有为庄氏立传。孙天富在陈思恭死后,愿代宝生出海经商,后两人约为兄弟,一起出海商贾。陈宝生、孙天富从事海外贸易的地理范围,"东起高句骊,经罗斛,西抵阇婆",为贾海外长达十年以上,可见当时海外贸易的兴盛。元明交替,江南沿海政局动荡,陈宝生等转而从事国内转贩贸易,沿鄱阳湖—赣江—大庾岭路一线到广州去贩舶货盈利,倪瓒、袁华都赋诗送行,陈宝生经常将舶来珍货送与身边的文化人为礼。② 明代赵琦美所编的《赵氏铁网珊瑚》,卷九辑录有王彝《陈妇节义集叙》。王祎《陈节妇传并诗》,高启、谢徽《陈节妇词》,卷十辑录有高启《泉南两义士歌》。林常《泉州两义士传序》,阮维则《泉南义士行》,陆仁《金石交为孙陈二义士赋》,张昱《题泉州两义士传》,皆是歌颂陈宝生和孙天富从事海外贸易的高尚商业道德,及陈宝生母庄氏孝亲抚孤的气节。

波斯大不里士人叶海亚丁卒,葬泉州。

　　按:清代在城内蒲姓园圃中掘获一方伊斯兰教石碑,后被移至通淮街清净寺保存,砌于明善堂南墙正中 2.6 米高处,1983 年夏卸下。碑高55 厘米,宽 37 厘米,厚 7.8 厘米,辉绿岩石琢成。碑面浮刻古阿拉伯文字六行,碑文云:"他是永存的。已从今世转入后世。死者叶海亚丁·乌马儿·本·艾哈迈德·大不里齐。卒于(回历)767 年宰牲月 8 日。"墓主叶海亚丁原籍是位于波斯西北部的古城大不里士,八世纪起曾长期是波斯的都城,中东重要的贸易中心,以制革、织毯手工业著名。碑文所云大不里齐,意指大不里士人。③

元惠宗妥懽帖睦尔至正二十六年　公元 1366 年　丙午年

　　五月,陈友定与龚名安、金吉等合兵克泉州,擒阿巫那(那兀纳)等以归,

---

① (明)王彝:《陈妇节义集叙》,赵琦美:《赵氏铁网珊瑚》卷九,《影印文渊阁四库全书》第 815 册,台北:台湾商务印书馆,1986 年,第 557~558 页。

② 王秀丽:《元末明初的海商与江南社会》,《南开学报》2016 年第 2 期,第 142~151页。

③ 吴文良、吴幼雄:《泉州宗教石刻(增订本)》,北京:科学出版社,2005 年,第 73~74、333 页。

亦思巴奚兵乱结束。

　　按:《八闽通志》卷八十七《拾遗·兴化府》载:"(至正二十六年)五月,诸军克泉州,擒阿巫那等。至是,兴、泉二郡始获免亦思巴奚之祸。"[1]阿巫那(那兀纳)据城之后,大肆淫虐,"选民间女儿充其室,为金豆撒楼下,命女子摄取以为戏笑。即乔平章宅建番佛寺,极其壮丽,掠金帛贮集其中。数年间民无可逃之地,而僧居半城。"[2]阿巫那发动内乱、对抗福建行省的行为迫使行省官员决定将阿巫那列为敌对反叛势力,予以彻底消灭。林珙也开始与陈同、柳伯顺和解,决定共同对抗阿巫那。从至正二十六年(1366年)正月开始,双方在莆田、仙游等地多次发生战斗。至正二十六年(1366年)三月,阿巫那党白牌、马合谋、金阿里包围了莆田,形势危急。时陈有定已得行省讨捕番寇之文,遂拥兵南下。四月,陈友定派遣其子陈宗海率军连夜从宁真门潜入莆田城,向亦思巴奚军发动进攻。此役白牌、马合谋、金阿里皆被俘杀,亦思巴奚军则有数千名士兵阵亡。莆田大捷后,陈宗海即着手组织对泉州的总攻。与此同时,福建行省亦檄福州军校及泉之浮美场司丞陈骏、丙洲场司丞龚名安合兵讨之。省臣用陈骏计,遣人由间道密檄龚名安募兵于海滨,陈骏又与千户金吉密谋夜开西门,密纳陈骏兵入。至正二十六年(1366年)五月,陈友定派遣其子陈宗海率军分水陆两路,水路部队由林珙带领,而陆军在柳伯顺部队配合下由北面向阿巫那的大本营泉州发动进攻。在泉州之战开始后,由龚名安率水军进入东山渡,翌日大竖行省旗帜于舟中,并竖阿巫那(那兀纳)所迫招民兵舟,阿巫那(那兀纳)不战自溃。[3] 千户金吉则夜开西城门引官兵入,叛军首领阿巫那(那兀纳)就擒,被押往行省[4],"是役也,凡西域人尽歼之,胡发高鼻者有误杀者。闭门行诛三日,民间秋毫无所犯"。[5] 又发蒲寿庚家族诸冢,得诸宝货无

---

　　①　(明)黄仲昭:《八闽通志》下册卷八十七,《拾遗·兴化府》,福州:福建人民出版社,1991年,第1039页。

　　②　晋江《清源金氏族谱》附录《丽史》,福建省少数民族古籍丛书编委会:《家族谱牒:回族卷》,北京:民族出版社,2015年,第513～515页。

　　③　(明)何乔远:《闽书》第5册,《闽书》校点组校点,福州:福建人民出版社,1994年,第3740页。

　　④　(清)周学曾:(道光)《晋江县志》卷三十六,《政绩志》,晋江县地方志编纂委员会整理,福州:福建人民出版社,1990年,第1081页。《丽史》则云"擒那兀纳送京师(大都)"。

　　⑤　晋江《清源金氏族谱》附录《丽史》,福建省少数民族古籍丛书编委会:《家族谱牒:回族卷》,北京:民族出版社,2015年,第513～515页。

计,凡蒲户皆裸体面西方,悉令具五刑而诛之,以报在宋行弑之逆行。至此,蹂躏泉州、兴化两地长达十年之久的"亦思巴奚兵乱"始获平息。此次战乱给泉州带来了巨大的灾难,农业生产遭受破坏,典章载籍尽遭劫难,许多寺庙毁于战火。同时,饱受亦思巴奚战乱蹂躏的汉族人也激起民族复仇情绪,致使许多色目人被误杀,番商纷纷下海回国,不敢再来泉州贸易,而番舶也不敢进港,商贾不敢抵泉,盛极一时的泉州港自此迅速走向衰落。

元惠宗妥懽帖睦尔至正二十七年　公元1367年　丁未年

泉州海商首领朱道山率群商入贡于朱元璋。

按:元末明初江南昆山文人袁华曾写过一首诗——《送朱道山归京师》,王彝曾为之作序,收入《王常宗集》补遗,云:"朱君道山,泉州人也。以宝货往来海上,务有信义故,凡海内外之为商者,皆推焉以为师。时两浙既臣附,道山首率群商入贡于朝,上嘉纳道山之能为远人先,俾居辇毂之下。优游咏歌以依日月末光,示所以怀柔远人之道,海外闻之皆知。道山入贡之荣,有如是也。至是海舶集于龙河,而远人之来得以望都城而瞻宫阙,且人见中国衣冠礼乐之盛,而相与咏歌之者,又不啻道山入贡之荣也。"[①]至正二十三年(1363年)九月,张士诚自称吴王;次年正月,朱元璋也在群臣"劝进"下,即吴王位。至正二十五年(1365年)十月,朱元璋发动了对张士诚的全面进攻。至正二十七年(1367年)正月,朱元璋始称吴元年。九月,平江城破,张士诚兵败自杀。两浙既平,当年十二月,置市舶提举司,以浙东按察使陈宁等为提举。显然,此时的朱元璋仍然需要大量的钱财来扩充军队、壮大实力、拓展地盘。因此,尚对发展海外贸易持积极态度。而当时定居太仓经商的泉州海商首领朱道山,为保证海外贸易的顺利进行,遂率先带领海外商贾向新王朝入贡,受到朱元璋的嘉奖。朱道山,泉州做海外贸易的大商人,因泉州盗起战乱,而到太仓经商做海外贸易,大概与当时的其他泉州海商陈宝生、孙天富等交游甚密。袁华入明后也曾为陈宝生、孙天富写过许多诗,如《陪陈彦博编修游永寿寺》《岁寒图为孙惟善陈彦廉赋》等,可知朱道山与二人是好友,朱道山入贡后和他们仍有联系。由此可见,泉州舶

---

① (明)王彝:《王常宗集》,《影印文渊阁四库全书》第1229册,台北:台湾商务印书馆,1986年,第434页。

商经历元末动乱之后,到明初仍是一支值得重视的经济力量。①

元惠宗妥懽帖睦尔至正二十八年　公元 1368 年　戊申年

二月,泉州路降于明。泉州置卫指挥使司,领左、右、中、前、后五千户所,隶福建都指挥使司。

> 按:《八闽通志》卷一《地理志》云:"元至元十五年,升泉州路总管府,隶福建行中书省,其后改隶不一,详见布政司下。领司一,置录事司以领在城之民。县仍旧。大德元年,为福建平海行中书省治所。三年,省废。至正十八年,立泉州分省。二十二年,西域那兀那纳等窃据其地。未几,陈有定据而守之。国朝洪武元年,平其地,改为泉州府,属福建布政司,罢录事司,领县仍旧。置泉州卫,领左、右、中、前、后五千户所。"②至正二十八年(1368 年)二月,泉州路降于明,明廷在泉州置卫指挥使司。领左、右、中、前、后五千户所,隶福建都指挥使司,这是明朝在泉州设置的第一批海防军卫所。到了洪武三年(1370 年),明朝复设市舶司于宁波、泉州、广州。宁波通日本,泉州通琉球,广州通占城、暹罗、西洋诸国。③ 但此时的泉州市舶司,其职责仅限定在管理对琉球(今冲绳)的官方贸易。而从明朝洪武年间开始,明政府普遍采用海禁政策,一方面不允许私自下海,一方面又限制朝贡贸易,再加上明朝倭寇的频繁骚扰,泉州海外交通的范围和规模日渐缩小,使得泉州港从世界性贸易大港变成地方性港口。

至正中,泉州人口萎缩至 89060 户,丁口 455545 人。

> 按:(万历)《泉州府志》卷六《版籍志上》载:"至正中,本路七县大约户八万九千六十,丁口四十五万五千五百四十五。"④元末泉州遭遇连年战乱,社会经济遭到严重破坏,人口迅速下降,至正中比北宋元丰、崇宁时的人口减少了近一半。

至正间,乌枢、葛绍祖、驴儿、合山、聂世英、回回、项棣孙任福建提举市舶,翟从德、谢不花、李也先任同市舶,严亮、买住任副提举。

---

① 陈高华:《元代泉州的舶商》,《陈高华文集》,上海:上海辞书出版社,2005 年,第 543~545 页。

② (明)黄仲昭:《八闽通志》上册,福州:福建人民出版社,1990 年,第 10~11 页。

③ (清)嵇璜、曹仁虎:《钦定续文献通考》卷二十六,《市籴考·市舶互市》,《影印文渊阁四库全书》第 626 册,台北:台湾商务印书馆,1986 年,第 622 页。

④ (明)阳思谦:(万历)《泉州府志》,台北:学生书局,1987 年,第 460~461 页。

按:《八闽通志》卷三十《秩官志》元福建提举市舶条:"乌枢、葛绍祖、驴儿、合山、聂世英、回回、项棣孙,上七人俱至□间任。"同提举条:"翟从德、谢不花、李也先,上三人俱至正间任。"副提举条:"严亮、买住,上二人俱至正间任。"①乌枢,字季言,河阳人。至正间知余干,严明廉干,兴废举,坠讼简赋,均士民乐之。六年,淮兵破余干,挟印诣浙江行省,请兵复州治。至正间提举福建市舶,终授饶州路总管。②《福建市舶提举司志》"乌枢"作"为枢",误。聂世英任期,(道光)《重纂福建通志》卷九十五作"至治间任"。项棣孙,字子华,丽水人。天历中进士,授同知奉化县事,调福州路推官,改莆田县尹,转知福清州,寻提举泉州市舶司,累同知延平路总管府事。棣孙在福时,有海贾驾大舶市诸番,舶上列旗帜、金鼓以备不虞,仇家诬其为乱。廉访使者簿录其家,棣孙为白之,活者数百人。③

---

① (明)黄仲昭:《八闽通志》上册卷三十,《秩官》,福州:福建人民出版社,1990年,第631～632页。

② (清)谢旻:《江西通志》卷六十三,《名宦志》,《影印文渊阁四库全书》第515册,台北:台湾商务印书馆,1986年,第219页。

③ (明)何乔远:《闽书》第2册,《闽书》校点组校点,福州:福建人民出版社,1994年,第1595页。

附录　泉州市舶司职官表

表1　宋代泉州市舶司提举名表

姓名	籍贯	字号	科年出身	任职时间	备注
孙　奕	闽县	字景山	皇祐元年进士	元祐初任	以转运副使兼。见（明）喻政（万历）《福州府志》卷五十九
张　修	浙江归安		嘉祐二年进士	元祐三年五月至八月任	以转运副使兼。见（宋）刘攽《彭城集》卷十九《朝请郎、权发遣宣州周之纯可广东提刑，朝奉郎、新差福建运副张修可知宣州，朝请郎、权江西运副王祖道可福建运判，朝请郎、淮南西路提刑苏解可江南东路转运副使，朝请大夫、江东转运副使李莘可江南西路转运副使制》
张　询	江苏吴县		嘉祐四年进士	元祐三年九月任	以转运副使兼。见（宋）刘攽《彭城集》卷十九《新差知越州张询可福建转运副使，新除开封府推官田子谅可河北西路提刑，广东转运判官毛渐可湖北转运判官制》
曾　旼	龙溪	字彦和	熙宁六年进士	元祐间任	以转运副使兼。见（宋）李焘《续资治通鉴长编》卷二百六十九
陈　郛	建阳	字彦圣	嘉祐二年进士	元祐间任	以转运副使兼。见（明）黄仲昭《八闽通志》卷六十四

433

续表

姓名	籍贯	字号	科年出身	任职时间	备注
陈敦夫	侯官	字中裕	嘉祐六年进士	元祐七年任	以知州兼。见（宋）梁克家《淳熙三山志》卷二十六。另见九日山《祖无颇等留名石刻》："提点刑狱祖无颇夷仲按部温陵，知州陈敦夫中裕、朝散郎致政谢仲规执方、通判方縠正叔同游延福寺，遍览胜景，泛舟而归。元祐七年二月二十五题。"
徐确	莆田	字居易	元丰五年进士	崇宁初任	据章炳文任期推断
陈汝锡	青田	字师予	绍圣四年进士	崇宁中任	据章炳文任期推断
上官厚				崇宁间任	据章炳文任期推断
钱景邈	浙江钱塘			崇宁间任	据章炳文任期推断
乐昭衍				崇宁间任	
章炳文	陕西京兆	字叔虎		崇宁三年八月至崇宁五年在任上	见《方正叔等有关市舶石刻》、福州于山《叶彦成等题名石刻》。《福建市舶提举司志》、《闽书》卷四十三、《八闽通志》卷三十、（乾隆）《泉州府志》卷二十六、（道光）《重纂福建通志》卷九十、（道光）《晋江县志》卷二十八均作"章焕文"，误
周需	浙江湖州长兴		元丰五年进士	崇宁末大观初任	
施述	瓯宁		元祐六年特奏名	政和四年至五年八月在任上	见（宋）马端临《文献通考》卷二十，《宋会要辑稿·职官四四》。《福建市舶提举司志》（乾隆）《泉州府志》卷二十六、（道光）《晋江县志》卷二十八都作"施述"，误

续表

姓名	籍贯	字号	科年出身	任职时间	备注
蔡㸙（蔡桓）	仙游	字子强	大观三年进士	政和八年闰九月至宣和元年十二月在任上	蔡㸙即蔡桓,蔡襄曾孙,因避讳改名蔡㸙。见(清)龚显曾《亦园脞牍》之《万安桥记》。《宋会要辑稿》选举三三、职官四四作"蔡栢"
许大年				宣和二年在任上	据张祐任期推断
张祐				宣和二年至宣和四年在任上;靖康元年三月任上被罢。	见《宋会要辑稿》职官六九、选举三三;《闽书》卷八;(乾隆)《泉州府志》卷十六;(清)杜臻《粤闽巡视纪略》卷四;(宋)李光《庄简集》卷八《论曾纡等札子》。但《闽书》卷四十三、《八闽通志》卷三十、(道光)《重纂福建通志》卷九十均作"张佑",误
黄邦达	长乐	字兼善	大观三年进士	宣和中任(宣和五年三月后任)	见《淳熙三山志》卷二十七
陈充	四川阆中	字景渊		靖康元年除,未赴任	见(宋)汪藻《浮溪集》卷二十五《右中奉大夫直徽猷阁知潭州陈君墓志铭》
姚世举	长溪	之才	熙宁九年进士	靖康元年任(三月后十月前)	见《八闽通志》卷五十五
鲁詹	浙江海盐	字巨山	崇宁五年进士	靖康元年十月在任上	见(宋)葛胜仲《丹阳集》卷十三《右奉议郎致仕赐绯鱼袋鲁公墓志铭》;(宋)张守《毗陵集》卷十二《枢密院检详文字鲁公墓志铭》;《林遹等有关市舶石刻》

435

续表

姓名	籍贯	字号	科年出身	任职时间	备注
毛 奎 （毛倜）	浙江西安	字世高	绍圣四年进士	建炎元年九月在任，被杀	以转运副使兼。见《建炎以来系年要录》卷九
张 穆	侯官	字应和	大观三年进士	建炎元年九月至建炎二年任	以转运副使兼。见《淳熙三山志》卷二十七，(宋)张守《毗陵集》卷十二《枢密院检详文字鲁公墓志铭》
邵邦达	江苏武进		大观进士	建炎二年五月后任	见(清)孙尔准(道光)《重纂福建通志》卷一百二十五。《八闽通志》卷三十七、(弘治)《兴化府志》卷三十七、(道光)《晋江县志》卷三十五均作"邵邦建"，误
林孝渊	莆田	字全一	崇宁五年进士	建炎间以泉州通判兼	以州通判任。见(明)何乔远《闽书》卷五十三，《八闽通志》卷三十七，(明)周瑛(弘治)《兴化府志》卷三十七，(道光)《重纂福建通志》卷一百二十五，(道光)《晋江县志》卷三十五，《林遹等有关市舶石刻》
宇文师瑗	成都华阳			建炎四年十二月始任	见《建炎以来系年要录》卷四十
陈 鼎	江苏镇江			绍兴二年二月任上被罢	见《建炎以来系年要录》卷五十一、一百七十八
刘 峤	江苏吴兴	字子渊	政和五年进士	绍兴二年七月至九月任	以提刑使兼。见《淳熙三山志》卷二十五

续表

姓名	籍贯	字号	科年出身	任职时间	备注
李承迈				绍兴二年九月至三年十二月任	以提举茶盐兼。见《建炎以来系年要录》卷七十一。《福建市舶提举司志》、《闽书》卷四十三、《八闽通志》卷三十、(乾隆)《泉州府志》卷二十六、(道光)《重纂福建通志》卷九十、(道光)《晋江县志》卷二十八皆作"李承遇",误
赵公达	宗室			绍兴四年二月任上被罢	以提举茶盐兼。见《建炎以来系年要录》卷七十三
陆　祐	侯官	字亦颜	宣和六年进士	绍兴中任	以提举茶盐兼。见《淳熙三山志》卷八,《闽书》卷七十五,《八闽通志》卷三十六
徐与可				绍兴间任	以提举茶盐兼
徐　琛	江西南昌			绍兴间任	以提举茶盐兼。见《建炎以来系年要录》卷一百五十三
王　权				绍兴间任	以提举茶盐兼
陈正同	沙县	字应之		绍兴七年七月任上被罢	以提举茶盐兼。见《建炎以来系年要录》卷一百十二
张　戒	山西绛郡	字定夫	宣和六年进士	绍兴七年七月始任	以提举茶盐兼。见《建炎以来系年要录》卷一百十二
赵　奇	河南滑州韦城			绍兴八年三月在任上	以提举茶盐兼。见(宋)张读《泉州重建州学记》
吕弸中	河南寿州	字仁武		绍兴八年五月始任	以提举茶盐兼。见《建炎以来系年要录》卷一百十九

续表

姓名	籍贯	字号	科年出身	任职时间	备注
吕用中	河南寿州			绍兴九年十一月至十年十二月任	以提举茶盐兼。见《建炎以来系年要录》卷一百三十三
吴详	浙江丽水	字守约		绍兴间任	以提举茶盐兼。见（道光）《重纂福建通志》卷九十，（清）潘绍治、周荣椿（光绪）《处州府志》卷十八《人物志》
杜圮	自江苏仪真徙居邵武	字受言		绍兴间任	以提举茶盐兼。见（宋）韩元吉《南涧甲乙稿》卷二十《右通直郎知袁州万载县杜君墓志铭》
鲍仔				绍兴间任	《建炎以来系年要录》卷一百八十一、《福建市舶提举司志》、《闽书》卷四十三、《八闽通志》卷三十、（乾隆）《泉州府志》卷二十六、（道光）《晋江县志》卷二十八皆作"鲍仔"，李心传《建炎以来系年要录》卷五十一、（道光）《重纂福建通志》卷九十作"鲍存"
陈可大	仙游	字齐贤	政和二年进士	绍兴九年后任	见（乾隆）《仙游县志》卷三十五《人物志三清操》。《闽书》卷四十三、（乾隆）《泉州府志》卷二十六、（道光）《晋江县志》卷二十八都作"嘉定中（间）任"，（道光）《重纂福建通志》卷九十作"绍定中任"，据考俱误
韦寿成	浙江钱塘			绍兴间任	
邱琛				绍兴中任	邱砺第三子。见（明）王鏊《姑苏志》卷五十

续表

姓名	籍贯	字号	科年出身	任职时间	备注
楼璹	浙江鄞县	字寿玉，又字国器		绍兴十四年九月至十五年在任上	见《宋会要辑稿》职官四四，(宋)楼钥《攻愧集》卷七十六《跋扬州伯父耕织图》、卷一百五《太孺人蒋氏墓志铭》
曹泳	浙江四明			绍兴十五年十一月至十七年十一月在任上	武弁。见《宋会要辑稿》职官四四，《建炎以来系年要录》卷一百五十四、一百五十六
赵士鹏	宗室			绍兴间任	见《建炎以来系年要录》卷一百五十四。《福建市舶提举司志》、《闽书》卷四十三、《八闽通志》卷三十、(乾隆)《泉州府志》卷二十六、(道光)《重纂福建通志》卷九十、(道光)《晋江县志》卷二十八皆作"赵士鸣"，误
李正邦	江苏镇江	字进之	宣和二年贡士榜上等	绍兴间任	见(至顺)《镇江志》卷十八《选举》
费锴	江苏无锡			绍兴十一年后任	见(宋)方岳《秋崖集》卷四十《知县奉议费公墓志铭》
叶廷珪	瓯宁	字嗣忠	政和五年进士	绍兴二十一年在泉州知州任上，兼市舶事	一说崇安人，以军州事兼。见(明)周嘉胄《香乘》卷二十八《叶氏香录序》

439

续表

姓名	籍贯	字号	科年出身	任职时间	备注
李　庄				绍兴二十一年闰四月始任	见《福建市舶提举司志》,《宋会要辑稿》职官四四,《建炎以来系年要录》卷一百六十二,(道光)《晋江县志》卷二十八。(乾隆)《泉州府志》卷二十六作二十二年,误
张子华				绍兴二十二年八月始任	见《建炎以来系年要录》卷一百六十三、一百七十三
郑　宷				绍兴间任	与长溪人、宋理宗朝任端明殿学士的郑寀非同一人
郑　震	江西玉山			绍兴二十五年八月在任上	见《宋会要辑稿》蕃夷四,《建炎以来系年要录》卷一百六十九、一百七十
傅自修	自河南河阳徙居晋江	字勤道		绍兴间任	见《闽书》卷八十二,(乾隆)《泉州府志》卷四十六,(道光)《重纂福建通志》卷一百二十二,(道光)《晋江县志》卷四十
张汝楫	浙江归安			绍兴间任	
陈之渊	江苏毗陵	字宗卿	绍兴二年进士	绍兴二十七年三月始任	见《建炎以来系年要录》卷一百七十六
黄　绩				绍兴间任	
何　俌	浙江龙泉	字德辅	绍兴十二年进士	绍兴间任	见《闽书》卷四十三,(清)潘绍治、周荣椿:(光绪)《处州府志》卷十八《人物志》。(道光)《重纂福建通志》卷九十作"西安人",误。(同治)《苏州府志》卷五十九,作"吴县人"

续表

姓名	籍贯	字号	科年出身	任职时间	备注
林之奇	侯官	字少颖，号拙斋	绍兴二十一年进士	绍兴二十九年八月后任	见（元）脱脱《宋史》卷四百三十三，《淳熙三山志》卷二十八，（宋）赵汝适《诸蕃志》之《大食国》，《闽书》卷七十五，《八闽通志》卷六十二，（宋）林之奇《拙斋文集》卷四《任福建市舶谢上表》
郭知训				隆兴初任	
何偶	浙江会稽	字德扬，号玉雪	绍兴二十年进士	隆兴间任	见《闽书》卷四十三
程祐之	河南人，徙居广西桂林	字吉老		乾道二年十二月十六日前至四年九月二十九日在任	见"程祐之等有关市舶石刻"。《宋会要辑稿》职官四四、蕃夷四，《闽书》卷四十三，《八闽通志》卷三十亦作"程祐之"。但《宋会要辑稿》选举三四、《福建市舶提举司志》、（道光）《重纂福建通志》卷九十、（乾隆）《泉州府志》卷二十六、（道光）《晋江县志》卷二十八均作"程佑之"，误
马希言	山东濮州鄄城人，寓龙丘			乾道四年九月后至乾道六年任	见（宋）王十朋《梅溪集》梅溪后集卷十七《南宫揭榜温陵得人为盛提舶马寺丞有诗赞喜次韵》
陆沇	浙江会稽山阴	字子元		乾道六年任	以世赏试吏部第一。见《宋会要辑稿》刑法三，（宋）陆游《渭南文集》卷三十四《陆郎中墓志铭》，（宋）王十朋《梅溪集》后集卷十七《祈雨未应提舶知宗道观焚香明日遂雨提舶有诗次韵》《提举延福祈风道中有作次韵》

续表

姓名	籍贯	字号	科年出身	任职时间	备注
赵子英	宗室			乾道六年或七年，以福建提刑兼权市舶事	见(宋)陆游《渭南文集》卷三十四《陆郎中墓志铭》
陈岘	闽县		绍兴二十七年进士	疑以转运判官兼权，乾道八年正月至十二月在任	见《宋史》卷一百八十三《宋会要辑稿》食货二七，(宋)周必大《文忠集》卷一百
王禋				乾道八年十二月除，疑未赴任	见(宋)李心传《建炎以来朝野杂记》乙集卷十五
张坚	江苏金坛	字仲固	绍兴二十四年进士	乾道九年闰正月至淳熙二年在任上	以知州兼。见《宋会要辑稿》职官四四、选举三四、蕃夷四，(宋)刘宰《京口耆旧传》卷七，(宋)陈宓《复斋先生龙图陈公文集》卷二十三《奉直大夫福建路安抚司参议陈公行述》，(宋)周必大《文忠集》卷一百十一《赐占城嗣国王邹亚娜进奉敕书》
虞似良	浙江余杭人，徙居黄岩	字仲房，号横溪真逸，又号宝莲山人		淳熙元年十二月在任上	见(宋)陈耆卿《嘉定赤城志》卷三十四；(宋)楼钥《攻愧集》卷一《送虞仲房赴潼川漕》；《永乐大典》卷五千三百四十五《仰韩阁记》《虞仲房等祈风石刻》

续表

姓名	籍贯	字号	科年出身	任职时间	备注
苏岘	四川眉山人,居江苏宜兴	字叔子		淳熙二年十二月在任上	见《宋会要辑稿》职官四四,(宋)韩元吉《南涧甲乙稿》卷十六《书许昌唱和集后》、卷二十一《朝散郎秘阁修撰江南西路转运副使苏公墓志铭》,(宋)刘宰《京口耆旧传》卷七
韩康卿	河南安阳			淳熙四年任	见(道光)《重纂福建通志》卷二十一,(乾隆)《泉州府志》卷十三
彭椿年	浙江黄岩	字大老	绍兴二十七年进士	淳熙间任	见(宋)陈耆卿《嘉定赤城志》卷三十三,(宋)孙应时《烛湖集》卷二十《送彭大老提舶泉南》
严焕	江苏常熟	字子文	绍兴十二年进士	淳熙二年闰九月后任	《闽书》卷四十三作"严涣",误
赵彦骙	宗室			淳熙七年前任	见(宋)陈宓《复斋先生龙图陈公文集》卷二十一《王氏夫人墓志铭》
林劭	浙江四明	字致夫		淳熙十年闰十一月在任上	见"司马伋等祈风石刻"。《八闽通志》卷三十、(乾隆)《泉州府志》卷二十六、(道光)《重纂福建通志》卷九十、(道光)《晋江县志》卷二十八均作"林邵",误
潘冠英	长乐	字仲举	绍兴十五年进士	淳熙十三年八月至淳熙十四年正月前在任上	见《宋会要辑稿》职官七二,《淳熙三山志》卷二十八。(万历)《福州府志》卷四十六"字仲举"作"字仲粲"

续表

姓名	籍贯	字号	科年出身	任职时间	备注
胡长卿	江苏吴县		乾道二年进士	淳熙十五年十月在任上	见《八闽通志》卷五十九,(道光)《晋江县志》卷十四,《林枡等祈风石刻》
张逊	浙江鄞县		绍兴二十一年进士	淳熙末任	见(宋)洪迈《夷坚志》夷坚三志己卷第六《王元懋巨恶》,(宋)魏齐贤、叶棻《五百家播芳大全文粹》卷五下《福建市舶到任谢表》
王涣		字季光		绍熙间任	《福建市舶提举司志》、(乾隆)《泉州府志》卷二十六、(道光)《晋江县志》卷二十八均作"王焕",误
赵汝彧	宗室			绍熙间任	
许知新	仙游		绍兴二十四年进士	庆元间任	《浙江通志》作"仁和人",误
詹徽之	浙江建德			庆元四年春赴任	见《詹贺墓志》
陈实(陈寔)	莆田	字师是		庆元四年十一月在任上	以荫补官,见《宋会要辑稿》职官七四,(宋)陈宓《复斋先生龙图陈公文集》卷二十三《奉直大夫福建路安抚司参议陈公行述》,(宋)朱熹《晦庵集》卷九十四《陈君廉夫圹志》
黄瓒				庆元五年十月在任上	见(宋)黄瓒《宋进士杨公墓志铭》。方志皆作"黄缵",误
余茂实	莆田	字腾甫		嘉泰元年十一月在任上	见《倪思等祈风石刻》

续表

姓名	籍贯	字号	科年出身	任职时间	备注
曹格				嘉泰三年九月任上被罢	见《宋会要辑稿》职官七四
郭晞宗	浙江仙居	字宗之	淳熙五年进士	嘉泰四年三月赴任，九月改知琼州，十月卒于官所	见（宋）陈耆卿《嘉定赤城志》卷三十三，（清）王棻（光绪）《仙居志》卷十一、卷二十一《宋故琼管安抚提举郭公墓志铭》，（宋）郭晞宗《宋故迪功郎晋陵县主簿陈公济远墓铭并序》，浙江仙居《乐安郭氏宗谱》卷一《郭氏年谱》。《福建市舶提举司志》作"郭希宗"，误
杨樗年	江苏丹徒	字茂文，一作茂良		开禧元年闰八月在任上	见《宋会要辑稿》职官七四，（宋）刘宰《漫塘集》卷三十三《杨提举行述》
黄敏德	江苏姑苏	号存庵		开禧元年闰八月在任上	见《宋会要辑稿》职官七四
赵盛				开禧间任	
赵亮夫	宗室			开禧间任	
徐大节	浙江开化		隆兴元年进士	嘉定二年八月任上被罢	见《宋会要辑稿》职官七四
王淹	河北路大名府莘县	字伯奋		嘉定四年在任上	见（宋）楼钥《攻愧集》卷九十五《签书枢密院事赠资政殿大学士谥节愍王公神道碑》
黄士宏	闽清	字时用	乾道元年进士	嘉定五年二月任上被罢	见《宋会要辑稿》职官七四

续表

姓名	籍贯	字号	科年出身	任职时间	备注
朱 辅	浙江桐乡	字季公		嘉定间任	
王 枢	河南莘县人,居平江府			嘉定间任	
赵不熄	宗室			嘉定六年十月任上罢	见《宋会要辑稿》职官七四
傅 庸	江西新城		淳熙二年进士	嘉定间任	
叶元瀚				嘉定间任	
赵崇度	宗室,居江西余干	字履节,号节斋		嘉定十年在任上	以知州兼。见《闽书》卷三十九;(道光)《重纂福建通志》卷一百二十五;(道光)《晋江县志》卷三十五;(宋)真德秀《西山文集》卷三十四《石鼓挽章祭文后》、卷四十三《提举吏部赵公墓志铭》
施 械	江西永丰(即今广丰)			嘉定十四年二月在任上	见叶适《水心集》卷二十四《故知枢密院事资政殿大学士施公墓志铭》。《福建市舶提举司志》、《闽书》卷四十三、《八闽通志》卷三十、(道光)《重纂福建通志》卷九十均作"施械",误
魏 岘	浙江鄞县			嘉定十四年十二月至嘉定十六年四月在任上	见(宋)罗濬《宝庆四明志》卷四,(宋)魏岘《四明它山水利备览》下卷《四明重建乌金堨记》,《章楝等祈风石刻》

续表

姓名	籍贯	字号	科年出身	任职时间	备注
诸葛若	浙江黄岩	字钦之	嘉泰二年进士	不晚于嘉定十六年任	见(宋)陈耆卿《嘉定赤城志》卷三十四
赵汝适	宗室,浙江鄞县	字伯可	庆元元年进士	嘉定十七年九月至宝庆三年六月在任上	见(宋)罗濬《宝庆四明志》卷十,(宋)赵汝适《〈诸蕃志〉序》;(宋)赵崇镇《宋赵汝适圹志》
谢采伯	临海	字元若	嘉泰二年进士	绍定三年由泉舶除新安	见(宋)陈耆卿《嘉定赤城志》卷三十三,(宋)谢采伯《密斋笔记》卷五《由泉舶除新安》
赵汝固	宗室	字孟坚	开禧元年进士(宗子正奏)	绍定三年由莆守司泉舶	见(宋)王迈《臞轩集》卷十三《送莆守赵孟坚汝固司舶温陵》
李韶	连江	字元善	嘉定四年进士	绍定四年后任	提舶两次,后一次是端平元年以知州兼。见《宋史》卷四百二十三,(明)王鏊《姑苏志》卷五十,(宋)李昂英《文溪集》卷十,《请谥李韶方大琮状》。(乾隆)《泉州府志》卷二十六、(道光)《晋江县志》卷二十八都作"端平间任",误
赵彦侯	宗室,居福州怀安	字简叔	宝庆二年宗子正奏	绍定间任	知宗正事兼。见(宋)刘克庄《后村先生大全集》卷一六九《秘阁东岩赵彦侯公行状》,(宋)王迈《臞轩集》卷十一《祭赵东岩文》
林逢	莆田			端平间任	见(道光)《重纂福建通志》卷一百二十二,(道光)《晋江县志》卷三十五

续表

姓名	籍贯	字号	科年出身	任职时间	备注
叶宰				端平二年任	以知州兼。见(道光)《晋江县志》卷二十八,(宋)洪咨夔《平斋文集》卷二十《叶宰直华文阁知泉州制》
黄朴	侯官	字成父	绍定二年进士(状元)	端平二年任	以知州兼。见(宋)梁克家《淳熙三山志》卷三十二,(道光)《晋江县志》卷二十八,(宋)洪咨夔《平斋文集》卷二十三《黄朴改差知泉州制》,(宋)王迈《臞轩集》卷八《黄侍郎再知泉州启》、卷十二《送黄成甫殿讲被召》《书怀奉简黄成甫史君》
刘炜叔	莆田			嘉熙元年任	以知州兼。见(道光)《晋江县志》卷十四、卷二十八、卷三十四,《东涧集》卷六《刘炜叔知泉州制》,《万安祝圣放生石刻》。《八闽通志》卷三十作"嘉祐间任",误
赵涯	江西临川	字伯泳	嘉定七年进士	嘉熙三年任	以知州兼。见《闽书》卷五十三、(乾隆)《泉州府志》卷二十六、(道光)《晋江县志》卷二十八、(宋)方大琮《铁庵集》卷十七《赵侍郎(涯)》、(宋)王迈《臞轩集》卷十二《有客一首寄温陵史君赵侍郎涯》。《八闽通志》卷三十作"嘉祐间任",误
王会龙	浙江临海		宝庆二年进士(状元)	嘉熙四年任	以知州兼。见(道光)《晋江县志》卷二十八、卷三十四。《八闽通志》卷三十作"嘉祐间任",误

续表

姓名	籍贯	字号	科年出身	任职时间	备注
刘克逊	莆田	字无竞		淳祐三年四月在任上	父荫。见(道光)《重纂福建通志》卷一百八十,(宋)陈思《两宋名贤小集》卷三百二《和后村明皇按乐图歌》,(宋)刘克庄《后村先生大全集》卷一五三《工部第》,(宋)王迈《臞轩集》卷八《与刘舶启》,《颜颐仲等祈风石刻》。(乾隆)《泉州府志》卷二十六、(道光)《晋江县志》卷二十八皆作"淳熙间任",误
赵希楙	宗室			淳祐间任	(乾隆)《泉州府志》卷二十六、(道光)《晋江县志》卷二十八均作"淳熙间任",误
韩 补	江西玉山	字复善	嘉定十六年进士	约淳祐六年任	据(民国)《福建通志》补,另见(宋)刘克庄《后村先生大全集》卷六十《韩补福建舶制》
陈大猷	江苏东阳		绍定二年进士	淳祐七年六月任,八月致仕	以知州兼。见(道光)《晋江县志》卷二十八。(乾隆)《泉州府志》卷二十六、(道光)《晋江县志》卷二十八皆作"淳熙间任",误
赵师耕	宗室,居浙江黄岩		嘉定七年进士	淳祐七年十一月在任上	以知州兼。见《赵师耕祈风石刻》。(乾隆)《泉州府志》卷二十六、(道光)《晋江县志》卷二十八皆作"淳熙间任",误

续表

姓名	籍贯	字号	科年出身	任职时间	备注
孙梦观	浙江慈溪	字守叔，号雪窗	宝庆二年进士	淳祐十年任	以知州兼。见《宋史》卷四百二十四，《八闽通志》卷三十七，（万历）《泉州府志》卷十，（道光）《晋江县志》卷三十四，（宋）吴潜《履斋遗稿》卷三《孙守叔墓志铭》。《闽书》卷五十三作"绍定中任"，误
杨 瑾	浙江余姚	字廷润	宝庆二年进士	淳祐十二年任	以知州兼。见（道光）《晋江县志》卷二十八，（宋）刘克庄《后村先生大全集》卷一百十二《杂记》。（乾隆）《泉州府志》卷二十六、（道光）《晋江县志》卷二十八皆作"淳熙间任"，误
张 理	江西清江	字仲纯		淳祐十二年任	见《闽书》卷四十三
汪应元	安徽歙县	字尹卿	绍定五年进士	淳祐十二年至宝祐元年在任上	以知州兼。见（明）澎泽、江舜民（弘治）《徽州府志》卷八，（明）程敏政《新安文献志》卷八十三《故宋提刑汪公应元墓志铭》，（道光）《晋江县志》卷二十八
徐谓礼	浙江武义	字敬之		淳祐十二年六月除，未赴任而卒	兼知泉州。见《徐谓礼文书》、《徐谓礼圹志》
赵隆孙	浙江四明			宝祐二年五月任	以知州兼。见（宋）张淏修纂《宝庆会稽续志》卷二，（道光）《晋江县志》卷二十八

续表

姓名	籍贯	字号	科年出身	任职时间	备注
方澄孙	莆田	字蒙仲,号乌山	淳祐七年进士	宝祐六年四月任	以通判摄州事兼。见(道光)《晋江县志》卷三十五,(宋)刘克庄《后村先生大全集》卷一六二《方秘书蒙仲墓志铭》,《谢埴等祈风石刻》,《方澄孙等祈风石刻》。(道光)《重纂福建通志》卷九十、(道光)《晋江县志》卷二十八均作"淳祐间任",误
赵孟传	宗室,浙江四明	字岩起		景定三年三月至八月任	以知州兼。见(道光)《晋江县志》卷二十八,(宋)刘克庄《后村先生大全集》卷六十九《赵孟传依旧秘阁修撰除提举福建市舶兼知泉州制》
江万顷	江西都昌	字子玉,号古崖		景定五年任,咸淳元年调知瑞安府	见马廷鸾《碧梧玩芳集》卷六《江万顷除福建市舶制》
王櫄	四川眉山	字茂悦,号会溪		咸淳二年冬在任上	见(宋)周密《癸辛杂识》别集下《钿屏十事》,《赵希恪等祈风石刻》
蒲寿庚	阿拉伯人,居泉州			咸淳二年任	见《达埔蒲氏族谱》,《宋史》卷四十七,《新元史》卷一百七十七
赵日起	四川遂宁	号月山	淳祐元年进士	咸淳八年至咸淳末任	见(宋)俞德邻《佩韦斋集》卷五《故舶使知泉州赵公挽词五首》,任期见博宗文《沧桑刺桐》附录十《末代江山犹有一枝俏——宋元外国人第一本刺桐见闻录评介》之考证

续表

姓名	籍贯	字号	科年出身	任职时间	备注
蒲寿庚	阿拉伯人，居泉州			德祐元年再任，德祐二年十二月降元	见（道光）《重纂福建通志》卷九十，《元史类编》卷二

表 2　宋监泉州市舶司（管勾市舶司、主管泉州市舶务）名表

姓名	籍贯	字号	科年出身	任职时间	备注
陈毅				元祐四年任	见《宋故富春县君孙氏墓志铭》，志铭称"监泉州市舶司"
陈玠	龙溪	字待宝	元丰二年进士	元祐间任	见《闽书》卷一百十七
朱矩	邵武	字正仲	元丰二年进士	崇宁末至大观四年初任	见（宋）上官均《宋故承议郎朱君墓志铭》
石范	浙江浦江	字宗卿	绍熙元年进士	以通判兼，嘉定六年九月二十三日卒于官	见（宋）袁燮《絜斋集》。（道光）《重纂福建通志》卷九十作"绍兴元年进士"，误

表 3　宋监泉州市舶务名表

姓名	籍贯	字号	科年出身	任职时间	备注
傅自修	晋江	字勤道		绍兴间任	见《闽书》卷八十二，（乾隆）《泉州府志》卷四十六，（道光）《重纂福建通志》卷一百二十二，（道光）《晋江县志》卷四十

续表

姓名	籍贯	字号	科年出身	任职时间	备注
罗颉	安徽歙县			绍兴三十年三月在任上	见（宋）洪适《盘洲文集》卷七十七《罗尚书墓志铭》
刘诰	浙江永嘉			孝宗朝初，或在乾道间任	见（宋）叶适《水心集》卷十七《刘夫人墓志铭》
龚晸	祖居钱塘，七世祖入闽，家莆田	字仲阳		淳熙三年任	以荫补官。见（宋）陈宓《复斋先生龙图陈公文集》卷二十二《中散大夫开国龚公圹铭》
洪楹	江西饶州鄱阳	字盈之		淳熙六年八月在任上	见（宋）洪适《盘洲文集》卷七十七《莱国墓志铭》
叶文炳	浦城	字晦叔	淳熙十一年进士	淳熙十六年任	以晋江县主簿摄舶事，见（宋）真德秀《西山文集》卷四十六《通判和州叶氏墓志铭》
赵汝说	宗室	字蹈中	嘉定元年进士	绍熙间任	见《宋史》卷四百一十三，《续通志》卷四百四，《闽书》卷四十四
胡榘	江西庐陵	字仲方		绍熙三年至庆元三年在任上	见（宋）周必大《文忠集》卷三十《资政殿学士赠通奉大夫胡忠简公神道碑》，（宋）陈宓《复斋先生龙图陈公文集》卷十七《送胡仲方西归》。（道光）《重纂福建通志》卷九十作"广陵人"，误

续表

姓名	籍贯	字号	科年出身	任职时间	备注
郑浦	莆田	字仲准	淳熙十四年进士	开禧间任	见（宋）陈宓《复斋先生龙图陈公文集》卷二十一《参议郑侯墓志铭》
汪德辅	江西饶州鄱阳	字长孺		嘉定五年在任上	见（宋）刘光祖《宋丞相忠定赵公墓志铭》，收录于（清）区作霖：（同治）《余干县志》卷十八《艺文志》
陈宿	莆田	字师道		嘉定间任	父荫。见（宋）刘克庄《后村先生大全集》卷一五○《知常州寺丞陈公墓志铭》
伊宗尹				绍定六年十月在任上	见（明）程敏政：《新安文献志》卷九十六《武翼郎差监泉州市舶务朱公（由义）墓志铭》
朱由义	安徽休宁	字宜之		嘉熙二年到任，翌年病卒	见（明）程敏政《新安文献志》卷九十六《武翼郎差监泉州市舶务朱公（由义）墓志铭》，（明）澎泽、江舜民（弘治）《徽州府志》卷八《人物志》
宋应先	莆田	字有间		淳祐二年三月在任上	父荫。见（宋）刘克庄《后村先生大全集》卷一五九《宋通判墓志铭》
丁南叟	莆田	字山父		淳祐七年任，宝祐二年九月卒于任所	以荫补官。见（宋）刘克庄《后村先生大全集》卷一四一《丁给事神道碑》、卷一五三《魏国太夫人墓志铭》、卷一五六《丁倩监舶墓志铭》

续表

姓名	籍贯	字号	科年出身	任职时间	备注
李宏模	豫章	字希胄		宝祐五年十一月至宝祐六年四月在任上	见《谢埴等祈风石刻》，《方澄孙等祈风石刻》
杨　秀	浙江四明			咸淳末任	见（元）贡师泰《玩斋集》卷九《四明慈济寺碑》

表 4　宋泉州市舶司干办公事名表

姓名	籍贯	字号	科年出身	任职时间	备注
赵　寅				宣和元年	据《宋会要辑稿》补
周　毅	闽县		绍兴十八年进士	绍兴间任	见（宋）林之奇《拙斋文集》卷十八《故左奉议郎临安府府学教授周仁仲行状》
谢景英	河南上蔡			绍兴二十四年至二十五年在任上	见朱熹《晦庵集》卷八十三《跋方季申所校韩文》，曹勋《松隐文集》卷十三《和谢景英提干》
陈　鼎	松溪			绍兴二十七年任	父荫。见《建炎以来系年要录》卷一百七十八
王　浣	浙江金华			乾道四年九月二十九日在任上	见《程祐之等有关市舶石刻》，（宋）汪应辰《文定集》卷二十三《显谟阁学士王公墓志铭》
王有大	浙江鄞县			淳熙元年正月九日在任上	见（宋）楼钥《攻愧集》卷九十《侍御史左朝请大夫直秘阁致仕王公行状》

续表

姓名	籍贯	字号	科年出身	任职时间	备注
盖锐	河南开封			绍熙三年四月二十七日在任上	见（宋）卫泾《后乐集》卷十七《盖经行状》
张燧	浙江温州永嘉			嘉泰四年闰二月前任	见（宋）叶适《水心集》卷二十六《宋故中散大夫提举武夷山冲佑观张公行状》
陈经	福安	字正甫	庆元五年进士	宁宗朝（可能是在嘉泰四年后）任	见（道光）《重纂福建通志》卷九十《职官志》，《八闽通志》卷七十二《人物志》
胡衍	浙江会稽	字衍道，一字晋远		开禧三年十月在任上	见（宋）陈宓《复斋先生龙图陈公文集》卷十七《送胡提干衍》，（宋）孙应时《烛湖集附编》卷下楼钥撰《承议郎孙君并太孺人张氏墓铭》
李大有	侯官	字景温	庆元五年进士	嘉定二年在任上	见（宋）梁克家《淳熙三山志》卷三十一，（明）喻政（万历）《福州府志》卷四十六，（宋）李纲《李纲全集》附录。（民国）《福建通志》之《职官志》卷四："李大有，忠定公孙，见《梁溪集》附录，嘉定间任。"误
陈沂	浙江丽水	字咏甫，又字唐卿	淳熙十四年进士	嘉定三年后任	据《永乐大典》补
赵崇盉	宗室			淳祐三年四月在任上	见《颜颐仲等祈风石刻》

续表

姓名	籍贯	字号	科年出身	任职时间	备注
卢文郁	三山	字从周		宝祐五年十一月在任上	据九日山石刻补
赵若侁	宗室，居浙江仙居	字伯仁	开庆元年进士	约在景定间任	见（光绪）《仙居志》卷十一

表 5　宋监泉州舶司门名表

姓名	籍贯	字号	科年出身	任职时间	备注
赵善郭	江西信州铅山县			嘉定初在任上	见（宋）陈文蔚《克斋集》卷十二《向夫人墓志铭》

表 6　元泉州市舶司提举名表

姓名	籍贯/民族	字号	科年出身	任职时间	备注
蒲寿庚	阿拉伯人，居泉州			至元十三年在任上	以昭勇大将军、闽广都提举福建、广东市舶事。见《闽书》卷一百五十二《蓄德志》
伯嘉努（百家奴）				至元十四年七月任	以镇国上将军、海外诸番宣慰使兼，见《元史》卷一百二十九《列传第十六·百家奴传》
孟古岱（忙古觯）				至元十四年任	又作忙兀台或忙古带、忙古觯，以闽广大都督行都元帅府事兼。见《元史》卷九十四《食货二·市舶互市之法》

457

续表

姓名	籍贯/民族	字号	科年出身	任职时间	备注
蒲师文	阿拉伯人，居泉州	字章甫，号立庵、行一		至元十八年在任上	据庄为玑《晋江新志》补，任期据《蒲寿庚考》订正
黑 的	康里氏			至元间任	
宋 熙				至元间任	
张 铎	济南章邱，居禹城	字宣卿		至元间任	
陈 珪				至元间任	
八哈迭儿				大德间任	
马合谋	回回			大德间任	
段庭珪				大德间任	《福建市舶提举司志》作"段廷珪"
沙 的	回回			至大间任	
石抹羌吉剌歹				至大间任	
孙国英				至大间任	(乾隆)《泉州府志》卷二十六、(道光)《晋江县志》卷二十八皆作"系国英"
海 寿	维吾尔			至大间任	
赡思丁	回回			皇庆间任	《福建通志》作延祐间任，误

续表

姓名	籍贯/民族	字号	科年出身	任职时间	备注
木八刺沙	大食			延祐间任	(道光)《晋江县志》卷二十八作"木八喇沙"
严　文				延祐间任	
哈　散	于阗			延祐间任	袭百户
朱善辅				延祐间任	
廉寿山海牙	维吾尔			延祐间任	布鲁海牙重孙辈
倒刺沙	回回			至治间任	《八闽通志》卷三十作"刺倒沙",《福建市舶提举司志》作"延祐间任",误
裴　坚				至治间任	
昔宝赤				任期不详	
赵　敏				任期不详	
八都鲁丁				任期不详	
刘　选				任期不详	《福建市舶提举司志》作"刘逊",误
亦思马因				任期不详	《福建市舶提举司志》作"亦思司因",误
暗都刺				任期不详	
蛮子海牙				任期不详	
忽都鲁沙	大食			任期不详	
也先帖木儿				任期不详	(乾隆)《泉州府志》卷二十六、(道光)《晋江县志》卷二十八都作"也先黏木儿",误

续表

姓名	籍贯/民族	字号	科年出身	任职时间	备注
马合马沙		字士达		任期不详	见《闽书》卷五十二《文莅志》
乌 枢	河南河阳	字季言		至正间任	《福建市舶提举司志》"乌枢"作"为枢",误
葛绍祖				至正间任	
驴 儿	唐兀氏,居德州			至正间任	
合 山				至正间任	
聂世英				至正间任	(道光)《重纂福建通志》卷九十五作"至治间任"
回 回				至正间任	
项棣孙	丽水	字子华	天历进士	任期不详	

表7　元泉州市舶司同提举名表

姓名	籍贯/民族	字号	科年出身	任职时间	备注
高 间				至元间任	
乌马儿	回回			大德间任	
刘 侃				至大间任	
王良弼				至大间任	
马合麻	色目			至治间任	
拜 住				至治间任	
怯 烈				任期不详	
怯 来				任期不详	

续表

姓名	籍贯/民族	字号	科年出身	任职时间	备注
马合马沙		字士达		任期不详	
袁　成				任期不详	
忻　都	回回	字仲实		任期不详	
翟从德				至正间任	
谢不花				至正间任	
李也先				至正间任	

表 8　元泉州市舶司副提举名表

姓名	籍贯/民族	字号	科年出身	任职时间	备注
卫　璧				至元间任	
阿不撒				大德间任	
刘　孚				大德间任	
木八剌沙	大食			至大间任	
别都鲁丁	回回			至大间任	
忽　辛	回回			至大间任	
杨思敬				延祐间任	
石廷玉				延祐间任	
乐　礼				延祐间任	
刘文佐				至治间任	
赵　敬				至治间任	
施　泽				任期不详	
答亦儿不花				任期不详	

续表

姓名	籍贯/民族	字号	科年出身	任职时间	备注
买驴	维吾尔			任期不详	或为高昌王伊埒格(月鲁哥)之子。虞集《道园学古录》卷十六《大宗正府伊克扎尔固齐高昌王神道碑》作"玛噜",其他文献亦有称"买闾""玛鲁"
刁赤刺不花				任期不详	《八闽通志》卷三十作"习昔刺不花"
刘克礼				任期不详	
严亮				至正间任	
买住	唐兀氏,居广平路成安县		元统元年进士	至正间任	

表 9　元泉州市舶司知事名表

姓名	籍贯	字号	科年出身	任职时间任	备注
高升				至元间任	
张复礼				至大初任	

表 10　元泉州市舶司提控名表

姓名	籍贯	字号	科年出身	任职时间任	备注
张僖				至元间任	《八闽通志》卷三十、(道光)《重纂福建通志》卷九十五俱作"张禧"
虞泽				至元间任	
康珪				大德间任	
蔡时亨				至大间任	

表 11 元泉州市舶司照磨、吏目名表

姓名	籍贯	字号	科年出身	任职时间	备注
张 堃	邯郸	字堃夫		至元间任	照磨
袁 裔				至元间任	照磨
陈 瑶	温州			约皇庆后、至正前任	吏目,见(元)戴良《九灵山房集》卷二十三《元中顺大夫秘书监丞陈君墓志铭》

参考文献

一、史籍文集

（唐）李吉甫：《元和郡县图志》，《影印文渊阁四库全书》第 468 册，台北：台湾商务印书馆，1986 年。

（后晋）刘昫：《旧唐书》，《影印文渊阁四库全书》第 269 册，台北：台湾商务印书馆，1986 年。

（宋）包恢：《敝帚稿略》，《影印文渊阁四库全书》第 1178 册，台北：台湾商务印书馆，1986 年。

（宋）蔡絛：《铁围山丛谈》，《影印文渊阁四库全书》第 1037 册，台北：台湾商务印书馆，1986 年。

（宋）蔡襄：《蔡襄集》，吴以宁点校，上海：上海古籍出版社，1996 年。

（宋）晁补之：《鸡肋集》，《影印文渊阁四库全书》第 1118 册，台北：台湾商务印书馆，1986 年。

（宋）陈傅良：《止斋集》，《影印文渊阁四库全书》第 1150 册，台北：台湾商务印书馆，1986 年。

（宋）陈宓：《复斋先生龙图陈公文集》，《续修四库全书》第 1319 册，上海：上海古籍出版社，2002 年。

（宋）陈文蔚：《克斋集》，《影印文渊阁四库全书》第 1171 册，台北：台湾商务印书馆，1986 年。

（宋）陈振孙：《直斋书录解题》，《影印文渊阁四库全书》第 674 册，台北：台湾商务印书馆，1986 年。

（宋）程俱：《北山小集》，《宋集珍本丛刊》第 70 册，北京：线装书局，2004 年。

（宋）崔敦诗：《崔舍人玉堂类稿》，《续修四库全书》第 1318 册，上海：上海古籍出版社，2002 年。

（宋）范成大：《桂海虞衡志》，《范成大笔记六种》，孔凡礼点校，北京：中华书局，2004 年。

（宋）方大琮：《铁庵集》，《影印文渊阁四库全书》第 1178 册，台北：台湾商务印书馆,1986 年。

（宋）方岳：《秋崖集》，《影印文渊阁四库全书》第 1182 册，台北：台湾商务印书馆,1986 年。

（宋）葛胜仲：《丹阳集》，《影印文渊阁四库全书》第 1127 册，台北：台湾商务印书馆,1986 年。

（宋）韩元吉：《南涧甲乙稿》，《影印文渊阁四库全书》第 1165 册，台北：台湾商务印书馆,1986 年。

（宋）洪迈：《夷坚志》第 3 册，何卓点校，北京：中华书局,1981 年。

（宋）洪适：《盘洲文集》，《影印文渊阁四库全书》第 1158 册，台北：台湾商务印书馆,1986 年。

（宋）洪咨夔：《平斋文集》，《洪咨夔集》，侯体健点校，杭州：浙江古籍出版社,2015 年。

（宋）胡铨：《澹庵文集》，《影印文渊阁四库全书》第 1137 册，台北：台湾商务印书馆,1986 年。

（宋）胡寅：《斐然集》，北京：中华书局,1993 年。

（宋）黄仲元：《四如集》，《影印文渊阁四库全书》第 1188 册，台北：台湾商务印书馆,1986 年。

（宋）姜特立：《梅山续稿》，《影印文渊阁四库全书》第 1170 册，台北：台湾商务印书馆,1986 年。

（宋）李纲：《李纲全集》，王瑞明点校，长沙：岳麓书社,2004 年。

（宋）李光：《庄简集》，《影印文渊阁四库全书》第 1128 册，台北：台湾商务印书馆,1986 年。

（宋）李昴英：《文溪集》，《影印文渊阁四库全书》第 1181 册，台北：台湾商务印书馆,1986 年。

（宋）李心传：《建炎以来系年要录》，《影印文渊阁四库全书》第 325～327 册，台北：台湾商务印书馆,1986 年。

（宋）李心传：《建炎以来朝野杂记》，《影印文渊阁四库全书》第 608 册，台北：台湾商务印书馆,1986 年。

（宋）李焘：《续资治通鉴长编》，北京：中华书局,1986 年。

（宋）林希逸：《竹溪鬳斋十一稿续集》，《影印文渊阁四库全书》第 1185 册，台北：台湾商务印书馆,1986 年。

（宋）林之奇：《拙斋文集》，《影印文渊阁四库全书》第 1140 册，台北：台湾商务印书馆,1986 年。

（宋）刘攽:《彭城集》,上海:商务印书馆,1937 年。

（宋）刘克庄:《后村先生大全集》,《四部丛刊初编》第 1303～1330 册,上海:商务印书馆,1919 年。

（宋）刘一止:《刘一止集》,龚景瞿、蔡一平点校,杭州:浙江古籍出版社,2012 年。

（宋）刘宰:《漫塘集》,《影印文渊阁四库全书》第 1170 册,台北:台湾商务印书馆,1986 年。

（宋）楼钥:《攻愧集》,《影印文渊阁四库全书》第 1153 册,台北:台湾商务印书馆,1986 年。

（宋）陆游:《渭南文集》,《影印文渊阁四库全书》第 1163 册,台北:台湾商务印书馆,1986 年。

（宋）吕颐浩:《忠穆集》,《影印文渊阁四库全书》第 1131 册,台北:台湾商务印书馆,1986 年。

（宋）吕祖谦:《吕祖谦全集》,杭州:浙江古籍出版社,2008 年。

（宋）马端临:《文献通考》,北京:中华书局,2011 年。

（宋）马廷鸾:《碧梧玩芳集》,《影印文渊阁四库全书》第 1187 册,台北:台湾商务印书馆,1986 年。

（宋）蒲寿宬:《心泉学诗稿》,《影印文渊阁四库全书》第 1189 册,台北:台湾商务印书馆,1986 年。

（宋）沈括:《梦溪笔谈》,《影印文渊阁四库全书》第 862 册,台北:台湾商务印书馆,1986 年。

（宋）司马光:《涑水记闻》,《影印文渊阁四库全书》第 1052 册,台北:台湾商务印书馆,1986 年。

（宋）苏轼:《苏轼全集》,北京:中国文史出版社,1999 年。

（宋）孙应时:《烛湖集附编》,《影印文渊阁四库全书》第 1166 册,台北:台湾商务印书馆,1986 年。

（宋）王迈:《臞轩集》,《影印文渊阁四库全书》第 1178 册,台北:台湾商务印书馆,1986 年。

（宋）王十朋:《梅溪集》,《影印文渊阁四库全书》第 1151 册,台北:台湾商务印书馆,1986 年。

（宋）王象之:《舆地纪胜》,北京:中华书局,1992 年。

（宋）汪应辰:《文定集》,《影印文渊阁四库全书》第 1138 册,台北:台湾商务印书馆,1986 年。

（宋）汪藻:《浮溪集》,《影印文渊阁四库全书》第 1128 册,台北:台湾商务印书馆,1986 年。

（宋）卫泾:《后乐集》,《影印文渊阁四库全书》第 1169 册,台北:台湾商务印书馆,1986 年。

（宋）魏了翁:《鹤山集》,《影印文渊阁四库全书》第 1173 册,台北:台湾商务印书馆,1986 年。

（宋）魏齐贤、叶棻辑:《五百家播芳大全文粹》,《影印文渊阁四库全书》第 1352 册,台北:台湾商务印书馆,1986 年。

（宋）文莹:《湘山野录·续录·玉壶清话》,郑世刚、杨立扬点校,北京:中华书局,1984 年。

（宋）吴潜:《履斋遗稿》,《影印文渊阁四库全书》第 1178 册,台北:台湾商务印书馆,1986 年。

（宋）谢采伯:《密斋笔记》,《影印文渊阁四库全书》第 864 册,台北:台湾商务印书馆,1986 年。

（宋）许应龙:《东涧集》,《影印文渊阁四库全书》第 1176 册,台北:台湾商务印书馆,1986 年。

（宋）徐自明:《宋宰辅编年录》,《影印文渊阁四库全书》第 596 册,台北:台湾商务印书馆,1986 年。

（宋）叶适:《水心集》,《影印文渊阁四库全书》第 1164 册,台北:台湾商务印书馆,1986 年。

（宋）俞德邻:《佩韦斋集》,《影印文渊阁四库全书》第 1189 册,台北:台湾商务印书馆,1986 年。

（宋）袁燮:《絜斋集》,《影印文渊阁四库全书》第 1157 册,台北:台湾商务印书馆,1986 年。

（宋）岳珂:《桯史》,《影印文渊阁四库全书》第 1039 册,台北:台湾商务印书馆,1986 年。

（宋）乐史:《太平寰宇记》,王文楚等校点,北京:中华书局,2007 年。

（宋）曾巩:《元丰类稿》,《影印文渊阁四库全书》第 1098 册,台北:台湾商务印书馆,1986 年。

（宋）张方平:《乐全集》,《影印文渊阁四库全书》第 1104 册,台北:台湾商务印书馆,1986 年。

（宋）张纲:《华阳集》,《影印文渊阁四库全书》第 1131 册,台北:台湾商务印书馆,1986 年。

（宋）张栻:《南轩集》,《影印文渊阁四库全书》第 1167 册,台北:台湾商务印书馆,1986 年。

（宋）张守:《毗陵集》,《影印文渊阁四库全书》第 1127 册,台北:台湾商务印书馆,1986 年。

（宋）赵鼎:《忠正德文集》,李蹊点校,上海:上海古籍出版社,2018 年。

（宋）赵汝适:《诸蕃志校释》,杨博文校释,北京:中华书局,1996 年。

（宋）真德秀:《西山文集》,《影印文渊阁四库全书》第 1174 册,台北:台湾商务印书馆,1986 年。

（宋）周必大:《文忠集》,《影印文渊阁四库全书》第 1148 册,台北:台湾商务印书馆,1986 年。

（宋）周密:《癸辛杂识》,吴企明点校,北京:中华书局,1988 年。

（宋）周密:《齐东野语》,高心露、高虎子校点,济南:齐鲁书社,2007 年。

（宋）祝穆:《方舆胜览》,施和金点校,北京:中华书局,2003 年。

（宋）朱熹:《晦庵集》,《影印文渊阁四库全书》第 1146 册,台北:台湾商务印书馆,1986 年。

（宋）朱彧:《萍洲可谈》,《影印文渊阁四库全书》第 1038 册,台北:台湾商务印书馆,1986 年。

（元）拜柱:《大元圣政国朝典章》,《续修四库全书》第 787 册,上海:上海古籍出版社,2002 年。

（元）程端学:《积斋集》,《影印文渊阁四库全书》第 1212 册,台北:台湾商务印书馆,1986 年。

（元）戴良:《九灵山房集（附补编）》,《影印文渊阁四库全书》第 1207 册,台北:台湾商务印书馆,1986 年。

（元）贡师泰:《玩斋集》,《影印文渊阁四库全书》第 1215 册,台北:台湾商务印书馆,1986 年。

（元）黄溍:《金华黄先生文集》,《四部丛刊初编》第 1460 册,上海:商务印书馆,1919 年。

（元）黎崱:《安南志略》,《影印文渊阁四库全书》第 464 册,台北:台湾商务印书馆,1986 年。

（元）刘敏中:《中庵集》,《影印文渊阁四库全书》第 1206 册,台北:台湾商务印书馆,1986 年。

（元）脱脱:《宋史》,北京:中华书局,1977 年。

（元）完颜纳丹等：《通制条格》，黄时鉴点校，杭州：浙江古籍出版社，1986 年。

（元）王恽：《秋涧集》，《影印文渊阁四库全书》第 1200 册，台北：台湾商务印书馆，1986 年。

（元）汪大渊：《岛夷志略校释》，苏继庼校释，北京：中华书局，1981 年。

（元）姚燧：《牧庵集》，《影印文渊阁四库全书》第 1201 册，台北：台湾商务印书馆，1986 年。

（元）虞集：《道园学古录》，《影印文渊阁四库全书》第 1207 册，台北：台湾商务印书馆，1986 年。

（明）陈懋仁：《泉南杂志》，《丛书集成初编》第 3161 册，上海：商务印书馆，1936 年。

（明）黄淮、杨士奇：《历代名臣奏议》，《影印文渊阁四库全书》第 442 册，台北：台湾商务印书馆，1986 年。

（明）林弼：《林登州集》，《影印文渊阁四库全书》第 1227 册，台北：台湾商务印书馆，1986 年。

（明）僧宗泐：《全室外集》，《影印文渊阁四库全书》第 1234 册，台北：台湾商务印书馆，1986 年。

（明）宋濂：《文宪集》，《影印文渊阁四库全书》第 1224 册，台北：台湾商务印书馆，1986 年。

（明）宋濂、王祎撰：《元史》，《影印文渊阁四库全书》第 295 册，台北：台湾商务印书馆，1986 年。

（明）王彝：《王常宗集》，《影印文渊阁四库全书》第 1229 册，台北：台湾商务印书馆，1986 年。

（明）解缙：《永乐大典》，北京：中华书局，1986 年。

（明）叶盛：《水东日记》，《影印文渊阁四库全书》第 1041 册，台北：台湾商务印书馆，1986 年。

（明）赵琦美：《赵氏铁网珊瑚》，《影印文渊阁四库全书》第 815 册，台北：台湾商务印书馆，1986 年。

（明）周嘉胄：《香乘》，日月洲注，北京：九州出版社，2014 年。

（清）毕沅：《续资治通鉴》，《影印文渊阁四库全书》第 344 册，台北：台湾商务印书馆，1986 年。

（清）蔡永蒹：《西山杂志》（手抄本），出版者不详，出版年不详。

（清）龚显曾：《亦园脞牍》，谢如俊、陈琼芳点校，北京：商务印书馆，

2019 年。

（清）顾嗣立：《元诗选》，《影印文渊阁四库全书》第 1471 册，台北：台湾商务印书馆，1986 年。

（清）顾祖禹：《读史方舆纪要》，《续修四库全书》第 609 册，上海：上海古籍出版社，2002 年。

（清）黄宗羲、全祖望：《宋元学案》，《续修四库全书》第 518 册，上海：上海古籍出版社，2002 年。

（清）嵇璜、曹仁虎：《钦定续文献通考》，《影印文渊阁四库全书》第 630 册，台北：台湾商务印书馆，1986 年。

（清）嵇璜、刘墉等：《钦定续通志》，《影印文渊阁四库全书》第 392～401 册，台北：台湾商务印书馆，1986 年。

（清）厉鹗：《宋诗纪事》，《影印文渊阁四库全书》第 1484 册，台北：台湾商务印书馆，1986 年。

（清）邵远平：《元史类编》，清乾隆六十年（1795 年）刊。

（清）徐松：《宋会要辑稿》，刘琳等校点，上海：上海古籍出版社，2014 年。

（清）佚名：《天妃显圣录》，《台湾文献丛刊》第 77 种，台北：台湾银行经济研究室，1960 年。

（宋）陈耆卿：《嘉定赤城志》，《影印文渊阁四库全书》第 486 册，台北：台湾商务印书馆，1986 年。

（宋）范成大：《吴郡志》，《影印文渊阁四库全书》第 485 册，台北：台湾商务印书馆，1986 年。

（宋）黄岩孙：（宝祐）《仙溪志》，《宋元方志丛刊》第 8 册，北京：中华书局，1990 年。

（宋）梁克家：《淳熙三山志》，《影印文渊阁四库全书》第 484 册，台北：台湾商务印书馆，1986 年。

（宋）罗濬：《宝庆四明志》，《影印文渊阁四库全书》第 487 册，台北：台湾商务印书馆，1986 年。

（宋）罗愿：《新安志》，《影印文渊阁四库全书》第 485 册，台北：台湾商务印书馆，1986 年。

（宋）潜说友：《咸淳临安志》，《影印文渊阁四库全书》第 490 册，台北：台湾商务印书馆，1986 年。

（宋）施宿等：《会稽志》，《影印文渊阁四库全书》第 486 册，台北：台湾商务印书馆，1986 年。

（宋）史能之：(咸淳)《重修毗陵志》，《续修四库全书》第 699 册，上海：上海古籍出版社，2002 年。

（宋）谈钥：《嘉泰吴兴志》，《续修四库全书》第 704 册，上海：上海古籍出版社，2002 年。

（宋）王存：《元丰九域志》，《影印文渊阁四库全书》第 471 册，台北：台湾商务印书馆，1986 年。

（宋）张淏：《宝庆会稽续志》，《宋元方志丛刊》第 7 册，北京：中华书局，1990 年。

（宋）郑瑶、方荣仁：《景定严州续志》，《影印文渊阁四库全书》第 487 册，台北：台湾商务印书馆，1986 年。

（宋）周应合：《景定建康志》，《影印文渊阁四库全书》第 489 册，台北：台湾商务印书馆，1986 年。

（元）佚名：《无锡县志》，《影印文渊阁四库全书》第 492 册，台北：台湾商务印书馆。

（元）俞希鲁：(至顺)《镇江志》，杨积庆等校点，南京：江苏古籍出版社，1999 年。

（元）袁桷：《延祐四明志》，《宋元方志丛刊》第 6 册，北京：中华书局，1990 年。

（明）程敏政《新安文献志》，《影印文渊阁四库全书》第 1375 册，台北：台湾商务印书馆，1986 年。

（明）何乔远：《闽书》，《闽书》校点组校点，福州：福建人民出版社，1994 年。

（明）胡汉：(万历)《郴州府志》，《天一阁藏明代方志选刊》，第 58 册，上海古籍书店，1962 年。

（明）黄仲昭：《八闽通志》上册，福州：福建人民出版社，1990 年。

（明）黄仲昭：《八闽通志》下册，福州：福建人民出版社，1991 年。

（明）澎泽、江舜民：(弘治)《徽州府志》，《天一阁藏明代方志选刊》第 21 册，台北：新文丰出版公司，1909 年。

（明）王鏊：《姑苏志》，《影印文渊阁四库全书》第 493 册，台北：台湾商务印书馆，1986 年。

（明）阳思谦：(万历)《泉州府志》，台北：学生书局，1987 年。

（明）喻政：(万历)《福州府志》，福州：海风出版社，2001 年。

（明）张岳：(嘉靖)《惠安县志》，《天一阁藏明代方志选刊》第 32 辑，上海古籍书店,1982年。

（明）周瑛、黄仲昭:(弘治)《重刊兴化府志》,蔡金耀点校,福州:福建人民出版社,2007年。

（明）朱肜纂,(清)何家驎续述:《崇武所城志》,泉州历史研究会:《惠安政书(附:崇武所城志)》,福州:福建人民出版社,1987年。

（清）曹秉仁:(乾隆)《宁波府志》,《中国方志丛书》第198号,台北:成文出版社,1983年。

（清）陈兴祚:(乾隆)《仙游县志》,《中国地方志集成·福建府县志辑》第18册,上海:上海书店出版社,2000年。

（清）冯夔飏、朱霖增:(乾隆)《镇江府志》,《中国地方志集成·江苏府县志辑》第28册,南京:江苏古籍出版社,1991年。

（清）郝玉麟:(雍正)《广东通志》,《影印文渊阁四库全书》第563册,台北:台湾商务印书馆,1986年。

（清）怀荫布:(乾隆)《泉州府志》,《中国地方志集成·福建府县志辑》第22~24册,上海:上海书店出版社,2000年。

（清）嵇曾筠:《浙江通志》,《影印文渊阁四库全书》第523册,台北:台湾商务印书馆,1986年。

（清）柯琮璜:《安平志校注本》,安海乡土史料编辑委员会校注,北京:中国文联出版社,2000年。

（清）李拔纂:(乾隆)《福宁府志》,《中国方志丛书》第74号,台北:成文出版社,1978年。

（清）李琬:(乾隆)《温州府志》,《中国地方志集成·浙江府县志辑》第58册,上海:上海书店出版社,1993年。

（清）鲁鼎梅:(乾隆)《德化县志》,清刻本。

（清）马步蟾:(道光)《徽州府志》,《中国地方志集成·安徽府县志辑》第48册,上海:上海书店出版社,1998年。

（清）区作霖:(同治)《余干县志》,《中国方志丛书》华中地方第257号,台北:成文出版社,1975年。

（清）潘绍治、周荣椿:(光绪)《处州府志》,《中国方志丛书》第193号,台北:成文出版社,1974年。

（清）钱陆灿:(康熙)《常熟县志》,《中国地方志集成·江苏府县志辑》第21册,上海:上海书店出版社,1991年。

（清）沈翼机:(雍正)《浙江通志》,《中国地方志集成·浙江省志辑》第6

册,上海:上海书店出版社,2000 年。

（清）孙尔准:(道光)《重纂福建通志》,《中国省志汇编:9》,台北:华文书局,1968 年。

（清）万友正:(乾隆)《马巷厅志》,《中国方志丛书》第 98 号,台北:成文出版社,1978 年。

（清）王棻:(光绪)《仙居志》,《中国方志丛书》第 203 号,台北:成文出版社,1975 年。

（清）王闿运:(同治)《桂阳直隶州志》,《中国地方志集成・湖南府县志辑》第 32 册,上海:上海书店出版社,2002 年。

（清）吴宜燮、黄惠等:(乾隆)《龙溪县志》,《中国地方志集成・福建府县志辑》第 30 册,上海:上海书店出版社,2000 年。

（清）吴裕仁:(嘉庆)《惠安县志》,《中国地方志集成・福建府县志辑》第 26 册,上海:上海书店出版社,2000 年。

（清）谢旻:《江西通志》,《影印文渊阁四库全书》第 515 册,台北:台湾商务印书馆,1986 年。

（清）徐景熹:(乾隆)《福州府志》,福州:海风出版社,2001 年。

（清）张鹏翮:(康熙)《遂宁县志》,宋国祥、宋以荣校注,成都:巴蜀书社,2018 年。

（清）周学曾:(道光)《晋江县志》,晋江县地方志编纂委员会整理,福州:福建人民出版社,1990 年。

陈荫祖、吴名世:(民国)《诏安县志》,《中国地方志集成》第 31 册,上海:上海书店出版社,2000 年。

乔纯修:《重修原武县志》,新乡:华北石油地质局印刷一厂,2004 年。

沈瑜庆、陈衍:(民国)《福建通志》,《中国地方志集成・省志辑・福建》第 13 册,上海:上海书店出版社,2011 年。

张汉、丘复:(民国)《上杭县志》,《中国地方志集成・福建府县志辑》第 36 册,上海:上海书店出版社,2000 年。

张琴:(民国)《莆田县志》,《中国地方志集成・福建府县志辑》第 16 册,上海:上海书店出版社,2000 年。

二、学术论著

白寿彝:《中国回回民族史》,北京:中华书局,2003 年。

白寿彝:《中国伊斯兰史纲要》,上海:文通书局,1948 年。

白寿彝:《白寿彝文集》,开封:河南大学出版社,2008年。

包伟民、郑嘉励:《武义南宋徐谓礼文书》,北京:中华书局,2012年。

陈柏坚:《广州外贸两千年》,广州:广州文化出版社,1989年。

陈柏泉:《江西出土墓志选编》,南昌:江西教育出版社,1991年。

陈得芝:《蒙元史与中华多元文化论集》,上海:上海古籍出版社,2013年。

陈高华:《陈高华文集》,上海:上海辞书出版社,2005年。

陈光田:《闽南摩崖石刻研究》,北京:商务印书馆,2018年。

陈佳荣等:《古代南海地名汇释》,北京:中华书局,1986年。

陈建华、王鹤鸣:《中国家谱资料选编(传记卷)》,上海:上海古籍出版社,2013年。

陈凯峰:《泉州城居文化释码:"建筑文化学"应用研究之二》,天津:天津大学出版社,2012年。

陈鹏:《泉州与台湾关系文物史迹》,厦门:厦门大学出版社,2005年。

陈垣:《陈垣史学论著选》,上海:上海人民出版社,1981年。

陈支平、肖惠中:《海上丝绸之路与泉港海国文明》,厦门:厦门大学出版社,2015年。

德礼贤:《中国天主教传教史》,上海:商务印书馆,1934年。

丁毓玲:《闽商发展史·泉州卷》,厦门:厦门大学出版社,2016年。

方宝川、谢必震:《琉球文献史料汇编(明代卷)》,北京:海洋出版社,2014年。

方豪:《台湾早期史纲》,北京:海豚出版社,2016年。

方豪:《中西交通史》,上海:上海人民出版社,2015年。

福建省泉州海外交通史博物馆:《泉州湾宋代海船发掘与研究》,北京:海洋出版社,1987年。

福建省泉州海外交通史博物馆:《泉州伊斯兰教石刻》,银川:宁夏人民出版社,福州:福建人民出版社,1984年。

福建省少数民族古籍丛书编委会:《家族谱牒·回族卷》,北京:民族出版社,2015年。

傅璇琮等:《全宋诗》,北京:北京大学出版社,1998年。

傅宗文:《沧桑刺桐》,厦门:厦门大学出版社,2011年。

高丽玲:《宋代买卖契约的法律效力问题研究》,芜湖:安徽师范大学出版社,2016年。

龚洁:《龚洁学术文集》,厦门:鹭江出版社,2019年。

龚延明:《宋代官制词典》,北京:中华书局,2013年。

郭建龙:《中央帝国的财政密码》,厦门:鹭江出版社,2017年。

郭正忠:《两宋城乡商品货币经济考略》,北京:经济管理出版社,1997年。

贺威:《宋元福建科技史研究》,厦门:厦门大学出版社,2019年。

黄柏龄:《九日山志》,上海:上海辞书出版社,2006年。

黄纯艳:《宋代朝贡体系研究》,北京:商务印书馆,2014年。

黄荣春:《福州摩崖石刻》,福州:福建美术出版社,1999年。

黄天华:《中国财政制度史》,上海:上海人民出版社,2017年。

黄威廉:《九日山摩崖石刻诠释》,出版者不详,2002年。

黎正甫:《郡县时代之安南》,上海:商务印书馆,1945年。

李大伟:《宋元泉州与印度洋文明》,北京:商务印书馆,2015年。

李修生:《全元文》,南京:江苏古籍出版社,1998年。

李云泉:《万邦来朝:朝贡制度史论》,北京:新华出版社,2014年。

李之亮:《宋代路分长官通考》,成都:巴蜀书社,2003年。

李之亮:《宋福建路郡守年表》,成都:巴蜀书社,2001年。

丽水市莲都区志编纂委员会:《丽水市莲都区志》,北京:方志出版社,2018年。

梁庚尧:《南宋盐榷食盐产销与政府控制》,上海:东方出版中心,2017年。

林金水:《福建对外文化交流史》,福州:福建教育出版社,1997年。

林梅村:《大朝春秋——蒙元考古与艺术》,北京:故宫出版社,2013年。

林殊悟:《中古三夷教辨证》,北京:中华书局,2005年。

林振礼:《朱子新探:朱子学与泉州文化研究》,北京:商务印书馆,2018年。

林振礼、吴鸿丽:《泉州多元文化和谐共处探微》,厦门:厦门大学出版社,2017年。

林忠:《长乐进士》,福州:海潮摄影艺术出版社,2007年。

刘浩然:《洛阳万安桥志》,香港:华星出版社,1993年。

刘瑞光:《厦门故迹寻踪》,福州:海峡文艺出版社,2018年。

刘幼生:《香学汇典》,太原:三晋出版社,2014年。

罗香林:《蒲寿庚传》,台北:中华文化出版事业委员会,1955年。

吕变庭:《中国南部古代科学文化史第 3 卷浊水溪流域部分》,北京:方志出版社,2004 年。

马伯煌:《中国经济政策思想史》,昆明:云南人民出版社,1993 年。

马楚坚:《大忠集新编》,南昌:江西人民出版社,2008 年。

马建春:《元代东迁西域人及其文化研究》,北京:民族出版社,2003 年。

马曙明、任林豪:《临海墓志集录》,北京:宗教出版社,2002 年版。

粘良图:《晋江草庵研究》,厦门:厦门大学出版社,2008 年。

粘良图、吴幼雄:《晋江碑刻选》,厦门:厦门大学出版社,2002 年。

曲金良:《中国海洋文化史长编》,青岛:中国海洋大学出版社,2017 年。

泉州海关:《泉州海关志》,厦门:厦门大学出版社,2005 年。

泉州市人民政府地方志编纂委员会:《外国人在泉州与泉州人在海外》,福州:海风出版社,2007 年。

泉州学研究所:《泉州学与地方学研究》,厦门:厦门大学出版社,2016 年。

泉州赵宋南外宗正司研究会:《赵宋南外宗与泉州》,厦门:厦门大学出版社,2016 年。

绍兴市档案局(馆)、会稽金石博物馆:《宋代墓志》,杭州:西泠印社出版社,2018 年。

沈冬梅、范立舟:《浙江通史》,杭州:浙江人民出版社,2005 年。

释本性:《丝路海潮音》,北京:宗教文化出版社,2018 年。

苏文菁:《闽商发展史·福州卷》,厦门:厦门大学出版社,2016 年。

王杰:《中国古代对外航海贸易管理史》,大连:大连海事大学出版社,1994 年。

王丽萍:《成寻〈参天台五台山记〉研究》,上海:上海人民出版社,2017 年。

王连茂:《刺桐杂识》,北京:海洋出版社,2018 年。

王霞:《宋朝与高丽往来人员研究》,北京:中国社会科学出版社,2018 年。

吴晓萍:《宋代外交制度研究》,合肥:安徽人民出版社,2006 年。

吴乔生、林德民、林胜利:《泉州古城历代碑文录》,北京:中国文史出版社,2009 年。

吴文良、吴幼雄:《泉州宗教石刻(增订本)》,北京:科学出版社,2005 年。

吴幼雄:《泉州史迹研究》,厦门:厦门大学出版社,1998 年。

吴幼雄:《泉州宗教文化》,福州:福建人民出版社,1998年。

吴幼雄:《晋江文化论丛》,福州:海峡文艺出版社,2015年。

徐晓望:《妈祖信仰史研究》,福州:海风出版社,2007年。

许添源:《清源山摩崖选粹》,北京:中华书局,2004年。

许永璋:《古代中非关系史稿》,上海:上海辞书出版社,2019年。

杨俊才:《南宋诗人姜特立研究》,延吉:延边大学出版社,2009年。

杨丽:《"合亩"传统与黎族地方社会治理》,武汉:武汉大学出版社,2017年。

杨镰:《全元诗》第42册,北京:中华书局,2013年。

杨文新:《宋代市舶司研究》,厦门:厦门大学出版社,2013年。

叶文程:《中国古外销瓷研究论文集》,北京:紫禁城出版社,1988年。

叶欣:《严州金石》,天津:天津古籍出版社,2012年。

云南大学历史系:《李埏教授九十华诞纪念文集》,昆明:云南大学出版社,2003年。

詹石窗、林安梧:《闽南宗教》,福州:福建人民出版社,2007年。

张崇根:《台湾四百年前史》,北京:九州出版社,2005年。

张星烺:《中西交通史料汇编》,北京:中华书局,1977年。

赵莹波:《唐宋元东亚关系研究》,上海:上海社会科学院出版社,2016年。

郑天挺、谭其骧:《中国历史大辞典》,上海:上海辞书出版社,2010年。

郑学檬:《中国古代经济重心南移和唐宋江南经济研究》,长沙:岳麓书社,1996年。

郑有国:《中国市舶制度研究》,福州:福建教育出版社,2004年。

周膺、吴晶:《西溪望族》,杭州:杭州出版社,2012年。

周运中:《正说台湾古史》,厦门:厦门大学出版社,2016年。

中国航海学会、泉州市人民政府:《泉州港与海上丝绸之路》,北京:中国社会科学出版社,2002年。

庄景辉:《泉州港考古与海外交通史研究》,长沙:岳麓书社,2006年。

庄为玑:《古刺桐港》,厦门:厦门大学出版社,1989年。

[朝]郑麟趾等:《高丽史》,重庆:西南师范大学出版社,北京:人民出版社,2014年。

[韩]金龙善:《高丽墓志铭集成》,春川:翰林大学校,1993年。

[日]德川光圀:《日本史记》,合肥:安徽人民出版社,2013年。

［日］宫崎市定:《宫崎市定亚洲史论考》,张学锋、马云超等译,上海:上海古籍出版社,2017 年。

［日］黑板胜美:《新订增补国史大系》,东京:吉川弘文馆,1938 年。

［日］木宫泰彦:《日中文化交流史》,胡锡年译,北京:商务印书馆,1980 年。

［日］桑原骘藏:《蒲寿庚考》,陈裕菁译订,北京:中华书局,2009 年。

［日］桑原骘藏:《唐宋元时代中西通商史》,冯攸译,郑州:河南人民出版社,2018 年。

［荷］费梅儿、林仁川:《泉州农业经济史》,厦门:厦门大学出版社,1998 年。

［摩洛哥］伊本·白图泰:《伊本·白图泰游记》,马金鹏译,银川:宁夏人民出版社,1985 年。

［意］鄂多立克:《鄂多立克东游录》,《海屯行纪·鄂多立克东游录·沙哈鲁遣使中国记》,何高济译,北京:中华书局,1981 年。

［意］马可·波罗:《马可波罗行纪》,冯承钧译,上海:上海书店出版社,2001 年。

［意］雅各·德安科纳:《光明之城》,［英］大卫·塞尔本译,杨民等译,上海:上海人民出版社,1999 年。

［英］阿·克·穆尔:《一五五〇年前的中国基督教史》,郝镇华译,北京:中华书局,1984 年。

三、学术论文

曹家齐:《宋朝限定沿海发舶港口问题新探》,《上海交通大学学报(哲学社会科学版)》2013 年第 3 期。

曹凛:《南宋泉州海船的抽调与巡检》,《中国船检》2010 年第 4 期。

陈彬强:《宋蒲寿庚任职市舶提举文献史料补说》,《泉州师范学院学报》2022 年第 1 期。

陈彩云:《政治歧视与文化互动:元代漕粮海运体制中的族际关系》,《社会科学》2020 年第 4 期。

陈达生:《泉州灵山圣墓年代初探》,《世界宗教研究》1982 年第 4 期。

陈达生:《泉州伊斯兰教派与元末亦思巴奚战乱性质试探》,《海交史研究》1982 年第 4 期。

陈高华:《北宋时期前往高丽贸易的泉州舶商》,《海交史研究》1980 年第

2 期。

陈高华:《元代的航海世家澉浦杨氏——兼说元代其他航海家族》,《海交史研究》1995 年第 1 期。

陈广胜:《北宋铁钱流通区域考述》,《中国钱币》1989 年第 2 期。

陈佳荣:《宋元明清之东西南北洋》,《海交史研究》1992 年第 1 期。

陈佳臻:《元代〈市舶则法〉的演变及其"官法同构"现象》,《江西社会科学》2021 年第 5 期。

陈建中等:《泉州番佛寺遗址考古勘探简报》,《福建文博》2020 年第 1 期。

陈丽华:《家荷帝恩:元代孙胜夫家族在泉州事迹考》,《福建文博》2018 年第 3 期。

陈丽华:《宋故富春县君孙氏墓志考释》,《福建文博》2008 年第 2 期。

陈丽华:《元代畏吾儿航海家亦黑迷失与泉州港——以三方碑刻为中心》,《海交史研究》2017 年第 1 期。

陈丽华:《元代镇戍泉州的万户府及其职官探析》,《闽南师范大学学报(哲学社会科学版)》2018 年第 2 期。

陈鹏飞:《宋代海外蕃商的法律地位》,《西南民族大学学报(人文社会科学版)》2011 年第 9 期。

陈少丰:《略论宋代对外交流中的押伴官》,《濮阳职业技术学院学报》2012 年第 6 期。

陈少丰:《泉州与宋代朝贡》,《沧桑》2010 年第 1 期。

陈少丰:《宋朝的发舶港与发舶权》,《史志学刊》2017 年第 4 期。

陈少丰:《宋代海南岛"市舶"考辨》,《濮阳职业技术学院学报》2016 年第 3 期。

陈少丰:《宋代两浙路市舶司补探》,《国家航海》2018 年第 1 期。

陈少丰:《宋代未立市舶机构港口之海外贸易》,《海交史研究》2016 年第 1 期。

陈少丰:《元代泉州汉族景教徒合葬墓碑纪年考》,《中国天主教》2020 年第 4 期。

陈少丰:《元代泉州景教兴明寺史事补说——读〈寄大兴明寺元明列班〉》,《中国天主教》2021 年第 2 期。

陈少丰:《再论泉州历史上的两座"清净寺"》,《海交史研究》2020 年第 3 期。

陈铁凡、傅吾康:《文莱国泉州宋墓考释》,《海交史研究》1991 年第 2 期。

陈自强:《"蒲寿庚宋末提举市舶三十年"说考辨》,《中国史研究》1983 年第 1 期。

程民生:《海上之盟前的宋朝与女真关系》,《社会科学战线》2012 年第 3 期。

方拥、杨昌鸣:《泉州老君岩的宋代建筑构件》,《华侨大学学报(自然科学版)》1995 年第 4 期。

费利华、李国清:《泉州湾宋代海船保护 40 年回顾、现状与分析》,《文物保护与考古科学》2015 年第 4 期。

傅宗文:《宋代泉州港的崛起与港口分布》,《厦门大学学报(哲学社会科学版)》1985 年第 S1 期。

高进、应弘毅:《监察之监察:宋代的监司互察》,《廉政文化研究》2019 年第 6 期。

龚延明:《文莱国宋墓"判院蒲公"索解——兼评〈西山杂志〉(手抄本)的史料价值》1991 年第 2 期。

韩振华:《元末泉州伊斯兰的"番佛寺"》,《海交史研究》1998 年第 1 期。

韩中义:《小经拼写体系及其流派初探》,《西北第二民族学院学报(哲学社会科学版)》2005 年第 3 期。

何炳棣、谢天祯:《中国历史上的早熟稻》,《农业考古》1990 年第 1 期。

何玉红:《宋朝边防图书与情报控制述论》,《社会科学辑刊》2004 年第 4 期。

胡沧泽:《宋代福建海外贸易的管理》,《福建师范大学学报(哲学社会科学版)》1995 年第 1 期。

黄纯艳:《宋朝与交趾的贸易》,《中国社会经济史研究》2009 年第 2 期。

黄纯艳:《宋代海船人员构成及航海方式》,《海交史研究》2015 年第 2 期。

黄纯艳,《宋代近海航路考述》,《中华文史论丛》2016 年第 1 期。

黄纯艳、冯辛夷:《"南海 I 号"研究中历史文献与考古资料的相互补证——对现有研究史料和路径的检讨》,《海交史研究》2021 年第 1 期。

黄明珍:《泉州真武庙的海神信仰及其建筑形制初探》,《福建文博》2020 年第 3 期。

黄伟:《宋末元初泉州殿前司左翼军降元史事考》,《闽台缘》2020 年第 2 期。

黄云生:《论〈岛夷志〉与〈岛夷志略〉之关系》,《中国史研究》2021 年第 3 期。

黄子韩等:《乳香的本草考证》,《中国中药杂志》2020 年第 21 期。

纪昌兰:《宋代外交往来中的押伴》,《中州学刊》2018 年第 1 期。

李晖达、邵路程、龚军等:《武义南宋徐谓礼墓》,《东方博物》2013 年第 1 期。

李立人:《宋元之际"妈祖"取代"南海神"考——兼论南宋庆元三年大奚山起义》,《海交史研究》2020 年第 3 期。

李晴:《伊本·白图泰远航中国考》,《海交史研究》2018 年第 1 期。

李天锡:《安南李朝世家新考——兼考安南陈朝一世陈日煚籍属》,《华侨华人历史研究》2002 年第 1 期。

李天锡:《晋江草庵肇建于宋代新证》,《宗教学研究》2006 年第 2 期。

李玉昆:《20 世纪蒲寿庚研究述评》,《中国史研究动态》2001 年第 8 期。

李玉昆:《关于〈光明之城〉的讨论》,《中国史研究动态》2007 年第 2 期。

李玉昆:《关于鄂多立克来华的登陆地点问题》,《海交史研究》1982 年第 4 期。

李治安:《杨志玖先生与马可·波罗来华的"世纪论战"》,《历史教学》2019 年第 12 期。

连心豪:《泉州民间信仰群灵之府——韩元吉〈东岳庙碑〉疏证》,《泉州师范学院学报》2013 年第 5 期。

廖大珂:《〈岛夷志〉非汪大渊撰〈岛夷志略〉辨》,《中国史研究》2001 年第 4 期。

廖大珂:《"亦思巴奚"初探》,《海交史研究》1997 年第 1 期。

廖大珂:《试论封建势力的压迫与南宋中后期海商资本的衰落》,《中国社会经济史研究》1989 年第 2 期。

廖大珂:《试论宋代市舶司官制的演变》,《历史研究》1998 年第 3 期。

廖大珂:《宋代市舶的抽解、禁榷、和买制度》,《南洋问题研究》1997 年第 1 期。

廖大珂:《谈泉州"蕃坊"及其有关问题》,《海交史研究》1987 第 2 期。

林翠茹、庄景辉:《泉州伊斯兰教圣墓年代及其墓主人身份的考证》,《海交史研究》2000 年第 1 期。

林少川:《渤泥"有宋泉州判院蒲公之墓"新考》,《海交史研究》1991 年第 2 期。

林钊:《泉州开元寺石塔》,《文物》1958年第1期。

刘坤太:《宋朝添差官制度初探》,《河南大学学报(哲学社会科学版)》1984年第4期。

刘森:《宋代的铁钱与铁产量》,《中国经济史研究》1993年第2期。

刘迎胜:《元末福建沿海战乱与亦思巴奚义军的组建》,《海交史研究》2020年第4期。

刘有延:《伊斯兰教入华隋开皇说溯源及其正确评价》,《回族研究》2013年第3期。

刘元妹、陈豪:《莆田〈祥应庙记〉碑考》,《福建文博》2010年第2期。

刘震:《泉州泰米尔文、汉文双语碑铭增补考》,《海交史研究》2020年第4期。

柳平生、葛金芳:《南宋市舶司的建置沿革及其职能考述》,《浙江学刊》2014年第2期。

马建春、王霞:《元代马八儿》,《国家航海》2018年第2期。

马强、马新国:《泉州宗教石刻"元郭氏世祖坟茔"碑消经文字再释与发微》,《中国穆斯林》2019年第5期。

冒志祥:《浅论苏轼的外交思想——基于苏轼关于高丽的"状"文》,《河南师范大学学报(哲学社会科学版)》2008年第4期。

孟原召:《宋元时期泉州沿海地区制瓷业的兴盛与技术来源试探》,《海交史研究》2007年第2期。

牛健哲:《中国国家博物馆馆藏南海Ⅰ号沉船出水的景德镇窑青白瓷与德化窑青白瓷之比较》,《福建文博》2019年第2期。

牛汝极:《从出土碑铭看泉州和扬州的景教来源》,《世界宗教研究》2003年第2期。

努尔:《那兀纳与番佛寺》,《中国穆斯林》1982年第1期。

毛佳佳:《蒲寿庚事迹考》,《海交史研究》2012年第1期。

尼嘎:《濮人与古代马来半岛文化——从色曼人习俗看古多佤人文化在马来半岛的影响》,《云南民族学院学报(哲学社会科学版)》1995年第2期。

荣孟源:《澎湖设巡检司的时间》,《历史研究》1955年第1期。

沈玉水:《略论福建市舶司的设迁问题》,《福建文博》1988年第1期。

孙群:《泉州宝箧印经石塔的建筑特色与文化内涵》,《艺术探索》2013年第3期。

苏铁:《〈诸蕃志〉成书新考》,《海关与经贸研究》2016年第1期。

童书业、陈云章：《越南陈氏王朝得国经过考》，《山东大学学报（哲学社会科学版）》1962 年第 3 期。

王丽明：《泉州印度教石刻研究回顾与思考》，《海交史研究》2016 年第 1 期。

王连茂：《元代泉州社会资料辑录》，《海交史研究》1993 年第 1 期。

王秀丽：《元末明初的海商与江南社会》，《南开学报》2016 年第 2 期。

温玉成、李晓敏：《泉州老子像是元代的杰作》，《中原文物》2010 年第 5 期。

吴怀民：《鄂多立克在福建》，《福建史志》2005 年第 4 期。

吴家洲：《元代福建之盐政》，《盐业史研究》2020 年第 3 期。

吴维棠：《赵汝适的生平及其〈诸蕃志〉》，《浙江学刊》1995 年第 5 期。

吴幼雄：《元代泉州八次设省与蒲寿庚任泉州行省平章政事考》，《福建论坛（人文社会科学版）》1988 年第 2 期。

吴幼雄、王耀东、黄秋润：《福建泉州清净寺发现一批伊斯兰教碑》，《考古》1986 年第 6 期。

吴远鹏：《占城稻的传入及其对晋江的影响略考》，《农业考古》2017 年 3 期。

夏时华：《宋代市舶香药的抽解与博买》，《云南社会科学》2014 年第 5 期。

夏时华：《宋代市舶香药纲运考述》，《云南社会科学》2015 年第 6 期。

萧鲁阳：《以李弥逊挽宝学连公诗证连南夫史事研究》，《湖北社会科学》2011 年第 6 期。

徐晓望：《论元代的湄洲庙与妈祖信仰》，《莆田学院学报》2007 年第 3 期。

徐晓望：《占城稻质疑补证》，《中国社会经济史研究》1988 年第 3 期。

许永璋：《伊本·白图泰与泉州》，《阿拉伯世界》2002 年第 1 期。

薛彦乔：《宋代泉州市舶官员辑补》，《福建文博》2020 年第 4 期。

杨文新：《宋代南外宗正司入闽及其影响》，《史学月刊》2004 年第 8 期。

杨文新：《宋代市舶官员的选任与监管研究》，《运城学院学报》2014 年第 6 期。

杨晓春：《元代吴鉴〈清净寺记〉相关问题的讨论》，《北方民族大学学报（哲学社会科学版）》2010 年第 5 期。

叶恩典、李玉昆：《古代福建与新罗、高丽关系若干问题研究》，《海交史研究》2008 年第 1 期。

殷小平:《唐元景教关系考述》,《西域研究》2013 年第 2 期。

张春兰:《宋代南外宗正司入泉与海上丝绸之路》,《福建史志》2010 年第 5 期。

张红兴等:《泉州旧车站片区考古调查、勘探简报》,《福建文博》2020 第 2 期。

张玄微:《"南海 I 号"出土铁器及铁质凝结物分析》,《客家文博》2020 年第 1 期。

章深:《元代外贸政策与广州的海外贸易》,《元史及民族与边疆研究集刊》2002 年第 1 期。

郑山玉、丁东:《华侨史上一位值得研究的重要人物——安南国王陈日煚籍属辨析》,《华侨华人历史研究》1997 年第 1 期。

郑弋:《Tiunguy 即"丰州"——对〈马可·波罗行记〉中一地名的考证》,《历史教学》2004 年第 2 期。

志诚:《"蕃客墓"及其有关问题试谈》,《海交史研究》1978 年第 1 期。

钟建华:《叶春及治下明代惠安民间信仰研究——以〈惠安政书〉为剖析面》,《河北北方学院学报(社会科学版)》2013 年第 6 期。

周运中:《雅各〈光明之城〉新证》,《海交史研究》2018 年第 1 期。

朱溢:《北宋外交机构的形成与演变——以官僚体制和周边局势的变动为线索》,《史学月刊》2013 年第 12 期。

庄为玑:《泉州摩尼教初探》,《世界宗教研究》1983 年第 3 期。

庄为玑:《文莱国泉州宋墓考释》,《华侨华人历史研究》1991 年第 1 期。

王莒莒:《俞德邻〈佩韦斋文集〉研究》,广西大学硕士学位论文,2019 年。

赵莹波:《宋日贸易研究——以在日宋商为中心》,南京大学博士学位论文,2012 年。

后　记

　　10—14 世纪的宋元时期,泉州是各国商旅云集、多元文化交融的"东方第一大港",它在繁荣的国际海洋贸易中蓬勃发展,造就了多元、开放、包容的城市性格,也涵养了泉州人爱拼敢赢、开拓进取的精神特质。2021 年 7 月 25 日,在福州举办的第 44 届世界遗产大会上,"泉州:宋元中国的世界海洋商贸中心"被批准作为文化遗产列入《世界遗产名录》。泉州,这座写满海洋记忆的港口城市,终于迎来了属于自己的这一天。不过,关于泉州这座城市以及居住在这里的人,需要研究的还有太多太多。发现泉州之美,挖掘泉州之内涵,梳理泉州的历史脉络,寻找泉州世遗之最,讲好"最泉州"故事,是每一位泉州人应当负起的历史责任。

　　学术界关于宋元泉州海上丝绸之路的研究,已然取得了丰硕的成果。不过这些研究分散于各个领域,很难通过它们完整、线性地勾勒出这一时期泉州海上丝绸之路的历史脉络。对于读者而言,或许还需要一本直观的编年体著作,这也是本书写作的缘起。本书是记述宋元泉州海上丝绸之路重要史事的编年体著作,以《宋史》《元史》等官书为基础,参考其他官书,以及一百多种私家记载、文集、传记、行状、碑铭等,对宋元泉州海上丝绸之路上发生的重要史事进行摘录,并做出系统考述。书中通过按语,考订了文献史料,对现代学者的研究成果也加以吸收采纳,并提出自己的见解。同时,为读者提供详细的注文,说明材料的来源、去取的依据等,对于有疑问的史料,也一一加以注明。希望本书能使读者对宋元泉州海上丝绸之路的重要史事有一个较直观、清晰的认识,对学术界的相关研究进展也能有初步了解。书中错漏之处在所难免,尚望诸位方家批评指正。

　　在本书的写作过程中,得到林华东、苏黎明、王万盈诸位教授,泉州海外交通史博物馆陈丽华、林瀚、陈少丰、薛彦乔等师友的无私帮助,以及笔者所在单位泉州师范学院图书馆领导与同事的支持,在此一并致谢!

陈彬强

2023 年 10 月